Anja Lausberg

Voraussetzungen und Rechtsfolgen der unzulässigen Begünstigung von Betriebsratsmitgliedern

utzverlag

Neue Juristische Beiträge

herausgegeben von
Prof. Dr. Klaus-Dieter Drüen (Ludwig-Maximilians-Universität München)
Prof. Dr. Thomas Küffner (Fachhochschule Landshut)
Prof. Dr. Georg Steinberg (Universität Potsdam)
Prof. Dr. Fabian Wittreck (Westfälische Wilhelms-Universität Münster)

Band 130

Zugl.: Diss., Gießen, Univ., 2019

Bibliografische Information der Deutschen Nationalbibliothek: Die Deutsche Nationalbibliothek verzeichnet diese Publikation in der Deutschen Nationalbibliografie; detaillierte bibliografische Daten sind im Internet über http://dnb.d-nb.de abrufbar.

Das Werk ist urheberrechtlich geschützt. Sämtliche, auch auszugsweise Verwertungen bleiben vorbehalten.

Copyright © utzverlag GmbH · 2019

ISBN 978-3-8316-4805-4

Printed in EU
utzverlag GmbH, München
089-277791-00 · www.utzverlag.de

Meinen Eltern

Vorwort

Die vorliegende Arbeit wurde im Wintersemester 2018/2019 durch den Fachbereich Rechtswissenschaft der Justus-Liebig-Universität Gießen als Dissertation angenommen. Nachweise aus Rechtsprechung und Schrifttum konnten bis Januar 2019 berücksichtigt werden.

Besonderer Dank gilt meinem Doktorvater, Herrn Prof. Dr. Wolf-Dietrich Walker. Er hat den Anstoß zum Thema dieser Arbeit gegeben und mir bei der inhaltlichen Ausgestaltung und Schwerpunktsetzung viele wertvolle Freiheiten gelassen. Herzlich danken möchte ich darüber hinaus Frau Prof. Dr. Lena Rudkowski für die außerordentlich zügige Erstellung des Zweitgutachtens.

Ganz besonders möchte ich mich auch bei Herrn Dr. Christoph Dachner bedanken, auf dessen persönlichen und fachlichen Rat ich mich zu jeder Zeit verlassen konnte und der mich stetig motiviert und mir vor allem in der Abschlussphase dieser Arbeit viel Freiraum verschafft hat.

Mein größter Dank gebührt meinen Eltern, die mich während meiner gesamten Ausbildung und während der Promotion immer und in jeder Hinsicht ausnahmslos unterstützt haben. Ohne ihre Unterstützung und ihren Zuspruch würde es die vorliegende Arbeit nicht geben. Meinen Eltern ist diese Arbeit gewidmet.

München im August 2019

Anja Lausberg

Gliederung

§ 1 Einleitung 1
   A. Problemstellung 4
   B. Gang der Darstellung 5

§ 2 Das betriebsverfassungsrechtliche Begünstigungsverbot 7
   A. Vorbemerkung 8
      I. Entstehungsgeschichte 8
      II. Zweck des § 78 Satz 2 BetrVG 9
      III. Rechtscharakter der Norm 11
   B. Anwendungsbereich 14
      I. Persönlicher Schutzbereich 14
      II. Adressat des Begünstigungsverbots 15
      III. Zeitlicher Anwendungsbereich 18
   C. Tatbestandsvoraussetzungen des § 78 Satz 2 BetrVG 22
      I. Begünstigung 22
      II. Kausalzusammenhang 28
      III. Rechtfertigung durch gesetzliche Besserstellung 30
      IV. Subjektive Tatbestandsvoraussetzungen 36
   D. Ergebnis 37

§ 3 Konkretisierung des Begünstigungsverbots durch die §§ 37 ff. BetrVG 39
   A. Ehrenamtsprinzip, § 37 Abs. 1 BetrVG 39
      I. Entstehungsgeschichte 40
      II. Zweck des Ehrenamtsprinzips, § 37 Abs. 1 BetrVG 41
      III. Unentgeltlichkeit der Betriebsratstätigkeit 43
      IV. Ehrenamtsprinzip und Begünstigungsverbot 46
      V. Ergebnis 47
   B. Arbeitsbefreiung und Lohnausfallprinzip, § 37 Abs. 2 BetrVG 47

I. Arbeitsbefreiung 47

II. Lohnausfallprinzip 52

III. Zwischenergebnis 58

C. Ausgleich für Betriebsratstätigkeit außerhalb der Arbeitszeit, § 37 Abs. 3 BetrVG 58

I. Hintergrund der Norm 58

II. Anspruchsvoraussetzungen 59

III. Folgen des § Abs. 37 Abs. 3 BetrVG 60

D. Entgelt- und Tätigkeitsschutz 61

I. Entgeltschutz nach § 37 Abs. 4 BetrVG 61

II. Tätigkeitsschutz nach § 37 Abs. 5 BetrVG 98

E. Kostentragungspflicht des Arbeitgebers, § 40 BetrVG 98

F. Ergebnis 99

§ 4 Unzulässige Begünstigung durch Betriebsratsvergütung 101

A. Vergütungserhöhung 101

I. Erhöhung der (Grund-)Vergütung nach § 37 Abs. 4 BetrVG 101

II. Unterschiedliche Behandlung von freigestellten und nicht freigestellten Betriebsratsmitgliedern? 113

III. Ergebnis 115

B. Beförderung 116

I. Anknüpfungspunkt 117

II. Betriebsüblichkeit von Beförderungen 118

III. Auswirkungen von Neu- oder Umorganisation im Betrieb 124

IV. Leistungsabhängige Beförderungen 130

V. Freiwillige Beförderung durch den Arbeitgeber 132

VI. Sonderfall: Hypothetische Beförderung zum leitenden Angestellten 138

VII. Faktische Höhergruppierung ... 145
VIII. Tätigkeitsbezeichnung ... 148
IX. Ergebnis ... 150
C. Abgeltung von Mehrarbeit ... 152
    I. Tatsächliche Mehrarbeit ... 153
    II. Hypothetische Mehrarbeit ... 190
    III. Ausgewählte Sonderprobleme im Rahmen des § 37 Abs. 3 BetrVG 202
    IV. Ergebnis ... 210
D. Leistungsbezogene arbeitszeitunabhängige Vergütung ... 212
    I. Allgemeines ... 212
    II. Berechnung einer arbeitszeitunabhängigen Leistungs- und Erfolgsvergütung ... 216
    III. Ergebnis ... 238
E. Zulagen ... 239
    I. Abgrenzung von Zulagen mit Entgeltcharakter und Zulagen mit Aufwendungscharakter ... 239
    II. Grenze zum Verstoß gegen § 78 Satz 2 Alt. 2 BetrVG ... 243
    III. Sonderproblem: Trinkgelder ... 244
    IV. Ergebnis ... 247
F. Ausgleich von Entgeltminderungen ... 248
    I. Schutz vor geringerer Vergütung ... 249
    II. Ausgleich von Steuernachteilen und Sozialabgaben ... 254
G. Vergütung bei Verhinderung der Mandatsausübung ... 280
    I. Krankheitsfall ... 280
    II. Urlaub ... 282
    III. Arbeitskampf ... 283

§ 5 Begünstigung durch Kostenübernahme der Sach- und Personalausstattung des Betriebsrats ... 303

- A. Kosten des Betriebsrats, § 40 BetrVG ... 304
  - I. Kostentragungspflicht des Arbeitgebers ... 304
  - II. Grenze zum Verstoß gegen § 78 Satz 2 BetrVG ... 306
  - III. Pauschale Aufwandsentschädigung ... 310
  - IV. Ergebnis ... 317
- B. Teilnahme an Schulungs- und Bildungsveranstaltungen ... 318
  - I. Schulungs- und Bildungsveranstaltung nach § 37 Abs. 6 BetrVG ... 318
  - II. Schulungs- und Bildungsveranstaltung nach § 37 Abs. 7 BetrVG ... 320
  - III. Ergebnis ... 329
- C. Dienstreisen ... 329
  - I. Erforderlichkeit der Reisekosten, § 40 BetrVG ... 331
  - II. Umfang der Kostenerstattung ... 331
  - III. Reisekostenpauschalen ... 337
  - IV. Ergebnis ... 337
- D. Dienstwagen ... 338
  - I. Private Nutzung ... 338
  - II. Dienstliche Nutzung ... 342
  - III. Ergebnis ... 345
- E. Kosten der privaten Lebensführung als Kosten der Betriebsratsarbeit .. 345
  - I. Anspruch auf Übernahme von Kinderbetreuungskosten nach Ansicht des BAG ... 346
  - II. Vereinzelte Kritik der Literatur ... 348
  - III. Stellungnahme ... 349
  - IV. Ergebnis ... 351

§ 6 Begünstigung durch Arbeitsbefreiung von Mitgliedern des Betriebsrats ... 353

A. Überblick ... 353

B. Begünstigung durch anlassbezogene Arbeitsbefreiung, § 37 Abs. 2 BetrVG ... 354

    I. Arbeitsbefreiung trotz fehlender Erforderlichkeit ... 354

    II. Befreiung von einer bestimmten Art von Arbeit ... 356

    III. Absenken des Arbeitspensums ... 359

C. Begünstigung durch pauschale Arbeitsfreistellung nach § 38 BetrVG ... 361

    I. Freistellungen über die Staffel in § 38 Abs. 1 BetrVG hinaus ... 362

    II. Unzulässige Begünstigung durch Überschreiten der Mindestregelung des § 38 Abs. 1 BetrVG bei fehlender Erforderlichkeit? ... 363

    III. Ergebnis ... 364

§ 7 Rechtsfolgen unzulässiger Begünstigungen ... 365

A. Zivilrecht ... 365

    I. Anspruch des Betriebsratsmitglieds auf die zugesagte Begünstigung? ... 365

    II. Rückzahlungsanspruch des Arbeitgebers ... 367

    III. Haftungsrisiken auf Arbeitgeberseite ... 376

    IV. Haftung des Betriebsrats und seiner Mitglieder ... 379

    V. Ergebnis ... 382

B. Rechtsfolgen nach § 23 BetrVG ... 383

    I. Amtsenthebung eines Betriebsratsmitglieds oder Auflösung des Gremiums nach § 23 Abs. 1 BetrVG ... 384

    II. Rechtsfolgen für den Begünstigenden, § 23 Abs. 3 BetrVG ... 391

    III. Ergebnis ... 392

C. Strafbarkeit wegen unzulässiger Begünstigung ... 392

I.	Strafbarkeit nach § 119 Abs. 1 Nr. 3 BetrVG	393
II.	Untreuestrafbarkeit nach § 266 StGB	408
III.	Steuerstrafrecht	418
IV.	Strafprozessuale Überlegungen	420
V.	Zusammenfassung	420

§ 8 Abschaffung des Ehrenamtsprinzips de lege ferenda? ... 422

A. Kritik am Ehrenamtsprinzip ... 422
    I. Professionalisierung der Betriebsratsarbeit ... 422
    II. Der Betriebsrat als „Co-Manager" ... 424

B. Reformvorschläge in der Literatur ... 425
    I. Gesetzliche Neuregelung ... 425
    II. Schaffung wirkungsvoller Sanktionsmöglichkeiten ... 432

C. Eigener Ansatz ... 434
    I. Legitimation des Ehrenamtsprinzips ... 434
    II. Reformvorschläge ... 443

§ 9 Fazit ... 453

Literaturverzeichnis ... 455

§ 1 Einleitung 1
A. Problemstellung 4
B. Gang der Darstellung 5

§ 2 Das betriebsverfassungsrechtliche Begünstigungsverbot 7
A. Vorbemerkung 8
    I. Entstehungsgeschichte 8
    II. Zweck des § 78 Satz 2 BetrVG 9
    III. Rechtscharakter der Norm 11
B. Anwendungsbereich 14
    I. Persönlicher Schutzbereich 14
    II. Adressat des Begünstigungsverbots 15
        1. „Jedermann" als Adressat des Begünstigungsverbots 15
        2. Der Begünstigte als Adressat des Begünstigungsverbots 16
    III. Zeitlicher Anwendungsbereich 18
        1. Nachwirkung 18
        2. Vorwirkung 19
            a. Streitstand 19
            b. Stellungnahme 20
            c. Ergebnis 21
C. Tatbestandsvoraussetzungen des § 78 Satz 2 BetrVG 22
    I. Begünstigung 22
        1. Begriff der Begünstigung 22
        2. Vergleichsmaßstab 24
        3. Versprechen einer Begünstigung 26
    II. Kausalzusammenhang 28
    III. Rechtfertigung durch gesetzliche Besserstellung 30

1. Rechtfertigung der Begünstigung durch den gesetzlichen Ausschluss der ordentlichen Kündigung nach § 15 Abs. 1 KschG, § 103 Abs. 1 BetrVG 31

2. Anspruch des Betriebsratsmitglieds auf Freikündigung eines Arbeitsplatzes nach § 15 Abs. 5 KSchG als gesetzlich zulässige Begünstigung? 32

IV. Subjektive Tatbestandsvoraussetzungen 36

D. Ergebnis 37

§ 3 Konkretisierung des Begünstigungsverbots durch die §§ 37 ff. BetrVG 39

A. Ehrenamtsprinzip, § 37 Abs. 1 BetrVG 39

   I. Entstehungsgeschichte 40

   II. Zweck des Ehrenamtsprinzips, § 37 Abs. 1 BetrVG 41

   III. Unentgeltlichkeit der Betriebsratstätigkeit 43

      1. Begrifflichkeiten 43

      2. Normadressat 44

      3. Versprechen einer zusätzlichen Leistung 45

      4. Annahme einer Begünstigung 45

   IV. Ehrenamtsprinzip und Begünstigungsverbot 46

   V. Ergebnis 47

B. Arbeitsbefreiung und Lohnausfallprinzip, § 37 Abs. 2 BetrVG 47

   I. Arbeitsbefreiung 47

      1. Allgemeines 47

      2. Aufgaben des Betriebsrats 49

      3. Erforderlichkeit der Arbeitsbefreiung 50

         a. Definition 50

         b. Maßstab des Beurteilungsspielraums 51

         c. Befreiung für Schulungs- und Bildungsveranstaltungen 52

II. Lohnausfallprinzip 52
  1. Rechtsgrundlage für die Lohnfortzahlung 53
  2. Anspruchsumfang 56
  3. Anwendbarkeit des Lohnausfallprinzips auf dauerhaft freigestellte Betriebsratsmitglieder 57
III. Zwischenergebnis 58
C. Ausgleich für Betriebsratstätigkeit außerhalb der Arbeitszeit, § 37 Abs. 3 BetrVG 58
  I. Hintergrund der Norm 58
  II. Anspruchsvoraussetzungen 59
  III. Folgen des § Abs. 37 Abs. 3 BetrVG 60
D. Entgelt- und Tätigkeitsschutz 61
  I. Entgeltschutz nach § 37 Abs. 4 BetrVG 61
    1. Regelungsgehalt 61
      a. Allgemeines 61
      b. Zusammenspiel von § 37 Abs. 2 BetrVG und § 37 Abs. 4 BetrVG 64
      c. Verhältnis von § 37 Abs. 4 BetrVG zu § 78 Satz 2 BetrVG 64
    2. Bestimmung vergleichbarer Arbeitnehmer 66
      a. Personenkreis der vergleichbaren Arbeitnehmer 66
        aa. Vergleichsmaßstab 66
        bb. Berücksichtigung von im Amt erworbenen Qualifikationen .. 69
        cc. Teilfreigestellte Betriebsratsmitglieder 72
      b. Maßgeblicher Zeitpunkt 73
        aa. Streitstand 73
        bb. Stellungnahme 74
      c. Fehlen vergleichbarer Arbeitnehmer 79

aa. Vorhandensein eines einzelnen vergleichbaren Arbeitnehmers... 79

bb. Fehlen eines vergleichbaren Arbeitnehmers........................ 80

[1] Streitstand.. 80

[2] Stellungnahme.. 81

d. Wegfall des vergleichbaren Arbeitnehmers................................ 85

3. Die betriebsübliche berufliche Entwicklung................................ 86

a. Definition... 86

b. Entwicklung durch Fortbildungsmaßnahmen......................... 88

c. Veränderung der persönlichen Umstände in der Person des Betriebsratsmitglieds... 92

d. Zwischenergebnis... 94

4. Sonderfall: Teilzeitbeschäftigte Betriebsratsmitglieder.................. 94

II. Tätigkeitsschutz nach § 37 Abs. 5 BetrVG................................... 98

E. Kostentragungspflicht des Arbeitgebers, § 40 BetrVG................... 98

F. Ergebnis.. 99

§ 4 Unzulässige Begünstigung durch Betriebsratsvergütung................ 101

A. Vergütungserhöhung.. 101

I. Erhöhung der (Grund-)Vergütung nach § 37 Abs. 4 BetrVG.......... 101

1. Fortlaufende Anpassung... 101

2. Begriff des „Arbeitsentgelts".. 103

3. Freiwillige Gehaltserhöhungen.. 106

4. Funktionsvergütung.. 112

II. Unterschiedliche Behandlung von freigestellten und nicht freigestellten Betriebsratsmitgliedern?................................... 113

III. Ergebnis... 115

B. Beförderung.. 116

I.	Anknüpfungspunkt	117
II.	Betriebsüblichkeit von Beförderungen	118
	1. Handhabung durch die Rechtsprechung	119
	2. Handhabung durch die Literatur	120
III.	Auswirkungen von Neu- oder Umorganisation im Betrieb	124
	1. Neu- oder Abschaffung einer Beförderungsebene	124
	2. Ersatzloser Wegfall des bisherigen Arbeitsplatzes des Betriebsratsmitglieds	126
	a. Streitstand	126
	b. Stellungnahme	128
IV.	Leistungsabhängige Beförderungen	130
V.	Freiwillige Beförderung durch den Arbeitgeber	132
	1. Verstoß gegen § 78 Satz 2 BetrVG	133
	a. Anforderungen an die Feststellung einer Benachteiligung	134
	b. Übertragung des Bewertungsmaßstabs auf die Feststellung einer Begünstigung	135
	2. Folgerungen für die Zulässigkeit freiwilliger Beförderungen	136
	a. Freiwillige Beförderung neben einer tatsächlichen Beförderung	136
	b. Freiwillige Beförderung bei fehlender Beförderungsentscheidung	137
VI.	Sonderfall: Hypothetische Beförderung zum leitenden Angestellten	138
	1. Betriebsüblichkeit bei kleiner oder fehlender Vergleichsgruppe	138
	a. Keine Obergrenze	138
	b. Fehlen vergleichbarer Arbeitnehmer	139
	2. Auswirkungen auf die Mitgliedschaft im Betriebsrat	142
VII.	Faktische Höhergruppierung	145
VIII.	Tätigkeitsbezeichnung	148

Inhaltsverzeichnis

IX. Ergebnis 150
C. Abgeltung von Mehrarbeit 152
    I. Tatsächliche Mehrarbeit 153
        1. Tatbestandsvoraussetzungen, § 37 Abs. 3 BetrVG 153
            a. Betriebsratstätigkeit 153
            b. Erfüllung der Betriebsratstätigkeit aus betriebsbedingten Gründen außerhalb der Arbeitszeit 155
                aa. Betriebsbedingte Gründe im Sinne des § 37 Abs. 3 Satz 1 BetrVG 156
                bb. Betriebsratsbedingte Gründe 159
                cc. Anzeigepflicht 160
                dd. Zwischenergebnis 163
        2. Rechtsfolgen des § 37 Abs. 3 BetrVG 163
            a. Vorrangiger Anspruch auf Freizeitausgleich, § 37 Abs. 3 Satz 1 BetrVG 164
                aa. Grundsatz 164
                bb. Umfang und Mehrarbeitsvergütung 165
                    [1] Streitstand zur Frage der Mehrarbeitszuschläge 165
                    [2] Stellungnahme 166
            b. Abgeltung, § 37 Abs. 3 Satz 3 BetrVG 168
                aa. Betriebsbedingte Gründe i.S.d. § 37 Abs. 3 Satz 3 BetrVG .. 169
                bb. Umfang des Abgeltungsanspruchs 171
                    [1] Meinungsstand 172
                    [2] Stellungnahme 174
        3. Anwendbarkeit des § 37 Abs. 3 BetrVG auch bei freigestellten Betriebsratsmitgliedern 177
            a. Meinungsstand 177
            b. Stellungnahme 180

4. Zulässigkeit einer pauschalen Abgeltung von Mehrarbeit 183
    a. Pauschalierungen im Allgemeinen 183
    b. Pauschalierung der Mehrarbeit von Betriebsräten 184
        aa. Streitstand 184
        bb. Stellungnahme 186
5. Ergebnis 188
II. Hypothetische Mehrarbeit 190
  1. Nicht freigestellte Betriebsratsmitglieder 190
  2. Freigestellte Betriebsratsmitglieder 193
    a. Grundsatz 193
    b. Regelmäßige Mehrarbeit 195
    c. Freistellungsbedingte Mehrarbeit 199
  3. Zulässigkeit von Pauschalierungen 201
III. Ausgewählte Sonderprobleme im Rahmen des § 37 Abs. 3 BetrVG 202
  1. Ausgleich für Reise- und Wegezeiten 202
    a. Meinungsstand 203
    b. Stellungnahme 204
  2. Teilnahme an Betriebs- und Abteilungsversammlungen 206
    a. Problemlage und Meinungsstand 206
    b. Stellungnahme 208
IV. Ergebnis 210
D. Leistungsbezogene arbeitszeitunabhängige Vergütung 212
I. Allgemeines 212
II. Berechnung einer arbeitszeitunabhängigen Leistungs-
    und Erfolgsvergütung 216
  1. Beispielsfall 216
  2. Lösungsvorschläge in Rechtsprechung und Literatur 217

- a. Abstellen auf die Leistung des Betriebsratsmitglieds vor seiner Wahl in den Betriebsrat 217
- b. Durchschnittsleistung vergleichbarer Arbeitnehmer als Berechnungsmaßstab 218
- c. Kombination des Lohnausfallprinzips mit der Entwicklung vergleichbarer Arbeitnehmer 220
- d. Parallele zur Entgeltfortzahlung im Krankheitsfall, § 4 EFZG 220
- e. Parallele zum Urlaubsentgelt, § 11 BurlG 222
- f. Schätzung in entsprechender Anwendung von § 287 ZPO 223
- g. Anpassung von Zielvereinbarungen 223
- 3. Eigene Überlegungen und Stellungnahme 226
  - a. Auseinandersetzung mit in der Literatur und Rechtsprechung vertretenen Meinungen 227
  - b. Lösungsvorschlag 232
    - aa. Vollständig freigestellte Betriebsratsmitglieder 233
    - bb. Teilfreigestellte bzw. gelegentlich befreite Betriebsratsmitglieder 235
- 4. Lösung des Fallbeispiels 237
- III. Ergebnis 238
- E. Zulagen 239
  - I. Abgrenzung von Zulagen mit Entgeltcharakter und Zulagen mit Aufwendungscharakter 239
  - II. Grenze zum Verstoß gegen § 78 Satz 2 Alt. 2 BetrVG 243
  - III. Sonderproblem: Trinkgelder 244
    - 1. Meinungsstand 244
    - 2. Stellungnahme 245
  - IV. Ergebnis 247
- F. Ausgleich von Entgeltminderungen 248

I.	Schutz vor geringerer Vergütung	249
1.	Schlechtwettergeld	249
2.	Kurzarbeit	251
II.	Ausgleich von Steuernachteilen und Sozialabgaben	254
1.	Steuerprivileg gemäß § 3b EStG	255

    a. Betriebsratstätigkeit während der regulären Arbeitszeit ... 255

        aa. Meinungsstand ... 255

        bb. Stellungnahme ... 257

    b. Betriebsratstätigkeit während der steuerprivilegierten Arbeitszeit ... 259

        aa. Meinungsstand ... 259

        bb. Stellungnahme ... 264

            [1] Wortlaut ... 264

            [2] Historische Auslegung ... 265

            [3] Systematik ... 266

            [4] Keine extensive Auslegung von § 3b EStG ... 267

    c. Ergebnis ... 268

2. Sozialabgaben ... 269

3. Ausgleich durch den Arbeitgeber? ... 270

    a. Ausfallhaftung des Arbeitgebers ... 270

        aa. Meinungsstand ... 270

        bb. Stellungnahme ... 273

        cc. Ergebnis ... 276

    b. Kostentragungspflicht gemäß § 40 Abs. 1 BetrVG ... 277

    c. Schadensersatzpflicht, § 823 Abs. 2 BGB i.V.m. § 78 Satz 2 BetrVG ... 277

    d. Freiwillige Erstattung durch den Arbeitgeber ... 278

		4. Ergebnis	280
G.	Vergütung bei Verhinderung der Mandatsausübung		280
I.	Krankheitsfall		280
II.	Urlaub		282
III.	Arbeitskampf		283
	1. Möglichkeit der Teilnahme am Arbeitskampf		283
	2. Lohnfortzahlung bei Streikmaßnahmen?		284
		a. Aktive Streikteilnahme	284
		b. Mittelbare Streikteilnahme	285
		c. Hypothetische Streikteilnahme	286
		aa. Tatsächliche Streikbeteiligung erforderlich	286
		bb. Hypothetische Streikbeteiligung ausreichend	289
		cc. Leisten von Betriebsratstätigkeit maßgeblich	291
		dd. Stellungnahme	291
		ee. Ergebnis	294
		d. Schlichtungsversuch durch den Betriebsrat bei sog. wildem Streik	294
	3. Lohnfortzahlung bei Aussperrung?		296
		a. Entfallen des Entgeltanspruchs	296
		b. Fortbestehen des Entgeltanspruchs	298
		c. Stellungnahme	300
		d. Ergebnis	302

§ 5 Begünstigung durch Kostenübernahme der Sach- und Personalausstattung des Betriebsrats **303**

A. Kosten des Betriebsrats, § 40 BetrVG 304

    I. Kostentragungspflicht des Arbeitgebers 304

        1. Aufwendungen wegen des Betriebsratsamts 305

2. Aufwendungen unabhängig vom Betriebsratsamt 305
II. Grenze zum Verstoß gegen § 78 Satz 2 BetrVG 306
  1. Meinungsstand 307
  2. Stellungnahme 308
III. Pauschale Aufwandsentschädigung 310
  1. Streitstand 311
  2. Stellungnahme 315
IV. Ergebnis 317
B. Teilnahme an Schulungs- und Bildungsveranstaltungen 318
  I. Schulungs- und Bildungsveranstaltung nach § 37 Abs. 6 BetrVG ... 318
  II. Schulungs- und Bildungsveranstaltung nach § 37 Abs. 7 BetrVG ... 320
    1. Grundsätzliches 320
    2. Ausgleich für die Teilnahme an Veranstaltungen nach § 37 Abs. 7 BetrVG außerhalb der persönlichen Arbeitszeit 322
      a. Meinungsstand 322
      b. Stellungnahme 323
    3. Kostenerstattung 325
      a. Meinungsstand 325
      b. Stellungnahme 326
  III. Ergebnis 329
C. Dienstreisen 329
  I. Erforderlichkeit der Reisekosten, § 40 BetrVG 331
  II. Umfang der Kostenerstattung 331
    1. Betriebliche Reisekostenregelung 331
    2. Ausnahme bei Reisen mehrerer Betriebsratsmitglieder? 334
      a. Meinungsstand 334
      b. Stellungnahme 335

- III. Reisekostenpauschalen 337
- IV. Ergebnis 337
- D. Dienstwagen 338
  - I. Private Nutzung 338
    1. Dienstwagen als Teil des Arbeitsentgelts 338
    2. Verbotene Begünstigung? 339
    3. Erstmalige private Nutzungsmöglichkeit 341
    4. Fahrzeugklassenwechsel 341
  - II. Dienstliche Nutzung 342
    1. Grenze zur unzulässigen Begünstigung 342
    2. Freigestellte Betriebsratsmitglieder 344
  - III. Ergebnis 345
- E. Kosten der privaten Lebensführung als Kosten der Betriebsratsarbeit .. 345
  - I. Anspruch auf Übernahme von Kinderbetreuungskosten nach Ansicht des BAG 346
  - II. Vereinzelte Kritik der Literatur 348
  - III. Stellungnahme 349
  - IV. Ergebnis 351

§ 6 Begünstigung durch Arbeitsbefreiung von Mitgliedern des Betriebsrats 353

- A. Überblick 353
- B. Begünstigung durch anlassbezogene Arbeitsbefreiung, § 37 Abs. 2 BetrVG 354
  - I. Arbeitsbefreiung trotz fehlender Erforderlichkeit 354
    1. Meinungsstand 354
    2. Stellungnahme 355
    3. Ergebnis 356

II. Befreiung von einer bestimmten Art von Arbeit ... 356
   1. Meinungsstand in Rechtsprechung und Literatur ... 357
   2. Stellungnahme ... 357
   3. Ergebnis ... 359
III. Absenken des Arbeitspensums ... 359
C. Begünstigung durch pauschale Arbeitsfreistellung nach § 38 BetrVG .. 361
   I. Freistellungen über die Staffel in § 38 Abs. 1 BetrVG hinaus ... 362
   II. Unzulässige Begünstigung durch Überschreiten der Mindestregelung des § 38 Abs. 1 BetrVG bei fehlender Erforderlichkeit? ... 363
   III. Ergebnis ... 364

§ 7 Rechtsfolgen unzulässiger Begünstigungen ... 365

A. Zivilrecht ... 365
   I. Anspruch des Betriebsratsmitglieds auf die zugesagte Begünstigung? ... 365
      1. Nichtigkeit der Vereinbarung ... 365
      2. Durchschlagen auf andere infolge der Begünstigung geschlossene Verträge ... 366
   II. Rückzahlungsanspruch des Arbeitgebers ... 367
      1. Ansprüche aus ungerechtfertigter Bereicherung ... 367
         a. Rückforderung nach § 812 Abs. 1 Satz 1 Alt. 1 BGB ... 367
         b. Mögliche Ausschlussgründe, Einwendungen oder Einreden ... 367
            aa. Ausschluss der Rückforderung nach § 814 Alt. 1 BGB ... 367
            bb. Ausschluss der Rückforderung nach § 817 S. 2 BGB ... 369
                [1] Erfordernis einer teleologischen Reduktion des § 817 Satz 2 BGB ... 369
                [2] Stellungnahme ... 371
                [3] Ergebnis ... 374

cc. Keine Rückforderungsmöglichkeit infolge Entreicherung, § 818 Abs. 3 BGB 374

dd. Ausschluss der Rückforderung nach Erhebung der Einrede der Verjährung 374

ee. Auswirkung von Ausschlussfristen auf den Rückforderungsanspruch 375

2. Vindikations- und deliktische Ansprüche 375

III. Haftungsrisiken auf Arbeitgeberseite 376

1. Haftung von Organmitgliedern 376
2. Haftung von Arbeitnehmern 377
3. Deliktische Haftung aus § 823 Abs. 2 BGB i.V.m. § 78 Satz 2 BetrVG 378

IV. Haftung des Betriebsrats und seiner Mitglieder 379

1. Haftung des Betriebsratsgremiums 379
2. Haftung der Betriebsratsmitglieder 379

V. Ergebnis 382

B. Rechtsfolgen nach § 23 BetrVG 383

I. Amtsenthebung eines Betriebsratsmitglieds oder Auflösung des Gremiums nach § 23 Abs. 1 BetrVG 384

1. Voraussetzungen für den Ausschluss eines Betriebsratsmitglieds aus dem Betriebsrat 384

a. Grobe Verletzung der gesetzlichen Pflichten durch Annahme einer Begünstigung 384

b. Erforderlichkeit des Verschuldens des Betriebsratsmitglieds 387

2. Antragsbefugnis 388

a. Antragsbefugnis des Arbeitgebers 388
b. Antragsbefugnis der Gewerkschaft, der Arbeitnehmer und des Betriebsrats 390

II. Rechtsfolgen für den Begünstigenden, § 23 Abs. 3 BetrVG 391
III. Ergebnis 392
C. Strafbarkeit wegen unzulässiger Begünstigung 392
I. Strafbarkeit nach § 119 Abs. 1 Nr. 3 BetrVG 393
1. Tatbestand 393
   a. Geschütztes Rechtsgut der Norm 393
   b. § 119 Abs. 1 Nr. 3 BetrVG als Tätigkeits- oder Erfolgsdelikt? ... 394
   c. Reichweite des objektiven Tatbestandes 396
   d. Erforderlichkeit einer Unrechtsvereinbarung? 397
   e. Mögliche Täterschaft im Rahmen des § 119 Abs. 1 Nr. 3 BetrVG 398
      aa. § 119 Abs. 1 Nr. 3 BetrVG – ein „Jedermannsdelikt" 398
      bb. Das Betriebsratsmitglied als Täter des § 119 Abs. 1 Nr. 3 BetrVG? 399
         [1] Täterschaft bei Begünstigung durch das Betriebsratsmitglied 399
         [2] Keine Täterschaft aufgrund der Annahme der Begünstigung 399
         [3] Teilnahme wegen aktivem Einfordern der Begünstigung 400
      cc. Zwischenergebnis 401
   f. Subjektiver Tatbestand 401
2. Kollegialentscheidungen 402
3. Antragserfordernis gemäß § 119 Abs. 2 BetrVG 405
4. Ergebnis 407
II. Untreuestrafbarkeit nach § 266 StGB 408
1. Strafbarkeit des Arbeitgebers und der in seinem Lager stehenden Personen nach § 266 StGB 408

a. Vermögensbetreuungspflicht 409
b. Tathandlung 410
   aa. Missbrauchstatbestand 410
   bb. Treuebruchtatbestand 411
   cc. Ergebnis 413
c. Vermögensnachteil des Unternehmens durch ungerechtfertigte Kostenbelastung infolge unzulässiger Betriebsratsbegünstigung 413
d. Einverständnis des Vermögensinhabers 415
e. Subjektiver Tatbestand 416
2. Strafbarkeit des Betriebsratsmitglieds 417
3. Ergebnis 418
III. Steuerstrafrecht 418
1. Strafbarkeit des Arbeitgebers 418
2. Strafbarkeit des Betriebsratsmitglieds, §§ 369 Abs. 1 Nr. 4, 370 AO i.V.m. § 27 StGB 419
IV. Strafprozessuale Überlegungen 420
V. Zusammenfassung 420

§ 8 **Abschaffung des Ehrenamtsprinzips de lege ferenda?** **422**

A. Kritik am Ehrenamtsprinzip 422
   I. Professionalisierung der Betriebsratsarbeit 422
   II. Der Betriebsrat als „Co-Manager" 424
B. Reformvorschläge in der Literatur 425
   I. Gesetzliche Neuregelung 425
      1. Gesetzlich normierte Betriebsratsvergütung 425
         a. Vergütung der tatsächlichen Betriebsratstätigkeit 425
         b. Begrenzung auf freigestellte Betriebsratsmitglieder 427
         c. Budgetierung oder Umlagefinanzierung 428

  2. Öffnungsklausel 429

 II. Schaffung wirkungsvoller Sanktionsmöglichkeiten 432

C. Eigener Ansatz 434

 I. Legitimation des Ehrenamtsprinzips 434

  1. Erforderlichkeit einer Betriebsratsvergütung für den Betriebsrat als „Co-Manager"? 435

   a. Die Rolle des Betriebsrats nach der Gesetzeskonzeption und in der Rechtswirklichkeit 435

   b. Haftung, Verantwortung und Risiken der Betriebsratstätigkeit ... 437

  2. Daseinsberechtigung des Ehrenamtsprinzips 441

  3. Zwischenergebnis 443

 II. Reformvorschläge 443

  1. Begrenzung der Amtszeit 444

  2. Reform des § 23 BetrVG 446

   a. Absenken des Quorums des § 23 Abs. 1 BetrVG 446

   b. Kreis der Antragsberechtigten des § 23 Abs. 1 BetrVG 447

  3. Reform des § 119 BetrVG 448

   a. Erweiterung des Tatbestandes des § 119 Abs. 1 Nr. 3 BetrVG ... 448

   b. Antragsbefugnis nach § 119 Abs. 2 BetrVG 450

  4. Schaffung innerbetrieblicher Gehaltstransparenz 451

§ 9 Fazit **453**

Literaturverzeichnis **455**

a.A.	andere Ansicht
Abs.	Absatz
AiB	Arbeitsrecht im Betrieb: Zeitschrift für Betriebsratsmitglieder (Zeitschrift)
Alt.	Alternative
Anh.	Anhang
Anm.	Anmerkung
AO	Abgabenordnung in der Fassung der Bekanntmachung vom 1. Oktober 2002 (BGBl. I S. 3866; 2003 I S. 61), zuletzt geändert durch Artikel 6 des Gesetzes vom 17. Juli 2017 (BGBl. I S. 2745)
ArbG	Arbeitsgericht
ArbRAktuell	Arbeitsrecht Aktuell
Art.	Artikel
AuA	Arbeit und Arbeitsrecht: AuA; die Zeitschrift für das Personal-Management
Aufl.	Auflage
AuR	Arbeit und Recht: deutsches und europäisches Arbeitsrecht (Zeitschrift)
BAG	Bundesarbeitsgericht
BB	Betriebs-Berater: Recht, Wirtschaft, Steuern (Zeitschrift)
BetrVG	Betriebsverfassungsgesetz in der Fassung der Bekanntmachung vom 25. September 2001 (BGBL. I S. 2518), das zuletzt durch Artikel 6 des Gesetzes vom 17. Juli 2017 (BGBL. I S. 2509) geändert worden ist
BGB	Bürgerliches Gesetzbuch in der Fassung der Bekanntmachung vom 2. Januar 2002 (BGBl. I S. 42, 2909; 2003 I S. 738), das

	zuletzt durch Artikel 1 des Gesetzes vom 20. Juli 2017 (BGBl. I S. 2787) geändert worden ist
BGH	Bundesgerichtshof
BT-Drs.	Bundestags-Drucksache
BUrlG	Bundesurlaubsgesetz in der im Bundesgesetzblatt Teil III, Gliederungsnummer 800-4, veröffentlichen bereinigten Fassung, das zuletzt durch Artikel 3 Abs. 3 des Gesetzes vom 20. April 2013 (BGBl. I S. 868) geändert worden ist
BVerfG	Bundesverfassungsgericht
BVerfGE	Entscheidungen des Bundesverfassungsgerichts (Zeitschrift)
bzw.	beziehungsweise
CCZ	Corporate-Compliance-Zeitschrift: Zeitschrift zur Haftungsvermeidung im Unternehmen (Zeitschrift)
DB	Der Betrieb (Zeitschrift)
ders.	derselbe
Einl.	Einleitung
evtl.	eventuell
f.	folgende
ff.	fortfolgende
FS	Festschrift
GG	Grundgesetz für die Bundesrepublik Deutschland in der im Bundesgesetzblatt Teil III, Gliederungsnummer 100-1, veröffentlichten bereinigten Fassung, das zuletzt durch Artikel 1 des Gesetzes vom 13. Juli 2017 (BGBl. I S. 2347) geändert worden ist.
ggf.	gegebenenfalls
h.L.	herrschende Lehre
h.M.	herrschende Meinung

Hrsg.	Herausgeber
HS	Halbsatz
i.S.d.	im Sinne des
i.V.m.	in Verbindung mit
JURISPR-ArbR	juris Praxis Report Arbeitsrecht (Zeitschrift)
JZ	Juristenzeitung (Zeitschrift)
KSchG	Kündigungsschutzgesetz in der Fassung der Bekanntmachung vom 25. August 1969 (BGBl. I S. 1317), das zuletzt durch Artikel 4 des Gesetzes vom 17. Juli 2017 (BGBl. I S. 2509) geändert worden ist
LAG	Landesarbeitsgericht
m.w.N.	mit weiteren Nachweisen
NJW	Neue juristische Wochenschrift (Zeitschrift)
NJW-RR	Neue juristische Wochenschrift – Rechtsprechungs-Report Zivilrecht (Zeitschrift)
Nr.	Nummer
NZA	Neue Zeitschrift für Arbeitsrecht: Zweiwochenschrift für die betriebliche Praxis (Zeitschrift)
NZA-RR	Neue Zeitschrift für Arbeitsrecht – Rechtsprechungs-Report Arbeitsrecht (Zeitschrift)
RdA	Recht der Arbeit – Zeitschrift für die Wissenschaft und Praxis des gesamten Arbeitsrechts
Rn.	Randnummer
S.	Seite
SAE	Sammlung arbeitsrechtlicher Entscheidungen (Zeitschrift)
sog.	sogenannt

st. Rspr.	ständige Rechtsprechung
StGB	Strafgesetzbuch in der Fassung der Bekanntmachung vom 13. November 1998 (BGBl. I S. 3322), das zuletzt durch Artikel 1des Gesetzes vom 30. Oktober 2017 (BGBl. I S. 3618) geändert worden ist
TzBfG	Teilzeit- und Befristungsgesetz vom 21. Dezember 2000 (BGBl. I S. 1966), das zuletzt durch Artikel 23 des Gesetzes vom 20. Dezember 2011 (BGBl. I S. 2854) geändert worden ist
u.U.	unter Umständen
z.B.	zum Beispiel
ZfA	Zeitschrift für Arbeitsrecht (Zeitschrift)
ZIP	Zeitschrift für Wirtschaftsrecht (Zeitschrift)
zit.	zitiert
zugl.	zugleich

Im Übrigen wird auf *Kirchner/Butz*, Abkürzungsverzeichnis der Rechtssprache, verwiesen.

§ 1 Einleitung

Wie passt das seit Anfang des 20. Jahrhunderts bestehende Leitbild des unentgeltlichen Ehrenamtes, des Lohnausfallprinzips und des Benachteiligungs- und Begünstigungsverbots von Betriebsratsmitgliedern in die heutige Unternehmenswirklichkeit oder zu Schlagzeilen wie „*Mit dem Dienstporsche in den Klassenkampf*"[1], „*Razzia bei Volkswagen wegen Luxus-Gehalt für Osterloh*"[2] oder „*Wie der Betriebsrat Volkswagen mitregiert*"[3]?[4]

Der Fall von Volkswagen und seinem Gesamt- und Konzernbetriebsratsvorsitzenden Bernd Osterloh umreißt das Thema der vorliegenden Arbeit treffend: Bernd Osterloh ist gelernter Industriekaufmann. Sein Grundgehalt von vormals 200.000 Euro wurde Ende 2017 medienwirksam um die Hälfte reduziert.[5] In einem Interview schildert er seine Sicht auf die Dinge wie folgt:

> „*Wir müssen dahin kommen, dass Fähigkeiten und Qualifikationen, die Betriebsräte heute in Unternehmen schlicht haben müssen, um Belegschaften erfolgreich vertreten und schützen zu können, auch bei der Entgeltfindung berücksichtigt werden. [...] Ich sage Ihnen für meinen Fall ganz klar: Ich bin mit mir im Reinen. Und mir werden von vielen Seiten Managementqualitäten zugeschrieben. Ich stecke oft privat zurück und arbeite regelmäßig mindestens 70 Stunden die Woche [...]. Zudem gehe ich davon aus, dass dieses Angebot [zum Konzernpersonalvorstand befördert zu werden], zu*

---

1 Vgl. FAZ v. 01.04.2007, http://www.faz.net/aktuell/wirtschaft/wirtschaftspolitik/betriebsraete-mit-dem-dienstporsche-in-den-klassenkampf-1412346.html (abgerufen am 05.04.2018).
2 Vgl. Manager Magazin v. 15.11.2017, http://www.manager-magazin.de/unternehmen/autoindustrie/volkswagen-razzia-wegen-gehalt-von-bernd-osterloh-a-1178036.html (abgerufen am 05.04.2018).
3 Vgl. Manager Magazin v. 12.04.2018, http://www.manager-magazin.de/unternehmen/autoindustrie/volkswagen-ag-wie-der-betriebsrat-mitregiert-a-1202343.html (abgerufen am 22.04.2018).
4 Siehe weitere Fälle zu Siemens und Opel: www.spiegel.de/wirtschaft/unternehmen/siemens-prueft-gehaltserhoehung-fuer-betriebsratschef-a-926952.html (abgerufen am 09.10.2013); http://www.faz.net/aktuell/wirtschaft/betriebsratsverguetung-staatsanwaelte-warnen-opel-11725981.html (abgerufen am 05.04.2018).
5 Handelsblatt vom 26.12.2017, http://www.handelsblatt.com/my/unternehmen/industrie/vw-betriebsratschef-bernd-osterloh-ich-bin-mit-mir-im-reinen/20785968.html?ticket=ST-1145083-B1iqSku2Jb0DTTiR9AEz-ap1 (abgerufen am 05.04.2018).

dem ich nur hätte Ja sagen müssen, auch bei meiner Entgeltfindung mit berücksichtigt wird."[6] Das Anforderungsprofil an ein Betriebsratsmitglied scheint sich grundlegend verändert zu haben, insbesondere in puncto Arbeitszeit, regelmäßiger Dienstreisen, Sprachkenntnisse, Verständnis komplexer betriebswirtschaftlicher Zusammenhänge, Verhandlungskompetenz sowie Umgang mit den Medien. Das Betriebsratsamt wird zunehmend als professioneller Beruf wahrgenommen.[7] Die gesetzlichen Pflichten von Mitgliedern des Betriebsrats wurden durch die Reform des BetrVG im Jahr 2001 signifikant ausgeweitet.[8] Rechtfertigt es diese Entwicklung der Unternehmensrealität, Betriebsratsmitglieder mit Blick auf die geltende Rechtslage wie Manager zu vergüten?

De lege lata spielen Managementqualitäten, besondere Qualifikationen und Karrieremöglichkeiten eines Betriebsratsmitglieds keine Rolle bei der Vergütungsbemessung. Ein Industriemechaniker soll nach der Intention des Gesetzgebers grundsätzlich auch unter Ausübung des Amtes als Betriebsrat weiter wie ein Industriemechaniker verdienen. Wie rechtfertigt sich vor diesem Hintergrund ein sechsstelliges Jahressalär?

Bei der Festlegung der Begünstigungen von Betriebsratsmitgliedern besteht in der Praxis erhebliche Unsicherheit. Es fehlt an klaren gesetzlichen Vorgaben und handhabbaren Leitlinien. Wie wäre beispielsweise eine professionelle Karriere von Herrn Osterloh verlaufen, wenn er nicht in den Betriebsrat gewählt worden wäre? Mit welchen anderen Mitarbeitern oder Mitarbeitergruppen wäre er dann vergleichbar? Was würde er dann verdienen?

Die Politik hat es bislang versäumt, die bestehenden Rechtsunsicherheiten auszuräumen. Zuletzt unterbreitete die SPD im Juli 2017 kurz vor Ende der 18. Legislaturperiode den Vorschlag, § 37 Abs. 4 BetrVG wie folgt zu ergänzen: *„Bei der Bemessung des Arbeitsentgelts und der allgemeinen Zuwendungen sind außerdem die zur Wahrnehmung der Betriebsratstätigkeit erworbenen Qualifikationen und*

---

6   Interview von Bernd Osterloh auf der Webseite der IG Metall vom 22.12.2017, http://www.igm-bei-vw.de/detail/bernd-osterloh-zur-betriebsratsverguetung-wir-alle-haetten-gerne-einfach-klarheit/ (abgerufen am 05.04.2018).
7   *Franzen*, ZAAR 2008, 48 (53).
8   Vgl. RegE v. 02.04.2001, BT-Drs. 14/5741, S. 24.

Erfahrungen, wie auch regelmäßig wahrgenommenen Aufgaben zu berücksichtigen, soweit sie die Tätigkeit des Betriebsratsmitglieds prägen."[9] Der polemisch als „Lex Osterloh" bezeichnete Gesetzesentwurf scheiterte am Widerstand der CDU/CSU[10]. Im Koalitionsvertrag der 19. Legislaturperiode wird das Thema Betriebsratsvergütung nicht mehr thematisiert.[11]

Rechtsprechung[12] und Wissenschaft[13] haben bislang wenige belastbaren Kriterien zur Abgrenzung zwischen unzulässiger Begünstigung und Benachteiligung von Betriebsratsmitgliedern erarbeitet. Es wird allerdings vielfach kritisiert, dass die gesetzgeberischen Vorstellungen und die Unternehmenswirklichkeit auseinandergedriftet sind.[14]

Bestehende Rechtsunsicherheiten beim Thema Betriebsratsbegünstigung sind für Personalverantwortliche und Betriebsratsmitglieder besonders misslich. Neben allgemeinen Compliance-Vorgaben und der öffentlichen Wahrnehmung sind an eine überhöhte Betriebsratsvergütung und sonstige Vorteile wie z.B. luxuriöse Dienstreisen oder den Zugriff der Betriebsratsmitglieder auf den unternehmenseigenen Fuhrpark[15] zivilrechtliche und strafrechtliche Konsequenzen geknüpft.

---

9   Vgl. Formulierungshilfe für einen Änderungsantrag der Fraktion CDU/CSU und der SPD zu dem Entwurf eines Gesetzes zur Sicherung der tarifvertraglichen Sozialkassenverfahren und zur Änderung des Arbeitsgerichtsgesetzes, BT-Drs. 18/12510.
10 Vgl. DIE WELT v. 03.07.2017, https://www.welt.de/wirtschaft/article166188861/CDU-laesst-Arbeitsministerin-Nahles-auflaufen.html (abgerufen am 05.04.2018).
11 Koalitionsvertrag der 19. Legislaturperiode zwischen CDU, CSU und SPD, abrufbar unter https://www.cdu.de/system/tdf/media/dokumente/koalitionsvertrag_2018.pdf?file=1 (abgerufen am 05.04.2018).
12 In der Entscheidung des BAG v. 18.01.2017 – 7 AZR 205/15, AP Nr. 166 zu § 37 BetrVG 1972, zur Vergütung von Betriebsratsmitgliedern blieben viele Fragen offen; häufig halten sich Arbeitsgerichte gleich ganz bedeckt, Stichwort: „*Wo kein Kläger, da kein Richter*"; die Strafgerichte durften sich lediglich mit einigen spektakulären Fällen befassen, vgl. z.B. BGH v. 17.09.2009 – 5 StR 521/08, NJW 2010, 92.
13 *Annuß*, NZA 2018, 134; *ders.* NZA 2018, 976; *Benkert*, NJW-Spezial 2018, 50; *Blattner*, NZA 2018, 129; *Bittmann/Mujan*, BB 2012, 637 und 1604; *Esser* (2013); *Fischer*, NZA 2007, 484; *ders.*, BB 2007, 997; *ders.*, NZA 2014, 71; *Moll/Roebers*, NZA 2012, 57; *Purschwitz* (2015); *Rieble*, NZA 2008, 276; *ders.*, BB 2009, 1016; *ders.*, BB 2009, 1612; *Stück*, ArbRAktuell 2017, 512; *Weinspach*, in: FS Kreutz, 485 (485).
14 *Byers*, NZA 2014, 65 (65); *Farthmann*, in: FS Stahlhacke, 115 (116); *Franzen*, ZAAR 2008, 48 (53); *Jacobs/Frieling*, ZfA 2015, 241 (242).
15 BGH v. 17.09.2009 – 5 StR 521/08, NJW 2010, 92.

Für Aufsehen sorgte z.B. die Verurteilung von *Klaus Volkert* und *Peter Hartz* wegen Beihilfe und Anstiftung zur Betriebsratsbegünstigung und Untreue.[16] Das Thema Betriebsratsbegünstigung ist nach wie vor aktuell und brisant. Insbesondere nach den im Frühjahr 2018 durchgeführten Betriebsratswahlen stellt sich für viele Unternehmen die Frage, wie die Entlohnung der neu gewählten oder in den operativen Betrieb wieder einzugliedernden Betriebsratsmitglieder gesetzeskonform zu bemessen ist.

A. Problemstellung

Den „Beruf" des Betriebsrats gibt es *de lege lata* nicht. Ein Betriebsratsmitglied ist grundsätzlich auch Arbeitnehmer. Die Stellung eines Betriebsratsmitglieds wird im BetrVG durch das Ehrenamtsprinzip, das Lohnausfallprinzip sowie das Benachteiligungs- und Begünstigungsverbot umrissen.

Genauer: Dem Arbeitgeber ist es untersagt, Betriebsratsmitgliedern Leistungen zu gewähren, die nicht durch ihr ursprüngliches Arbeitsverhältnis veranlasst sind. Das einzelne Betriebsratsmitglied soll so gestellt werden, als hätte es „normal" weitergearbeitet.[17]

Vor diesem Hintergrund überrascht das in der Praxis oftmals fehlende Problem- und Unrechtsbewusstsein der Betriebsparteien. Betriebsräte werden – nicht nur in großen Unternehmen – häufig „besonders" bezahlt. Sonderzuwendungen werden mit den Stichworten „Co-Management", dem Agieren der Betriebsratsmitglieder „auf Augenhöhe" mit der Geschäftsführung eines Unternehmens und der zunehmenden Professionalisierung der Betriebsratsarbeit gerechtfertigt. „Mehrarbeitspauschalen", „Funktionszulagen" und sonstige „Ausgleichszahlungen" für persönlichen und zeitlichen Einsatz speziell für Betriebsratsmitglieder lassen sich nicht, oder nur schwer, mit dem Ehrenamtsprinzip vereinbaren. Besonders eindrucksvoll zeigt sich dies am Fall des ehemaligen VW Betriebsratsvorsitzenden

---

16 Klaus Volkert wurde wegen Beihilfe und Anstiftung zur schweren Untreue sowie Anstiftung zur Betriebsratsbegünstigung zu einer Freiheitsstrafe von 2 Jahren und 9 Monaten verurteilt; der Personalverantwortliche Peter Hartz wurde zu 2 Jahren Freiheitsstrafe auf Bewährung und einer hohen Geldstrafe verurteilt, vgl. BGH v. 17.09.2009 – 5 StR 521/09, NJW 2010, 92.
17 BAG v. 05.05.2010 - 7 AZR 728/08, NZA 2010, 1025.

Klaus Volkert, der ein Gehalt bezog, das dem eines VW Markenvorstandes entsprach und private Ausgaben, etwa für seine brasilianische Geliebte oder diverse Lustreisen als Spesen abrechnete[18].

Die gesetzlichen Regelungen sind auslegungsbedürftig und lückenhaft. Es fehlt an einer klaren Grenze zwischen unzulässiger und zulässiger Leistungsgewährung an Betriebsratsmitglieder. Dies stellt Arbeitgeber, insbesondere mit Blick auf die hypothetische Vergütungsentwicklung freigestellter Betriebsratsmitglieder, vor die Herausforderung, die Vergütung und von Betriebsratsmitgliedern und sonstige Leistungen gesetzeskonform zu bemessen. Die Grenzziehung zwischen der unzulässigen und der zulässigen Gewährung von Begünstigungen ist unklar und fällt umso schwerer, je länger ein Arbeitnehmer Mitglied des Betriebsrats ist.

Die entscheidenden (praxisrelevanten) Fragen lassen Gesetz, Rechtsprechung und Wissenschaft bisher weitgehend unbeantwortet: Mit welchen Arbeitnehmern ist das Betriebsratsmitglied vergleichbar? Wann ist eine berufliche Entwicklung betriebsüblich? Was gilt, wenn ein Mitarbeiter befördert worden wäre, wäre er für die Betriebsratstätigkeit nicht (teil-)freigestellt gewesen? Die tatbestandliche Abgrenzung ist für die beteiligten Betriebsparteien von erheblicher Bedeutung. Für Verstöße gegen das betriebsverfassungsrechtliche Begünstigungsverbot drohen den handelnden Organen des Arbeitgebers und den betroffenen Betriebsratsmitgliedern empfindliche Sanktionen: Freiheitsstrafe bis zu zehn Jahren, Rückzahlung der erhaltenen Begünstigungen, Ausschluss aus dem Betriebsrat, schlechte Presse und ein möglicher Imageschaden.

Die vorliegende Arbeit leistet einen Beitrag, die „veritable Zwickmühle"[19] zwischen den bestehenden Vorgaben des BetrVG, den drohenden Rechtsfolgen und der Unternehmenswirklichkeit aufzulösen, und unterbreitet einen Vorschlag, wie *de lege ferenda* Rechtsunsicherheiten in diesem Bereich vorgebeugt werden kann.

B. Gang der Darstellung

Die Erarbeitung praktikabler Auslegungsansätze setzt eine systematische Analyse der gesetzlichen Vorgaben, insbesondere des Begünstigungsverbots, voraus.[20]

---

18 Vgl. BGH vom 17.09.2009 – 5 StR 521/09, NJW 2010, 92.
19 *Jacobs/Frieling*, ZfA 2015, 241 (242).
20 Siehe unter „Das betriebsverfassungsrechtliche Begünstigungsverbot", S. 7.

Einleitung

Auf dieser Grundlage werden praktikable Kriterien zur Abgrenzung einer unzulässigen Begünstigung von der ebenfalls unzulässigen Benachteiligung erarbeitet.[21] Anschließend werden mögliche Rechtsfolgen beleuchtet, die bei unzulässiger Begünstigung von Betriebsratsmitgliedern für den Arbeitgeber und seine Organe sowie für die Arbeitnehmervertreter drohen.[22] Das Ergebnis der Untersuchung wird schließlich dem Test unterzogen, ob der heute geltende Rechtsrahmen die Unternehmenswirklichkeit angemessen erfasst oder inwiefern Handlungsbedarf des Gesetzgebers besteht.[23]

---

21 Siehe unter „Unzulässige Begünstigung durch Betriebsratsvergütung", S.101; „Begünstigung durch Kostenübernahme hinsichtlich der Sach- und Personalausstattung des Betriebsrats", S. 303; „Begünstigung durch Arbeitsbefreiung von Mitgliedern des Betriebsrats", S. 353.
22 Näher dazu „Rechtsfolgen unzulässiger Begünstigungen", S. 365.
23 Näher dazu „Abschaffung des Ehrenamtsprinzips de lege ferenda?", S. 422.

§ 2 Das betriebsverfassungsrechtliche Begünstigungsverbot

Die Mitglieder des Betriebsrats nehmen im Betrieb eine Doppelrolle ein: Einerseits sind sie Arbeitnehmer, zugleich sind sie auch betriebsverfassungsrechtliche Funktionsträger.[24] Dennoch bleibt ein Mitglied des Betriebsrats in erster Linie Arbeitnehmer. Den „Beruf" des Betriebsrats gibt es *de lege lata* nicht. Das BetrVG sieht beide Rechtsstellungen grundsätzlich als voneinander getrennt an, auch wenn es sich gerade in der Praxis nicht vermeiden lässt, dass sie einander beeinflussen. Denn aus beiden Stellungen erwachsen den Betriebsratsmitgliedern Rechte und Pflichten.[25]

Im Interesse einer unparteiischen und unabhängigen Amtsführung enthält § 78 Satz 2 BetrVG ein umfassendes Benachteiligungs- und Begünstigungsverbot. Es lautet:

„Sie [Die Betriebsratsmitglieder] dürfen wegen ihrer Tätigkeit nicht benachteiligt oder begünstigt werden; dies gilt auch für ihre berufliche Entwicklung."

Um Sinn und Zweck des betriebsverfassungsrechtlichen Begünstigungsverbots voll aufzeigen zu können, muss zunächst die Entstehungsgeschichte der Norm näher erläutert werden. Dabei ist auch ihr Rechtscharakter herauszuarbeiten. Die Beantwortung der Frage, nach welchen Grundsätzen der Betriebsrat vergütet werden kann und wo die Grenze zur unzulässigen Begünstigung liegt, hängt von der Reichweite des Anwendungsbereichs und den einzelnen Tatbestandsvoraussetzungen ab, die daher ebenfalls näher zu beleuchten sind. Dabei gilt stets, dass die Existenz des Betriebsrats ist kein Selbstzweck ist. Der Betriebsrat dient der Repräsentation, dem Schutz sowie der Teilhabe der Belegschaft und damit auch der Verwirklichung des Sozialstaatsprinzips.[26]

---

24 DKKW/*Buschmann*, § 78 Rn. 3; *Kehrmann*, in: FS Wlotzke, 357 (361).
25 Vgl. dazu *Esser*, S. 3; *Farthmann*, in: FS Stahlhacke, 115 (116).
26 Richardi/*Richardi*, Einl. Rn. 42 f.

A. Vorbemerkung

I. Entstehungsgeschichte

Zunächst soll die Entstehungsgeschichte der Norm kurz skizziert werden. Die Darstellung der Entstehungsgeschichte der Norm ist sinnvoll, um diese Aspekte bei der historischen Auslegung berücksichtigen zu können.

Eine dem heutigen § 78 Satz 2 BetrVG vergleichbare Regelung fand sich bereits im Betriebsrätegesetz (BRG) vom 4. Februar 1920[27]. Das BRG 1920 ist ein Vorläufer des heutigen Betriebsverfassungsgesetzes. Mit ihm wurde erstmals eine einheitliche einfachgesetzliche Grundlage für die Betriebsverfassung geschaffen.[28]

Der dem heutigen § 78 BetrVG vergleichbare § 95 BRG 1920 lautete:

"Den Arbeitgebern und ihren Vertretern ist es untersagt, ihre Arbeitnehmer in der Ausübung ihres Wahlrechts zu den Betriebsvertretungen oder in der Übernahme und Ausübung der gesetzlichen Betriebsvertretungen zu beschränken oder sie deswegen zu benachteiligen."[29]

Bemerkenswerterweise fehlt § 95 BRG 1920 noch das heute in § 78 Satz 2 Alt. 2 BetrVG[30] enthaltene Begünstigungsverbot. Überdies nennt er lediglich den Arbeitgeber und seine Vertreter als Adressaten des Benachteiligungsverbots.

Das im Jahr 1952 neu gefasste Betriebsverfassungsgesetz (BetrVG 1952)[31] enthielt eine im Vergleich zum BRG 1920 deutlich umfangreichere Regelung der gesamten Betriebsverfassung.[32] So beinhaltete § 53 BetrVG 1952 erstmals ein ausdrückliches Begünstigungsverbot, welches wie folgt lautete:

---

27 RGBl. 1920, S. 147, erlassen auf Grundlage des Art. 165 der Weimarer Reichsverfassung; siehe dazu die Nachweise bei GK-BetrVG/*Wiese*, Einl. Rn. 13 f.
28 *Fitting*, Einl. Rn. 1.
29 RGBl. 1920, S. 147.
30 Zum Zwecke der Vereinfachung wird im Folgenden die Begünstigungsalternative unspezifisch als § 78 Satz 2 BetrVG wiedergegeben.
31 Gesetz vom 11.10.1952, BGBl. I S. 681 ff., erlassen auf Basis des Art. 74 Nr. 12 GG.
32 Richardi/*Thüsing*, Einl. Rn. 1.

„Die Mitglieder des Betriebsrats, die in § 20 bezeichneten Vertreter und die Mitglieder der Einigungsstelle dürfen um ihrer Tätigkeit willen nicht benachteiligt oder begünstigt werden."

§ 78 Satz 2 BetrVG entspricht im Wesentlichen immer noch § 53 BetrVG 1952. Normadressat ist jedoch nicht mehr nur der Arbeitgeber, sondern grundsätzlich jedermann. Sein Geltungsbereich wurde wegen gleicher Schutzbedürftigkeit auch auf die Mitglieder aller nach dem BetrVG möglichen Institutionen ausgedehnt. Weiter nahm der Gesetzgeber im Zuge der Reform des BetrVG 1972 den Hinweis auf, das Benachteiligungs- und Begünstigungsverbot gelte auch für die berufliche Entwicklung des Betriebsratsmitglieds.[33]

II. Zweck des § 78 Satz 2 BetrVG

Die Mitglieder des Betriebsrats können ihre Aufgaben nur dann funktionsgemäß und wirkungsvoll erfüllen, wenn ihnen ein Mindestmaß an faktischer und nicht nur rechtlicher Unabhängigkeit gesichert ist.[34] Um diese Unabhängigkeit zu gewährleisten, enthält § 78 BetrVG zwei Verbote: Zum einen verbietet Satz 1 eine Störung und Behinderung der betriebsverfassungsrechtlichen Funktionsträger in der Ausübung ihrer Amtstätigkeit. Zum anderen soll das in Satz 2 enthaltene Benachteiligungs- und Begünstigungsverbot die persönliche Unabhängigkeit der Funktionsträger sichern.[35] Anders als § 78 Satz 1 BetrVG, der die Amtsführung als solche schützt, bezieht sich § 78 Satz 2 BetrVG auf die persönliche Rechtsstellung der Betriebsratsmitglieder und umfasst ausdrücklich auch deren berufliche Entwicklung.

Auch wenn ein Schwerpunkt dieser Arbeit das in § 78 Satz 2 BetrVG enthaltenen Begünstigungsverbot sein soll, verbietet sich seine isolierte Betrachtung. Die Prüfung des Begünstigungsverbots macht in der Regel auch die Prüfung des Benachteiligungsverbots erforderlich, denn § 78 Satz 2 BetrVG legt die Höchst-, zugleich aber auch die Mindestarbeitsbedingungen fest.[36]

---

33 BR-Drs. 6/1786, S. 47.
34 GK-BetrVG/*Kreutz*, § 78 Rn. 1.
35 *Fitting*, § 78 Rn. 14.
36 *Esser*, S. 8 f.; *Rieble*, NZA 2008, 276 (277); *Stück*, ArbRAktuell 2017, 512 (512).

§ 78 Satz 2 BetrVG dient der Sicherung der inneren und äußeren Unabhängigkeit sowie der unparteilichen Amtsführung der Betriebsratsmitglieder.[37] Jedes Mitglied des Betriebsrats soll sein Amt ungehindert von Furcht vor Maßregelungen und Sanktionen, aber auch unbeeinflusst von besonderen Zuwendungen durch den Arbeitgeber oder Dritte ausüben können, also nicht „käuflich" sein.[38]

§ 78 Satz 2 BetrVG untersagt daher jede sachlich nicht gerechtfertigte Handlung, durch die das Betriebsratsmitglied wegen seiner Amtstätigkeit schlechter- oder bessergestellt wird. Die Norm soll gewährleisten, dass die Funktionsträger bei ordnungsgemäßer Tätigkeit nicht anders behandelt werden als die anderen Arbeitnehmer.[39] Nach Auffassung des Gesetzgebers ist die Unabhängigkeit und Neutralität des Betriebsrats nur dann sichergestellt, wenn dessen Mitglieder nicht aus der übrigen Belegschaft herausgelöst werden, zumal sie nicht nur ehrenamtliche Amtsträger sind, sondern gleichzeitig Arbeitnehmer bleiben. Sie sollen weiterhin Teil der Belegschaft bleiben, ohne Gefahr zu laufen, den „Kontakt zur Basis" zu verlieren.[40] Dadurch soll die ordnungsgemäße, unvoreingenommene, unbeeinflusste und ungestörte Ausübung der Betriebsratstätigkeit gewährleistet werden.[41]

Sinn und Zweck des Begünstigungsverbots ist es also zu verhindern, dass der Betriebsrat oder seine Mitglieder sich durch besondere Leistungen des Arbeitgebers dazu verleiten lassen, die ihnen übertragenen Aufgaben als Arbeitnehmervertreter nicht mehr funktionsgemäß und wirkungsvoll zu erfüllen.[42] § 78 Satz 2 BetrVG will zudem verhindern, dass Arbeitnehmer lediglich wegen der Aussicht auf finanzielle Vorteile bei der Wahl zum Betriebsrat kandidieren. Zugleich soll der Eindruck vermieden werden, der Arbeitgeber könne durch besondere Zuwendungen an die Betriebsratsmitglieder deren Amtsverständnis und gegebenenfalls auch deren Stimmverhalten beeinflussen. Zweck des Gesetzes ist somit auch, bereits den Anschein oder die Besorgnis von „Korruption" des Betriebsrats oder der Bestechlichkeit seiner Mitglieder zu vermeiden. Weder der Arbeitgeber noch ein

---

37 APS/*Künzl*, § 78 BetrVG Rn. 35; DKKW/*Buschmann*, § 78 Rn. 23; Düwell/*Lorenz*, § 78 Rn. 11; ErfK/*Kania*, § 78 BetrVG Rn. 6; *Fitting*, § 78 Rn. 14; GK-BetrVG/*Kreutz*, § 78 Rn. 54.
38 GK-BetrVG/*Kreutz*, § 78 Rn. 2.
39 ErfK/*Kania*, § 78 BetrVG Rn. 6; *Fitting*, § 78 Rn. 14.
40 *Bayreuther*, NZA 2013, 758 (759).
41 DKKW/*Buschmann*, § 78 Rn. 1.
42 GK-BetrVG/*Kreutz*, § 78 Rn. 1 f.

Dritter sollen sich „ihre" Betriebsverfassung kaufen können. Das Begünstigungsverbot sichert dabei nicht nur ein Mindestmaß an Unabhängigkeit der Betriebsratsmitglieder und dient dazu eine effektive Arbeitnehmervertretung zu gewährleisten, sondern bildet auch die Grundlage einer integren Amtsführung. Das Begünstigungsverbot trägt damit dem Spannungsverhältnis zwischen Arbeitnehmer- und Arbeitgeberinteressen Rechnung. Es will Betriebsratsmitgliedern unmöglich machen, die ihnen obliegende kollektive Interessenvertretung zugunsten persönlicher Vorteile zu vernachlässigen oder auch nur den Anschein zu erwecken.[43] Dies dürfte auch die Akzeptanz in der Belegschaft für kompromissreiche Entscheidungen stärken.

III. Rechtscharakter der Norm

Die Vorschrift ist zwingend und kann weder durch Tarifvertrag noch durch Betriebsvereinbarung oder Arbeitsvertrag abbedungen werden.[44] Auch ein Verzicht auf die durch die Norm eingeräumte Rechtsstellung ist nicht möglich, denn aufgrund des oben benannten Zwecks der Norm besteht ein öffentliches Interesse an ihrem Bestehen.[45] Es soll den Betriebsparteien gerade nicht möglich sein, die Funktionsfähigkeit der betrieblichen Arbeitnehmervertretungen zu beeinflussen.

§ 78 Satz 2 BetrVG konkretisiert die verfassungsrechtliche Fundierung der Betriebsverfassung basierend auf der Berufsfreiheit des Art. 12 GG und dem Sozialstaatsprinzip nach Art. 20 GG, indem § 78 Satz 2 BetrVG die Mitglieder des Betriebsrats in ihrer Doppelrolle – einerseits in ihrer Betätigung als betriebsverfassungsrechtliche Funktionsträger und andererseits in ihrer Stellung als Arbeitnehmer – besonders schützt.[46] Weitere Sonderregelungen zum Schutz von Organmitgliedern finden sich in den §§ 37 bis 41, 51, 59, 65, 73, 78a, 103 BetrVG sowie in § 15 KSchG. § 78 BetrVG hat im Verhältnis zu diesen Sonderregelungen die Funktion einer Generalnorm, die durch die Schutzvorschriften konkretisiert und verstärkt wird und zu deren Auslegung herangezogen werden kann.[47]

---

43 *Fitting*, § 78 Rn. 14 f.
44 BAG v. 23.06.2004 – 7 AZR 514/03, NZA 2004, 1287; DKKW/*Buschmann*, § 78 Rn. 1; Düwell/*Lorenz*, § 78 Rn. 2; ErfK/*Kania*, § 78 BetrVG Rn. 1; *Fitting*, § 78 Rn. 4; GK-BetrVG/*Kreutz*, § 78 Rn. 20; HWGNRH/*Worzalla*, § 78 Rn. 3.
45 *Fitting*, § 78 Rn. 4; GK-BetrVG/*Kreutz*, § 78 Rn. 24.
46 DKKW/*Buschmann*, § 78 Rn. 3.
47 GK-BetrVG/*Kreutz*, § 78 Rn. 5; Richardi/*Thüsing*, § 78 Rn. 3.

§ 78 Satz 2 BetrVG ist eine *Verbotsnorm*. Sie enthält sowohl ein Maßregelungsverbot als auch das Verbot der Gewährung von Vorteilen wegen der Amtstätigkeit.[48] Die Rechtsprechung zieht § 78 Satz 2 BetrVG jedenfalls im Hinblick auf die Benachteiligungsalternative darüber hinaus auch unmittelbar als *Anspruchsnorm* heran.[49] Jedenfalls aus dem Benachteiligungsverbot könne sich beispielsweise ein Anspruch des Betriebsratsmitglieds auf eine bestimmte Vergütung ergeben, wenn es durch eine geringere Vergütung wegen seiner Amtstätigkeit benachteiligt würde. § 78 Satz 2 BetrVG schreibe vor, dass die betriebsverfassungsrechtlichen Funktionsträger auch hinsichtlich ihrer beruflichen Entwicklung weder begünstigt noch benachteiligt werden dürfen. Darin liege nicht nur ein Verbot, sondern zugleich das Gebot an den Arbeitgeber, jedem Betriebsratsmitglied die berufliche Entwicklung einschließlich einer entsprechenden Vergütung zu ermöglichen, die es ohne sein Betriebsratsmandat genommen hätte.[50] Das Schrifttum übernimmt die Auffassung der Rechtsprechung – jedoch ohne nähere Begründung.[51]

Die Frage, ob § 78 Satz 2 BetrVG – zumindest im Hinblick auf das Benachteiligungsverbot – als Anspruchsgrundlage dienen kann, ist auch für die Frage nach einer unzulässigen Begünstigung von Relevanz, da eine Begünstigung immer dort ausscheiden muss, worauf das Betriebsratsmitglied einen Anspruch hat.[52]

Der Ausweitung dieser Verbotsnorm zu einer Anspruchsnorm durch richterliche Rechtsfortbildung stehen jedoch erhebliche Bedenken entgegen. Weder der Wortlaut der Norm noch die Entstehungsgeschichte lassen darauf schließen, dass der Gesetzgeber mit § 78 Satz 2 BetrVG eine eigene Anspruchsgrundlage schaffen wollte.

---

48 GK-BetrVG/*Kreutz*, § 78 Rn. 57.
49 BAG v. 4.11.2015 – 7 AZR 972/13, NZA 2016, 1339 Rn. 30; BAG v. 17.08.2005 – 7 AZR 528/04, NZA 2006, 448 Rn. 18; BAG v. 26.09.1990 – 7 AZR 208/89, NZA 1991, 694 zu II 3 unter Aufgabe von BAG v. 31.10.1985 – 6 AZR 129/83.
50 BAG v. 26.09.1990 – 7 AZR 208/89, NZA 1991, 694 zu II 3 unter Aufgabe von BAG v. 31.10.1985 – 6 AZR 129/83.
51 *Fitting*, § 37 Rn. 114; ErfK/*Koch*, § 37 BetrVG Rn. 9; HWGNRH/*Worzalla*, § 78 Rn. 22; *Byers*, NZA 2014, 65 (66); *Jacobs/Frieling*, ZfA 2015, 241 (251); a.A. *Purschwitz*, S. 45, die hierin einen Verstoß gegen das Gewaltenteilungsprinzip sieht.
52 Dazu näher „Begriff der Begünstigung", S. 22.

Diese Auslegung des Wortlauts (*„Sie dürfen [...] nicht benachteiligt [...] werden; dies gilt auch für ihre berufliche Entwicklung"*) spricht für eine reine Verbotsnorm. Der Wortlaut formuliert ausdrücklich kein Recht des Betriebsratsmitglieds, von einem anderen ein Tun oder Unterlassen zu verlangen (vgl. § 194 Abs. 1 BGB), und lässt auf den ersten Blick keinen Anspruchscharakter erkennen. Auch die Entstehungsgeschichte der Norm spricht dagegen. Ausweislich der Gesetzesbegründung nahm der Gesetzgeber im Zuge der Reform des BetrVG 1972 den Hinweis, das Benachteiligungs- und Begünstigungsverbot gelte auch für die berufliche Entwicklung, ausschließlich zum Zwecke der Klarstellung ins Gesetz auf.[53]

Dennoch ist der Rechtsprechung und der herrschenden Meinung in der Literatur zuzustimmen. Die Adressaten des Benachteiligungsverbots, in der Regel die Arbeitgeberseite, dürfen die Betriebsratsmitglieder in ihrer Amtstätigkeit nicht behindern. Sie sind also zur Unterlassung jeglicher behindernden Maßnahme verpflichtet. Sie können dementsprechend von den Betriebsratsmitgliedern, zu deren Schutz das Benachteiligungsverbot existiert, auf Unterlassung in Anspruch genommen werden. Durch die Auslegung von § 78 Satz 2 BetrVG als eigene Anspruchsgrundlage wird die Effektivität des Schutzes der Betriebsratsmitglieder optimal abgesichert. Wenn die Betriebsratsmitglieder vom Arbeitgeber aber Unterlassung verlangen können, so besteht auch ein inhaltlich entsprechender Anspruch auf Duldung oder auf ein Tun. Für das Betriebsratsmitglied ist also aus § 78 Satz 2 BetrVG i.V.m. dem Arbeitsvertrag ein Anspruch auf Zahlung einer bestimmten Vergütung denkbar, wenn die Zahlung einer geringeren Vergütung das Betriebsratsmitglied wegen seiner Betriebsratstätigkeit benachteiligt.[54]

Nach der hier vertretenen Auffassung handelt es sich bei § 78 Satz 2 BetrVG nicht um eine reine Verbotsnorm, sondern um eine eigene Anspruchsgrundlage.

---

53 BR-Drs. 6/1786, S. 47; ebenso: HWGNRH/*Glock*, § 37 Rn. 100, jedoch ohne nähere Begründung; wohl auch: GK-BetrVG/*Kreutz*, § 78 Rn. 98; *Purschwitz*, S. 45.
54 So auch BAG v. 04.11.2015 – 7 AZR 972/13, NZA 2016, 1339 Rn. 30; GK-BetrVG § 78 Rn. 98.

B. Anwendungsbereich

I. Persönlicher Schutzbereich

Den von § 78 Satz 2 BetrVG geschützten Personenkreis zählt § 78 Satz 1 BetrVG auf. Geschützt sind demnach die Mitglieder des Betriebsrats, des Gesamtbetriebsrats, des Konzernbetriebsrats, der Jugend- und Auszubildendenvertretung, der Gesamt-Jugend- und Auszubildendenvertretung, der Konzern-Jugend- und Auszubildendenvertretung, des Wirtschaftsausschusses, der Bordvertretung, des Seebetriebsrats, der Mitglieder der durch Tarifvertrag oder Betriebsvereinbarung gemäß § 3 Abs. 1 BetrVG errichteten Arbeitnehmervertretungen und Gremien, der Einigungsstelle, einer tariflichen Schlichtungsstelle gemäß § 76 Abs. 8 BetrVG und einer betrieblichen Beschwerdestelle im Sinne von § 86 BetrVG sowie Auskunftspersonen gemäß § 80 Abs. 2 BetrVG[55].

Mit Blick auf den Schutzzweck des § 78 Satz 2 BetrVG wird die Norm über den Wortlaut hinaus analog auf Arbeitnehmer, die sich im Zuordnungsverfahren nach § 18a BetrVG als Vermittler[56] exponiert haben oder Mitglieder einer Arbeitsgruppe im Sinne des § 28a BetrVG sind, angewendet.[57] Ebenfalls ganz überwiegend befürwortet wird die analoge Anwendung des § 78 Satz 2 BetrVG auf die Mitglieder des Wahlvorstandes. Da der Gesetzgeber die Mitglieder aller nach dem BetrVG möglichen „Institutionen" erfassen wollte, weil diese gleich schutzbedürftig sind, ist davon auszugehen, dass er die Mitglieder des Wahlvorstandes lediglich vergessen hat.[58] Mitglieder des Wahlvorstandes sind genauso schutzbedürftig wie die anderen in § 78 Satz 1 BetrVG aufgezählten Personen, da hier die gleichen Interessenkonflikte mit dem Arbeitgeber drohen. Dies birgt wiederum die Gefahr, dass der Arbeitgeber versucht, Mitglieder des Wahlvorstandes mittels Besser- oder Schlechterstellung zu beeinflussen.

---

55 Vgl. *Fitting*, § 80 Rn. 89 m.w.N. zum Streitstand, ob nur betriebsangehörige oder auch nicht-betriebsangehörige Arbeitnehmer Auskunftsperson i.S.d. § 80 Abs. 2 Satz 3 BetrVG sein können.
56 GK-BetrVG/*Kreutz*, § 78 Rn. 16.
57 *Fitting*, § 78 Rn. 1; einschränkend nur bei Schutzbedürfnis: GK-BetrVG/*Kreutz*, § 78 Rn. 17; einschränkend auf *„die Mitglieder"* WPK/*Preis*, § 78 Rn. 2; a.A. DKKW/*Wedde*, § 28a Rn. 7 f. – Anwendung nur über entsprechende Regelung in Rahmenvereinbarung, sonst verbleibt es bei dem allgemeinen Maßregelungsverbot nach § 612a BGB.
58 BT-Drs. 6/1786, S. 47; *Fitting*, § 78 Rn. 2; GK-BetrVG/*Kreutz*, § 78 Rn. 12; Richardi/*Thüsing*, § 78 Rn. 9

Vom Wortlaut des § 78 Satz 1 BetrVG ebenfalls nicht ausdrücklich erfasst sind Ersatzmitglieder des Betriebsrats. Rückt ein Ersatzmitglied nach § 25 Abs. 1 Satz 1 BetrVG an die Stelle eines ausgeschiedenen Organmitglieds, handelt es sich um ein amtierendes Ersatzmitglied und ist als vollwertiges Mitglied des Betriebsrats zu behandeln. Als solches fällt es in die Aufzählung und somit den Schutzbereich von § 78 BetrVG.[59]

Bei der Frage, ob die Vorschrift auch für solche Ersatzmitglieder gilt, die mangels Nachrückbedarfs noch nicht Mitglieder des Betriebsrats sind, oder um solche, die bereits wieder aus dem Betriebsrat ausgeschieden sind, handelt es sich nicht um eine Frage des persönlichen, sondern des zeitlichen Anwendungsbereichs.[60] Gleiches gilt für Wahlbewerber, da diese gerade noch keiner betriebsverfassungsrechtlichen Institution angehören und somit nicht vom persönlichen,[61] möglicherweise jedoch vom zeitlichen Anwendungsbereich umfasst sind.[62]

Unerheblich ist, dass § 78 Satz 1 BetrVG nur „Mitglieder des Betriebsrats" und nicht das Gremium als Ganzes nennt. Dies führt nicht zu unzulässigen Begünstigungen oder Benachteiligungen durch die Hintertür. Besser- oder Schlechterstellungen des Gremiums als solchem sind aufgrund der fehlenden Rechts- und der beschränkten Vermögensfähigkeit des Betriebsrats ohnehin nur über seine Mitglieder möglich, da die institutionelle Unabhängigkeit des Gremiums von der seiner Mitglieder abhängt.[63]

II. Adressat des Begünstigungsverbots

1. „Jedermann" als Adressat des Begünstigungsverbots

Weder der Wortlaut des § 78 Satz 2 BetrVG noch der Wortlaut des ersten Satzes des § 78 BetrVG richten sich ausdrücklich an einen bestimmten Normadressaten.

---

59 BAG v. 05.12.2012 – 7 AZR 698/11, NZA 2013, 515; DKKW/*Buschmann*, § 78 Rn. 7 Düwell/*Lorenz*, § 78 Rn. 3; *Fitting*, § 78 Rn. 2; GK-BetrVG/*Kreutz*, §. 78 Rn. 13; Richardi/*Thüsing*, § 78 Rn. 8.
60 Siehe dazu Abschnitt „Zeitlicher Anwendungsbereich", S. 18.
61 GK-BetrVG/*Kreutz*, § 78 Rn. 15.
62 Dazu näher „Zeitlicher Anwendungsbereich", S. 18.
63 Mitglieder eines Europäischen Betriebsrats werden über den Verweis in § 40 Satz 1 EBRG entsprechend geschützt. Für Mitglieder des Personalrats gelten die §§ 8 bzw. 107 BPersVG. Für leitende Angestellte folgt der Schutz aus § 2 Abs. 2 SprAuG.

Dennoch ist Adressat des Begünstigungsverbots nicht nur der Arbeitgeber, sondern grundsätzlich *jedermann*.[64] Vor dem Hintergrund des Normzwecks, der jede Ungleichbehandlung in Form einer Benachteiligung oder Begünstigung eines Betriebsratsmitglieds wegen seines Amtes verhindern will, geht die herrschende Meinung zu Recht davon aus, dass § 78 Satz 2 BetrVG seinen Zweck nur dann erfüllen kann, wenn grundsätzlich jedermann als Begünstigender im Sinne des § 78 Satz 2 BetrVG in Betracht kommt. Auf Seiten des Arbeitgebers kommen neben Führungskräften auch potenzielle Betriebserwerber sowie Anteilseigner und nach überwiegender Meinung sogar Dritte, wie Gewerkschaften, Kunden, Lieferanten und deren Mitarbeiter, in Betracht.[65] Ob der Dritte dabei vom Arbeitgeber zu der Begünstigung veranlasst worden ist oder aus eigenem Antrieb gehandelt hat, ist nicht von Belang.[66] Entscheidend ist allein, dass jede Begünstigung, die dem Betriebsratsmitglied aufgrund seines Amtes gewährt wird, sei es vom Arbeitgeber selbst oder von einem eigenständigen Dritten, dazu geeignet ist, die von § 78 Satz 2 BetrVG beabsichtigte Gleichstellung der Betriebsratsmitglieder mit der Belegschaft zu gefährden. Folgerichtig muss sich die Norm an jedermann richten.

In der Praxis geht eine unzulässige Begünstigung dennoch vor allem vom Arbeitgeber oder seinen Organen aus, da nur dieser die Möglichkeit hat, den Betriebsratsmitgliedern Vorteile zu gewähren, aus der konkreten Ausrichtung der Tätigkeit einzelner Betriebsratsmitglieder Nutzen zu ziehen und auf diese Weise ihr Verhalten bei der Ausübung ihres Amtes funktionswidrig zu beeinflussen.

2. Der Begünstigte als Adressat des Begünstigungsverbots

Weitgehend ungeklärt in Rechtsprechung und Literatur ist die Frage, ob Adressat des Begünstigungsverbots lediglich der Begünstigende oder auch das begünstigte Betriebsratsmitglied selbst ist. Dies hätte zur Folge, dass ihm die Annahme unzulässiger Begünstigungen untersagt wäre. Lediglich eine Ansicht in der Literatur[67] verneint dies ausdrücklich. Zwar sei Adressat der Norm grundsätzlich jedermann,

---

64 DFL/*Rieble,* § 78 BetrVG Rn. 2; DKKW/*Buschmann,* § 78 Rn. 11; ErfK/*Kania,* § 78 BetrVG Rn. 6; *Fitting,* § 78 Rn. 14; GK-BetrVG/*Kreutz,* § 78 Rn. 23.
65 DFL/*Rieble* § 78 BetrVG Rn. 2; DKKW/*Buschmann,* § 78 Rn. 11; Düwell/*Lorenz,* § 78 Rn. 4; *Fitting,* § 78 Rn. 7; GK-BetrVG/*Kreutz,* §78 Rn. 23; Richardi/*Thüsing,* § 78 Rn. 12.
66 Düwell/*Lorenz,* § 78 Rn. 4.
67 *Rieble,* NZA 2008, 276 (277).

jedoch sei dem Betriebsratsmitglied selbst die bloße Entgegennahme der begünstigenden Leistung nicht verboten.[68] Das LAG München hatte sich mit dieser Frage im Rahmen eines Beschlussverfahrens über den Ausschluss eines Betriebsratsmitglieds aus dem Betriebsrat zu befassen. Es sah in der Annahme von Vorteilen eine grobe Pflichtverletzung im Sinne von § 23 Abs. 1 BetrVG auf Seiten des Betriebsratsmitglieds.[69] Die Annahme von Vorteilen sei mit den Amtspflichten eines Betriebsratsmitglieds unvereinbar, wenn sie ihm im Hinblick auf seine Funktion als Amtsträger und mit dem Ziel zugewendet wurden, ihn in seiner künftigen Amtsausübung zu beeinflussen. Das Begünstigungsverbot untersage die Annahme von Vorteilen jedoch nicht nur deswegen, weil sie nicht allen oder nicht allen vergleichbaren Arbeitskollegen zugänglich seien.[70] Die Literatur[71] hat sich dem teilweise angeschlossen, jedoch ohne dies näher zu begründen.

Gegen die Auffassung der Rechtsprechung bestehen jedoch gravierende Bedenken. So heißt es in § 78 Satz 2 BetrVG, Betriebsratsmitglieder *„dürfen nicht begünstigt werden"*. Der Wortlaut der Norm spricht folglich dafür, dass der Gesetzgeber die Annahme unzulässiger Begünstigungen nicht dem Begünstigungsverbot unterstellen wollte. Denn sonst hätte er beispielsweise formuliert, dass eine Begünstigung *„unzulässig ist"*.[72] Zwar wäre es dem Sinn und Zweck der Norm, die Unabhängigkeit des Betriebsratsmitglieds zu sichern, zuträglich, wenn das Begünstigungsverbot ebenfalls eine Pflicht des Betriebsratsmitglieds enthielte, unzulässige Begünstigungen abzulehnen. Eine solche Pflicht wäre jedoch nicht mehr vom Wortlaut des § 78 Satz 2 BetrVG gedeckt. Der Wortlaut der Norm bildet indes die äußerste Grenze der Gesetzesauslegung.[73]

Dem Betriebsratsmitglied selbst ist die Annahme unzulässiger Begünstigungen folglich nicht durch das Begünstigungsverbot des § 78 Satz 2 BetrVG untersagt.

---

68 *Rieble*, NZA 2008, 276 (277).
69 LAG München v. 05.02.2009 – 3 TaBV 107/08, juris, Rn. 37; LAG München v. 15.11.1977 – 5 TaBV 34/77, DB 1978, 894 (895).
70 LAG München v. 05.02.2009 – 3 TaBV 107/08, juris, Rn. 37; LAG München v. 15.11.1977 – 5 TaBV 34/77, DB 1978, 894 (895).
71 *Fitting*, § 23 Rn. 19; DKKW/*Trittin*, § 23 Rn. 53; HWGNRH/*Schlochauer*, § 23 Rn. 29; *Fischer*, BB 2007, 997 (997); Schweibert/*Buse*, NZA 2007, 1080 (1084).
72 Oder sich Betriebsratsmitglieder *„nicht begünstigen lassen dürfen"*, vgl. den Vorschlag bei *Esser*, S. 22.
73 Larenz/*Canaris*, S. 163 f.

Ob in der Annahme einer unzulässigen Begünstigung dennoch eine grobe Pflichtverletzung im Sinne von § 23 Abs. 1 BetrVG durch den Verstoß gegen das in § 37 Abs. 1 BetrVG normierte Ehrenamtsprinzip liegen kann, wird zu einem späteren Zeitpunkt geprüft werden.[74]

III. Zeitlicher Anwendungsbereich

Das Begünstigungsverbot im Sinne von § 78 Satz 2 BetrVG gilt jedenfalls für die Dauer der Amtszeit der Betriebsratsmitglieder. Da die Norm jedoch keine ausdrückliche Regelung zum zeitlichen Anwendungsbereich enthält, ist fraglich, ob sie auch Vor- und Nachwirkungen entfalten kann, wenn die Begünstigung im Hinblick auf eine zukünftige oder bereits beendete Tätigkeit erfolgt. Diese Frage ist umstritten.[75]

1. Nachwirkung

Die herrschende Meinung geht zutreffend davon aus, dass der Anwendungsbereich des § 78 Satz 2 BetrVG über das Ende der Amtszeit hinaus zeitlich unbegrenzt nachwirkt.[76] Ein solches Verständnis der Norm ist sowohl vom Wortlaut als auch von der Gesetzeshistorie und vom Normzweck gedeckt. Der Wortlaut beschränkt das Begünstigungsverbot nicht auf die Amtszeit des Betriebsratsmitglieds, sondern erstreckt dieses in § 78 Satz 2 Halbsatz 2 BetrVG ausdrückliche auf die berufliche Entwicklung des einzelnen Funktionsträgers, der wegen der Amtstätigkeit keine beruflichen Nachteile erleiden soll. Diesen Halbsatz hat der Gesetzgeber mit der BetrVG-Reform 1972 zur Klarstellung hinzugefügt.[77]

Ebenfalls für eine zeitlich unbegrenzte Nachwirkung spricht der Schutzzweck des § 78 Satz 2 BetrVG. Das Betriebsratsmitglied soll auch nach Ende seiner Amtszeit keinesfalls wegen seiner Amtstätigkeit benachteiligt oder begünstigt werden, um so die Neutralität und Unabhängigkeit des Betriebsratsmitglieds zu wahren.

---

74 Näher dazu „Grobe Verletzung der gesetzlichen Pflichten durch Annahme einer Begünstigung", S. 384.
75 Dafür: APS/*Künzl*, § 78 BetrVG Rn. 38; DKKW/*Buschmann*, § 78 Rn. 10; *Fitting*, § 78 Rn. 16; a.A. nur Nachwirkung: GK-BetrVG/*Kreutz*, § 78 Rn. 62 f.; Vor- und Nachwirkung bei Benachteiligungen: Düwell/*Lorenz*, § 78 Rn. 12.
76 APS/*Künzl*, § 78 BetrVG Rn. 38; DKKW/*Buschmann*, § 78 Rn. 10; *Fitting*, § 78 Rn. 16; GK-BetrVG/*Kreutz*, § 78 Rn. 62; WPK/*Preis*, § 78 Rn. 11; Bittmann/*Mujan*, BB 2012, 1604 (1605); a.A., jedoch ohne nähere Begründung HWGNRH/*Worzalla*, § 78 Rn. 16.
77 BT-Drs. VI/1786 S. 47.

Dieser Schutzzweck würde jedoch faktisch ins Leere laufen, wären Benachteiligungen oder Begünstigungen nach dem Ausscheiden eines Mitglieds aus dem Betriebsrat wieder zulässig. Dies hätte zur Folge, dass das Betriebsratsmitglied bereits während seiner Amtstätigkeit Sanktionen zu befürchten hätte oder Begünstigungen als Gegenleistung für eine arbeitgeberfreundliche Betriebsratsarbeit in Aussicht gestellt bekommen könnte. Dies kann die Neutralität und Unabhängigkeit der Betriebsratsarbeit während der Amtszeit gefährden. Das Begünstigungsverbot muss daher zeitlich unbegrenzt nachwirken.[78]

2. Vorwirkung

Die Frage, ob § 78 Satz 2 BetrVG Vorwirkung entfaltet, ist in Literatur und Rechtsprechung ebenfalls umstritten.

a. Streitstand

Vereinzelt wird eine Vorwirkung mit dem Argument verneint, solch ein weitreichender Schutz lasse sich weder aus dem Wortlaut noch aus dem Schutzzweck der Norm herleiten.[79] Dennoch wirke das Benachteiligungsverbot für Ersatzmitglieder, die ihre Betriebsratstätigkeit noch nicht aufgenommen haben, analog § 78 Satz 2 BetrVG wie auch für Wahlbewerber vor. Dies gelte jedoch nicht für das Begünstigungsverbot.[80] Andere lehnen eine Vorwirkung vollumfänglich ab und verweisen darauf, dass sich ein hinreichender Schutz aus anderweitigen Vorschriften, insbesondere kollektivrechtlich durch § 75 BetrVG sowie individualrechtlich aus §§ 242, 612a BGB, § 106 GewO und dem AGG ergebe.[81]

Die Gegenansicht will das Begünstigungsverbot auch für den Zeitraum vor Beginn der Amtszeit der in § 78 Satz 1 BetrVG genannten Funktionsträger anwenden, da sonst begünstigende Maßnahmen im Hinblick auf die zukünftige Betriebsratstätigkeit erfolgen könnten.[82] Eine Vorwirkung der Vorschrift sei insbesondere

---

78 Vgl. auch Art. 6 Abs. 2 der Europäischen BetriebsübergangsRL 2001/23/EG, in dem die Nachwirkung ausdrücklich geregelt ist für den Fall, dass die reguläre Amtszeit des Betriebsratsmitglieds aufgrund eines Betriebsübergangs endet, etwa bei Eingliederung in einen aufnehmenden Betrieb oder der Zusammenlegung mit einem größeren Betrieb mit Betriebsrat.
79 GK-BetrVG/*Kreutz*, § 78 Rn. 63; HWGNRH/*Worzalla* § 78 Rn. 16.
80 GK-BetrVG/*Kreutz*, § 78 Rn. 62.
81 HWGNRH/*Worzalla* § 78 Rn. 16; *Purschwitz*, S. 65.
82 APS/*Künzl*, § 78 BetrVG Rn. 38; *Fitting*, § 78 Rn. 16; DKKW/*Buschmann*, § 78 Rn. 10; WPK/*Preis*, § 78 Rn. 11; *Lipp*, S. 21; *Esser*, S. 12; a.A. GK-BetrVG/*Kreutz*, § 78 Rn. 62; HWGNRH/*Worzalla* § 78 Rn. 16; *Purschwitz*, S. 65 f.

für Ersatzmitglieder bedeutsam, denn eine gegen das Begünstigungsverbot verstoßende Maßnahme gefährde die Unparteilichkeit des Funktionsträgers unabhängig davon, ob sie erst nach seinem Nachrücken oder bereits in Erwartung einer künftigen Amtstätigkeit erfolge.

b. Stellungnahme

§ 78 Satz 2 BetrVG gilt nicht nur für die Dauer der Amtszeit des Betriebsratsmitglieds. Auch wenn § 78 Satz 2 BetrVG keine ausdrückliche Regelung zum Schutzzeitraum enthält, kann das Benachteiligungs- und Begünstigungsverbot vorwirken.

Zwar spricht der Wortlaut des § 78 Satz 2 BetrVG auf den ersten Blick eher gegen eine Vorwirkung. So heißt es dort: *„Sie dürfen wegen ihrer Tätigkeit nicht benachteiligt oder begünstigt werden."* Das Wort *„Sie"* bezieht sich auf die in § 78 Satz 1 BetrVG genannten Funktionsträger. Dort sind jedoch lediglich die (amtierenden) Mitglieder des Betriebsrats genannt. Ersatzmitglieder und Wahlbewerber hingegen, die gerade (noch) nicht Betriebsratsmitglied sind, scheinen keine Erwähnung zu finden.

Abgesehen vom Wortlaut gilt es indes auch den Normzweck zu beachten. § 78 BetrVG soll eine unparteiische und unabhängige Amtsausübung sichern. Vor diesem Hintergrund muss die Norm nicht nur nach-, sondern auch vorwirken, da sonst der Schutzzweck der Norm ins Leere liefe. Es wäre sinnwidrig, wenn danach unterschieden werden könnte, ob ein Arbeitnehmer wegen eines aktuellen oder eines künftigen Betriebsratsamtes begünstigt wird. Maßgeblich muss allein der objektive Zusammenhang mit der Amtstätigkeit sein (*„wegen ihrer Tätigkeit"*).

Dem steht auch der Wortlaut nicht entgegen, denn dieser beschränkt den Schutzzeitraum nicht ausdrücklich auf die Zeit der Mitgliedschaft im Betriebsrat. Die unparteiische und integre Betriebsratsarbeit ist nur dann gewährleistet, wenn sichergestellt ist, dass es dem Arbeitgeber auch verwehrt ist, einem Arbeitnehmer Vergünstigungen mit Blick auf eine mögliche zukünftige Betriebsratszugehörigkeit zukommen zu lassen. Dabei kann es keine Rolle spielen, ob der begünstigte Arbeitnehmer Wahlbewerber, Ersatzmitglied oder gänzlich ohne Bezug zum Betriebsrat ist. Einer analogen Anwendung bei Ersatzmitgliedern bedarf es mangels

Regelungslücke nicht. Die Auslegung der Norm spricht für eine zeitlich unbegrenzte Vorwirkung. Zu weitgehend wäre es jedoch anzunehmen, dass die Vorwirkung des Begünstigungsverbots bereits dann greift, wenn die begünstigende Zuwendung tatsächlich ins Leere geht, etwa, weil die Wahl des Arbeitnehmers in den Betriebsrat wider Erwarten ausbleibt. Allein der Wortlaut des Begünstigungsverbots untersagt solche Maßnahmen des Arbeitgebers nicht. Doch ist der Normzweck in dem Fall, dass lediglich ein „normaler" Arbeitnehmer begünstigt wird, anders als im oben genannten Fall nicht gefährdet, da die Unabhängigkeit der Amtsausübung durch einen Arbeitnehmer, der nicht in den Betriebsrat gewählt wurde, nicht tangiert wird. Eine sachwidrige Einflussnahme auf ein Mitglied des Betriebsrats findet in diesem Fall gerade nicht statt. In der Praxis führt dies zu dem auf den ersten Blick unbefriedigenden Ergebnis, dass die Zulässigkeit einer dem Arbeitnehmer gewährten Begünstigung erst dann abschließend beurteilt werden kann, wenn der begünstigte Arbeitnehmer tatsächlich in das Amt des Betriebsrats gewählt wurde. Dies ist jedoch folgerichtig, da der Verbotstatbestand des § 78 Satz 2 BetrVG maßgeblich darauf abstellt, ob die Maßnahme an die Amtstätigkeit anknüpft.[83] Folglich ist nicht der Zeitpunkt der Leistungsgewährung maßgeblich, sondern der, ab dem feststeht, dass der Arbeitnehmer Mitglied eines der in § 78 Satz 1 BetrVG aufgezählten Gremien wird.

c. Ergebnis

Das Begünstigungsverbot entfaltet nach der hier vertretenen Auffassung über den Wortlaut des § 78 Satz 2 BetrVG hinaus zeitlich unbegrenzt Vor- und Nachwirkung. Begünstigungen vor Übernahme des Betriebsratsamtes sind jedoch erst unzulässig, wenn der begünstigte Arbeitnehmer tatsächlich als Mitglied des Betriebsrats gewählt wird. Erreicht er das Betriebsratsamt entgegen den Erwartungen des Arbeitgebers nicht, scheidet ein Verstoß gegen § 78 Satz 2 BetrVG aus.

---

[83] GK-BetrVG/*Kreutz*, § 78 Rn. 55.

C. Tatbestandsvoraussetzungen des § 78 Satz 2 BetrVG

Der Tatbestand des § 78 Satz 2 BetrVG setzt das Vorliegen einer Begünstigung sowie den kausalen Zusammenhang mit dem Betriebsratsamt voraus. Nicht erforderlich ist hingegen das Vorliegen einer Begünstigungsabsicht oder eines Verschuldens des Begünstigenden.

I. Begünstigung

1. Begriff der Begünstigung

Die Begünstigung eines Betriebsratsmitglieds wird im arbeitsrechtlichen Schrifttum nur vereinzelt thematisiert. Eine in Schrifttum und Rechtsprechung angebotene Definition sieht in einer Begünstigung jede Besserstellung des Mandatsträgers im Vergleich zu anderen vergleichbaren Arbeitnehmern, welche aufgrund der Tätigkeit als Mitglied eines Betriebsverfassungsorgans und nicht aus sachlichen Erwägungen erfolgt.[84] Eine ähnliche Definition verwendete das BAG in einer jüngeren Entscheidung.[85] Demnach bestehe eine unzulässige Begünstigung, wenn eine „ungerechtfertigte Besserstellung" ohne „sachlichen Grund" vorliegt. Teilweise wird unter Begünstigung auch jede Zuwendung definiert, die der Arbeitgeber dem Betriebsratsmitglied gewährt und welche ihm nicht aufgrund seines Arbeitsverhältnisses zusteht.[86] Im Übrigen finden sich jedoch abgesehen von den soeben genannten Definitionen kaum Auseinandersetzungen mit dem Begriff der *Begünstigung*. Überwiegend werden beispielhafte Aufzählungen aus der Rechtsprechung exemplarisch zur Erläuterung herangezogen.[87]

Die oben genannten Definitionen greifen jedoch zu kurz. Für die Frage nach dem Vorliegen einer Begünstigung muss auch das Ehrenamtsprinzip des § 37 Abs. 1 BetrVG berücksichtigt werden, welches das Begünstigungsverbot konkretisiert.[88] Zuwendungen, die dem Betriebsratsmitglied nicht aufgrund sei-

---

[84] BAG v. 20.01.2010 – 7 ABR 68/08, AP Nr. 98 zu § 40 BetrVG 1972; BAG v. 12.08.2009 – 7 AZR 218/08, NZA 2009, 1284; BAG 25.02.2009 – 7 AZR 954/07, AP Nr. 146 zu § 37 BetrVG 1972; APS/*Künzl*, § 78 BetrVG Rn. 36; DKKW/*Buschmann*, § 78 Rn. 33; HWGNRH/*Worzalla*, § 78 Rn. 23; WPK/*Preis*, § 78 Rn. 17.
[85] BAG v. 28.03.2007 – 7 ABR 33/06, juris, Rn. 10.
[86] Richardi/Thüsing, § 78 Rn. 28; *Purschwitz*, S. 66.
[87] So etwa APS/*Künzl*, § 78 BetrVG Rn. 51 ff.; DKKW/*Buschmann*, § 78 Rn. 34.
[88] GK-BetrVG/*Kreutz*, § 78 Rn. 81, WPK-Preis, § 78 Rn. 17; zum Verhältnis der Normen zueinander vgl. „Ehrenamtsprinzip und Begünstigungsverbot", S. 46.

nes Arbeitsverhältnisses zustehen, verstoßen in der Regel gegen § 78 Satz 2 BetrVG.[89] Nicht jede Zuwendung an Mitglieder des Betriebsrats, auf die diese keinen durchsetzbaren Anspruch haben, stellt jedoch zugleich eine unzulässige Besserstellung dar.[90] Eine solche liegt nur vor, wenn der Arbeitgeber, seine Organe oder ein Dritter dem Betriebsratsmitglied einzig aufgrund seiner Eigenschaft als Betriebsratsmitglied ein „Mehr" gewähren. Dies ist nach rein objektiven Kriterien zu beurteilen.[91] Die rechtliche oder tatsächliche Position der Betriebsratsmitglieder darf nicht aus Anlass ihrer Amtsausübung verändert werden.[92] Dabei ist unerheblich, um wie viel „mehr" es sich handelt, denn das Begünstigungsverbot kennt keine Bagatellgrenze.[93] Vor dem Hintergrund des vom Gesetzgeber gewollten umfassenden Schutzes der unparteiischen und unabhängigen Amtsführung muss nicht nur die unmittelbare, sondern auch die mittelbare Besserstellung ausreichen. Jede Art der Besserstellung ist geeignet, eine integre Amtsführung zu beeinflussen.

Eine ausschließlich oder überwiegend an Mitglieder des Betriebsrats gewährte Leistung indiziert einen Verstoß gegen das Begünstigungsverbot. Eine ersichtlich allgemeine Leistung an „normale" Arbeitnehmer, die von der Erfüllung bestimmter allgemeiner Leistungskriterien abhängt und die nicht mit der Amtsausübung der Betriebsratsmitglieder in Zusammenhang steht, ist unschädlich.[94] Eine unzulässige Begünstigung scheidet ebenfalls aus, wenn der Arbeitgeber einem Mitglied des Betriebsrats Vergünstigungen gewährt, die der Gesetzgeber für die Erfüllung seiner Amtstätigkeit als erforderlich ansieht. Denkbar sind beispielsweise die Teilnahme an besonderen Schulungsveranstaltungen zur Vermittlung betriebsverfassungsrechtlicher Kenntnisse[95] oder Zahlungen, die ihm entstandene Aufwendungen oder Mehrarbeit realitätsgerecht typisieren und ausgleichen.[96]

---

[89] Richardi/*Thüsing*, § 78 BetrVG Rn. 28.
[90] DKKW/*Buschmann*, § 78 Rn. 33; so aber: Richardi/*Thüsing*, § 78 BetrVG Rn. 28.
[91] BAG v. 20.01.2010 – 7 AZR 68/08, NJW 2010, 2077; BAG v. 16.02.2005 – 7 AZR 95/04, NZA-RR 2005, 556; DKKW/*Buschmann*, § 78 Rn. 33; ErfK/*Kania*, § 78 BetrVG Rn. 6; GK-BetrVG/*Kreutz*, § 78 Rn. 83; WPK/*Preis*, § 78 Rn. 12.
[92] GK-BetrVG/*Kreutz*, § 78 Rn. 83.
[93] So auch: *Purschwitz*, S. 69.
[94] APS/*Künzl*, § 78 BetrVG Rn. 50.
[95] Richardi/*Thüsing*, § 78 BetrVG Rn. 32.
[96] ArbG Stuttgart vom 13.12.2012 – 24 Ca 5430/12, NZA 2013, 858 (859); DKKW/*Buschmann*, § 78 Rn. 33; näher dazu „Tatbestandsvoraussetzungen", § 37 Abs. 3 BetrVG", S. 153.

Eine Begünstigung liegt zudem erst recht vor, wenn einzelne Betriebsratsmitglieder oder eine Gruppe von ihnen nicht nur im Hinblick auf ihre Amtsausübung, sondern auch vor dem Hintergrund ihrer Eigenschaft als Betriebsratsmitglied Vorteile erfahren. Obwohl der Wortlaut des § 78 Satz 2 BetrVG lediglich von „Tätigkeit" spricht und nicht auf die „Mitgliedschaft" abstellt, wird man eine Begünstigung i.S.d. § 78 Satz 2 BetrVG auch dann annehmen müssen, wenn das Betriebsratsmitglied allein wegen dieser Eigenschaft eine besondere Zuwendung erhält.[97] Dies beruht auf der gesetzlichen Ausgestaltung des Betriebsratsamtes als Ehrenamt. Demnach liegt eine Begünstigung erst recht vor, wenn die Vorteilsgewährung nicht formal an die Amtstätigkeit, sondern an das Amt als solches anknüpft.

Festzuhalten ist daher: Zur Klärung der Frage, ob eine unzulässige Begünstigung vorliegt oder nicht, ist maßgeblich, ob ein Betriebsratsmitglied besser behandelt wird, als es ohne sein Amt der Fall gewesen wäre.

2. Vergleichsmaßstab

Ob eine nach § 78 Satz 2 BetrVG unzulässige Begünstigung vorliegt, ist überdies eine Frage nach dem anzuwendenden Vergleichsmaßstab. Eine Begünstigung kann erst dann bestehen, wenn eine Vergleichsperson nicht genauso günstig behandelt wird. Die Frage nach dem anzuwendenden Vergleichsmaßstab ist umstritten. Teilweise wird vertreten, im Rahmen des § 78 Satz 2 BetrVG komme es nur darauf an, ob ein Funktionsträger besser oder schlechter behandelt werde, als dies ohne sein Amt der Fall gewesen wäre.[98] Überwiegend wird die Frage nach dem anwendbaren Vergleichsmaßstab in der Literatur ebenfalls dahingehend beantwortet, dass Maßstab *„andere Arbeitnehmer"*[99] seien. Es sei ausreichend, wenn zwischen der Begünstigung und der Amtstätigkeit des Begünstigten ein objektiver

---

97 BAG vom 16.2.2005 – 7 AZR 95/04, NZA-RR 2005, 556; DKKW/*Buschmann*, § 78 Rn. 33; *Fitting*, § 78 Rn. 22.
98 GK-BetrVG/*Kreutz*, § 78 Rn. 55.
99 DKKW/*Buschmann*, § 78 Rn. 23; *Fitting*, § 78 Rn. 14; Löwisch/Kaiser, § 78 Rn. 7.

Kausalzusammenhang bestehe. Dieser liege auch dann vor, wenn die Begünstigung nur einzelne und nicht alle Betriebsratsmitglieder treffe.[100] In jüngeren Entscheidungen aus den Jahren 2009 und 2010 zog das Bundesarbeitsgericht als Vergleichsmaßstab – ohne nähere Begründung – „*andere Arbeitnehmer*"[101] heran.

Vergleicht man das Begünstigungsverbot mit den §§ 37 Abs. 4 und Abs. 5 BetrVG, die hinsichtlich der Entwicklung des Arbeitsentgelts und des Tätigkeitsschutzes auf vergleichbare Arbeitnehmer abstellen, so spricht dies dafür, auch im Rahmen des § 78 Satz 2 BetrVG als Vergleichsmaßstab ausschließlich auf „andere vergleichbare Arbeitnehmer" abzustellen. § 37 BetrVG konkretisiert § 78 Satz 2 BetrVG[102], so dass konsequenterweise auch im Rahmen des Begünstigungsverbots derselbe objektivierte Vergleichsmaßstab wie in § 37 Abs. 4 und Abs. 5 BetrVG heranzuziehen ist. „Andere vergleichbare Arbeitnehmer" bedeutet jedoch nicht zwingend, dass es sich dabei auch um Nicht-Betriebsratsmitglieder handeln muss. Durch die ihnen vom BetrVG gegebene Doppelrolle sind sie zugleich Arbeitnehmer und Betriebsratsmitglied. Damit würde man nicht zwei unterschiedliche Vergleichsmaßstäbe bei der Behandlung von Betriebsratsmitgliedern heranziehen[103], was es aufgrund drohender erheblicher Wertungswidersprüche zu vermeiden gilt.

Außerdem verkennt die Gegenansicht, dass die Möglichkeit besteht, dass ein Arbeitgeber auch nur einzelne Betriebsratsmitglieder, z.B. den Betriebsratsvorsitzenden, begünstigt, indem er sie im Vergleich zu anderen Betriebsratsmitgliedern wegen ihrer Rolle im Betriebsrat besser behandelt. Beides will § 78 Satz 2 BetrVG verhindern.

Es bleibt somit festzuhalten: Vergleichsmaßstab im Rahmen des § 78 Satz 2 BetrVG ist ein vergleichbarer Arbeitnehmer, unabhängig davon, ob er Betriebsratsmitglied oder Nicht-Betriebsratsmitglied ist.

---

100 DKKW/*Buschmann*, § 78 Rn. 23.
101 BAG v. 20.01.2010 – 7 ABR 68/08, NZA 2010, 777 (777); BAG v. 12.08.2009 – 7 AZR 218/08, NZA 2009, 1284 (1285); BAG v. 25.02.2009 – 7 AZR 954/07, AP Nr. 146 zu § 37 BetrVG.
102 Näher dazu „Ehrenamtsprinzip und Begünstigungsverbot", S. 46.
103 So aber *Esser*, S. 16.

3. Versprechen einer Begünstigung

Umstritten ist weiter, ob das Begünstigungsverbot nur die Fälle erfasst, in denen das Betriebsratsmitglied die unzulässige Begünstigung tatsächlich erhält, oder ob § 78 Satz 2 BetrVG bereits dann greift, wenn dem Betriebsratsmitglied eine Begünstigung lediglich versprochen wird. Im Schrifttum wird diese Frage fast ausschließlich im Rahmen des Ehrenamtsprinzips erörtert und im letztgenannten Sinn ganz überwiegend bejaht.[104] Demnach sei bereits das Versprechen von Vorteilen unzulässig. Eine nähere Begründung liefert keine dieser Auffassungen. *Fitting*[105] hält die Vereinbarung unzulässiger Begünstigungen auch im Rahmen des § 78 Satz 2 BetrVG für unzulässig. Lediglich *Kreutz*[106] widerspricht dem und ist der Ansicht, das bloße Versprechen von Vorteilen erfülle den Verbotstatbestand des § 78 Satz 2 BetrVG noch nicht.[107] Eine Begründung liefert jedoch auch er nicht.

Gegen die Ansicht von *Kreutz* spricht, dass das Versprechen von Vorteilen konsequenterweise auch gegen das Begünstigungsverbot verstoßen muss, wenn ein Versprechen von Vorteilen gegen das Ehrenamtsprinzip im Sinne des § 37 Abs. 1 BetrVG verstößt, da dieser § 78 Satz 2 BetrVG konkretisiert[108]. Es erschließt sich nicht, warum § 37 Abs. 1 BetrVG und § 78 Satz 2 BetrVG hier zu unterschiedlichen Ergebnissen führen sollen. Dies kann nicht gewollt sein. Auf der anderen Seite erscheint es zu ausufernd, in jedem vagen „In-Aussicht-Stellen" einer Begünstigung bereits einen Verstoß gegen § 78 Satz 2 BetrVG zu sehen.

Daher muss zunächst geklärt werden, was unter dem Begriff des „Versprechens" einer Begünstigung überhaupt zu verstehen ist. Eine subsumtionsfähige Norm findet sich nicht im BetrVG, da weder in § 78 Satz 2 BetrVG noch § 37 Abs. 1 BetrVG noch einer sonstigen Norm im BetrVG das „Versprechen einer Begünstigung" erwähnt wird, dafür aber im Strafrecht. Die §§ 331 bis 338 StGB enthalten Strafvorschriften gegen die Korruption im öffentlichen Bereich und stellen

---

104 DKKW/*Wedde*, § 37 Rn. 7; *Esser*, S. 20; *Farthmann*, in: FS Stahlhacke, 115 (119); *Fitting*, § 37 Rn. 11; GK-BetrVG/*Webber*, § 37 Rn. 16; HWGNRH/*Glock*, § 37 Rn. 19; Richardi/*Thüsing*, § 37 Rn. 10.
105 *Fitting*, § 78 Rn. 23.
106 GK-BetrVG/*Kreutz*, § 78 Rn. 60.
107 Zustimmend und ebenfalls ohne nähere Begründung: *Purschwitz*, S. 67.
108 Näher dazu „Ehrenamtsprinzip und Begünstigungsverbot", S. 46.

unter anderem das Versprechen von Vorteilen unter Strafe. Dabei enthalten sie drei abgestufte Handlungsmodalitäten: das Anbieten, das Versprechen sowie das Gewähren eines Vorteils.[109] Das *Anbieten* eines Vorteils ist dabei die einseitige, auf den Abschluss einer Vereinbarung zielende Erklärung. Eine Annahme des Angebots ist nicht erforderlich.[110] Bei der Tatmodalität des *Versprechens* eines Vorteils wird überwiegend der Abschluss einer Vereinbarung gefordert[111], nur vereinzelt wird die einseitige Erklärung, künftig einen Vorteil gewähren zu wollen, als ausreichend erachtet.[112] Die erstgenannte Ansicht ist zutreffend, da andernfalls das Versprechen zu einer bloßen Untergruppe des Anbietens abgewertet und sich eine Abgrenzung zwischen den beiden Tatmodalitäten erübrigen würde. Dritte Handlungsmodalität ist das *Gewähren* eines Vorteils. Gewähren im Sinne des § 333 StGB meint die tatsächliche Zuwendung eines Vorteils.[113]

Nimmt man diese im Strafrecht geläufige Bedeutung des Wortes „Versprechen" als Anhaltspunkt und überträgt diese Wertungen auf das Betriebsverfassungsrecht, so lässt sich daraus für das Begünstigungsverbot Folgendes ableiten: Eine lediglich einseitige (Absichts-)Erklärung des Begünstigenden an das Betriebsratsmitglied, zukünftig (begünstigende) Zuwendungen erbringen zu wollen, verstößt (noch) nicht gegen das Begünstigungsverbot. Die Unabhängigkeit und Neutralität des Betriebsratsmitglieds ist dadurch noch nicht gefährdet, da die Begünstigung noch nicht als hinreichend sicher gewertet werden kann und somit nicht geeignet ist, das Betriebsratsmitglied in seiner Amtstätigkeit zu beeinflussen. Eine unzulässige Begünstigung liegt nicht vor. Die tatsächliche Zuwendung einer unzulässigen Begünstigung – gleich welcher Form – erfüllt hingegen den Tatbestand des § 78 Satz 2 BetrVG.

Für die oben aufgeworfene bislang ungeklärte Frage, ob bereits das „Versprechen von Vorteilen" gegen § 78 Satz 2 BetrVG verstößt, ist zunächst festzustellen, dass ausgehend vom strafrechtlichen Wortverständnis für das Versprechen von Vorteilen zunächst der Abschluss einer Vereinbarung, welche die Zuwendung einer

---

109 MüKo-StGB/*Korte*, § 333 Rn. 9 ff.
110 BGH v. 14.10.2008 – 1 StR 260/08, NJW 2008, 2580, Rn. 36; MüKo-StGB/*Korte*, § 333 Rn. 10.
111 *Fischer*, StGB, § 333 Rn. 4; Sch/Sch-*Heine/Eisele*, § 333 Rn. 5; ebenso *Esser*, S. 19.
112 MüKo-StGB/*Korte*, § 333 Rn. 12; Sch/Sch-*Cramer*, 26. Aufl. 2001, § 333 Rn. 5.
113 MüKo-StGB/*Korte*, § 333 Rn. 13.

Begünstigung zum Gegenstand hat, zwischen dem Begünstigenden und dem Begünstigten erforderlich ist. Auch ist darin nach der hier vertretenen Ansicht bereits ein Verstoß gegen das Begünstigungsverbot zu sehen. Zwar legt der Wortlaut des § 78 Satz 2 BetrVG *("begünstigt werden")* nahe, nur solche Fallkonstellationen zu erfassen, in welchen die Begünstigung dem Begünstigten bereits gewährt wurde. Ausdrücklich fordert der Wortlaut dies jedoch nicht. Zieht man überdies den Zweck der Norm zur Auslegung heran, so ist zu beachten, dass die Unabhängigkeit und die Neutralität des Betriebsratsmitglieds anders als im Falle einer einseitigen (noch unverbindlichen) Erklärung im Falle des Versprechens, das ja zumindest einen gewissen Konsens zwischen den Beteiligten erfordert, bereits gefährdet sind. Das Betriebsratsmitglied hat sich hier bereits auf eine ihn begünstigende Vereinbarung eingelassen, sogar einen rechtsgeschäftlichen Konsens erzielt, so dass eine unabhängige Amtsausübung nicht mehr gesichert ist. Arbeitgeber und Betriebsratsmitglied könnten überdies das Begünstigungsverbot leicht umgehen, wenn der Arbeitgeber dem Betriebsratsmitglied lediglich eine Begünstigung (rechtsverbindlich) verspricht, sie jedoch erst nach Ende der Amtszeit gewährt. Dies deckt sich auch mit dem Normverständnis hinsichtlich der zeitlichen Reichweite des Begünstigungsverbots, insbesondere dessen Nachwirkung. Überdies greift das Begünstigungsverbot des § 78 Satz 2 BetrVG weiter als die Korruptionstatbestände der §§ 331 ff. StGB, die eine Verknüpfung von Vorteilsgewährung mit der Amts- und Geschäftsführung verlangen.[114]

Nach hier vertretener Ansicht erfasst § 78 Satz 2 BetrVG daher nicht nur die tatsächliche Zuwendung einer unzulässigen Begünstigung, sondern bereits das Versprechen einer solchen im Sinne einer rechtsgeschäftlichen Vereinbarung. Das vage In-Aussicht-Stellen einer unzulässigen Begünstigung erfüllt den Tatbestand des § 78 Satz 2 BetrVG hingegen nicht.

II. Kausalzusammenhang

Eine Begünstigung ist dann unzulässig, wenn sie kausal auf der Amtstätigkeit beruht, also durch diese veranlasst ist.[115] Dies ergibt sich aus dem Wortlaut des

---

114 *Rieble*, NZA 2008, 276 (277); Sch/Sch-*Heine*, StGB, § 331 Rn. 26.
115 BAG v. 16.2.2005 – 7 AZR 95/04, NZA-RR 2005, 556; APS/*Künzl*, § 78 BetrVG Rn. 38; *Fitting*, 78 Rn. 22; GK-BetrVG/*Kreutz* Rn. 57.

§ 78 Satz 2 BetrVG, der davon spricht, dass nur eine Begünstigung *wegen* der Betriebsratstätigkeit unzulässig ist. Voraussetzung ist also ein objektiver Kausalzusammenhang zwischen der Amtstätigkeit und der begünstigenden Maßnahme. Kausal im Sinne der Conditio-sine-qua-non-Formel bzw. der Äquivalenztheorie ist die Amtstätigkeit, wenn die Besserstellung entfiele, wenn man die Amtstätigkeit hinwegdenkt.[116]

Trotz des engen Wortlauts („Tätigkeit") ist der Schutzbereich des § 78 Satz 2 BetrVG darauf gerichtet, dass weder die Amtsstellung im Allgemeinen noch die konkrete Tätigkeit eines Funktionsträgers im Besonderen Anlass für eine Begünstigung sein darf.[117] Folglich darf die rechtliche und tatsächliche Lage des Funktionsträgers durch die Gewährung von Vorteilen nicht verbessert werden, sofern dafür die Amtsstellung oder die Amtsausübung ursächlich ist. Dies gilt gleichermaßen für Vorteile materieller und immaterieller Natur. Auch macht es keinen Unterschied, ob sie unmittelbar dem Betriebsratsmitglied gewährt werden oder ihn – beispielsweise über Angehörige – mittelbar treffen.[118] Folglich ist die Amtsstellung nicht für Begünstigungen kausal, durch welche die Arbeitsleistung oder die soziale Lage des Betriebsratsmitglieds in betriebsüblicher Weise berücksichtigt wird.[119] Umgekehrt rechtfertigt das Begünstigungsverbot nicht den Ausschluss eines Betriebsratsmitglieds von Vergünstigungen, die nur einem bestimmten Kreis von Arbeitnehmern zuteilwerden, denn dann würde es wiederum aufgrund seiner Amtseigenschaft benachteiligt.

Eine Ansicht in der Literatur hält den Erkenntnisgewinn der Äquivalenztheorie für gering. Die Beurteilung der Frage, ob die Besserstellung entfallen würde, wenn man die Amtstätigkeit hinwegdenkt, hänge schon davon ab, ob die Besserstellung wegen der Amtstätigkeit erfolge.[120] So sei es möglich, dass diese Begünstigung ohne die Amtstätigkeit entfalle, wenn der Arbeitgeber dem Betriebsratsmitglied beispielsweise mit dessen Amtsantritt einen Dienstwagen zur Verfügung

---

116 GK-BetrVG/*Kreutz*, § 78 Rn. 59.
117 GK-BetrVG/*Kreutz*, § 78 Rn. 55.
118 GK-BetrVG/*Kreutz*, § 78 Rn. 56.
119 LAG Düsseldorf v. 13.09.2001 – 11 (4) Sa 906/01, BB 2002, 306 (307); *Fitting*, § 78 Rn. 22; DKKW/*Buschmann*, § 78 Rn. 33.
120 *Esser*, S. 20.

stellt. Dies könne jedoch nur gelten, wenn die Begünstigung wegen der Amtstätigkeit gewährt wurde. Es sei jedoch ebenso gut denkbar, dass die Bereitstellung des Dienstwagens zufällig zeitlich mit dem Amtsantritt zusammenfalle. Die Conditio-sine-qua-non-Formel im Sinne der sog. Äquivalenztheorie bestätige daher nur einen Zusammenhang, welcher bereits zuvor vorausgesetzt wurde. Daher sei es überzeugender, den objektiven Grund der Besserstellung möglichst präzise herauszuarbeiten. Erst dann könne die hypothetische Frage gestellt werden, ob die Besserstellung auch ohne das Amt erfolgt wäre.[121] Diese Argumentation überzeugt nicht. Denkt man in dem oben genannten Beispiel die Amtstätigkeit hinweg, so entfällt die Gewährung des Dienstwagens nur, wenn sie kausal auf der Amtstätigkeit beruht. Fällt sie lediglich zeitlich zufällig mit dem Amtsantritt zusammen, so würde sie – denkt man sich den Amtsantritt hinweg – dennoch nicht entfallen. Die oben genannte Ansicht vermischt die Frage nach der Kausalität mit der Frage nach dem Vorliegen einer Besserstellung und somit einer Begünstigung als solches.

III. Rechtfertigung durch gesetzliche Besserstellung

Eine vorherrschende Ansicht in der Literatur geht ohne nähere Begründung davon aus, dass keine Begünstigung im Sinne des § 78 Satz 2 BetrVG vorliege, wenn sich die Zulässigkeit der besonderen Behandlung des Betriebsratsmitglieds unmittelbar aus dem Gesetz ergibt.[122] Solche „zulässigen Begünstigungen" sieht das BetrVG in § 37 Abs. 6 und 7 BetrVG durch die Teilnahme des Betriebsratsmitglieds an Schulungs- und Bildungsveranstaltungen vor. Außerhalb des Betriebsverfassungsgesetzes ist dies bei dem Kündigungsverbot des § 15 Abs. 1 KSchG i.V.m. § 103 Abs. 1 BetrVG und § 15 Abs. 5 KSchG der Fall. Dabei verkennt die oben geannte Ansicht in der Literatur, dass auch die Rechtfertigung einer gesetzlichen Begünstigung stets im Einzelfall überprüfbar sein muss. Insbesondere muss es nach der hier vertretenen Auffassung möglich sein anhand des Einzelfalls zu prüfen, ob es die Absicht des Gesetzgebers war, einen gesetzlichen Rechtfertigungstatbestand – abweichend von dem Verbot des § 78 Satz 2 BetrVG – für die

---

121 *Esser*, S. 21.
122 DKKW/*Buschmann*, § 78 Rn. 35; Richardi/*Thüsing*, § 78 Rn. 32; GK-BetrVG/*Kreutz*, § 78 Rn. 64.

Begünstigung des Betriebsratsmitglieds in der jeweiligen Sachverhaltskonstellation zu schaffen und, ob die schützenswerten Gründe, die der Gesetzgeber der (Rechtfertigungs-)Norm zugrunde legte, in dem jeweiligen Einzelfall vorliegen.

1. Rechtfertigung der Begünstigung durch den gesetzlichen Ausschluss der ordentlichen Kündigung nach § 15 Abs. 1 KSchG i.V.m. § 103 Abs. 1 BetrVG

Nach § 15 Abs. 1 KSchG sind Mitglieder des Betriebsrats grundsätzlich ordentlich unkündbar. Überdies erfordert selbst die außerordentliche Kündigung des Betriebsratsmitglieds die Zustimmung des Betriebsrats, § 103 Abs. 1 BetrVG. Diese Schutzbestimmungen privilegieren das Betriebsratsmitglied erheblich gegenüber anderen Arbeitnehmern, für die ein solches Zustimmungserfordernis nicht gilt. Das kann sich auch auf die Verhandlungsposition eines Betriebsratsmitglieds im Hinblick auf den Abschluss eines Aufhebungsvertrages günstig auswirken, ohne dass darin nach Ansicht des BAG ein Verstoß gegen das Begünstigungsverbot gesehen werden kann.[123] Sofern das Betriebsratsmitglied hier besser gestellt ist als ein Arbeitnehmer ohne Betriebsratsamt, beruhe dies auf dem Sonderkündigungsschutz des § 15 Abs. 1 KSchG i.V.m. § 103 Abs. 1 BetrVG. Dabei ist zu prüfen, ob der Gesetzgeber den Betriebsratsmitgliedern einen derart umfassenden Bestandsschutz ihres Arbeitsverhältnisses gewähren wollte und ihnen aus diesem Grund eine gesetzliche Sonderstellung zugestanden hat. Weiter ist zu prüfen, ob eine solche vom Schutzzweck der Norm gedeckte Situation im jeweiligen Einzelfall tatsächlich vorliegt.

Schutzzweck des § 15 Abs. 1 KSchG ist zum einen, die personelle Zusammensetzung des Betriebsratsgremiums während der laufenden vierjährigen Wahlperiode zu erhalten und so die Stetigkeit der Arbeitnehmervertretung zu sichern.[124] Dabei wird § 15 Abs. 1 KSchG durch § 103 BetrVG ergänzt, der eine außerordentliche Kündigung nur mit Zustimmung des Betriebsrats für zulässig erachtet. Ohne diese beiden Normen hätte der Arbeitgeber die Möglichkeit unliebsame Betriebsratsmitglieder durch den Ausspruch einer Kündigung zumindest vorübergehend aus dem Amt zu entfernen, bis die Wirksamkeit der Kündigung gerichtlich geklärt ist.

---

123 BAG v. 21.03.2018 – 7 AZR 590/16, NJW 2018, 2508 (2510).
124 BAG v. 24.04.1969 – 2 AZR 319/68, AP Nr. 18 zu § 13 KSchG 1951; BAG v. 17.02.1983 – 2 AZR 481/81, AP Nr. 14 zu § 15 KSchG 1969; ErfK/*Kiel*, § 15 KSchG Rn. 1.

Dies träfe selbst dann zu, wenn die Kündigung offensichtlich unwirksam wäre.[125] Zum anderen soll § 15 Abs. 1 KSchG die Unabhängigkeit der Betriebsratsmitglieder bei der Ausübung ihres Amtes sichern.[126] Die Arbeitnehmervertreter sollen sich gänzlich auf ihre Amtstätigkeit konzentrieren können und nicht aus Furcht vor Repressalien, Konflikte mit dem Arbeitgeber scheuen.[127] Die Norm soll die Funktionsfähigkeit der innerbetrieblichen Interessenvertretung sichern und dient damit vorrangig den kollektiven Interessen der im Betrieb befindlichen Arbeitnehmer.[128]

Der durch § 15 Abs. 1 KSchG geschaffene Bestandsschutz des Arbeitsverhältnisses der Betriebsratsmitglieder bezweckt damit nicht deren Besserstellung gegenüber anderen Arbeitnehmern, sondern ist eine zwingende Voraussetzung, um die Funktionsfähigkeit der betriebsverfassungsrechtlichen Interessenvertretung sicherzustellen. Ohne § 15 Abs. 1 KSchG könnte auch der vom Gesetzgeber mit § 78 Satz 2 BetrVG verfolgte Zweck, die Unabhängigkeit der Betriebsratsmitglieder, zu gewährleisten, nicht erfüllt werden. Denn müssten die Arbeitnehmer, nach ihrer Wahl in den Betriebsrat und während ihrer Amtstätigkeit, jederzeit mit ihrer Entlassung rechnen, so wäre eine unabhängige Amtsführung nicht möglich.

§ 15 Abs. 1 KSchG ist folglich für die Durchsetzbarkeit des Schutzzwecks des § 78 Satz 2 BetrVG zwingend erforderlich. Der den Betriebsratsmitgliedern zugestandene Bestandsschutz stellt sie nicht unzulässig besser, sondern dient dem vom Gesetzgeber beabsichtigten Schutzzweck des § 15 KSchG. Dies rechtfertigt die Besserstellung der Betriebsratsmitglieder gegenüber normalen Arbeitnehmern.

2. Anspruch des Betriebsratsmitglieds auf Freikündigung eines Arbeitsplatzes nach § 15 Abs. 5 KSchG als gesetzlich zulässige Begünstigung?

Für den Fall der Stilllegung einer Betriebsabteilung, in der das Betriebsratsmitglied beschäftigt ist, ist das Betriebsratsmitglied nach § 15 Abs. 5 Satz 1 KSchG in eine andere Betriebsabteilung zu übernehmen. Nur, wenn dies aus betrieblichen

---

125 *Matthes*, DB 1980, 1165 (1168).
126 ErfK/*Kiel*, § 15 KSchG Rn. 1.
127 BAG v. 26.11.2009 – 2 AZR 185/08, NZA 2010, 443 (444); *Eylert/Rinck*, BB 2018, 308 (308 f.).
128 ErfK/*Kiel*, § 15 KSchG Rn. 1; *Eylert/Rinck*, BB 2018, 308 (308 f.).

Gründen nicht möglich ist, ist eine ordentliche Kündigung des Betriebsratsmitglieds möglich, § 15 Abs. 5 Satz 2 KSchG. Ob damit eine Pflicht des Arbeitgebers einhergeht, bei der Stilllegung einer Betriebsabteilung einen gleichwertigen Arbeitsplatz für das Betriebsratsmitglied freizukündigen, wird in Rechtsprechung und Literatur nicht einheitlich beurteilt.

Die herrschende Meinung in der Rechtsprechung[129] und eine Ansicht in der Literatur[130] nimmt eine Pflicht des Arbeitgebers an, in derartigen Fällen außerhalb der von der Stilllegung betroffenen Betriebsabteilung einen gleichwertigen Arbeitsplatz für das Betriebsratsmitglied entweder durch die Versetzung des auf der Stelle befindlichen Arbeitnehmers, sofern dies im Rahmen des Direktionsrechts möglich ist, oder andernfalls über die Kündigung dieses Arbeitnehmers, freizumachen. Das Beriebsratsmitglied sei hier besser zu stellen als normale Arbeitnehmer, die nach § 1 Abs. 2 Satz 2 KSchG lediglich einen Anspruch auf Weiterbeschäftigung auf einem freien Arbeitsplatz haben. Grund für diese Besserstellung der Betriebsratsmitglieder sei die Wahrung der personellen Kontinuität der Betriebsratsarbeit.[131] Zwar bestehe bei Kündigung des Betriebsratsmitglieds die Möglichkeit, ein Ersatzmitglied nachrücken zu lassen, jedoch könne das Ersatzmitglied die Kontinuität der Betriebsratsarbeit nicht gewährleisten, da diesem die notwendigen Kenntnisse fehlen. Insbesondere könne der Wille der Wähler nicht mehr zutreffend abgebildet werden, falls sein Nachrücken dazu führt, dass die Vorschlagsliste nach § 25 Abs. 2 Satz 2 BetrVG erschöpft ist und nach Eintritt sämtlicher Ersatzmitglieder die vorgeschriebene Zahl der Betriesratsmitglieder nicht länger erreicht wird, so dass nach § 13 Abs. 2 Nr. 2 BetrVG Neuwahlen stattfinden müssten.[132]

Die Gegenansicht[133] hält dem entgegen, für eine Pflicht zur Freikündigung fehle es bereits an einer Rechtsgrundlage. Eine Freikündigung nach § 15 Abs. 5 KSchG

---

129 St. Rspr., siehe nur: BAG v. 18.10.2000 – 2 AZR 494/99, NZA 2001, 321 (322).
130 *Bernstein*, NZA 1993, 728 (732); ErfK/*Kiel*, § 15 KSchG Rn. 42; *Eylert/Rinck*, BB 2018, 308 (317 f.); *Krause*, RdA 2002, 56 (60).
131 St. Rspr., siehe nur: BAG v. 18.10.2000 – 2 AZR 494/99, NZA 2001, 321 (322); *Krause*, RdA 2002, 56 (60).
132 St. Rspr., siehe nur: BAG v. 18.10.2000 – 2 AZR 494/99, NZA 2001, 321 (322); *Krause*, RdA 2002, 56 (60).
133 *Leuchten*, NZA 2007, 585 (587 f.); *Schleusener*, DB 1998, 2368 (2369); *Wank*, SAE 2002, 7 (8 f.).

sei daher eine unzulässige Austauschkündigung. Eine Freikündigung sei zur Wahrung der Kontinuität der Betriebsratsarbeit nicht erforderlich. Die Kontinuität werde durch die gesetzlich vorgesehenen Mechanismen - Übergangsmandat, Restmandat und Ersatzmitgliedschaft - sichergestellt.[134]

Um die Frage einer Pflicht zur Freikündigung zu lösen, ist nach der hier vertretenen Auffassung zunächst zu prüfen, ob der Schutzzweck des § 15 Abs. 5 KSchG vor dem Hintergrund des Begünstiungsverbots des § 78 Satz 2 BetrVG eine derart weitreichende Besserstellung der Betriebsratsmitglieder rechtfertigt, die zudem erheblich in geschützte Rechte anderer Arbeitnehmer eingreift. Dem Wortlaut des § 15 Abs. 5 KSchG lässt sich eine Pflicht zur Freikündigung nicht unmittelbar entnehmen. Sinn und Zweck des § 15 Abs. 5 KSchG ist die Wahrung der Kontinuität der Betriebsratsarbeit. Zudem soll es dem Arbeitgeber unmöglich sein, unliebsame Betriebsratsmitglieder wegen ihrer Amtstätigkeit aus dem Unternehmen entfernen zu können.[135] Dieser Zweck wird jedoch, wie von der Gegenmeinung[136] zutreffend eingewandt, durch die Möglichkeit des Übergangsmandats, des Restmanants und der Ersatzmitgliedschaft erfüllt. Das Argument, die personelle Kontinuität der Betriebsratstätigkeit könne durch diese Möglichkeiten nicht gewährleistet werden, denn ein nachrückendes Ersatzmitglied müsse beispielsweise erst eingearbeitet werden[137], überzeugt nicht. Die Betriebsratsarbeit wird nicht dadurch behindert, dass das Ersatzmitglied möglicherweise zunächst nicht über dasselbe Wissen wie das ausscheidende Betriebsratsmitglied verfügt. Etwaige fehlende Kenntnisse können durch den Anspruch auf die Teilnahme an Schulungsmaßnahmen nach § 37 Abs. 6 BetrVG erworben werden. Die herrschende Meinung ignoriert, dass das Nachrücken eines Ersatzmitgliedes die Rechtsfolge ist, die der Gesetzgeber für den Fall des Ausscheidens eines Betriebsratsmitglieds aus dem Unternehmen vorgesehen hat.

---

134 *Schleusener*, DB 1998, 2368 (2369); *Wank*, SAE 2002, 7 (8 f.).
135 ErfK/*Kiel*, § 15 KSchG Rn. 1; *Eylert/Rinck*, BB 2018, 308 (308 f.).
136 *Leuchten*, NZA 2007, 585 (587 f.); *Schleusener*, DB 1998, 2368 (2369); *Wank*, SAE 2002, 7 (8 f.).
137 *Bernstein*, NZA 1993, 728 (732); ErfK/*Kiel*, § 15 KSchG Rn. 42; *Eylert/Rinck*, BB 2018, 308 (317 f.); *Krause*, RdA 2002, 56 (60).

Auch das Argument der herrschenden Ansicht, das Nachrücken eines Ersatzmitglieds könne dazu führen, dass die Vorschlagsliste nach § 25 Abs. 2 Satz 2 BetrVG erschöpft ist und nach Eintritt sämtlicher Ersatzmitglieder die vorgeschriebene Zahl der Betriesratsmitglieder nicht länger erreicht wird, so dass nach § 13 Abs. 2 Nr. 2 BetrVG Neuwahlen stattfinden müssten[138], überzeugt nicht. Ist die Betriebsteilstilllegung derart umfangreich, dass die Zahl der erforderlichen Betriebsratsmitglieder nicht mehr erreicht wird, so wäre ohnehin fraglich, ob die Besetzung des Betriebsrats nach dem Ausscheiden einer derart großen Zahl von Arbeitnehmern noch den Willen der Belegschaft abbildet. Hier wären vielmehr Neuwahlen dazu geeignet, den Willen der Belegschaft korrekt abzubilden und so auch die im Zuge einer umfassenden Betriebsänderung zu treffenden schwierigen Entscheidungen ausreichend zu legitimieren.

Anders als im Fall des § 15 Abs. 1 KSchG ist der Fall, dass der Argeitgeber unliebsame Betriebsratsmitglied mit einer „verweigerten" Freikündigung ohne weiteres kündigt, in den Fällen der Stillegung seiner Betriebsabteilung kaum denkbar. Der Gedanke, dass ein Arbeitgeber eine ganze Betriebsabteilung stillegt und zudem dafür sorgt, dass sämtliche vergleichbare Stellen im Unternehmen mit anderen Arbeitnehmern besetzt sind, um ein ihm lästiges Betriebsratsmitglied zu entlassen, ist fernliegend. Einer Freikündigung bedarf es zur Wahrung dieses Schutzzwecks nicht. Überdies erscheint es zweifelhaft, ob eine Freikündigung mit dem Grundrecht des unbeteiligten Arbeitnehmers aus Art. 12 GG vereinbar ist, dem sein Arbeitsplatz durch die Freikündigung genommen wird.[139]

Eine Pflicht zur Freikündigung ist somit nicht erforderlich, um den Schutzzweck des § 15 Abs. 5 KschG zu verwirklichen. Weder ist die Kontinuität der Betriebsratsarbeit gefährdet, noch muss das Betriebsratsmitglied ohne die Pflicht zur Freikündigung Repressalien des Arbeitgebers befürchten. Zur Erfüllung des vom Gesetzgeber mit § 78 Satz 2 BetrVG verfolgten Zwecks, die Unabhängigkeit der Betriebsratsmitglieder zu gewährleisten, ist die Pflicht zur Freikündigung eines anderen Arbeitsplatzes ebenfalls nicht erforderlich. Die von der herrschenden

---

[138] St. Rspr., siehe nur: BAG v. 18.10.2000 – 2 AZR 494/99, NZA 2001, 321 (322); *Krause*, RdA 2002, 56 (60).
[139] So auch *Wank*, SAE 2002, 7 (11 f.).

Meinung geforderte Besserstellung der Betriebsratsmitglieder durch den Anspruch auf die Freikündigung ist vor dem Hintergund des Begünstigungsverbots des § 78 Satz 2 BetrVG und des erheblichen Eingriffs in die verfassungsrechtlich geschützen Rechte unbeteiligter Arbeitnehmer, nicht gesetzlich gerechtfertigt.

IV. Subjektive Tatbestandsvoraussetzungen

Subjektive Tatbestandsvoraussetzungen im Sinne einer Begünstigungsabsicht bzw. eines Verschuldens sind im Rahmen des § 78 Satz 2 BetrVG nach übereinstimmender Meinung in Rechtsprechung und Literatur nicht erforderlich.[140] Maßgeblich, aber auch ausreichend seien allein objektive Gesichtspunkte. Unerheblich sei, ob der Begünstigende die Absicht hatte, das Betriebsratsmitglied tatsächlich besserzustellen. Dem Begünstigenden müsse nicht einmal bewusst sein, dass sein Verhalten das Betriebsratsmitglied begünstigt. Auch auf Motive komme es im Einzelnen nicht an.[141] Ebenfalls nicht erforderlich sei die Absicht, das Betriebsratsmitglied auf ein bestimmtes Ziel hin zu beeinflussen[142] oder eine Gegenleistung für die Zuwendung zu erwarten.[143] Das objektive Vorliegen einer verbotenen Besserstellung des Betriebsratsmitglieds wegen seiner Amtsstellung sei ausreichend.[144]

Dem ist zuzustimmen. Aufgrund des eindeutigen Wortlauts des § 78 Satz 2 BetrVG kommt es für die Erfüllung des Tatbestandes ausschließlich darauf an, dass die Betriebsratsmitglieder „wegen ihrer Tätigkeit" bessergestellt werden, als sie es ohne ihr Amt wären. Irrelevant ist hingegen, ob eine Begünstigungsabsicht oder ein Verschulden des Begünstigenden vorliegt. Auch die teleologische Auslegung der Norm führt zu keinem anderen Ergebnis. Zweck der Norm ist die objektive Gleichbehandlung von Betriebsratsmitgliedern und anderen Arbeitnehmern, um so die Unabhängigkeit der Amtsausübung zu sichern. Zur Sicherung des Normzwecks können subjektive Elemente wie z.B. das Motiv der Zuwendung

---

140 BAG v. 16.11.2011 – 7 AZR 458/10, PersR 2012, 176 (177); BAG v. 20.01.2010 – 7 AZR 68/08, NJW 2010, 2077; BAG v. 16.02.2005 – 7 AZR 95/04, NZA-RR 2005, 556; APS/*Künzl*, § 78 BetrVG Rn. 37; *Bachner*, Mitbestimmung 2007, Heft 1 + 2, 66 (66); DKKW/*Buschmann*, § 78 Rn. 23; Düwell/*Lorenz*, § 78 Rn. 20; ErfK/*Kania*, § 78 BetrVG Rn. 6; GK-BetrVG/*Kreutz* § 78 Rn. 61; *Wichert*, AuA 2013, 281 (281).
141 GK-BetrVG/*Kreutz*, § 78 Rn. 61.
142 DKKW/*Buschmann*, § 78 Rn. 23; GK-BetrVG/*Kreutz*, § 78 Rn. 61.
143 *Rieble*, NZA 2008, 276 (277).
144 BAG v. 16.02.2005 – 7 AZR 95/04, NZA-RR 2005, 556.

und selbst die Kenntnis des Begünstigenden von der Unzulässigkeit der Begünstigung keine Rolle spielen. Dafür spricht auch die Entstehungsgeschichte der Norm. Während die Vorgängervorschrift noch lautete, Mitglieder des Betriebsrats[145] dürften „um ihrer Tätigkeit willen" nicht benachteiligt oder begünstigt werden, enthält § 78 Satz 2 BetrVG keine subjektiven Elemente mehr. Dass diese Veränderung des Wortlauts nicht lediglich aus sprachästhetischen Gesichtspunkten und ohne inhaltliche Änderung erfolgte[146], zeigt auch § 119 Abs. 1 Nr. 3 BetrVG, der die unzulässige Betriebsratsbegünstigung unter Strafe stellt.[147] Dort beließ es der Gesetzgeber bei der Formulierung „um seiner Tätigkeit willen", was deutlich macht, dass hier eine Begünstigungsabsicht[148] oder zumindest eine willentliche Herbeiführung der Begünstigung erforderlich ist.[149]

Entgegen einer in der Literatur vertretenen Ansicht führt auch der Nachweis einer Benachteiligungs- oder Begünstigungsabsicht nicht zu einem „verstärkten" Verstoß gegen § 78 Satz 2 BetrVG.[150] Der Wortlaut einer Norm stellt die äußerste Grenze der Gesetzesauslegung dar. Was mit ihm auch bei weitester Auslegung nicht mehr vereinbar ist, kann auch bei weitester Gesetzesauslegung nicht mehr als Inhalt der Norm gelten.[151] Der Wortlaut des § 78 Satz 2 BetrVG differenziert jedoch nicht zwischen „normalen" und „verstärkten" Verstößen, so dass die oben genannte Meinung in der Literatur abzulehnen ist. Ein subjektives Element ist nicht erforderlich, um das Begünstigungsverbot im Sinne des § 78 Satz 2 BetrVG zu verletzen.

D. Ergebnis

Die Mitglieder des Betriebsrats dürfen gemäß § 78 Satz 2 BetrVG wegen ihrer Tätigkeit weder benachteiligt noch begünstigt werden. Durch das Begünstigungsverbot sollen die Gleichbehandlung der Betriebsratsmitglieder mit anderen Arbeitnehmern sowie die Unabhängigkeit der Mandatsausübung und damit die Funktionsfähigkeit der betriebsverfassungsrechtlichen Mitbestimmungsordnung

---

145 Sowie die in § 20 BetrVG 1952 bezeichneten Vertreter und die Mitglieder der Einigungsstelle, vgl. § 53 Abs. 2 BetrVG 1952 und BGBl. I 1952 S. 687.
146 So aber *Oetker*, RdA 1990, 343 (351).
147 Näher dazu „Strafbarkeit nach § 119 Abs. 1 Nr. 3 BetrVG", S. 393.
148 GK-BetrVG/*Oetker*, § 119 Rn. 54 m.w.N. zum Streitstand.
149 *Fitting*, § 119 Rn. 10 m.w.N.
150 So aber zumindest hinsichtlich der Benachteiligungsabsicht DKKW/*Buschmann*, § 78 Rn. 23.
151 *Larenz*/Canaris, S. 163 f.

gesichert werden. § 78 Satz 2 BetrVG ist ein strikt objektiver Tatbestand und setzt weder eine Begünstigungsabsicht noch ein Verschulden voraus. Es kommt nicht darauf an, ob der Begünstigende vom Betriebsratsmitglied eine bestimmte Art der Amtsausübung erwartet. Die Betriebsratstätigkeit muss jedoch kausal für die Begünstigung sein. Die Norm gilt für grundsätzlich jedermann, also nicht nur für den Arbeitgeber, sondern auch für andere Arbeitnehmer sowie Mitglieder anderer Betriebsverfassungsorgane oder sogar betriebsfremde Dritte. Die bloße Annahme einer unzulässigen Begünstigung durch das Betriebsratsmitglied ist hingegen nicht vom Tatbestand umfasst. In zeitlicher Hinsicht entfaltet § 78 Satz 2 BetrVG nach der hier vertretenen Auffassung sowohl Vor- als auch Nachwirkung. Aus dem Zusammenspiel von Benachteiligungs- und Begünstigungsverbot folgt, dass lediglich die Gleichbehandlung von Mitgliedern des Betriebsrats mit anderen Arbeitnehmern zulässig ist, es sei denn, das Gesetz sieht eine Besserstellung der Betriebsratsmitglieder ausdrücklich vor.

§ 3 Konkretisierung des Begünstigungsverbots durch die §§ 37 ff. BetrVG

Ob und welche Leistungen an Betriebsratsmitglieder zulässig sind, richtet sich maßgeblich nach den § 37 ff. BetrVG. Sie regeln die wesentlichen Aspekte ihrer Rechtsstellung[152] und konkretisieren § 78 Satz 2 BetrVG.[153] Dabei richten sich die §§ 37 ff. BetrVG – anders als § 78 Satz 2 BetrVG[154] – auch an das Betriebsratsmitglied selbst.[155]

§ 37 Abs. 1 BetrVG definiert das Betriebsratsamt als unentgeltliches Ehrenamt.[156] Ergänzt wird dieses sog. *Ehrenamtsprinzip* durch das *Lohnausfallprinzip*[157], nach dem das Betriebsratsmitglied ohne Minderung seines Arbeitsentgelts von seiner beruflichen Tätigkeit zu befreien ist, wenn und soweit es zur Durchführung der Betriebsratstätigkeit erforderlich ist. Jedes Betriebsratsmitglied erhält dabei die Vergütung, die es erhalten hätte, wenn es seiner arbeitsvertraglich geschuldeten Tätigkeit nachgegangen wäre – nicht mehr und nicht weniger. Nach § 37 Abs. 4 BetrVG darf die Vergütung der Betriebsratsmitglieder jedoch nicht geringer bemessen sein als das Arbeitsentgelt vergleichbarer Arbeitnehmer mit betriebsüblicher beruflicher Entwicklung. Auf die individuelle Entwicklung des Betriebsratsmitglieds kommt es im Rahmen des § 37 BetrVG nicht an.[158]

A. Ehrenamtsprinzip, § 37 Abs. 1 BetrVG

Dreh- und Angelpunkt der Frage, ob und in welcher Größenordnung Leistungen an Betriebsratsmitglieder legitim sind, ist das in § 37 Abs. 1 BetrVG normierte Ehrenamtsprinzip.

§ 37 Abs. 1 BetrVG: *„Die Mitglieder des Betriebsrats führen ihr Amt unentgeltlich als Ehrenamt."*

Danach erbringt das Betriebsratsmitglied seine Amtstätigkeit nicht nur ehrenamtlich, sondern auch unentgeltlich.

---

152 Düwell/*Womerath*, § 37 Rn. 1; *Fitting*, § 37 Rn. 1; HWGNRH/*Glock*, § 37 Rn. 1.
153 Siehe oben „Rechtscharakter der Norm", S. 11.
154 Siehe oben „Der Begünstigte als Adressat des Begünstigungsverbots", S. 16.
155 Näher dazu „Annahme einer Begünstigung", S. 45.
156 Näher dazu „Ehrenamtsprinzip, § 37 Abs. 1 BetrVG", S. 39.
157 Näher unten „Lohnausfallprinzip", S. 52.
158 Näher dazu „Entgeltschutz nach § 37 Abs. 4 BetrVG", S. 61.

I. Entstehungsgeschichte

Das Ehrenamtsprinzip hat eine lange Tradition. Eine dem heutigen § 37 Abs. 1 BetrVG vergleichbare Regelung fand sich bereits in § 35 Satz 1 Betriebsrätegesetz vom 4. Februar 1920 (BRG 1920)[159]. Dieses schrieb die Amtsführung „*unentgeltlich als Ehrenamt*" vor. Dort hieß es:

„*Die Mitglieder der Betriebsräte und ihre Stellvertreter verwalten ihr Amt **unentgeltlich als Ehrenamt**. Notwendige Versäumnis von Arbeitszeit darf eine Minderung der Entlohnung oder Gehaltszahlung nicht zur Folge haben. Vertragsbestimmungen, die dieser Vorschrift zuwiderlaufen, sind nichtig.*"[160]

Nach dem Neuanfang im Jahre 1945 und einer längeren politischen Debatte[161] wurde mit § 37 BetrVG 1952[162] eine Regelung zur Rechtsstellung der Betriebsratsmitglieder ins Gesetz aufgenommen. Der Wortlaut des § 37 Abs. 1 BetrVG a.F. wurde seit seiner Aufnahme in das Betriebsverfassungsgesetzes im Jahr 1952 bis heute nicht verändert.[163]

Auch die übrigen Regelungen des § 37 BetrVG 1952 entsprachen bereits in weiten Teilen dem heutigen § 37 BetrVG[164]:

„*(1) Die Mitglieder des Betriebsrats führen ihr Amt **unentgeltlich als Ehrenamt**. (2) Versäumnis von Arbeitszeit, die nach Umfang und Art des Betriebs zur ordnungsgemäßen Durchführung der Aufgaben des Betriebsrats erforderlich ist, berechtigt den Arbeitgeber nicht zur Minderung des Arbeitsentgelts. (3) Mitglieder des Betriebsrats sind von ihrer beruflichen Tätigkeit freizustellen, wenn und soweit es nach Umfang und Art des Betriebs zur ordnungsgemäßen Durchführung ihrer Aufgaben erforderlich ist.*"

Ausweislich der Gesetzesbegründung zum BetrVG 1952 sollte der Arbeitgeber das Arbeitsentgelt der Mandatsträger wegen der Versäumung der Arbeitszeit, die

---

159 RGBl. 1920, S. 147, erlassen auf Grundlage des Art. 165 der Weimarer Reichsverfassung.
160 RGBl. 1920, S. 147 ff.
161 Näher dazu GK-BetrVG/*Wiese*, Einl. Rn. 20.
162 „BetrVG 1952" meint das BetrVG in der Fassung vom 11.10.1952.
163 GK-BetrVG/*Weber*, § 37 Rn. 1.
164 Soweit sich aus dem Text nichts Gegenteiliges ergibt, steht „BetrVG" für den aktuellen Gesetzestext des Betriebsverfassungsgesetzes.

für die Durchführung von Betriebsratsaufgaben nach Art und Umfang des Betriebs erforderlich war, nicht kürzen dürfen.[165]

Nach zwei Jahrzehnten wurde das BetrVG 1952 durch erhebliche wirtschaftliche, technische und soziale Veränderungen überholt.[166] Es folgten umfangreiche Reformdebatten[167], die schließlich zum Erlass des Betriebsverfassungsgesetzes 1972 (BetrVG 1972) führten. § 37 Abs. 1 und Abs. 2 BetrVG blieben inhaltlich unverändert. Neu eingeführt wurde der § 37 Abs. 3 bis Abs. 7 BetrVG 1972.[168]

Im weiteren Verlauf ist insbesondere die Novelle von 2001[169] zu erwähnen. Das Gesetz zur Reform des Betriebsverfassungsgesetzes (BetrVerf-Reformgesetz 2001) beinhaltete umfangreiche Änderungen, insbesondere die Beteiligungsrechte des Betriebsrats wurden enorm ausgeweitet. Durch das BetrVerf-Reformgesetz 2001 wurden die Regelungen über den Ausgleich für Betriebsratstätigkeit während der Freizeit in § 37 Abs. 3 BetrVG sowie die Teilnahme an Schulungs- und Bildungsveranstaltungen in § 37 Abs. 6 und 7 BetrVG erneut verändert, um die Situation der zunehmenden Flexibilisierung der Arbeitszeit zu berücksichtigen und den Interessen teilzeitbeschäftigter Betriebsratsmitglieder gerecht zu werden.[170]

II. Zweck des Ehrenamtsprinzips, § 37 Abs. 1 BetrVG

Der ehrenamtliche Charakter und die Unentgeltlichkeit der Amtsführung dienen ebenso wie das Benachteiligungs- und Begünstigungsverbot des § 78 Satz 2 BetrVG dazu, die Unparteilichkeit sowie die Unabhängigkeit der Betriebsratsmitglieder sicherzustellen.[171] Dies sichert zunächst die *innere Unabhängigkeit* des

---

165 Schriftlicher Bericht des Ausschusses für Arbeit, BT-Drs. I/3585, S. 7, zu § 37 BetrVG 1952.
166 *Fitting*, Einl. Rn. 7; GK-BetrVG/Wiese, Einl. Rn. 21.
167 Vgl. die Gesetzesentwürfe für BetrVG 1972: BT-Drs. V/2234 und VI/1806 (CDU/CSU); BT-Drs. V/3658 (SPD), BT-Drs. V/4011 (FDP); weiterhin die Vorschläge des DGB zur Änderung des Betriebsverfassungsgesetzes, AuR 1968, 80 ff., 112 ff., 145 ff., 176 ff. sowie den Regierungsentwurf in BT-Drs. VI/1786; Ausschussfassung in BT-Drs. VI/2729, verabschiedet am 10.11.1971, Zustimmung des Bundesrats am 17.12.1971, Verkündung am 18.01.1972; im Einzelnen dazu: *Fitting*, Einl. Rn. 8; GK-BetrVG/*Wiese*, Einl. Rn. 21 ff.
168 GK-BetrVG/*Weber*, § 37 Rn. 1.
169 Gesetz zur Reform des Betriebsverfassungsgesetzes vom 27.07.2001, BGBl. I S. 1852; ausführlich zur Vorgeschichte GK-BetrVG/*Wiese*, Einl. Rn. 36 ff.
170 Begründung des RegE, BT-Drs. 14/5741, S. 41.
171 BAG v. 05.03.1997 – 7 AZR 581/92, NZA 1997, 1242 (1244); BAG v. 20.10.1993 – 7 AZR 581/92, AP Nr. 90 zu § 37 BetrVG 1972; BAG v. 21.06.1957 – 1 AZR 465/56, NJW 1957, 1454

Betriebsratsmitglieds. Besondere Zuwendungen des Arbeitgebers sollen keinerlei Einfluss auf das Stimmverhalten der Betriebsratsmitglieder haben.[172] Sie sollen unbeeinflusst von sachfremden Erwägungen wie beispielsweise möglichen Sondervergütungen durch den Arbeitgeber ihre betriebsverfassungsrechtlichen Aufgaben erfüllen können. Weiter soll § 37 Abs. 1 BetrVG die *äußere Unabhängigkeit* sichern. Die Norm wird dabei von den Regelungen zum Sonderkündigungsschutz (§ 103 BetrVG und §§ 15, 16 KSchG) sowie zum Arbeitsentgelt- und Tätigkeitsschutz (§ 37 Abs. 4 und 5 BetrVG) ergänzt.[173]

Das Ehrenamtsprinzip trägt nach Ansicht des BAG zudem *„entscheidend dazu bei, daß die vom Betriebsrat vertretenen Arbeitnehmer davon ausgehen können, dass die Vereinbarungen zwischen Betriebsrat und Arbeitgeber nicht durch die Gewährung oder den Entzug materieller Vorteile für die Mitglieder des Betriebsrats beeinflußbar sind."*[174] Dies fördert die Akzeptanz der vom Betriebsrat mit zu tragenden Entscheidungen bei der Belegschaft selbst dann, wenn diese mit Nachteilen für sie oder einzelne Arbeitnehmer verbunden sind, beispielsweise im Zusammenhang mit Betriebsänderungen nach § 111 BetrVG oder bei betriebsbedingten Kündigungen.

§ 37 BetrVG ist – wie auch § 78 Satz 2 BetrVG – zwingend und kann weder durch Tarifvertrag noch durch Betriebsvereinbarung geändert, abbedungen oder umgangen werden.[175] Zulässig sind jedoch ergänzende kollektivrechtliche Vereinbarungen, die unter Beachtung der Vorgaben des § 37 BetrVG – und des § 78 Satz 2 BetrVG – die Durchführung der Norm betreffen.[176]

(1454); ErfK/*Koch*, § 37 BetrVG Rn. 1; *Fitting*, § 37 Rn. 7; GK-BetrVG/*Weber*, § 37 Rn. 12; HWGNRH/*Glock*, § 37 Rn. 12; *Richardi*, § 37 Rn. 2.
172 BAG v. 05.03.1997 – 7 AZR 581/92, NZA 1997, 1242 (1244).
173 BAG v. 20.10.1993 – 7 AZR 581/92, AP Nr. 90 zu § 37 BetrVG 1972; *Fitting*, § 37 Rn. 7; GK-BetrVG/*Weber*, § 37 Rn. 12.
174 BAG v. 05.03.1997 – 7 AZR 581/92, NZA 1997, 1242 (1244).
175 BAG v. 13.07.1994 – 7 AZR 477/93, AP Nr. 97 zu § 37 BetrVG 1972; *Fitting*, § 37 Rn. 4; GK-BetrVG/*Weber*, § 37 Rn. 19; HWGNRH/*Glock*, § 37 Rn. 17.
176 BAG v. 18.01.2017 – 7 AZR 205/15, NZA 2017, 935; GK-BetrVG/*Weber*, § 37 Rn. 8; *Fitting*, § 37 Rn. 4; *Farthmann*, in: FS Stahlhacke, 115 (119); HWGNRH/*Glock*, § 37 Rn. 8.

Das Ehrenamtsprinzip sichert damit die Unabhängigkeit der Betriebsräte gegenüber dem Arbeitgeber und ist eine wesentliche Voraussetzung für ein funktionierendes System betrieblicher Mitbestimmung.[177]

III. Unentgeltlichkeit der Betriebsratstätigkeit

1. Begrifflichkeiten

Unentgeltlichkeit bedeutet, dass keinem Betriebsratsmitglied wegen seiner Amtsführung vom Arbeitgeber oder Dritten – beispielsweise einer Gewerkschaft oder dem Arbeitgeberverband – eine Vergütung oder andere geldwerte Vorteile gewährt werden dürfen, es sei denn, das Gesetz rechtfertigt eine derartige Zuwendung.[178]

Im Interesse einer unparteiischen und unabhängigen Amtsausführung sind an den Begriff der Unentgeltlichkeit strenge Anforderungen zu stellen.[179] Bereits das Reichsarbeitsgericht war in seiner Entscheidung aus dem Jahre 1928 der Ansicht, der Normzweck von § 35 BRG 1920, der dem heutigen § 37 Abs. 1 BetrVG entspricht[180], erfordere eine strenge Anwendung des Ehrenamts- und Unentgeltlichkeitsprinzips.[181] Dem schloss sich das Bundesarbeitsgericht unter anderem in seiner Entscheidung aus dem Jahre 1993 an.[182] Auf Höhe und Umfang der zusätzlich gewährten Leistung kann es folglich nicht ankommen. So verstoßen selbst Kleinstbeträge gegen eine strenge Anwendung des Ehrenamtsprinzips, auch wenn sie keinen nennenswerten Wert haben, sofern sie als Entlohnung für das Betriebsratsamt gewährt werden. Eine Bagatelluntergrenze gibt es nicht. Selbst Bagatellleistungen sind geeignet, die Unabhängigkeit des Betriebsratsmitglieds getreu dem Motto „Kleine Geschenke erhalten die Freundschaft" zu beeinträchtigen. Das

---

177 BAG v. 05.03.1997 – 7 AZR 581/92, NZA 1997, 1242 (1244).
178 BAG v. 05.05.2010 – 7 AZR 728/08, NZA 2010, 1025 (1026); DKKW/*Wedde*, § 37 Rn. 3; GK-BetrVG/*Weber*, § 37 Rn. 16; HWGNRH/*Glock*, § 37 Rn. 12; Richardi/Thüsing, § 37 Rn. 8; *Farthmann*, in: FS Stahlhacke, 115 (119).
179 BAG v. 05.05.2010 – 7 AZR 728/08, NZA 2010, 1025 (1026); *Byers*, NZA 2014, 65 (65 f.); ErfK/*Koch*, § 37 BetrVG Rn. 1; DKKW/*Wedde*, § 37 Rn. 3; *Moll/Roebers*, NZA 2012, 57 (57).
180 Siehe oben unter „Entstehungsgeschichte" auf S. 40 für den genauen Wortlaut.
181 RAG v. 08.02.1928, Bensh Slg. Band 2, Nr. 11, S. 38.
182 BAG v. 20.10.1993 – 7 AZR 581/92, NZA 1994, 278 (281).

Ehrenamtsprinzip untersagt daher auch nicht nur monetäre Zuwendungen, sondern jeden geldwerten Vorteil aufgrund der Amtstätigkeit, wie z.B. die Überlassung eines Dienstwagens.[183]

2. Normadressat

Normadressat ist nicht nur der Arbeitgeber, sondern – wie bei § 78 Satz 2 BetrVG – *jedermann*.[184] Weder der Arbeitgeber noch andere Arbeitnehmer, eine Gewerkschaft oder dritte Personen dürfen den Betriebsratsmitgliedern für die Tätigkeit im Betriebsrat besondere geldwerte Zuwendungen gewähren.[185]

Zwar ist der Wortlaut des § 37 Abs. 1 BetrVG hinsichtlich des Begünstigenden offen formuliert und äußert sich nicht zum Normadressaten. Jedoch sprechen sowohl die systematische als auch die teleologische Auslegung für einen umfassenden Anwendungsbereich des § 37 Abs. 1 BetrVG. Die Leistung von Beiträgen der Arbeitnehmer an den Betriebsrat ist in § 41 BetrVG ausdrücklich untersagt. Diese Vorschrift soll ebenfalls die Unabhängigkeit des Betriebsrats schützen.[186] Beide Normen stehen im dritten Abschnitt des Betriebsverfassungsgesetzes „Geschäftsführung des Betriebsrats". Es spricht daher vieles dafür § 37 Abs. 1 BetrVG so auszulegen, dass die Norm nicht in einem logischen Widerspruch zu § 41 BetrVG steht, der sich ausdrücklich an die Arbeitnehmer richtet. Entsprechend sind jedenfalls die Arbeitnehmer Normadressat des § 37 Abs. 1 BetrVG.

Dieses aus der systematischen Auslegung gewonnene Ergebnis wird durch den Schutzzweck des § 37 Abs. 1 BetrVG gestützt. Dieser liefe völlig leer, ließe sich das Gebot der Unentgeltlichkeit der Amtsführung durch das bloße Dazwischenschalten eines beliebigen Dritten umgehen. Dies würde Verstößen gegen das Ehrenamtsprinzip Tür und Tor öffnen und widerspricht dem Charakter des Betriebsratsamtes als unentgeltliches Ehrenamt. Die Unentgeltlichkeit ist wesentliche Voraussetzung für die sachgerechte Durchführung der betrieblichen Mitbestimmung. Dieser Zweck kann jedoch nur dann gewahrt werden, wenn der Anwendungsbereich des Ehrenamtsprinzips umfassend und Normadressat des § 37 Abs. 1 BetrVG jedermann ist.

---

183 Vgl. unter „Dienstwagen", S. 338.
184 *Fitting*, § 37 Rn. 12.
185 DKKW/*Wedde*, § 37 Rn. 3; *Fitting*, § 37 Rn. 12.
186 BAG v. 14.08.2002 – 7 ABR 29/01, AuR 2003, 271; GK-BetrVG/*Weber*, § 41 Rn. 1.

Nach Wortlaut, systematischem Zusammenhang und teleologischer Auslegung verbietet das Ehrenamtsprinzip nicht nur Zuwendungen durch den Arbeitgeber an die Mitglieder des Betriebsrats, sondern durch jedermann, sofern damit die Betriebsratstätigkeit honoriert werden soll.

3. Versprechen einer zusätzlichen Leistung

Nach ganz herrschender Meinung ist nach § 37 Abs. 1 BetrVG bereits das Versprechen einer zusätzlichen Leistung unzulässig.[187] Dem ist zuzustimmen. Das Ehrenamtsprinzip soll auch das Vertrauen der vom Betriebsrat vertretenen Arbeitnehmer darauf stärken, dass sich die Betriebsratsmitglieder bei der Wahrnehmung ihrer Mitbestimmungsrechte nicht durch materielle Vorteile beeinflussen lassen.[188] Dieser Zweck wird bereits durch das Versprechen eines Vorteils erheblich gefährdet, da nicht auszuschließen ist, dass sich das Betriebsratsmitglied auch durch eine ihm für die Zukunft versprochene materielle Zuwendung in seiner Amtsführung beeinflussen lässt. *Versprechen eines Vorteils* meint hier – wie bereits im Rahmen des Begünstigungsverbots erörtert – eine rechtsgeschäftliche Vereinbarung.[189]

Als Ergebnis bleibt festzuhalten, dass nicht erst das Gewähren unberechtigter zusätzlicher Leistungen an ein Betriebsratsmitglied, sondern schon das Versprechen derartiger Leistungen nach § 37 Abs. 1 BetrVG unzulässig ist.

4. Annahme einer Begünstigung

Auch hinsichtlich des Ehrenamtsprinzips stellt sich die Frage, ob dem Betriebsratsmitglied die Annahme einer nach § 37 Abs. 1 BetrVG unzulässigen entgeltlichen Leistung untersagt ist. Dies wird von der überwiegenden Meinung in Rechtsprechung[190] und Literatur[191] zu Recht bejaht. Dafür spricht zunächst der offen formulierte Wortlaut des § 37 Abs. 1 BetrVG, nach dem die Betriebsratsmitglieder ihr Betriebsratsamt „*unentgeltlich als Ehrenamt*" führen. Es gehört zu den

---

187 *Fitting*, § 37 Rn. 11; GK-BetrVG/*Weber*, § 37 Rn. 16; HWGNRH/*Glock*, § 37 Rn. 19; Richardi/*Thüsing*, § 37 Rn. 10; *Farthmann*, in: FS Stahlhacke, 115 (119).
188 BAG v. 05.05.2010 – 7 AZR 728/08, NZA 2010, 1025 (1027).
189 Siehe dazu oben „Versprechen einer Begünstigung", S. 26.
190 LAG München v. 05.02.2009 – 3 TaBV 107/08, juris, Rn. 37; LAG München v. 15.11.1977 – 5 TaBV 34/77, DB 1978, 894 (895).
191 GK-BetrVG/*Weber*, § 37 Rn. 23; *Fitting*, § 23 Rn. 19; DKKW/*Wedde*, § 37 Rn. 7; HWGNRH/*Glock*, § 37 Rn. 21; *Fischer*, BB 2007, 997 (997); Schweibert/Buse, NZA 2007, 1080 (1084).

Pflichten eines Betriebsratsmitglieds sein Amt unentgeltlich zu führen. Nimmt das Betriebsratsmitglied etwas an, das dem Ehrenamtsprinzip widerspricht, verstößt es gegen seine betriebsverfassungsrechtliche Pflicht der unentgeltlichen Amtsführung. Das Ehrenamtsprinzip richtet sich sowohl im Wortlaut als auch nach seinem Sinn und Zweck auch direkt an das Betriebsratsmitglied und verbietet ihm die Annahme unzulässiger Begünstigungen.

IV. Ehrenamtsprinzip und Begünstigungsverbot

Sowohl § 37 Abs. 1 BetrVG als auch § 78 Satz 2 BetrVG erklären die Besserstellung der Betriebsratsmitglieder gegenüber anderen Arbeitnehmern für unzulässig. Nach Ansicht des BAG sollen beide Vorschriften die innere und äußere Unabhängigkeit der Betriebsratsmitglieder sichern.[192] Betriebsratsmitglieder dürfen folglich im Vergleich zu den von ihnen vertretenen Arbeitnehmern keine zusätzliche Vergütung für ihre Amtstätigkeit erhalten. Zugleich dürfen sie diesen gegenüber durch Wahrnehmung der nicht in ihrem Belieben stehenden Amtstätigkeit keine Vermögenseinbußen erleiden.[193] Beide Normen haben also denselben Regelungszweck.

Dem entspricht auch die hier vertretene Auffassung, wonach die gesamte Vorschrift des § 37 BetrVG die allgemeine Grundsatznorm des § 78 Satz 2 BetrVG konkretisiere, weshalb Letztere zur Auslegung der zuerst genannten herangezogen werden muss.[194] Durch § 37 BetrVG ist regelmäßig die Grenze festgelegt, auf welche Leistungen das Betriebsratsmitglied einen Anspruch hat, welche Leistungen der Arbeitgeber ihm also gewähren *muss*, um nicht gegen das Benachteiligungsverbot des § 78 Satz 2 Alt. 1 BetrVG zu verstoßen. Zugleich legt § 78 Satz 2 Alt. 2 BetrVG verbindlich fest, was der Arbeitgeber einem Mitglied des Betriebsrats gewähren *darf*, ohne gegen das Begünstigungsverbot zu verstoßen. Zusätzliche Zuwendungen des Arbeitgebers an das Betriebsratsmitglied sind daher nur in sehr engen Grenzen zulässig, im selben Umfang aber in aller Regel auch geboten.[195] § 37 BetrVG ist für die Frage nach zulässigen Leistungen an die

---

192 BAG v. 05.05.2010 – 7 AZR 728/08, NZA 2010, 1025 (1028); BAG v. 25.02.2009 – 7 AZR 954/07, AP Nr. 146 zu § 37 BetrVG 1972.
193 BAG v. 05.05.2010 – 7 AZR 728/08, NZA 2010, 1025 (1028).
194 Siehe oben bei „Rechtscharakter der Norm", S. 11.
195 *Bittmann/Mujan*, BB 2012, 637 (637).

Betriebsratsmitglieder damit Mindest- und Höchstarbeitsbedingung zugleich.[196] Gewährt der Arbeitgeber den Betriebsratsmitgliedern Leistungen, die über das hinausgehen, was ihnen aufgrund ihres Arbeitsverhältnisses zusteht, verstößt er sowohl gegen das in § 37 Abs. 1 BetrVG enthaltene Ehrenamtsprinzip als auch gegen das Begünstigungsverbot des § 78 Satz 2 Alt. 2 BetrVG.

V. Ergebnis

Das Betriebsratsamt ist ein unentgeltliches Ehrenamt, kein Beruf. Die Amtstätigkeit als solche wird nicht vergütet. Sie gewährt den Betriebsratsmitgliedern weder einen eigenständigen Entgeltanspruch noch sollen sie aus ihrer Betriebsratstätigkeit sonstige finanzielle Vorteile ziehen. Bereits das Versprechen einer entgeltlichen Leistung für die Amtstätigkeit ist unzulässig. Die Gewährung immaterieller Vorteile ist nicht nach § 37 Abs. 1 BetrVG, sondern nur nach § 78 Satz 2 BetrVG unzulässig. Die Norm richtet sich an jedermann. Sie ist zwingend und kann nicht durch Tarifvertrag, Betriebs- oder Individualvereinbarung geändert oder abbedungen werden. Die in § 37 BetrVG geregelten Vorgaben zur Betriebsratsvergütung sind dabei Mindest- und Höchstarbeitsbedingung zugleich. Das Ehrenamtsprinzip ist streng und untersagt jede an das Betriebsratsamt anknüpfende Vergütung. Eine an Verantwortung und Arbeitsaufwand des einzelnen Betriebsratsmitglieds orientierte Vergütung ist unzulässig.

B. Arbeitsbefreiung und Lohnausfallprinzip, § 37 Abs. 2 BetrVG

Nach § 37 Abs. 2 BetrVG ist ein Betriebsratsmitglied von seiner beruflichen Tätigkeit ohne Minderung seines Arbeitsentgelts zu befreien, wenn und soweit es nach Umfang und Art des Betriebs zur ordnungsgemäßen Durchführung seiner Aufgaben erforderlich ist.

I. Arbeitsbefreiung

1. Allgemeines

Der Anspruch auf vorübergehende Befreiung von der beruflichen Tätigkeit nach § 37 Abs. 2 BetrVG setzt voraus, dass die Arbeitsbefreiung der Durchführung von *Betriebsratsaufgaben* dient und sie zugleich zur ordnungsgemäßen Durchführung

---

[196] *Dzida/Mehrens*, NZA 2013, 753 (755); *Rieble*, NZA 2008, 276 (277).

dieser Aufgaben *erforderlich* ist. Dabei sind die Betriebsratsmitglieder jedoch grundsätzlich verpflichtet, ihrer arbeitsvertraglich geschuldeten Tätigkeit weiter nachzukommen, sofern sie nicht nach § 38 BetrVG von ihrer beruflichen Tätigkeit freigestellt sind.[197]

§ 37 Abs. 2 BetrVG betrifft in erster Linie die vorübergehende Arbeitsbefreiung aus konkretem Anlass.[198] Der Anwendungsbereich der Norm ist erst dann eröffnet, wenn das Betriebsratsmitglied arbeitsvertraglich überhaupt zur Arbeitsleistung verpflichtet ist, da die Mitglieder des Betriebsrats Arbeitnehmer bleiben. Als solche sind sie grundsätzlich verpflichtet, ihren arbeitsvertraglichen Aufgaben am vereinbarten Arbeitsort nachzukommen. Die Übernahme des Betriebsratsamtes führt zu einer Kollision der betriebsverfassungsrechtlichen Amts- mit den individualvertraglichen Arbeitsvertragspflichten. Die in § 37 Abs. 2 BetrVG ausdrücklich vorgesehene Arbeitsbefreiung verdeutlicht, dass der Gesetzgeber der Erfüllung der betriebsverfassungsrechtlichen Amtspflichten Vorrang gegenüber den Pflichten aus dem Arbeitsvertrag einräumt.[199] § 37 Abs. 2 BetrVG geht dabei davon aus, dass das Betriebsratsmitglied seine Amtstätigkeit grundsätzlich während seiner Arbeitszeit ausübt.[200]

Der Anspruch auf Arbeitsbefreiung nach § 37 Abs. 2 BetrVG gilt lediglich für anlassbezogen befreiten Betriebsratsmitglieder und hat für die nach § 38 Abs. 1 BetrVG dauerhaft[201] von der Arbeit freigestellten Betriebsratsmitglieder keine Bedeutung.[202] Dies ergibt sich bereits zwingend daraus, dass ein Betriebsratsmitglied, welches schon nach § 38 Abs. 1 BetrVG dauerhaft von seiner Pflicht zur Arbeitsleistung zum Zwecke der Erfüllung der Betriebsratsaufgaben entbunden

---

197 GK-BetrVG/*Weber*, § 37 Rn. 24.
198 DKKW/*Wedde*, § 37 Rn. 11; *Fitting*, § 37 Rn. 17; GK-BetrVG/*Weber* § 37 Rn. 25; HWGNRH/*Glock*, § 37 Rn. 23; Richardi/*Thüsing*, § 37 Rn. 14.
199 DKKW/*Wedde*, § 37 Rn. 10; *Fitting*, § 37 Rn. 16.
200 DKKW/*Wedde*, § 37 Rn. 10; GK-BetrVG/*Weber*, § 37 Rn. 24; HWGNRH/*Glock*, § 37 Rn. 22, 71; Richardi/*Thüsing*, § 37 Rn. 23.
201 Im Folgenden sind terminologisch mit anlassbezogen oder vorübergehend freigestellten Betriebsratsmitgliedern die nach § 37 Abs. 2 BetrVG befreiten, mit dauerhaft freigestellten, die nach § 38 Abs. 1 BetrVG freigestellten Betriebsratsmitglieder gemeint.
202 DKKW/*Wedde*, § 37 Rn. 11; *Fitting*, § 37 Rn. 17; GK-BetrVG/*Weber*, § 37 Rn. 25; HWGNRH/*Glock*, § 37 Rn. 23; anders noch § 38 Abs. 1 RegE zum BetrVG 1972 (BT-Drs. VI/1786), der die Arbeitsbefreiung der Betriebsratsmitglieder aus konkretem Anlass und die ständige Freistellung regelte; aufgrund der Beschlüsse des 10. Ausschusses wurden die beiden Fragen im Interesse „terminologischer Klarheit" den neu gefassten § 37 Abs. 2 und § 38 Abs. 1 BetrVG getrennt zugewiesen, vgl. BT-Drs. VI/2729, S. 16, S. 2.

Konkretisierung des Begünstigungsverbots durch die §§ 37 ff. BetrVG

wurde, nicht erneut von der Arbeitspflicht befreit werden kann. In diesem Fall wäre die Anwendung des § 37 Abs. 2 BetrVG überflüssig.

Anders als es der missverständliche Gesetzeswortlaut – *„Mitglieder des Betriebsrats sind von ihrer beruflichen Tätigkeit [...] zu befreien"* – suggeriert, muss der Arbeitgeber der Arbeitsbefreiung nicht zustimmen. Erforderlich ist lediglich die Abmeldung des Betriebsratsmitglieds beim jeweils zuständigen Vorgesetzten vor Verlassen des Arbeitsplatzes.[203] Das Betriebsratsmitglied darf sich bei Vorliegen der Voraussetzungen des § 37 Abs. 2 BetrVG, die es sorgfältig zu prüfen hat, nach erfolgter Abmeldung eigenständig von seinem Arbeitsplatz entfernen.

2. Aufgaben des Betriebsrats

Die Arbeitsbefreiung ist nur dann zulässig, wenn sie der Erfüllung der dem Betriebsratsmitglied obliegenden Aufgaben dient. Die Aufgaben des einzelnen Betriebsratsmitglieds ergeben sich aus den Aufgaben des Betriebsrats.[204] Dazu gehören insbesondere die Aufgaben, die ihm durch das BetrVG oder andere Gesetze, Tarifverträge oder Betriebsvereinbarungen[205] zugewiesen sind, wie die Teilnahme an Sitzungen des Betriebsrats oder des Betriebsratsausschusses.[206] Unerheblich ist, ob es sich dabei um Aufgaben innerhalb oder außerhalb des Betriebs handelt.[207] Nicht zu den Aufgaben des Betriebsrats gehört hingegen die Durchführung der Betriebsratswahl[208], die das BetrVG dem Aufgabenbereich des Wahlvorstandes zuordnet, § 18 BetrVG. Der Anspruch auf Arbeitsbefreiung nach § 37 Abs. 2 BetrVG scheidet aus, wenn sich das Betriebsratsmitglied mit Angelegenheiten beschäftigt, die nicht in den ihm gesetzlich zugewiesenen Aufgabenbereich fallen.

Bei der Frage, ob eine Aufgabe des Betriebsrats vorliegt oder nicht, handelt es sich um eine objektiv überprüfbare Tatsache. Anders als bei der Frage nach der

---

[203] BAG v. 29.06.2011 – 7 ABR 135/09, NZA 2012, 47; DKKW/*Wedde*, § 37 Rn. 44; *Fitting*, § 37 Rn. 49; Richardi/*Thüsing*, § 37 Rn. 27; GK-BetrVG/*Weber*, § 37 Rn. 56.
[204] GK-BetrVG/*Weber*, § 37 Rn. 29 ff.
[205] *Fitting*, § 37 Rn. 24; DKKW/*Wedde*, § 37 Rn. 16; ErfK/*Koch*, § 37 BetrVG Rn. 2; GK-BetrVG/*Weber*, § 37 Rn. 31; a.A. Richardi/*Thüsing*, § 37 Rn. 21 hinsichtlich Tarifvertrag und Betriebsvereinbarung.
[206] Für weitere Beispiele vgl. *Fitting*, § 37 Rn. 23 ff.; GK-BetrVG/*Weber*, § 37 Rn. 31 ff.
[207] BAG v. 21.06.2006 – 7 AZR 418/05, juris, Rn. 15; DKKW/Wedde, § 37 Rn. 17; GK-BetrVG/*Weber*, § 37 Rn. 32; HWGNRH/*Glock*, § 37 Rn. 31; *Fitting*, § 37 Rn. 27.
[208] Mit Ausnahme der Bestellung des Wahlvorstandes, § 16 Abs. 1 BetrVG.

Erforderlichkeit bedarf es keines Beurteilungsspielraums für das Betriebsratsmitglied oder den Arbeitgeber. Nimmt einer von beiden irrtümlich an, es liege eine Betriebsratsaufgabe im Sinne des § 37 Abs. 2 BetrVG vor, scheidet ein Anspruch auf Arbeitsbefreiung aus.[209]

3. Erforderlichkeit der Arbeitsbefreiung

a. Definition

Die Arbeitsbefreiung muss nach Umfang und Art des Betriebs zur ordnungsgemäßen Durchführung der vom Betriebsratsmitglied zu erfüllenden Aufgaben *erforderlich* sein, wobei der Grundsatz der Verhältnismäßigkeit zu beachten ist.[210] Die Arbeitsbefreiung ist erforderlich, wenn das betroffene Betriebsratsmitglied die Arbeitsversäumnis unter Berücksichtigung des Grundsatzes der vertrauensvollen Zusammenarbeit im Sinne des § 2 Abs. 1 BetrVG bei gewissenhafter Würdigung aller Umstände und Abwägung der betrieblichen Interessen im Zeitpunkt der Arbeitsbefreiung diese für erforderlich halten durfte, um die ihm gestellten Betriebsratsaufgaben zu erfüllen.[211] Dadurch sollen die gegenläufigen Interessen des Arbeitgebers am ungestörten Betriebsablauf einerseits und die des Betriebsrats an der Arbeitsbefreiung andererseits in ein angemessenes Verhältnis gebracht werden. Der Umfang der Arbeitsbefreiung ist im jeweiligen Einzelfall gesondert zu bestimmen, je nach den konkret für das einzelne Betriebsratsmitglied anfallenden Aufgaben.[212] Der Betriebsrat soll seine Aufgaben effizient mit möglichst wenig personellem und zeitlichem Aufwand gut und vollständig erfüllen. Dem Betriebsratsmitglied steht bei der Frage nach der Erforderlichkeit – anders als bei der Frage, ob eine Betriebsratsaufgabe vorliegt – ein Beurteilungsspielraum zu.[213]

---

209 BAG v. 21.06.2006 – 7 AZR 418/05, juris Rn. 14; 16; BAG v. 31.08.1994 – 7 AZR 893/93, AP Nr. 98 zu § 37 BetrVG 1972; eine a.A. stellt darauf ab, ob sich das Betriebsratsmitglied in einem entschuldbaren Irrtum befand: *Fitting*, § 37 Rn. 33.
210 GK-BetrVG/*Weber*, § 37 Rn. 42; Richardi/*Thüsing*, § 37 Rn. 22.
211 St. Rspr. siehe nur BAG v. 15.03.1995 – 7 AZR 643/94, AP Nr. 105 zu § 37 BetrVG 1972 Bl. 3R f.; *Fitting*, § 37 Rn. 38; GK-BetrVG/*Weber*, § 37 Rn. 43; Richardi/*Thüsing*, § 37 Rn. 25; HWGNRH/*Glock*, § 37 Rn. 34; ErfK/*Koch*, § 37 BetrVG Rn. 3.
212 *Fitting*, § 37 Rn. 45.
213 BAG v. 31.8.1994 – 7 AZR 893/93, AP Nr. 98 zu § 37 BetrVG 1972; BAG v. 10.11.1993 – 7 AZR 682/92, AP Nr. 4 zu § 78 BetrVG 1972; DKKW/*Wedde*, § 37 Rn. 31; *Fitting*, § 37 Rn. 38; GK-BetrVG/*Weber*, § 37 Rn. 44; Richardi/*Thüsing*, § 37 Rn. 26.

b. Maßstab des Beurteilungsspielraums

Welcher Maßstab an den Beurteilungsspielraum anzulegen ist, ist umstritten. Maßgebend soll nach einer Auffassung das Verständnis eines ruhigen und vernünftigen Dritten sein.[214] Andere halten die Sicht des betroffenen Betriebsratsmitglieds für maßgeblich.[215] Man müsse die Frage stellen, ob das betroffene Betriebsratsmitglied bei gewissenhafter und vernünftiger Würdigung aller Umstände die Betriebsratstätigkeit für erforderlich halten durfte. Eine dritte Ansicht[216] will die Erforderlichkeit nach rein objektiven Kriterien bestimmen, da der Gesetzestext von „erforderlich sein" und nicht von „für erforderlich halten" spreche.

Gegen die letztgenannte Ansicht spricht, dass es sich bei dem Begriff der „Erforderlichkeit" um einen unbestimmten Rechtsbegriff handelt. Dem Betriebsratsmitglied dürfte es daher kaum möglich sein, immer zweifelsfrei festzustellen, ob die Tätigkeit objektiv erforderlich war oder nicht. Selbst kleinste Fehleinschätzungen würden dann dazu führen, dass nicht nur die Arbeitsbefreiung unzulässig wäre, sondern dass der Arbeitgeber für diese Zeiten dann auch keinen Lohn schulden würde. Dieses Risiko ist geeignet, das Betriebsratsmitglied davon abzuhalten, seiner Amtstätigkeit ordnungsgemäß nachzugehen und seine Unabhängigkeit stark zu beeinträchtigen. Die letztgenannte Ansicht ist daher abzulehnen.

Gleiches gilt für die Auffassung, die auf das Urteil eines vernünftigen Dritten abstellen will. Diese Ansicht überträgt den allgemeinen zivilrechtlichen Fahrlässigkeitsmaßstab, wonach ein objektiv-abstrakter Sorgfaltsmaßstab gilt, auf die Mitglieder des Betriebsrats.[217] Sie verkennt dabei, dass die Situation der Arbeitsbefreiung eines Betriebsratsmitglieds nicht mit der Situation vergleichbar ist, in der ein normaler Arbeitnehmer rechtsirrtümlich davon ausgeht, nicht arbeiten zu müssen. Der Arbeitnehmer handelt im eigenen Interesse. Das Betriebsratsmitglied wird hingegen einzig im Interesse der von ihm vertretenen Arbeitnehmer tätig. Es wäre daher unbillig, das Betriebsratsmitglied demselben objektiv-abstrakten

---

214 BAG v. 15.03.1995 – 7 AZR 643/94, AP Nr. 105 zu § 37 BetrVG 1972; BAG v. 31.08.1994 – 7 AZR 893/93, AP Nr. 98 zu § 37 BetrVG 1972; *Fitting*, § 37 Rn. 38; GK-BetrVG/*Weber*, § 37 Rn. 41.
215 DKKW/*Wedde*, § 37 Rn. 31; *Fitting*, § 37 Rn. 38.
216 *Kraft*, ZfA 1994, 463 (482).
217 *Kliemt/Vollstädt*, NZA 2003, 357 (361).

Sorgfaltsmaßstab zu unterwerfen.[218] Die Ausübung von Betriebsratstätigkeit entspricht vielmehr der Geschäftsführung mit fremdem Risiko im Sinne des § 678 BGB, wenn der Geschäftsführer ein Geschäft gegen den Willen des Geschäftsherrn führt.[219] Hier wird auf den Erkenntnishorizont des Geschäftsführers, nicht auf den eines unbeteiligten Dritten abgestellt. Gleiches muss aufgrund der vergleichbaren Risikoverteilung im Rahmen des § 37 Abs. 2 BetrVG gelten.

Entscheidend ist folglich, ob das betreffende Betriebsratsmitglied nach pflichtgemäßem Ermessen auf Grundlage der objektiven Tatsachen die Arbeitsversäumnis für die ordnungsgemäße Erledigung der Betriebsratsaufgaben für erforderlich halten durfte. Kommt das Betriebsratsmitglied nach gewissenhafter Prüfung zu dem Ergebnis, dass die Arbeitsbefreiung erforderlich ist, obwohl sie nachträglich objektiv doch nicht geboten war, ändert dies nichts an dem Lohnfortzahlungsanspruch des Betriebsratsmitglieds aus § 37 Abs. 2 BetrVG.

c. Befreiung für Schulungs- und Bildungsveranstaltungen

Diese Grundsätze gelten entsprechend auch für die Befreiung von der Arbeitspflicht wegen der Teilnahme an Schulungs- und Bildungsveranstaltungen im Sinne des § 37 Abs. 6 BetrVG, unter der Voraussetzung, dass diese Kenntnisse vermitteln, die für die Arbeit des Betriebsrats erforderlich sind.[220] Das bedeutet, die Kenntnisvermittlung muss Themen behandeln, die notwendig sind, damit das Betriebsratsmitglied seine gegenwärtigen oder in naher Zukunft anstehenden Aufgaben sach- und fachgerecht erfüllen kann. Dabei sind stets auch die konkreten Verhältnisse im Betrieb zu berücksichtigen.[221]

II. Lohnausfallprinzip

Neben dem Anspruch auf Arbeitsbefreiung bestimmt § 37 Abs. 2 BetrVG, dass die Befreiung ohne Minderung des Arbeitsentgelts zu erfolgen hat. Es greift das

---

218 So auch GK-BetrVG/*Weber*, § 37 Rn. 44; Richardi/*Thüsing*, § 37 Rn. 25 f.; *Purschwitz*, S. 115.
219 Richardi/*Thüsing*, § 37 Rn. 26.
220 Die entsprechende Anwendung des § 37 Abs. 2 BetrVG auf die Teilnahme an Veranstaltungen im Sinne des § 37 Abs. 6 BetrVG sei hier nur der Vollständigkeit halber erwähnt. Die Vertiefung der spezifischen Voraussetzungen des § 37 Abs. 6 BetrVG würde jedoch den Rahmen der hier vorliegenden Arbeit sprengen; vgl. hierzu hingegen ausführlich: *Greßlin*, S. 125 ff., der den Schwerpunkt auf teilzeitbeschäftigte Betriebsratsmitglieder legt.
221 Statt vieler: BAG v. 06.11.1973 – 1 ABR 8/73, AP Nr. 5 zu § 37 BetrVG.

sog. *Lohnausfallprinzip.*[222] Danach ist das Betriebsratsmitglied so zu stellen, wie es stünde, wenn es (hypothetisch) normal weitergearbeitet hätte. Es wird nicht die Betriebsratsarbeit als solche vergütet[223], sondern der Entgeltanspruch aus § 611a Abs. 2 BGB gesichert.[224]

1. Rechtsgrundlage für die Lohnfortzahlung

Rechtsgrundlage für die Lohnfortzahlung bleibt nach herrschender Ansicht in Rechtsprechung und Literatur § 611a Abs. 2 BGB.[225] § 37 Abs. 2 BetrVG sei keine eigenständige Anspruchsgrundlage, sondern stelle als Ausnahme von § 326 Abs. 1 BGB sicher, dass dem Betriebsratsmitglied, sofern es wegen seiner Tätigkeit als Betriebsratsmitglied Arbeitszeit versäumt, der ihm nach dem Arbeitsvertrag zustehende Anspruch auf Fortzahlung des Lohns erhalten bleibe.[226] Er verwandle sich nicht in einen Ersatzanspruch. Dem Arbeitgeber werde der Einwand des nicht erfüllten Arbeitsvertrages genommen.[227]

Die teilweise vertretene Ansicht, bei § 37 Abs. 2 BetrVG handele es sich um eine eigenständige Anspruchsgrundlage für die Entgeltfortzahlung im Falle einer vorübergehenden Arbeitsbefreiung des Betriebsratsmitglieds[228], ist abzulehnen. Nach Ansicht des LAG Niedersachsen[229] ist entgegen der Auffassung des Bundesarbeitsgerichts § 37 Abs. 2 BetrVG die richtige Anspruchsgrundlage. Dies folge daraus, dass für ein Betriebsratsmitglied die Rechte und Pflichten aus dem

---

222 BAG v. 05.05.2010 – 7 AZR 728/08, NZA 2010, 1025 (1027); BAG v. 31.07.1986 – 6 AZR 298/84, NZA 1987, 528 (528); BAG v. 18.09.1973 – 1 AZR 102/73, NJW 1974, 335 (335); *Fitting,* § 37 Rn. 59; GK-BetrVG/*Weber,* § 37 Rn. 64; Richardi/*Thüsing,* § 37 Rn. 34; DKKW/*Wedde,* § 37 Rn. 50; HWGNRH/*Glock,* § 37 Rn. 55; MünchArbR/*Joost,* § 220 Rn. 19.
223 So allerdings *Kehrmann,* in: FS Wlotzke, 357 (359).
224 BAG v. 14.07.2015 – 3 AZR 517/13, NZA 2015, 1328.
225 BAG v. 18.06.1974 – 1 ABR 119/73, AP Nr. 16 zu § 37 BetrVG 1972, das noch auf die bis 2017 geltende, jedoch identische Rechtsgrundlage des Arbeitsvertrags i.V.m. § 611 BGB abstellt; *Fitting,* § 37 Rn. 58; GK-BetrVG/*Weber,* § 37 Rn. 66 m.w.N.
226 BAG v. 16.08.1995 – 7 AZR 103/95, NZA 1996, 552 (553); BAG v. 15.03.1995 – 7 AZR 643/94, NZA 1995, 961 (963); BAG v. v. 18.06.1974 – 1 ABR 119/73, AP Nr. 16 zu § 37 BetrVG 1972; LAG Düsseldorf v. 04.09.1990 – 16 Sa 765/90, LAGE § 37 BetrVG 1972 Nr. 34; LAG Hamburg v. 24.01.1977 – 2 Sa 119/76, BB 1977, 695; *Fitting,* § 37 Rn. 58; GK-BetrVG/*Weber,* § 37 Rn. 64.
227 BAG v. 25.10.2017 – 7 AZR 731/18, NZA 2018, 538 (541); BAG v. 14.07.2015 – 3 AZR 517/13, NZA 2015, 1328.
228 LAG Frankfurt v. 31.08.1987 – 14 Sa 1003/86, LAGE § 37 BetrVG 1972 Nr. 27; LAG Niedersachsen, wiedergegeben in BAG v. 18.06.1974 – 1 ABR 119/73, AP Nr. 16 zu § 37 BetrVG 1972.
229 LAG Niedersachsen, wiedergegeben in BAG v. 18.06.1974 – 1 ABR 119/73, AP Nr. 16 zu § 37 BetrVG 1972, das BAG lehnte die Auffassung des LAG Niedersachsen jedoch ab.

Arbeitsverhältnis ruhten, solange es sein Amt ausübe. Währenddessen könne der Anspruch auf Lohnfortzahlung jedoch nur auf spezielle arbeitsrechtliche Normen – wie § 37 Abs. 2 BetrVG –, nicht jedoch auf § 611a Abs. 2 BGB gestützt werden. In Ausübung ihrer Tätigkeit träten die Betriebsratsmitglieder dem Arbeitgeber als Organe der Betriebsverfassung, nicht als Arbeitnehmer gegenüber. Das LAG Frankfurt[230] schloss sich in einer späteren Entscheidung dieser Auffassung – ohne nähere Begründung – an.

Die herrschende Ansicht ist vorzuziehen. Anspruchsgrundlage bleibt § 611a Abs. 2 BetrVG. Bereits der Wortlaut des § 37 Abs. 2 BetrVG – *„ohne Minderung des Arbeitsentgelts"* – spricht dafür, dass die Norm keinen eigenen Vergütungsanspruch begründet, sondern einen solchen voraussetzt. Auch die Tatsache, dass der Gesetzgeber den Begriff „Arbeitsentgelt" gewählt hat, obwohl infolge der Arbeitsbefreiung nach § 37 Abs. 2 BetrVG gerade keine „Arbeit" im Sinne der arbeitsvertraglich geschuldeten Arbeit geleistet wird, spricht klar dafür, dass hiermit das nach dem Arbeitsvertrag geschuldete Entgelt gemeint ist. Diesen Entgeltanspruch will § 37 Abs. 2 BetrVG entgegen dem Grundsatz „ohne Arbeit kein Lohn" erhalten.

Auch die Entstehungsgeschichte des § 37 Abs. 2 BetrVG spricht dafür, diesen nicht als eigenständige Anspruchsgrundlage zu sehen.[231] Nach der früheren Fassung des § 37 Abs. 2 BetrVG 1952 war der Arbeitgeber *„nicht zur Minderung des Arbeitsentgelts berechtigt"*, sofern die vom Betriebsratsmitglied versäumte Arbeitszeit zur Erfüllung von Betriebsratsaufgaben erforderlich war. Trotz der Neuformulierung in der heutigen Fassung des § 37 BetrVG blieben Inhalt und Sinn der Vorschrift bis heute unverändert. Nach der Gesetzesbegründung zu § 37 Abs. 2 BetrVG 1952 sollte es dem Arbeitgeber untersagt sein, das Arbeitsentgelt der Betriebsratsmitglieder wegen versäumter Arbeitszeit, die für die Durchführung der Betriebsratstätigkeit nach Umfang und Art des Betriebs erforderlich war, zu kürzen.[232] Das Arbeitsentgelt kann jedoch nur dann gemindert werden, wenn der arbeitsvertragliche Anspruch fortbesteht.

---

230 LAG Frankfurt v. 31.08.1987 – 14 Sa 1003/86, LAGE § 37 BetrVG 1972 Nr. 27.
231 Ausführlich zur Entwicklung des Betriebsverfassungsgesetzes siehe oben bei „Entstehungsgeschichte", S. 40.
232 BT-Drs. I/3585, S. 7, zu § 37 BetrVG 1952.

Für dieses Normverständnis sprechen weiter die Systematik des § 37 Abs. 2 BetrVG sowie der Sinn und Zweck des Lohnausfallprinzips. Es soll verhindern, dass die Übernahme des Betriebsratsamtes zu Einkommenseinbußen führt. Das Verbot der Minderung des Arbeitsentgelts erklärt sich in Ergänzung des Grundsatzes der unentgeltlichen Amtsführung daraus, dass das Betriebsratsmitglied wegen seiner Amtstätigkeit gemäß § 78 Satz 2 BetrVG weder begünstigt noch benachteiligt werden darf. § 37 Abs. 2 BetrVG konkretisiert § 78 Satz 2 BetrVG und ist für seinen Anwendungsbereich *lex specialis* gegenüber § 616 BGB.[233] Aus § 37 Abs. 2 BetrVG folgt, dass die Mitglieder des Betriebsrats in ihrer Eigenschaft als Arbeitnehmer grundsätzlich auch weiterhin verpflichtet sind, ihren arbeitsvertraglichen Pflichten nachzukommen.[234] Da die Betriebsratsmitglieder jedoch wegen der Erfüllung ihrer betriebsverfassungsrechtlichen Aufgaben nicht benachteiligt werden sollen, sollen sie ihr Amt vorrangig während ihrer persönlichen Arbeitszeit und nicht in ihrer Freizeit ausüben.[235] Entsprechend sollen sie nach § 37 Abs. 2 BetrVG von ihrer vertraglich geschuldeten Arbeitspflicht befreit werden. Vor diesem Hintergrund wird deutlich, dass Betriebsratstätigkeit und vertraglich geschuldete Arbeitspflicht in Konflikt zueinanderstehen. Diesen löst § 37 Abs. 2 BetrVG zugunsten der Betriebsratstätigkeit auf.[236] Erfüllt das Betriebsratsmitglied jedoch seine Amts- anstelle seiner arbeitsvertraglich geschuldeten Pflichten, stünde ihm nach dem im Arbeitsrecht geltenden Grundsatz „ohne Arbeit kein Lohn" kein Lohnanspruch aus § 611a Abs. 2 BGB für die Zeit der Betriebsratstätigkeit zu, § 326 Abs. 1 BGB. Dies würde die Betriebsratsmitglieder wegen ihrer Amtstätigkeit unzulässig benachteiligen. Dies soll das Lohnausfallprinzip verhindern. Die Mitglieder des Betriebsrats haben einen Anspruch auf Entgeltfortzahlung aus § 611a Abs. 2 BGB auch im Falle einer vorübergehenden Arbeitsbefreiung.

---

233 GK-BetrVG/*Weber*, § 37 Rn. 64 m.w.N.
234 BAG v. 06.08.1981 – 6 AZR 527/78, AP Nr. 40 zu § 37 BetrVG 1972 Bl. 2.
235 BAG v. 05.05.2010 – 7 AZR 728/08, NZA 2010, 1025 (1027); BAG v. 11.01.1995 – 7 AZR 543/94, AP Nr. 103 zu § 37 BetrVG 1972; BAG v. 27.06.1990 – 7 AZR 292/89, AP Nr. 76 zu § 37 BetrVG 1972; BAG v. 31.10.1985 – 6 AZR 175/83, DB 1986, 1026 (1026); GK-BetrVG/*Weber*, § 37 Rn. 24; Richardi/*Thüsing*, § 37 Rn. 24; *Bittmann/Mujan*, BB 2012, 637 (638); *Moll/Roebers*, NZA 2012, 57 (59).
236 *Fitting*, § 37 Rn. 16.

Somit bildet § 611a Abs. 2 BGB die Anspruchsgrundlage für den Entgeltfortzahlungsanspruch auch bei vorübergehender Befreiung des Betriebsratsmitglieds von seiner beruflichen Tätigkeit.

2. Anspruchsumfang

Zum Arbeitsentgelt im Sinne von § 37 Abs. 2 BetrVG gehören sämtliche Entgeltbestandteile, die dem Betriebsratsmitglied arbeitsvertraglich geschuldet sind. Dazu zählen neben der Grundvergütung auch alle Zuschläge und Zulagen, beispielsweise für Mehr-, Über-, Nacht-, Sonn- und Feiertagsarbeit, sofern sie das Betriebsratsmitglied ohne seine Amtstätigkeit ebenfalls erhalten hätte.[237] Weiter erhält das Lohnausfallprinzip den Anspruch des Betriebsratsmitglieds auf allgemeine Zuwendungen des Arbeitgebers wie Gratifikationen oder Urlaubsgeld.[238] Im Umkehrschluss stehen dem Betriebsratsmitglied keine Zahlungen zu, die nicht zum Arbeitsentgelt zählen, sondern ihm als Ersatz für Aufwendungen gezahlt wurden, selbst wenn es diese ohne die Amtstätigkeit gemacht hätte, sie aber tatsächlich nicht angefallen sind.[239]

Sozialversicherungsrechtlich gilt die Amtsführung als Arbeitsleistung.[240] Lohnsteuer und Sozialversicherungsbeiträge sind weiterhin einzubehalten und abzuführen. Von der Steuerfreiheit für Sonntags-, Feiertags- oder Nachtarbeitszuschläge nach § 3b Abs. 1 EStG können die Betriebsratsmitglieder hingegen nur profitieren, wenn sie die Arbeit oder Betriebsratstätigkeit tatsächlich zu den betreffenden Zeiten geleistet haben.[241]

Bei der Berechnung der Vergütungshöhe ist stets die Methode zu wählen, die dem (hypothetisch) geschuldeten Lohn am nächsten kommt. Bei einem gleichbleibenden Zeitlohn ist dies regelmäßig unproblematisch. Dieser ist so zu berechnen, als

---

237 BAG v. 18.05.2016 – 7 AZR 401/14, NZA 2016, 1212 (1213); BAG v. 05.04.2000 – 7 AZR 213/99, NZA 2000, 1174 (1174); DKKW/*Wedde*, § 37 Rn. 50; *Fitting*, § 37 Rn. 57; GK-BetrVG/*Weber*, § 37 Rn. 64, 73.
238 Vgl. GK-BetrVG/*Weber*, § 37 Rn. 76 m.w.N.
239 BAG v. 29.04.2015 – 7 AZR 123/13, DB 2015, 2764 (2765); BAG v. 18.09.1991 – 7 ABR 41/91, NZA 1992, 936 (937); LAG Köln v. 10.05.2016 – 12 Sa 35/16, NZA-RR 2016, 486 Rn. 31; *Fitting*, § 37 Rn. 67; GK-BetrVG/*Weber*, § 37 Rn. 77; HWGNRH/*Glock*, § 37 Rn. 59; Richardi/*Thüsing*, § 37 Rn. 37.
240 *Fitting*, § 37 Rn. 14.
241 BFH v. 08.12.2011 – VI R 18/11, NZA-RR 2012, 197; *Fitting*, § 37 Rn. 71; GK-BetrVG/*Weber*, § 37 Rn. 79; a.A. MünchArbR/*Joost*, § 220 Rn. 27; näher dazu bei „Ausgleich von Steuernachteilen und Sozialabgaben", S. 254.

hätte es eine Arbeitsbefreiung nie gegeben. Schwieriger ist die Berechnung bei leistungs- oder erfolgsbezogenen Sonderzahlungen. Hierbei muss sich der Arbeitgeber sämtlicher Hilfstatsachen bedienen, die Rückschlüsse auf eine hypothetische Zielerreichung zulassen.[242] Dies kann unter anderem der trotz Betriebsratstätigkeit erreichte Umsatz sein.

3. Anwendbarkeit des Lohnausfallprinzips auf dauerhaft freigestellte Betriebsratsmitglieder

In Literatur und Rechtsprechung ist die Frage umstritten, ob das Lohnausfallprinzip auch zugunsten der nach § 38 Abs. 1 BetrVG dauerhaft freigestellten Betriebsratsmitglieder wirkt. Nach weit überwiegender Meinung[243] greift das Lohnausfallprinzip – anders als die Möglichkeit, das Betriebsratsmitglied von der Arbeit zu befreien – auch gegenüber den nach § 38 Abs. 1 BetrVG freigestellten Betriebsratsmitgliedern. Soweit eine im Schrifttum vertretene Ansicht[244] davon ausgeht, ein Rückgriff auf § 37 Abs. 2 BetrVG zur Bestimmung des dem nach § 38 BetrVG freigestellten Betriebsratsmitglieds zu zahlenden Lohns komme nicht in Betracht, ist dies abzulehnen. Die von dieser Ansicht angeführte Begründung, § 38 BetrVG sei eine abschließende Spezialnorm, überzeugt nicht. Aus teleologischen Gründen muss auch hier das Lohnausfallprinzip gelten. Konsequenz der oben genannten Mindermeinung wäre sonst eine nicht gerechtfertigte Ungleichbehandlung zwischen den nach § 37 Abs. 2 BetrVG vorübergehend befreiten und den nach § 38 Abs. 1 BetrVG dauerhaft freigestellten Betriebsratsmitgliedern. Eine solche Ungleichbehandlung findet im BetrVG keine Grundlage.

Eine weitere Meinung hält das Lohnausfallprinzip bei freigestellten Betriebsratsmitgliedern für theoretisch nicht anwendbar, da die freigestellten Betriebsräte überhaupt keine Arbeit versäumt hätten, die nun vergütet werden könnte.[245] Diese Ansicht geht vielmehr davon aus, die Betriebsratsmitglieder erhielten *„während der hypothetischen Arbeitszeit [...] einen hypothetischen Lohn"*.[246] Diese Ansicht

---

242 BAG v. 29.04.2015 – 7 AZR 123/13, DB 2015, 2764 (2766); GK-BetrVG/*Weber* § 37 Rn. 72.
243 BAG v. 18.09.1991 – 7 AZR 41/90, NZA 1992, 936 (937); DKKW/*Wedde*, § 38 Rn. 73; *Fitting*, § 38 Rn. 85; GK-BetrVG/*Weber*, § 38 Rn. 97; *Lipp*, S. 46 unter entsprechender Anwendung des Rechtsgedankens des § 37 Abs. 2 BetrVG hinsichtlich der Lohnfortzahlung und des Verbots der Entgeltminderung.
244 *Aden*, RdA 1980, 256 (258).
245 *Chen*, S. 76 f.
246 *Chen*, S. 76 f.

verkennt jedoch, dass dem Lohnausfallprinzip gerade die hypothetische Sichtweise zugrunde liegt, was das Betriebsratsmitglied während seiner Freistellung verdient hätte. Diese Frage lässt sich unabhängig davon beantworten, ob das Betriebsratsmitglied aus konkretem Anlass vorübergehend befreit oder dauerhaft von der Arbeit freigestellt worden ist.

Das in § 37 Abs. 2 BetrVG normierte Lohnausfallprinzip gilt somit auch für gemäß § 38 BetrVG freigestellte Betriebsratsmitglieder.

III. Zwischenergebnis

Nach § 37 Abs. 2 BetrVG sind die Mitglieder des Betriebsrats ohne Minderung des Entgelts von ihrer beruflichen Tätigkeit zu befreien. Die Norm enthält einen Anspruch des Betriebsratsmitglieds auf Arbeitsbefreiung unter Fortzahlung des Arbeitsentgelts. Anspruchsgrundlage des Entgeltanspruchs bleibt § 611a Abs. 2 BGB, den § 37 Abs. 2 BetrVG erhält. Die Betriebsratstätigkeit wird nicht vergütet. Das Entgelt bemisst sich nach dem sog. *Lohnausfallprinzip*. Dies bedeutet, das Betriebsratsmitglied erhält das Entgelt, das es erhalten hätte, wenn es normal weitergearbeitet hätte. Das Lohnausfallprinzip ist nicht nur auf vorübergehend befreite, sondern auch auf dauerhaft nach § 38 Abs. 1 BetrVG freigestellte Betriebsratsmitglieder anzuwenden.

C. Ausgleich für Betriebsratstätigkeit außerhalb der Arbeitszeit, § 37 Abs. 3 BetrVG

I. Hintergrund der Norm

Das Betriebsratsmitglied soll seine Betriebsratstätigkeit grundsätzlich während seiner Arbeitszeit ausüben.[247] Ist dies nicht möglich, kommt nach § 37 Abs. 3 BetrVG Freizeitausgleich bzw. gegebenenfalls eine *„Vergütung wie Mehrarbeit"* als Ausgleich in Betracht. Voraussetzung ist, dass die Betriebsratstätigkeit aus betriebsbedingten Gründen außerhalb der Arbeitszeit durchgeführt werden musste.[248] § 37 Abs. 3 BetrVG soll verhindern, dass das Betriebsratsmitglied wegen der Betriebsratsarbeit gegenüber den anderen Arbeitnehmern, die außerhalb

---

[247] Siehe dazu oben unter „Arbeitsbefreiung und Lohnausfallprinzip, § 37 Abs. 2 BetrVG", S. 47.
[248] BAG v. 07.06.1989 – 7 AZR 500/88, AP Nr. 72 zu § 37 BetrVG 1972; BAG v. 19.97.1977 – 1 AZR 376/74, AP Nr. 29 zu § 37 BetrVG 1972; BAG v. 21.05.1974 – 1 ABR 73/73, AP Nr. 12 zu § 37 BetrVG 1972; *Fitting*, § 37 Rn. 73; GK-BetrVG/*Weber*, § 37 Rn. 81.

ihrer Arbeitszeit ihre Freizeit genießen können, entgegen § 78 Satz 2 BetrVG benachteiligt wird. Zumal es die Aufgabe des Arbeitgebers ist, dafür Sorge zu tragen, dass die Betriebsratsmitglieder regelmäßig nur während ihrer Arbeitszeit in ihrer Amtseigenschaft tätig werden.[249] Dies ergibt sich aus dem Gebot der vertrauensvollen Zusammenarbeit, § 2 Abs. 1 BetrVG.[250] Dem betreffenden Betriebsratsmitglied steht ein Anspruch auf Ausgleich zu, sofern die Voraussetzungen des § 37 Abs. 3 Satz 1 BetrVG vorliegen.

II. Anspruchsvoraussetzungen

Der Ausgleichsanspruch nach § 37 Abs. 3 BetrVG setzt voraus, dass die Betriebsratstätigkeit aus betriebsbedingten Gründen außerhalb der Arbeitszeit durchgeführt worden ist. Bei der *Betriebsratstätigkeit* im Sinne des § 37 Abs. 3 Satz 1 BetrVG handelt es sich – wie bei § 37 Abs. 2 BetrVG – um die Erfüllung von Amtsobliegenheiten, die dem Betriebsrat oder seinen Mitgliedern kraft Gesetz, Tarifvertrag oder Betriebsvereinbarung zugewiesen sind oder in einem unmittelbaren Zusammenhang mit der Erfüllung dieser Aufgaben stehen.[251] Die Betriebsratstätigkeit muss zur ordnungsgemäßen Durchführung der Betriebsratsaufgaben erforderlich gewesen sein.[252] Es gelten dieselben Anforderungen wie bei § 37 Abs. 2 BetrVG.[253]

Betriebsbedingte Gründe sind solche, die vom Betriebsrat nicht beeinflussbar sind und sich aus der Eigenart des Betriebs oder der Gestaltung seines Arbeitsablaufs ergeben. Sie liegen dann vor, wenn im Betrieb vorhandene Gegebenheiten und Sachzwänge dazu führen, dass die Betriebsratstätigkeit nicht während der Arbeitszeit durchgeführt werden kann.[254] Keine betriebsbedingten Gründe sind hingegen sog. *betriebsratsbedingte Gründe*. Das sind solche, die aus der Sphäre des

---

249 BAG v. 11.01.1995 – 7 AZR 543/94, AP Nr. 103 zu § 37 BetrVG 1972; BAG v. 27.08.1982 – 7 AZR 30/80, AP Nr. 25 zu § 102 BetrVG 1972; GK-BetrVG/*Weber*, § 37 Rn. 81; *Bengelsdorf*, NZA 1989, 905.
250 BAG v. 27.08.1982 – 7 AZR 30/80, AP Nr. 25 zu § 102 BetrVG 1972.
251 *Fitting*, § 37 Rn. 75.
252 DKKW/*Wedde*, § 37 Rn. 63; *Fitting*, § 37 Rn. 76; GK-BetrVG/*Weber*, § 37 Rn. 86.
253 Siehe „Erforderlichkeit der Arbeitsbefreiung", S. 50.
254 St. Rspr., vgl. BAG v. 26.01.1994 – 7 AZR 593/92, AP Nr. 93 zu § 37 BetrVG 1972; BAG v. 15.02.1989 – 7 AZR 193/88, AP Nr. 70 zu § 37 BetrVG 1972; BAG v. 03.12.1987 – 6 AZR 569/85, AP Nr. 62 zu § 37 BetrVG 1972; BAG v. 31.10.1985 – 6 AZR 175/83, AP Nr. 52 zu § 37 BetrVG 1972; BAG v. 11.07.1978 – 6 AZR 387/75, AP Nr. 57 zu § 37 BetrVG 1972; *Fitting*,

Betriebsrats stammen oder den Eifer einzelner Betriebsratsmitglieder widerspiegeln und als solche dem Einfluss des Arbeitgebers entzogen sind.[255] Zudem muss die Betriebsratstätigkeit außerhalb der Arbeitszeit durchgeführt worden sein. *Arbeitszeit* meint nicht die betriebsübliche, sondern die individuelle Arbeitszeit des Betriebsratsmitglieds, so wie sie sich aus dem Tarifvertrag, einer Betriebsvereinbarung oder dem Arbeitsvertrag ergibt.[256]

III. Folgen des § Abs. 37 Abs. 3 BetrVG

Der Ausgleichsanspruch des § 37 Abs. 3 BetrVG ist vorrangig auf Freizeitausgleich gerichtet. Unter den Voraussetzungen des § 37 Abs. 3 Satz 3 BetrVG kommt eine Abgeltung der aufgewandten Zeit als Mehrarbeit in Betracht, wenn der Freizeitausgleich innerhalb eines Monats nicht möglich ist. Denn dann erbringt das Betriebsratsmitglied eine zusätzliche Leistung, die die von ihm arbeitsvertraglich geschuldete Leistung übersteigt. Die Vergütung wie Mehrarbeit nach § 37 Abs. 3 Satz 3 2. HS. BetrVG erhält das Betriebsratsmitglied nicht für seine Tätigkeit im Betriebsrat, sondern dafür, dass der Arbeitgeber über seine Arbeitszeit in vollem Umfang verfügen konnte. § 37 Abs. 3 BetrVG soll verhindern, dass ein Betriebsratsmitglied im Vergleich zu anderen Arbeitnehmern benachteiligt wird, die nach der Arbeit ihre Freizeit genießen können. Dies ist kein Verstoß gegen das Ehrenamtsprinzip oder den Grundsatz der Unentgeltlichkeit des Betriebsratsamtes. Vielmehr stellt die Regelung in § 37 Abs. 3 BetrVG eine Ausnahme von diesen Grundsätzen dar.[257] Sie findet ihre sachliche Rechtfertigung darin, dass die Aufopferung der persönlichen Freizeit letztlich nicht durch die Betriebsratstätigkeit, sondern aus betriebsbedingten Gründen, die aus der Sphäre des Arbeitgebers stammen, notwendig geworden ist.[258] Im Umkehrschluss bedeutet dies, dass ein Verstoß gegen das Ehrenamtsprinzip immer dann vorliegt, wenn ein

---

§ 37 Rn. 79; DKKW/*Wedde*, § 37 Rn. 65; GK-BetrVG/*Weber*, § 37 Rn. 90; Richardi/*Thüsing*, § 37 Rn. 47.
255 BAG v. 19.07.1977 – 1 AZR 302/74, AP Nr. 31 BetrVG 1972; BAG v. 21.05.1974 – 1 AZR 477/73, AP Nr. 14 zu § 37 BetrVG 1972.
256 BAG v. 03.12.1987 – 6 AZR 569/85, AP Nr. 62 zu § 37 BetrVG 1972; *Fitting*, § 37 Rn. 92; DKKW/*Wedde*, § 37 Rn. 71; HWGNRH/*Glock*, § 37 Rn. 84.
257 BAG v. 11.01.1995 – 7 AZR 543/94, AP Nr. 103 zu § 37 BetrVG 1972; BAG v. 07.06.1989 – 7 AZR 500/88, AP Nr. 72 zu § 37 BetrVG 1972; BAG v. 21.05.1974 – 1 ABR 73/73, AP Nr. 12 zu § 37 BetrVG 1972; a.A. *Esser*, S. 29.
258 BAG v. 07.06.1989 – 7 AZR 500/88, AP Nr. 72 zu § 37 BetrVG 1972.

Konkretisierung des Begünstigungsverbots durch die §§ 37 ff. BetrVG

Ausgleich stattfindet, obwohl die Tätigkeit nicht aus betriebsbedingten Gründen außerhalb der Arbeitszeit erfolgt ist.

Der Regelungsgehalt des § 37 Abs. 3 BetrVG wird insbesondere bei dem in der Praxis äußerst relevanten und noch zu behandelnden Problemkreis der Abgeltung von Mehrarbeit[259] relevant und wird daher dort eingehend untersucht werden.

D. Entgelt- und Tätigkeitsschutz

§ 37 Abs. 4 und Abs. 5 BetrVG dienen der wirtschaftlichen und beruflichen Absicherung und damit der Unabhängigkeit der Betriebsratsmitglieder. Betriebsratsmitglieder dürfen sowohl während ihrer Amtszeit als auch ein Jahr nach Beendigung der Amtszeit weder wirtschaftlich noch beruflich schlechter stehen als ihnen vergleichbare Arbeitnehmer mit betriebsüblicher beruflicher Entwicklung. Die Vorschriften konkretisieren damit wie § 37 Abs. 2 und Abs. 3 BetrVG das Benachteiligungsverbot des § 78 Satz 2 BetrVG.[260]

I. Entgeltschutz nach § 37 Abs. 4 BetrVG

1. Regelungsgehalt

a. Allgemeines

Das Arbeitsentgelt von Betriebsratsmitgliedern darf nach § 37 Abs. 4 BetrVG einschließlich eines Zeitraums von einem Jahr[261] nach Beendigung der Amtszeit nicht geringer bemessen werden als das vergleichbarer Arbeitnehmer mit betriebsüblicher beruflicher Entwicklung. Gemäß § 37 Abs. 4 Satz 2 BetrVG gilt dies auch für allgemeine Zulagen, wie beispielsweise Leistungen der betrieblichen Altersversorgung. Da dem Betriebsratsmitglied während seiner Amtstätigkeit keine oder nur eingeschränkte Möglichkeiten der beruflichen Weiterentwicklung, wie ein Aufstieg in der Betriebshierarchie und die damit einhergehende hö-

---

259 Ausführlich dazu siehe unten unter „Abgeltung von Mehrarbeit", S. 152.
260 BAG v. 17.08.2005 – 7 AZR 528/04, AP Nr. 142 zu § 37 BetrVG 1972; BAG v. 11.12.1991 – 7 AZR 75/91, NZA 1993, 909 (910); BAG v. 15.01.1984 – 7 AZR 194/91, AP Nr. 84 zu § 37 BetrVG 1972; BAG v. 17.05.1977 – 1 AZR 458/74, AP Nr. 28 zu § 37 BetrVG 1972; DKKW/*Wedde*, § 37 Rn. 86; *Fitting*, § 37 Rn. 114; GK-BetrVG/*Weber*, § 37 Rn. 128; HWGNRH/*Glock*, § 37 Rn. 99; Richardi/*Thüsing*, § 37 Rn. 62.
261 Der Nachwirkungszeitraum erhöht sich nach § 38 Abs. 3 BetrVG auf zwei Jahre für Betriebsratsmitglieder, die drei volle aufeinanderfolgende Amtszeiten voll freigestellt waren.

here Vergütung, offenstehen, schützt § 37 Abs. 4 BetrVG die Betriebsratsmitglieder in Konkretisierung des allgemeinen Benachteiligungsverbots des § 78 Satz 2 BetrVG vor einer Diskriminierung bei der zukünftigen Vergütungsentwicklung.[262] Das Betriebsratsmitglied soll dasjenige Entgelt erhalten, das es bekommen hätte, wenn es seine berufliche Entwicklung weiter hätte vorantreiben können.[263] Arbeitnehmer sollen nicht entmutigt werden, für das Betriebsratsamt zu kandidieren, weil sie Gehaltseinbußen oder einen Karriereknick befürchten. Umgekehrt soll die Aussicht, durch die Amtstätigkeit „das große Geld zu machen" oder die Karriereleiter hinaufzuklettern, ebenfalls keinen Anreiz setzen, sich um das Amt als Betriebsrat zu bewerben.

Das Gesetz zieht das Arbeitsentgelt vergleichbarer Arbeitnehmer mit betriebsüblicher Entwicklung als objektiven Bemessungsmaßstab heran. Ein sich an der hypothetischen Entwicklung des einzelnen Betriebsratsmitglieds orientierender Maßstab wäre gerade bei zunehmender Dauer der Betriebsratszugehörigkeit höchst spekulativ.[264] Folglich muss der Karriereverlauf, den das einzelne Betriebsratsmitglied möglicherweise genommen hätte, im Rahmen des § 37 Abs. 4 BetrVG außen vor bleiben.[265] Die Regelung ist zwar vorrangig für nach § 38 Abs. 1 BetrVG freigestellte Betriebsratsmitglieder von Bedeutung. Doch ist § 37 Abs. 4 BetrVG auch für nicht freigestellte Betriebsratsmitglieder von Relevanz, wenn ihre Inanspruchnahme durch das Betriebsratsamt dazu führt, dass sie sich ihrer Karriere nicht in derselben Intensität widmen können wie vergleichbare Arbeitnehmer, die kein Betriebsratsamt bekleiden.[266] Die Vergütung des Betriebsratsmitglieds ist vom Arbeitgeber fortlaufend dem Entgelt vergleichbarer Arbeitnehmer anzupassen.

---

262 *Byers*, NZA 2014, 65 (66); *Schweibert/Buse*, NZA 2007, 1080 (1081).
263 LAG Rheinland-Pfalz v. 28.10.2013 – 5 Sa 218/13, juris, Rn. 35; LAG Niedersachsen v. 01.08.1979 – 4 Sa 29/79, EzA Nr. 68 zu § 37 BetrVG 1972; *Fitting*, § 37 Rn. 116; GK-BetrVG/*Weber*, § 37 Rn. 128.
264 *Rüthers*, RdA 1976, 61 (62); *Rid/Triemel*, AuA 2011, 482 (483).
265 *Fitting*, § 37 Rn. 116; GK-BetrVG/*Weber*, § 37 Rn. 129 f.
266 BAG v. 15.11. 1988 – 5 AZR 334/87, NZA 1989, 854 (855); BAG v. 13.11.1987 – 7 AZR 550/86, AP Nr. 61 zu § 37 BetrVG 1972; Fitting, § 37 Rn. 117; GK-BetrVG/Weber, § 37 Rn. 120 (120); a.A. *Hennecke*, RdA 1986, 241 (242); *Schneider*, NZA 1984, 21 (22), die § 37 Abs. 4 BetrVG nur auf nach § 38 Abs. 1 BetrVG freigestellte Betriebsratsmitglieder anwenden wollen.

Konkretisierung des Begünstigungsverbots durch die §§ 37 ff. BetrVG

Das Gesetz definiert dabei weder den Begriff des „*vergleichbaren Arbeitnehmers*" noch den der „*betriebsüblichen beruflichen Entwicklung*". Auch die Gesetzesbegründung[267] gibt kaum Anhaltspunkte für die Auslegung dieser Begriffe, was regelmäßig zu Problemen bei der rechtskonformen Anwendung der Norm führt. Dies wird insbesondere bei dem in der Praxis äußerst relevanten und noch zu behandelnden Problemkreis der Gehaltserhöhung[268] und Beförderung[269] von Betriebsratsmitgliedern relevant und daher an diesen Stellen ausführlich behandelt.

Auch nach der Beendigung des Betriebsratsamtes und der Wiederaufnahme der beruflichen Tätigkeit gilt das Verbot der Entgeltminderung nach § 37 Abs. 4 BetrVG für alle Betriebsratsmitglieder zumindest für ein weiteres Jahr. Diese nachwirkenden Schutzfristen werden für nach § 38 Abs. 1 BetrVG freigestellte Betriebsratsmitglieder auf zwei Jahre nach Ablauf der Amtszeit verlängert, wenn sie drei volle aufeinander folgende Amtszeiten freigestellt waren, § 38 Abs. 3 BetrVG. Der nachträgliche Entgeltschutz dient ebenfalls dazu, die Unabhängigkeit der Amtsführung zu wahren. Denn ein Amtsträger soll nicht nachträglich für seinen unbequemen Einsatz bestraft oder für besonders arbeitgeberfreundlichen Einsatz belohnt werden können, indem der Arbeitgeber ihm seinen Lohn nach seinem Ausscheiden aus dem Betriebsratsamt kürzt oder erhöht. Nicht ausreichend für die Verlängerung der nachwirkenden Schutzfristen ist die teilweise Freistellung eines Betriebsratsmitglieds. Erforderlich ist die vollständige Freistellung, weil nur dann die Aufgabe des Arbeitsplatzes und eine Berufsentfremdung eintreten, derentwegen die Arbeitsentgelt- und Tätigkeitsgarantie zeitlich auf zwei Jahre erweitert wird. Sinn und Zweck des § 38 Abs. 3 BetrVG ist es, dass freigestellten Betriebsratsmitgliedern vor dem Hintergrund, dass sie sich durch ihre Abwesenheit vom Arbeitsplatz in stärkerem Maße als andere Betriebsratsmitglieder von ihrem Arbeitsplatz entfremden, ein längerer Zeitraum gewährt wird, in dem sie

---

267 Vgl. die Gesetzesentwürfe für BetrVG 1972: BT-Drs. V/2234 und VI/1806 (CDU/CSU); BT-Drs. V/3658 (SPD), BT-Drs. V/4011 (FDP); weiterhin die Vorschläge des DGB zur Änderung des Betriebsverfassungsgesetzes, AuR 1968, 80 ff., 112 ff., 145 ff., 176 ff. sowie den Regierungsentwurf in BT-Drs. VI/1786; Ausschussfassung in BT-Drs. VI/2729, verabschiedet am 10.11.1971, Zustimmung des Bundesrats am 17.12.1971, Verkündung am 18.01.1972; im Einzelnen dazu: *Fitting*, Einl. Rn. 8; GK-BetrVG/*Wiese*, Einl. Rn. 21 ff.
268 Ausführlich dazu siehe unten bei „Erhöhung der (Grund-)Vergütung nach § 37 Abs. 4 BetrVG", S. 101.
269 Ausführlich dazu siehe unten bei „Beförderung", S. 116.

ohne Sorgen in wirtschaftlicher und beruflicher Sicht den Anschluss am Arbeitsplatz wiederherstellen können.[270]

b. Zusammenspiel von § 37 Abs. 2 BetrVG und § 37 Abs. 4 BetrVG

§ 37 Abs. 2 BetrVG und § 37 Abs. 4 BetrVG dürfen nicht miteinander vermischt werden. Beiden Vorschriften liegt eine hypothetische Betrachtungsweise zugrunde. § 37 Abs. 2 BetrVG betrifft jedoch die Frage, was das Betriebsratsmitglied hypothetisch während der Freistellung verdient hätte, während § 37 Abs. 4 BetrVG danach fragt, ob das Entgelt des Betriebsratsmitglieds an dasjenige vergleichbarer Arbeitnehmer des Betriebs mit betriebsüblicher (Weiter-)Entwicklung angepasst werden muss.[271] Die erste Frage zieht den bisherigen Entgeltanspruch des Betriebsratsmitglieds heran. Anhand der zweiten Frage, die als eine Art Korrektiv dient, soll sodann überprüft werden, ob der Entgeltanspruch einer Anpassung bedarf. Wichtig ist dabei, dass § 37 Abs. 4 BetrVG keine Bemessungsvorschrift für den Anspruch aus § 611a Abs. 2 BGB i.V.m. § 37 Abs. 2 BetrVG ist, sondern dem Betriebsratsmitglied einen Anspruch auf Erhöhung seines Arbeitsentgelts gewährt und zwar in dem Umfang, in dem das Entgelt vergleichbarer Arbeitnehmer mit betriebsüblicher beruflicher Entwicklung ansteigt.[272]

c. Verhältnis von § 37 Abs. 4 BetrVG zu § 78 Satz 2 BetrVG

Uneinigkeit besteht hinsichtlich der Frage, in welchem Verhältnis § 37 Abs. 4 BetrVG und § 78 Satz 2 BetrVG zueinander stehen.[273]

Nach der Rechtsprechung des BAG trifft § 37 Abs. 4 BetrVG keine abschließende Regelung über die berufliche Entwicklung des Betriebsratsmitglieds einschließlich seiner Vergütung. Zweck des § 37 Abs. 4 BetrVG sei es, die *„Durchsetzung des Benachteiligungsverbots durch einfach nachzuweisende Anspruchsvoraussetzungen"* zu erleichtern.[274] Daher stehe § 78 Satz 2 BetrVG als mögliche selbstständige Anspruchsgrundlage auf eine bestimmte Vergütung neben

---

270 *Fitting*, § 38 Rn. 93; GK-BetrVG/*Weber*, § 38 Rn. 103.
271 *Fitting*, § 37 Rn. 116.
272 BAG v. 14.07.2015 – 3 AZR 517/13, NZA 2015, 1328 (1328); *Blattner*, NZA 2018, 129 (130).
273 Siehe dazu auch oben bei „Rechtscharakter der Norm", S. 11.
274 BAG v. 17.08.2005 – 7 AZR 528/04, NZA 2006, 448 Rn. 18.

Konkretisierung des Begünstigungsverbots durch die §§ 37 ff. BetrVG

§ 37 Abs. 4 BetrVG.[275] Anspruchsvoraussetzung sei, dass die aktuelle Vergütung des Betriebsratsmitglieds dieses wegen seiner Amtstätigkeit benachteiligt.[276] Ein Verschulden des Arbeitgebers sei im Rahmen des Anspruchs nach § 78 Satz 2 BetrVG nicht erforderlich, da es sich um einen arbeitsvertraglichen und nicht um einen Schadensersatzanspruch handelt.[277]

Vereinzelte Stimmen in der Literatur[278] sehen in § 37 Abs. 4 (und Abs. 5) BetrVG eine abschließende Regelung. § 78 Satz 2 BetrVG könne erst nach Ende des Nachwirkungszeitraums vom einem bzw. zwei Jahren wieder zur Anwendung kommen. Dafür spreche der hohe Detailgrad der Regelungen.

Unabhängig davon, ob § 78 Satz 2 BetrVG eine eigene Anspruchsnorm ist, kann dies nicht dazu führen, dass § 37 Abs. 4 BetrVG sie verdrängt. Bei § 78 Satz 2 BetrVG handelt es sich um eine zwingende, unabdingbare Schutzvorschrift. Diese wurde vom Gesetzgeber bewusst als solche ausgestaltet, weil sie nur so ihren umfangreichen Schutz entfalten kann.[279] § 37 Abs. 4 BetrVG könnte § 78 Satz 2 BetrVG nur dann verdrängen, wenn der Grundsatz *lex specialis derogat legi generali* greifen würde. Dies ist jedoch nicht der Fall. Ein Gesetz kann nur dann das „spezielle" Gesetz im Sinne des *Lex specialis*-Grundsatzes sein, *„wenn sein Tatbestand über alle Merkmale der allgemeinen Norm verfügt und diese demgegenüber noch mindestens ein weiteres Merkmal enthält."*[280] Verhalten sich zwei Rechtssätze im Gegensatz dazu wie zwei Mengen, die sich vereinzelt überschneiden, liegt kein Anwendungsfall für den *„Lex specialis"*-Grundsatz vor.[281] So ist es hier. § 37 Abs. 4 BetrVG verfügt nicht über alle Merkmale des § 78 Satz 2 BetrVG und noch ein weiteres Merkmal. Vielmehr konkretisiert § 37 Abs. 4 BetrVG das Benachteiligungs- und Begünstigungsverbot aus Klarstellungsgründen. Die Norm wäre ihres praktischen Anwendungsbereichs nicht beraubt, wenn anstatt ihrer § 78 Satz 2 BetrVG angewandt wird. Es liegt somit kein über den *Lex specialis-*

---

275 BAG v. 4.11.2015 – 7 AZR 972/13, NZA 2016, 1339 Rn. 30; BAG v. 17.08.2005 – 7 AZR 528/04, NZA 2006, 448 Rn. 18; zustimmend *Annuß*, NZA 2018, 134 (134).
276 BAG v. 4.11.2015 – 7 AZR 972/13, NZA 2016, 1339 Rn. 30.
277 BAG v. 26.09.1990 – 7 AZR 208/89, NZA 1991, 694 unter Aufgabe von BAG v. 31.10.1985 – 6 AZR 129/83, juris.
278 *Hennecke*, BB 1986, 936 (939).
279 So auch *Franzen*, NZA 2008, 250 (250).
280 *Bydlinski*, S. 465.
281 *Zippelius*, S. 39.

Grundsatz aufzulösender Normkonflikt vor. § 37 Abs. 4 BetrVG konkretisiert § 78 Satz 2 BetrVG, der als „*Leitprinzip*"[282] des Betriebsverfassungsgesetzes stets zu seiner Auslegung heranzuziehen ist.

2. Bestimmung vergleichbarer Arbeitnehmer

Das Gesetz sagt weder, wie die vergleichbaren Arbeitnehmer zu ermitteln sind (dazu a.), noch sagt es, auf welchen Zeitpunkt für die Vergleichbarkeit abzustellen ist (dazu b.) oder wie zu verfahren ist, wenn vergleichbare Arbeitnehmer fehlen (dazu c.).

a. Personenkreis der vergleichbaren Arbeitnehmer

aa. Vergleichsmaßstab

Vergleichbar im Sinne von § 37 Abs. 4 BetrVG sind nach Auffassung der Rechtsprechung und der Literatur Arbeitnehmer desselben Betriebs[283], die im maßgeblichen Zeitpunkt[284] eine im Wesentlichen objektiv vergleichbare Tätigkeit wie das Betriebsratsmitglied ausüben und dafür in ähnlicher Art und Weise qualifiziert sind.[285]

Dabei soll nicht die arbeitsvertraglich beschriebene Tätigkeit maßgeblich sein. Vielmehr ist auf die tatsächlich erbrachte Tätigkeit abzustellen.[286] Stellenbeschreibungen können lediglich ein Hilfsmittel sein.[287] Liegt eine inhaltlich gleiche Tätigkeitsbeschreibung vor, erbringen die Arbeitnehmer jedoch faktisch unterschiedliche Arbeit, so sind die Tätigkeiten dennoch nicht vergleichbar im Sinne von § 37 Abs. 4 BetrVG.

In einem zweiten Schritt sollen sodann die fachliche und persönliche Qualifikation sowie die Leistung des Betriebsratsmitglieds berücksichtigt werden.[288] Wel-

---

282 DKKW/*Däubler*, Einl. Rn. 77.
283 *Fitting*, § 37 Rn. 118; GK-BetrVG/*Weber*, § 37 Rn. 131; DKKW/*Wedde*, § 37 Rn. 88; HWGNRH/*Glock*, § 37 Rn. 106; *Bittmann/Mujan*, BB 2012, 637 (638); nicht uneingeschränkt: *Lipp*, S. 69; offenlassend: LAG Hamm v. 24.02.2006 – 13 Sa 1897/05, Rn. 46, juris.
284 Näher unten bei „Maßgeblicher Zeitpunkt", S. 73.
285 BAG v. 14.07.2010 – 7 AZR 359/09, NJOZ 2011, 272 (274); BAG v. 15.01.1992 – 7 AZR 194/91, AP Nr. 84 zu § 37 BetrVG 1972; GK-BetrVG/*Weber*, § 37 Rn. 131.
286 GK-BetrVG/*Weber*, § 37 Rn. 131.
287 *Schneider*, NZA 1984, 21 (22).
288 BAG v. 14.07.2010 – 7 AZR 359/09, NJOZ 2011, 272 (274); BAG v. 19.01.2005 – 7 AZR 208/04, AuA 2005, 436; BAG v. 15.01.1992 – 7 AZR 194/91, AP Nr. 84 zu § 37 BetrVG 1972;

che Eigenschaften hierzu zählen, wird bislang von der Rechtsprechung nicht konkretisiert. Das rechtswissenschaftliche Schrifttum hält Eigenschaften wie durch Abschlüsse belegte Fachkenntnisse oder objektiv nachprüfbare Fremdsprachenkenntnisse für unkritisch.[289] Unsicherer sind Kriterien, die der Arbeitgeber durch wertende Betrachtung feststellen muss. Dazu zählen insbesondere sog. Soft Skills wie etwa Team- und Kommunikationsfähigkeiten, Belastbarkeit, Führungsfähigkeiten, Denk-, Urteils- und Ausdrucksfähigkeit sowie Mut, klare Prinzipien und Standfestigkeit.[290] Diese subjektiven Kriterien können nur dann zur Vergleichsgruppenbildung herangezogen werden, wenn sie durch Vorgesetzte z.B. in der Personalakte umfassend dokumentiert sind.[291] Zu berücksichtigen sind auch individuelle Stärken und Schwächen des Betriebsratsmitglieds, sofern diese dokumentiert sind. Außergewöhnliche Leistungen vor dem Vergleichszeitpunkt sind genauso zu beachten wie unterdurchschnittliche Leistungen.[292] Daraus folgt, dass ein im Vergleichszeitpunkt überdurchschnittlich qualifiziertes Betriebsratsmitglied, welches über eine nachgewiesene überdurchschnittliche Leistungsfähigkeit verfügt, auch nur mit einem solchen Arbeitnehmer verglichen werden kann, dessen Qualifikation und Leistungen im Vergleichszeitpunkt ebenfalls entsprechend überdurchschnittlich waren. Für den umgekehrten Fall gilt dies entsprechend, so dass eine geringere Qualifikation oder unterdurchschnittliche Leistung im Vergleichszeitpunkt ebenfalls berücksichtigt wird.[293]

Entgegen vereinzelten Ansichten in der Literatur und dem BAG[294] kann die Dauer der Betriebszugehörigkeit für die Bestimmung der vergleichbaren Arbeitnehmer berücksichtigt werden. Zwar gehen beide davon aus, für die Vergleichbarkeit könne es nicht auf eine längere Betriebszugehörigkeit ankommen, begründen dies jedoch nicht näher. In der Entscheidung des BAG ging es allein darum, ob bei der

---

BAG v. 17.05.1977 – 1 AZR 458/74, AP Nr. 28 zu § 37 BetrVG 1972; *Fitting*, § 37 Rn. 119; GK-BetrVG/*Weber*, § 37 Rn. 131 f.; HWGNRH/*Glock*, § 37 Rn. 105, 108; *Schneider*, NZA 1984, 21 (22); DKKW/*Wedde*, § 37 Rn. 89.
289 *Jacobs/Frieling*, ZfA 2015, 241 (249); *Hennecke*, RdA 1986, 241 (242).
290 *Jacobs/Frieling*, ZfA 2015, 241 (249); *Hennecke*, RdA 1986, 241 (242); *Schweibert/Buse*, NZA 2007, 1080 (1080).
291 *Jacobs/Frieling*, ZfA 2015, 241 (249).
292 BAG v. 13.11.1987 – 7 AZR 550/86, NZA 1988, 403, AP Nr. 61 zu § 37 BetrVG 1972; *Fitting*, § 37 Rn. 122; GK-BetrVG/*Weber*, § 37 Rn. 133; HGWNRH/*Glock*, § 37 Rn. 108.
293 BAG v. 13.11.1987 – 7 AZR 550/86, NZA 1988, 403.
294 BAG v. 11.05.1988 – 5 AZR 334/87, NZA 1989, 854 (855); GK-BetrVG/*Weber*, § 37 Rn. 131 ohne nähere Begründung unter Verweis auf das BAG-Urteil.

Bildung der Vergleichsgruppe eine unterschiedlich hohe fachliche Qualifikation durch längere Betriebszugehörigkeit ausgeglichen werden könne. Dies ist nicht der Fall. Die Betriebszugehörigkeit als solche eignet sich durchaus als ein sachbezogenes Vergleichsmerkmal, um vergleichbare Arbeitnehmer zu bestimmen. Gleiches muss für einschlägige Berufserfahrung gelten.[295]

Keine geeigneten Kriterien für das Bilden der Vergleichsgruppe sind hingegen das Alter oder das Geschlecht des Betriebsratsmitglieds sowie sämtliche Merkmale, die unter das Verbot des § 7 i.V.m. § 1 AGG fallen.

Eine Vergleichbarkeit im Sinne des § 37 Abs. 4 BetrVG liegt nur vor, wenn das Kriterium der vergleichbaren Tätigkeit sowie die Kriterien der persönlichen und fachlichen Qualifikation *kumulativ* vorliegen.[296] In den Vergleich sind folglich keine Arbeitnehmer einzubeziehen, die beispielsweise zwar eine mit dem Betriebsratsmitglied vergleichbare Qualifikation aufweisen, jedoch eine inhaltlich andere Tätigkeit ausüben.

Die Vergleichbarkeit setzt weiter voraus, dass die Qualifikation und die Tätigkeit sich auf die Entgeltbemessung auswirken. Das Betriebsratsmitglied kann und soll nur in der betrieblichen und arbeitsvertraglichen Stellung geschützt werden, die es bereits erworben hat, bevor es seine berufliche Tätigkeit erstmals wegen der Betriebsratstätigkeit zurückstellen musste.[297] Dementsprechend können auch nur die fachlichen Fähigkeiten und persönlichen Eigenschaften im Rahmen der Vergleichsgruppenbildung berücksichtigt werden, die sich tatsächlich in der Entgeltbildung niedergeschlagen haben. Denn nur so wird gewährleistet, dass das Arbeitsentgelt oder allgemeine Zuwendungen objektiv und wirklichkeitsnah bemessen werden.[298]

---

295 *Jacobs/Frieling*, ZfA 2015, 241 (248).
296 GK-BetrVG/*Weber*, § 37 Rn. 131 f.; Richardi/*Thüsing*, § 37 Rn. 71 f.; *Hennecke*, RdA 1986, 241 (242); *Lipp*, S. 60.
297 Im Ergebnis ebenso BAG v. 17.05.1977 – 1 AZR 458/74, AP Nr. 28 zu § 37 BetrVG 1972; BAG v. 21.04.1983 – 6 AZR 407/80, AP Nr. 43 zu § 37 BetrVG 1972; *Fitting*, § 37 Rn. 119, 120; GK-BetrVG/*Weber*, § 37 Rn. 139; *Hennecke*, RdA 1986, 241 (242); HWGNRH/*Glock*, § 37 Rn. 107 f.; Richardi/*Thüsing*, § 37 Rn. 71.
298 *Hennecke*, RdA 1986, 241 (242).

bb. Berücksichtigung von im Amt erworbenen Qualifikationen

Unberücksichtigt bleiben hingegen besondere Leistungen des Betriebsratsmitglieds, die dieses im Rahmen seiner Betriebsratstätigkeit erbringt.[299] Gleiches gilt für besondere im Amt erworbene Qualifikationen. Dafür spricht zum einen, dass bei der Frage, welche Arbeitnehmer vergleichbar im Sinne des § 37 Abs. 4 Satz 1 BetrVG sind, nach der hier vertretenen Ansicht auf den Zeitpunkt abgestellt werden muss, in dem das Betriebsratsmitglied seine betriebliche Tätigkeit erstmalig zurückstellt.[300] Dieser maßgebliche Zeitpunkt liegt jedoch *vor* etwaigen besonderen Amtsleistungen oder während der Betriebsratstätigkeit erworbenen Qualifikationen, so dass diese denknotwendig bei der Bestimmung des Personenkreises vergleichbarer Arbeitnehmer nicht berücksichtigt werden können. Des Weiteren stellt der Wortlaut des § 37 Abs. 4 BetrVG ausdrücklich auf den Personenkreis vergleichbarer Arbeitnehmer als Maßstab ab; nicht hingegen auf die individuelle und fiktive Entwicklung des Betriebsratsmitglieds selbst. Der Gesetzeswortlaut ist hier eindeutig.

Die Gegenansicht im Schrifttum[301] hält Ausnahmen für denkbar, bei denen Qualifikationen, die während der Betriebsratstätigkeit erlangt wurden, zu beachten seien. Dies sei damit zu begründen, dass die Leistung des Betriebsratsmitglieds als Indikator für seine besonderen Arbeitsfähigkeiten angesehen werden müsse, die bereits zum Zeitpunkt der Aufnahme der Betriebsratstätigkeit in seiner Person angelegt waren.[302] Der Kreis der potenziellen „vergleichbaren Arbeitnehmer" sei nachträglich weiter zu ziehen, denn das Betriebsratsmitglied sei durch diese neuen Fähigkeiten mit einem anderen Arbeitnehmerkreis vergleichbar als noch bei Amtsantritt.[303] Diese Ansicht vermischt fälschlicherweise die Ebene der Bestimmung der Vergleichsgruppe mit der getrennt zu prüfenden hypothetischen beruflichen Entwicklung. Sie verkennt zudem, dass durch die nachträgliche Anpassung der Vergleichsgruppe entgegen Wortlaut und Telos des § 37 Abs. 4 BetrVG die

---

299 Ebenso, jedoch ohne nähere Begründung DKKW/*Wedde*, § 37 Rn. 91; GK-BetrVG/Weber, § 37 Rn. 131 f.; *Rüthers*, RdA 1976, 61 (63); *Rieble*, NZA 2008, 276 (277); *Bittmann/Mujan*, BB 2012, 637 (638); *Dzida/Mehrens*, NZA 2013, 753 (755); *Esser*, S. 38; *Lipp*, S. 61 f.; a.A. *Annuß*, NZA 2018, 134, 135.
300 Näher dazu bei „Maßgeblicher Zeitpunkt", S. 73.
301 *Byers*, NZA 2014, 65 (66); *Fitting*, § 37 Rn. 120.
302 *Byers*, NZA 2014, 65 (66); *Schweibert/Buse*, NZA 2007, 1080 (1082).
303 *Byers*, NZA 2014, 65 (66); *Schweibert/Buse*, NZA 2007, 1080 (1082).

individuelle Entwicklung des Betriebsratsmitglieds quasi durch die Hintertür Bemessungsgrundlage für die Entgeltanpassung wird. Dieser Kunstgriff verstößt *de lege lata* gegen die §§ 37, 78 BetrVG. Die Ausrichtung der Entgeltbemessung an § 37 Abs. 4 BetrVG bedeutet, dass der nach persönlicher und fachlicher Qualifikation und entsprechender Tätigkeit objektiv vergleichbare Arbeitnehmer als Maßstab vom Gesetz *zwingend* vorgeschrieben ist. Zwar mag dies insbesondere für solche Betriebsratsmitglieder, die erst durch oder während ihrer Amtstätigkeit die Fähigkeit für verantwortungsvolle Führungsaufgaben zeigen oder entwickeln, eine erhebliche Härte darstellen. Trotz des nachvollziehbaren Anliegens einer „tätigkeitsbezogenen" Vergütung von Betriebsräten ist das Betriebsratsamt nach dem derzeit geltenden § 37 Abs. 1 BetrVG ein unentgeltliches Ehrenamt. Nach dem Willen des Gesetzgebers gehören besondere, während der Amtsführung entwickelte Qualitäten des Betriebsratsmitglieds gerade nicht zu den Kriterien der Vergütungsbemessung nach § 37 Abs. 4 BetrVG. Sinn und Zweck des § 37 Abs. 4 BetrVG ist es, das (freigestellte) Betriebsratsmitglied vor einer Schmälerung seines Einkommens zu schützen, die es deshalb erleidet, weil es aufgrund der Übernahme des Betriebsratsamtes nicht oder nur eingeschränkt seiner beruflichen Tätigkeit nachgehen kann.[304] Aus dem *Gebot*, als Bemessungsgrundlage für die Vergütung des einzelnen Betriebsratsmitglieds das Arbeitsentgelt vergleichbarer Arbeitnehmer mit betriebsüblicher beruflicher Entwicklung zu verwenden, ergibt sich das *Verbot*, die Bewertung der Betriebsratstätigkeit der Bemessung des Entgelts zugrunde zu legen.[305] „Amtsbedingte Einkommenssteigerungen" werden dabei auch nicht durch die vorgeschlagene Neubewertung und ggf. vorzunehmende Anpassung der Vergleichsgruppe zulässig. Dies wäre eine Umgehung der gesetzgeberischen Vorgaben. Der Hintergrund dieser Wertung liegt darin, dass nach Ansicht des Gesetzgebers nur so die Unabhängigkeit der Amtsführung und das Vertrauen der Belegschaft in die Integrität der Betriebsratsmitglieder gewährleistet werden können. Diesen Gesichtspunkten hat der Gesetzgeber Vorrang eingeräumt.[306]

---

304 Richardi/*Thüsing*, § 37 Rn. 68; *Fitting*, § 37 Rn. 116; GK-BetrVG/Weber, § 37 Rn. 128; *Rüthers*, RdA 1976, 61 (63).
305 Richardi/*Thüsing*, § 37 Rn. 68; *Rüthers*, RdA 1976, 61 (63).
306 Ebenso *Rüthers*, RdA 1976, 61 (63).

Aus eben diesen Gründen geht auch die weitere Argumentation dieser zuletzt genannten Ansicht ins Leere. Demnach sei es unsinnig, dass eine Entgelterhöhung trotz fehlender Qualifikation aufgrund des Diskriminierungsschutzes rechtmäßig ist, während tatsächlich erworbene Fähigkeiten bei der Entgeltbemessung außer Acht bleiben müssten. Das stelle eine rechtswidrige Benachteiligung des Betriebsratsmitglieds nach § 78 Satz 2 BetrVG dar.[307] Dies ist jedoch keinesfalls unsinnig, sondern folgt zwingend aus der konsequenten Anwendung des § 37 Abs. 4 BetrVG. Das Betriebsratsmitglied ist grundsätzlich auf dem Niveau zu vergüten, das der betrieblichen Entwicklung seiner Vergleichsgruppe und nicht seiner eigenen entspricht. Nach dem Willen des Gesetzgebers spielen erhöhte Belastungen und Anforderungen, die möglicherweise während der Amtstätigkeit vom Betriebsratsmitglied zu bewältigen sind, keine Rolle. Abzustellen ist einzig auf den vergleichbaren Arbeitnehmer. Daher ist es nicht widersinnig, das Entgelt des Betriebsratsmitglieds entsprechend der Vergleichsgruppe anzupassen, wenn die vergleichbaren Arbeitnehmer zusätzliche Qualifikationen erwerben, auch wenn das einzelne Betriebsratsmitglied aufgrund seiner Amtstätigkeit keine Gelegenheit hatte, die fragliche Fähigkeit zu erlernen, da es für die Entgeltbemessung nach der derzeitigen Gesetzeslage eben nicht auf das Betriebsratsmitglied ankommt.

Festzuhalten bleibt daher: Nach der hier vertretenen Ansicht schreibt das Gesetz zwingend vor, dass sich die Entgeltentwicklung an der „vergleichbarer Arbeitnehmer" zu orientieren hat. Vergleichbare Arbeitnehmer sind die Mitarbeiter desselben Betriebs, die zum maßgeblichen Zeitpunkt eine im Wesentlichen objektiv vergleichbare Tätigkeit wie das Betriebsratsmitglied ausgeübt haben und hinsichtlich ihrer Persönlichkeit, Qualifikation und Leistung vergleichbar sind. Fähigkeiten, die ein Mitglied des Betriebsrats während seiner Amtszeit erlangt hat, sind bei der Entgeltanpassung nach § 37 Abs. 4 BetrVG nicht zu berücksichtigen. Sie haben insbesondere auf die Gruppe der vergleichbaren Arbeitnehmer keinen Einfluss. Durch die neuerworbenen Fähigkeiten wird das Betriebsratsmitglied nicht mit einem anderen Arbeitnehmerkreis vergleichbar, als dies zum maßgeblichen Zeitpunkt der Fall war.

---

307 *Byers*, NZA 2014, 65 (66).

cc. Teilfreigestellte Betriebsratsmitglieder

Eine Auffassung schlägt vor, den Vergleichsmaßstab für teilfreigestellte Betriebsratsmitglieder und solche, die zumindest teilweise beruflich tätig sind, immer wieder neu festzulegen.[308] Sie liefert jedoch keine überzeugenden Argumente dafür, warum gerade im Fall von teilweise beruflich tätigen Betriebsratsmitgliedern von der gesetzlichen Vorgabe des § 37 Abs. 4 BetrVG abgewichen werden soll. Diese Ansicht ist abzulehnen. Sie will entgegen den ausdrücklichen Vorgaben des Gesetzgebers keinen rein objektiven Maßstab, nämlich die betriebsübliche berufliche Entwicklung der vergleichbaren Arbeitnehmer, verwenden, sondern subjektiv die Entwicklung des einzelnen Betriebsratsmitglieds zum Maßstab machen. Dies ist jedoch mit dem Gesetzeswortlaut und Normzweck nicht vereinbar.[309] Freigestellte und nicht freigestellte Betriebsratsmitglieder verrichten in der Zeit, um deren Bezahlung es geht, Betriebsratstätigkeit.[310] So nehmen etwa beide an den Betriebsratssitzungen oder an Besprechungen mit dem Arbeitgeber teil. Für diesen fraglichen Zeitraum der Betriebsratstätigkeit gibt es keine Rechtfertigung einer Ungleichbehandlung.

Im Grundsatz gilt für die Frage der Entgeltfortzahlung bei freigestellten Betriebsratsmitgliedern nichts anderes als bei lediglich vorübergehend von der Arbeit befreiten Betriebsratsmitgliedern.[311] Nach der hier vertretenen Ansicht schreibt das Gesetz zwingend vor, dass sich die Entgeltentwicklung an der „*vergleichbarer Arbeitnehmer mit betriebsüblicher beruflicher Entwicklung*" zu orientieren hat. Fähigkeiten, die ein Mitglied des Betriebsrats während seiner Amtszeit erlangt hat, sind bei der Entgeltanpassung nach § 37 Abs. 4 BetrVG ebenso wenig zu berücksichtigen wie Veränderungen in den persönlichen Umständen seiner Person. Durch die neuerworbenen Fähigkeiten wird das Betriebsratsmitglied insbesondere auch nicht mit einem anderen Arbeitnehmerkreis vergleichbar, als dies zum maßgeblichen Zeitpunkt der Fall war. Dabei ist es unerheblich, ob es sich dabei um freigestellte oder um nicht freigestellte Betriebsratsmitglieder handelt. Eine

---

308 *Jacobs/Frieling*, ZfA 2015, 241 (249).
309 *Weinspach*, in: FS Kreutz, 485 (489).
310 *Weinspach*, in: FS Kreutz, 485 (490).
311 *Fitting*, § 38 Rn. 85 f.; GK-BetrVG/*Weber*, § 38 Rn. 97; Richardi/*Thüsing*, § 38 Rn. 56; *Göpfert/Fellenberg/Klarmann*, DB 2009, 2041 ff.; a.A. *Aden*, RdA 1980, 256, der bei einem freigestellten Betriebsratsmitglied die Betriebsratstätigkeit als Beruf ansieht, in dem sich die Höhe des „Betriebsratsgehalt" nach dem gemäß § 37 Abs. 4 BetrVG anzupassenden Arbeitsertrag ergebe.

diesbezügliche Ungleichbehandlung von freigestellten und nicht freigestellten Betriebsratsmitgliedern lässt sich weder auf den Gesetzeswortlaut stützen noch wäre sie durch den Normzweck gerechtfertigt.[312] Überdies ist zu beachten, dass sich lediglich der Teil der beruflichen Entwicklung und darauf basierend auch die Vergütung an der der vergleichbaren Arbeitnehmer orientiert, die das Betriebsratsmitglied tatsächlich mit der Betriebsratsarbeit verbringt. Der übrige Teil des Entgelts richtet sich nach seiner tatsächlichen beruflichen Tätigkeit.[313]

b. Maßgeblicher Zeitpunkt

Nach welchen Kriterien der maßgebliche Zeitpunkt bei der Prüfung der Vergleichbarkeit zu bestimmen ist, ergibt sich aus dem Gesetzestext ebenfalls nicht. In Rechtsprechung und rechtswissenschaftlichem Schrifttum werden hierzu unterschiedliche Ansichten vertreten.

aa. Streitstand

Die ältere Rechtsprechung stellte ohne nähere Begründung auf den Zeitpunkt der erstmaligen Wahl in den Betriebsrat ab.[314] Die jüngere Rechtsprechung stellt hingegen auf den Zeitpunkt der tatsächlichen Übernahme des Betriebsratsamtes ab. Insbesondere bei Ersatzmitgliedern sei nicht bereits der Zeitpunkt der Wahl, sondern erst der Zeitpunkt des Nachrückens in den Betriebsrat entscheidend.[315]

Im Schrifttum wird zum Teil darauf abgestellt, wann das Betriebsratsmitglied für seine Tätigkeit freigestellt wurde,[316] bzw. auf den letzten Tag vor der Freistellung, da sich sonst die Verhältnisse grundlegend ändern könnten.[317] Das Abstellen auf den Zeitpunkt der Betriebsratswahl sei unzweckmäßig, da zwischen der Wahl und

---

312 Vgl. dazu insbesondere oben bei „Berücksichtigung von im Amt erworbenen Qualifikationen", S. 69; vgl. dazu auch die Argumentation zur Berücksichtigung von im Amt erworbenen Kenntnissen hinsichtlich des Personenkreises vergleichbarer Arbeitnehmer sowie die Auswirkung dieser Kenntnisse auf die betriebsübliche berufliche Entwicklung, oben bei „Veränderung der persönlichen Umstände in der Person des Betriebsratsmitglieds", S. 92.
313 Vgl. dazu *Weinspach*, in: FS Kreutz, 485 (489).
314 BAG v. 13.11.1987 – 7 AZR 550/86, NZA 1988, 403 (404); BAG v. 17.05.1977 – 1 AZR 458/74, AP Nr. 28 zu § 37 BetrVG 1972; LAG Frankfurt a.M. v. 26.11.1981 – 9 Sa 500/81, juris.
315 BAG v. 18.01.2017 – 7 AZR 205/15, NZA 2017, 935 Rn. 16; BAG v. 14.07.2010 – 7 AZR 359/09, ZTR 2011, 56; BAG v. 15.01.1992 – 7 AZR 194/91, AP Nr. 84 zu § 37 BetrVG 1972; BAG v. 21.04.1983 – 6 AZR 407/90, AP Nr. 43 zu § 37 BetrVG 1972; LAG Düsseldorf v. 16.07.2004 – 9 Sa 1306/03, DB 2005, 400.
316 *Schneider*, NZA 1984, 21 (22).
317 *Hennecke*, RdA 1986, 241 (242).

der Freistellung eine erhebliche Zeit, u.U. sogar mehrere Jahre, vergehen könnten.[318] Einige stellen auf die tatsächliche Übernahme des Amtes bzw. den letzten Moment ab, in dem sich das Betriebsratsmitglied, noch ohne ein Betriebsratsamt innezuhaben, ausschließlich seiner beruflichen Tätigkeit widmen konnte.[319] Eine andere Ansicht stellt bereits auf den Zeitpunkt der Aufstellung zur Betriebsratswahl ab.[320] Entscheidend sei, dass sich das Arbeitsverhältnis des späteren Betriebsratsmitglieds auch schon vor Übernahme des Amtes oder vor der tatsächlichen Ausübung des Amtes ab dem Zeitraum der Aufstellung der Wahlvorschläge zur Betriebsratswahl verändert haben könnte. So könne der Arbeitgeber dem Arbeitnehmer beispielsweise nach der Aufstellung des Wahlvorschlags leichtere Arbeit zuweisen. Eine weitere Ansicht verortet den maßgeblichen Zeitpunkt im Moment der Wahl selbst; nur bei Ersatzmitgliedern sei der Zeitpunkt des Nachrückens in den Betriebsrat ausschlaggebend.[321] Teilweise wird aus Gründen der Einheitlichkeit auf den Zeitpunkt der Mandatsübernahme[322] oder den Zeitpunkt, in dem das Betriebsratsmitglied nicht mehr an der betriebsüblichen Entwicklung teilnimmt, weil es seine berufliche Tätigkeit erstmalig zumindest teilweise zurückstellt, abgestellt.[323] Eine neuere Ansicht will die Vergleichsgruppe zu Beginn der jeweiligen Amtszeit erneut festlegen. [324]

bb. Stellungnahme

Ausgangspunkt für die Frage, nach welchen Kriterien der maßgebliche Zeitpunkt bei der Prüfung der Vergleichbarkeit zu bestimmen ist, muss der Schutzzweck des § 37 Abs. 4 BetrVG sein. Sinn und Zweck der Norm ist es, die Mitglieder des Betriebsrats davor zu bewahren, finanzielle Nachteile wegen ihrer Betriebsratstätigkeit zu erleiden.[325] Dazu soll das Betriebsratsmitglied fiktiv so gestellt werden, als ob es im Betrieb weitergearbeitet und keine Betriebsratstätigkeit wahrgenom-

---

318 *Schneider*, NZA 1984, 21 (22).
319 GK-BetrVG/*Weber*, § 37 Rn. 139; DKKW/*Wedde*, § 37 Rn. 88; HWGNRH/*Glock*, § 37 Rn. 107; Richardi/*Thüsing*, § 37 Rn. 71; WPK/*Kreft*, § 37 Rn. 39.
320 *Chen*, S. 72.
321 *Fitting*, § 37 Rn. 119; *Denecke*, AuA 2006, 24 (24); *Greßlin*, S. 114; *Kehrmann*, in: FS Wlotzke, 357 (363).
322 *Knipper*, S. 27.
323 *Lipp*, S. 57; *Esser*, S. 37.
324 *Jacobs/Frieling*, ZfA 2015, 241 (248).
325 Vgl. GK-BetrVG/*Weber*, § 37 Rn. 128 m.w.N.

men hätte. Ziel des Gesetzgebers war es, die erforderliche hypothetische Betrachtungsweise zu objektivieren, um eine Abkopplung der Amtsträger von der Entwicklung ihrer Arbeitskollegen zu verhindern.[326] Die Vorschrift soll danach vor allem dem in der Regel mit Übernahme des Betriebsratsamtes auftretenden Problem Rechnung tragen, dass sich das Betriebsratsmitglied aufgrund seiner Amtstätigkeit nicht mehr mit gleicher Intensität und gleichem Engagement seiner beruflichen Entwicklung im Betrieb widmen und seine eigene Karriere nicht wie andere Arbeitnehmer vorantreiben kann.[327]

Dies ist in erster Linie für vollständig freigestellte Betriebsratsmitglieder von Bedeutung, die sich während ihrer Amtszeit ausschließlich der Betriebsratsarbeit widmen und insoweit nicht mehr in die betrieblichen Arbeitsabläufe integriert sind.[328] Allerdings ist § 37 Abs. 4 BetrVG auch auf nicht freigestellte Betriebsratsmitglieder anwendbar und kann für diese insbesondere dann bedeutsam werden, wenn ihre Inanspruchnahme durch das Betriebsratsamt dazu führt, dass sie sich ihrer beruflichen Tätigkeit nicht mit der gleichen Nachhaltigkeit widmen können wie andere Arbeitnehmer.[329]

Unter Berücksichtigung des Schutzzwecks der Norm kann weder die Ansicht, die den Zeitpunkt der Wahlaufstellung[330] für maßgeblich hält, noch die Meinung, die auf den Zeitpunkt der Wahl in den Betriebsrat[331] abstellt, überzeugen. Die erste Ansicht verkennt, dass das (künftige) Betriebsratsmitglied zur Zeit der Wahlaufstellung seiner beruflichen Tätigkeit noch ohne Einschränkung nachgehen kann, so dass für den Schutz des § 37 Abs. 4 BetrVG noch gar kein Bedürfnis besteht. Das (künftige) Betriebsratsmitglied ist zu diesem Zeitpunkt lediglich Arbeitnehmer und nimmt gerade noch keine Doppelstellung ein. Die Gefahr der Abkoppelung von der Entwicklung seiner Arbeitskollegen besteht hier gerade noch nicht.

---

326 *Schweibert/Buse*, NZA 2007, 1080 (1080).
327 *Schweibert/Buse*, NZA 2007, 1080 (1080).
328 *Schneider*, NZA 1984, 21 (22); *Schweibert/Buse*, NZA 2007, 1080 (1080).
329 *Rid/Triemel*, AuA 2011, 482 (483); *Esser*, S. 37.
330 *Chen*, S. 72.
331 BAG v. 13.11.1987 – 7 AZR 550/86, NZA 1988, 403 (404); BAG v. 17.05.1977 – 1 AZR 458/74, AP Nr. 28 zu § 37 BetrVG 1972; LAG Frankfurt a.M. v. 26.11.1981 – 9 Sa 500/81, juris; *Fitting*, § 37 Rn. 119; *Denecke*, AuA 2006, 24 (24); *Greßlin*, S. 114; *Kehrmann*, in: FS Wlotzke, 357 (363).

Vielmehr ist der Arbeitnehmer weiterhin in seinem Beruf tätig und in dieser Tätigkeit auch ausreichend über § 15 Abs. 3 KSchG vor einer Beendigung des Arbeitsverhältnisses geschützt. Seine berufliche Entwicklung bedarf aufgrund seiner Aufstellung zur Wahl in den Betriebsrat jedoch noch keines Schutzes, da er seiner beruflichen Tätigkeit ungestört von betriebsverfassungsrechtlichen Aufgaben weiter nachgehen und seine Karriere eigenständig vorantreiben kann. Auch das von dieser Ansicht angeführte Fallbeispiel, dass der Arbeitgeber dem für die Betriebsratswahl als Wahlbewerber aufgestellten Arbeitnehmer, für seine Kandidatur eine leichtere Arbeit zuweist, überzeugt nicht. Die Fallgestaltung wirkt lebensfremd. Überdies kann hierin auch ein Verstoß gegen § 78 Satz 2 BetrVG gesehen werden, der nach der hier vertretenen Ansicht über den Wortlaut des § 78 Satz 2 BetrVG hinaus zeitlich unbegrenzt Vorwirkung entfaltet.[332] Sofern der Arbeitgeber das Betriebsratsmitglied durch die Zuweisung leichterer Arbeit für ihn günstig stimmen möchte, ist darin eine unzulässige Begünstigung zu sehen, sollte der Arbeitnehmer tatsächlich Mitglied des Betriebsrats werden. Will der Arbeitgeber hingegen die Arbeitsverhältnisse des späteren Betriebsratsmitglieds zu dessen Nachteil gerade auch im Hinblick auf § 37 Abs. 4 BetrVG verändern, so ist hierin ein Verstoß gegen das Benachteiligungsverbot des § 78 Satz 2 BetrVG zu sehen. Das Betriebsratsmitglied ist folglich im Zeitpunkt der Wahlaufstellung ausreichend über das allgemeine Benachteiligungs- und Begünstigungsverbot des § 78 Satz 2 BetrVG sowie über § 15 KSchG geschützt, so dass es verfehlt und vom Schutzzweck des § 37 Abs. 4 BetrVG nicht erfasst wäre, bereits die Wahlaufstellung als maßgeblichen Vergleichszeitpunkt anzusehen.

Gegen den Zeitpunkt der Wahl in den Betriebsrat spricht, dass der Zeitraum zwischen der Wahl und dem Zeitpunkt, in dem das Betriebsratsmitglied wegen seiner Amtstätigkeit erstmals daran gehindert wird, weiter an seiner normalen betriebsüblichen Entwicklung teilzunehmen, erheblich sein kann. Zwischenzeitlich können sich die Arbeitsverhältnisse entscheidend verändert haben. Auch waren zahlreiche Mitglieder des Betriebsrats zum Zeitpunkt der Wahl in der bzw. den vergangenen Amtsperioden bereits freigestellt. Das Abstellen auf den Zeitpunkt der Betriebsratswahl ist daher oftmals nicht sinnstiftend. Vorzugswürdig ist vielmehr

---

[332] Vgl. oben bei „Vorwirkung", S. 19.

eine an Sinn und Zweck des § 37 Abs. 4 BetrVG orientierte, differenzierte Betrachtungsweise.

Der Meinung, die auf den Zeitpunkt, in dem das Betriebsratsmitglied für seine Tätigkeit freigestellt wurde,[333] bzw. auf den letzten Tag vor der Freistellung abstellt, ist ebenfalls abzulehnen.[334] Sie verkennt, dass § 37 Abs. 4 BetrVG auch für nicht vollständig freigestellte Betriebsratsmitglieder gilt, und beschränkt die Vorschrift folglich unzulässigerweise auf freigestellte Betriebsratsmitglieder. Auch bei nicht freigestellten Betriebsratsmitgliedern kann die Inanspruchnahme durch das Betriebsratsamt dazu führen, dass sie sich ihrer beruflichen Entwicklung nicht in derselben Art und Weise widmen können wie vergleichbare Arbeitnehmer. Überdies lässt das Gesetz keine Anhaltspunkte erkennen, dass es hinsichtlich des Entgeltbemessungsschutzes unterschiedliche Maßstäbe für freigestellte und nicht freigestellte BRM anlegen will. Betriebsratsmitglieder sind nicht nur schutzbedürftig, wenn sie wie im Falle einer Freistellung ausschließlich für den Betriebsrat tätig werden, sondern auch dann, wenn sie ihre arbeitsvertraglichen und ihre betriebsverfassungsrechtlichen Pflichten nebeneinander erfüllen. Da sich auch die nicht freigestellten Betriebsratsmitglieder auf § 37 Abs. 4 BetrVG berufen können, ist ein pauschales Abstellen auf den Freistellungszeitpunkt abzulehnen.

Auch der Zeitpunkt der Amtsübernahme[335] kann nicht immer als maßgeblicher Zeitpunkt für den Vergleichsmaßstab herangezogen werden. Je nach Definition des Begriffes ist die berufliche Tätigkeit möglicherweise bereits zuvor (teilweise) zum Erliegen gekommen. Möglich ist auch, dass das Betriebsratsmitglied unmittelbar im Anschluss an seine Wahl in den Betriebsrat einvernehmlich mit seinem Arbeitgeber sein Tätigkeitsfeld im Hinblick auf die bevorstehende Amtstätigkeit verändert.[336] In diesen Fällen wäre der Zeitpunkt der Amtsübernahme zu spät. Wenn das BAG jedoch vom maßgeblichen Zeitpunkt der „Amtsübernahme" spricht, so ist diese Formulierung unpräzise gewählt. Gemeint hat das BAG au-

---

333 *Schneider*, NZA 1984, 21 (22).
334 *Hennecke*, RdA 1986, 241 (242).
335 BAG v. 14.07.2010 – 7 AZR 359/09, NJOZ 2011, 272 (274); BAG v. 19.01.2005 – 7 AZR 208/04, AuA 2005, 436.
336 LAG Hessen v. 20.09.2000 – 13 Sa 1832/99, AiB 2002, 372.

genscheinlich den letzten Zeitpunkt, in dem die berufliche Tätigkeit noch ungestört von der Betriebsratstätigkeit ausgeübt werden konnte. Dieser Zeitpunkt wird teilweise auch im Schrifttum präzise und zutreffend herausgearbeitet.[337]

Auch die letztgenannte Ansicht[338] ist abzulehnen. Ermittelt man die Vergleichbarkeit mit jeder Wiederwahl alle vier Jahre neu, so verstößt dies selbst bei einer Teilfreistellung gegen die Vorgaben des § 37 Abs. 4 BetrVG, der einen kollektiven Bezug fordert. Der Gesetzgeber bringt mit den Begriffen der Vergleichbarkeit und der Betriebsüblichkeit klar zum Ausdruck, dass es nicht auf die individuelle Konstellation des einzelnen Betriebsratsmitglieds ankommt. Entsprechend dieser objektiven Betrachtungsweise kann es keine Rolle spielen, ob sich ein teilfreigestelltes Betriebsratsmitglied besser entwickelt als die Arbeitnehmer seiner Vergleichsgruppe. Gleiches gilt auch für den umgekehrten Fall, dass das teilfreigestellte Betriebsratsmitglied sich schlechter entwickelt als seine Vergleichsgruppe. Auch in diesem Fall findet keine Anpassung der Vergleichsgruppe statt.

Nach der hier vertretenen Auffassung ist der für den anzustellenden Vergleich maßgebliche Zeitpunkt nicht pauschal, sondern in jedem konkreten Einzelfall jeweils danach zu bestimmen, ab welchem Zeitpunkt sich das Betriebsratsmitglied durch seine Tätigkeit für den Betriebsrat seiner eigentlichen beruflichen Tätigkeit nicht mehr mit der gleichen Intensität widmen konnte wie vor seiner Wahl in den Betriebsrat. Dementsprechend ist in jedem konkreten Einzelfall ein unterschiedlicher Zeitpunkt maßgeblich, nämlich der Zeitpunkt, in dem sich das Betriebsratsmitglied letztmalig ungestört seiner „ursprünglichen" Karriere widmen konnte. Dies ist bei freigestellten Betriebsratsmitgliedern in der Regel, aber eben nicht immer der Zeitpunkt unmittelbar vor der ersten Freistellung. Konnte das (freigestellte) Betriebsratsmitglied hingegen bereits vor der Freistellung beispielsweise infolge seiner Teilnahme an Schulungen für den Betriebsrat nicht mehr wie andere Arbeitnehmer an seiner beruflichen Entwicklung teilnehmen, so ist der Zeitpunkt unmittelbar vor der ersten Teilnahme maßgeblich. Dies kann mit dem Zeitpunkt der Wahl in den Betriebsrat zusammenfallen. Bei Ersatzmitgliedern kommt es dementsprechend in der Regel auf den Zeitpunkt des Nachrückens an. Bei nicht

---

337 *Esser*, S. 37; *Lipp*, S. 57.
338 *Jacobs/Frieling*, ZfA 2015, 241 (248 f.).

freigestellten, sondern anlassbezogen nach § 37 Abs. 2 BetrVG von ihrer beruflichen Tätigkeit befreiten Betriebsratsmitgliedern ist grundsätzlich die tatsächliche Übernahme des Betriebsratsamtes der maßgebliche Zeitpunkt. Dies gilt auch hier nur dann nicht, wenn ebenfalls wie bei freigestellten Mitgliedern bereits vor der tatsächlichen Übernahme der Amtstätigkeit, aber nach Feststehen des Wahlergebnisses berufliche Maßnahmen getroffen werden, die das Betriebsratsmitglied zumindest teilweise dazu zwingen seine berufliche Tätigkeit zurückzustellen. Dann ist bereits dieser vorgezogene Zeitpunkt relevant.

c. Fehlen vergleichbarer Arbeitnehmer

Die Anzahl der Vergleichspersonen kann nicht nur von Betrieb zu Betrieb sehr stark schwanken, sondern auch innerhalb eines Betriebs sehr unterschiedlich sein. Insbesondere bei langjährigen Betriebsratsmitgliedern scheiden vergleichbare Arbeitnehmer aus dem Betrieb aus oder werden in andere Betriebe versetzt. Bei Betriebsratsmitgliedern, die vor ihrer Wahl leitende Positionen innehatten, kann es dazu kommen, dass nur noch ein einziger oder in Extremfällen sogar kein Arbeitnehmer vergleichbar im Sinne des § 37 Abs. 4 BetrVG ist. Wie in diesen Fällen zu verfahren ist, regelt das Gesetz ebenfalls nicht.

aa. Vorhandensein eines einzelnen vergleichbaren Arbeitnehmers

Auch wenn der Gesetzestext in § 37 Abs. 4 Satz 1 BetrVG den Plural „vergleichbare Arbeitnehmer" verwendet, ist es dennoch einhellige Meinung[339], dass § 37 Abs. 4 BetrVG den Vergleich mit mehreren Arbeitnehmern nicht zwingend voraussetzt. Ein einzelner Arbeitnehmer sei als Vergleichsmaßstab ausreichend, da die Verwendung des Plurals nur gesetzestechnischer Natur sei und keinerlei Festlegung auf eine Mehrzahl an Personen beinhalte. Die Formulierung stelle lediglich auf eine einheitliche Betrachtungsweise im Fall des Vorhandenseins einer entsprechenden Vergleichsgruppe ab. Dem ist zuzustimmen, denn es ist kein sachlicher Grund für die Annahme ersichtlich, es bedürfe zwingend eines Vergleichs mit mehreren Arbeitnehmern. Auch ein einziger vergleichbarer Arbeitnehmer bietet für eine objektive und möglichst wirklichkeitsnahe Bemessung des

---

339 BAG v. 21.04.1983 – 6 AZR 407/80, AP Nr. 43 zu § 37 BetrVG 1972; *Fitting*, § 37 Rn. 118; GK-BetrVG/*Weber*, § 37 Rn. 132; *Greßlin*, S. 120 f. *Hennecke*, RdA 1986, 241 (243); *Schneider*, NZA 1984, 21 (22); *Esser*, S. 37; *Lipp*, S. 58.

Arbeitsentgelts und der allgemeinen Zuwendungen anhand seiner hypothetischen beruflichen Entwicklung eine ebenso taugliche Grundlage.

bb. Fehlen eines vergleichbaren Arbeitnehmers

[1] Streitstand

Die Frage, nach welchen Kriterien die Entgeltsicherung im Falle des Fehlens eines vergleichbaren Arbeitnehmers vorzunehmen ist, lässt der Gesetzestext unbeantwortet. In Rechtsprechung und rechtswissenschaftlichem Schrifttum besteht hierzu keine Einigkeit.

Zum Teil wird bei auf den „am ehesten vergleichbaren" Arbeitnehmer abgestellt.[340] Dieser könne dadurch ermittelt werden, dass entweder auf das Kriterium der Tätigkeit oder auf das Kriterium der Qualifikation verzichtet wird, solange dies nicht zum Vergleich zweier völlig unterschiedlicher Arbeitnehmer führe. Andere halten eine räumliche Ausweitung auf das gesamte Unternehmen für vorzugswürdig[341] und als Ultima Ratio käme eine hypothetische Betrachtung in Frage, wenn das Betriebsratsmitglied weder hinsichtlich der Tätigkeit noch bezüglich der Qualifikation mit einem anderen Arbeitnehmer des Betriebs oder des Unternehmens vergleichbar sei.[342] Eine andere Ansicht hält dies für widersprüchlich und stellt auf einen fiktiven Arbeitnehmer und dessen abstrakt-hypothetische Entwicklung ab.[343] Eine weitere Ansicht geht davon aus, die Regelung des § 37 Abs. 4 BetrVG enthalte eine Regelungslücke für die Fälle, in denen kein vergleichbarer Arbeitnehmer vorhanden ist.[344] Diese Lücke stehe dem bekundeten Willen des Gesetzgebers entgegen und sei von diesem nicht gewollt. Die Regelungslücke sei im Wege einer Analogie zu schließen. Dabei sei die berufliche Entwicklung maßgeblich, die das Betriebsratsmitglied gemacht hätte, wenn es das Amt nicht übernommen, sondern normal weitergearbeitet hätte.[345] Eine weitere

---

340 *Fitting*, § 37 Rn. 118; ErfK/*Koch*, § 37 BetrVG Rn. 9 f.; DKKW/*Wedde*, § 37 Rn. 88; *Denecke*, AuA 2006, 24 (24); *Esser*, S. 39; *Greßlin*, S. 121.
341 *Jacobs/Frieling*, ZfA 241, 250; *Esser*, S. 39.
342 *Esser*, S. 39.
343 GK-BetrVG/*Weber*, § 37 Rn. 132; HWGNRH/*Glock*, § 37 Rn. 106; *Düwell*/*Wolmerath*, § 37 Rn. 25; *Bittmann/Mujan* BB 2012, 637 (638).
344 *Hennecke*, RdA 1986, 241 (244).
345 *Hennecke*, RdA 1986, 241 (244).

Konkretisierung des Begünstigungsverbots durch die §§ 37 ff. BetrVG

Ansicht will den „räumlichen Anwendungsbereich" des § 37 Abs. 4 BetrVG ausweiten und auf vergleichbare Arbeitnehmer in anderen Betrieben des Unternehmens als Vergleichsmaßstab abstellen.[346]

[2] Stellungnahme

Der Wortlaut des § 37 Abs. 4 BetrVG lässt die Frage, wie bei Fehlen eines vergleichbaren Arbeitnehmers zu verfahren ist, offen. Dieser Fall ist im Gesetzestext schlicht nicht vorgesehen.

Gegen die Ansicht, die eine abstrakt-hypothetische Betrachtung fiktiver vergleichbarer Arbeitnehmer anstellen will, spricht, dass damit eine rein spekulative Betrachtung erfolgen würde, die § 37 Abs. 4 BetrVG mit der vorgegebenen objektiven Anknüpfung an vergleichbare Arbeitnehmer gerade verhindern will. Dies kann jedoch kein tauglicher Maßstab sein. Durch die (zum Teil jahrelange) Freistellung oder Befreiung des Betriebsratsmitglieds von seiner normalen Arbeitstätigkeit droht eine Abkoppelung der Amtsträger von der beruflichen Entwicklung ihrer Arbeitskollegen. Dem wollte der Gesetzgeber durch das Lohnausfallprinzip und den kollektiven Maßstab der „vergleichbaren Arbeitnehmer mit betriebsüblicher Entwicklung" entgegenwirken. Ist ein solcher „vergleichbarer Arbeitnehmer" nicht vorhanden, so ist es nicht zielführend sowohl eine Vergleichsgruppe als auch deren Vergütung zu fingieren. Durch das Abstellen auf einen „vergleichbaren Arbeitnehmer" und seine betriebsübliche berufliche Entwicklung sollten die Schwierigkeiten vermieden werden, die sich daraus ergeben, dass sich die hypothetische berufliche Entwicklung des Betriebsratsmitglieds – insbesondere bei mehrfacher Wiederwahl – ohne seine Arbeitstätigkeit im Allgemeinen nur sehr schwer abschätzen lässt. Wird nun jedoch nicht nur die betriebsübliche berufliche Entwicklung, sondern darüber hinaus auch der vergleichbare Arbeitnehmer fingiert, wird hierdurch nichts gewonnen. Möglicherweise werden die oben genannten Schwierigkeiten sogar noch verstärkt. Daher ist die Ansicht, die auf die abstrakt-hypothetische Entwicklung, die Arbeitnehmer bei gleicher Qualifikation ohne das Betriebsratsamt erfahren hätten, abstellt, abzulehnen.

Aus eben diesen Gründen ist auch die Ansicht abzulehnen, die für den Fall des Fehlens eines vergleichbaren Arbeitnehmers eine Lücke im Gesetz annimmt, die

---

346 *Lipp*, S. 69.

durch analoge Anwendung der Grundregel, das Betriebsratsmitglied sei so zu stellen, wie es stehen würde, wenn es das Betriebsratsamt nicht übernommen hätte, auszufüllen sei.[347] Entgegen dieser Ansicht kann die berufliche Entwicklung, die das Betriebsratsmitglied selbst genommen hätte, wenn es nicht in den Betriebsrat gewählt worden wäre, sondern normal weitergearbeitet hätte, gerade nicht als Vergleichsmaßstab herangezogen werden. Die Regelungsabsicht des Gesetzgebers darf durch die analoge Anwendung einer Norm nicht ins Gegenteil verkehrt werden.[348] Zwar gibt diese Ansicht den Schutzzweck des § 37 Abs. 4 BetrVG zutreffend wieder, jedoch verkennt sie, dass die betriebsübliche berufliche Entwicklung des Betriebsratsmitglieds ausweislich des sich auch im Wortlaut niedergeschlagenen Willens des Gesetzgebers für den Entgeltbemessungsschutz nicht als Maßstab dienen soll. Diese Ansicht will eine Analogie zum Gesetzeszweck ziehen, nicht eine zu einer anderen Norm. Ziel ist es demnach, den Geltungsbereich der gesetzlichen Vorschrift entgegen ihrem Wortlaut mit Hilfe eines Rückgriffs auf den Zweck des Gesetzes auszudehnen. Es handelt sich daher nicht um eine Analogie, sondern um eine teleologische Extension, also einen Fall, in dem der zu enge Wortsinn des Gesetzeswortlauts erweitert wird, ohne dass es sich um eine Analogie handelt.[349] Die Voraussetzungen liegen hier nicht vor. Bei der „teleologischen Extension" geht es wie bei einer Analogie um die volle Verwirklichung des Gesetzeszwecks und um die Vermeidung eines nicht zu rechtfertigenden Wertungswiderspruchs.[350] Vorliegend ist eine Gesetzeskorrektur dahingehend, dass es auf die betriebsübliche berufliche Entwicklung des Betriebsratsmitglieds selbst ankommen soll, durch die Teleologie des Gesetzes jedoch gerade nicht gerechtfertigt. Auch wenn an der grundsätzlichen Zulässigkeit einer teleologisch begründeten Gesetzeskorrektur durch die Gerichte nach allgemeinem Verständnis kein Zweifel mehr besteht[351], setzt eine solche teleologische Extension dennoch voraus, dass der Gesetzeszweck eindeutig ermittelt ist und ohne die Korrektur der Zweck in einem Teil der Fälle verfehlt würde.[352] An letzterer Voraussetzung fehlt

---

347 Vgl. *Hennecke*, RdA 1986, 241 (244).
348 Larenz/*Canaris*, S. 175 f.
349 Larenz/*Canaris*, 5.2., S. 216 ff.; *Pawlowski*, § 11 Rn. 497.
350 Larenz/*Canaris*, 5.2., S. 218.
351 Vgl. Larenz/*Canaris*, 5.2., S. 219 m.w.N.
352 Larenz/*Canaris*, 5.2., S. 220.

Konkretisierung des Begünstigungsverbots durch die §§ 37 ff. BetrVG

es vorliegend. Zweck des § 37 Abs. 4 BetrVG ist es, das Betriebsratsmitglied davor zu bewahren, eine Schmälerung seines Einkommens infolge der Betriebsratstätigkeit zu erleiden. Zugleich sichert § 37 Abs. 4 BetrVG jedoch auch die Unentgeltlichkeit des Betriebsratsamtes. Dieser Zweck würde durch die oben genannte Korrektur vereitelt. Die Unentgeltlichkeit des Betriebsratsamtes kann nur gesichert werden, wenn das Arbeitsentgelt nicht nach der Bewertung der Betriebsratstätigkeit bemessen wird. Zieht man entgegen dem Wortlaut und entgegen dem ausdrücklichen Willen des Gesetzgebers nun doch das Betriebsratsmitglied selbst und dessen berufliche Entwicklung als Maßstab der Entgeltbemessung heran, so wird der Gesetzeszweck der Unentgeltlichkeit gerade hierdurch vereitelt. Die von dieser Ansicht[353] vorgeschlagene „Analogie" ist somit abzulehnen.

Gegen das Heranziehen des „am ehesten vergleichbaren" Arbeitnehmers als Vergleichsmaßstab spricht, dass ein solcher Arbeitnehmer gerade nicht hinsichtlich seiner fachlichen und persönlichen Voraussetzungen und seiner ausgeübten Tätigkeit mit dem Betriebsratsmitglied vergleichbar ist. Auch diese Ansicht bietet keinen dem Gesetzeszweck entsprechenden objektiven Vergleichsmaßstab. Da sich der „am ehesten vergleichbare" Arbeitnehmer entweder hinsichtlich der Qualifikation oder der Tätigkeit vom Betriebsratsmitglied unterschiedet, wird er auch eine andere betriebsübliche berufliche Entwicklung durchlaufen. Auch bei der Entlohnung werden sich mit großer Wahrscheinlichkeit Unterschiede ergeben. Diese Ansicht verkennt, dass der Verzicht auf das Kriterium der Tätigkeit oder der Qualifikation dazu führt, dass sich die Entgeltbemessung an einem völlig unterschiedlichen und damit nicht vergleichbaren Arbeitnehmer orientiert.

Überzeugender erscheint die Ansicht, die vorrangig auf eine Ausweitung des räumlichen Anwendungsbereichs des § 37 Abs. 4 BetrVG abstellt und ihn auf andere Betriebe desselben Unternehmens ausdehnt, sofern das Unternehmen mehrere Betriebe hat.[354] Zwar ist es einhellige Meinung in der Rechtsprechung und im rechtswissenschaftlichen Schrifttum[355], vergleichbare Arbeitnehmer sind

---

353 *Hennecke*, RdA 1986, 241 (244).
354 *Lipp*, S. 69.
355 GK-BetrVG/*Weber*, § 37 Rn. 131.

grundsätzlich solche desselben Betriebs. Dies folge überwiegend aus der Formulierung *betriebs*übliche Entwicklung[356] und der Betriebsrat wird für einen bestimmten Betrieb gebildet. Gibt es jedoch im Betrieb des Amtsträgers keine vergleichbaren Arbeitnehmer, so erscheint es sinnvoll vorrangig einen vergleichbaren Arbeitnehmer in einem anderen Betrieb des gleichen Unternehmens als Vergleichsmaßstab heranzuziehen. Da in verschiedenen Betrieben desselben Unternehmens jedoch unterschiedliche Gehaltsstrukturen möglich sind, muss dabei zunächst geprüft werden, ob die Gehaltsstrukturen vergleichbar sind. Nur bei vergleichbaren Vergütungssystemen in beiden Betrieben kann der vergleichbare Arbeitnehmer in einem vergleichbaren Betrieb als Maßstab herangezogen werden. Liegen diese Voraussetzungen vor, ist dies ein objektiver und zugleich verlässlicherer Vergleichsmaßstab als das Heranziehen eines Arbeitnehmers, der nicht oder „am ehesten" vergleichbar oder gar völlig fiktiv ist. Überdies erfüllt er den Gesetzeszweck. Ein solcher Arbeitnehmer mag zwar betriebsfremd sein, da er jedoch im selben Unternehmen arbeitet und somit dem gleichen Arbeitgeber unterworfen ist, ist eine objektivere Beurteilung gewährleistet, als wenn ein von vornherein nicht vergleichbarer Arbeitnehmer als Vergleichsmaßstab herangezogen wird. Insbesondere besteht hier die erhöhte Wahrscheinlichkeit, dass ein vergleichbarer Arbeitnehmer bei demselben Arbeitgeber (d.h. bei demselben Entscheidungsträger) in allen Betrieben eines Unternehmens dieselbe oder zumindest eine vergleichbare berufliche Entwicklung durchläuft. Dabei schadet es nicht, wenn die Vergütungsstrukturen in dem anderen Betrieb sich von denen des Ausgangsbetriebs unterscheiden bzw. hiervon abweichen, denn § 37 Abs. 4 BetrVG garantiert dem Betriebsratsmitglied nicht den absolut gleichen Lohn wie vergleichbaren Arbeitnehmern[357], sondern einen Anspruch auf eine entsprechende berufliche Entwicklung.

Zu weit würde es hingegen gehen, den „räumlichen Anwendungsbereich auch auf im Konzern vorhandene „vergleichbare Arbeitnehmer" auszuweiten. Da in einem Konzern zusammengeschlossene Unternehmen sowohl rechtlich als auch wirtschaftlich selbstständig bleiben, wären diese als Vergleichsgruppe nicht besser

---

356 Vgl. *Esser*, S. 69.
357 BAG v. 17.05.1977 – 1 AZR 458/74, AP Nr. 28 zu § 37 BetrVG 1972.

geeignet als ein „am ehesten vergleichbarer" oder fiktiver Arbeitnehmer und dessen abstrakt-hypothetische Entwicklung. Lediglich für den Fall, dass auch in keinem anderen Betrieb des Unternehmens ein vergleichbarer Arbeitnehmer vorhanden ist, ist hilfsweise auf einen Arbeitnehmer abzustellen, der zwar nicht persönlich vergleichbar ist, aber eine vergleichbare Tätigkeit ausführt.

Festzuhalten bleibt, dass im Fall des Fehlens eines vergleichbaren Arbeitnehmers im Betrieb zunächst zu prüfen ist, ob nicht in einem anderen Betrieb des gleichen Unternehmens ein vergleichbares Vergütungssystem eingesetzt wird und dort ein vergleichbarer Arbeitnehmer im Sinne von § 37 Abs. 4 BetrVG beschäftigt ist. Hilfsweise ist auf einen Arbeitnehmer abzustellen, der zwar nicht persönlich vergleichbar ist, aber eine vergleichbare Tätigkeit ausführt.

d. Wegfall des vergleichbaren Arbeitnehmers

Denkbar ist auch, dass die Gruppe der „vergleichbaren Arbeitnehmer" während der Amtszeit des Betriebsratsmitglieds wegfällt, beispielsweise, weil sie altersbedingt oder aus anderen Gründen aus dem Betrieb ausscheiden oder infolge von Reorganisationen im Unternehmen weggefallen ist. Möglich ist auch, dass ein Arbeitnehmer aus der Vergleichsgruppe ausscheidet, weil er eine betriebsunübliche „Sonderkarriere" macht. Fraglich ist, wie in solchen Fallkonstellationen vorzugehen ist.

Das Bundesarbeitsgericht hat in seinem Urteil vom 17. Mai 1977[358] in einem Fall, in dem nicht nur der frühere Arbeitsplatz des freigestellten Betriebsratsmitglieds während seiner Amtszeit weggefallen war, sondern auch seine frühere Arbeitsgruppe – also die Gruppe vergleichbarer Arbeitnehmer i.S.v. § 37 Abs. 4 BetrVG – nicht mehr bestand, entschieden, dass sich das Arbeitsentgelt des Betriebsratsmitglieds nunmehr nach der Tätigkeit bemisst, die ihm nach seinem Arbeitsvertrag übertragen werden müsste, wenn er nicht freigestellt worden wäre. Zur beruflichen Entwicklung der früheren Arbeitskollegen des Betriebsratsmitglieds enthalten weder der Tatbestand noch die Entscheidungsgründe einen Hinweis. Nach der hier vertretenen Ansicht müssen nunmehr ihre beruflichen Werdegänge zur Bestimmung der betriebsüblichen beruflichen Entwicklung herangezogen

---

358 BAG v. 17.05.1977 – 1 AZR 458/74, AP Nr. 28 zu § 37 BetrVG 1972.

werden. Die Tatsache, dass alle Arbeitnehmer der ursprünglichen Vergleichsgruppe infolge der Umstrukturierung neue Arbeitsplätze erhalten haben, lässt an sich die „Vergleichbarkeit" noch nicht entfallen. Dies gilt insbesondere, sofern sie alle gleichartige neue Arbeitsplätze erhalten haben, da dann davon auszugehen ist, dass auch das Betriebsratsmitglied auf einen solchen Arbeitsplatz versetzt worden wäre, wenn es normal weitergearbeitet hätte. Ein Wegfall der „vergleichbaren Arbeitnehmer" liegt in diesem Fall gerade nicht vor.

Schwierigkeiten ergeben sich jedoch dann, wenn die vergleichbaren Arbeitnehmer an verschiedenartige, nicht miteinander vergleichbare Arbeitsplätze versetzt werden. Sofern sich die Arbeitsplätze hinsichtlich der Tätigkeit oder in den Anforderungen an die Persönlichkeit oder die Qualifikation unterscheiden, sind nunmehr auch unterschiedliche berufliche Entwicklungen der Arbeitnehmer zu erwarten. In diesen Fällen fällt der vergleichbare Arbeitnehmer weg und kann nicht mehr als Maßstab zur Entgeltbemessung herangezogen werden. Die Fallkonstellation des nachträglichen Wegfalls des vergleichbaren Arbeitnehmers ist dann vergleichbar mit der Konstellation des anfänglichen Fehlens eines vergleichbaren Arbeitnehmers und daher ebenso zu behandeln. In beiden Fällen fehlt es an dem von § 37 Abs. 4 BetrVG vorgesehenen Vergleichsmaßstab. Unerheblich ist dabei, dass er bei Wegfall der Vergleichsgruppe erst nachträglich entfällt. Ab diesem Zeitpunkt ist daher zunächst zu prüfen, ob nicht in einem anderen Betrieb des gleichen Unternehmens ein vergleichbarer Arbeitnehmer im Sinne von § 37 Abs. 4 BetrVG beschäftigt ist.

3. Die betriebsübliche berufliche Entwicklung

a. Definition

Das Bundesarbeitsgericht definiert als „betriebsüblich" im Sinne von § 37 Abs. 4 BetrVG diejenige Entwicklung, die Arbeitnehmer bei objektiv vergleichbarer Tätigkeit mit vergleichbarer fachlicher und persönlicher Qualifikation bei Berücksichtigung der normalen betrieblichen und personellen Entwicklung in beruflicher Hinsicht durchlaufen haben.[359] Das Schrifttum verwendet eine damit

---

[359] BAG v. 17.08.2005 – 7 AZR 528/04, NZA 2006, 448 (449); BAG v. 19.01.2005 – 7 AZR 208/04, AuA 2005, 436; BAG v. 15.01.1992 – 7 AZR 194/91, AP Nr. 84 zu § 37 BetrVG 1972; BAG v. 13.11.1987 – 7 AZR 550/86, NZA 1988, 403 (405).

Konkretisierung des Begünstigungsverbots durch die §§ 37 ff. BetrVG

im Ergebnis übereinstimmende Definition, wonach diejenige berufliche Entwicklung betriebsüblich ist, die vergleichbare Arbeitnehmer aufgrund der betrieblichen Gegebenheiten im Regelfall genommen haben.[360] Zu fragen sei, wie sich ein Arbeitnehmer normalerweise aufgrund von Aufstiegsrichtlinien, die im betreffenden Betrieb angewandt werden, entwickelt habe. Dabei müsse die Entwicklung nachvollziehbar und objektivierbar sein.[361] Die Anforderungen des Bundesarbeitsgerichts sind dagegen umfassender. Hiernach entstehe eine Üblichkeit erst aus einem gleichförmigen Verhalten des Arbeitgebers und einer von ihm aufgestellten Regel. Die Entwicklung müsse so typisch sein, dass aufgrund der betrieblichen Gegebenheiten und Gesetzmäßigkeiten wenigstens in der überwiegenden Mehrzahl der vergleichbaren Fälle damit gerechnet werden könne. Folglich sei es nicht ausreichend, sich darauf zu berufen, dass irgendein vergleichbarer Arbeitnehmer der Vergleichsgruppe einen bestimmten beruflichen Werdegang absolviert hat. Sonderkarrieren seien betriebsunüblich und nicht zu berücksichtigen.[362]

Dem ist zuzustimmen. Schon nach dem Wortlaut der Norm erfasst der Begriff „betrieb*üblich*" lediglich den Normalfall, nicht aber Ausnahmefälle. „Sonderkarrieren" bleiben außen vor.[363] Dieses Normverständnis entspricht dem Sinn und Zweck des § 37 Abs. 4 BetrVG, der als Konkretisierung des § 78 Satz 2 BetrVG das Betriebsratsmitglied sowohl vor Benachteiligungen wegen seiner Amtstätigkeit schützen, aber zugleich auch betriebsratsbedingte Begünstigungen verhindern will. *Betriebsunüblich* ist demnach jede berufliche Entwicklung eines Arbeitnehmers, die eine individuelle und nur auf diesen Arbeitnehmer zugeschnittene, atypische Behandlung des Arbeitnehmers darstellt.[364] Anders als bei der Bestimmung der Vergleichsgruppe finden besondere Eigenschaften und Leistungen des einzelnen Betriebsratsmitglieds auf der Stufe der betriebsüblichen beruflichen

---

360 *Fitting*, § 37 Rn. 121; GK-BetrVG/*Weber*, § 37 Rn. 130; HWGNRH/*Glock*, § 37 Rn. 109; Richardi/*Thüsing*, § 37 Rn. 73; DKKW/*Wedde*, § 37 Rn. 91.
361 DKKW/*Wedde*, § 37 Rn. 91; enger: BAG v. 17.08.2005 – 7 AZR 528/04, NZA 2006, 448 (449), das als Maßstab ein gleichförmiges Verhalten des Arbeitgebers auf der Grundlage einer von ihm aufgestellten Regel fordert und die Übertragung höherwertiger Aufgaben als nicht betriebsüblich ansieht.
362 BAG v. 18.01.2017 – 7 AZR 205/15, AP Nr. 166 zu § 37 BetrVG 1972 Rn. 16; BAG v. 04.11.2015 – 7 AZR 972/13, NZA 2016, 1339 Rn. 22; BAG v. 15.01.1992 – 7 AZR 194/91, AP Nr. 84 zu § 37 BetrVG 1972; BAG v. 19.01.2005 – 7 AZR 208/04, AuA 2005, 436; BAG v. 17.08.2005 – 7 AZR 528/04, AP Nr. 142 zu § 37 BetrVG 1972.
363 Ebenso *Rieble*, NZA 2008, 276 (277).
364 BAG v. 13.11.1987 – 7 AZR 550/86, AP Nr. 61 zu § 37 BetrVG 1972.

Entwicklung keine Berücksichtigung mehr. Vielmehr kommt es auf eine generalisier- und objektivierbare Entwicklung an, die nachvollziehbar ist oder vorausschauend bestimmt werden kann.[365] Eine betriebsübliche Entwicklung scheidet beispielsweise dann aus, wenn ein vergleichbarer Arbeitnehmer aufgrund der engen persönlichen Zusammenarbeit und des damit einhergehenden besonderen Vertrauens zwischen ihm und seinem Vorgesetzten die Karriereleiter besonders schnell erklimmt. Darin liegt gerade keine für jedermann nachvollziehbare und objektivierbare Entwicklung dieses Arbeitnehmers mehr. Fällt aufgrund einer solchen Sonderkarriere der einzige oder letzte vergleichbare Arbeitnehmer weg, muss die Vergleichsgruppe unternehmensweit gebildet werden.[366]

Lässt sich dennoch rein tatsächlich nicht aufklären, wie sich das Betriebsratsmitglied beruflich entwickelt hätte, geht dies aus Sicht des Betriebsratsmitglieds als Anspruchssteller zu seinen Lasten. Im Rahmen der strafrechtlichen Beurteilung kann dies hingegen dazu führen, dass eine unzulässige Begünstigung nicht zweifelsfrei festgestellt werden kann. Eine strafrechtliche Verurteilung kommt dann nicht in Betracht.[367]

b. Entwicklung durch Fortbildungsmaßnahmen

Hat ein vergleichbarer Arbeitnehmer an einer Fortbildungs- oder Umschulungsmaßnahme teilgenommen, so stellt sich die Frage, inwieweit diese im Rahmen der betriebsüblichen beruflichen Entwicklung zu berücksichtigen ist. Zur Beantwortung dieser Frage ist auf den Sinn und Zweck des § 37 Abs. 4 BetrVG zurückzugreifen: Demnach soll das Betriebsratsmitglied dasjenige Entgelt erhalten, welches es bekommen würde, wenn es das Betriebsratsamt nicht übernommen, sondern eine normale berufliche Entwicklung genommen hätte. Ihm sollen durch die Übernahme des Betriebsratsamtes weder Vor- noch Nachteile entstehen.[368]

---

365 *Hennecke*, RdA 1986, 241 (243).
366 A.A. *Lipp*, S. 74, die in diesem Fall ausnahmsweise auf die berufliche Entwicklung der Sonderkarriere des nun nicht mehr vergleichbaren Arbeitnehmers abstellen will.
367 Zu den möglichen Rechtsfolgen im Einzelnen siehe unten: „Rechtsfolgen unzulässiger Begünstigung", S. 365.
368 Siehe oben bei „Regelungsgehalt", S. 61; ebenso: LAG Niedersachsen v. 01.08.1979 – 4 Sa 29/79, EzA Nr. 68 zu § 37 BetrVG 1972; *Fitting*, § 37 Rn. 116; GK-BetrVG/*Weber*, § 37 Rn. 130.

Konkretisierung des Begünstigungsverbots durch die §§ 37 ff. BetrVG

Vor diesem Hintergrund müssen all diejenigen beruflichen Fortbildungsmaßnahmen berücksichtigt werden, an denen eine Mehrzahl der vergleichbaren Arbeitnehmer während der Arbeitszeit teilgenommen hat und deswegen nunmehr beispielsweise auf höher vergüteten Positionen beschäftigt wird. Konnte das Betriebsratsmitglied an solchen Maßnahmen wegen seiner Tätigkeit im Betriebsrat nicht teilnehmen, darf sich das nicht negativ auf seine berufliche Entwicklung auswirken.[369] Die vereinzelt vertretene Gegenauffassung in der Literatur[370], die hierin eine unzulässige Begünstigung des Betriebsratsmitglieds sieht, ist abzulehnen. Eine derartige Einschränkung lässt sich weder dem Wortlaut der Norm entnehmen noch aus dem Gesetzeszweck ableiten. Hat die Mehrzahl der vergleichbaren Arbeitnehmer eine zusätzliche Qualifikation in einem betrieblichen Fortbildungs- oder Schulungskurs erworben und ändert sich deshalb das Tätigkeitsfeld oder das Einkommen der Mehrzahl der vergleichbaren Arbeitnehmer, so ist das Entgelt des Betriebsratsmitglieds ebenfalls entsprechend anzupassen. Darin ist keine unzulässige Begünstigung zu sehen. Vielmehr ist davon auszugehen, dass das Betriebsratsmitglied die fragliche Qualifikation ebenfalls erworben hätte, wenn es das Amt des Betriebsrats nicht übernommen hätte. Andernfalls würde das Betriebsratsmitglied wegen seiner Tätigkeit unzulässig benachteiligt. Dies gilt unabhängig davon, ob das Betriebsratsmitglied erfolgreich an der Maßnahme teilgenommen und beispielsweise eine erforderliche Abschlussprüfung bestanden hat oder nicht.

Konsequenterweise sind private Fort- und Weiterbildungsmaßnahmen einzelner vergleichbarer Arbeitnehmer, wie z.B. der Besuch einer Volkshochschule oder eines Abendgymnasiums, nicht zu berücksichtigen.[371] Hat sich ein einzelner vergleichbarer Arbeitnehmer individuell und in seiner Freizeit weitergebildet und dadurch höher qualifiziert, scheidet er aus der Vergleichsgruppe aus. Auf seine Entwicklung kommt es nicht mehr an.

---

369 So auch: *Fitting*, § 37 Rn. 121; GK-BetrVG/*Weber*, § 37 Rn. 138; HWGNRH/*Glock*, § 37 Rn. 110; Richardi/*Thüsing*, § 37 Rn. 75; DKKW/*Wedde*, § 37 Rn. 92.
370 *Esser*, S. 45.
371 *Fitting*, § 37 Rn. 121; GK-BetrVG/*Weber*, § 37 Rn. 138; HWGNRH/*Glock*, § 37 Rn. 111; Richardi/*Thüsing*, § 37 Rn. 75; DKKW/*Wedde*, § 37 Rn. 92; *Esser*, S. 44.

Weiter wird auch die Frage kontrovers diskutiert, ob die erfolgreiche Teilnahme vergleichbarer Arbeitnehmer an einer Fortbildungsmaßnahme auch dann zugunsten der beruflichen Entwicklung des Betriebsratsmitglieds berücksichtigt werden kann, wenn das Betriebsratsmitglied zwar selbst an der Maßnahme teilgenommen, die Abschlussprüfung jedoch nicht mit Erfolg abgelegt hat.

Teilweise wird dies bejaht.[372] Entscheidend sei, dass das Gesetz auf die betriebsübliche Entwicklung der vergleichbaren Arbeitnehmer als Vergleichsmaßstab abstelle. Persönliche Umstände in der Entwicklung des Betriebsratsmitglieds müssten daher außer Betracht bleiben. Eine andere Ansicht vertritt hingegen, dass im Falle einer erfolglosen Teilnahme an der Fortbildungsmaßnahme eine Angleichung entfällt, es sei denn, der Grund der erfolglosen Teilnahme lag in der Amtstätigkeit.[373] Dies sei damit zu begründen, dass das Anknüpfen an die berufliche Entwicklung vergleichbarer Arbeitnehmer lediglich eine sog. „Hilfskonstruktion" sei, um möglichst objektiv die fiktive berufliche Entwicklung des Betriebsratsmitglieds nachvollziehen zu können. Ein „Hilfskonstrukt" könne jedoch keinen Vorrang vor der eigentlichen Zielsetzung des Betriebsverfassungsgesetzes, das Betriebsratsmitglied so zu stellen, wie es ohne seine Amtstätigkeit stünde, haben.[374] Eine weitere, strengere Ansicht will aus Gründen der Objektivität und Wirklichkeitsnähe die erfolglose Teilnahme des Betriebsratsmitglieds an innerbetrieblichen Fort- und Weiterbildungsmaßnahmen immer berücksichtigen.[375]

Gegen die letztgenannte Ansicht spricht, dass es nach dem Willen des Gesetzgebers, den dieser im Wortlaut des § 37 Abs. 4 BetrVG ausdrücklich zum Ausdruck gebracht hat, ausschließlich auf die berufliche Entwicklung der vergleichbaren Arbeitnehmer und nicht auf die des Betriebsratsmitglieds selbst ankommt. Folglich hat die erfolglose Teilnahme eines Betriebsratsmitglieds an einer Fortbildungsmaßnahme *de lege lata* immer dann unberücksichtigt zu bleiben, wenn die Mehrzahl der vergleichbaren Arbeitnehmer die betriebsübliche Fortbildung erfolgreich abgeschlossen hat.

---

372 *Fitting*, § 37 Rn. 122; DKKW/*Wedde*, § 37 Rn. 90; ErfK/*Koch*, § 37 BetrVG Rn. 10; HWGNRH/*Glock*, § 37 Rn. 113; *Esser*, S. 45.
373 GK-BetrVG/*Weber*, § 37 Rn. 134; *Lipp*, S. 77.
374 *Lipp*, S. 76.
375 *Hennecke*, RdA 1986, 241 (244); *ders.*, BB 1986, 936 (938).

Konkretisierung des Begünstigungsverbots durch die §§ 37 ff. BetrVG

Die zweitgenannte Ansicht, die danach differenziert, ob die erfolglose Teilnahme des Betriebsratsmitglieds an der Fortbildungsmaßnahme durch dessen Amtstätigkeit bedingt war, ist ebenfalls abzulehnen. Zwar ist dieser Auffassung zuzugestehen, dass Zweck des § 37 Abs. 4 BetrVG ist, das Betriebsratsmitglied so zu behandeln, wie wenn es das Betriebsratsamt nicht übernommen hätte. Jedoch gehen die von dieser Ansicht daraus gezogenen Schlüsse fehl, die hypothetische Nachzeichnung des beruflichen Werdegangs anhand des vergleichbarer Arbeitnehmers sei lediglich eine „Hilfskonstruktion".[376] Der Gesetzgeber hat diesen Maßstab verbindlich vorgegeben. Dies bedeutet bei konsequenter Anwendung des § 37 Abs. 4 BetrVG, dass die individuelle Entwicklung des Betriebsratsmitglieds sowohl in positiver als auch in negativer Hinsicht außer Betracht bleiben muss. Das Heranziehen vergleichbarer Arbeitnehmer und deren betriebsüblicher Entwicklung ist nicht lediglich ein sog. „Hilfskonstrukt". Vielmehr ersetzt ihre Entwicklung die des Betriebsratsmitglieds. Dies ist vor allem bei vollständig, über mehrere Amtsperioden freigestellten Betriebsratsmitgliedern sinnvoll, da deren beruflicher Werdegang anders kaum nachzuzeichnen wäre.

Auch das Argument, dem Betriebsratsmitglied dürfe nicht über § 37 Abs. 4 BetrVG durch die Hintertür das zugesprochen werden, was es von seinen Qualifikationen nicht verdient hätte, da es sonst im Vergleich zu den anderen Arbeitnehmern begünstigt wäre, überzeugt nicht. Selbst wenn diese bei erfolgloser Teilnahme wohl kaum mit einer entsprechenden Beförderung oder zusätzlichen Bezahlung rechnen dürften, liegt hierin keine unzulässige Begünstigung im Sinne von § 78 Satz 2 Alt. 2 BetrVG. Diese Ansicht verkennt, dass sich kaum nachweisen lassen wird, dass das Betriebsratsmitglied die Fortbildung ohne seine Amtstätigkeit nicht vielleicht doch erfolgreich absolviert hätte. Gerade aufgrund dieser sich in der Praxis zwangsläufig stellenden Probleme hat der Gesetzgeber mit den „vergleichbaren Arbeitnehmern" und der „betriebsüblichen Entwicklung" einen objektiven und vom Betriebsratsmitglied unabhängigen Maßstab vorgegeben.

---

376 *Lipp*, S. 76.

Für den umgekehrten Fall, dass sich das Betriebsratsmitglied in seiner Freizeit oder auch während der Arbeitszeit weiterbildet, muss es sich aus den oben genannten Gründen entgegen einer Ansicht in der Literatur[377] ebenfalls weiter an der hypothetischen beruflichen Entwicklung mit ihm vergleichbarer Arbeitnehmer messen lassen. Die Ansicht, die *contra legem* auf die Entwicklung des Betriebsratsmitglieds selbst abstellt, ist weder mit dem Wortlaut noch mit dem Zweck des § 37 Abs. 4 BetrVG zu vereinbaren und daher abzulehnen.

Das individuelle Abschneiden der Betriebsratsmitglieder bei Fortbildungsmaßnahmen hat folglich nach der hier vertretenen Auffassung aus oben genannten Gründen keinen Einfluss auf die Entgeltbemessung des Betriebsratsmitglieds nach § 37 Abs. 4 BetrVG. Es kommt allein auf die betriebsübliche berufliche Entwicklung vergleichbarer Arbeitnehmer an.

c. Veränderung der persönlichen Umstände in der Person des Betriebsratsmitglieds

Eine ähnlich gelagerte Diskussion führt die rechtswissenschaftliche Literatur zur Frage, ob eine Veränderung der persönlichen Umstände in der Person des Betriebsratsmitglieds auf der Ebene der betriebsüblichen beruflichen Entwicklung zu berücksichtigen ist. Denkbar sind unter anderem eine atypische Entwicklung der Leistungsfähigkeit oder der Qualität der Arbeit, sowohl im positiven als auch im negativen Sinne, durch eine schwere Erkrankung.

In der Literatur besteht über diese Frage Uneinigkeit. Nach überwiegender und zutreffender Auffassung sind solche Veränderungen auf der Ebene der betriebsüblichen beruflichen Entwicklung nicht zu berücksichtigen. Dabei spielt es keine Rolle, ob sich das Betriebsratsmitglied während seiner Amtszeit positiv oder negativ verändert.[378] Die Gegenansicht[379] will atypische Entwicklungen des Betriebsratsmitglieds berücksichtigen, da das Betriebsratsmitglied sonst unzulässig

---

377 *Byers*, NZA 2014, 65 (66); *Esser*, S. 44; wohl auch: *Dzida/Mehrens*, NZA 2013, 753 (755). *Fitting*, § 37 Rn. 120 will sie als Indikator für eine überdurchschnittliche Qualifikation im Allgemeinen sehen; *Kehrmann*, in: FS Wlotzke, 357 (364).
378 *Fitting*, § 37 Rn. 122; HWGNRH/*Glock*, § 37 Rn. 113; DKKW/*Wedde*, § 37 Rn. 90; ErfK/*Koch*, § 37 BetrVG Rn. 9; WPK/*Kreft*, § 37 Rn. 38; *Esser*, S. 42, 43, der sich hier jedoch im Vergleich zu S. 44 selbst widerspricht, da er im Falle einer Steigerung der Qualifikation des Betriebsratsmitglieds in seiner Freizeit eine neue angemessene Vergleichsgruppe bilden und die neue Qualifikation berücksichtigen möchte.
379 GK-BetrVG/*Weber*, § 37 Rn. 134; *Lipp*, S. 77.

benachteiligt oder begünstigt werde. Diese ist ebenso abzulehnen wie der von einer Ansicht vorgeschlagene vermittelnde Lösungsansatz, welcher eine negative Entwicklung nur dann nicht berücksichtigen will, wenn sie auf der Amtstätigkeit beruht.[380] Wie oben bei der Bestimmung des geeigneten Vergleichsmaßstabs bereits ausführlich diskutiert[381], verkennt die Gegenansicht ebenso wie der vorgeschlagene vermittelnde Lösungsansatz, dass durch die Berücksichtigung von untypisch positiven wie negativen Entwicklungen und die damit einhergehende nachträgliche „Anpassung" der Vergleichsgruppe an die neuen persönlichen Umstände des Betriebsratsmitglieds entgegen Wortlaut und Zweck des § 37 Abs. 4 BetrVG die individuelle Entwicklung des Betriebsratsmitglieds quasi durch die Hintertür Bemessungsgrundlage für die Entgeltanpassung wird. Die betriebsübliche berufliche Entwicklung vergleichbarer Arbeitnehmer ist als Maßstab vom Gesetz *zwingend* vorgeschrieben. Zwar mag dies insbesondere für solche Betriebsratsmitglieder, die erst durch oder während ihrer Amtstätigkeit die Fähigkeit für verantwortungsvolle Führungsaufgaben zeigen oder entwickeln, eine erhebliche Härte darstellen, jedoch gilt es *de lege lata* trotz des nachvollziehbaren Anliegens einer „tätigkeitsbezogenen" Vergütung von Betriebsräten. Nach dem Willen des Gesetzgebers gehören besondere, während der Amtsführung entwickelte, Qualitäten des Betriebsratsmitglieds ebenso wie neue, während der Amtstätigkeit auftretende Schwächen gerade nicht zu den Kriterien der Vergütungsbemessung nach § 37 Abs. 4 BetrVG. Es steht daher im Einklang mit der derzeitigen Gesetzeslage, dass jede Veränderung in der Person des Betriebsratsmitglieds, sei es in positiver oder in negativer Hinsicht, im Rahmen der betriebsüblichen beruflichen Entwicklung unberücksichtigt bleiben *muss*. Es entspricht dem Charakter des Betriebsratsamtes als unentgeltliches Ehrenamt, dass sowohl die Leistung als auch der Einsatz im Betriebsratsamt für die Entgeltbemessung keine Rolle spielen.[382]

---

380 *Esser*, S. 42, der diesen vermittelnden Lösungsansatz sodann jedoch ablehnt.
381 Siehe oben bei „Berücksichtigung von im Amt erworbenen Qualifikationen", S. 69.
382 Ebenso *Franzen*, ZAAR 2008, 47 (51); *Rüthers*, RdA 1976, 61 (63); *Fischer*, NZA 2007, 484 (485).

d. Zwischenergebnis

Maßgeblich für die Prüfung, wie sich das Betriebsratsmitglied entwickelt hätte, ist die betriebsübliche Entwicklung der Vergleichspersonen. *Betriebsüblich* i.S.d. § 37 Abs. 4 BetrVG ist die berufliche Entwicklung, die vergleichbare Arbeitnehmer nach Qualifikation und Persönlichkeit aufgrund der betrieblichen und personellen Entwicklung in beruflicher Hinsicht genommen haben. Ein gleichförmiges Verhalten des Arbeitgebers und eine von ihm aufgestellte Regel müssen zu betrieblichen Gesetzmäßigkeiten führen. Die Entwicklung muss typisch sein. Das ist sie, wenn sie generalisierbar und objektivierbar ist und damit den Normalfall darstellt. Atypische Entwicklungen von einzelnen vergleichbaren Arbeitnehmern können folglich nicht betriebsüblich sein.

4. Sonderfall: Teilzeitbeschäftigte Betriebsratsmitglieder

Lediglich kurz eingegangen werden soll auf die Frage, wie die Gruppe der *„vergleichbaren Arbeitnehmer mit betriebsüblicher beruflicher Entwicklung"* bei teilzeitbeschäftigten Betriebsratsmitgliedern zu bestimmen ist. So drängt sich die Frage auf, ob hier die oben genannten Grundsätze entsprechend gelten oder ob sich diesbezüglich Besonderheiten ergeben. Möglich erscheint es hierbei, in die Vergleichsgruppe sowohl voll- als auch teilzeitbeschäftigte Arbeitnehmer einzubeziehen, solange diese im Wesentlichen gleich qualifizierte Tätigkeiten verrichten. Denkbar wäre auch, nur teilzeitbeschäftigte Arbeitnehmer für die Vergleichsgruppenbildung heranzuziehen.

Der Wortlaut des § 37 Abs. 4 BetrVG spricht ganz allgemein von *„Arbeitnehmern"*, trifft also keine Unterscheidung zwischen voll- und teilzeitbeschäftigten Arbeitnehmern, denn auch Teilzeitbeschäftigte sind Arbeitnehmer im Sinne der Betriebsverfassung.[383] Somit ist nach dem Wortlaut der Vergleich von vollzeit- mit teilzeitbeschäftigten Arbeitnehmern zwar möglich, jedoch nicht zwingend.

Berücksichtigt man den Sinn und Zweck des § 37 Abs. 4 BetrVG, so sind Betriebsratsmitglieder nach der Absicht des Gesetzgebers so zu stellen, als hätten sie

---

[383] BAG v. 29.01.1992 – 7 ABR 27/91, AP Nr. 1 zu § 7 BetrVG 1972; *Fitting*, § 5 Rn. 95; GK-BetrVG/*Raab*, § 5 Rn. 48.

Konkretisierung des Begünstigungsverbots durch die §§ 37 ff. BetrVG

das Betriebsratsamt nicht übernommen, sondern wären weiter ihrer normalen beruflichen Tätigkeit nachgegangen.[384] Dabei hat sich der Gesetzgeber dafür entschieden, diese Entwicklung möglichst objektiv nachzuzeichnen. Nach dem Sinn und Zweck der Vorschrift muss es somit darauf ankommen, ob bei vollzeit- und teilzeitbeschäftigten Arbeitnehmern grundsätzlich eine gleiche Entwicklung bei den für § 37 Abs. 4 BetrVG relevanten Faktoren, nämlich Entgelt und berufliche Tätigkeit, möglich ist. Können hinsichtlich der für § 37 Abs. 4 BetrVG relevanten Faktoren hingegen üblicherweise unterschiedliche Entwicklungen von voll- und teilzeitbeschäftigten Arbeitnehmern auftreten, muss die Vergleichbarkeit ausscheiden. Der Vergleich eines teilzeitbeschäftigten Betriebsratsmitglieds mit einem in Vollzeit tätigen Arbeitnehmer würde dieses dann anders stellen, als wenn es das Betriebsratsamt nicht übernommen hätte, wenn es als teilzeitbeschäftigter Arbeitnehmer eine andere Entwicklung genommen hätte. Der Sinn und Zweck des § 37 Abs. 4 BetrVG wäre dann nicht mehr erfüllt. Die berufliche Entwicklung eines in Vollzeit tätigen Arbeitnehmers bildet dann keine Vergleichsgrundlage mehr für die betriebsübliche berufliche Entwicklung eines teilzeitbeschäftigten Betriebsratsmitglieds.[385] Hierbei gilt es, die Besonderheiten des Gesetzes über Teilzeitarbeit und befristete Arbeitsverträge[386] zu beachten. § 4 Abs. 1 Satz 2 TzBfG gestattet im Entgeltbereich die Ungleichbehandlung von teilzeitbeschäftigten Arbeitnehmern im Vergleich zu vollzeitbeschäftigten Arbeitnehmern wegen des verringerten Umfangs der Arbeitszeit, sofern ein sachlicher Grund vorliegt. Sachliche Gründe können sich im Bereich der Entgeltbemessung insbesondere aus den unterschiedlichen Arbeits- und Arbeitsplatzanforderungen ergeben.[387] Ein sachlicher Grund für die Ungleichbehandlung kann auch daraus resultieren, dass dem Arbeitgeber die Befugnis zugestanden wird, eine Organisationsentscheidung dahingehend zu treffen, eine Stelle nicht mit einem teilzeitbeschäftigten Arbeitnehmer zu besetzen.[388] Eine solche Organisationsentscheidung stellt einen sachlichen Grund dar, den teilzeitbeschäftigten Arbeitnehmer beispielsweise im Rahmen einer Beförderung aufgrund seiner geringeren Arbeitszeit zu

---

384 Siehe dazu unter „Entgeltschutz nach § 37 Abs. 4 BetrVG", S. 61.
385 So auch *Greßlin*, S. 117.
386 Teilzeit- und Befristungsgesetz – TzBfG.
387 BAG v. 25.04.2001 – 5 AZR 368/99, AP Nr. 80 zu § 2 BeschFG.
388 BAG v. 24.04.1997 – 2 AZR 352/96, NZA 1997, 1047 (1049).

übergehen.[389] Dies hat zur Folge, dass im Bereich der Entgeltbemessung eine unterschiedliche betriebsübliche berufliche Entwicklung von voll- und teilzeitbeschäftigten Arbeitnehmern möglich und rechtmäßig ist, sofern die Ungleichbehandlung durch einen sachlichen Grund gerechtfertigt ist.

Weiter ist umstritten, wie sich diese zulässige Ungleichbehandlung von teil- und vollzeitbeschäftigten Arbeitnehmern auf die Vergleichsgruppenbildung auswirkt. Eine Ansicht zieht daraus die Konsequenz, dass teil- und vollzeitbeschäftigte Arbeitnehmer nicht miteinander vergleichbar seien.[390] Grundsätzlich liefen die Entwicklungen dieser beiden Arbeitnehmergruppen unterschiedlich ab. Die Einbeziehung in Vollzeit tätiger Arbeitnehmer in den Vergleich stelle das teilzeitbeschäftigte Betriebsratsmitglied anders, als es stehen würde, hätte es das Amt nicht übernommen. Damit werde der Normzweck des § 37 Abs. 4 BetrVG konterkariert. Daher seien nur teilzeitbeschäftigte Arbeitnehmer in die Vergleichsgruppenbildung eines in Teilzeit tätigen Betriebsratsmitglieds einzubeziehen.

Die Gegenansicht will auf den Einzelfall abstellen und jeweils überprüfen, ob und inwieweit voll- und teilzeitbeschäftigte Betriebsratsmitglieder im konkreten Fall überhaupt unterschiedlich behandelt werden und ob sie dementsprechend verschiedene betriebsübliche berufliche Entwicklungen durchlaufen.[391] Lediglich wenn die Entwicklung unterschiedlich verläuft, sind auch nach dieser Ansicht teilzeitbeschäftigte Betriebsratsmitglieder ausschließlich mit teilzeitbeschäftigten Arbeitnehmern zu vergleichen.[392]

Dem ist zuzustimmen. Dafür sprechen sowohl der Wortlaut als auch Sinn und Zweck des Gesetzes. Der Gesetzgeber stellt in § 37 Abs. 4 BetrVG zur Entgeltbemessung und -entwicklung ausdrücklich auf die berufliche Entwicklung ab, die die vergleichbaren Arbeitnehmer gemacht haben, sofern diese betriebsüblich ist. Das Gesetz gibt also keinen pauschalen Vergleichsmaßstab vor, sondern stellt auf einen für jedes Betriebsratsmitglied individuell festzulegenden Vergleichsmaß-

---

389 Voraussetzung ist allerdings ein nachweisbares Organisationskonzept des Arbeitgebers, das von plausiblen wirtschaftlichen oder unternehmenspolitischen Gründen getragen ist; *Greßlin*, S. 119 m.w.N.
390 *Greßlin*, S. 120.
391 *Fitting*, § 37 Rn. 118; *Lipp*, S. 67.
392 *Fitting*, § 37 Rn. 118; *Lipp*, S. 67.

stab ab. Erst wenn diese Vergleichsgruppe nach dem jeweiligen Einzelfall festgelegt wurde, ist in einem zweiten Schritt die berufliche Entwicklung dieser Vergleichsgruppe als objektives Kriterium heranzuziehen, sofern sie betriebsüblich ist. Damit macht der Gesetzgeber deutlich, dass es im Rahmen der Entgeltbemessung auf den jeweiligen Einzelfall ankommen und der geeignete Maßstab für jeden Betriebsrat nach dessen individuellen Gegebenheiten zu dem Zeitpunkt, zu dem er seine arbeitsvertraglich geschuldete Tätigkeit erstmals aufgrund seiner Betriebsratsarbeit zurückstellt, bestimmt werden muss. Erst nach dieser im Einzelfall zu treffenden Entscheidung orientiert sich die weitere Entgeltentwicklung am objektiven Kriterium der betriebsüblichen beruflichen Entwicklung der Karrieren und damit der Vergütung der Vergleichsgruppe. Wendet man die Vorgaben des Gesetzgebers an, so muss zwingend bei jedem Betriebsratsmitglied auf die Umstände des Einzelfalles abgestellt werden. Eine pauschale Lösung, wie sie von der erstgenannten Ansicht favorisiert wird, verbietet sich hingegen.

Folglich sind auch nach der hier vertretenen Auffassung teilzeitbeschäftigte Betriebsratsmitglieder nicht in allen Fällen ausschließlich mit in Teilzeit beschäftigten Arbeitnehmern vergleichbar. Vielmehr muss im Einzelfall festgestellt werden, ob in dem jeweiligen Betrieb (oder im jeweiligen Unternehmen, sofern sich im Betrieb keine vergleichbaren Arbeitnehmer finden[393]), in dem das teilzeitbeschäftigte Betriebsratsmitglied tätig ist, eine nach dem TzBfG zulässige Ungleichbehandlung von voll- und teilzeitbeschäftigten Arbeitnehmern praktiziert wird. Nur wenn dies der Fall ist, können die in Vollzeit tätigen Arbeitnehmer nicht in die Vergleichsgruppe des teilzeitbeschäftigten Betriebsratsmitglieds mit einbezogen werden. Denn dann besteht die begründete Gefahr, dass sich die Entgeltentwicklung des Betriebsratsmitglieds entgegen dem Sinn und Zweck von § 37 Abs. 4 BetrVG an einer beruflichen Entwicklung orientiert, die für ihn gerade nicht betriebsüblich ist und die sie ohne seine Amtstätigkeit nicht genommen hätte.

---

393 Siehe oben bei „Fehlen eines vergleichbaren Arbeitnehmers", S. 80.

II. Tätigkeitsschutz nach § 37 Abs. 5 BetrVG

Nur der Vollständigkeit halber soll an dieser Stelle kurz auf den Tätigkeitsschutz nach § 37 Abs. 5 BetrVG eingegangen werden. Die Norm ergänzt den Entgeltschutz nach § 37 Abs. 4 BetrVG und dient dem Persönlichkeitsschutz des Betriebsratsmitglieds.[394] Sie soll dem Interesse des Betriebsratsmitglieds Rechnung tragen, bei gleichem Arbeitsentgelt wie die Gruppe der vergleichbaren Arbeitnehmer nicht mit einer geringerwertigen Tätigkeit als diese beschäftigt zu werden.

„Tätigkeit" im Sinne von § 37 Abs. 5 BetrVG meint die tatsächliche berufliche Beschäftigung des Betriebsratsmitglieds.[395] Die Tätigkeit muss nicht die gleiche, sondern lediglich gleichwertig sein. Die Gleichwertigkeit bemisst sich unter Berücksichtigung aller Umstände des Einzelfalles, insbesondere anhand des Ansehens bei den in der betreffenden Berufssparte tätigen Arbeitnehmern.[396]

E. Kostentragungspflicht des Arbeitgebers, § 40 BetrVG

Der Arbeitgeber hat nach § 40 BetrVG die Kosten der Betriebsratsarbeit zu tragen und dem Betriebsrat im erforderlichen Umfang Räume, sachliche Mittel, Informations- und Kommunikationstechnik sowie Büropersonal zur Verfügung zu stellen. Durch § 40 BetrVG wird zwischen dem Betriebsrat und dem Arbeitgeber ein gesetzliches Schuldverhältnis begründet, woraus ein Freistellungs- oder ein Kostenerstattungsanspruch des Betriebsrats gegen den Arbeitgeber resultiert.[397]

Voraussetzung für die Entstehung des Kostenerstattungsanspruchs ist, dass die kostenverursachende Tätigkeit objektiv zum Kreis der Betriebsratsaufgaben gehört und für ihre Erfüllung erforderlich ist.[398] Das ist der Fall, wenn die Kosten zum Zeitpunkt ihrer Verursachung bei gewissenhafter Abwägung aller Umstände unter Berücksichtigung des Grundsatzes der vertrauensvollen Zusammenarbeit und damit auch der betrieblichen Belange als erforderlich angesehen werden

---

394 *Fitting*, § 37 Rn. 130; GK-BetrVG/*Weber*, § 37 Rn. 150; DKKW/*Wedde*, § 37 Rn. 99.
395 *Fitting*, § 37 Rn. 132; GK-BetrVG/*Weber*, § 37 Rn. 152; Richardi/*Thüsing*, § 37 Rn. 85; DKKW/*Wedde*, § 37 Rn. 100.
396 *Fitting*, § 37 Rn. 132 m.w.N.
397 *Fitting*, § 40 Rn. 90 m.w.N.
398 *Fitting*, § 40 Rn. 9; GK-BetrVG/*Weber*, § 40 Rn. 11 f.; Richardi/*Thüsing*, § 40 Rn. 10; DKKW/*Wedde*, § 40 Rn. 57.

konnten, da der Betriebsrat andernfalls in der Ausübung seiner Aufgaben erheblich beeinträchtigt worden wäre.[399] Der Betriebsrat muss seine Aufgaben sachgerecht erfüllen können, wobei im Rahmen des § 40 BetrVG auf das Urteil eines vernünftigen Dritten abzustellen ist.[400] Nach herrschender Ansicht in der Rechtsprechung und der Literatur soll hier der Grundsatz der Verhältnismäßigkeit gelten, um so den Arbeitgeber vor unzumutbaren finanziellen Belastungen zu schützen.[401] Der Betriebsrat muss sich kostenbewusst verhalten.

Die Kostentragungspflicht des Arbeitgebers rechtfertigt sich vor dem Hintergrund, dass der Betriebsrat sein Amt als unentgeltliches Ehrenamt führt, § 37 Abs. 1 BetrVG, zu diesem Zwecke von den anderen Arbeitnehmern keine Beiträge erheben darf, § 41 BetrVG, und aus seiner Tätigkeit weder Vor- noch Nachteile ziehen darf, § 78 Satz 2 BetrVG.

F. Ergebnis

§ 37 Abs. 2 BetrVG, der die Lohnfortzahlung für die Arbeitsversäumnis während erforderlicher Betriebsratstätigkeiten vorschreibt, sichert den Arbeitsentgeltanspruch entgegen dem Grundsatz „ohne Arbeit kein Lohn". Soweit die Betriebsratstätigkeit ausnahmsweise außerhalb der üblichen Arbeitszeit zu leisten ist, richtet sich der Ausgleichsanspruch nach § 37 Abs. 3 BetrVG.

§ 37 Abs. 4 BetrVG ist keine Bemessungsvorschrift für den Anspruch nach § 611a BGB in Verbindung mit § 37 Abs. 2 BetrVG. Die Norm dient der wirtschaftlichen Absicherung des Betriebsratsmitglieds, indem sie bestimmt, das Arbeitsentgelt des Betriebsratsmitglieds an das vergleichbarer Arbeitnehmer mit betriebsüblicher beruflicher Entwicklung anzupassen. § 37 Abs. 5 BetrVG ergänzt den Entgelt- durch den Tätigkeitsschutz, indem er das Betriebsratsmitglied vor der Zuweisung geringwertigerer beruflicher Tätigkeiten schützt.

---

399 BGH v. 25.10.2012 – III ZR 266/11, NZA 2012, 1382; DKKW/*Wedde*, § 40 Rn. 57; *Fitting*, § 40 Rn. 9; GK-BetrVG/*Weber*, § 40 Rn. 13; ErfK/*Koch*, § 40 Rn. 1; HWGNRH/*Glock*, § 40 Rn. 10; Richardi/*Thüsing*, § 40 Rn. 10.
400 GK-BetrVG/*Weber*, § 40 Rn. 13.
401 GK-BetrVG/*Weber*, § 40 Rn. 14; HWGNRH/Glock, § 40 Rn. 11; a.A. DKKW/*Wedde*, § 40 Rn. 5; *Fitting*, § 40 Rn. 10.

Die Betriebsratsvergütung nach § 37 BetrVG ist Mindest- und Höchstarbeitsbedingung zugleich.[402] Gewährt der Arbeitgeber den Betriebsratsmitgliedern weniger, als ihnen aufgrund ihres Arbeitsverhältnisses zusteht, verletzt er das betriebsverfassungsrechtliche Benachteiligungsverbot. Gewährt er ihnen hingegen Leistungen, die über das hinausgehen, was ihnen aufgrund ihres Arbeitsverhältnisses zusteht, verstößt er sowohl gegen das in § 37 Abs. 1 BetrVG enthaltene Ehrenamtsprinzip als auch gegen das allgemeine Begünstigungsverbot des § 78 Satz 2 BetrVG.

---

402 *Dzida/Mehrens*, NZA 2013, 753 (755); *Rieble*, NZA 2008, 276 (277).

§ 4 Unzulässige Begünstigung durch Betriebsratsvergütung

Unzulässige Begünstigungen von Mitgliedern des Betriebsrats können in vielfältiger und oftmals subtiler Form erscheinen. Eine präzise Grenzziehung zwischen zulässigen Zuwendungen und einer unzulässigen Betriebsratsbegünstigung ist aufgrund der zahlreichen rechtlichen Grauzonen häufig schwierig. In diesem Kapitel sollen die unter § 2 und § 3 erarbeiteten Grundsätze anhand in der Praxis typischer Erscheinungsformen möglicher unzulässiger Begünstigungen zur Bestimmung dieser Grenze herangezogen werden. Der Schwerpunkt dieses Kapitels liegt dabei auf dem Bereich der unzulässigen Begünstigung durch Betriebsratsvergütung. Dabei ist zunächst zu prüfen, ob und unter welchen Voraussetzungen das Betriebsratsmitglied im Laufe seiner Amtszeit eine Vergütungserhöhung verlangen kann. Anschließend ist zu prüfen, in welchen Fallkonstellationen auch darüberhinausgehende Zuwendungen mit Blick auf das Ehrenamtsprinzip sowie das Begünstigungsverbot erbracht werden dürfen. Dabei ist stets zu berücksichtigen, dass das BetrVG verbindlich vorgibt, welche Leistungen der Arbeitgeber dem Betriebsratsmitglied aufgrund seines Amtes gewähren *muss*. Zugleich regelt das in § 78 Satz 2 BetrVG kodifizierte Benachteiligungs- und Begünstigungsverbot, was der Arbeitgeber dem Betriebsratsmitglied zuwenden *darf*.[403]

A. Vergütungserhöhung

I. Erhöhung der (Grund-)Vergütung nach § 37 Abs. 4 BetrVG

1. Fortlaufende Anpassung

Das Betriebsratsmitglied hat – entsprechend der oben aufgezeigten Grundsätze[404] – während seiner Amtszeit einen Anspruch auf Gehaltserhöhungen in dem Umfang, in dem die Gehälter vergleichbarer Arbeitnehmer erhöht werden. Dies bedeutet, dass das Betriebsratsmitglied beispielsweise verlangen kann, dass sein Gehalt um einen bestimmten Prozentsatz angehoben wird, sofern die Gehälter innerhalb der Vergleichsgruppe dieselbe prozentuale Erhöhung erfahren haben.[405]

---

403 *Dzida/Mehrens*, NZA 2013, 753 (755); *Rieble*, NZA 2008, 276 (278).
404 Siehe oben „Entgeltschutz nach § 37 Abs. 4 BetrVG", S. 61 ff.
405 BAG v. 21.08.2018 – 7 AZR 587/16, ArbRAktuell 2018, 372 (372) m. Anm. *Krieger*; *Fitting*, § 37 Rn. 124 f.; *Schneider*, NZA 1984, 21 (23).

Dem Betriebsratsmitglied steht also ein Anspruch auf die *prozentual* gleiche Erhöhung seines arbeitsvertraglich geschuldeten Gehalts zu, nicht auch eine *absolut* gleiche Erhöhung. Dies kann sich durchaus auch *zugunsten* des Betriebsratsmitglieds auswirken. Das ist insbesondere bei nach § 37 Abs. 2 BetrVG gelegentlich befreiten Betriebsratsmitgliedern der Fall, wenn diese wegen ihrer Betriebsratstätigkeit einen geringer entlohnten Arbeitsplatz übernehmen oder beibehalten müssen. Daraus darf ihnen keinerlei finanzieller Nachteil entstehen. Der Arbeitgeber muss gerade in diesen Fällen die dadurch entstehende Differenz über die Vergütung des Betriebsratsmitglieds ausgleichen.[406] Dies kann ebenfalls eine Rolle spielen, wenn das Betriebsratsmitglied aufgrund der anfallenden Betriebsratsarbeit in eine weniger lukrative Schicht wechseln muss, beispielsweise von der Nacht- in die Tagschicht, oder keine Sonntagsschicht mehr übernehmen kann.[407]

Steigen die Gehälter innerhalb der Vergleichsgruppe in unterschiedlicher Höhe an, soll sich die Entgeltanpassung nach unbestrittener Meinung an dem Umfang orientieren, in dem die Gehälter der *Mehrzahl* der vergleichbaren Arbeitnehmer angehoben wurden.[408] Keine Voraussetzung für den Anpassungsanspruch des Betriebsratsmitglieds sei es bei einer kleinen Vergleichsgruppe jedoch, dass die Gehälter der Mehrzahl der vergleichbaren Arbeitnehmer erhöht wurden.[409] Dem ist zuzustimmen, da § 37 Abs. 4 BetrVG ausdrücklich auf die betriebs*übliche* Entwicklung der vergleichbaren Arbeitnehmer abstellt. Die übliche Entwicklung ist diejenige, welche die Mehrzahl der der Vergleichsgruppe angehörenden Arbeitnehmer durchlaufen hat, und nicht die Durchschnittsentwicklung.[410] Lässt sich allerdings eine solche Mehrzahl nicht ermitteln, weil die Vergleichsgruppe beispielsweise sehr klein ist, kann hilfsweise auf den Durchschnitt der den vergleichbaren Arbeitnehmern mit betriebsüblicher beruflicher Entwicklung gewährten Gehaltserhöhungen abgestellt werden.[411]

---

406 DKKW/*Wedde*, § 37 Rn. 94.
407 DKKW/*Wedde*, § 37 Rn. 94.
408 BAG v. 18.01.2017 – 7 AZR 205/15, AP Nr. 166 zu § 37 BetrVG 1972; *Fitting*, § 37 Rn. 124.
409 BAG v. 21.08.2018 – 7 AZR 587/16, ArbRAktuell 2018, 372 (372) m. Anm. *Krieger*.
410 *Fitting*, § 37 Rn. 124; Richardi/*Thüsing*, § 37 Rn. 63a; *Lipp*, S. 87.
411 Zutreffend: BAG v. 19.01.2005 – 7 AZR 208/04, AuA 2005, 436; *Fitting*, § 37 Rn. 124; *Lipp*, S. 87; a.A. *Annuß*, NZA 2018, 976 (978).

§ 37 Abs. 4 BetrVG gibt dem Betriebsratsmitglied keinen Anspruch darauf, einen bestimmten Lohnabstand zum Entgelt anderer Arbeitnehmer beizubehalten. Wurde dem Betriebsratsmitglied beispielsweise vor seiner Wahl in den Betriebsrat aufgrund seiner im Rahmen eines Zweitstudiums erlangten Zusatzqualifikation eine besondere übertarifliche Zulage gezahlt, die anderen Arbeitnehmern der Vergleichsgruppe wegen Fehlens dieser Qualifikation nicht gezahlt wurde, so hat das Betriebsratsmitglied keinen Anspruch auf unveränderte Beibehaltung dieses Lohnabstandes, wenn die anderen vergleichbaren Arbeitnehmer während seiner Tätigkeit als Betriebsrat eine vergleichbare Qualifikation erworben haben und deshalb nun ebenfalls eine entsprechende übertarifliche Zulage erhalten.[412]

Verkleinert sich die Vergleichsgruppe im Laufe der Zeit, hat dies nicht zwangsläufig zur Folge, dass sich die Entgeltentwicklung nun ausschließlich an der Entwicklung des Einkommens des oder der verbliebenen Arbeitnehmer zu orientieren hätte. Selbst wenn bei Übernahme oder Wahl in das Betriebsratsamt „festgelegt" wurde, am Einkommen welcher einzeln benannten Personen sich die künftige Entgeltentwicklung des Betriebsratsmitglieds während seiner Freistellung orientieren soll, so muss es auch hier maßgeblich darauf ankommen, ob die nun noch in der Vergleichsgruppe verbliebenen Personen hinsichtlich ihrer beruflichen Entwicklung im Rahmen der Vergleichsgruppe als repräsentativ und somit als betriebsüblich angesehen werden können.[413] Nur wenn dies der Fall ist, kann sich die Entgeltentwicklung weiter an ihnen orientieren.

Zur Entwicklung des Arbeitsentgelts nach Ausscheiden aus dem Betriebsrat gilt das bereits zu § 37 Abs. 4 BetrVG Gesagte entsprechend. Bemessungsgrundlage ist jedoch nun wieder die berufliche Tätigkeit des Amtsträgers selbst. Die Entlohnung darf nicht geringer ausfallen als die der vergleichbaren Arbeitnehmer.

2. Begriff des „Arbeitsentgelts"

Der Begriff „Arbeitsentgelt" i.S.v. § 37 Abs. 4 Satz 1 BetrVG ist im Sinne der maßgebenden Arbeitsentgelteinheit zu verstehen.[414] Das Betriebsratsmitglied darf

---

412 LAG Köln v. 03.08.1995 – 10 Sa 411/95, NZA-RR 1996, 379; *Fitting*, § 37 Rn. 126.
413 LAG München v. 22.12.2005 – 4 Sa 736/05, juris.
414 BAG v. 21.04.1983 – 6 AZR 407/80, AP Nr. 43 zu § 37 BetrVG 1972; ebenso: *Fitting*, § 37 Rn. 125; ErfK/*Koch*, § 37 BetrVG Rn. 10; HWGNRH/*Glock*, § 37 Rn. 115; DKKW/*Wedde*, § 37 Rn. 94.

also keinen geringeren Stunden-, Monats-, Akkordlohn oder Prämiensatz usw. erhalten als vergleichbare Arbeitnehmer mit betriebsüblicher Entwicklung.

Der Begriff des Arbeitsentgelts i.S.d. § 37 Abs. 4 BetrVG ist wie bei § 37 Abs. 2 BetrVG weit zu verstehen. Von ihm erfasst werden nicht nur die Grundvergütung, sondern auch Sondervergütungen, die beispielsweise zur Honorierung der Betriebstreue des Arbeitnehmers gewährt werden,[415] sowie Zahlungen, die unter anderem, wenn auch nicht ausschließlich, für eine erbrachte Arbeitsleistung gewährt werden.[416] Nicht zum Arbeitsentgelt gehören dagegen echte Aufwandsentschädigungen, die der Arbeitgeber für ein dem Arbeitnehmer entstandenes individuelles Vermögensopfer leistet, wie Wegegelder und Fahrtkosten.[417] Zwar ist davon auszugehen, dass das Betriebsratsmitglied diese Aufwendungen ohne die Arbeitsbefreiung gemacht hätte, sind sie tatsächlich jedoch nicht entstanden, dürfen sie ihm nicht erstattet werden. Denn würde der Arbeitgeber ohne das tatsächliche Entstehen dieser Aufwendungen entsprechende Zahlungen leisten, würde er sowohl gegen das Ehrenamtsprinzip des § 37 Abs. 1 BetrVG als auch gegen das Begünstigungsverbot des § 78 Satz 2 BetrVG verstoßen. Ob eine Leistung des Arbeitgebers als Aufwendungsersatz und nicht als Teil des Arbeitsentgelts anzusehen ist, bestimmt sich einerseits nach ihrer inhaltlichen Ausgestaltung, andererseits nach dem objektiven Zweck der Leistung.[418] Wird beispielsweise eine Schmutzzulage nicht als Ausgleich für den Verbrauch zusätzlicher Reinigungsmittel, sondern als Entgelt für die Leistung von schmutziger Arbeit gezahlt, so ist sie Teil des Arbeitsentgelts und keine Aufwandsentschädigung.[419] Um eine Aufwandsentschädigung handelt es sich hingegen dann, wenn typische besondere Aufwendungen anfallen, die jedenfalls regelmäßig den Umfang der gewährten Leistung erreichen. Dient die Leistung dagegen nicht vorwiegend der Abgeltung eines tatsächlich angefallenen Mehraufwands, sondern sollen dadurch auch besondere Belas-

---

415 *Lipp*, S. 100.
416 *Beule*, S. 85; *Lipp*, S. 100.
417 *Fitting*, § 37 Rn. 67; HWGNRH/*Glock*, § 37 Rn. 59; GK-BetrVG/*Weber*, § 37 Rn. 77; Richardi/*Thüsing*, § 37 Rn. 37.
418 *Fitting*, § 37 Rn. 67.
419 *Fitting*, § 37 Rn. 67; GK-BetrVG/*Weber*, § 37 Rn. 77; Richardi/*Thüsing*, § 37 Rn. 37; ErfK/*Koch*, § 37 BetrVG Rn. 6.

tungen ausgeglichen werden, liegt darin insgesamt kein Aufwendungsersatz, sondern Arbeitsentgelt i.S.d. § 37 BetrVG.[420] Ein Anspruch des Betriebsratsmitglieds auf Aufwendungsersatz besteht jedoch dann, wenn ihm die Aufwendungen tatsächlich entstanden sind.[421]

Der Begriff des „Arbeitsentgelts" im Sinne des § 37 BetrVG entspricht also dem Begriff der „Vergütung" im Sinne des § 611a Abs.2 BGB. Entsprechend fallen unter den Begriff des Arbeitsentgelts im Sinne des § 37 BetrVG nur Ansprüche des Betriebsratsmitglieds gegen seinen Arbeitgeber aus seinem Arbeitsverhältnis. Grundsätzlich nicht umfasst sind hingegen Ansprüche gegen Dritte. Beispielhaft genannt sei hier ein neben dem Arbeitsvertrag eventuell bestehender Vertrag über die Gewährung von Aktienoptionen oder sog. Restricted Stock Units mit der Muttergesellschaft des Arbeitgebers.[422] Würde man dem Betriebsratsmitglied einen Anspruch gegen den Dritten zugestehen, erhielte es anders als die übrigen Arbeitnehmer einen weiteren Schuldner neben dem Arbeitgeber, nämlich den Dritten. Dies wäre eine unzulässige Besserstellung.[423] § 37 Abs. 4 BetrVG bezweckt nur die Gleichstellung der Betriebsratsmitglieder in Bezug auf das vom Arbeitgeber aufgrund des Arbeitsvertrages geleisteten Arbeitsentgelts. Erhalten die Arbeitnehmer der Vergleichsgruppe eine Leistung nicht vom Arbeitgeber, sondern von einem Dritten, im Beispielsfall wäre dies die Muttergesellschaft des Arbeitgebers, ist § 37 Abs. 4 BetrVG schon nach seinem Wortlaut nicht einschlägig. Es handelt sich dabei nämlich gerade nicht um ein Entgelt, welches auf dem bestehenden Arbeitsvertrag beruht. Daran ändert auch die Tatsache nichts, dass der Arbeitsvertrag das Motiv für die Leistung des Dritten sein mag. § 37 Abs. 4 BetrVG erfasst nur das vom Arbeitgeber aufgrund des Arbeitsvertrags geleistete Arbeitsentgelt.

Gemäß § 37 Abs. 4 Satz 2 BetrVG gehören zum Arbeitsentgelt auch sog. „allgemeine Zuwendungen". Dies sind nicht nur solche, die arbeitsvertraglich geschuldet sind, sondern auch freiwillige, widerrufliche oder anrechenbare Leistungen

---

420 GK-BetrVG/*Weber*, § 37 Rn. 77; a.A. *Purschwitz*, S. 120 ff.
421 Siehe unten bei „Kostentragungspflicht des Arbeitgebers", S. 304.
422 BAG v. 12.02.2003 – 10 AZR 299/02, AP Nr. 243 zu § 613a BGB; LAG München v. 12.02.2009 – 3 Sa 833/08, juris.
423 LAG Hessen v. 31.07.2006 – 7/2 Sa 1544/05, juris.

des Arbeitgebers.[424] Entscheidend ist vielmehr, dass auch die Vergleichsgruppe die Leistung erhalten hat.[425] In der Rechtsprechung[426] und im Schrifttum[427] besteht Einigkeit dahingehend, dass der Begriff der allgemeinen Zuwendungen all diejenigen Zuwendungen erfasst, die gewährt werden, wenn sie an bestimmte generelle Voraussetzungen im Betriebsleben oder im Tätigkeitsfeld gebunden sind und diese nicht auf den besonderen persönlichen Verhältnissen oder Leistungen des Arbeitnehmers beruhen. Der Gesetzgeber hat durch die generalisierende Bezeichnung „allgemeine Zuwendungen" deutlich gemacht, dass er eine Beschränkung des Schutzes des § 37 Abs. 4 Satz 2 BetrVG auf das kollektiv-rechtliche oder einzelvertraglich geschuldete Arbeitsentgelt bewusst ausschließen wollte. Zu den allgemeinen Zuwendungen zählen auch Sozialleistungen, wie z.B. alle freiwilligen Fürsorgeleistungen, deren persönliche Voraussetzungen das jeweilige Betriebsratsmitglied ebenso wie die vergleichbaren Arbeitnehmer mit betriebsüblicher beruflicher Entwicklung erfüllt. Der Grund liegt darin, dass sie für die besonderen Anforderungen des Tätigkeitsfeldes geleistet werden.[428] Ebenfalls zu den allgemeinen Zuwendungen nach § 37 Abs. 4 Satz 2 BetrVG gehören Leistungen der betrieblichen Altersversorgung, wie z.B. Steigerungssätze für das ruhegeldfähige Einkommen.[429]

3. Freiwillige Gehaltserhöhungen

Eine Gehaltserhöhung ist entsprechend den oben entwickelten Grundsätzen dann betriebsüblich, wenn sie die Mehrzahl der vergleichbaren Arbeitnehmer erhält. Ausweislich des Wortlauts des § 37 Abs. 4 Satz 1 BetrVG steht zudem fest, dass das Arbeitsentgelt von Mitgliedern des Betriebsrats *„nicht geringer bemessen werden [darf] als das Arbeitsentgelt vergleichbarer Arbeitnehmer mit betriebsüblicher beruflicher Entwicklung."* Es stellt sich daher die Frage, ob dies im Umkehrschluss bedeutet, dass es dem Arbeitgeber freisteht, dem Betriebsratsmitglied freiwillig darüberhinausgehende Gehaltserhöhungen zuzubilligen, auch wenn das

---

424 *Fitting*, § 37 Rn. 127; GK-BetrVG/*Weber*, § 37 Rn. 145.
425 *Schneider*, NZA 1984, 21 (22); *Lipp*, S. 88.
426 LAG Rheinland-Pfalz v. 03.06.1980 – 3 Sa 134/80, LAGE § 37 BetrVG 1972 Nr. 15.
427 *Fitting*, § 37 Rn. 127; GK-BetrVG/Weber, § 37 Rn. 145; *Hennecke*, RdA 1986, 241 (245).
428 LAG Rheinland-Pfalz v. 03.06.1980 – 3 Sa 134/80, LAGE § 37 BetrVG 1972 Nr. 15.
429 LAG Frankfurt a.M. v. 06.09.2000 – 8 Sa 999/99, NZA-RR 2001, 539 (540); Schaub/*Koch*, § 221 Rn. 56; *Hennecke*, RdA 1986, 241 (245); *Lipp*, S. 88.

Betriebsratsmitglied darauf keinen Anspruch hat.[430] In jüngerer Zeit werden vermehrt Forderungen nach einer tätigkeitsbezogenen Vergütung von Betriebsratsmitgliedern laut.[431] Tatsächlich können sich bei der Bemessung des Arbeitsentgelts Schwierigkeiten ergeben, insbesondere wenn das Betriebsratsmitglied über einen längeren Zeitraum als zwei Amtsperioden im Amt bleibt und die Arbeitsanforderungen des ursprünglich von ihm bekleideten Arbeitsplatzes erheblich geringer waren als die der Betriebsratstätigkeit. Die moderne Betriebsratstätigkeit stellt die Arbeitnehmervertreter im Betrieb insbesondere in multinationalen Großkonzernen vor immer größere Aufgaben und Anforderungen.[432] Will der Betriebsrat dem Arbeitgeber bei Fragen der Unternehmensmitbestimmung, grenzüberschreitendem Personaleinsatz, Outsourcing, Umstrukturierungen und Stock-Option-Plänen – um nur einige der immer komplexer werdenden Vorgänge und Rechtsfragen zu nennen – auf Augenhöhe begegnen, muss er sich sowohl Managementqualitäten als auch besondere Fachkenntnisse, insbesondere betriebswirtschaftliches Wissen, aneignen und bei seiner Betriebsratstätigkeit erhebliche geistige Leistungen erbringen.[433] Vor diesem Hintergrund scheint die Forderung, die Mitglieder des Betriebsrats entsprechend diesen gestiegenen Anforderungen und den von den Mitgliedern des Betriebsrats während ihrer Amtstätigkeit erworbenen Qualifikationen zu vergüten, auf den ersten Blick nicht völlig abwegig, ja sogar einleuchtend.

Dennoch ist die Vergütung eines Betriebsratsmitglieds *„gleich einem Top-Manager"*[434] nach der derzeit gültigen Gesetzeslage nicht zulässig. Die teilweise vertretene Ansicht[435], dass das fortzuzahlende Arbeitsentgelt des freigestellten Betriebsratsmitglieds auch höher bemessen werden könne als das eines vergleichba-

---

430 Befürwortend: *Annuß*, NZA 2018, 134 (134).
431 *Fahrtmann*, in: FS Stahlhacke, 115 (126); *Franzen*, ZAAR 2008, 47 (53 ff.); *Byers*, NZA 2014, 65 (69).
432 Vgl. statt vieler *Fahrtmann*, in: FS Stahlhacke, 115 (123 ff.) zum Wandel der Betriebsratsarbeit seit den 50er Jahren.
433 *Byers*, NZA 2014, 65 (69); *Fahrtmann*, in: FS Stahlhacke, 115 (126); *Franzen*, ZAAR 2008, 47 (53 ff.); *Kehrmann*, in: FS Wlotzke, 357 (364); *Schweibert/Buse*, NZA 2007, 1080 (1081).
434 *Schweibert/Buse*, NZA 2007, 1080 (1081).
435 *Kehrmann*, in: FS Wlotzke, 357 (364); *Annuß*, NZA 2018, 134 (134), der § 37 Abs. 4 BetrVG als Untergrenze für die Vergütungsentwicklung ansieht und eine höhere Vergütung über einen Anspruch aus § 78 Satz 2 BetrVG rechtfertigt.

ren Arbeitnehmers, wenn dafür sachliche Gründe bestünden, ist abzulehnen. Vertreter dieser Auffassung argumentieren, es sei ungerechtfertigt die erheblichen geistigen Leistungen und die vom Betriebsratsmitglied während seiner Tätigkeit erworbenen Qualifikationen bei der Vergütungshöhe völlig unberücksichtigt zu lassen. Schließlich erbringe das Betriebsratsmitglied diese auch im Interesse des Betriebs und vom Wortlaut des § 37 Abs. 4 Satz 1 BetrVG sei ein entsprechendes Vorgehen gedeckt.[436]

Diese Argumentation überzeugt nicht, denn sie verstößt gegen die gesetzlichen Vorgaben der §§ 37 ff. und § 78 Satz 2 BetrVG. Zwar gibt der Wortlaut des § 37 Abs. 4 Satz 1 BetrVG tatsächlich nur vor, dass das fortzuzahlende Entgelt *„nicht geringer"* bemessen werden darf als das eines vergleichbaren Arbeitnehmers. Die Norm kann jedoch nicht isoliert, sondern nur im Zusammenhang mit § 78 Satz 2 BetrVG gesehen werden. § 37 Abs. 4 BetrVG konkretisiert § 78 Satz 2 BetrVG, der wiederum stets zu seiner Auslegung heranzuziehen ist.[437] Daher darf die Anwendung von § 37 Abs. 4 BetrVG auch nicht dazu führen, dass das Betriebsratsmitglied ein „Mehr" erhält, als es das ohne seine Amtstätigkeit erhalten hätte.[438] Eine höhere als nach § 37 Abs. 4 BetrVG zu zahlende Vergütung stellt nach der hier vertretenen Auffassung daher auch immer eine nach § 78 Satz 2 Alt. 2 BetrVG unzulässige Begünstigung des Betriebsratsmitglieds dar. Der Gesetzgeber will durch das streng und ausnahmslos vorgegebene Ehrenamtsprinzip ebenso wie durch das Begünstigungsverbot die innere und äußere Unabhängigkeit der Betriebsratsmitglieder sichern und das Vertrauen der Belegschaft in ihre Arbeitnehmervertreter schützen.[439] Unter allen Umständen soll der Eindruck der „Käuflichkeit" der Betriebsräte vermieden werden. Da die Mitglieder des Betriebsrats aufgrund ihrer Amtstätigkeit auch nicht benachteiligt werden dürfen, hat der Gesetzgeber mit § 37 Abs. 4 BetrVG einen zwingenden Bemessungsmaßstab für die Entgeltbemessung und -entwicklung vorgegeben. Von diesem kann der Arbeitgeber nicht abweichen, ohne gegen § 78 Satz 2 BetrVG zu verstoßen. Insbesondere dürfen auch Leistungen, die ein Betriebsratsmitglied im

---

[436] *Kehrmann*, in: FS Wlotzke, 357 (364).
[437] Siehe oben bei „Verhältnis von § 37 Abs. 4 BetrVG zu § 78 Satz 2 BetrVG", S. 64.
[438] BAG v. 17.08.2005 – 7 AZR 528/04, AP Nr. 142 zu § 37 BetrVG 1972; BAG v. 15.01.1992 – 7 AZR 194/91, AP Nr. 84 zu § 37 BetrVG 1972.
[439] Siehe oben „Zweck des § 78 Satz 2 BetrVG", S. 9.

Laufe seiner „Karriere" als Betriebsrat erbringt, ebenso wenig bei der Entgeltbemessung eine Rolle spielen wie während oder aufgrund seiner Amtstätigkeit erworbene Qualifikationen. Auch können sie nicht durch die Hintertür eines vermeintlichen Anspruchs nach § 78 Satz 2 BetrVG berücksichtigt werden, indem die Erfolge und Leistungen, die das Betriebsratsmitglied bei der Amtsausübung erreicht hat, als Indikator für die – bereits im Zeitpunkt der Übernahme des Betriebsratsamtes – bei ihm in seiner Person vorhandenen Fähigkeiten gewertet werden.[440] Eine freiwillige Gehaltserhöhung kann auch nicht losgelöst von der Vergleichsgruppe des § 37 Abs. 4 BetrVG ausgelobt werden mit dem Argument, die Persönlichkeit des Betriebsratsmitglieds, die dieses während seiner Amtstätigkeit gezeigt hat, lasse darauf schließen, dass es eine solche Gehaltserhöhung auch ohne seine Amtstätigkeit erhalten hätte.[441] Damit würde die Betriebsratsarbeit selbst mittelbar vergütet.

Soweit einige Meinungen im rechtswissenschaftlichen Schrifttum kritisieren, es sei nicht gerechtfertigt, diese Leistungen und Qualifikationen des Betriebsratsmitglieds bei der Bemessung der Höhe der Vergütung völlig unberücksichtigt zu lassen, zumal sie auch im Interesse des Betriebs erbracht worden seien,[442] ist dem entgegenzuhalten, dass die Kritik zwar nachvollziehbar und die geltende Rechtslage auf den ersten Blick teilweise zu unbefriedigenden Ergebnissen führt, sie jedoch derzeit geltendes Recht ist. Auf die Frage, ob dies sinnvoll ist, oder *de lege ferenda* eine Abkehr vom derzeit geltenden Ehrenamts- und Unentgeltlichkeitsprinzip sachgerechter wäre, wird in einem eigenen Kapitel eingegangen werden.[443] Die derzeitige Konzeption des Betriebsratsamtes als Ehrenamt ist jedenfalls mit der Ausbildung eines „Berufsbetriebsratsamtes" und der Vergütung der Betriebsratstätigkeit als solcher *de lege lata* unvereinbar.

Die vereinzelt in der Praxis vorkommenden wunderbaren Einkommensvermehrungen von manchem Arbeitnehmervertreter sind (augenscheinlich) unzulässig. Dennoch offenbaren die in den letzten Jahren in den Fokus der Medien gerückten

---

440 *Annuß*, NZA 2018, 134 (135); *Byers*, NZA 2014, 65 (66).
441 *Annuß*, NZA 2018, 134 (135).
442 *Fahrtmann*, in: FS Stahlhacke, 115 (126); *Franzen*, ZAAR 2008, 47 (53 ff.); *Byers*, NZA 2014, 65 (69).
443 Siehe unten bei „Kritik am Ehrenamtsprinzip", S. 422.

Fälle der ehemaligen VW-Betriebsratsvorsitzenden *Klaus Volkert* und *Bernd Osterloh* oder der Fall des Gesamtbetriebsratsvorsitzenden von Siemens *Lothar Adler* eine vermehrt eingetretene Entwicklung im Bereich der Betriebsratsvergütung. Der extremste Fall eines augenscheinlichen Verstoßes gegen die Normen des Betriebsverfassungsgesetzes zeigte sich im Zuge der sog. VW-Affäre im Falle *Volkert*. Nach Recherchen der Süddeutschen Zeitung begann dieser seine Tätigkeit bei dem Automobilhersteller Volkswagen im Jahre 1969 als Facharbeiter für Mechanik, wurde 1978 in den Betriebsrat gewählt und begann von dort aus eine bemerkenswerte (Einkommens-)Karriere: So betrug sein Verdienst nach Recherchen der Süddeutschen Zeitung vom 10. November 2006 im Jahr 1990 umgerechnet noch 57.332 Euro. Zehn Jahre später war es bereits mehr als das Zehnfache, nämlich 646.166 Euro, die sich aus einem Jahresgehalt von rund 360.000 Euro brutto sowie zusätzlichen jährlichen Sonderzahlungen in Höhe von schätzungsweise 300.000 Euro zusammensetzen.[444] Darüber hinaus soll das Unternehmen noch knapp 400.000 Euro an eine brasilianische Geliebte *Volkerts* gezahlt haben, ganz zu schweigen von „sonstigen Nebenleistungen" wie (Lust-)Reisen mit dem Firmenjet und käuflichen Frauen auf Firmenkosten.[445]

Volkerts Nachfolger, *Bernd Osterloh*, ein gelernter Industriekaufmann, verdiente nach Recherchen des Handelsblattes Ende 2017 ein Grundgehalt von 200.000 Euro jährlich.[446] Nachdem die Fahnder der Staatsanwaltschaft Braunschweig im November 2017 erneut die Büros in der Chefetage und des Betriebsrats von VW durchsuchten und im Zuge dessen zahlreiche Dokumente und Computer beschlagnahmten[447], kürzte die Volkswagen AG insgesamten 14 führenden Arbeitnehmervertretern, darunter auch *Bernd Osterloh*, vorsorglich die Gehälter.[448]

---

444 Süddeutsche Zeitung v. 10.11.2006, S. 20; vgl. auch *Rüthers*, NJW 2007, 195 (195).
445 *Rüthers*, NJW 2007, 195 (195).
446 Im VW Rekordjahr 2014 verdiente Bernd Osterloh insgesamt sogar rund EUR 750.000, vgl. Handelsblatt vom 26.12.2017, http://www.handelsblatt.com/my/unternehmen/industrie/vw-betriebsratschef-bernd-osterloh-ich-bin-mit-mir-im-reinen/20785968.html?ticket=ST-1145083-B1iqSku2Jb0DTTiR9AEz-ap1 (abgerufen am 05.04.2018).
447 Vgl. http://www.spiegel.de/wirtschaft/unternehmen/volkswagen-warum-fahnder-den-vw-betriebsrat-im-visier-haben-a-1178156-druck.html (abgerufen am 04.04.2018).
448 Vgl. http://www.handelsblatt.com/my/unternehmen/industrie/vw-betriebsratschef-bernd-osterloh-ich-bin-mit-mir-im-reinen/20785968.html?ticket=ST-1145083-B1iqSku2Jb0DTTiR9AEz-ap1 (abgerufen am 05.04.2018).

Bernd Osterloh wird nun entsprechend der obersten Tarifstufe des VW-Haustarifvertrages vergütet. Dies entspricht etwa 8.000 Euro im Monat bzw. 96.000 Euro im Jahr und somit knapp der Hälfte seiner bisherigen Grundvergütung.[449] Ähnlich, wenn auch nicht annähernd so extrem gestaltete sich die Gehaltsentwicklung des ehemaligen Siemens-Betriebsratsvorsitzenden *Adler*. Medienberichten zufolge soll der gelernte Fernsehtechniker nach seiner Wahl zum Gesamtbetriebsratsvorsitzenden im Jahre 2008 einen Gehaltszuschlag von rund 100.000 Euro und zuletzt im Jahre 2013 ein Jahresgehalt von etwa 300.000 Euro erhalten haben.[450] Dass diese Einkommensentwicklung nichts mehr mit derjenigen der eigentlich maßgeblichen vergleichbaren Arbeitnehmer i.S.d. § 37 Abs. 4 BetrVG gemeinsam hat, ist offensichtlich. Derartige Gehaltserhöhungen verstoßen gegen § 37 BetrVG sowie nach der hier vertretenen Auffassung gegen das Begünstigungsverbot des § 78 Satz 2 BetrVG.[451]

Festzuhalten ist: Mitglieder des Betriebsrats sind auf dem Niveau zu vergüten, das der betriebsüblichen Entwicklung der Gruppe der mit ihm vergleichbaren Arbeitnehmer entspricht, und zwar unabhängig davon, welche erhöhten Leistungen, Qualifikationen oder Anforderungen vom Betriebsratsmitglied aufgrund seiner Amtstätigkeit von ihm abverlangt werden. Würde man auch die Entwicklung des Betriebsratsmitglieds während seiner Amtstätigkeit berücksichtigen, so würde durch die Hintertür die Betriebsratstätigkeit selbst vergütet. Denn in dem vom Gesetzgeber vorgegebenen Vergütungsmaßstab des § 37 Abs. 4 BetrVG liegt zugleich das gesetzliche Verbot, die Vergütung der Betriebsratsmitglieder nach der Bewertung der Betriebsratstätigkeit zu bemessen. Der Arbeitgeber verstößt gegen die Vorgaben des BetrVG, wenn er dem Betriebsratsmitglied eine freiwillige Gehaltserhöhung gewährt, die diesem nicht aufgrund seines Arbeitsverhältnisses oder der betriebsüblichen beruflichen Entwicklung der mit ihm vergleichbaren Arbeitnehmer zusteht.

---

449 Vgl. Interview von Bernd Osterloh auf der Webseite der IG-Metall vom 22.12.2017, http://www.igm-bei-vw.de/detail/bernd-osterloh-zur-betriebsratsverguetung-wir-alle-haetten-gerne-einfach-klarheit/ (abgerufen am 05.04.2018).
450 Der Tagesspiegel vom 11.10.2013, abrufbar unter http://www.tagesspiegel.de/wirtschaft/gehaltsaffaere-siemens-stellt-deutschland-personalchef-frei/8992358.html.
451 A.A. *Annuß*, NZA 2018, 134 (135).

4. Funktionsvergütung

Ebenso unzulässig sind sog. *Funktionsvergütungen*. Diese knüpfen unzulässigerweise an die Tätigkeit oder an die Position der einzelnen Betriebsratsmitglieder im Betriebsrat an. Die Betriebsratstätigkeit wird als solche jedoch gerade nicht vergütet, da das Amt des Betriebsrats nach § 37 Abs. 1 BetrVG ein unentgeltliches Ehrenamt ist. Dies ist insbesondere bei den in der Praxis vereinzelt immer noch anzutreffenden Vergütungsordnungen offensichtlich, die die Vergütungshöhe am Grad der Verantwortung festmachen, die dem Arbeitnehmervertreter aufgrund seiner Amtstätigkeit zukommt. So hatte ein großer deutscher Automobilhersteller nach Recherchen der Frankfurter Allgemeinen Zeitung[452] Betriebsratsmitglieder mit „besonderer Verantwortung" wie beispielsweise den Vorsitzenden eines Fachausschusses entsprechend der eigenen Vergütungsordnung für Betriebsräte auf dem Vergütungsniveau eines Facharbeiters entlohnt. Betriebsratsmitgliedern, die ein Amt mit „herausragender Verantwortung" bekleiden, wie etwa dem Betriebsratsvorsitzenden oder seinem Stellvertreter, stand nach dieser Vergütungsordnung eine Vergütung auf dem Niveau eines Meisters zu. Überdies sollte die Vergütung umso höher ausfallen, je größer die Belegschaft im jeweiligen Werk ist.

Ein solches Vergütungssystem widerspricht den Vorgaben des § 37 Abs. 4 BetrVG deutlich. Die Höhe der Vergütung bestimmt sich nicht mehr nach dem vom Gesetzgeber zwingend vorgegebenen Maßstab, nämlich dem der vergleichbaren Arbeitnehmer mit betriebsüblicher beruflicher Entwicklung, sondern anhand der Funktion und Verantwortung, die ein Betriebsratsmitglied trägt. Dies führt zu einer Vergütung der Betriebsratstätigkeit selbst und steht im krassen Widerspruch zum Ehrenamts- und Lohnausfallprinzip des § 37 BetrVG. Überdies werden die Betriebsratsmitglieder durch ein „Aufsteigen" innerhalb des Gremiums gegenüber anderen Arbeitnehmern begünstigt, wenn daran eine erhöhte Vergütung und somit ein Karrieresprung geknüpft ist, der dem Betriebsratsmitglied nicht zugestanden hätte, wäre es nicht in den Betriebsrat gewählt worden. Die Vergütung der Betriebsräte darf *de lege lata* gerade nicht nach der Bewertung ihrer Tätigkeit im Betriebsrat bemessen werden. Dies mag nach der Ansicht vieler der heutigen

---

452 FAZ v. 20.08.2005, S. 12.

Praxis und Realität der Betriebsratsarbeit nicht mehr entsprechen oder gerecht werden. Dennoch sind sowohl das Ehrenamtsprinzip als auch das Begünstigungsverbot zwingend und weder durch Tarifvertrag noch durch Betriebsvereinbarung abdingbar. Bis zu einer durch den Gesetzgeber erfolgten Neuregelung haben sich daher alle Betriebsparteien an die Vorgaben des BetrVG zu halten.

II. Unterschiedliche Behandlung von freigestellten und nicht freigestellten Betriebsratsmitgliedern?

Das Betriebsverfassungsgesetz macht weder in § 37 Abs. 1 bis Abs. 4 BetrVG noch in § 78 Satz 2 BetrVG einen Unterschied zwischen freigestellten und gelegentlich befreiten Betriebsratsmitgliedern. Daraus folgt, dass die oben entwickelten Grundsätze sowohl für die nach § 38 BetrVG vollständig von ihrer beruflichen Tätigkeit freigestellten Betriebsratsmitglieder als auch für die nach § 37 Abs. 2 BetrVG gelegentlich befreiten Betriebsratsmitglieder gelten. Auch Letztere können sich nicht mehr mit der gleichen Intensität und Nachhaltigkeit ihrer beruflichen Karriere widmen wie die Arbeitnehmer, die nicht in den Betriebsrat gewählt wurden und sich voll und ganz ihren beruflichen Aufgaben widmen können. Den §§ 37, 38 BetrVG lässt sich überdies kein Anhaltspunkt dafür entnehmen, dass es unterschiedliche Vergütungsmaßstäbe für freigestellte und gelegentlich befreite Betriebsratsmitglieder anlegen will.[453] Vielmehr behandelt das BetrVG beide Arten von Betriebsratsmitgliedern im Hinblick auf die Vergütung gleich. Lediglich der Zeitraum für die Weiterzahlung des nach § 37 Abs. 4 BetrVG zu bemessenden Arbeitsentgelts erhöht sich für Betriebsratsmitglieder, die drei volle aufeinanderfolgende Amtszeiten freigestellt waren, von einem (§ 37 Abs. 4 BetrVG) auf zwei Jahre (§ 38 Abs. 3 BetrVG).

Da die nach § 37 Abs. 2 BetrVG nur gelegentlich befreiten Betriebsratsmitglieder neben ihrer Amtstätigkeit auch nach wie vor die nach ihrem Arbeitsvertrag geschuldete Leistung erbringen, bereitet die Beachtung der oben genannten Grundsätze bei diesen in der Regel weniger Schwierigkeiten als bei den – insbesondere über mehrere Amtszeiten vollständig – nach § 38 Abs. 1 BetrVG von der Arbeit befreiten Betriebsratsmitgliedern. Das fortzuzahlende Entgelt ist bei Ersteren für die Zeit, die sie nach § 37 Abs. 2 BetrVG für die Betriebsratsarbeit befreit sind,

---

[453] *Esser*, S. 35; *Weinspach*, in: FS Kreitz, 485 (490).

leichter zu ermitteln als bei den nach § 38 Abs. 1 BetrVG vollständig freigestellten Betriebsratsmitgliedern, bei denen die Ermittlung des fortzuzahlenden Entgelts zunehmend spekulativ wird, je länger das Betriebsratsmitglied im Amt bleibt. Der Gesetzgeber hat entschieden diesen Schwierigkeiten durch einen möglichst objektiven und dennoch individuell für jedes Betriebsratsmitglied festzulegenden Bemessungsmaßstab in § 37 Abs. 4 BetrVG zu begegnen. Dieser objektive Maßstab, nämlich die Orientierung an den vergleichbaren Arbeitnehmern mit betriebsüblicher beruflicher Entwicklung, ist zwingend und unabdingbar. Er muss folglich auch dann angewandt werden, wenn sich daraus im Einzelfall – wie bei den oben genannten längeren über mehrere Amtsperioden andauernden Freistellungen – Schwierigkeiten ergeben. Aus den eben genannten Schwierigkeiten kann nicht, wie vereinzelt vertreten wird, gefolgert werden, beide Arten des Betriebsratsamtes seien unterschiedlich zu behandeln, da der Gesetzgeber mit der Einführung des obligatorisch nach § 38 BetrVG freizustellenden Betriebsratsmitglieds das BetrVG 1972 die Anerkennung der (freigestellten) Betriebsratstätigkeit als Beruf vollzogen habe.[454] Der Beruf des freigestellten Betriebsratsmitglieds ersetze für die Dauer der Freistellung den zuvor im Betrieb ausgeübten Beruf und die Entgeltbemessung für freigestellte und nicht freigestellte Betriebsratsmitglieder müsse daher unterschiedlichen Grundsätzen folgen.[455] Diese Ansicht widerspricht offen der geltenden Rechtslage, die ausdrücklich und unabdingbar vorschreibt, dass das Betriebsratsamt ein unentgeltliches Ehrenamt ist, § 37 Abs. 1 BetrVG. Den Beruf des „freigestellten Betriebsratsmitglieds" gibt es de lege lata nicht und er kann auch nicht ohne Verstoß gegen zwingende Normen des BetrVG geschaffen werden. Die Mindermeinung ist mithin mit geltendem Recht nicht vereinbar und somit abzulehnen.

§ 37 Abs. 4 BetrVG unterscheidet seinem Wortlaut nach nicht zwischen freigestellten und nicht freigestellten/befreiten Betriebsratsmitgliedern. Die Norm spricht lediglich allgemein von „Mitgliedern des Betriebsrats". Auch der nach seinem Wortlaut nur auf freigestellte Mitglieder des Betriebsrats anwendbare § 38 Abs. 3 BetrVG verweist hinsichtlich der Entgeltbemessung ausdrücklich auf

---

454 *Aden*, RdA 1980, 256 (258).
455 *Aden*, RdA 1980, 256 (258).

§ 37 Abs. 4 BetrVG. Einzig § 38 Abs. 4 BetrVG, der ebenfalls nur von freigestellten Betriebsratsmitgliedern spricht, erweitert den Schutz dieser Betriebsratsmitglieder vor Benachteiligungen auch auf Maßnahmen der inner- und außerbetrieblichen beruflichen Weiterbildung. Die Norm dient allerdings lediglich der Klarstellung, weil sich ein entsprechender Schutz bereits aus § 78 Satz 2 BetrVG ableiten lässt.[456]

Für eine Ungleichbehandlung besteht keinerlei Rechtfertigung. Sowohl die freigestellten als auch die gelegentlich befreiten Betriebsratsmitglieder verrichten in der Zeit, um deren Vergütung es geht, Betriebsratstätigkeit.[457] Beide nehmen an Betriebsratssitzungen oder an Verhandlungen mit dem Arbeitgeber teil. Es gibt keinen Grund, die gleiche Tätigkeit für die einen mit der Fortzahlung der Bezüge zu vergüten, die Vergütung der freigestellten Betriebsratsmitglieder jedoch nach anderen Kriterien zu bestimmen.

Festzuhalten ist: Jede Ungleichbehandlung von freigestellten und nicht freigestellten Betriebsratsmitgliedern hinsichtlich der Vergütung ist unzulässig. Die verbindliche Entgeltbemessungsgrundlage des § 37 Abs. 4 BetrVG gilt sowohl für freigestellte als auch für nicht freigestellte Betriebsratsmitglieder. Maßgeblich ist in beiden Fällen die Entgeltentwicklung der vergleichbaren Arbeitnehmer mit betriebsüblicher Entwicklung. Auch hinsichtlich der Bestimmung der Vergleichsgruppe gibt es hierbei keine Unterschiede.

III. Ergebnis

Rechtsgrundlage des Vergütungsanspruchs ist allein der Arbeitsvertrag des jeweiligen Betriebsratsmitglieds. Daher kann das Betriebsratsmitglied nur das Arbeitsentgelt beanspruchen, das es verdienen würde, wenn es weiterhin an seinem bisherigen Arbeitsplatz beschäftigt wäre. Dies gibt das Lohnausfallprinzip zwingend vor. Die Erhöhung seiner (Grund-)Vergütung ist nur im Rahmen der Vorgaben des § 37 Abs. 4 BetrVG zulässig. Sie hat in demselben Maße zu erfolgen wie die der maßgeblichen Vergleichsgruppe. Das Gehalt des Betriebsratsmitglieds darf daher nicht geringer, aber auch nicht höher bemessen werden als das vergleichbarer Arbeitnehmer mit betriebsüblicher beruflicher Entwicklung. Konnten diese

---

456 *Weinspach*, in: FS Kreutz, 485 (490).
457 *Weinspach*, in: FS Kreutz, 485 (490).

beispielsweise ihr Gehalt im letzten Jahr um 5% steigern, so kann auch das Betriebsratsmitglied von seinem Arbeitgeber eine Erhöhung seines Gehalts um eben diesen Prozentsatz verlangen. Eine gewisse Steigerung der Vergütung ist also in aller Regel zulässig, sofern sie die vergleichbaren Arbeitnehmer ebenfalls erhalten. Jede darüberhinausgehende Entgeltsteigerung ist hingegen nicht von § 37 Abs. 4 BetrVG gedeckt. Der Arbeitgeber darf ihnen eine solche mit Rücksicht auf das Begünstigungsverbot oder eines Anspruchs aus § 78 Satz 2 BetrVG wegen Verstoß gegen das Benachteiligungsverbot auch nicht freiwillig zahlen. Darunter fallen insbesondere auch alle Gehaltserhöhungen, die dem Betriebsratsmitglied aufgrund seiner Amtsstellung oder seiner Funktion innerhalb des Gremiums und der damit verbundenen erhöhten Anforderungen und der nunmehr höheren Verantwortung gewährt werden. Ebenfalls nicht mit den gesetzlichen Vorgaben vereinbar ist es, das Grundgehalt aufgrund der persönlichen Entwicklung des Betriebsratsmitglieds selbst zu erhöhen. Etwaige Management- oder Sprachkenntnisse, die sich insbesondere freigestellte Betriebsräte in multinationalen Großunternehmen zur ordnungsgemäßen Aufgabenerfüllung aneignen müssen, dürfen bei der Entgeltbemessung nicht berücksichtigt werden. Selbst wenn die Tätigkeit einzelner Betriebsratsmitglieder hinsichtlich Anforderung, Arbeitsbelastung und Verantwortung der eines „Topmanagers" entsprechend sollte, ist ein – wie teilweise in der Praxis immer wieder anzutreffendes – Gehalt eines „Topmanagers" mit dem *de lege lata* unumgänglichen Ehrenamtsprinzip des § 37 Abs. 1 BetrVG ebenso wenig vereinbar wie mit dem Begünstigungsverbot. *„Wunderbare Einkommensvermehrungen"*[458] von rund 57.000 Euro Jahresgehalt auf knapp 650.000 Euro während rund fünfzehnjähriger Betriebsratstätigkeit wie im Fall von *Klaus Volkert* sind klar gesetzeswidrig.

B. Beförderung

Die Beförderung von (einzelnen) Vergleichsarbeitnehmern kann mittelbar zu einem Anspruch des Betriebsratsmitglieds auf Erhöhung seiner Vergütung führen. Nach § 37 Abs. 4 BetrVG ist ein Betriebsratsmitglied entsprechend der Karrierelaufbahn zu befördern, die es genommen hätte, wenn es nicht in den Betriebsrat gewählt worden wäre. Die Beförderung muss betriebsüblich sein. In der Praxis

---

458 *Rüthers*, NJW 2007, 195 (195).

bereitet die Umsetzung dieser Vorgabe insbesondere dann erhebliche Schwierigkeiten, wenn das Betriebsratsmitglied über mehrere Amtsperioden vollständig von seinen arbeitsvertraglichen Pflichten freigestellt wurde, da der hypothetische Karriereverlauf in diesem Falle hochspekulativ ist. Vor noch größeren Problemen steht der Arbeitgeber, wenn es um stellenbezogene oder leistungsabhängige Beförderungen geht oder das Betriebsratsmitglied vor seiner Wahl bereits eine „gehobene" Position bekleidete. In der Regel gibt es dann von vornherein keine oder nur eine sehr kleine Vergleichsgruppe. In diesen Fällen stoßen die von der Rechtsprechung und der Literatur bislang aufgestellten Grundsätze zur Feststellung der Betriebsüblichkeit von Beförderungen schnell an ihre Grenzen.

Praktisch von großer Relevanz und bislang nicht vom BAG entschieden ist die Frage, ob eine Vergütungserhöhung mit der Begründung gerechtfertigt werden kann, das Betriebsratsmitglied wäre ohne seine Wahl in den Betriebsrat befördert worden. Auch ist nicht entschieden, ob Arbeitgeber und Betriebsratsmitglied über einen möglichen Beförderungsanspruch hinaus gegebenenfalls eine „freiwillige" einvernehmliche Beförderungsentscheidung treffen dürfen. Ebenfalls ungeklärt ist in diesem Zusammenhang die Frage, ob eine Gehaltserhöhung in Betracht kommt, wenn dem Betriebsratsmitglied ein konkretes Angebot auf eine Beförderungsstelle gemacht wird, es dieses Angebot jedoch ausschlägt. Diese Frage stellte sich unter anderem bei *Bernd Osterloh*, der das Angebot von VW, zum Konzernpersonalvorstand befördert zu werden, ausschlug.[459]

I. Anknüpfungspunkt

Anknüpfungspunkt für die Entscheidung über die vergütungsrechtliche Beförderung eines Betriebsratsmitglieds ist ebenso wie bei der Entgeltbemessung[460] allein die nach dem Arbeitsvertrag geschuldete Tätigkeit, die und wie sie das Betriebsratsmitglied vor seiner Amtsaufnahme erbracht hat.[461] Dass dies so sein muss, folgt zwingend aus dem Ehrenamts- und Lohnausfallprinzip. § 37 Abs. 1 BetrVG

---

459 Vgl. Interview von Bernd Osterloh auf der Webseite der IG-Metall vom 22.12.2017, http://www.igm-bei-vw.de/detail/bernd-osterloh-zur-betriebsratsverguetung-wir-alle-haetten-gerne-einfach-klarheit/ (abgerufen am 05.04.2018).
460 Siehe oben bei „Erhöhung der (Grund-)Vergütung nach § 37 Abs. 4 BetrVG", S. 86.
461 *Bayreuther*, NZA 2014, 235 (235); *Fitting*, § 37 Rn. 123; DKKW/*Wedde*, § 37 Rn. 93; GK-BetrVG/*Weber*, § 37 Rn. 137; Richardi/*Thüsing*, § 37 Rn. 74; *Rieble*, NZA 2008, 276 (277); *Fahrtmann*, in: FS Stahlhacke, 115 (121); *Rüthers*, RdA 1976, 61 (63).

würde umgangen, wenn sich die vom Betriebsrat während seiner Amtstätigkeit erbrachten Leistungen auf die Beförderungsentscheidung auswirken würden. Eine Beförderungsentscheidung lässt sich weder damit rechtfertigen, dass sich das Betriebsratsmitglied seit seiner Amtsübernahme fachlich und persönlich erheblich weiterentwickelt habe[462] und aufgrund seines Amtes eine um ein Vielfaches höhere Verantwortung trägt als vor seinem Amtsantritt, noch damit, dass der Betriebsrat de facto ausschließlich Aufgaben eines Managers ausführt und daher auch auf eine solche Stelle befördert werden soll. Auch lässt sich eine Beförderung nicht damit begründen, dass das Betriebsratsmitglied besondere Ämter und die damit einhergehende Verantwortung übernommen hat, wie etwa die Mitgliedschaft in verschiedenen Ausschüssen oder das Amt des Betriebsratsvorsitzenden.

II. Betriebsüblichkeit von Beförderungen

Das Betriebsratsmitglied hat nach § 37 Abs. 4 BetrVG einen Anspruch darauf befördert zu werden, wenn die Beförderungen anderer vergleichbarer Arbeitnehmer betriebsüblich sind. Die Beförderungen sind betriebsüblich, wenn sie so typisch sind, dass die Beförderung dem typischen Normalverlauf im Unternehmen entspricht.[463]

In der Praxis entstehen hier immer wieder Probleme, da sich die von der Rechtsprechung gestellten Anforderungen an das Feststellen einer „betriebsüblichen" Beförderung nicht mehr ohne Weiteres auf die tatsächlichen Gegebenheiten des modernen Arbeitsalltags übertragen lassen. Diese passen auf den klassischen Produktionsbetrieb, in dem größere Gruppen von Arbeitnehmern vergleichbare Arbeiten ausführen und dementsprechend klaren Hierarchiestufen zugeordnet sind. Die Arbeitnehmer durchlaufen typischerweise während ihrer betrieblichen Karriere in gewissen festgelegten Abständen die verschiedenen Hierarchiestufen. Mittlerweile sind solche *„Beförderungsfahrpläne"*[464] in der betrieblichen Praxis selten geworden. Statt einen Großteil der Arbeitnehmer schematisch alle paar Jahre

---

462 A.A. *Annuß*, NZA 2018, 134 (137).
463 BAG v. 04.11.2015 – 7 AZR 972/13, NZA 2016, 1339 (1340);
  BAG v. 17.08.2005 – 7 AZR 527/04, NZA 2006, 448 (449); BAG v. 15.01.1992 – 7 AZR 194/91, NZA 1988, 403 (403); BAG v. 31.08.1983 – 4 AZR 67/81, BeckRS 1983, 04897; LAG München v. 22.12.2005 – 4 Sa 736/05, BeckRs 2009, 67827; *Bayreuther*, NZA 2014, 235 (235);
  DKKW/*Wedde*, § 37 Rn. 93; *Farthmann*, in: FS Stahlhacke, 115 (119); *Fitting*, § 37 Rn. 123;
  Lipp, S. 78; *Richardi/Thüsing*, § 37 Rn. 74.
464 *Bayreuther*, NZA 2014, 235 (235).

von einer Vergütungsstufe in die nächste zu befördern, stellen solche Beförderungen häufig Einzelfallentscheidungen dar, die auf der Qualifikation und der Leistung des einzelnen Arbeitnehmers beruhen. Die Karriereverläufe sind insbesondere in gehobenen Positionen oftmals nicht mehr planbar und unvorhersehbar. Hier die erforderliche „betriebsübliche Entwicklung" festzustellen, stellt Arbeitgeber häufig vor erhebliche Probleme.

1. Handhabung durch die Rechtsprechung

Das Bundesarbeitsgericht stellt hohe Anforderungen an die Feststellung der Betriebsüblichkeit einer Beförderung. Danach entspricht eine Beförderung nur dann der betriebsüblichen beruflichen Entwicklung, wenn sie dem typischen Normalverlauf im Unternehmen entspricht, denn sie entstehe aus einem gleichförmigen Verhalten des Arbeitgebers und einer bestimmten Regel.[465] Die Übertragung einer höherwertigen Tätigkeit müsse so typisch sein, dass aufgrund der betrieblichen Gegebenheiten und Gesetzmäßigkeiten grundsätzlich, d.h. wenigstens in der überwiegenden Mehrzahl der vergleichbaren Fälle, damit gerechnet werden könne oder die Mehrzahl der vergleichbaren Arbeitnehmer einen solchen Aufstieg erreicht habe. Auch ohne Vorliegen dieser Voraussetzungen bestehe ein Anspruch des Betriebsratsmitglieds auf die Beförderungsstelle und eine entsprechende Bezahlung, wenn eine personelle Auswahl im Rahmen der betriebsüblichen beruflichen Entwicklung zu dem Ergebnis geführt hätte, dass einzig der Betriebsrat nach den betriebsüblichen Auswahlkriterien auf diese Stelle hätte befördert werden dürfen.[466]

Nicht ausreichend für die Feststellung der Betriebsüblichkeit sei hingegen, dass der Betriebsrat zum Zeitpunkt seiner Amtsübernahme in seiner beruflichen Entwicklung bisher einem vergleichbaren Arbeitnehmer vollkommen gleichstand oder die Besserstellung vergleichbarer Arbeitnehmer auf individuellen Gründen beruht, die nur auf diese Arbeitnehmer zugeschnitten sind.[467] Ein Anspruch des Betriebsratsmitglieds auf eine der Beförderungsstelle entsprechende Vergütung könne dann bestehen, wenn ein anderer Arbeitnehmer aufgrund seiner besseren

---

[465] BAG v. 04.11.2015 – 7 AZR 972/13, NZA 2016, 1339 (1340); BAG v. 17.08.2005 – 7 AZR 527/04, NZA 2006, 448 (449); BAG v. 15.01.1992 – 7 AZR 194/91, NZA 1988, 403.
[466] BAG v. 13.11.1987 – 7 AZR 550/86, AP Nr. 61 zu § 37 BetrVG 1972.
[467] BAG v. 17.08.2005 – 7 AZR 527/04, NZA 2016, 1339 (1340); BAG v. 13.11.1987 – 7 AZR 550/86, AP Nr. 61 zu § 37 BetrVG 1972.

Qualifikation oder seines Sachwissens auf diese Stelle befördert wurde, solange das Betriebsratsmitglied die entsprechende Qualifikation und das erforderliche Sachwissen aufgrund seiner Amtstätigkeit nicht erwerben konnte oder aus diesem Grund nicht über das erforderliche Wissen verfügt.

Eine Betriebsüblichkeit sei auch nicht gegeben, wenn für nur *eine* Beförderungsstelle mehrere vergleichbare Bewerber zur Verfügung stehen. Steht lediglich eine Stelle zur Verfügung, geht das BAG[468] davon aus, dass nur ein Anspruch auf eine der Beförderungsstelle entsprechende Vergütung bestehe, wenn das Betriebsratsmitglied ohne seine Amtstätigkeit der geeignetste Kandidat für die freie Stelle gewesen wäre. Unzulässig sei eine Beförderung außerdem, wenn sie nur aufgrund des Amtes erfolge, was etwa der Fall sei, wenn dem Betriebsratsmitglied eine bestimmte Position deshalb zugewiesen werde, weil es für diese Stelle aufgrund seines Amtes besonders schnell verfügbar ist.[469]

2. Handhabung durch die Literatur

Die Kommentarliteratur folgt größtenteils den Vorgaben der Rechtsprechung. Eine Ansicht in der Literatur[470] ist der Auffassung, mittelbar könne die Beurteilung, ob der jeweilige Betriebsrat zur Beförderung angestanden hätte, einen subjektiven Einschlag erlangen. Dies könne der Fall sein, soweit sich das Betriebsratsmitglied innerhalb seiner Vergleichsgruppe durch besondere Qualifikationen oder überdurchschnittliche Leistungen abhebe. Eine bevorzugte Beförderung erscheine nämlich dann nicht als ungerechtfertigt, wenn auch andere Arbeitnehmer mit vergleichbaren überdurchschnittlichen Leistungen überdurchschnittlich rasch oder häufig aufsteigen.[471]

Dieser Ansicht ist entgegenzuhalten, dass sie klar und deutlich trennen muss zwischen besonderen Qualifikationen oder überdurchschnittlichen Leistungen, die das Betriebsratsmitglied *vor* seinem Amtsantritt zeigte, und solchen, die es erst *während* und *aufgrund* seiner Amtstätigkeit an den Tag legt. Hob sich das Be-

---

[468] BAG v. 14.07.2010 – 7 AZR 359/09 – EzA Nr. 1 zu § 78 BetrVG 2001; im Ergebnis ebenso BAG v. 13.11.1987 – 7 AZR 550/87 – EzA Nr. 88 § 37 BetrVG 1972; zustimmend GK-BetrVG/*Weber*, § 37 Rn. 137; DKKW/*Wedde*, § 37 Rn. 93.
[469] BAG v. 31.10.1985 – 6 AZR 129/83, AP Nr. 5 zu § 46 BPersVG.
[470] *Bayreuther*, NZA 2014, 235 (236); *Löwisch/Rügenhagen*, DB 2008, 466 (466).
[471] *Bayreuther*, NZA 2014, 235 (236).

triebsratsmitglied bereits vor seiner Wahl in den Betriebsrat von den meisten anderen Arbeitnehmern beispielsweise seiner Abteilung oder Entgeltgruppe ab, so ist auch nur die betriebsübliche berufliche Entwicklung derjenigen Arbeitnehmer maßgeblich, die sich ebenso wie das Betriebsratsmitglied durch besondere Leistungen hervorheben. Alle anderen Arbeitnehmer sind mit dem Betriebsratsmitglied von vornherein nicht vergleichbar und bleiben bei der Vergleichsgruppenbildung unberücksichtigt. Überdurchschnittliche Leistungen und besondere Qualifikationen des Betriebsratsmitglieds, die erst während der Amtstätigkeit zu Tage treten, müssen nach den Vorgaben des Betriebsverfassungsgesetzes gänzlich unberücksichtigt bleiben, sofern das Betriebsratsmitglied diese Qualifikationen durch seine Amtstätigkeit erlangt hat. Maßgeblich ist allein die betriebsübliche Entwicklung der vergleichbaren Arbeitnehmer. Gelingt einzelnen Arbeitnehmern aufgrund ihrer herausragenden Leistungen eine „Sonderkarriere", so fallen sie aus der Vergleichsgruppe heraus und können nicht länger als Vergleichsmaßstab herangezogen werden. Läuft das Betriebsratsmitglied während seiner Amtszeit zur Höchstform auf, dürfen die überdurchschnittlichen Amtsleistungen nicht für die Entwicklung seiner Karriere berücksichtigt werden. Sonst läge ein Verstoß sowohl gegen das Ehrenamtsprinzip als auch gegen das Begünstigungsverbot vor.

Eine andere Ansicht in der Literatur[472] argumentiert, die Beförderung des Betriebsrats sei nur dann mit den gesetzlichen Vorgaben vereinbar, wenn die Qualifikation des Arbeitnehmervertreters dies zulasse und die Beförderung im Rahmen der Betriebsüblichkeit erfolge. Sonst drohe die Gefahr, dass das Betriebsratsmitglied fachlich überhaupt nicht in der Lage sei, die zugewiesene Tätigkeit tatsächlich auszuführen. Dies berge die Folgegefahr, dass eine Beförderungsstelle, die dem Betriebsratsmitglied einzig zum Zweck der Vergütungssteigerung zugewiesen wurde, obwohl die Stelle nicht den tatsächlichen Fähigkeiten des Betriebsrats entspreche, spätestens bei Ausscheiden des Betriebsratsmitglieds aus dem Betriebsrat erhebliche Probleme mit sich bringe. Überdies liege darin eine unzulässige Begünstigung nach § 78 Satz 2 BetrVG. Bei einer entsprechenden Qualifikation könne jedoch über die Zuweisung einer höherwertigen Tätigkeit ohne Verletzung des Begünstigungsverbots oder des Ehrenamtsprinzips das Arbeitsentgelt

---

472 *Esser*, S. 111 f.

des Betriebsrats erhöht werden. Dennoch habe das Betriebsratsmitglied zumindest einen Anspruch auf Vergütung aus der höheren Vergütungsgruppe, wenn es nicht befördert wird, weil es über das für die höherdotierte Stelle erforderliche Wissen aufgrund seiner Betriebsratstätigkeit nicht verfüge.[473]

Dieser Ansicht ist entgegenzuhalten, dass eine fehlende Qualifikation des Betriebsratsmitglieds bei einer Beförderungsentscheidung dann keine Rolle spielen darf, wenn zwar die Arbeitnehmer der Vergleichsgruppe eine entsprechende Qualifikation aufweisen, sie dem Betriebsratsmitglied jedoch wegen seiner Amtstätigkeit fehlt. Sonst würde der Betriebsrat aufgrund seiner Amtstätigkeit benachteiligt, was wiederum einen Verstoß gegen § 78 Satz 2 BetrVG darstellen würde. Zwar arbeitet diese Ansicht zutreffend die sich dadurch ergebende Folgegefahr heraus, jedoch steht dem Betriebsratsmitglied nach seinem Ausscheiden aus dem Betriebsrat ohnehin ein „Qualifizierungsanspruch"[474] nach § 38 Abs. 4 BetrVG für freigestellte Betriebsratsmitglieder und nach der herrschenden Meinung nach § 78 Satz 2 BetrVG für nicht freigestellte Betriebsratsmitglieder zu, der dieser Gefahr wirksam begegnet.[475] Der Arbeitgeber muss dem ehemaligen Betriebsratsmitglied die Möglichkeit geben, über berufliche Fort- und Weiterbildung, die entsprechende Entwicklung nachzuholen.[476] Maßgeblich ist nach der hier vertretenen Auffassung allein die Betriebsüblichkeit einer Beförderung. Dies gilt auch im Fall einer als Folge der Amtstätigkeit fehlenden Qualifikation. Ist die Beförderung betriebsüblich, so ist das Betriebsratsmitglied unabhängig von seiner Qualifikation auf die entsprechende Stelle zu befördern. Hat die Mehrzahl seiner Vergleichsgruppe eine entsprechende Qualifikation erworben, ist davon auszugehen, dass dies auch beim Betriebsratsmitglied der Fall gewesen wäre. Kann hingegen keine Betriebsüblichkeit der Beförderung festgestellt werden, kann das Betriebsratsmitglied auch nicht befördert werden – selbst bei bestehender Qualifikation. Andernfalls würde das Betriebsratsmitglied wegen seiner Amtstätigkeit ein „Mehr" erhalten als ohne die Amtstätigkeit und somit unzulässig begünstigt. Auch eine „Heilung" betriebsunüblicher und somit unzulässiger höherer Zahlungen an ein Betriebsratsmitglied durch dessen Versetzung auf einen anderen, der

---

473 So auch: *Lipp*, S. 81; Schaub/*Koch*, § 221, Rn. 56.
474 *Natzel*, NZA 2000, 77 (78); *Schneider*, NZA 1984, 21 (23).
475 Ebenso: *Weinspach*, in: FS Kreutz, 485 (490).
476 GK-BetrVG/*Weber*, § 37 Rn. 138; Richardi/*Thüsing*, § 38 Rn. 65; *Natzel*, NZA 2000, 77 (78).

Unzulässige Begünstigung durch Betriebsratsvergütung

Höhe der Vergütung entsprechenden Arbeitsplatz scheidet aus, da eine solche Beförderung ebenfalls eine unzulässige Begünstigung darstellt.[477] Eine weitere Ansicht im rechtswissenschaftlichen Schrifttum stimmt der höchstrichterlichen Rechtsprechung im Ergebnis zu, allerdings nicht in der Herangehensweise.[478] Die Rechtsprechung wende § 37 Abs. 4 BetrVG undifferenziert sowohl auf den Fall an, dass es lediglich eine Beförderungsstelle gebe und das Betriebsratsmitglied nicht befördert wurde, obwohl es einen Anspruch auf die Beförderung gehabt hätte, als auch auf den Fall, dass die Mehrheit der vergleichbaren Arbeitnehmer eine entsprechende Entwicklung durchlaufen habe. Nach dieser Ansicht passt § 37 Abs. 4 BetrVG sowohl vom Wortlaut als auch nach seinem Sinn und Zweck lediglich auf die letzte Konstellation. Voraussetzung der Vorschrift sei, dass die berufliche Entwicklung, also die Beförderung der vergleichbaren Arbeitnehmer, der Normalfall ist. Dies liegt vor, wenn die Mehrheit, also mehr als die Hälfte der vergleichbaren Arbeitnehmer, befördert wurde. Gibt es hingegen nur eine Beförderungsstelle und wurde das Betriebsratsmitglied bei der Beförderung nicht berücksichtigt, obwohl es hätte befördert werden müssen, so sei anders als im ersten Fall nicht die Üblichkeit der Beförderung ausschlaggebend, sondern die Tatsache, dass das Betriebsratsmitglied wegen seiner Amtsstellung benachteiligt wurde. Dies sei jedoch kein Fall von § 37 Abs. 4 BetrVG, sondern von § 78 Satz 2 BetrVG. Sofern nur eine Beförderungsstelle zur Verfügung steht und das Betriebsratsmitglied dabei unzulässigerweise übergangen wird, sei demnach nicht 37 Abs. 4 BetrVG, sondern § 78 Satz 2 BetrVG einschlägig. Ist nur eine Beförderungsstelle vorhanden, werde der Anspruch auf Beförderung über § 78 Satz 2 BetrVG nur dann ausgelöst, wenn gerade das Betriebsratsmitglied nach den betrieblichen Beförderungsregeln auf diese Stelle hätte befördert werden müssen.[479] Auf die Betriebsüblichkeit und den Beförderungsanspruch aus § 37 Abs. 4 Satz 1 BetrVG könne sich das Betriebsratsmitglied dann berufen, wenn seit seiner Amtsübernahme mehr als die Hälfte aller vergleichbaren Arbeitnehmer befördert wurden.[480]

---

477 *Weinspach*, in: FS Kreutz, 485 (489).
478 *Lipp*, S. 78.
479 *Lipp*, S. 79.
480 *Lipp*, S. 79.

Der oben genannten Ansicht ist zuzustimmen, dass § 37 Abs. 4 BetrVG vom Wortlaut auf den ersten Blick her lediglich auf die Konstellation passt, dass mehrere Beförderungsstellen im Betrieb vorhanden sind. Allerdings passt sie auch auf die zweite Konstellation, in der es nur eine Beförderungsstelle gibt. Dass es zu einem gewissen Zeitpunkt nur eine Stelle gab, bedeutet nicht zwingend, dass eine Beförderung nicht „üblich" sein kann. Möglicherweise ist aufgrund einer Momentaufnahme gerade nur eine Stelle frei; im Betrieb wird über das Jahr verteilt jedoch immer mal wieder „eine" Stelle vakant, die dann entsprechend einer Beförderungsübung nach und nach mit Arbeitnehmern der Vergleichsgruppe besetzt wird, beispielsweise nach dem Kriterium der Betriebszugehörigkeit. Darin ist eine gewisse Betriebsüblichkeit zu erkennen, wenn die Mehrzahl aller vergleichbaren Arbeitnehmer über einen gewissen Zeitraum eine der Beförderungsstellen erhalten hat, so dass in einem solchen Fall § 37 Abs. 4 BetrVG doch passt.

III. Auswirkungen von Neu- oder Umorganisation im Betrieb

Ein vergleichbares Problem stellt sich bei strukturellen Neu- und Reorganisationen im Betrieb oder Unternehmen. Hier sind drei verschiedene Konstellationen denkbar: Einerseits kann eine Beförderungsebene entfallen. Damit entfällt die Möglichkeit der ursprünglich betriebsüblichen Entwicklung auf eben dieser Ebene. Weiter ist die Schaffung einer neuen Entwicklungsebene aufgrund von betrieblicher Neu- und Reorganisation denkbar. Schließlich kommt auch der gänzliche Wegfall des bisherigen Arbeitsplatzes des (teil-)freigestellten Betriebsratsmitglieds in Betracht.

1. Neu- oder Abschaffung einer Beförderungsebene

Die Rechtsprechung hat sich – soweit ersichtlich – noch nicht mit der Frage befasst, wie sich die Neu- oder Abschaffung einer Beförderungsebene auf die betriebsübliche berufliche Entwicklung des Betriebsratsmitglieds auswirkt. In der Literatur werden hierzu verschiedene Auffassungen vertreten. Eine Ansicht verneint für die ersten beiden Fallkonstellationen die Betriebsüblichkeit der beruflichen Entwicklung.[481] Die Neu- oder Umorganisation eines Betriebs gehöre nicht zu den regulären Umständen, so dass sie die Vorhersehbarkeit für jeden Arbeitnehmer aufhebe, ob und wann er voraussichtlich befördert werde. Daher könne

---

481 *Hennecke*, RdA 1986, 241 (243).

insbesondere bei Beförderungen, die beispielsweise mit der Einrichtung neuer Posten oder der Auflösung vorhandener Positionen zusammenhängen, nicht länger von einer betriebsüblichen beruflichen Entwicklung gesprochen werden.[482] Andere[483] vertreten diesbezüglich eine gegensätzliche Meinung. Entfalle eine Beförderungsstufe, so entfalle damit auch die vormals betriebsübliche Beförderung des Betriebsratsmitglieds von der derzeitigen Karrierestufe auf die ehemals nächst höhere. Gleiches gelte für die Schaffung einer neuen Beförderungsstufe. Diese werde Teil der betriebsüblichen beruflichen Entwicklung, sofern die neue Beförderungsstufe an bestimmte objektive Kriterien geknüpft sei und von der Mehrzahl der vergleichbaren Arbeitnehmer bei Erfüllen dieser Kriterien erreicht werde.

Der letztgenannten Ansicht ist zuzustimmen. Die Ansicht, die eine betriebsübliche Entwicklung aufgrund der fehlenden Vorhersehbarkeit ausschließt, verkennt, dass es nach dem Gesetzeswortlaut und -zweck weder auf die Vorhersehbarkeit noch auf die allgemeine Üblichkeit ankommt.[484] Der Gesetzeswortlaut („betriebsüblich") knüpft an die Verhältnisse im Betrieb an. Das Gesetz schreibt keinen bestimmten Zeitraum vor, über den eine Entwicklung im Betrieb bereits Bestand gehabt haben muss, um als „betriebsüblich" angesehen zu werden.[485] „Betriebsüblich" ist eine Entwicklung vielmehr, unabhängig von ihrer Dauer, bereits dann, wenn sie so typisch ist, dass aufgrund der betrieblichen Gegebenheiten und Gepflogenheiten grundsätzlich, nämlich wenigstens in der Mehrzahl der vergleichbaren Fälle, damit gerechnet werden kann,[486] sich also die Mehrzahl der vergleichbaren Arbeitnehmer in dieser Weise nach den nunmehr infolge der Umstrukturierung gegebenen Umstände entwickeln wird. Der Gesetzgeber wollte einen möglichst objektivierten Maßstab für eine hypothetische berufliche Entwicklung des Betriebsratsmitglieds schaffen. Diesem Gesetzeszweck kann auch im Rahmen von Neu- oder Restrukturierungen Rechnung getragen werden, sofern der Arbeitgeber objektive Kriterien aufstellt, nach denen die neugeschaffene Beförderungsebene zu besetzen ist, und diese auch mit allen Arbeitnehmern besetzt,

---

482 *Hennecke*, RdA 1986, 241 (243).
483 *Lipp*, S. 83.
484 Ebenso: *Lipp*, S. 83.
485 Ebenso: *Lipp*, S. 83.
486 BAG v. 15.01.1992 – 7 AZR 194/91, NZA 1988, 403 (405).

die diese objektiven Kriterien erfüllen. Entfällt eine ehemalige Beförderungsebene, so lässt dies die Betriebsüblichkeit der beruflichen Entwicklung ebenfalls nicht entfallen, sofern dies für alle vergleichbaren Arbeitnehmer gilt.

2. Ersatzloser Wegfall des bisherigen Arbeitsplatzes des Betriebsratsmitglieds

a. Streitstand

Fällt der bisherige Arbeitsplatz des Betriebsratsmitglieds aufgrund von Neu- und Reorganisation weg, wirft dies weitere Fragen auf, wie sich dies auf die betriebsübliche berufliche Entwicklung des Betriebsratsmitglieds auswirkt. Das Bundesarbeitsgericht hat in einer Entscheidung aus dem Jahr 1977[487] erstmals zu diesem Problemkreis Stellung genommen. In dieser Entscheidung ging es um die Entgeltentwicklung eines freigestellten Betriebsratsmitglieds, dessen Arbeitsgruppe, in der es zu Beginn seiner Freistellung tätig war, ersatzlos aufgelöst wurde. Das freigestellte Betriebsratsmitglied war der Ansicht, es habe nach § 37 Abs. 4 BetrVG Anspruch auf den Durchschnittslohn sämtlicher in seiner Lohngruppe eingestuften Arbeitnehmer. Das Bundesarbeitsgericht stellte daraufhin ohne nähere Begründung fest, dass sich die Vergütung des Betriebsratsmitglieds in solchen Fällen *„nach der Tätigkeit [bemesse], die ihm nach dem Arbeitsvertrag übertragen werden müsste, wenn [...] [es] nicht freigestellt wäre."*[488] Einige Ansichten in der Literatur[489] schließen sich der Auffassung des Bundesarbeitsgerichts an. Vertreter dieser Ansicht betonen, die berufliche Entwicklung der mit dieser (neuen) Tätigkeit beschäftigten vergleichbaren Arbeitnehmer sei der Maßstab für die zukünftige Entwicklung des Betriebsratsmitglieds. Eine andere in der Literatur vertretene Auffassung[490] kritisiert zu Recht, dass das Bundesarbeitsgericht in seiner Entscheidung ohne Begründung von der gesetzlichen Vorgabe des § 37 Abs. 4 BetrVG abweiche. Die Norm ziele ausdrücklich darauf ab, die berufliche Entwicklung des Betriebsratsmitglieds objektiv zu bestimmen, und koppelt

---

[487] BAG v. 17.05.1977 – 1 AZR 548/74, AP Nr. 28 zu § 37 BetrVG 1972.
[488] BAG v. 17.05.1977 – 1 AZR 548/74, AP Nr. 28 zu § 37 BetrVG 1972.
[489] *Däubler*, SR 2017, 85 (102); GK-BetrVG/*Weber*, § 37 Rn. 135; *Schneider*, NZA 1984, 21 (22); ebenso: LAG Rheinland-Pfalz v. 21.09.2006 – 11 Sa 230/06, juris.
[490] *Lipp*, S. 84 ff.

sie daher an die Entwicklung der vergleichbaren Arbeitnehmer, sofern diese betriebsüblich ist.[491] Indem das Bundesarbeitsgericht jedoch als Maßstab die Tätigkeit heranzieht, die ihm nach dem Arbeitsvertrag hätte übertragen werden müssen, wenn es nicht freigestellt worden wäre, stelle es nicht länger auf die Gruppe der vergleichbaren Arbeitnehmer als objektiven Bezugspunkt ab, sondern orientiere sich an der hypothetischen Entwicklung des Betriebsratsmitglieds selbst. An der Grundkonzeption des § 37 Abs. 4 BetrVG sei jedoch festzuhalten, auch wenn der Arbeitsplatz des Betriebsratsmitglieds weggefallen sei. Diese Ansicht[492] will die berufliche Entwicklung der Vergleichsarbeitnehmer als Maßstab heranziehen. Demnach sei zuerst danach zu fragen, ob die Arbeitsplätze der Vergleichsarbeitnehmer auch weggefallen seien. Sofern dies der Fall sei, sei weiter zu prüfen, welche berufliche Entwicklung die vergleichbaren Arbeitnehmer infolgedessen durchlaufen haben. Sofern der Arbeitsvertrag des Betriebsratsmitglieds z.B. durch eine Versetzungsklausel einen Einsatz auf dieser neuen Stelle zuließe, orientiere sich die berufliche Entwicklung des Betriebsratsmitglieds weiter an der der ursprünglich vergleichbaren Arbeitnehmer.[493]

Ein Problem sieht diese Ansicht dann, wenn die Vergleichsarbeitnehmer einzeln auf verschiedenartigen Arbeitsplätzen weiterbeschäftigt werden.[494] Die Arbeitsplätze könnten sich nicht nur in den Tätigkeiten, sondern auch durch die unterschiedlichsten Anforderungen an die Persönlichkeit und die fachliche Qualifikation der Arbeitnehmer unterscheiden, so dass auch das Arbeitsentgelt dementsprechend divergieren könne. Dies führe zu unterschiedlichen beruflichen Entwicklungen der Arbeitnehmer der ursprünglichen Vergleichsgruppe.[495] Daher liegt nach dieser Auffassung in diesen Fällen ein sog. „Wegfall der Bemessungsgrundlage"[496] bzw. der „Wegfall der Vergleichsgrundlage"[497] vor. Die ehemals vergleichbaren Arbeitnehmer scheiden aufgrund ihrer Versetzung auf unterschiedliche Posten aus der Vergleichsgruppe aus, so dass die berufliche Situation des Betriebsratsmitglieds hier ausnahmsweise subjektiv hypothetisch bestimmt werden

---

491 *Lipp*, S. 84.
492 *Lipp*, S. 84.
493 *Hennecke*, RdA 1986, 241 (244); *Lipp*, S. 84.
494 *Hennecke*, RdA 1986, 241 (245); *Lipp*, S. 84.
495 *Hennecke*, RdA 1986, 241 (245); *Lipp*, S. 85.
496 *Hennecke*, RdA 1986, 241 (245).
497 *Lipp*, S. 85.

müsse. Es bleibe nur die Möglichkeit, ebenso wie das Bundesarbeitsgericht darauf abzustellen, welche Tätigkeit dem Betriebsratsmitglied übertragen worden wäre. Der Arbeitsvertrag helfe jedoch nur für die Festlegung der fiktiven Stelle, könne hingegen nicht auch für die Entgeltbemessung herangezogen werden. Hierfür sei vielmehr der berufliche Entwicklungsstand maßgeblich, den das Betriebsratsmitglied bis zum Wegfall der vergleichbaren Arbeitnehmer genommen habe.[498]

b. Stellungnahme

Dem ist nur teilweise zuzustimmen. Der „Wegfall der Bemessungs- bzw. Vergleichsgrundlage" stellt vielmehr einen Fall des Wegfalls der vergleichbaren Arbeitnehmer mit betriebsüblicher beruflicher Entwicklung dar und muss daher konsequenterweise auch als solcher behandelt werden.[499] Folglich sind nach der hier vertretenen Ansicht auch in diesem Fall die beruflichen Werdegänge der vergleichbaren Arbeitnehmer zur Bestimmung der betriebsüblichen Entwicklung heranzuziehen. Dies dürfte unproblematisch sein, sofern alle oder die Mehrheit der vergleichbaren Arbeitnehmer gleichartige und -wertige neue Arbeitsplätze erhalten haben. Dann ist davon auszugehen, dass auch das Betriebsratsmitglied auf einen solchen Arbeitsplatz versetzt worden wäre, wenn er normal weitergearbeitet hätte. Ein Wegfall der „vergleichbaren Arbeitnehmer mit betriebsüblicher beruflicher Entwicklung" liegt in diesem Fall gerade nicht vor.

Schwierigkeiten ergeben sich jedoch dann, wenn die vergleichbaren Arbeitnehmer auf verschiedenartige, nicht miteinander vergleichbare Arbeitsplätze versetzt werden. Sofern sich die Arbeitsplätze in der Tätigkeit oder in den persönlichen Anforderungen unterscheiden, sind nunmehr auch unterschiedliche berufliche Entwicklungen der Arbeitnehmer zu erwarten. In diesen Fällen fällt der vergleichbare Arbeitnehmer weg und seine berufliche Entwicklung kann nicht mehr als Maßstab zur Entgeltbemessung herangezogen werden. Führt dies dazu, dass im Betrieb des Betriebsratsmitglieds kein vergleichbarer Arbeitnehmer mehr vorhanden ist, ist ab diesem Zeitpunkt nach der hier vertretenen Auffassung zunächst zu prüfen, ob nicht in einem anderen vergleichbaren Betrieb des gleichen Unterneh-

---

498 *Hennecke*, RdA 1986, 241 (245); *Lipp*, S. 85.
499 Dazu näher unter „Wegfall des vergleichbaren Arbeitnehmers", S 85.

mens ein vergleichbarer Arbeitnehmer im Sinne von § 37 Abs. 4 BetrVG beschäftigt ist. Lediglich für den Fall, dass auch in keinem anderen Betrieb des Unternehmens ein vergleichbarer Arbeitnehmer vorhanden ist oder es keinen vergleichbaren Betrieb im Unternehmen gibt, ist hilfsweise auf die Arbeitnehmer abzustellen, die unabhängig von ihrer Qualifikation eine vergleichbare Tätigkeit ausüben. Diese können zumindest Anhaltspunkte für eine betriebsübliche berufliche Entwicklung geben.

Abzulehnen ist die Auffassung des Bundesarbeitsgerichts[500] wie auch die teilweise in der Literatur[501] vertretene Auffassung, die darauf abstellen will, welche Stelle dem Betriebsratsmitglied nach seinem Arbeitsvertrag hätte übertragen werden müssen. Damit würde der kollektive Bezugspunkt des § 37 Abs. 4 BetrVG entgegen dem Wortlaut und Sinn und Zweck der Norm aufgegeben und stattdessen die subjektiv hypothetische Entwicklung des Betriebsratsmitglieds selbst als Anknüpfungspunkt gewählt. Die Regelungsabsicht des Gesetzgebers würde dadurch ins Gegenteil verkehrt werden. Diese Ansicht verkennt, dass die betriebsübliche berufliche Entwicklung des Betriebsratsmitglieds selbst ausweislich des sich auch im Wortlaut niedergeschlagenen Willens des Gesetzgebers nicht als Maßstab für die Entgeltbemessung dienen soll.

Fällt lediglich der Arbeitsplatz des Betriebsratsmitglieds ersatzlos weg, nicht jedoch die Arbeitsplätze der vergleichbaren Arbeitnehmer, so ist dies für die berufliche Entwicklung und die Entgeltbemessung gänzlich irrelevant. Die betriebsübliche berufliche Entwicklung der vergleichbaren Arbeitnehmer muss weiterhin als objektiver Maßstab herangezogen werden. Die Tatsache, dass das Betriebsratsmitglied, wäre es nicht mehr freigestellt, aufgrund des Wegfalls seines Arbeitsplatzes nicht mehr auf diesem beschäftigt werden könnte, spielt keine Rolle, da es auf das Betriebsratsmitglied selbst und seine hypothetische berufliche Entwicklung nicht ankommt.

---

500 BAG v. 17.05.1977 – 1 AZR 548/74, AP Nr. 28 zu § 37 BetrVG 1972.
501 *Hennecke*, RdA 1986, 241 (245); *Lipp*, S. 85.

IV. Leistungsabhängige Beförderungen

Nach einhelliger Ansicht nehmen die Mitglieder des Betriebsrats auch an Beförderungen teil, die auf individuellen Leistungsvoraussetzungen beruhen.[502] Auch bei sog. leistungsabhängigen Beförderungen ist am Maßstab der vergleichbaren Arbeitnehmer mit betriebsüblicher beruflicher Entwicklung zu prüfen, wie sich das Betriebsratsmitglied entwickelt hätte, wenn es nicht in den Betriebsrat gewählt worden wäre. Die Ermittlung der hypothetischen Leistung(sfähigkeit) des Arbeitnehmers ist zunächst allein an diesem objektiven und vom Betriebsratsmitglied selbst losgelösten Maßstab festzumachen.

Streit besteht innerhalb des rechtswissenschaftlichen Schrifttums jedoch hinsichtlich der Frage, ob besondere Leistungen des Arbeitnehmers, die er in seinem Betriebsratsamt erbringt, zumindest als Indiz für seine besondere Qualifikation und Leistungsbereitschaft auch in seinem ursprünglichen Beruf herangezogen werden können. Dies hält eine in der Literatur vertretene Ansicht[503] zumindest dann für möglich, wenn sich der Arbeitsplatz des Betriebsrats und seine Betriebsratstätigkeit nicht allzu sehr unterscheiden. Überobligatorische Leistungsbemühungen des Betriebsratsmitglieds könnten als ein Kriterium bei der Ermittlung der Leistungsbereitschaft des Betriebsrats berücksichtigt werden. Es erscheine wenig nachvollziehbar, wenn man davon ausgehen müsse, dass ein Betriebsratsmitglied nicht zum Leisten von Überstunden bereit sei, weil er dies in seiner vorherigen, vielleicht mehrere Jahre zurückliegenden Tätigkeit an seinem ursprünglichen Arbeitsplatz nicht getan hatte. Möglicherweise, weil damals überhaupt keine Überstunden erforderlich gewesen seien, obgleich er nun während seiner Amtstätigkeit seit vielen Jahren regelmäßig Überstunden erbringe.[504]

---

502 BAG v. 17.08.2005 – 7 AZR 528/04, NZA 2006, 448 (448); *Bayreuther*, NZA 2014, 235 (236); DKKW/*Wedde*, § 37 Rn. 93; *Fahrtmann*, in: FS Stahlhacke, 115 (121); *Fitting*, § 37 Rn. 123; GK-BetrVG/*Weber*, § 37 Rn. 137; *Lipp*, S. 61; *Rieble*, NZA 2008, 276 (277); *Rüthers*, RdA 1976, 61 (63).
503 *Bayreuther*, NZA 2014, 235 (236); *Byers*, NZA 2014, 65 (67); *Fitting*, § 37 Rn. 123; *Kehrmann*, in: FS Wlotzke, 357 (364); *Löwisch/Rügenhagen*, DB 2008, 466 (466); a.A. GK-BetrVG/*Weber*, § 37 Rn. 131; *Keilich*, BB 2014, 2229 (2232); *Lipp*, S. 61; *Rieble*, NZA, 276 (277); *Rid/Triemel*, AuA 2011, 482 (483).
504 *Bayreuther*, NZA 2014, 235 (236).

Diese Ansicht ist abzulehnen, denn sie widerspricht den gesetzlichen Vorgaben. Der Gesetzgeber hat in § 37 Abs. 4 BetrVG ausdrücklich die betriebsübliche berufliche Entwicklung vergleichbarer Arbeitnehmer als objektiven Maßstab vorgegeben und die individuelle Entwicklung des Betriebsratsmitglieds während seiner Amtstätigkeit bewusst ausgeblendet. Dies dient der Sicherung der Unabhängigkeit und Unparteilichkeit der Betriebsratsmitglieder, die nach Auffassung des Gesetzgebers nur so gewährleistet werden kann. Würde man individuelle Leistungen des Betriebsratsmitglieds berücksichtigen und monetär honorieren, würde man seine Arbeit als Betriebsrat durch die Hintertür vergüten. Dies verstößt in eklatanter Weise gegen das in der Betriebsverfassung verankerte Ehrenamts- und Lohnausfallprinzip. Daher dürfen besondere Leistungen oder Qualifikationen des Betriebsratsmitglieds, die dieses während seiner Amtstätigkeit erworben bzw. erbracht hat, bei der Beurteilung der Leistungsfähigkeit im Rahmen leistungsbezogener Beförderungen keine Rolle spielen. Es können lediglich solche Leistungen und diejenige Leistungsfähigkeit des Betriebsratsmitglieds berücksichtigt werden, die es vor seiner Amtsübernahme gezeigt hat. Dies muss nach der derzeitigen Gesetzeslage selbst dann gelten, wenn die Tätigkeit des Betriebsrats in seinem ursprünglichen Beruf mehrere Jahrzehnte zurückliegt. Auch wenn dies dazu führt, dass die Leistungsfähigkeit eines Betriebsratsmitglieds im Jahre 2015 nach Leistungen zu beurteilen ist, die dieses in den späten 1980er Jahren gezeigt hat. So seltsam dies anmuten mag.

Auch das von der Gegenansicht angeführte Argument, von der voramtszeitlichen Leistungsbereitschaft des Betriebsratsmitglieds könne kein Rückschluss auf seine heutige Bereitschaft und Fähigkeit, überobligatorische Leistungen zu erbringen, gezogen werden, ändert nichts an der zwingenden Rechtslage und vermag daher nicht zu überzeugen. Verwendet das Betriebsratsmitglied 50 oder gar 60 Wochenarbeitsstunden auf die Betriebsratstätigkeit, so erhält es dafür (bei Vorliegen der Voraussetzungen des § 37 Abs. 3 BetrVG) eine Mehrarbeitsvergütung. Fielen die Überstunden in seinem ursprünglichen Beruf aufgrund der Eigenheiten des Berufsbildes gar nicht an, können daraus weder positive noch negative Schlüsse für die Leistungsbereitschaft des Betriebsratsmitglieds gezogen werden. Umgekehrt gilt jedoch auch hier, dass eine hohe Wochenarbeitszeit, die der Betriebsrat aufgrund seiner Amtstätigkeit erbringt, nicht als Indiz für eine besondere Leistungsfähigkeit gewertet werden darf.

V. Freiwillige Beförderung durch den Arbeitgeber

In den hier diskutierten Grenzfällen muss man auch die Frage stellen, ob und unter welchen Voraussetzungen sich die Betriebsparteien einvernehmlich auf eine „freiwillige" Beförderung durch den Arbeitgeber verständigen dürfen, ohne gegen das Begünstigungsverbot zu verstoßen.

Entsprechend den oben festgestellten Grundsätzen verstößt der Arbeitgeber immer dann gegen das Begünstigungsverbot, wenn er dem Betriebsratsmitglied aufgrund der Betriebsratstätigkeit etwas gewährt, das ihm nicht aufgrund gesetzlicher Vorschriften zusteht. Dies hat die Konsequenz, dass der Arbeitgeber den Betriebsrat nicht „freiwillig" befördern darf, wenn er auf eine solche Beförderung keinen Anspruch nach § 37 Abs. 4 BetrVG hat.

Dies darf allerdings nicht dazu führen, dass dem Arbeitgeber jeder Entscheidungsspielraum genommen wird. Zumal sich hier nicht die Frage stellt, ob das Betriebsratsmitglied seinen Anspruch aus § 37 Abs. 4 BetrVG durchsetzen kann, sondern ob eine einvernehmliche Beförderung gegen das Begünstigungsverbot verstößt. Denkbar sind Situationen, in denen dem Betriebsrat der Nachweis nicht gelingen würde, dass er ohne seine Amtstätigkeit eine bestimmte berufliche Entwicklung durchlaufen hätte. In diesem Fall hätte eine Beförderungsklage des Betriebsratsmitglieds keine Aussicht auf Erfolg. Dennoch muss man an dieser Stelle prüfen, ob dem Arbeitgeber hier ein Ermessensspielraum zusteht, das Betriebsratsmitglied „freiwillig" zu befördern, wenn es dieses auch ohne seine Amtstätigkeit ausgewählt hätte.[505] Sinn und Zweck des Begünstigungsverbots, nämlich die Sicherung der Unabhängigkeit und Unparteilichkeit des Betriebsrats, sind auch in einem solchen Fall gewahrt, sofern der Arbeitgeber das Betriebsratsmitglied auch ohne seine Amtsstellung befördert hätte. Andernfalls würde man das Betriebsratsmitglied unzulässigerweise benachteiligen. Es macht einen Unterschied, ob das Betriebsratsmitglied seinen Arbeitgeber auf eine höhere Vergütung verklagt und

---

505 *Bayreuther*, NZA 2014, 235 (237).

seinen Anspruch darauf weder darlegen noch beweisen kann oder ob eine „freiwillige" Beförderung auch tatsächlich gegen das Begünstigungsverbot verstößt. Fraglich ist hier insbesondere, wie zu verfahren ist, wenn eine typische Beförderungsübung im Betrieb nicht besteht oder sich nicht mit letzter Sicherheit feststellen lässt, ob die Beförderungsentscheidung tatsächlich zugunsten des einzelnen Betriebsratsmitglieds ausgegangen wäre. Die Rechtsprechung hat sich bislang – soweit ersichtlich – noch nicht mit dieser Frage beschäftigen dürfen. Eine Ansicht in der Literatur ist der Auffassung, eine Beförderung stelle dann keine nach § 78 Satz 2 BetrVG verbotene Begünstigung dar, solange sie im Rahmen des auch ansonsten Möglichen bleibe.[506] Um die Frage, ab wann eine verbotene und ggf. strafbewehrte[507] Begünstigung vorliegt, zu beantworten, muss man zunächst prüfen, unter welchen Voraussetzungen ein Verstoß gegen § 78 Satz 2 BetrVG im Hinblick auf eine Beförderung angenommen werden kann. Erst dann kann man diese Ergebnisse für die Frage der Zulässigkeit einer freiwilligen Beförderung fruchtbar machen.

1. Verstoß gegen § 78 Satz 2 BetrVG

Unabhängig davon, ob man mit der Rechtsprechung[508] dem Betriebsratsmitglied einen Anspruch auf Beförderung und die damit einhergehende höhere Vergütung über einen Anspruch aus dem Arbeitsvertrag in Verbindung mit § 78 Satz 2 BetrVG zusprechen möchte oder § 78 Satz 2 BetrVG als eigene Anspruchsgrundlage ablehnt[509], muss eine unzulässige Begünstigung immer dann ausscheiden, wenn seine aktuelle Eingruppierung das Betriebsratsmitglied benachteiligt. Auch wenn es für die Frage, ab wann eine Beförderung eine verbotene Begünstigung im Sinne des § 78 Satz 2 BetrVG darstellt, nicht darauf ankommt, ob das Betriebsratsmitglied einen Beförderungsanspruch nachweisen kann, können die hierzu von der Rechtsprechung entwickelten Rechtssätze zur Beantwortung dieser Frage herangezogen werden.

---

506 *Bayreuther*, NZA 2014, 235 (237); *Annuß*, NZA 134 (138).
507 Näher dazu unter „Strafbarkeit wegen unzulässiger Begünstigung", S. 392.
508 BAG v. 04.11.2015 – 7 AZR 972/13, NZA 2016, 1339 Rn. 30; BAG v. 17.08.2005 – 7 AZR 528/04, NZA 2006, 448 Rn. 18.
509 *Purschwitz*, S. 46 f.

a. Anforderungen an die Feststellung einer Benachteiligung

Eine Beförderung verstößt nicht gegen § 78 Satz 2 BetrVG, wenn das Betriebsratsmitglied bei einer „hypothetischen Karriere", die sich an den Arbeitnehmern der Vergleichsgruppe orientiert, ebenfalls befördert worden wäre. Wollte das Betriebsratsmitglied einen entsprechenden Anspruch auf eine höhere Vergütung im gerichtlichen Urteilsverfahren geltend machen, so hat es nach Ansicht des BAG[510] als Anspruchssteller drei Möglichkeiten, eine Benachteiligung aufgrund seiner Amtstätigkeit darzulegen. Dies kann erstens der Fall sein, wenn sich das Betriebsratsmitglied tatsächlich auf eine besser bezahlte Stelle beworben hat und es ihm gelingt darzulegen, dass seine Bewerbung gerade wegen der Betriebsratstätigkeit erfolglos geblieben ist.[511] Seine Klage wäre ebenfalls erfolgreich, wenn es, obwohl es sich nicht auf eine besser vergütete Stelle beworben hat, darlegen kann, dass es gerade wegen seiner Betriebsratstätigkeit bzw. seiner Freistellung von einer Bewerbung abgesehen hat und eine Bewerbung ohne seine Freistellung erfolgreich gewesen wäre.[512] Eine dritte Möglichkeit, einen Beförderungsanspruch darzulegen, sieht das BAG darin, dass ein Betriebsratsmitglied darlegen kann, dass seine fiktive Bewerbung einzig aus dem Grund erfolglos gewesen wäre, weil ihm wegen seiner Amtstätigkeit die erforderlichen Fachkenntnisse und/oder Qualifikationen fehlen.[513] Die fiktive Bewerbung wäre also erfolgreich gewesen, wenn man sich diese Kenntnisse und Qualifikationen hinzudenkt.

Diese Grundsätze zur Darlegung einer Benachteiligung stellte das BAG allerdings nicht zu privatrechtlichen Arbeitsverhältnissen auf, sondern entschied hier einen Fall aus dem Personalvertretungsrecht. Bei öffentlich-rechtlichen Arbeitgebern ist zu berücksichtigen, dass diese an Art. 33 Abs. 2 GG gebunden sind. Danach müssen sie seine Beförderungsentscheidung einzig nach Eignung, Befähigung und fachlicher Leistung der Bewerber treffen.[514] Ein Auswahlermessen steht dem öffentlich-rechtlichen anders als dem privaten Arbeitgeber, der die Kriterien für

---

510 BAG v. 04.11.2015 – 7 AZR 972/13, NZA 2016, 1339 Rn. 31.
511 BAG v. 04.11.2015 – 7 AZR 972/13, NZA 2016, 1339 Rn. 31; BAG v. 27.06.2001 – 7 AZR 496/99, NZA 2002, 106 (107 f.).
512 BAG v. 04.11.2015 – 7 AZR 972/13, NZA 2016, 1339 Rn. 31.
513 BAG v. 04.11.2015 – 7 AZR 972/13, NZA 2016, 1339 Rn. 31.
514 BAG v. 27.06.2001 – 7 AZR 496/99, NZA 2002, 106 (107 f.).

seine Auswahlentscheidung frei bestimmen kann[515], erst dann zu, wenn sich mehrere Bewerber nicht hinsichtlich dieser Kriterien unterscheiden.[516] Rechtsprechung, die sich mit den Grundsätzen der Darlegung einer Benachteiligung bei Betriebsratsmitgliedern befasst, gibt es – soweit ersichtlich – bislang nicht. Trotz dieses Unterschieds dürften sich die Grundsätze, die das BAG zur Darlegung von Benachteiligungen im Personalvertretungsrecht aufgestellt hat, auch auf die Darlegung einer Benachteiligung nach § 78 Satz 2 BetrVG übertragen lassen, denn auch beim privaten Arbeitgeber ist davon auszugehen, dass er die Auswahlentscheidung nicht willkürlich, sondern entsprechend vorab festgelegten Auswahlkriterien trifft[517].

b. Übertragung des Bewertungsmaßstabs auf die Feststellung einer Begünstigung

Überträgt man diese Bewertungsmaßstäbe auf die Frage, ab wann (bei einer nicht feststellbaren Betriebsüblichkeit) eine nach § 78 Satz 2 BetrVG unzulässige Begünstigung vorliegt, kommt man zu dem Ergebnis, dass eine Beförderung dann keine nach § 78 Satz 2 BetrVG verbotene Begünstigung darstellt, solange sie im Rahmen des auch ansonsten Möglichen bleibt, auch andere Arbeitnehmer bei gleicher Qualifikation und vergleichbarer Position im Betrieb entsprechend befördert wurden, das Betriebsratsmitglied auch eine realistische und nachweisbare Chance gehabt hätte, die fragliche Karrierestufe zu erreichen, und die Beförderungsentscheidung nicht ungewöhnlich oder atypisch ist.[518]

Unzulässig sind hingegen sämtliche Beförderungsentscheidungen, die betriebs*un*üblich sind oder erkennbar auf die Stellung als Betriebsratsmitglied zurückzuführen sind, wie z.B. ein Aufstieg über mehrere Hierarchie- und Entgeltstufen in kurzer Zeit hinweg. Gleiches gilt, wenn hauptsächlich Mitgliedern des Betriebsrats ein solch kometenhafter Aufstieg gelingt, in der Regel aber nicht den übrigen Arbeitnehmern der Vergleichsgruppe. Hier liegt ein Verstoß gegen das Begünstigungsverbot nahe.

---

515 Eine Grenze folgt für ihn ggf. aus § 7 Abs. 1 AGG.
516 BAG v. 27.06.2001 – 7 AZR 496/99, NZA 2002, 106 (107 f.).
517 Andernfalls riskiert der privatrechtliche Arbeitgeber Entschädigungsansprüche nach § 15 AGG.
518 So auch *Annuß*, NZA 2018, 134 (137); *Bayreuther*, NZA 2014, 235 (237); wohl auch *Jacobs/Frieling*, ZfA 2015, 241 (251).

Praktisch relevant wird diese Frage, wenn sich Arbeitgeber und Betriebsratsmitglied über die Beförderung einig sind. Relevant werden kann sie auch für Verfahren eines Betriebsrats gegen den Arbeitgeber, der nach § 23 Abs. 3 BetrVG Unterlassung einer Begünstigung gegenüber anderen Betriebsratsmitgliedern beansprucht. Möchte der Arbeitgeber hingegen strafrechtliche Risiken ausschließen, so kommt es ihm entsprechend dem im Strafrecht geltenden Grundsatz „in dubio pro reo" zugute, wenn sich nicht aufklären lässt, ob das Betriebsratsmitglied „hypothetisch" entsprechend befördert worden wäre, da es sich hierbei um eine tatsächliche und nicht um eine rechtliche Zweifelsfrage handelt.

2. Folgerungen für die Zulässigkeit freiwilliger Beförderungen

Überträgt man diese Überlegungen auf die denkbaren Beförderungsszenarien, lassen sich zwei Fallgruppen unterscheiden: zum einen die Fälle, in denen es tatsächlich eine Beförderungsstelle im Betrieb gibt, auf die der Arbeitgeber einen mit dem Betriebsrat vergleichbaren Arbeitnehmer tatsächlich befördert. Denkbar sind jedoch auch Fälle, in denen der Arbeitgeber erst gar keine Beförderungsentscheidung trifft.

a. Freiwillige Beförderung neben einer tatsächlichen Beförderung

Befördert der Arbeitgeber einen mit dem Betriebsratsmitglied i.S.d. § 37 Abs. 4 BetrVG vergleichbaren Arbeitnehmer, obwohl das Betriebsratsmitglied für die Beförderungsstelle objektiv besser qualifiziert ist, scheidet eine unzulässige Begünstigung wegen der Amtstätigkeit aus, wenn der Arbeitgeber das Betriebsratsmitglied einvernehmlich auf die gleiche Stufe befördert. Auch wenn das Betriebsratsmitglied die höherwertige Tätigkeit nicht faktisch ausübt, verstößt der Arbeitgeber nicht gegen das Begünstigungsverbot, wenn er die Vergütung des Betriebsratsmitglieds entsprechend der Beförderung erhöht.

Gleiches dürfte für die Fälle gelten, in denen das Betriebsratsmitglied objektiv zumindest gleich geeignet ist für die Beförderungsstelle wie der tatsächlich beförderte vergleichbare Arbeitnehmer. Lässt sich bei gleicher Eignung nicht aufklären, ob das Betriebsratsmitglied ohne sein Amt tatsächlich anstelle des vergleichbaren Arbeitnehmers befördert worden wäre, kommt diese Unsicherheit dem Arbeitgeber *in dubio pro reo* zugute. Ein strafrechtlich relevanter Verstoß gegen § 78 Satz 2 Alt. 2 BetrVG scheidet auch in diesen Fällen aus.

Ist das Betriebsratsmitglied hingegen objektiv schlechter für die Beförderungsstelle geeignet als der tatsächlich beförderte Arbeitnehmer der Vergleichsgruppe, kommt es darauf an, ob ihm die erforderlichen Kenntnisse aufgrund seiner Tätigkeit als Betriebsratsmitglied fehlen, weil er sich anders als seine Kollegen nicht entsprechend weiterbilden oder -qualifizieren konnte. Ist dies der Fall, so darf der Arbeitgeber unterstellen, das Betriebsratsmitglied hätte diese Kenntnisse ohne seine Amtstätigkeit ebenfalls erworben. Dann darf er sie für seine Beförderungsentscheidung auch berücksichtigen, ohne dadurch gegen das Begünstigungsverbot zu verstoßen. Denkt man sich die fehlenden Kenntnisse hinzu und wäre das Betriebsratsmitglied dann besser oder zumindest gleich gut geeignet wie der beförderte Arbeitnehmer, scheidet ein Verstoß gegen § 78 Satz 2 BetrVG aus den oben genannten Gründen ebenfalls aus.

Lässt sich faktisch nicht aufklären, ob das Betriebsratsmitglied die erforderlichen Kenntnisse wegen seiner Amtstätigkeit oder aus anderen Gründen nicht besitzt, so kann hierin durchaus eine unzulässige Begünstigung i.S.d. § 78 Satz 2 BetrVG liegen. Die Ungewissheit schließt jedoch auch in diesem Fall – zumindest einen strafbewerten – Verstoß gegen § 78 Satz 2 BetrVG „in dubio pro reo" aus.

Ein Verstoß gegen das Begünstigungsverbot wird hingegen immer dann vorliegen, wenn das Betriebsratsmitglied nicht nur objektiv schlechter für die Beförderungsstelle qualifiziert ist als der tatsächlich beförderte Arbeitnehmer, sondern die fehlende Qualifikation auch nicht im Zusammenhang mit seiner Amtstätigkeit steht. Verfügt der tatsächlich beförderte Arbeitnehmer z.B. über einen bestimmten (Hochschul-)Abschluss, den das Betriebsratsmitglied nicht hat und typischerweise auch nicht nebenberuflich erworben hätte, so liegt ein Verstoß gegen § 78 Satz 2 Alt. 2 BetrVG nahe, wenn es dem Arbeitgeber auf die fragliche Qualifikation ankam und er das Betriebsratsmitglied trotz fehlender Qualifikation entsprechend vergütungsmäßig beförderte.

b. Freiwillige Beförderung bei fehlender Beförderungsentscheidung

Ein Verstoß gegen § 78 Satz 2 Alt. 2 BetrVG dürfte ebenfalls vorliegen, wenn der Arbeitgeber neben dem Betriebsratsmitglied keinen vergleichbaren Arbeitnehmer befördert. Trifft der Arbeitgeber eine freiwillige Beförderungsentscheidung ausschließlich für das Betriebsratsmitglied, so spricht dies für eine ungewöhnliche oder nicht betriebsübliche Beförderung, die gegen das Begünstigungsverbot verstößt. Die objektive Eignung des Betriebsratsmitglieds für die fiktive Beförderungsstelle kann in diesen Fällen gerade nicht festgestellt oder fachlich nachvollzogen werden. Dies legt nahe, dass die Beförderung – zumindest auch – wegen der Amtstätigkeit des Betriebsratsmitglieds vorgenommen wurde. Sie verstößt mithin gegen das Begünstigungsverbot.

VI. Sonderfall: Hypothetische Beförderung zum leitenden Angestellten

Von der Rechtsprechung – soweit ersichtlich – bislang noch nicht entschieden wurde der Fall einer (hypothetischen) Beförderung in eine Leitungs- oder Führungsposition. Dieser Fall ist problematisch, da einerseits die Betriebsüblichkeit in solchen Fällen kaum feststellbar ist und zum anderen eine solche Beförderungsstelle, beispielsweise als Geschäftsführer oder leitender Angestellter, außerhalb des Anwendungsbereichs des BetrVG liegt.

1. Betriebsüblichkeit bei kleiner oder fehlender Vergleichsgruppe

a. Keine Obergrenze

Die Anwendung der soeben herausgearbeiteten Grundsätze stellt sich insbesondere dann als schwer dar, wenn es um die hypothetische Beförderung in eine Führungsposition geht, die in der Regel ohnehin nur sehr selten neu besetzt wird. Im Grundsatz muss eine solche Beförderung jedoch auch für Mitglieder des Betriebsrats möglich sein, denn § 37 Abs. 4 BetrVG enthält keine Obergrenze. Die Norm bezweckt neben der Sicherung der Unparteilichkeit und Unabhängigkeit des Betriebsrats auch gerade qualifizierte Mitarbeiter dazu zu ermutigen, sich für ein Betriebsratsamt zu bewerben. Dieser Zweck würde jedoch konterkariert, würde man eine Obergrenze für die Betriebsüblichkeit von Beförderungen ziehen und dadurch ab einer bestimmten Position in der betrieblichen Hierarchie eine Beförderungsmöglichkeit generell ausschließen. Dies würde wiederum dazu führen, dass Arbeitnehmer, die unweit dieser Obergrenze beschäftigt sind, davon absehen würden, für ein Betriebsratsamt zu kandidieren, um ihr berufliches Fortkommen nicht zu behindern.[519] Dadurch würde der Bereitschaft qualifizierter Arbeitnehmer, sich für ein Betriebsratsamt zu bewerben, entgegengewirkt.

---

519 *Lipp*, S. 81.

b. Fehlen vergleichbarer Arbeitnehmer

Weiter bestehen erhebliche Schwierigkeiten bei der Ermittlung des hypothetischen Karriereweges des Betriebsratsmitglieds, wenn es keine oder nur wenige Vergleichspersonen gibt. Dies ist insbesondere bei der Beförderung von Betriebsratsmitgliedern in „gehobene" Positionen eher die Regel als die Ausnahme. Die Vergleichsgruppenbildung wird bereits dadurch erschwert, dass auf den höheren Hierarchieebenen von vornherein nur eine geringe Anzahl von Arbeitnehmern beschäftigt ist. Gelingt die Vergleichsgruppenbildung dennoch, stehen die Betriebsparteien vor dem Problem, dass sich eine Betriebsüblichkeit nach den oben genannten Grundsätzen kaum jemals feststellen lassen wird.[520]

Sind keine oder nur einzelne Vergleichspersonen im Betrieb vorhanden, so lässt sich im Regelfall nicht mit absoluter Sicherheit sagen, dass gerade das maßgebende Betriebsratsmitglied befördert worden wäre. Geht man davon aus, dass eine Beförderung nur dann betriebsüblich im Sinne von § 37 Abs. 4 BetrVG ist, wenn entweder nach den Gepflogenheiten im Betrieb dem fraglichen Betriebsratsmitglied die höherwertige Tätigkeit hätte übertragen werden müssen oder aber die Mehrzahl der vergleichbaren Arbeitnehmer einen solchen Aufstieg erreicht hat, käme eine Beförderung des Betriebsratsmitglieds in eine Führungsposition (grundsätzlich) nicht in Betracht.[521] Die Rechtsprechung wendet diese Grundsätze oftmals streng an. So stellte das LAG München in einem Urteil aus dem Jahre 2005[522] fest, dass ein gleichförmiges Verhalten des Arbeitgebers im Sinne einer Regel nicht festgestellt werden könne, da die Hauptabteilungsleiter eines Unternehmens zwar im Wesentlichen aus der Ebene der Abteilungsleiter befördert werden, sich daraus aber nicht ergibt, dass tatsächlich auch die überwiegende Mehrzahl der Abteilungsleiter zum Hauptabteilungsleiter befördert wird. Folglich könne nicht festgestellt werden, ob eine solche Beförderung der normalen betrieb-

---

520 *Bayreuther*, NZA 2014, 235 (235).
521 *Bayreuther*, NZA 2014, 235 (237).
522 LAG München v. 22.12.2005 – 4 Sa 736/05, juris.

lichen und personellen Entwicklung entspreche und das fragliche Betriebsratsmitglied *sicher* befördert worden wäre.[523] Die bloße Möglichkeit bzw. konkrete Chance einer derartigen beruflichen Entwicklung genüge nicht.[524]

Das BAG urteilte in einer Entscheidung ebenfalls aus dem Jahre 2005[525] etwas weniger streng und verlangte hinsichtlich der Übertragung einer Führungsposition, dass Tatsachen feststellbar sein müssten, die (lediglich) dafür sprechen, dass der Arbeitgeber dem Betriebsratsmitglied *„gleichermaßen disziplinarische Befugnisse für die Arbeitnehmer der von ihm geleiteten Gruppe übertragen und ihn in den Kreis der AT-Angestellten"*[526] aufgenommen hätte. Absolute Sicherheit fordert das BAG in seiner Entscheidung nicht; die *„konkrete Chance"*[527] einer solchen beruflichen Entwicklung genüge hingegen nicht.

Konsequenz der starren Anwendung der oben genannten Grundsätze durch die Landesarbeitsgerichte ist jedoch eine Benachteiligung der Betriebsratsmitglieder, denn der Arbeitgeber wäre dadurch gezwungen, Betriebsratsmitglieder bei der Besetzung von Führungspositionen zu übergehen.[528] Wendet man – wie die Rechtsprechung – die oben genannten Grundsätze derart starr an, hat dies zur Folge, dass in allen Fällen, in denen eine Vergleichsgruppenbildung nicht möglich ist, sich eine Betriebsüblichkeit nicht feststellen lässt. Betriebsratsmitglieder, die sich zum Zeitpunkt ihrer Wahl in den Betriebsrat in der Unternehmenshierarchie auf einer Stufe kurz unterhalb einer Führungsposition befinden, haben bei einem derart starren Verständnis keine Chance mehr auf eine Beförderung. Die starre Anwendung der oben genannten Grundsätze würde folglich eine unzulässige Betriebsratsbegünstigung nicht verhindern, sondern die Arbeitnehmervertreter unzulässig benachteiligen.[529]

---

523 LAG München v. 22.12.2005 – 4 Sa 736/05, juris; ähnlich auch: LAG Hessen v. 20.09.2000 – 13 Sa 1832/99, AiB 2002, 372.
524 BAG 11.12.1991 – 7 AZR 75/91, NZA 1993, 909 (910); LAG Hessen v. 20.09.2000 – 13 Sa 1832/99, AiB 2002, 372.
525 BAG v. 17.08.2005 – 7 AZR 528/04, NZA 2006, 448 (449).
526 BAG v. 17.08.2005 – 7 AZR 528/04, NZA 2006, 448 (449).
527 BAG v. 11.12.1991 – 7 AZR 75/91, NZA 1993, 909 (910).
528 *Bayreuther*, NZA 2014, 235 (237).
529 Ebenso: *Bayreuther*, NZA 2014, 235 (237).

Eine Ansicht in der Literatur schlägt vor, diesem Dilemma ließe sich entkommen, wenn man sich partiell vom Kriterium der „gesetzmäßigen Beförderungsüblichkeit" löse.[530] Dieses verliere zwar nicht völlig an Bedeutung, dürfe allerdings auch nicht starr angewandt werden. Vielmehr komme es darauf an, ob das fragliche Betriebsratsmitglied den Eignungs- und Leistungskriterien, die an die jeweilige Aufstiegsposition gestellt werden, in jeder Hinsicht entspreche.[531] Dem ist zuzustimmen. Allerdings darf dabei nicht übersehen werden, dass Maßstab für die Beurteilung des Vorliegens der Eignungs- und Leistungskriterien dennoch die Leistungskriterien der vergleichbaren Arbeitnehmer sind. Auch in diesem Fall dürfen Leistungen des Betriebsratsmitglieds nicht berücksichtigt werden. Fehlt es an vergleichbaren Arbeitnehmern und kann eine Vergleichsgruppe nach den übrigen Kriterien nicht gebildet werden, so ist nach den oben erarbeiteten Grundsätzen zu verfahren.[532] Findet sich im Betrieb kein vergleichbarer Arbeitnehmer, ist die Vergleichsgruppenbildung auf das restliche Unternehmen auszuweiten. Für den Fall, dass sich auch auf diese Weise keine Vergleichsgruppe bilden lässt, ist hilfsweise auf den am ehesten vergleichbaren Arbeitnehmer abzustellen.

Lässt sich bei der Besetzung von Führungspositionen eine Betriebsüblichkeit von Beförderungen nicht sicher feststellen, so kann von einer allzu starren Anwendung des Merkmals abgesehen werden. Zwar kann nicht auf die Feststellung der betriebsüblichen beruflichen Entwicklung verzichtet werden, selbst bei der Vergleichbarkeit des Betriebsrats mit nur einem oder gar keinem Arbeitnehmer.[533] Allerdings ist es nach der hier vertretenen Auffassung für eine freiwillige vergütungsrechtliche Beförderung durch den Arbeitgeber ausreichend (auch wenn eine Beförderungsklage mangels Erfüllung der Darlegungs- und Beweislast durch das Betriebsratsmitglied keine Aussicht auf Erfolg hätte), wenn Tatsachen feststellbar sind, die *dafür sprechen*, dass der Arbeitgeber das Betriebsratsmitglied gleichermaßen in eine entsprechende Position befördert hätte, wäre es nicht in den Betriebsrat gewählt worden. Dies ist – vergleichbar mit der Frage nach dem Ermessensspielraum des Arbeitgebers bei freiwilligen Beförderungsentscheidungen –

---

530 *Bayreuther*, NZA 2014, 235 (237).
531 *Bayreuther*, NZA 2014, 235 (237).
532 Siehe oben unter „Fehlen vergleichbarer Arbeitnehmer", S. 79.
533 BAG v. 17.08.2005 – 7 AZR 528/04, NZA 2006, 448 (450).

beispielsweise dann der Fall, wenn vergleichbare Arbeitnehmer aus einer ähnlichen Position heraus entsprechend befördert wurden, selbst wenn sich nicht mit Sicherheit feststellen lässt, dass dies in der Mehrzahl der Fälle üblich war. Vielmehr muss es in diesen Fällen als ausreichend angesehen werden, wenn das Betriebsratsmitglied aufgrund seiner am objektiven Maßstab der vergleichbaren Arbeitnehmer mit betriebsüblicher beruflicher Entwicklung festgestellten Qualifikation und Leistungsbereitschaft nachweisbare Chancen gehabt hätte, vom Arbeitgeber in die freie Führungsposition befördert zu werden, und im Gesamtbild keine bevorzugte Beförderung von Mitgliedern des Betriebsrats erkennbar ist. Absolute Sicherheit, dass das Betriebsratsmitglied tatsächlich die Stelle erhalten hätte, ist hingegen nicht erforderlich. Dies würde das Betriebsratsmitglied unangemessen benachteiligen.

2. Auswirkungen auf die Mitgliedschaft im Betriebsrat

Ist die (freiwillige) vergütungsrechtliche Beförderung in eine Leitungs- oder Führungsposition des Betriebsratsmitglieds zulässig bzw. hat es sogar einen (einklagbaren) Anspruch auf die einem leitenden Angestellten entsprechende Vergütung, drängt sich die Frage auf, welche Auswirkungen diese (vergütungsrechtliche Beförderung) auf seine Mitgliedschaft im Betriebsrat hat.

Gemäß § 24 Nr. 4 BetrVG erlischt die Mitgliedschaft im Betriebsrat durch Verlust der Wählbarkeit. Personen, die Mitglied des Vertretungsorgans einer juristischen Person oder Mitglieder einer Personengesamtheit sind, sind gemäß § 5 Abs. 2 Nr. 1 und Nr. 2 BetrVG ebenso wenig wie leitende Angestellte nach § 5 Abs. 3 Satz 1 BetrVG Arbeitnehmer im Sinne des BetrVG und daher weder wahlberechtigt noch wählbar, §§ 7, 8 BetrVG.

Wird das Betriebsratsmitglied (vergütungsrechtlich) zum leitenden Angestellten (§ 5 Abs. 3 BetrVG) befördert, könnte dies zur Folge haben, dass dann auch das Betriebsratsmandat endet. Diese Rechtsfolge stößt jedoch im rechtswissenschaftlichen Schrifttum auf Ablehnung. Dies wird damit begründet, dass Mitglieder des Betriebsrats gegebenenfalls zwar aufgrund von § 37 Abs. 4 BetrVG eine einem leitenden Angestellten entsprechende Vergütung erhalten, jedoch nicht tatsächlich in der Position eines leitenden Angestellten tätig werden.[534] Dies gelte sowohl

---

[534] *Hennecke*, BB 1986, 936 (937); *Keilich*, BB 2014, 2229 (2232); *Lipp*, S. 82.

für freigestellte als auch für nicht freigestellte Betriebsratsmitglieder, da ihre berufliche Entwicklung zum leitenden Angestellten rein fiktiv sei und sich ausschließlich in einer entsprechenden Erhöhung der Vergütung bemerkbar mache.[535] Die Position dieser Betriebsratsmitglieder sei vergleichbar mit der eines Titularprokuristen. Dieser darf aufgrund ausdrücklicher Vereinbarung oder Weisung des Arbeitgebers von der ihm erteilten Prokura keinen Gebrauch machen. Auch im Falle eines Titularprokuristen fehle es an einer tatsächlichen Ausübung seiner Tätigkeit als Prokurist, weshalb er nach einhelliger Ansicht nicht als leitender Angestellter im Sinne des § 5 Abs. 3 Nr. 2 BetrVG angesehen wird.[536] Auch beim Betriebsratsmitglied müsse berücksichtigt werden, dass es nicht tatsächlich als leitender Angestellter tätig werde. Im Rahmen des § 5 Abs. 3 BetrVG komme es jedoch auf die konkret ausgeübte Tätigkeit und nicht auf eine formelle Tätigkeitszuweisung an.[537]

Dem ist zuzustimmen. Sowohl der Wortlaut als auch der Sinn und Zweck des § 5 Abs. 3 BetrVG wie auch der des § 37 Abs. 4 BetrVG sprechen für die in der Literatur vertretene Meinung. Bereits der Wortlaut des § 5 Abs. 3 Satz 2 BetrVG knüpft im Hinblick auf die in § 5 Abs. 3 Satz 2 Nr. 1 bis Nr. 3 BetrVG genannten Tätigkeiten an *„Arbeitsvertrag und Stellung im Unternehmen oder im Betrieb"* an. Dies bedeutet, dass es schon nach dem Wortlaut der Norm auf die tatsächlich nach Arbeitsvertrag und Stellung ausgeübte Tätigkeit ankommt und nicht auf eine formelle Tätigkeitszuweisung.

Auch Sinn und Zweck sprechen für das in der Literatur vertretene Ergebnis. Der Grund für die Sonderstellung der leitenden Angestellten und ihre Ausklammerung aus der Mitbestimmung des Betriebsrats wie auch aus der vom Betriebsrat repräsentierten Belegschaft liegt darin, dass sie aufgrund ihrer innerbetrieblichen Stellung eher dem Interessenbereich des Arbeitgebers und nicht dem der Belegschaft zugerechnet werden. Durch die Herausnahme aus dem Anwendungsbereich des BetrVG sollen mögliche Interessenkollisionen vermieden werden.[538] Die Gefahr

---

535 *Lipp*, S. 82.
536 *Fitting*, § 5 Rn. 389; DKKW/*Trümner*, § 5 Rn. 256; Richardi/*Richardi*, § 5 Rn. 206.
537 *Keilich*, BB 2014, 2229 (2232); *Lipp*, S. 82.
538 BAG v. 16.04.2002 – 1 ABR 23/01, AP Nr. 69 zu § 5 BetrVG 1972; *Hennecke*, BB 1986, 936 (937); *Lipp*, S. 82.

derartiger Interessenkonflikte besteht jedoch in dem hier diskutierten Fall überhaupt nicht. Das Betriebsratsmitglied, welches über § 37 Abs. 4 BetrVG lediglich die einem leitenden Angestellten entsprechende Vergütung verlangen kann, wird deswegen nicht tatsächlich mit den Aufgaben eines leitenden Angestellten betraut. Sofern sich die Beförderung über § 37 Abs. 4 BetrVG nur auf das Entgelt bezieht, ist der Interessenkonflikt, den die Regelung des § 5 Abs. 3 BetrVG vermeiden will, ausgeschlossen. Der Sinn und Zweck des § 5 Abs. 3 BetrVG wird also gar nicht berührt, so dass aus dieser Norm weder folgt, das Arbeitsentgelt eines Mitglieds des Betriebsrats könne nicht an das Gehalt eines leitenden Angestellten angepasst werden, noch, dass die Mitgliedschaft des fraglichen Arbeitnehmers im Betriebsrat infolgedessen endet.

Auch aus § 5 Abs. 4 BetrVG ergibt sich nichts Gegenteiliges. Zwar spricht § 5 Abs. 4 Nr. 3 BetrVG davon, leitender Angestellter sei *„im Zweifel, wer ein regelmäßiges Jahresarbeitsentgelt erhält, das für leitende Angestellte in dem Unternehmen üblich ist"*. Der Rückgriff auf § 5 Abs. 4 BetrVG ist erst eröffnet, wenn Zweifel bleiben, ob die Voraussetzungen der Nr. 3 des Abs. 3 Satz 2 erfüllt sind.[539] Auf die Einordnung eines leitenden Angestellten nach Nr. 1 oder Nr. 2 findet die Norm ausweislich ihres Wortlauts ohnehin keine Anwendung. Im vorliegenden Fall führt das Betriebsratsmitglied jedoch keine der in § 5 Abs. 3 BetrVG genannten Tätigkeiten tatsächlich aus. Folglich bestehen auch keine Zweifel am Vorliegen der Voraussetzungen des § 5 Abs. 3 Satz 2 Nr. 3 BetrVG. Der Anwendungsbereich der Norm ist im Falle der vergütungsrechtlichen Beförderung eines Betriebsratsmitglieds nicht anwendbar.

Anders ist der Fall nur dann zu beurteilen, wenn das Betriebsratsmitglied nicht nur monetär, sondern auch tatsächlich auf die Position eines leitenden Angestellten befördert wird und eine entsprechende Tätigkeit ausübt. In diesem Fall greift § 5 Abs. 3 BetrVG und die Mitgliedschaft des Arbeitnehmervertreters im Betriebsrat endet gemäß § 24 Nr. 4 BetrVG.[540]

---

539 Richardi/*Richardi*, § 5 Rn. 249 m.w.N.
540 Ebenso: *Löwisch/Rügenhagen*, DB 2008, 466 (467); *Lipp*, S. 83.

VII. Faktische Höhergruppierung

Im Rahmen des § 37 Abs. 4 BetrVG stellt sich weiter die Frage, ob dieser auch einen Anspruch auf Höhergruppierung im Sinne einer tatsächlichen und nicht lediglich einer vergütungsrechtlichen Beförderung gewährt.

Die Rechtsprechung hat sich bislang – soweit ersichtlich – noch nicht mit dieser Frage auseinandergesetzt. Zwar hat sie bereits mehrfach einen Anspruch auf „Beförderung" anerkannt, sofern diese betriebsüblich war.[541] Damit war allerdings lediglich eine Beförderung im vergütungsrechtlichen – sprich die Anpassung der Vergütung an das der Beförderungsposition entsprechende Entgelt – und nicht im tatsächlichen Sinne gemeint.

Lediglich in seiner Entscheidung aus dem Jahre 2010[542] hat das Bundesarbeitsgericht ohne nähere Begründung festgestellt, dass ein Höhergruppierungsanspruch (des Personalratsmitglieds) nicht bestehe. Weiter stellte das Bundesarbeitsgericht in dieser Entscheidung jedoch fest, dass das Personalratsmitglied den Arbeitgeber unabhängig von dessen Verschulden auf Zahlung der Vergütung aus einer höheren Vergütungsgruppe in Anspruch nehmen könne, wenn es ohne die Freistellung mit der Aufgabe betraut worden wäre, die die Eingruppierung in der höheren Vergütungsgruppe rechtfertige.[543] Die überwiegende Auffassung im rechtswissenschaftlichen Schrifttum[544] verneint einen Anspruch auf Höhergruppierung aus § 37 Abs. 4 BetrVG, da eine solche bereits vom Wortlaut des § 37 Abs. 4 BetrVG nicht gedeckt sei. Diese lasse nur die Entgeltanpassung während der Schutzdauer der Norm, nicht hingegen die tatsächliche Höhergruppierung zu.

Der überwiegenden Meinung im Schrifttum ist zuzustimmen. Ein Anspruch auf Höhergruppierung kann aus § 37 Abs. 4 BetrVG nicht hergeleitet werden. Bereits der Wortlaut der Norm stellt ausschließlich auf den Begriff des „Arbeitsentgelts" ab und gewährt lediglich einen Anspruch auf Entgeltanpassung, nicht jedoch auf

---

[541] BAG v. 14.07.2010 – 7 AZR 359/09, NJOZ, 2011, 272 (275); BAG v. 17.08.2005 – 7 AZR 528/04, AP Nr. 142 zu § 37 BetrVG 1972; BAG v. 15.01.1992 – 7 AZR 194/91, AP Nr. 84 zu § 37 BetrVG 1972; BAG v. 13.11.1987 – 7 AZR 550/86, AP Nr. 61 zu § 37 BetrVG 1972.
[542] BAG v. 14.07.2010 – 7 AZR 359/09, NJOZ, 2011, 272 (274).
[543] BAG v. 14.07.2010 – 7 AZR 359/09, NJOZ, 2011, 272 (274).
[544] *Knipper*, S. 33; *Lipp*, S. 98 f.; *Natzel* NZA 2000, 77 (79).

eine tatsächliche Beförderung oder Höhergruppierung des Betriebsratsmitglieds. Ein solcher Anspruch ist vom Wortlaut des § 37 Abs. 4 BetrVG nicht umfasst.

Darüber hinaus sprechen auch gesetzessystematische Gründe gegen die Anerkennung eines Höhergruppierungsanspruchs der Betriebsratsmitglieder. Der Gesetzgeber hat erkannt, dass bestimmte berufliche Qualifikationen und Fähigkeiten aufgrund der Betriebsratstätigkeit bei den Mitgliedern des Betriebsrats nicht mehr in der Art und Weise vorhanden sind, dass sie dem an die betriebsübliche berufliche Entwicklung vergleichbarer Arbeitnehmer angepassten Arbeitsentgelt entsprechen würden. Oftmals unterscheidet sich die Betriebsratstätigkeit grundlegend von der ursprünglichen Berufstätigkeit des Betriebsratsmitglieds, so dass es sich während seiner Amtszeit häufig andere Kenntnisse und Fähigkeiten aneignet als die, die es für sein berufliches Fortkommen in seiner ursprünglichen Tätigkeit benötigen würde. Dies macht die Regelung des § 38 Abs. 4 Satz 2, Satz 3 BetrVG deutlich. Die Norm gewährt den freigestellten Mitgliedern des Betriebsrats einen Anspruch auf die Teilnahme an inner- und außerbetrieblichen Maßnahmen der Berufsbildung. Damit ergänzt die Norm den Schutz vor unterwertiger Beschäftigung nach § 37 Abs. 5 BetrVG. Dies bedeutet, dass sich das freigestellte Betriebsratsmitglied nach dem Ende seiner Freistellung bemühen muss, eine seiner Vergütung entsprechende Qualifikation zu erlangen, wenn es nicht riskieren will nach Ende der Schutzdauer des § 37 Abs. 4 i.V.m. § 38 Abs. 3 BetrVG in eine geringere/niedrigere Vergütungsgruppe eingestuft zu werden, die seinen Kenntnissen und Fähigkeiten entspricht.[545]

Dasselbe gilt auch für nur gelegentlich nach § 37 Abs. 2 BetrVG befreite Betriebsratsmitglieder. Zwar bezieht sich § 38 Abs. 4 BetrVG nach seinem Wortlaut nur auf freigestellte Betriebsratsmitglieder und erweitert den Schutz vor Benachteiligungen auch auf Maßnahmen der inner- und außerbetrieblichen Weiterbildung. Für nicht freigestellte Betriebsratsmitglieder lässt sich dies aus § 78 Satz 2 BetrVG ableiten.[546] Im Umkehrschluss bedeutet dies, dass sich auch das nicht freigestellte Betriebsratsmitglied nach dem Ende seiner Amtstätigkeit bemühen muss, eine seiner Vergütung entsprechende Qualifikation zu erlangen, wenn es nicht riskieren will nach Ende der Schutzdauer des § 37 Abs. 5 BetrVG

---

545 Ebenso: *Lipp*, S. 99; *Natzel*, NZA 2000, 77 (79).
546 So auch: *Esser*, S. 112; *Weinspach*, in: FS Kreutz, 485 (490).

in eine niedrigere Vergütungsgruppe eingestuft zu werden, die seinen Kenntnissen und Fähigkeiten entspricht. Ebenfalls gegen einen Anspruch auf Höhergruppierung spricht, dass sich diese in der Regel nach tarifvertraglich vorgegebenen Eingruppierungskriterien richtet, die sich insbesondere an der Art der ausgeübten Tätigkeit und den hierzu erforderlichen Fähigkeiten und Kenntnissen orientieren. Sie stellt also Rechtsvollzug dar. Eine Höhergruppierung, die sich an der hypothetischen betriebsüblichen beruflichen Entwicklung orientiert und für die entsprechende Beförderungsstelle erforderlichen Fähigkeiten und Kenntnisse fingiert, stellt jedoch keinen Rechtsvollzug dar, sondern begründet eine neue Rechtsstellung.[547]

Ein Beförderungsanspruch auf tatsächliche Höhergruppierung ergibt sich auch nicht aus dem Benachteiligungsgebot des § 78 Satz 2 BetrVG, denn eine unzulässige Benachteiligung liegt erst mit dem Übergehen des Betriebsratsmitglieds trotz seines Rechtsanspruchs vor, an dem es hier jedoch gerade fehlt. Der Verlust von Beförderungschancen (auf die kein Anspruch nach § 37 Abs. 4 BetrVG besteht) stellt hingegen keinen unzulässigen Nachteil dar. Im Gegenteil, eine tatsächliche Versetzung des Betriebsratsmitglieds auf eine freie Beförderungsstelle, die weder durch Leistung noch nach Ausscheiden des Betriebsratsmitglieds aus dem Betriebsrat durch die Regelung in § 38 Abs. 4 BetrVG gedeckt ist, stellt sogar eine unzulässige Begünstigung dar.[548] So verstößt ein Arbeitgeber beispielsweise gegen das Begünstigungsverbot des § 78 Satz 2 BetrVG, wenn er ein Betriebsratsmitglied auf eine Beförderungsstelle versetzt, um dadurch die ihm gewährte unzulässige Gehaltserhöhung zu „*heilen*", die der Höhe nach dem neuen höherwertigen Arbeitsplatz entspricht. Eine solche Beförderung begünstigt das Betriebsratsmitglied unzulässig, da sie aufgrund der Betriebsratstätigkeit erfolgt ist und weder durch die arbeitsvertraglich geschuldete Leistung noch durch die Norm des § 38 Abs. 4 BetrVG gedeckt ist.

Des Weiteren gilt es zu beachten, dass im Falle der tatsächlichen Beförderung eines Betriebsratsmitglieds zum leitenden Angestellten im Sinne des § 5 Abs. 3 BetrVG das Betriebsratsamt endet, § 24 Nr. 4 BetrVG i.V.m. §§ 7, 8 BetrVG, da

---

547 *Natzel*, NZA 2000, 77 (79).
548 *Knipper*, S. 33; *Weinspach*, in: FS Kreutz, 485 (489).

das Betriebsratsmitglied dann Arbeitgeberfunktionen wahrnehmen könnte und anders als im Fall der vergütungsrechtlichen Beförderung die Gefahr einer Interessenkollision besteht.

Festzuhalten bleibt: § 37 Abs. 4 BetrVG gewährt lediglich einen Anspruch auf Entgeltbemessung. Entsprechend der Anwendung dieser Norm kann nur das Arbeitsentgelt angepasst werden, nicht auch die für die Bemessung des Arbeitsentgelts maßgebliche Eingruppierung. Ein Anspruch auf Höhergruppierung oder auf faktische Versetzung auf einen bevorzugten Arbeitsplatz besteht nicht.

VIII. Tätigkeitsbezeichnung

In diesem Zusammenhang stellt sich darüber hinaus die Frage, ob eine unzulässige Begünstigung im Sinne des § 78 Satz 2 BetrVG auch durch die Zusage einer bestimmten Tätigkeitsbezeichnung erfolgen kann. Auch wenn dies nicht unmittelbar eine Begünstigung durch Vergütung ist, steht sie mit dieser doch in einem so engen thematischen Zusammenhang, dass bereits an dieser Stelle kurz darauf eingegangen werden soll.

Mit dieser Frage hatte sich das Sächsische LAG in seiner Entscheidung aus dem Jahre 2008[549] zu beschäftigen. Der Betriebsratsvorsitzende hatte dem Arbeitgeber im Rahmen der Verhandlungen zwischen den Betriebsparteien über das Zustandekommen eines Interessenausgleichs in Aussicht gestellt, dass sich alle Mitglieder des Betriebsrats bereit erklären würden, die Zustimmung zum Interessenausgleich nicht länger zu verweigern, wenn der Arbeitgeber dafür Sorge tragen würde, dass die künftige Tätigkeitsbezeichnung der Betriebsratsmitglieder nicht länger „Werkschutzmann", sondern „Maschinist Anlagensicherheit" lauten würde. Dabei sollte die eigentliche Tätigkeit an sich jedoch nicht verändert werden, zumal es solche Stellen in dem fraglichen Unternehmen überhaupt nicht gab. Es ging den Betriebsratsmitgliedern lediglich um die neue Tätigkeitsbezeichnung, da sie sich davon Vorteile bei künftigen Bewerbungen versprachen. Der Arbeitgeber erklärte sich daraufhin bereit, die Tätigkeitsbezeichnung nach außen hin und insbesondere auch in Zeugnissen entsprechend anzupassen. Daraufhin stimmten alle Betriebsratsmitglieder dem Interessenausgleich zu. Das LAG sah

---

549 Sächsisches LAG v. 27.08.2008 – 2 Sa 752/07, juris.

in dieser Zusage des Arbeitgebers, die Tätigkeitsbezeichnung entsprechend den Vorstellungen des Betriebsrats zu ändern, eine unzulässige Begünstigung im Sinne des § 78 Satz 2 BetrVG. Denn eine unzulässige Begünstigung liege auch dann vor, wenn einem Arbeitnehmer eine Tätigkeitsbezeichnung zugesichert werde, die sich für ihn aus seiner Sicht vorteilhaft erweisen kann. Insoweit komme es auch nicht darauf an, ob andere Beschäftigte durch dieses Vorgehen benachteiligt werden oder anderen Beschäftigten kein entsprechender Vorzug gewährt werden könne, weil sie schon keine vergleichbare Tätigkeit verrichten können. Die Betriebsratsmitglieder haben sich „günstig" stellen wollen, indem sie im Falle eines Ausscheidens Dritten gegenüber eine Tätigkeitsbezeichnung von aus ihrer Sicht höherem „sozialen Prestige" hätten verwenden können. Dies habe der Arbeitgeber auch gerade aufgrund ihrer Tätigkeit als Betriebsratsmitglieder zugesagt.[550]

Dem sächsischen LAG ist im Ergebnis zuzustimmen. Wird einem Mitglied des Betriebsrats eine höherwertige Tätigkeitsbezeichnung wegen seiner Amtstätigkeit verliehen, so liegt darin eine nach § 78 Satz 2 BetrVG unzulässige Begünstigung. Zur Klärung der Frage, ob eine unzulässige Begünstigung vorliegt oder nicht, ist maßgeblich, ob ein Funktionsträger besser behandelt wird, als es ohne sein Amt der Fall gewesen wäre.[551] Die Ausführungen des sächsischen LAG sind hinsichtlich der Besserstellung jedoch etwas irreführend und ungenau, soweit das Gericht erklärt, dass es nicht darauf ankomme, „ob dadurch andere Beschäftigte benachteiligt werden oder anderen Beschäftigten kein entsprechender Vorzug gewährt werden könnte, weil sie schon keine vergleichbare Tätigkeit verrichten können."[552] Obwohl der Wortlaut des § 78 Satz 2 BetrVG lediglich von „Tätigkeit" spricht und nicht auf die „Mitgliedschaft" abstellt, wird eine Begünstigung allgemein und nach der hier vertretenen Auffassung[553] angenommen, wenn Funktionsträger allein wegen dieser Eigenschaft Vergünstigungen erhalten, die vergleichbaren Arbeitnehmern nicht gewährt werden. Der vom Arbeitgeber gewährte Vorteil muss gleichzeitig zu einer Besserstellung des Betriebsratsmitglieds gegenüber

---

550 Sächsisches LAG v. 27.08.2008 – 2 Sa 752/07, juris.
551 Siehe oben bei „Tatbestandsvoraussetzungen des § 78 Satz 2 BetrVG", S. 22.
552 Sächsisches LAG v. 27.08.2008 – 2 Sa 752/07, juris, Rn. 66.
553 Siehe oben bei „Begriff der Begünstigung", S. 22.

anderen Arbeitnehmern oder Betriebsratsmitgliedern führen. Hätte der Betriebsratsvorsitzende die Schaffung einer neuen Tätigkeitsbezeichnung für alle Arbeitnehmer gefordert, die vormals als „Werkschutzmann" bezeichnet wurden, und hätte der Arbeitgeber diese für alle betroffenen Arbeitnehmer und nicht nur für die Mitglieder des Betriebsrats gewährt, so wären die Voraussetzungen einer unzulässigen Begünstigung gerade nicht erfüllt gewesen.[554] Das sächsische LAG hat es versäumt, diesen Aspekt sauber herauszuarbeiten, geht jedoch wohl im Ergebnis davon aus, so dass ihm dahingehend zuzustimmen ist, dass in der Schaffung einer neuen, vermeintlich höherwertigen Tätigkeitsbezeichnung einzig für Betriebsratsmitglieder wegen ihrer Amtstätigkeit eine unzulässige Begünstigung im Sinne des § 78 Satz 2 BetrVG vorliegt.

IX. Ergebnis

In Übereinstimmung mit der Rechtsprechung und der herrschenden Meinung in der Literatur ist eine Beförderung betriebsüblich, wenn sie dem typischen Normalverlauf im Unternehmen entspricht. Die Definition als solche ist unstreitig, lediglich die Einzelheiten hinsichtlich der Feststellung einer solchen „Betriebsüblichkeit" sind umstritten.

Steht nur eine Beförderungsstelle zur Verfügung, besteht nur dann ein Anspruch des Betriebsratsmitglieds auf eine der Beförderungsstelle entsprechende Vergütung, wenn die Beförderungsstelle nach den betrieblichen Auswahlkriterien dem Betriebsratsmitglied hätte übertragen werden müssen. Dabei muss das Betriebsratsmitglied darlegen und beweisen, dass es diese berufliche Entwicklung ohne seine Amtstätigkeit tatsächlich genommen hätte.

Ohne größere Probleme kann die Feststellung, ob eine Beförderung des Betriebsratsmitglieds „betriebsüblich" ist, erfolgen, wenn es sich um eine klassische Betriebsstruktur handelt, mit klar trennbaren Hierarchieebenen, die jeweils eine größere Anzahl von vergleichbaren Arbeitnehmern in einem regelmäßigen und vorgegebenen Rhythmus durchläuft. Leistungs- und Qualifikationsunterschiede im Vergleich zu denjenigen Arbeitnehmern, die nicht in den Betriebsrat gewählt wurden, dürfen den Mitgliedern des Betriebsrats nicht zum Nachteil gereichen, wenn

---

554 Ebenso: *Esser*, S. 113.

sie durch die Amtstätigkeit entstanden sind. Sonst läge eine unzulässige Benachteiligung des einzelnen Betriebsratsmitglieds nach § 78 Satz 2 BetrVG vor. Umgekehrt dürfen selbst herausragende Leistungen und überdurchschnittliche Qualifikationen, die das Betriebsratsmitglied während und aufgrund seiner Betriebsratstätigkeit erbringt und erwirbt, in diesem Zusammenhang keinerlei Berücksichtigung finden. Zwar mag es der Gegenauffassung ungerecht und schwer nachvollziehbar vorkommen, dass selbst herausragendste Leistungen, die das Betriebsratsmitglied im Dienste seines Betriebs und der Belegschaft erbringt, nicht „honoriert" werden dürfen. Allerdings entspricht dies derzeit geltendem Recht, nach dem das Betriebsratsamt ein unentgeltliches Ehrenamt ist und die Betriebsratstätigkeit als solche folglich nicht vergütet werden darf – auch nicht durch die Hintertür, indem man oben genannte Verdienste und Leistungen des Betriebsratsmitglieds über eine Anpassung des Vergleichsmaßstabs und damit auch der beruflichen Entwicklung berücksichtigt. Maßstab muss immer die betriebsübliche berufliche Entwicklung der vergleichbaren Arbeitnehmer bleiben. Individuelle Leistungen und Entwicklungen des Betriebsratsmitglieds selbst während seiner Amtszeit dürfen nicht herangezogen werden.

Besteht die Vergleichsgruppe lediglich aus einem oder nur aus sehr wenigen Arbeitnehmern, ist die Vergleichsgruppenbildung nur schwer möglich. Dies ist umso häufiger der Fall, je höherrangiger eine Beförderungsstelle ist, da auf den jeweiligen Hierarchieebenen, sofern man diese überhaupt klar voneinander trennen kann, von vornherein nur eine begrenzte Anzahl von Arbeitnehmern tätig ist. Findet sich dennoch ein vergleichbarer Arbeitnehmer bzw. eine kleine Vergleichsgruppe, so bereitet die Feststellung eines gleichmäßigen Beförderungsverhaltens nochmals größere Schwierigkeiten, da diese Beförderungen in aller Regel auf individuellen Einzelfallentscheidungen beruhen dürften und sich somit in diesen Fällen gerade kein typischer Normalverlauf feststellen lässt. In diesen Fällen muss dem Arbeitgeber ein gewisser Ermessensspielraum zugestanden werden, der nach oben durch das Begünstigungs-, nach unten durch das Benachteiligungsverbot beschränkt wird. Insbesondere kann aus der Tatsache, dass ein Betriebsratsmitglied seinen Anspruch aus § 37 Abs. 4 BetrVG nicht darlegen und beweisen kann, nicht gefolgert werden, dass eine freiwillige Beförderungsentscheidung automatisch einem Verstoß gegen das Begünstigungsverbot gleichkommt.

Weitere Schwierigkeiten folgen daraus, wenn es darum geht, ob dem Betriebsratsmitglied eine Beförderung zum leitenden Angestellten zusteht und welche Konsequenzen sich ggf. aus einer solchen Beförderung ergeben. Die Tatsache, dass es sich bei einer Beförderungsstelle um eine „gehobene Position" handelt, steht jedoch der „Betriebsüblichkeit" im Sinne des § 37 Abs. 4 BetrVG nicht entgegen. Es gibt keine hierarchische Grenze für die Betriebsüblichkeit von Beförderungen, da sonst die Gefahr bestünde, dass sich gerade qualifizierte Mitarbeiter nicht für die Betriebsratstätigkeit zur Verfügung stellen würden.[555] Dies würde den Normzweck, die Gewährleistung der Unparteilichkeit und Unabhängigkeit der Betriebsratsmitglieder, konterkarieren.

Unerheblich für die Frage, ob die Beförderung gegen das Begünstigungsverbot verstößt oder nicht, ist die Tatsache, ob die Stelle dem Betriebsratsmitglied konkret angeboten wurde oder nicht. Maßgeblich ist auch hier, ob die angebotene Stelle entsprechend den oben genannten Grundsätzen der betriebsüblichen Entwicklung des Betriebsratsmitglieds entsprach oder ob das Angebot noch vom Ermessensspielraum des Arbeitgebers gedeckt war.

C. Abgeltung von Mehrarbeit

Die Abgeltung von Mehrarbeit ist ein in der Praxis äußerst relevanter Problemkreis vor dem Hintergrund eines möglichen Verstoßes gegen das betriebsverfassungsrechtliche Begünstigungsverbot. Dabei ist zwischen tatsächlicher und hypothetischer Mehrarbeit zu differenzieren. Tatsächliche Mehrarbeit meint die, die ein Betriebsratsmitglied für den Betriebsrat leistet. Diese ist nach § 37 Abs. 3 BetrVG zu beurteilen. Davon zu trennen ist die hypothetische Mehrarbeit, die das Betriebsratsmitglied geleistet hätte, wenn es nicht für den Betriebsrat tätig gewesen wäre. Diese fällt unter § 37 Abs. 2 BetrVG und ist entsprechend den oben genannten Grundsätzen zu behandeln.[556] Sowohl im Hinblick auf die Vergütung tatsächlicher als auch hypothetischer Mehrarbeit stellt sich die Folgefrage, ob eine pauschale Abgeltung der Mehrarbeit in diesen Fällen zulässig ist.

---

555 Ebenso *Knipper*, S. 25; *Lipp*, S. 80.
556 Siehe oben bei „Arbeitsbefreiung und Lohnausfallprinzip, § 37 Abs. 2 BetrVG", S. 47.

I. Tatsächliche Mehrarbeit

Aus § 37 Abs. 3 BetrVG lässt sich im Umkehrschluss entnehmen, dass Betriebsratstätigkeit grundsätzlich *während* der Arbeitszeit durchzuführen ist.[557] Dabei obliegt es dem Arbeitgeber, durch organisatorische Vorkehrungen dafür Sorge zu tragen, dass die Mitglieder des Betriebsrats ihre Amtstätigkeit regelmäßig während ihrer individuellen Arbeitszeit ausüben.[558] Dies folgt aus dem Gebot zur vertrauensvollen Zusammenarbeit, § 2 Abs. 1 BetrVG.

War das Betriebsratsmitglied jedoch gezwungen, seine Betriebsratsarbeit aus betriebsbedingten Gründen ausnahmsweise außerhalb seiner Arbeitszeit zu erbringen, gewährt ihm § 37 Abs. 3 BetrVG einen Ausgleichsanspruch für die angefallene Mehrarbeit. Denn es wäre unangemessen, wenn das Betriebsratsmitglied aufgrund seiner Betriebsratstätigkeit Freizeitopfer bringen müsste. Dieser Ausgleichsanspruch ist ein einheitlicher Anspruch und vorrangig auf Freizeitausgleich unter Fortzahlung des Arbeitsentgelts gerichtet, § 37 Abs. 3 Satz 1 BetrVG. Kann ein solcher Freizeitausgleich aus betriebsbedingten Gründen innerhalb eines Monats nicht gewährt werden, steht dem Betriebsratsmitglied nach § 37 Abs. 3 Satz 3 BetrVG ein Anspruch auf Vergütung der aufgewendeten Zeit „wie Mehrarbeit" zu.[559]

1. Tatbestandsvoraussetzungen, § 37 Abs. 3 BetrVG

Ein Anspruch aus § 37 Abs. 3 BetrVG kommt nur dann in Betracht, wenn das Betriebsratsmitglied seine Betriebsratstätigkeit aus betriebsbedingten Gründen außerhalb der Arbeitszeit durchführen musste.

a. Betriebsratstätigkeit

Anknüpfungspunkt des § 37 Abs. 3 Satz 1 BetrVG ist die Betriebsratstätigkeit. Der Begriff *Betriebsratstätigkeit* meint alles, was zur ordnungsgemäßen Durchführung der Aufgaben des Betriebsrats erforderlich ist, d.h. die Erfüllung von

---

[557] BAG v. 03.12.1987 – 6 AZR 569/85, AP Nr. 62 zu § 37 BetrVG 1972; BAG v. 31.10.1985 – 6 AZR 175/83, AP Nr. 52 zu § 37 BetrVG 1972; BAG v. 19.07.1977 – Az. 1 AZR 376/74, AP Nr. 29 zu § 37 BetrVG 1972.
[558] BAG v. 11.01.1995 – 7 AZR 543/94, NZA 1996, 105 (106); BAG v. 27.08.1982 – 7 AZR 30/80, NJW 1983, 2835 (2826); GK-BetrVG/*Weber*, § 37 Rn. 81.
[559] Siehe oben bei „Arbeitsbefreiung und Lohnausfallprinzip, § 37 Abs. 2 BetrVG", S. 47.

Aufgaben, die dem Betriebsrat oder seinen Mitgliedern obliegen oder in unmittelbarem Zusammenhang mit der Erfüllung dieser Aufgaben stehen.[560] Dazu gehört auch die Teilnahme an Schulungsveranstaltungen, § 37 Abs. 6 Satz 1 BetrVG.[561]

Es ist für den Ausgleichsanspruch nach § 37 Abs. 3 Satz 1 BetrVG daher nicht ausreichend, dass objektiv Betriebsratstätigkeit vorgelegen hat. Vielmehr muss die Betriebsratstätigkeit, die außerhalb der Arbeitszeit durchgeführt worden ist, zur ordnungsgemäßen Wahrnehmung der Betriebsratsaufgaben *erforderlich* gewesen sein.[562] Der Zusammenhang mit § 37 Abs. 2 BetrVG gebietet, dass diese Voraussetzung nur dann erfüllt ist, wenn das Betriebsratsmitglied für diese Tätigkeit grundsätzlich nach § 37 Abs. 2 BetrVG von der Arbeit zu befreien gewesen wäre.[563] Nach allgemeiner Auffassung kommt es für die Beantwortung der Frage, ob die Betriebsratstätigkeit erforderlich war, auf eine gewissenhafte Abwägung aller Umstände unter Berücksichtigung auch der betrieblichen Belange des Arbeitgebers an, wobei der Grundsatz der Verhältnismäßigkeit stets zu beachten ist. Insoweit steht den Betriebsratsmitgliedern ein Beurteilungsspielraum zu[564], der nach Auffassung des Bundesarbeitsgerichts erst dann überschritten ist, *„wenn das Betriebsratsmitglied bei eigener gewissenhafter Überprüfung und bei ruhiger und vernünftiger Würdigung aller Umstände die Versäumung von Arbeitszeit für die Verrichtung einer Betriebsratstätigkeit nicht mehr für erforderlich halten durfte."*[565]

Diese Einschränkung folgt aus dem Grundsatz, dass die Betriebsratstätigkeit im Allgemeinen während der Arbeitszeit durchzuführen ist und durch die Regelung des § 37 Abs. 3 BetrVG lediglich die Nachteile ausgeglichen werden sollen, die

---

560 *Fitting*, § 37 Rn. 75; GK-BetrVG/*Weber*, § 37 Rn. 86; DKKW/*Wedde*, § 37 Rn. 63.
561 *Fitting*, § 37 Rn. 75.
562 *Fitting*, § 37 Rn. 75; GK-BetrVG/*Weber*, § 37 Rn. 85; DKKW/*Wedde*, § 37 Rn. 63.
563 *Fitting*, § 37 Rn. 76; GK-BetrVG/*Weber*, § 37 Rn. 86; DKKW/Wedde, § 37 Rn. 63; ErfK/*Koch*, § 37 Rn. 7; *Bengelsdorf*, NZA 1989, 905 (906).
564 *Fitting*, § 37 Rn. 38; GK-BetrVG/*Weber*, § 37 Rn. 42, 44; MünchArbR/*Joost*, § 220 Rn. 13; Richardi/*Thüsing*, § 37 Rn. 26; DKKW/*Wedde*, § 37 Rn. 26.
565 BAG v. 31.08.1994 – 7 AZR 893/93, AP Nr. 98 zu § 37 BetrVG 1972.

das Betriebsratsmitglied erleidet, weil dies aus betrieblichen Gründen ausnahmsweise nicht möglich ist.[566] Andernfalls würde die Anwendung des § 37 Abs. 3 BetrVG zu einer Ungleichbehandlung der Betriebsratsmitglieder führen. Die Mitglieder des Betriebsrats, die zwar nützliche, jedoch keine im Sinne des § 37 Abs. 2 BetrVG erforderliche Betriebsratstätigkeit aus betriebsbedingten Gründen außerhalb der Arbeitszeit durchführen, würden gegenüber den anderen Betriebsratsmitgliedern privilegiert, die dieselbe nützliche, aber nicht erforderliche Tätigkeit während der Arbeitszeit durchführen, sofern man Ersteren einen Ausgleichsanspruch zugesteht. Denn im letztgenannten Fall bestünden keinerlei Ansprüche, auch kein Anspruch auf Fortzahlung des Arbeitsentgelts, wenn die Arbeitsversäumnis nicht zur Erledigung von Betriebsratsaufgaben nach Umfang und Art des Betriebs erforderlich war.[567]

b. Erfüllung der Betriebsratstätigkeit aus betriebsbedingten Gründen außerhalb der Arbeitszeit

Gemäß § 37 Abs. 3 Satz 1 BetrVG muss das Betriebsratsmitglied gezwungen gewesen sein, die Betriebsratstätigkeit aus betriebsbedingten Gründen außerhalb der Arbeitszeit durchzuführen. Mit Arbeitszeit im Sinne der Norm ist nicht die betriebsübliche, sondern die individuelle Arbeitszeit des Betriebsratsmitglieds gemeint, wie sie sich aus dem Arbeitsvertrag, der Betriebsvereinbarung oder dem Tarifvertrag ergibt.[568] Dies gilt ebenfalls für teilzeitbeschäftigte[569] oder in Gleitzeit tätige Betriebsratsmitglieder. Im Einzelnen bedeutet dies, dass erforderliche Betriebsratstätigkeit aufgrund in der Sphäre des Arbeitgebers liegender Gründe in die Freizeit des Betriebsratsmitglieds „verschoben" werden muss, gleichzeitig aber auch so dringlich ist, dass sie nicht auch in die nächste Arbeitszeit geschoben werden kann. Mit anderen Worten: Nicht nur die Betriebsratstätigkeit als solche muss erforderlich gewesen sein, sondern auch ihre Durchführung außerhalb der

---

566 *Fitting*, § 37 Rn. 76; GK-BetrVG/*Weber*, § 37 Rn. 86; *Bengelsdorf*, NZA 1989, 905 (906).
567 *Fitting*, § 37 Rn. 76; GK-BetrVG/*Weber*, § 37 Rn. 86; *Richardi/Thüsing*, § 37 Rn. 44.
568 BAG v. 03.12.1987 – 6 AZR 569/85, AP Nr. 62 zu § 37 BetrVG 1972; BAG v. 31.10.1985 – 6 AZR 175/83, AP Nr. 52 zu § 37 BetrVG 1972; *Fitting*, § 37 Rn. 92; HWGNRH/*Glock*, § 37 Rn. 84; *Richardi/Thüsing*, § 37 Rn. 44; GK-BetrVG/*Weber*, § 37 Rn. 90.
569 BAG v. 25.08.1999 – 7 AZR 713/97, AP Nr. 130 zu § 37 BetrVG 1972; DKKW/*Wedde*, § 37 Rn. 62; ErfK/*Eisemann*, § 37 BetrVG Rn. 10; *Fitting*, § 37 Rn. 92; GK-BetrVG/*Weber*, § 37 Rn. 85; *Greßlin*, S. 56.

Arbeitszeit. Im Folgenden ist nun zu untersuchen, wie der Begriff der „betriebsbedingten Gründe" näher präzisiert werden kann.

aa. Betriebsbedingte Gründe im Sinne des § 37 Abs. 3 Satz 1 BetrVG

Betriebsbedingte Gründe sind solche, die sich aus der Eigenart des Betriebs oder der Gestaltung seines Arbeitsablaufs ergeben. Sie liegen dann vor, wenn das Betriebsratsmitglied wegen der betrieblichen Verhältnisse, also der Eigenart des Betriebs, der Gestaltung des Arbeitsablaufs oder der Beschäftigungslage gezwungen ist, gewisse Amtsobliegenheiten außerhalb seiner individuellen Arbeitszeit zu erfüllen und seine Freizeit dafür zu opfern.[570] Das Vorliegen „betriebsbedingter Gründe" kann ferner dann bejaht werden, wenn die Ursache für die Verlagerung der Betriebsratstätigkeit in die Freizeit des Betriebsratsmitglieds in Umständen liegt, die vom Arbeitgeber veranlasst wurden, mithin also der Sphäre des Arbeitgebers zuzuordnen sind und vom Betriebsrat nicht beeinflussbar sind.[571] Das Vorliegen „betriebsbedingter Gründe" ist demnach auch dann zu bejahen, wenn zwar die Durchführung der Betriebsratstätigkeit auch während der Arbeitszeit in Betracht gekommen wäre, sie jedoch aufgrund der Einflussnahme des Arbeitgebers auf einen Zeitpunkt außerhalb der Arbeitszeit verschoben wurde.[572] Dies entspricht dem Sinn und Zweck der Norm, dem Betriebsratsmitglied einen Ausgleichsanspruch zu gewähren, wenn es seine Freizeit für Betriebsratstätigkeit opfert. Dabei kann es keinen Unterschied machen, ob dieses Freizeitopfer durch zwingende betriebliche Gegebenheiten bedingt ist oder in der Sphäre des Arbeitgebers seinen Ursprung hat. Finden beispielsweise Verhandlungen mit dem Betriebsrat oder eine Betriebsratssitzung auf Wunsch des Arbeitgebers außerhalb der Arbeitszeit statt, so liegt der Grund für die außerhalb der individuellen Arbeitszeit geleisteten Mehrarbeit zwar nicht in der Eigenschaft des Betriebs, sondern in der Sphäre des Arbeitgebers. Dies kann jedoch nicht dazu führen, das Vorliegen der

---

570 St. Rspr., BAG v. 26.01.1994 – 7 AZR 593/92, AP Nr. 93 zu § 37 BetrVG 1972; BAG v. 15.02.1989 – 7 AZR 193/88, AP Nr. 70 zu § 37 BetrVG 1972; BAG v. 03.12.1987 – 6 AZR 569/85, AP Nr. 62 zu § 37 BetrVG 1972; BAG v. 31.10.1985 – 6 AZR 175/83, AP Nr. 52 zu § 37 BetrVG 1972; BAG v. 11.07.1978 – 6 AZR 387/75, DB 1978, 2177, 2178; *Fitting*, § 37 Rn. 9; DKKW/*Wedde*, § 37 Rn. 65; ErfK/*Koch*, § 37 BetrVG Rn. 7; GK-BetrVG/*Weber*, § 37 Rn. 90.
571 BAG v. 21.05.1974 – 1 AZR 477/73, AP Nr. 14 zu § 37 BetrVG 1972; *Fitting*, § 37 Rn. 80; GK-BetrVG/*Weber*, 37 Rn. 92; *Bengelsdorf*, NZA 1989, 905 (908); ErfK/*Koch*, § 37 BetrVG Rn. 7; DKKW/*Wedde*, § 37 Rn. 65.
572 BAG v. 26.01.1994 – 7 AZR 593/92, AP Nr. 93 zu § 37 BetrVG 1972; GK-BetrVG/*Weber*, § 37 Rn. 92.

Unzulässige Begünstigung durch Betriebsratsvergütung

„betriebsbedingten Gründe" zu verneinen, wenn und soweit die Verlegung der Betriebsratssitzung auf Wunsch des Arbeitgebers hin erfolgt ist. Dabei ist jedoch zu beachten, dass der Arbeitgeber nicht ausschließlich nach subjektiven Gesichtspunkten verlangen kann, dass Betriebsratsmitglieder ihre Amtstätigkeit außerhalb ihrer persönlichen Arbeitszeit erledigen. Die Entscheidung des Gesetzgebers, Betriebsratstätigkeit grundsätzlich während der Arbeitszeit zu erledigen, hat auch der Arbeitgeber zu akzeptieren, so dass er nicht lediglich nach subjektiven Gesichtspunkten die Betriebsratstätigkeit in die Freizeit der Betriebsratsmitglieder verlegen kann.

Betriebsbedingte Gründe liegen nach dem durch das BetrVerf-ReformG 2001[573] neu eingefügten § 37 Abs. 3 Satz 2 BetrVG ferner dann vor, wenn die Betriebsratstätigkeit wegen der unterschiedlichen Arbeitszeiten der Mandatsträger nicht innerhalb der persönlichen Arbeitszeit erfolgen kann. Der Wortlaut der Norm ist weit gefasst und beinhaltet nach allgemeiner und zutreffender Auffassung sowohl die unterschiedliche Lage – wie beispielsweise Fälle der Wechselschicht sowie Gleitzeitarbeit – als auch die unterschiedliche Dauer bzw. den unterschiedlichen Umfang der Arbeitszeit.[574] Dies lässt sich mit der historisch-teleologischen Auslegung der Norm begründen. Nach der Begründung zum Regierungsentwurf zur Reform des BetrVG 2001[575] baut die Norm darauf auf, dass jegliche Form der betrieblichen Arbeitszeitgestaltung als Teil der betrieblichen Organisation zur Sphäre des Betriebs und somit zum Arbeitgeberbereich gehört. Damit ist auch die vor dem BetrVerf-ReformG 2001 umstrittene Frage, ob und unter welchen Voraussetzungen teilzeitbeschäftigte Betriebsratsmitglieder einen Ausgleich für erforderliche Betriebsratstätigkeiten außerhalb ihrer persönlichen Arbeitszeit über § 37 Abs. 3 BetrVG erhalten, positiv beantwortet. Vor der Neufassung des § 37 Abs. 3 BetrVG billigte das Bundesarbeitsgericht teilzeitbeschäftigten Betriebsratsmitgliedern, ebenso wie solchen in Wechselschicht oder rollierendem Schichtsystem, in diesen Fällen keinen Ausgleichsanspruch aus § 37 Abs. 3 BetrVG zu. Nach Ansicht des BAG[576] konnte über § 37 Abs. 3 BetrVG a.F. kein Ausgleich für Tätigkeiten gewährt werden, die nicht innerhalb der persönlichen

---

573 BT-Drs. 14/5741, S. 40.
574 *Fitting*, § 37 Rn. 81 ff.; GK-BetrVG/*Weber*, § 37 Rn. 93.
575 BT-Drs. 14/5741, S. 40.
576 BAG v. 05.03.1997 – 7 AZR 581/92, AP Nr. 123 zu § 37 BetrVG 1972.

Arbeitszeit erbracht wurden, so dass auch für teilzeitbeschäftigte Betriebsratsmitglieder ein Ausgleichsanspruch für erforderliche Betriebsratstätigkeit ausgeschlossen war, die von vornherein außerhalb ihrer persönlichen Arbeitszeit anfiel, wie beispielsweise ganztägige Betriebsratssitzungen.[577] Infolge der Neufassung des § 37 Abs. 3 BetrVG durch das BetrV-ReformG 2001 wurde vom Gesetzgeber in Satz 2 der Norm nun ausdrücklich klargestellt, dass betriebsbedingte Gründe und somit ein Ausgleichsanspruch auch dann vorliegen, wenn die Betriebsratstätigkeit wegen unterschiedlicher Arbeitszeiten der – insbesondere der in Teilzeit tätigen – Betriebsratsmitglieder nicht innerhalb der individuellen Arbeitszeit erfolgen kann.

Gleichwohl hat der Gesetzgeber die vor der BetrVG-Reform 2001 umstrittene Frage nach der Bedeutung individueller Arbeitszeitmodelle für das Merkmal der Betriebsbedingtheit nicht dahingehend entschieden, dass zukünftig jede Überschreitung der individuellen Arbeitszeit durch das Betriebsratsmitglied zur Erfüllung seiner Betriebsratsaufgaben als betriebsbedingt anzusehen ist. Der Wortlaut des § 37 Abs. 3 Satz 2 BetrVG spricht davon, dass betriebsbedingte Gründe auch vorliegen, wenn die Betriebsratstätigkeit „*wegen der unterschiedlichen Arbeitszeiten der Betriebsratsmitglieder*" nicht innerhalb der persönlichen Arbeitszeit erfolgen kann. Wie aus dem Wort „unterschiedlich" deutlich wird, setzt der Wortlaut der Norm zumindest zwei voneinander abweichende persönliche Arbeitszeiten von Betriebsratsmitgliedern voraus.[578] Nach dem Willen des Gesetzgebers soll § 37 Abs. 3 Satz 2 BetrVG verhindern, dass die „unterschiedlichen Arbeitszeiten" einzelne Betriebsratsmitglieder benachteiligen und sich negativ auf die Arbeit des Betriebsrats auswirken.[579] Arbeiten beispielsweise alle in Teilzeit tätigen Mitglieder des Betriebsrats vormittags, dann fehlt es am Merkmal der unterschiedlichen Arbeitszeit und die Voraussetzungen des § 37 Abs. 3 Satz 2 BetrVG sind nicht erfüllt. Wird eine Betriebsratssitzung dennoch nachmittags abgehalten, ist dies nur dann betriebsbedingt, wenn die Gründe dafür aus dem Bereich des Arbeitgebers stammen.

---

577 Zu dem früher geführten Streit um § 37 Abs. 3 BetrVG vgl. nur GK-BetrVG/*Weber*, § 37 Rn. 81 m.w.N.
578 Zustimmend GK-BetrVG/*Weber*, § 37 Rn. 93.
579 BT-Drs. 14/5741, S. 40.

bb. Betriebsratsbedingte Gründe

Keine betriebsbedingten Gründe stellen hingegen sog. betriebs*rats*bedingte Gründe dar. Dies meint solche, die sich aus der Gestaltung der Betriebsratsarbeit durch den Betriebsrat oder den Eifer einzelner Betriebsratsmitglieder ergeben und dem Einfluss des Arbeitgebers entzogen sind.[580] Vereinzelt übt die Literatur[581] hieran Kritik mit dem Argument, hiergegen spreche, die dem Betriebsrat obliegenden Aufgaben seien mittlerweile so umfangreich und komplex geworden, dass die übliche Arbeitszeit für eine ordnungsgemäße Durchführung der Betriebsratstätigkeit ohnehin nicht mehr ausreiche. Sofern die Rechtsprechung und die herrschende Lehre jedoch davon ausgingen, dass betriebsbedingte Gründe im Sinne des § 37 Abs. 3 Satz 1 BetrVG nur dann vorlägen, wenn der Arbeitgeber darauf Einfluss genommen hatte, dass sie nicht während der Arbeitszeit verrichtet wurden, werde damit ausdrücklich vorausgesetzt, dass die Betriebsratstätigkeit während der Arbeitszeit jedenfalls hätte durchgeführt werden können.

Gegen diese kritische Auffassung in der Literatur spricht jedoch, dass sie vorschnell die Interessen des Betriebs mit denen der Belegschaft gleichsetzt. § 37 Abs. 3 BetrVG spricht ausschließlich von „betriebsbedingten Gründen". Dem widerspricht es den Anspruch nach § 37 Abs. 3 BetrVG von der Gestaltung seiner Arbeitszeit durch den Betriebsrat selbst abhängig zu machen. Zwar ist dieser Ansicht darin zuzustimmen, dass die ordnungsgemäße Wahrnehmung der Betriebsratsaufgaben durchaus ein Tätigwerden einzelner Betriebsratsmitglieder über ihre Arbeitszeit hinaus erfordern kann. Jedoch muss auch hier berücksichtigt werden, dass es sich bei dem Betriebsratsamt um ein Ehrenamt handelt. Dem Betriebsratsmitglied ist es daher grundsätzlich zumutbar, auch einen Teil seiner Freizeit zu opfern. Jedenfalls bei einem in Vollzeit tätigen Betriebsratsmitglied[582] begründet die Tatsache, dass es ihm nicht möglich ist, die Betriebsratsarbeit aufgrund ihres Umfangs während der Arbeitszeit verrichten zu können, weder einen

---

580 BAG v. 11.07.1978 – 6 AZR 387/75, AP Nr. 57 zu § 37 BetrVG 1972; BAG v. 19.07.1977 – 1 AZR 302/74, AP Nr. 31 BetrVG 1972; BAG v. 21.05.1974 – 1 AZR 477/73, AP Nr. 14 zu § 37 BetrVG 1972; DKKW/Wedde, § 37 Rn. 68; *Fitting*, § 37 Rn. 88; GK-BetrVG/*Weber*, § 37 Rn. 98; Richardi/*Thüsing*, § 37 Rn. 49.
581 *Kehrmann*, in: FS Wlotzke, 357 (365).
582 LAG Berlin-Brandenburg v. 11.06.2010 – 6 Sa 675/10, juris.

Anspruch auf Freizeitausgleich noch einen Anspruch auf Mehrarbeitsvergütung.[583] Andernfalls hätte es der Betriebsrat durch ein entsprechendes Verteilen der Betriebsratsaufgaben selbst in der Hand, durch das Zuschustern „betriebsratsbedingter" Mehrarbeit dafür zu sorgen, dass seinen Mitgliedern aus § 37 Abs. 3 BetrVG mehr Freizeitausgleich oder gar eine zusätzliche Vergütung zusteht. Darin läge jedoch eine Begünstigung der fraglichen Betriebsratsmitglieder wegen ihrer Tätigkeit im Betriebsrat, die nach § 78 Satz 2 BetrVG unzulässig ist. Dementsprechend ist auch eine Vereinbarung mit dem Arbeitgeber, wonach bei Vorliegen der übrigen Voraussetzungen des § 37 Abs. 3 BetrVG auch „betriebsratsbedingte Gründe" anspruchsbegründend sein sollen, wegen Verstoßes gegen das Begünstigungsverbot des § 78 Satz 2 BetrVG unwirksam.[584] Dies würde eine zusätzliche Leistung des Arbeitgebers an das Betriebsratsmitglied wegen seiner Amtstätigkeit darstellen, denn ohne sein Betriebsratsamt hätte eine solche zusätzliche Vergütung nicht erzielt werden können. Aus demselben Grund verstößt auch die Vereinbarung einer zusätzlichen Vergütung für im Rahmen der Betriebsratstätigkeit angefallene Überstunden gegen das Begünstigungsverbot.

Ebenfalls keinen betriebsbedingten, sondern einen betriebs*rats*bedingten Grund stellt das Ab- oder Unterbrechen seines Urlaubs durch das Betriebsratsmitglied dar, um an einer in den Urlaubszeitraum fallenden Betriebsratssitzung teilnehmen zu können. In diesem Fall besteht kein Anspruch auf entsprechende Verlängerung des Urlaubs. Denn die Inanspruchnahme von Erholungsurlaub ist grundsätzlich nur ein persönlicher Grund.[585] Dies dürfte hingegen nicht gelten, wenn die Lage des Urlaubs, in den die Betriebsratstätigkeit fällt, vom Arbeitgeber einseitig im Hinblick auf betriebliche Gründe festgesetzt wurde, z.B. aus Anlass von Betriebsferien oder zum Ausgleich von Produktionsengpässen.

cc. Anzeigepflicht

Umstritten ist, ob Tatbestandsvoraussetzung des Anspruchs nach § 37 Abs. 3 BetrVG ist, dass das Betriebsratsmitglied dem Arbeitgeber die Betriebsratstätigkeit

---

583 GK-BetrVG/*Weber*, § 37 Rn. 93; Richardi/*Thüsing*, § 37 Rn. 49.
584 LAG Köln v. 06.03.1998 – 11 (9) Sa 383/97, BeckRS 1998, 30462588; Richardi/*Thüsing*, § 37 Rn. 49; GK-BetrVG/*Weber*, § 37 Rn. 98.
585 ArbG Bonn v. 06.11.2008 – 3 Ca 1643/08, juris.

außerhalb der Arbeitszeit rechtzeitig anzeigt. Dadurch soll der Arbeitgeber entscheiden können, ob er für die fragliche Betriebsratstätigkeit Arbeitsbefreiung während der Arbeitszeit gewähren will oder ob sie aus betriebsbedingten Gründen außerhalb der Arbeitszeit durchzuführen ist.[586] Dies führt in der Praxis insbesondere dann zu Problemen, wenn der Arbeitnehmer seine Arbeit außerhalb des Betriebs erbringt und insoweit berechtigt ist, den Umfang und die Lage seiner Arbeitszeit selbst zu bestimmen.

Eine Ansicht in der Literatur sieht eine solche Anzeige zwar in aller Regel als erforderlich an, geht aber sonst davon aus, dass es sich dabei nicht um eine Tatbestandsvoraussetzung des § 37 Abs. 3 BetrVG handele, so dass nach dieser Auffassung selbst bei fehlender Anzeige der Anspruch nach § 37 Abs. 3 BetrVG nicht entfiele.[587] Diese Ansicht argumentiert, bei der fehlenden Anzeige handele es sich lediglich um eine Amtspflicht- und Vertragsverletzung, die den Ausschluss aus dem Betriebsrat, § 23 Abs. 1 BetrVG, zur Folge haben können, nicht jedoch den Wegfall eines Anspruchs aus § 37 Abs. 3 BetrVG. Der Ausschluss des Abgeltungsanspruchs sei nicht gerechtfertigt, insbesondere, weil eine Anzeige nicht in jedem Falle möglich oder zumutbar sei.

Die überwiegende Auffassung in Rechtsprechung[588] und Literatur[589] geht – meist ohne nähere Begründung – davon aus, dass ohne eine entsprechende Anzeige der Anspruch aus § 37 Abs. 3 BetrVG entfällt. Nach Auffassung des Bundesarbeitsgerichts[590] ist der Arbeitgeber nur im Falle einer rechtzeitigen Anzeige durch das Betriebsratsmitglied in der Lage zu entscheiden, ob betriebsbedingte Gründe vorliegen, die ausnahmsweise das Erbringen der Betriebsratstätigkeit außerhalb der Arbeitszeit erfordern, oder ob nicht doch die Möglichkeit der Arbeitsbefreiung für die Betriebsratstätigkeit während der Arbeitszeit (§ 37 Abs. 2 BetrVG) besteht.

---

586 BAG v. 03.12.1987 – 6 AZR 569/85, AP Nr. 62 zu § 37 BetrVG 1972; BAG v. 31.10.1985 – 6 AZR 175/83, AP Nr. 52 zu § 37 BetrVG 1972; *Fitting*, § 37 Rn. 89; GK-BetrVG/*Weber*, § 37 Rn. 89; ErfK/*Koch*, § 37 Rn. 7; *Moll/Roebers*, NZA 2012, 57 (60); *Lipp*, S. 137; *Esser*, S. 82.
587 GK-BetrVG/*Weber*, § 37 Rn. 89.
588 BAG v. 03.12.1987 – 6 AZR 569, AP Nr. 62 zu § 37 BetrVG 1972; BAG v. 31.10.1985 – 6 AZR 175/83, AP Nr. 52 zu § 37 BetrVG 1972.
589 *Fitting*, § 37 Rn. 89; Richardi/*Thüsing*, § 37 Rn. 51; *Bengelsdorf*, NZA 1989, 905 (906); *Rath*, BB 1989, 2326 (2328).
590 BAG v. 03.12.1987 – 6 AZR 569, AP Nr. 62 zu § 37 BetrVG 1972.

Auch die überwiegende Ansicht in der Literatur betont, erst wenn das Betriebsratsmitglied seiner Anzeigepflicht nachgekommen sei und der Arbeitgeber ihm danach dennoch keine Möglichkeit zur Ausübung der Betriebsratstätigkeit während der Arbeitszeit gegeben habe, lägen betriebsbedingte Gründe vor, die der Anspruch aus § 37 Abs. 3 BetrVG zwingend voraussetzt.[591]

Zu Zeiten moderner Kommunikationsmittel dürfte eine (kurze) Anzeige oder Mitteilung an den Arbeitgeber eigentlich immer möglich und zumutbar sein – auch wenn es schnell gehen muss. Dann kann dieser immer noch darüber entscheiden, ob er das Betriebsratsmitglied während seiner Arbeitszeit für die Betriebsratstätigkeit befreit oder ob er ihm einen Ausgleich über § 37 Abs. 3 BetrVG gewährt. Tut der Arbeitgeber dies nicht, liegen für die Betriebsratstätigkeit außerhalb der Arbeitszeit betriebsbedingte Gründe im Sinne des § 37 Abs. 3 BetrVG vor. Hielte man die Anzeige im Hinblick auf einen Ausgleichsanspruch nach § 37 Abs. 3 BetrVG für entbehrlich, so läge es wiederum in der Hand des Betriebsratsmitglieds zu bestimmen, ob es seine Betriebsratsarbeit während der Arbeitszeit oder darüber hinaus in seiner Freizeit erledigt. Dabei handelt es sich jedoch gerade wieder um „betriebsratsbedingte" und nicht um „betriebsbedingte" Gründe. Das widerspricht dem Sinn und Zweck des § 37 Abs. 3 BetrVG, da dann auch auf das Kriterium der „betriebsbedingten Gründe" verzichtet werden würde. Die Betriebsratsmitglieder sollen die sich aus ihrem Amt ergebenden Aufgaben grundsätzlich während der Arbeitszeit durchführen. Dies ergibt sich aus dem systematischen Verhältnis von § 37 Abs. 2 zu Abs. 3 BetrVG.[592] Nur wenn dies nicht möglich ist, steht ihnen ausnahmsweise der Ausgleichsanspruch aus § 37 Abs. 3 BetrVG zu. Eine Betriebsratstätigkeit außerhalb der persönlichen Arbeitszeit kann nicht betriebsbedingt sein, wenn es von der persönlichen Entscheidung des Betriebsratsmitglieds abhängen kann, ob es seine Arbeitszeit oder seine Freizeit für seine Betriebsratsaufgaben verwendet. Genau dies wäre jedoch der Fall, würde man auf eine Anzeigepflicht verzichten und somit die Entscheidung darüber, wann die Betriebsratsaufgaben erfüllt werden, weg von der Sphäre des Arbeitgebers hin zu der des Betriebsrats und seiner Mitglieder verschieben. Dies hätte jedoch die Gefahr

---

591 *Fitting*, § 37 Rn. 89; Richardi/*Thüsing*, § 37 Rn. 47; *Bengelsdorf*, NZA 1989, 905 (906); *Rath*, BB 1989, 2326 (2328).
592 BAG v. 03.12.1987 – 6 AZR 569, AP Nr. 62 zu § 37 BetrVG 1972; *Fitting*, § 37 Rn. 73.

einer unzulässigen Begünstigung der Betriebsratsmitglieder nach § 78 Satz 2 BetrVG zur Folge. Die erstgenannte Auffassung ist daher abzulehnen. Das Betriebsratsmitglied ist verpflichtet, dem Arbeitgeber sein Tätigwerden außerhalb der Arbeitszeit anzuzeigen. Etwas anderes kann nur dann gelten, wenn der Arbeitgeber eine Befreiung von der Arbeitspflicht von vornherein eindeutig und endgültig auch für zukünftige Fälle verweigert hat oder auch bei rechtzeitiger vorheriger Verständigung keine entsprechende Entscheidung hätte treffen können, die unterlassene Mitteilung also folgenlos geblieben wäre.[593]

dd. Zwischenergebnis

Betriebsbedingte Gründe sind solche, die sich aus der Eigenart des Betriebs oder der Gestaltung seines Arbeitsablaufs ergeben, die aus der Sphäre des Arbeitgebers stammen und auf die der Betriebsrat keinen Einfluss hat. Sie liegen vor, wenn im Betrieb selbst vorhandene Gegebenheiten und Sachzwänge dazu führen, dass die Betriebsratstätigkeit nicht während der Arbeitszeit durchgeführt werden kann. Keine betriebsbedingten Gründe sind hingegen sog. betriebs*rats*bedingte Gründe. Schafft es ein Betriebsratsmitglied nicht, seine Betriebsratstätigkeit während seiner Arbeitszeit zu erledigen, und liegt dies in der Art und Weise, wie er seine Betriebsratsarbeit gestaltet, begründet bzw. an seinem persönlichen Einsatz oder anderen Gründen, auf die der Betriebsrat, nicht aber der Arbeitgeber Einfluss hat, so scheidet ein Anspruch aus § 37 Abs. 3 BetrVG aus.

2. Rechtsfolgen des § 37 Abs. 3 BetrVG

Sind die Tatbestandsvoraussetzungen des § 37 Abs. 3 BetrVG erfüllt, so hat das betroffene Betriebsratsmitglied gemäß § 37 Abs. 3 Satz 1 BetrVG vorrangig einen Anspruch gegen den Arbeitgeber auf Arbeitsbefreiung unter Fortzahlung des Arbeitsentgelts. Ist dies aus betriebsbedingten Gründen nicht innerhalb eines Monats möglich, so ist dem fraglichen Betriebsratsmitglied die aufgewendete Zeit gemäß § 37 Abs. 3 Satz 3 BetrVG wie Mehrarbeit zu vergüten.

---

593 Ebenso: BAG v. 03.12.1987 – 6 AZR 569, AP Nr. 62 zu § 37 BetrVG 1972.

a. Vorrangiger Anspruch auf Freizeitausgleich, § 37 Abs. 3 Satz 1 BetrVG

aa. Grundsatz

Ist es aus betriebsbedingten Gründen unvermeidbar, dass das Betriebsratsmitglied seine Betriebsratstätigkeit außerhalb seiner individuellen Arbeitszeit erbringt, ist ihm dies nach § 37 Abs. 3 Satz 1 BetrVG primär durch Freizeitausgleich unter Fortzahlung des Arbeitsentgelts auszugleichen. Nur wenn die Arbeitsbefreiung innerhalb eines Monats aus betriebsbedingten Gründen nicht gewährt werden kann, kommt nach § 37 Abs. 3 Satz 3 BetrVG ein Abgeltungsanspruch in Geld in Betracht. Dabei handelt es sich um einen einheitlichen Anspruch. Die Regelung des § 37 Abs. 3 BetrVG geht allerdings von der Vorrangigkeit des Freizeitausgleichs aus.[594] Eine Vergütung der aufgewendeten Freizeit kommt nur bei einer auf betriebsbedingten Gründen beruhenden Unmöglichkeit der Gewährung von Freizeitausgleich in Betracht. Zweck der Norm ist einerseits die Begrenzung der Arbeitsbelastung der Betriebsratsmitglieder. Überdies soll im Interesse der persönlichen Unabhängigkeit der Mitglieder des Betriebsrats verhindert werden, dass diese durch ihre Betriebsratstätigkeit zusätzliche Vergütungsansprüche erwarten können.[595] Dies liefe dem Ehrenamtsprinzip des § 37 Abs. 1 BetrVG zuwider.

Dem Betriebsratsmitglied steht es dabei nicht zu, zwischen den beiden Ansprüchen zu wählen.[596] Auch ist es nicht berechtigt, den Anspruch nach § 37 Abs. 3 Satz 1 BetrVG durch Fernbleiben von der Arbeit eigenmächtig durchzusetzen.[597] Der Arbeitgeber muss die Arbeitsbefreiung einseitig zeitlich festsetzen. Dabei gelten die Grundsätze über die Urlaubsgewährung entsprechend.[598] Grundsätzlich hat der Arbeitgeber die beantragte Arbeitsbefreiung gemäß § 37 Abs. 3 Satz 3 BetrVG innerhalb eines Monats zu gewähren. Verweigert der Arbeitgeber die Erfüllung des Anspruchs auf Arbeitsbefreiung innerhalb dieses Monats, wandelt sich der Anspruch in einen Abgeltungsanspruch um. Der Vergütungsanspruch bzw. ein Abgeltungsanspruch in Geld für die außerhalb der Arbeitszeit aufgewendete

---

594 BAG v. 28.05.2014 – 7 AZR 404/12, NZA 2015, 564 (565); BAG v. 19.03.2014 – 7 AZR 480/12, NZA 2014, 1104 (1105); BAG v. 25.08.1999 – 7 AZR 713/97, AP Nr. 130 zu § 37 BetrVG 1972.
595 BAG v. 25.08.1999 – 7 AZR 713/97, AP Nr. 130 zu § 37 BetrVG 1972.
596 GK-BetrVG/*Weber*, § 37 Rn. 121.
597 BAG v. 25.08.1999 – 7 AZR 713/97, AP Nr. 130 zu § 37 BetrVG 1972.
598 DKKW/*Wedde*, § 37 Rn. 79; *Fitting*, § 37 Rn. 95.

Zeit entsteht nur, wenn das Betriebsratsmitglied die Arbeitsbefreiung verlangt und der Arbeitgeber diese aus betriebsbedingten Gründen verweigert.[599] Dies bedeutet, dass der Anspruch von vornherein nur dann entstehen kann, wenn das Betriebsratsmitglied zuvor seinen Anspruch auf Freizeitausgleich beim Arbeitgeber ordnungsgemäß geltend gemacht hat. Unterlässt es hingegen die Geltendmachung des vorrangigen Anspruchs auf Arbeitsbefreiung, kann konsequenterweise auch der Anspruch auf Abgeltung der Mehrarbeit nicht entstehen.

bb. Umfang und Mehrarbeitsvergütung

Der Anspruch auf Freizeitausgleich besteht grundsätzlich in dem Umfang, in dem die Betriebsratstätigkeit aus betriebsbedingten Gründen außerhalb der Arbeitszeit durchgeführt worden ist. Die Arbeitsbefreiung erfolgt unter Fortzahlung des Arbeitsentgelts. Insoweit gilt also das Lohnausfallprinzip des § 37 Abs. 2 BetrVG. Das Betriebsratsmitglied hat demnach einen Anspruch auf das Arbeitsentgelt, das ihm zugestanden hätte, wenn es während der Zeit des Freizeitausgleichs normal weitergearbeitet hätte.

[1] Streitstand zur Frage der Mehrarbeitszuschläge

Umstritten ist, ob über die Entgeltfortzahlung hinaus noch (eventuell tarifliche) Mehrarbeitszuschläge zu bezahlen sind, da eine Mehrbelastung vorliegt, für die üblicherweise Zuschläge gewährt werden. Eine Ansicht in der Literatur spricht sich für die Zahlung solcher Mehrarbeitszuschläge aus.[600] Sie argumentiert, dass das Betriebsratsmitglied faktisch einer Mehrbelastung ausgesetzt sei, die eine solche Zahlung rechtfertige.

Überwiegend wird die Zahlung etwaiger Mehrarbeitszuschläge im Rahmen der bezahlten Freistellung nach § 37 Abs. 3 Satz 1 BetrVG abgelehnt.[601] Die herrschende Meinung in der Literatur argumentiert, ein Mehrarbeitszuschlag laufe der gesetzlichen Rangfolge des § 37 Abs. 3 BetrVG zuwider, die eine Vergütung „wie Mehrarbeit" nur in Ausnahmefällen vorsehe.[602] Ein etwaiger Mehrarbeitszuschlag dürfe nicht gezahlt werden, weil gerade nicht die zusätzliche Arbeit für

---

599 BAG v. 25.08.1999 – 7 AZR 713/97, AP Nr. 130 zu § 37 BetrVG 1972.
600 DKKW/*Wedde*, § 37 Rn. 81.
601 BAG v. 19.07.1977 – 1 AZR 376/74, AP Nr. 29 zu § 37 BetrVG 1972; Schlüter, Anm. zu BAG v. 19.07.1977 – 1 AZR 376/74, AP Nr. 29 zu § 37 BetrVG 1972; *Esser*, S. 83; *Fitting*, § 37 Rn. 102; GK-BetrVG/*Weber*, § 37 Rn. 120 f.; *Lipp*, S. 139; *Moll/Roebers*, NZA 2012, 57 (69).
602 *Lipp*, S. 139.

den Betriebsrat vergütet werde. Dies laufe dem Ehrenamtsprinzip des § 37 Abs. 1 BetrVG zuwider.[603] Auch die höchstrichterliche Rechtsprechung lehnt einen solchen Mehrarbeitszuschlag ab, denn die außerhalb der Arbeitszeit durchgeführte Betriebsratstätigkeit gelte nicht als zusätzliche Arbeitszeit, die entsprechend den gesetzlichen oder tarifvertraglichen Vorschriften wie Mehrarbeit anzusehen wäre.[604] Das BAG argumentiert, dies ergebe sich bereits daraus, dass § 37 Abs. 2 BetrVG und § 37 Abs. 3 BetrVG zwei unterschiedliche Tatbestände mit voneinander zu unterscheidenden Rechtsfolgen regeln. Während § 37 Abs. 2 BetrVG sicherstellen wolle, dass dem Mandatsträger, sofern er aufgrund seiner Betriebsratstätigkeit Arbeitszeit versäumen muss, Arbeitsbefreiung unter Fortzahlung seines Arbeitsentgelts zuteilwird, sei es Sinn und Zweck des § 37 Abs. 3 BetrVG dem Betriebsratsmitglied Ausgleich für eventuelle Nachteile zu gewähren, die es erleidet, wenn es aus betriebsbedingten Gründen zur Erfüllung der Betriebsratsaufgaben seine Freizeit opfern muss. Die Betriebsratstätigkeit sei nicht mit der beruflichen Tätigkeit gleichzusetzen. Mehrarbeit sei allein im Falle des § 37 Abs. 3 Satz 3 Halbsatz 2 BetrVG angesprochen.[605]

[2] Stellungnahme

Der herrschenden Meinung in der Rechtsprechung und im Schrifttum ist sowohl im Ergebnis als auch in der Begründung zuzustimmen. Im Rahmen des Freizeitausgleichs nach § 37 Abs. 3 Satz 1 BetrVG ist dem Betriebsratsmitglied kein Mehrarbeitszuschlag zu gewähren, sondern nur die tatsächlich aufgewandte Zeit durch Freizeit auszugleichen.

Bereits der Wortlaut des § 37 Abs. 3 Satz 1 BetrVG spricht gegen einen Mehrarbeitszuschlag. Danach hat das Betriebsratsmitglied lediglich einen Anspruch auf *„entsprechende Arbeitsbefreiung"*. Dies legt nahe, dass dem Betriebsratsmitglied eine Arbeitsbefreiung (grundsätzlich) nur eins zu eins in dem Maße zusteht, in dem das Betriebsratsmitglied außerhalb seiner persönlichen Arbeitszeit aus betriebsbedingten Gründen Betriebsratsaufgaben ausgeführt hat.

Das aus der Auslegung des § 37 Abs. 3 Satz 1 BetrVG nach dem Wortlaut gewonnene Ergebnis wird auch in systematischer Sicht durch das Rangverhältnis

---

603 *Esser*, S. 83.
604 BAG v. 19.07.1977 – 1 AZR 376/74, AP Nr. 29 zu § 37 BetrVG 1972.
605 BAG v. 19.07.1977 – 1 AZR 376/74, AP Nr. 29 zu § 37 BetrVG 1972.

Unzulässige Begünstigung durch Betriebsratsvergütung

zwischen § 37 Abs. 3 Satz 1 und Satz 3 BetrVG gestützt. Die außerhalb der Arbeitszeit ausgeübte Betriebsratstätigkeit ist einzig in dem Fall „wie Mehrarbeit" zu vergüten, wenn eine vorrangig zu gewährende Arbeitsbefreiung innerhalb eines Monats aus betriebsbedingten Gründen nicht möglich war. Nur wenn die Voraussetzungen dieses Ausnahmefalles (§ 37 Abs. 3 Satz 3 BetrVG) vorliegen, hat das Betriebsratsmitglied zusätzlich zu seiner *vollen* Arbeitsleistung in seiner Freizeit in seiner Eigenschaft als Betriebsratsmitglied seine Freizeit geopfert, so dass in dem Fall tatsächlich *Mehrarbeit* i.S.d. § 37 Abs. 3 Satz 3 BetrVG vorliegt. Hintergrund des Rangverhältnisses ist es, einerseits die Arbeitsbelastung der Betriebsratsmitglieder zu begrenzen, indem zeitnah Freizeitausgleich für geopferte Freizeit gewährt wird. Andererseits soll dadurch unter Wahrung des Ehrenamtsprinzips verhindert werden, dass dem Betriebsratsmitglied wegen seiner Betriebsratstätigkeit zusätzliche Vergütungsansprüche entstehen.[606] Gleichzeitig soll dem Arbeitgeber ein Anreiz gegeben werden, den Freizeitausgleich vor Ablauf eines Monats zu gewähren.[607] Dieser Anreiz entfiele, wenn auch im Rahmen des Freizeitausgleichs Zuschläge zu zahlen wären. Im Rahmen des Freizeitausgleichs nach § 37 Abs. 3 Satz 1 BetrVG ist damit nur die tatsächlich aufgewendete Zeit auszugleichen.

Die historisch-teleologische Auslegung des § 37 Abs. 3 Satz 2 BetrVG führt zum gleichen Ergebnis. Mit der Neueinfügung des § 37 Abs. 3 BetrVG in das Betriebsverfassungsgesetz im Jahre 1972 wollte der Gesetzgeber eine bis dahin in § 37 BetrVG 1952 bestehende Lücke schließen. Nach dem bisherigen Recht hatte das Betriebsratsmitglied nur dann einen Anspruch auf Entgeltfortzahlung, wenn eine Arbeitsversäumnis aufgrund der Betriebstätigkeit notwendig war. Fiel die Erfüllung der Betriebsratsaufgaben hingegen in die Freizeit des Betriebsratsmitglieds, so bestand grundsätzlich kein Ausgleichsanspruch gegen den Arbeitgeber. Mit der Einfügung des § 37 Abs. 3 BetrVG 1972 wollte der Gesetzgeber diese unbillige Härte für die Betriebsratsmitglieder beseitigen. Die Gesetzesbegründung enthält jedoch keine Anhaltspunkte dafür, dass der Gesetzgeber dem Betriebsratsmitglied darüberhinausgehende Rechte gewähren wollte.[608]

---

606 BAG v. 25.08.1999 – 7 AZR 713/97, AP Nr. 130 zu § 37 BetrVG 1972.
607 BAG v. 31.07.1986 – 6 AZR 146/85, juris.
608 BT-Drs. 14/5741, S. 40.

Auch der enge Zusammenhang zwischen § 37 Abs. 3 und Abs. 2 BetrVG ändert an diesem Normverständnis nichts. Wie das BAG in der oben genannten Entscheidung[609] zutreffend ausgeführt hat, ist § 37 Abs. 3 BetrVG kein Unterfall des § 37 Abs. 2 BetrVG, sondern die beiden Absätze regeln zwei voneinander zu unterscheidende Tatbestände mit unterschiedlichen Rechtsfolgen. Im Regierungsentwurf war der jetzige § 37 Abs. 2 BetrVG ursprünglich als § 37 Abs. 5 BetrVG vorgesehen. Die Änderung der Reihenfolge erfolgte einzig aus redaktionellen Gründen, ohne dass § 37 Abs. 3 BetrVG dadurch inhaltlich verändert werden sollte.[610]

Folglich ist festzuhalten, dass das Betriebsratsmitglied keinen Anspruch auf die Zahlung eines Mehrarbeitszuschlags für die außerhalb seiner Arbeitszeit durchgeführte Betriebsratstätigkeit hat. Ein solcher Anspruch besteht nur, wenn ein Freizeitausgleich aus betriebsbedingten Gründen nicht möglich ist.[611] Das Betriebsratsmitglied hat lediglich einen Anspruch auf das Entgelt, das es erhalten hätte, wenn es während der Zeit der Arbeitsbefreiung gearbeitet hätte. Es gilt wie bei einer Arbeitsversäumnis nach § 37 Abs. 2 BetrVG das Lohnausfallprinzip. Darüberhinausgehende Zahlungen stellen eine unzulässige Begünstigung wegen der Amtstätigkeit dar.

b. Abgeltung, § 37 Abs. 3 Satz 3 BetrVG

§ 37 Abs. 3 Satz 3 BetrVG sieht eine Ausnahme vom Grundsatz der Arbeitsbefreiung vor. Danach ist dem Betriebsratsmitglied die aufgewendete Zeit „wie Mehrarbeit" zu vergüten, wenn die vorrangige Arbeitsbefreiung nach § 37 Abs. 3 Satz 1 BetrVG aus betriebsbedingten Gründen nicht innerhalb eines Monats gewährt werden kann. Diese gesetzlich vorgegebene Rangfolge ist zwingend.[612] Der Anspruch auf Arbeitsbefreiung wandelt sich weder durch Ablauf der Monatsfrist des § 37 Abs. 3 Satz 3 Halbsatz 2 BetrVG noch durch bloße Untätigkeit in einen

---

609 BAG v. 19.07.1977 – 1 AZR 376/74, AP Nr. 29 zu § 37 BetrVG 1972.
610 BT-Drs. VI/2729, S. 23.
611 Siehe im Einzelnen hierzu sogleich unter „Abgeltung, § 37 Abs. 3 Satz 3 BetrVG", S. 168.
612 BAG v. 25.08.1999 – 7 AZR 713/97, AP Nr. 130 zu § 37 BetrVG 1972; *Fitting*, § 37 Rn. 93; GK-BetrVG/*Weber*, § 37 Rn. 105.

Vergütungsanspruch um, sondern muss gegebenenfalls sogar gerichtlich durchgesetzt werden.[613] Andernfalls könnte der vorrangige Anspruch auf Arbeitsbefreiung durch bloßes Abwarten unterlaufen und in einen Vergütungsanspruch umgewandelt werden.[614]

aa. Betriebsbedingte Gründe i.S.d. § 37 Abs. 3 Satz 3 BetrVG

Der Abgeltungsanspruch nach § 37 Abs. 3 Satz 3 BetrVG setzt voraus, dass der Arbeitgeber den Freizeitausgleich aus betriebsbedingten Gründen innerhalb eines Monats nicht gewähren kann, denn weder dem Betriebsratsmitglied noch seinem Arbeitgeber steht ein Wahlrecht zu, wie außerhalb der Arbeitszeit erbrachte Betriebsratstätigkeit abgegolten werden soll.[615] Obgleich der Begriff „betriebsbedingte Gründe" in § 37 Abs. 3 BetrVG sowohl in Satz 1 und Satz 2 BetrVG als auch in § 37 Abs. 3 Satz 3 BetrVG gleichlautend verwendet wird, besteht Uneinigkeit, ob ihm an beiden Stellen die gleiche Bedeutung zukommt.

Im rechtswissenschaftlichen Schrifttum wird teilweise die Auffassung vertreten, der Begriff „betriebsbedingte Gründe" im Sinne des § 37 Abs. 3 Satz 3 BetrVG sei auf Rechtsfolgenseite enger auszulegen als im Rahmen von § 37 Abs. 3 Satz 1 BetrVG.[616] Der Begriff habe jeweils eine andere Funktion. In § 37 Abs. 3 Satz 1 BetrVG gehe es vor allem darum, unter welchen Voraussetzungen dem Betriebsratsmitglied überhaupt ein Ausgleichsanspruch einzuräumen sei und dass dies auch gerechtfertigt sei, wenn die Betriebsratstätigkeit auf Wunsch des Arbeitgebers außerhalb der persönlichen Arbeitszeit des Betriebsratsmitglieds vorzunehmen sei.[617] Nach § 37 Abs. 3 Satz 3 BetrVG gehe es hingegen um die Rangordnung der Ausgleichsansprüche. Da der Anspruch auf Arbeitsbefreiung nach dem ausdrücklichen Willen des Gesetzgebers zwingend vorrangig ist, komme es insoweit auf den Willen des Arbeitgebers nicht an. Betriebsbedingte Gründe im Sinne des Satzes 3 seien enger und somit dahingehend zu verstehen, dass sie nur dann vorliegen, wenn die Arbeitsbefreiung aus objektiven, in den betrieblichen

---

613 BAG v. 25.08.1999 – 7 AZR 713/97, AP Nr. 130 zu § 37 BetrVG 1972.
614 GK-BetrVG/*Weber*, § 37 Rn. 105.
615 BAG v. 11.01.1995 – 7 AZR 543/94, AP Nr. 103 zu § 37 BetrVG 1972; GK-BetrVG/*Weber*, § 37 Rn. 121.
616 *Fitting*, § 37 Rn. 106; GK-BetrVG/*Weber*, § 37 Rn. 122; DKKW/*Wedde*, § 37 Rn. 85; *Esser*, S. 83 f.
617 GK-BetrVG/*Weber*, § 37 Rn. 122.

Verhältnissen liegenden Gründen nicht zumutbar erscheine.[618] Überzeugender erscheint jedoch die Gegenauffassung, die nicht zwischen betriebsbedingten Gründen im Sinne des § 37 Abs. 3 Satz 3 und denen des Satzes 1 (und 2) unterscheidet.[619] Sie argumentiert, schon auf der Tatbestandsseite des § 37 Abs. 1 BetrVG fänden objektive Zwänge Berücksichtigung. Auch hier sei es nicht ausreichend, dass der Arbeitgeber allein aus subjektiven Erwägungen heraus die Betriebsratstätigkeit außerhalb der Arbeitszeit ausgeführt haben möchte.

Der letzten Ansicht ist zuzustimmen. Der Gesetzgeber hat sowohl in § 37 Abs. 3 Satz 1 (und 2) BetrVG also auch in § 37 Abs. 3 Satz 3 BetrVG den Begriff „betriebsbedingte Gründe" gleichlautend verwendet. Ausgehend vom Wortlaut ist es daher bereits naheliegend, sie in beiden Sätzen im gleichen Sinne zu verstehen. Aber auch aus systematischen Gründen sind „betriebsbedingte Gründe" im Sinne des § 37 Abs. 3 Satz 3 BetrVG wie die im Sinne von Satz 1 zu verstehen. Zwar kommen betriebsbedingte Gründe im Sinne des ersten Satzes auch dann in Betracht, wenn die Ursache für die erforderliche Mehrarbeit in Umständen liegt, die der Arbeitgebersphäre zuzuordnen sind. Allerdings verkennt die erstgenannte Ansicht, die eine engere Auslegung des Begriffs befürwortet, dass dieses Kriterium nicht nur im Rahmen des Satzes 3, sondern auch bereits im Rahmen des § 37 Abs. 3 Satz 1 BetrVG zwingend zu berücksichtigen ist. Der Arbeitgeber kann nicht ausschließlich nach subjektiven Gesichtspunkten verlangen, dass Betriebsratsmitglieder ihre Amtstätigkeit außerhalb ihrer persönlichen Arbeitszeit erledigen. Das Gesetz hat auch hier eine klare Entscheidung dahingehend getroffen, dass die Betriebsratstätigkeit grundsätzlich innerhalb der persönlichen Arbeitszeit der einzelnen Betriebsratsmitglieder durchzuführen ist. Nur ausnahmsweise kommt eine Erfüllung der amtlichen Aufgaben außerhalb der persönlichen Arbeitszeit in Betracht. Diese Entscheidung des Gesetzgebers hat auch der Arbeitgeber zu akzeptieren. Er kann die Betriebsratstätigkeit nicht nach freiem Belieben in die Freizeit der Betriebsratsmitglieder verlegen. Sind aber sowohl im Rahmen des § 37 Abs. Satz 1 BetrVG als auch im Rahmen des § 37 Abs. 3

---

618 *Fitting*, § 37 Rn. 106; GK-BetrVG/*Weber*, § 37 Rn. 122; *Esser*, S. 83.
619 HWGNRH/*Glock*, § 37 Rn. 95; Richardi/*Thüsing*, § 37 Rn. 61; *Greßlin*, S. 96; *ders.*, S. 97 in Bezug auf teilzeitbeschäftigte Betriebsratsmitglieder; *Lipp*, S. 139; *Wessels*, ArbRAktuell 2018, 567 (568); wohl auch BAG v. 03.12.1987 – 6 AZR 569/85, AP Nr. 62 zu § 37 BetrVG 1972, das lediglich allgemein von „betriebsbedingten Gründen" i.S.d. § 37 Abs. 3 BetrVG spricht.

Satz 3 BetrVG objektive Gründe eines ordnungsgemäßen Betriebsablaufs maßgeblich, so ist konsequenterweise auch der Begriff der „betriebsbedingten Gründe" jeweils im gleichen Sinne auszulegen.

Fehlen solche betriebsbedingten Gründe, hat das Betriebsratsmitglied auch nach Ablauf der Monatsfrist des § 37 Abs. 3 Satz 3 Halbsatz 1 BetrVG weiterhin einen Anspruch auf Freizeitausgleich, da es sich bei der Monatsfirst nicht um eine Ausschlussfrist handelt.[620] Hintergrund ist, dass § 37 Abs. 3 BetrVG bezweckt, die Betriebsratsmitglieder vor sämtlichen Nachteilen zu schützen, die aus ihrer Amtstätigkeit folgen können. Durch die Monatsfrist soll der Arbeitgeber angehalten werden, dem Betriebsratsmitglied die ihm zustehende Arbeitsbefreiung und die damit einhergehende Erholung möglichst zeitnah zu gewähren. Würde man dem Betriebsratsmitglied nach Ablauf der Monatsfrist diesen Ausgleich bei Fehlen betriebsbedingter Gründe oder unabhängig vom Fehlen solcher Gründe verwehren, würde das Betriebsratsmitglied benachteiligt und der Schutzzweck des § 37 Abs. 3 BetrVG würde leerlaufen.

Allerdings kommt eine Abgeltung in Geld von vornherein nur dann in Betracht, wenn das Betriebsratsmitglied zuvor seinen Anspruch auf Freizeitausgleich ordnungsgemäß geltend gemacht hat.[621] Dies ist zwingend, da das Betriebsratsmitglied andernfalls durch die Nichtgeltendmachung des Freizeitausgleichs das vom Gesetzgeber vorgegebene Rangverhältnis umgehen und so frei zwischen Freizeitausgleich und einer Abgeltung in Geld wählen könnte. Ein solches Wahlrecht wollte der Gesetzgeber den Mitgliedern des Betriebsrats (und ebenso wenig dem Arbeitgeber) nicht gewähren.

bb. Umfang des Abgeltungsanspruchs

Das Gesetz setzt den Abgeltungsanspruch der Höhe nach betriebsüblicher Mehrarbeit gleich und regelt in § 37 Abs. 3 Satz 3 BetrVG, dass die außerhalb der persönlichen Arbeitszeit erbrachte Betriebsratsarbeit „*wie Mehrarbeit*" zu vergüten sei. Unstreitig richtet sich die Höhe der Mehrarbeitsvergütung nach den für das

---

620 *Fitting*, § 37 Rn. 104.
621 BAG v. 25.08.1999 – 7 AZR 713/97, AP Nr. 130 zu § 37 BetrVG 1972; *Fitting*, § 37 Rn. 107 m.w.N.

Arbeitsverhältnis des Betriebsratsmitglieds geltenden tariflichen, betrieblichen oder individualvertraglichen Regelungen.

In der Rechtsprechung und im rechtswissenschaftlichen Schrifttum ist die Frage umstritten, ob die Formulierung „*wie Mehrarbeit*" bedeutet, dass eine Abgeltung nach § 37 Abs. 3 Satz 3 BetrVG stets mit der Zahlung eines Mehrarbeitszuschlags einhergeht – ohne Rücksicht darauf, ob die Voraussetzungen für die Zahlung eines solchen Zuschlags im Einzelfall tatsächlich in der Person des Betriebsratsmitglieds vorliegen oder ob dem Betriebsratsmitglied im Rahmen seines Abgeltungsanspruchs ein Mehrarbeitszuschlag nur dann zusteht, wenn auch tatsächlich die Voraussetzungen für die Zahlung eines solchen Zuschlags vorliegen. Mit anderen Worten: Ist die Vergütung wie Mehrarbeit ohne Rücksicht auf die vertraglich vereinbarte Dauer der Arbeitszeit des einzelnen Betriebsratsmitglieds kraft Gesetzes stets als Mehrarbeit zu vergüten oder setzt die Mehrarbeitsvergütung i.S.d. § 37 Abs. 3 Satz 3 BetrVG voraus, dass deren (tarif-)vertragliche Voraussetzungen vorliegen?

Diese Frage ist insbesondere bei teilzeitbeschäftigten Betriebsratsmitgliedern relevant, da tarifliche Regelungen die Zahlung eines Mehrarbeitszuschlags auch für teilzeitbeschäftigte Arbeitnehmer regelmäßig davon abhängig machen, ob die tägliche oder wöchentliche Arbeitszeit von vollzeitbeschäftigten Arbeitnehmern überschritten wird. Ist dies hier nicht der Fall, stünde ihnen bereits bei jeder Überschreitung ihrer persönlichen gegenüber einem vollzeitbeschäftigten Betriebsratsmitglied verkürzten Arbeitszeit ein Anspruch auf Mehrarbeitszuschläge zu. Es geht in der Sache also darum, ob § 37 Abs. 3 Satz 3 BetrVG eine Rechtsgrund- oder eine Rechtsfolgenverweisung darstellt.

[1] Meinungsstand

Ein Teil des Schrifttums vertritt die Auffassung, jede Tätigkeit eines Betriebsratsmitglieds – auch die eines teilzeitbeschäftigten – über die individuelle Arbeitszeit hinaus, die die Voraussetzungen des § 37 Abs. 3 Satz 3 BetrVG erfüllt, löse per Gesetz Mehrarbeitszuschläge aus.[622] Die vom Betriebsratsmitglied aufgewendete Zeit sei auch in den Fällen wie Mehrarbeit zu vergüten, in denen sie die Voraus-

---

622 DKKW/*Wedde*, § 37 Rn. 73; *Hanau*, RdA 2001, 65 (71); *ders.* anders in ZIP 2001, 1981 (1983).

setzungen nicht erfüllt, unter denen sonst Mehrarbeits- bzw. Überstundenzuschläge zu leisten sind. Diese Ansicht argumentiert, das Betriebsverfassungsgesetz schreibe die Abgeltung des Freizeitausgleichs inklusive eines Mehrarbeitszuschlags zwingend vor. Dies ergebe sich durch die in § 37 Abs. 6 Satz 2 BetrVG parallel zu § 37 Abs. 3 Satz 2 BetrVG erfolgte Zurechnung der betrieblichen Arbeitszeitgestaltung zu den „betriebsbedingten Gründen". Aus der Gesetzesbegründung sei deutlich abzulesen, dass dadurch die Zuerkennung eines Ausgleichs- und Abgeltungsanspruchs nach § 37 Abs. 3 BetrVG inklusive eines Mehrarbeitszuschlags bereits bei bloßem Überschreiten der persönlichen Arbeitszeit bezweckt gewesen sei.

Das BAG[623] und die überwiegende Auffassung im rechtswissenschaftlichen Schrifttum[624] verstehen § 37 Abs. 3 BetrVG jedoch nicht als Rechtsfolgen-, sondern als Rechtsgrundverweisung. Dies hat zur Folge, dass Mehrarbeitszuschläge nur dann zu zahlen sind, wenn ihre Voraussetzungen im Einzelfall tatsächlich erfüllt sind. Dazu muss in der Regel eine gewisse Arbeitszeitgrenze überschritten sein, sofern die entsprechenden tariflichen, betrieblichen oder individualvertraglichen Regelungen eine solche vorsehen. Befürworter dieser Ansicht begründen dies damit, dass Grundlage für die Vergütungsansprüche eines Betriebsratsmitglieds allein sein Arbeitsvertrag sei. Überdies sei bei Nichtvorliegen der (tarifvertraglichen) Voraussetzungen eines Mehrarbeitszuschlags auch deshalb nur die Grundvergütung zu zahlen, da das Betriebsratsmitglied andernfalls unter Verstoß gegen § 78 Satz 2 BetrVG unzulässig begünstigt werde. Es würde dann nämlich aufgrund seiner Amtstätigkeit bessergestellt als vergleichbare Arbeitnehmer, die außerhalb ihrer persönlichen Arbeitszeit zur Arbeit herangezogen würden und dann keinen entsprechenden Zuschlag erhielten, ohne dass die Voraussetzungen für einen solchen Mehrarbeitszuschlag vorliegen. Dies komme insbesondere bei solchen Betriebsratsmitgliedern in Betracht, die in Teilzeit oder in Kurzarbeit tä-

---

623 BAG v. 07.02.1985 – 6 AZR 370/82, NZA 1985, 600.
624 *Fitting*, § 37 Rn. 111; GK-BetrVG/*Weber*, § 37 Rn. 117; Löwisch/Kaiser-Löwisch, § 37 Rn. 30; Richardi/*Thüsing*, § 37 Rn. 65; *Greßlin*, S. 102; *Lipp*, S. 141; unklar, aber wohl auch: *Esser*, S. 83, der lediglich ausführt, der Arbeitgeber müsse im Rahmen des § 37 Abs. 3 BetrVG im Gegensatz zur bezahlten Freistellung nach Satz 1 bei der Abgeltung auch einen *etwaigen* Mehrbeitszuschlag zahlen.

tig sind. Auch läge dann eine Begünstigung teilzeitbeschäftigter gegenüber anderen vollzeitbeschäftigten Betriebsratsmitgliedern vor, die für Betriebsratstätigkeiten während der Arbeitszeit keine Mehrarbeitszuschläge erhielten. Zudem sei zu beachten, dass die Erstreckung des § 37 Abs. 3 BetrVG auf Schulungsveranstaltungen durch das BetrVG-ReformG 2001 unter anderem wegen der gebotenen Gleichbehandlung von teilzeit- und vollzeitbeschäftigten Betriebsratsmitgliedern erfolgt sei. Daher sei eine Gesetzesauslegung, die zu einer Bevorzugung teilzeitbeschäftigter Betriebsratsmitglieder führen würde, widersprüchlich.[625] Überdies sei es nach § 37 Abs. 3 BetrVG keineswegs geboten, die außerhalb der persönlichen Arbeitszeit geleistete Betriebsratstätigkeit höher zu vergüten als die kraft des Arbeitsverhältnisses geschuldete Arbeitszeit.[626]

[2] Stellungnahme

Der Wortlaut des § 37 Abs. 3 Satz 3 Halbsatz 2 BetrVG – „*so ist die aufgewendete Zeit wie Mehrarbeit zu vergüten*" ist offen formuliert und kann einerseits dahingehend verstanden werden, dass ein Mehrarbeitszuschlag ohne Weiteres per Gesetz erfolgt, auch wenn die (tarif-)vertraglichen Voraussetzungen nicht gegeben sind. Allein der Wortlaut bietet jedenfalls keine Anhaltspunkte dafür, § 37 Abs. 3 Satz 3 Halbsatz 2 BetrVG so auszulegen, dass beispielsweise teilzeitbeschäftigten Betriebsratsmitgliedern erst dann ein Mehrarbeitszuschlag zu gewähren ist, wenn die „aufgewendete Zeit" die tariflich, vertraglich oder betriebsüblichen Grenzen der Arbeitszeit von in Vollzeit tätigen Betriebsratsmitgliedern überschritten hat. Die Formulierung lässt umgekehrt auch die Auslegung zu, dass sie die Zeit meint, die das Betriebsratsmitglied für den Betrieb aufwendet, indem es seine volle Arbeitsleistung erbringt, anstatt des ihm an sich zustehenden Freizeitausgleichs.

Der Wortlaut ist folglich nicht eindeutig. Aus ihm allein lässt sich nicht schließen, dass die aufgewendete Zeit in jedem Fall wie Überstunden und damit mit Mehrarbeitszuschlägen zu vergüten ist. Da der Wortlaut des § 37 Abs. 4 Satz 3 Halbsatz 2 BetrVG zu unbestimmt ist, ist durch eine systematische Auslegung zu ermitteln, welche der durch den Wortlaut jeweils gedeckten Ansichten dem Gesetz

---

625 *Fitting*, § 37 Rn. 111.
626 BAG v. 07.02.1985 – 6 AZR 370/82, NZA 1985, 600.

entspricht. Sie verlangt in erster Linie eine Berücksichtigung des Gesetzeszusammenhangs und hat das Ziel, das Auslegungsergebnis widerspruchsfrei in den Bedeutungszusammenhang der Bestimmung innerhalb der Norm einzuordnen.[627] Die Befürworter der (Gegen-)Ansicht[628], die die „aufgewendete Zeit" im Sinne des § 37 Abs. 3 Satz 3 Halbsatz 2 BetrVG unabhängig von den tariflichen, betrieblichen oder vertraglichen Bestimmungen stets wie Mehrarbeit inklusive Mehrarbeitszuschlägen vergüten will, behandeln § 37 Abs. 3 BetrVG wie eine eigenständige Anspruchsgrundlage. Dies widerspricht dem allgemein – auch von den Befürwortern der Gegenansicht – anerkannten Grundgedanken, dass die Ausübung des Betriebsratsamtes sich nicht auf die arbeitsvertragliche Beziehung zwischen Arbeitgeber und Betriebsratsmitglied auswirkt. Es besteht vielmehr grundsätzlich Einigkeit dahingehend, dass Anspruchsgrundlage für etwaige Vergütungsansprüche des Betriebsratsmitglieds allein sein Arbeitsvertrag i.V.m. § 611a Abs. 2 BGB ist. Auch das von der Gegenansicht vorgebrachte Argument, die Abgeltung des Freizeitausgleichs wie Mehrarbeit sei gesetzlich zwingend vorgeschrieben,[629] vermag hieran nichts zu ändern.

Ebenfalls gegen die Anerkennung eines gesetzlichen Zahlungsanspruchs auf Mehrarbeitszuschläge aus § 37 Abs. 3 Satz 3 BetrVG spricht, dass es dadurch zu ungerechtfertigten Begünstigungen einzelner Betriebsratsmitglieder kommen kann. Maßgeblich ist der Vergleich mit der hypothetischen Situation ohne die Amtstätigkeit. Diese Gefahr besteht insbesondere bei teilzeitbeschäftigten Betriebsratsmitgliedern, die regemäßig keinen Anspruch auf die Zahlung solcher Mehrarbeits- oder Überstundenzuschläge für die Arbeitszeiten haben, die unterhalb der Grenze der tariflichen, betriebsüblichen oder gesetzlichen (Vollzeit-)Arbeitszeiten liegen.[630] Erhielten sie nun aber über § 37 Abs. 3 Satz 3 Halbsatz 2 BetrVG dennoch einen Anspruch auf die Zahlung solcher Zuschläge, auch ohne dass Voraussetzungen für diese im Einzelnen tatsächlich vorliegen müssen, hätten diese teilzeitbeschäftigten Betriebsratsmitglieder eine zusätzliche Einnahmequelle und wären insoweit wegen ihrer Amtstätigkeit bessergestellt als die übrigen teilzeitbeschäftigten und in Vollzeit beschäftigten Arbeitnehmer, denen im

---

627 Bydlinksi, S. 442; Larenz/Canaris, S. 310, 313.
628 DKKW/Wedde, § 37 Rn. 73; Hanau, RdA 2001, 65 (71); ders. anders in ZIP 2001, 1981 (1983).
629 DKKW/Wedde, § 37 Rn. 73; Hanau, RdA 2001, 65 (71); ders. anders in ZIP 2001, 1981 (1983).
630 BAG v. 23.02.1977 – 4 AZR 667/75, BB 1977, 596 (596).

vergleichbaren Fall lediglich der normale Grundvergütungsstundensatz ohne Zahlung eines solchen Zuschlags zusteht. Eine derartige Besserstellung aufgrund der Amtstätigkeit ist jedoch durch § 37 Abs. 1 BetrVG und § 78 Satz 2 BetrVG ausdrücklich untersagt. In dem Fall, dass das Betriebsratsmitglied hypothetisch normal weiterarbeitet, erhält es einen Mehrarbeitszuschlag allerdings auch nur, wenn die Voraussetzungen für einen solchen Zuschlag auch tatsächlich gegeben sind. Insofern wird das Auslegungsergebnis, nach dem § 37 Abs. 3 BetrVG eine Rechtsgrundverweisung ist, auch durch den Gesetzeszweck des § 37 Abs. 3 BetrVG gestützt.

Auch aus der Gesetzesbegründung zu § 37 Abs. 6 Satz 2 BetrVG folgt entgegen der Argumentation der Gegenansicht nichts anderes. Danach will die Regelung eine Besserstellung teilzeitbeschäftigter Betriebsratsmitglieder gegenüber ihren in Vollzeit tätigen Kollegen verhindern. Eben diese Besserstellung, die die Norm verhindern will, träte jedoch ein, wenn teilzeitbeschäftigte Betriebsratsmitglieder per Gesetz einen Überstundenzuschlag erhielten, während Betriebsratsmitglieder, die in Vollzeit tätig sind, in der gleichen Zeit gemäß dem Lohnausfallprinzip über § 37 Abs. 2 BetrVG lediglich ihr normales Entgelt weiter erhielten. Daher widerspricht es der Intention des Gesetzgebers, teilzeitbeschäftigten Betriebsratsmitgliedern über § 37 Abs. 6 BetrVG i.V.m. § 37 Abs. 3 Satz 3 BetrVG einen gesetzlichen Mehrarbeitszuschlag zu zahlen. Das Gleiche muss bei direkter Anwendung des § 37 Abs. 3 Satz 3 BetrVG gelten. Teilzeitbeschäftigte Betriebsratsmitglieder erhalten über § 37 Abs. 3 Satz 3 BetrVG nur dann beim Überschreiten ihrer persönlichen Arbeitszeit Mehrarbeits- oder Überstundenzuschläge, wenn der Arbeitsvertrag, die tariflichen oder die betrieblichen Regelungen dies vorsehen.

Unter mehreren dem Wortlaut nach möglichen Auslegungen ist der der Vorzug zu geben, die die Wahrung der sachlichen Übereinstimmung der Regelung des § 37 BetrVG sicherstellt.[631] Im Ergebnis ist damit die Auslegung vorzugswürdig, nach der Betriebsratsmitglieder im Rahmen des § 37 Abs. 3 Satz 3 BetrVG erst dann Mehrarbeitszuschläge erhalten, wenn die Voraussetzungen der tarifvertraglichen, der betrieblichen oder der individualvertraglichen Regelung erfüllt sind.

---

631 Larenz/*Canaris*, S. 310.

Die Anordnung der Vergütung wie Mehrarbeit stellt folglich eine Rechtsgrundverweisung dar.

Daraus folgt, dass der Arbeitgeber das Betriebsratsmitglied i.S.v. § 78 Satz 2 BetrVG unzulässig begünstigt, sofern er ihm (freiwillig) eine Überstunden- oder Mehrarbeitszulage zahlt, obwohl die (tarif- oder arbeits-) vertraglichen Voraussetzungen noch nicht vorliegen und das Betriebsratsmitglied noch gar keinen Anspruch darauf hat.

3. Anwendbarkeit des § 37 Abs. 3 BetrVG auch bei freigestellten Betriebsratsmitgliedern

Der Wortlaut des § 37 Abs. 3 Satz 1 BetrVG knüpft hinsichtlich der Anwendbarkeit der Norm ausschließlich an die Eigenschaft als Betriebsratsmitglied an.[632] Es stellt sich daher die Frage, ob § 37 Abs. 3 BetrVG auch bei freigestellten Betriebsratsmitgliedern i.S.d. § 38 BetrVG zur Anwendung kommt, wenn diese über ihre persönliche Arbeitszeit hinaus ihrer Betriebsratstätigkeit nachgehen.

a. Meinungsstand

Überwiegend wird die Frage, ob § 37 Abs. 3 BetrVG auch auf freigestellte Betriebsratsmitglieder uneingeschränkt Anwendung findet, sowohl in der Rechtsprechung[633] als auch in der Literatur[634] – meist jedoch ohne nähere Begründung – bejaht. Das Bundesarbeitsgericht hatte sich in einer Entscheidung aus dem Jahre 1974[635] mit der Frage zu befassen, ob bei einem freigestellten Betriebsratsmitglied die Möglichkeit der Arbeitsbefreiung unter Fortzahlung des Arbeitsentgelts zum Ausgleich für die Betriebsratstätigkeit außerhalb der Arbeitszeit generell ausscheide, weil es für ein freigestelltes Betriebsratsmitglied keine Arbeitsbefreiung gebe, und ob die entsprechende Anwendung des § 37 Abs. 3 BetrVG daher ohne Beachtung des Freizeitausgleichs nach § 37 Abs. 3 Satz 1 BetrVG (immer) unmittelbar zu einem Vergütungsanspruch nach § 37 Abs. 3 Satz 3 Halbsatz 2 BetrVG führe. Das Bundesarbeitsgericht geht auch im Hinblick auf mögli-

---

632 *Bengelsdorf*, NZA 1989, 905 (906).
633 BAG v. 28.09.2016 – 7 AZR 248/14, NZA 2017, 335 (336); BAG v. 12.12.2000 – 9 AZR 508/99, AP Nr. 27 zu § 1 TVG Tarifverträge Textilindustrie; BAG v. 21.05.1974 – 1 AZR 477/73, AP Nr. 14 zu § 37 BetrVG 1972; ArbG Freiburg, v. 28.11.1995 – 2 Ca 373/94, AiB 1996, 377 (378).
634 *Becker-Schaffer*, BB 1982, 498 (502); *Fitting*, § 37 Rn. 90; GK-BetrVG/*Weber*, § 37 Rn. 85.
635 BAG v. 21.05.1974 – 1 AZR 477/73, AP Nr. 14 zu § 37 BetrVG 1972.

che Ansprüche freigestellter Betriebsratsmitglieder von einem Vorrang der Arbeitsbefreiung nach § 37 Abs. 1 BetrVG gegenüber dem Abgeltungsanspruch nach § 37 Abs. 3 BetrVG aus.[636] Das Gericht argumentierte, dass bei freigestellten Betriebsratsmitgliedern nicht unmittelbar der Abgeltungsanspruch geltend gemacht werden könne, da es für sie keine Arbeitsbefreiung gebe. Auch die Freistellung ändere nichts daran, dass die Voraussetzung der „betriebsbedingten Gründe" auch bei der Anwendung des § 37 Abs. 3 BetrVG auf freigestellte Betriebsratsmitglieder ihren Sinn behalte, da *„durchaus Umstände denkbar sind, die es erforderlich machen können, Betriebsratstätigkeit aus betriebsbedingten Gründen außerhalb der Arbeitszeit durchzuführen."*[637] Das Wort „betriebsbedingt" könne hier nicht wie „betriebsratsbedingt" gelesen werden. Würde man die beiden Begriffe im Wege des Analogieschlusses gleichsetzen, liefe dies auf den Vergleich nicht vergleichbarer Sachverhalte hinaus. Weiter führte das BAG aus, ein anderes Normverständnis lasse sich auch nicht durch das Benachteiligungsverbot des § 78 Satz 2 BetrVG rechtfertigen. Führe nämlich die Leistung von Betriebsratsaufgaben außerhalb der persönlichen Arbeitszeit bei einem freigestellten Betriebsratsmitglied ohne Rücksicht darauf, ob der Grund hierfür ein „betriebsbedingter" war, unmittelbar zu einem Vergütungsanspruch nach § 37 Abs. 3 Satz 3 BetrVG, so würde die Betriebsratsarbeit als solche vergütet und das Betriebsratsmitglied nicht so gestellt, wie es ohne das Betriebsratsamt stünde.[638] Der Gesetzgeber habe mit der pauschalierten Freistellungsstaffel in § 38 Abs. 1 BetrVG gezeigt, dass er davon ausgehe, dass mit der Figur des freigestellten Betriebsratsmitglieds je nach Notwendigkeit auch eine gewisse Mehr- oder Mindertätigkeit der Mandatsträger einhergehe. Nicht jede dieser Mehrarbeiten solle über § 37 Abs. 3 BetrVG ausgeglichen werden, sondern nur die, bei denen die gesetzlichen Voraussetzungen erfüllt seien. Diese schließen das Vorliegen der „betriebsbedingten Gründe" zwingend mit ein.[639] Diese Auffassung bestätigte das BAG

---

636 BAG v. 21.05.1974 – 1 AZR 477/73, AP Nr. 14 zu § 37 BetrVG 1972.
637 BAG v. 21.05.1974 – 1 AZR 477/73, AP Nr. 14 zu § 37 BetrVG 1972.
638 BAG v. 21.05.1974 – 1 AZR 477/73, AP Nr. 14 zu § 37 BetrVG 1972; ebenso: LAG Köln v. 06.03.1998 – 11 (9) Sa 383/97, juris; LAG Düsseldorf v. 19.05.1993 – 18 Sa 215/93, LAGE § 37 BetrVG 1972 Nr. 41; a.A. LAG Berlin-Brandenburg v. 11.06.2010 – 6 Sa 675/10, AuA 2010, 610.
639 BAG v. 21.05.1974 – 1 AZR 477/73, AP Nr. 14 zu § 37 BetrVG 1972; ebenso: LAG Köln v. 06.03.1998 – 11 (9) Sa 383/97, juris.

jüngst in einer Entscheidung aus dem Jahr 2016.[640] Weiter betonte das BAG, dass die Betriebsparteien diese Voraussetzungen auch nicht durch eine Betriebsvereinbarung abändern oder erleichtern dürften. Solche Vereinbarungen seien zwingend unwirksam. Auf die Voraussetzungen des § 37 Abs. 3 BetrVG könne auch bei vollständig freigestellten Betriebsratsmitgliedern nicht verzichtet werden.

Vereinzelt wird die Auffassung vertreten, jedenfalls die Möglichkeit der Arbeitsbefreiung unter Fortzahlung des Arbeitsentgelts scheide von vornherein aus, weil es für ein freigestelltes Betriebsratsmitglied keine Arbeitsbefreiung gebe.[641] Die letztgenannte Ansicht hält die Vorschrift des § 37 Abs. 3 BetrVG zwar auch bei freigestellten Betriebsratsmitgliedern für anwendbar, will den Anwendungsbereich jedoch auch auf „betriebsratsbedingte" Gründe ausweiten. Dies müsse wenn schon nicht für den Anspruch auf Freistellung, zumindest für den Abgeltungsanspruch gelten. Charakteristisch für die Rechtsstellung eines freigestellten Betriebsratsmitglieds sei gerade die Tatsache, dass es in vollem Umfang von seiner beruflichen Tätigkeit befreit ist, um sich der Betriebsratsarbeit zu widmen, §§ 37 Abs. 2, 38 Abs. 1 Satz 1, Satz 2 BetrVG. Daher bestehe ohnehin lediglich eine sehr eingeschränkte Vergleichbarkeit mit der Rechtsstellung eines nicht freigestellten Betriebsratsmitglieds. Da das freigestellte Betriebsratsmitglied von seiner Plicht zur Arbeitsleistung befreit sei, komme keine Befreiung von der Arbeitspflicht mehr in Betracht, sondern lediglich eine Befreiung von Amtspflichten. Daraus folge notwendigerweise, dass sich auch das Kriterium, welches über die Möglichkeit der Befreiung und Abgeltung entscheide, ändern müsse, da „betriebsbedingte Gründe" insoweit kaum Bedeutung hätten, als ja gerade nicht die Erfüllung der Arbeitspflicht, sondern die der Amtspflicht in Rede stehe.[642]

Auch eine weitere Ansicht in der Literatur äußert noch weitergehende Bedenken gegen die Anwendung von § 37 Abs. 3 BetrVG auf freigestellte Betriebsratsmitglieder.[643] Nach dieser Auffassung steht einem freigestellten Betriebsratsmitglied niemals eine Mehrarbeitsvergütung nach § 37 Abs. 3 Satz 3 BetrVG zu, da eine

---

640 BAG v. 28.09.2016 – 7 AZR 248/14, NZA 2017, 335 (336).
641 *Kehrmann*, in: FS Wlotzke, 357 (367); *Moll/Roebers*, NZA 2012, 57 (60), die die Auffassung vertreten, es obliege der Einschätzung des freigestellten Betriebsratsmitglieds, ob und wann seine Amtstätigkeit die Inanspruchnahme des Freizeitausgleichs gestattet.
642 *Waas*, S. 16.
643 *Knipper*, S. 45 f.

Bezahlung der Mehrarbeit einer Abgeltung des an sich unentgeltlichen Ehrenamtes gleichkäme.

b. Stellungnahme

Der Gesetzgeber unterscheidet nach dem Wortlaut des § 37 Abs. 3 BetrVG nicht zwischen freigestellten und nichtfreigestellten Betriebsratsmitgliedern. Die Norm knüpft allein an die Eigenschaft des Arbeitnehmers als Betriebsratsmitglied an. Ihr Wortlaut ist nach den Grundsätzen der juristischen Methodenlehre Ausgangspunkt für die Ermittlung der Bedeutung der Norm und steckt zugleich die Grenzen der Auslegung ab.[644] Eine einschränkende Auslegung des an sich eindeutigen Wortlauts des § 37 Abs. 3 BetrVG in dem Sinne, dass er für freigestellte Betriebsratsmitglieder keine oder lediglich eingeschränkte Geltung entfaltet, ist nicht zu rechtfertigen. § 37 BetrVG regelt die allgemeine Rechtsstellung der in den Betriebsrat gewählten Arbeitnehmer und unterscheidet dabei nicht zwischen freigestellten und nicht freigestellten Betriebsratsmitgliedern. Auch die teleologische Auslegung des § 37 Abs. 3 BetrVG spricht für eine Gleichbehandlung freigestellter und nicht freigestellter Betriebsratsmitglieder. Sinn und Zweck des § 37 Abs. 3 BetrVG ist es, Nachteile auszugleichen, die durch eine Betriebsratstätigkeit außerhalb der persönlichen Arbeitszeit entstehen.[645] Der Gesetzgeber hat insoweit einen Freizeitausgleich für jede Einbuße an Freizeit gewährt, die einerseits durch betriebliche Notwendigkeiten und andererseits durch die Amtsführung bedingt ist. Die Freizeit eines Betriebsratsmitglieds beginnt unabhängig davon, ob freigestellt oder nicht, mit dem Ende der individualvertraglich vereinbarten Arbeitszeit. Auch das freigestellte Betriebsratsmitglied erbringt ebenso wie die nicht freigestellten Amtsträger ein Freizeitopfer, wenn es nach Ende seiner persönlichen Arbeitszeit aus betriebsbedingten Gründen noch erforderliche Betriebsratsaufgaben erledigt. Sachliche Gründe, dieses Opfer anders als das der nicht freigestellten Betriebsratsmitglieder zu behandeln, sind nicht ersichtlich. Daher ist die Ansicht, die § 37 Abs. 3 BetrVG lediglich eingeschränkt bzw. modifiziert auf freigestellte Betriebsratsmitglieder anwenden will[646], abzulehnen. Zwar argumentiert sie zutreffend, dass freigestellte Betriebsratsmitglieder infolge der Freistellung keine

---
644 *Bydlinski*, S. 441, 467 f.
645 BT-Drs. VI/1786, 41.
646 *Moll/Roebers*, NZA 2012, 57 (60); *Knipper*, S. 45; *Waas*, S. 10 ff.

arbeitsvertraglich geschuldete Leistung mehr erbringen, sondern sich gänzlich der Erfüllung von Betriebsratsaufgaben widmen. Daraus lässt sich jedoch weder der Schluss ziehen, freigestellten Betriebsratsmitgliedern obliege die Einschätzung, ob und wann ihre Amtstätigkeit die Inanspruchnahme des Freizeitausgleichs gestatte, noch dass ein solcher bei ihnen meistens ins Leere ginge und daher in der Regel nur ein Abgeltungsanspruch in Betracht käme.[647]

Aus der Tatsache, dass freigestellte Betriebsratsmitglieder keine arbeitsvertragliche Leistung während der Freistellung mehr schulden, lässt sich nicht folgern, dass der Gesetzgeber sie anders behandeln wollte. Vielmehr macht er durch § 78 Satz 2 BetrVG wie auch durch §§ 37, 38 BetrVG deutlich, dass das BetrVG sowohl freigestellte als auch nicht freigestellte Betriebsratsmitglieder so stellen will, wie sie stünden, wenn sie keine Betriebsratstätigkeit erbringen würden. Bei den freigestellten Betriebsratsmitgliedern kann ein Ausgleich über § 37 Abs. 3 BetrVG allerdings zwangsläufig nur für die erbrachte Betriebsratstätigkeit erfolgen. Grundlage dafür ist aber dennoch die Regelung des § 37 Abs. 3 BetrVG.[648] Danach haben auch freigestellte Betriebsratsmitglieder vorrangig einen Anspruch auf Freizeitausgleich. „Arbeitsbefreiung" beim freigestellten Betriebsratsmitglied kann nur die Befreiung von dem bedeuten, was das Betriebsratsmitglied als Surrogat für die Arbeit schuldet – nämlich die Pflicht des Betriebsratsmitglieds, während seiner arbeitsvertraglichen Arbeitszeit im Betrieb am Sitz des Betriebsrats, dem er angehört, anwesend zu sein und sich dort für anfallende Betriebsratsarbeit bereitzuhalten.[649] Auch hierbei muss das Betriebsratsmitglied sich beim Arbeitgeber bei Verlassen der Betriebsstätte abmelden.[650] Andernfalls könnte das freigestellte Betriebsratsmitglied selbst entscheiden, ob und wann es sich selbst einen Freizeitausgleich gewährt. Dadurch würde das Kriterium der „betriebsbedingten Gründe" im Sinne des § 37 Abs. 3 Satz 1 BetrVG umgangen, da bei einem solchen Normverständnis bereits „betriebsratsbedingte Gründe" als ausreichend erachtet würden. Es gibt jedoch keinen sachlichen Grund für ein abweichendes

---

647 So aber: *Waas*, S. 17.
648 So auch: *Lipp*, S. 144.
649 Ebenso LAG Köln v. 06.03.1998 – 11 (9) Sa 383/97, juris.
650 BAG v. 24.02.2016 – 7 ABR 20/14, NZA 2016, 831 (833); a.A. *Moll/Roebers*, NZA 2012, 57 (60).

Normverständnis. Denn auch bei freigestellten Betriebsratsmitgliedern sind Umstände denkbar, die es erforderlich machen können, Betriebsratstätigkeit aus betriebsbedingten Gründen außerhalb ihrer persönlichen Arbeitszeit durchzuführen, ohne dass die Tatsache der Freistellung hieran etwas ändert. Denkbar ist dies insbesondere bei freigestellten Betriebsratsmitgliedern, die vertraglich Schichtarbeit schulden. Diese können ihre erforderlichen Betriebsratstätigkeiten üblicherweise nicht nur während ihrer arbeitsvertraglich vereinbarten Arbeitszeiten (z.b. während der Nachtschicht) erfüllen. In diesem Fall läge ein „betriebsbedingter" Grund vor. Folglich ist auch die Argumentation unzutreffend, das Merkmal „betriebsbedingt" müsse durch das Wörtchen „betriebsratsbedingt" ersetzt werden, da sonst kein Anwendungsbereich für § 37 Abs. 3 Satz 3 BetrVG mehr bestehe.

Auch die Ansicht, die die Anwendbarkeit des § 37 Abs. 3 Satz 3 BetrVG auf freigestellte Betriebsratsmitglieder ablehnt, so dass ihnen keine Mehrarbeitsvergütung zustehe[651], ist abzulehnen. Sie setzt sich in ihrer Argumentation ausschließlich mit einem möglichen Abgeltungsanspruch nach § 37 Abs. 3 Satz 3 BetrVG auseinander und übersieht dabei, dass der Ausgleich in Geld lediglich die Ausnahme und nicht die Regel darstellt. Auch bei freigestellten Betriebsratsmitgliedern ist der Freizeitausgleich vorrangig und geht – wie soeben aufgezeigt – nicht ins Leere. Würde man freigestellten Betriebsratsmitgliedern stets unmittelbar einen Vergütungsanspruch zugestehen, würden sie nicht so gestellt, wie sie ohne ihr Betriebsratsamt stünden, sondern sogar begünstigt, da ihnen ihr Betriebsratsamt dann eine zusätzliche Einnahmequelle bescheren würde. Eine solche Sonderbehandlung freigestellter Betriebsratsmitglieder sieht das Gesetz jedoch nicht vor – es verbietet sie sogar in § 78 Satz 2 BetrVG.

Daher gilt: Auch das freigestellte Betriebsratsmitglied erwirbt bei Vorliegen der gesetzlichen Voraussetzungen des § 37 Abs. 3 Satz 1 BetrVG zunächst einmal einen Anspruch auf Freizeitausgleich. Anschließend muss das Betriebsratsmitglied darlegen, dass und warum eine Arbeitsbefreiung zum Ausgleich nicht möglich war und das wiederum aus „betriebsbedingten Gründen", wobei die Arbeitsbefreiung beim freigestellten Betriebsratsmitglied nur die Befreiung von dem bedeuten kann, was das Betriebsratsmitglied als Surrogat für die Arbeit schuldet –

---

651 *Knipper*, S. 45 f.

die Befreiung von seiner Anwesenheitspflicht im Betrieb und den zu erfüllenden Amtspflichten. Nur wenn ein Freizeitausgleich aus betriebsbedingten Gründen vor Ablauf eines Monats nicht in Betracht kommt bzw. vom Arbeitgeber verweigert wird, ist auch bei freigestellten Betriebsratsmitgliedern eine Mehrarbeitsvergütung zu zahlen. § 37 Abs. 3 BetrVG ist somit auch auf freigestellte Betriebsratsmitglieder unverändert anzuwenden.

4. Zulässigkeit einer pauschalen Abgeltung von Mehrarbeit

Insbesondere im Falle von Mehrarbeitsvergütung führt die Berücksichtigung der vielfältigen Gesichtspunkte, die – wie soeben aufgezeigt – zu beachten sind, häufig zu einem erheblichen Verwaltungsaufwand. Um diesem zu entgehen, treffen Arbeitgeber und Betriebsratsmitglieder in der Praxis immer wieder Vereinbarungen über die Zahlung von Überstunden- bzw. Mehrarbeitspauschalen.[652] Ziel ist es, die sich bei der Einzelabrechnung aller in Betracht kommenden ausgleichspflichtigen Posten stellenden Schwierigkeiten und den damit einhergehenden Aufwand zu vermeiden. Dabei drängt sich die Frage auf, ob die pauschale Abgeltung von Mehrarbeit gegenüber Mitgliedern des Betriebsrats überhaupt zulässig ist.

a. Pauschalierungen im Allgemeinen

Im Arbeitsrecht sind Pauschalierungsvereinbarungen zur Überstundenvergütung nicht unüblich. Ihre Zulässigkeit orientiert sich insbesondere an den Maßstäben der AGB-Kontrolle und § 138 BGB. Dennoch kann hieraus kein Rückschluss für oder gegen die Zulässigkeit einer pauschalen Mehrarbeitsvergütung von Betriebsratsmitgliedern gezogen werden. Denn während es bei Überstundenpauschalen, die die normalen Arbeitnehmer betreffen, um den Schutz der Interessen der an der Abmachung Beteiligten selbst geht, geht es bei Pauschalen, die Mitgliedern des Betriebsrats gewährt werden sollen, um die Wahrung der Unabhängigkeit des Betriebsrats und seiner Mitglieder und um den Schutz der Interessen der von ihm vertretenen Belegschaft.

---

[652] SZ v. 19.01.2012, S. 22; FAS v. 16.19.2011, S. 41; FAZ v. 18.10.2011, S. 17, wonach Opel ihren freigestellten Betriebsratsmitgliedern je nach Position im Betriebsrat eine pauschale Überstundenabgeltung in Höhe von 300 bis 1.500 Euro monatlich zahlte; nach einem Bericht der FAS v. 23.10.2011, S. 37 war dies bei Volkswagen ebenfalls der Fall.

Für die Zulässigkeit der Zahlung von Pauschalen kann im Hinblick auf Betriebsratsmitglieder festgehalten werden, dass diese nur dann in Betracht kommen, wenn es sich um stets wiederkehrende, gleichförmige Sachverhalte handelt, bei denen die Zahlung einer Pauschale eine Richtigkeitsvermutung in sich trägt.[653] Dies setzt Folgendes voraus: Grundvoraussetzung ist zunächst das Bestehen eines Zahlungsanspruchs des Betriebsratsmitglieds gegen den Arbeitgeber. Zweite Voraussetzung ist, dass dieser Zahlungsanspruch regelmäßig und in gleichförmiger Höhe entsteht. Schließlich muss die Pauschale „im Großen und Ganzen" den tatsächlich geschuldeten Zahlungsansprüchen entsprechen. Weicht sie über einen längeren Zeitraum davon ab, wird das Betriebsratsmitglied durch die Pauschale entweder begünstigt oder benachteiligt.[654]

b. Pauschalierung der Mehrarbeit von Betriebsräten

aa. Streitstand

Die rechtswissenschaftliche Literatur steht Pauschalvereinbarungen zwischen Arbeitgeber und den Mitgliedern des Betriebsrats überaus skeptisch gegenüber. Dies ist angesichts der Ausgestaltung des Betriebsratsamtes als unentgeltliches Ehrenamt auch nicht weiter verwunderlich. Wenig überraschend findet sich in der Literatur die Auffassung, Pauschalierungen aller Art seien unzulässig.[655] Pauschalvereinbarungen sollen nicht zur Umgehung des Ehrenamtsprinzips missbraucht werden können.[656] Eine andere Ansicht in der Literatur[657] hält Vereinbarungen zwischen Arbeitgeber und Mitgliedern des Betriebsrats über die pauschale Abgeltung von Mehrarbeit, die von den Betriebsräten geleistet wird, für zulässig, solange diesen keine realitätsfremden Annahmen zugrunde liegen und sie vor dem Hintergrund eines unzumutbaren Verwaltungsaufwands seitens des Arbeitgebers verhältnismäßig seien. Pauschalvereinbarungen zur Abgeltung von Mehrarbeit seien

---

653 *Moll/Roebers*, NZA 2012, 57 (61).
654 BAG v. 9.11.1955 – 1 AZR 329/54, NJW 1956, 185 (159) mit Anm. von *Bohn*.
655 *Behrendt/Lilienthal*, KSzW 2014, 277 (278); *Däubler*, SR 2017, 85 (96); *Esser*, S. 84 ff.; *Dzida/Mehrens*, NZA 2013, 753 (755 f.); GK-BetrVG/*Weber*, § 37 Rn. 120; *Jacobs/Frieling*, ZfA 2015, 241 (255 f.); *Moll/Roebers*, NZA 2012, 57 (61); *Frahm/Koch*, ArbRAktuell 2010, 468.
656 *Rieble*, NZA 2008, 276 (277), wonach Pauschalierungen keinen „Königsweg" zur Umgehung des Ehrenamtsprinzips darstellen.
657 *Waas*, S. 25, 28; ebenso: *Klenter*, jurisPP-ArbR 8/2013 Anm. zu ArbG Stuttgart v. 13.12.2012 – 24 Ca 5430/12.

weit verbreitet und der Umstand, dass in einem Betrieb auch anderweitig pauschalierte Mehrarbeitsvergütungen zwischen Arbeitgeber und Arbeitnehmer abgeschlossen werden, sei ein Indiz dafür, dass eine entsprechende Regelung gegenüber Betriebsräten keine Begünstigung dieser Arbeitnehmer i.S.d. § 78 Satz 2 BetrVG darstelle.[658] Eine weitere Ansicht in der Literatur befürwortet ebenfalls die Zulässigkeit von Mehrarbeitspauschalen im Hinblick auf Mitglieder des Betriebsrats und schlägt vor, bestimmte Kostengruppen zu bilden, weil eine Pauschalierung ad absurdum geführt werde, wenn man jedes Betriebsratsmitglied für sich betrachte.[659]

Die Rechtsprechung schließt sich der überwiegend in der Literatur vertretenen Ansicht an, wonach Mehrarbeitspauschalen in der Regel unzulässig sind.[660] Das Arbeitsgericht Stuttgart hielt in einer Entscheidung aus dem Jahre 2013 beispielsweise die folgende Vereinbarung einer Mehrarbeitspauschale für unzulässig: *„Mehrarbeitspauschale: Die Betriebsratsmitglieder erhalten für entgangene oder früher tatsächlich geleistete Mehrarbeit eine monatliche Pauschale auf der Basis von 8 Mehrarbeitsstunden. Tatsächlich geleistete Mehrarbeitsstunden bleiben unberührt und werden zusätzlich vergütet."* Diese pauschale Mehrarbeitsvergütung auf Basis von 8 Stunden pro Monat war nach Ansicht des Gerichts gemäß § 37 Abs. 1, 3 BetrVG i.V.m. § 78 Satz 2 BetrVG unzulässig. Nach Auffassung des Gerichts ist zum einen schon gar nicht eindeutig ersichtlich, wofür die Pauschale genau gewährt werde. Auch sei es naheliegend, dass es keine Abgeltung erbrachter Mehrarbeit sein soll, sondern vielmehr eine Kompensation für wegen der Amtsübernahme entgangene Mehrarbeit geschaffen werde. Zumal alle Betriebsratsmitglieder dieselbe Mehrarbeitspauschale erhalten. Es sei *„mit dem Ehrenamtsprinzip und dem Begünstigungsverbot unvereinbar, eine nicht an den tatsächlichen Umständen orientierte Pauschale für Mehrarbeit zu vergüten."*[661] Das Gesetz enthalte zur Frage der Vergütung von Mehrarbeit in § 37 Abs. 3 BetrVG eine detaillierte Sonderregelung. Von dem abgestuften System zwischen vorran-

---

658 *Waas*, S. 22 f.
659 *Kehrmann*, in: FS Wlotzke, 357 (379).
660 BAG v. 08.11.2017 – 5 AZR 11/17, NZA 2018, 528 (531); ArbG Stuttgart v. 13.12.2012 – 24 Ca 5430/12, NZA-RR 2013, 140 (141).
661 ArbG Stuttgart v. 13.12.2012 – 24 Ca 5430/12, NZA-RR 2013, 140 (144).

gige zu gewährendem Freizeitausgleich auf der ersten und nachrangig zu zahlender Mehrarbeitsvergütung auf der zweiten Stufe dürfe nicht durch eine Pauschalvereinbarung abgewichen werden.[662]

bb. Stellungnahme

Die Frage der Zulässigkeit einer Mehrarbeitspauschale für Betriebsratsmitglieder kann nicht ohne Weiteres beantwortet werden. Hier muss in jedem Einzelfall geprüft werden, ob die Voraussetzungen einer Pauschalierung vorliegen. Bei der Mehrarbeitsvergütung dürfte eine Pauschale vor dem Hintergrund des § 37 Abs. 3 BetrVG jedoch in aller Regel nicht zulässig sein.

Der Gesetzgeber hat in § 37 Abs. 3 BetrVG eine ausdrückliche Regelung der betriebsbedingten Mehrarbeit und ihrer Rechtsfolgen geschaffen. Darin hat er sich für den klaren Vorrang des Freizeitausgleichs ausgesprochen. Der Abgeltungsanspruch entsteht erst, wenn das Betriebsratsmitglied aus betriebsbedingten Gründen außerhalb seiner Arbeitszeit Betriebsratsarbeit leisten musste, er dies dem Arbeitgeber konkret mitgeteilt und seinen Anspruch auf Freizeitausgleich geltend gemacht hat. Weiter darf der Arbeitgeber ihn aus betrieblichen Gründen nicht innerhalb eines Monats unter Fortzahlung seines Entgelts von der Pflicht zur Arbeitsleistung bzw. Anwesenheit im Betrieb befreit haben.[663] Diese Voraussetzungen müssen kumulativ vorliegen, andernfalls entsteht der Zahlungsanspruch aus § 37 Abs. 3 Satz 3 BetrVG nicht.[664] Dieses vom Gesetz vorgegebene Rangverhältnis kann nicht durch eine Vereinbarung zwischen den Betriebsparteien umgangen werden, unabhängig davon, ob die strikte Anwendung des § 37 Abs. 3 BetrVG einen erhöhten Verwaltungs- und Abrechnungsaufwand mit sich bringt. Andernfalls könnten die Betriebsparteien dieses Rangverhältnis aushebeln und ihnen würde ein Wahlrecht zwischen diesen Ansprüchen zugestanden, das es nicht gibt. Auch erhielte das Betriebsratsmitglied andernfalls einen zusätzlichen Vergütungsanspruch aufgrund seiner Amtstätigkeit, was jedoch als Verstoß gegen § 78 Satz 2 BetrVG ebenfalls unzulässig ist. Ohne die Voraussetzungen des § 37 Abs. 3 Satz 3 BetrVG besteht kein Anspruch auf Mehrarbeitsvergütung. Ohne

---

662 ArbG Stuttgart v. 13.12.2012 – 24 Ca 5430/12, NZA-RR 2013, 140 (144).
663 Näher dazu unter „Rechtsfolgen des § 37 Abs. 3 BetrVG", S. 163.
664 Näher dazu unter „Abgeltung, § 37 Abs. 3 Satz 3 BetrVG", S. 168.

einen solchen Zahlungsanspruch scheidet die Pauschalierung eines solchen logisch aus.

Auch der Umstand, dass es im Arbeitsrecht nicht unüblich ist zwischen Arbeitgeber und Arbeitnehmern Vereinbarungen zu pauschalen Überstundenabgeltungen zu treffen, kann nicht als „Indiz" für die Zulässigkeit einer pauschalierten Abgeltung der Mehrarbeit von Betriebsratsmitgliedern[665] gesehen werden. So gilt es im Hinblick auf Vereinbarungen mit dem Betriebsrat immer auch die Wahrung dessen Unabhängigkeit im Blick zu halten. Ebenso geschützt werden müssen jedoch auch die Interessen von Dritten, nämlich die der anderen Arbeitnehmer an einer ordnungsgemäßen Interessenvertretung durch den Betriebsrat. Im Verhältnis vom Arbeitgeber zu seinen Arbeitnehmern geht es lediglich um den Schutz der Interessen der an der Abmachung Beteiligten selbst. Überdies gilt im Arbeitsverhältnis selbst anders als im Betriebsverfassungsgesetz kein Begünstigungsverbot. Die Parteien können eine pauschale Überstundenvergütung frei vereinbaren, solange diese der AGB-Kontrolle und § 138 BGB standhält. Bei Betriebsratsmitgliedern muss zum einen das von § 37 Abs. 3 BetrVG vorgegebene Rangverhältnis gewahrt werden, zum anderen gilt es stets ihre innere und äußere Unabhängigkeit zu wahren. Die im „normalen" Arbeitsverhältnis geltenden Grundsätze lassen sich daher nicht ohne Weiteres auf das Verhältnis von Betriebsratsmitgliedern zu ihrem Arbeitgeber übertragen.

Überdies fehlt es bei betriebsbedingter Mehrarbeit einzelner Betriebsratsmitglieder regelmäßig auch an dem für die Zahlung einer Pauschale erforderlichen wiederkehrenden und gleichförmigen Sachverhalt. Nur wenn ein solcher vorliegt, trägt die Pauschale eine Richtigkeitsvermutung in sich.[666] Gerade an dieser für eine Pauschalierung erforderlichen Typisierung fehlt es jedoch in der Regel. Betriebsratsmitglieder erbringen ihre Arbeit grundsätzlich während ihrer persönlichen Arbeitszeit. Ist dies nicht der Fall, tritt die betriebsbedingte Mehrarbeit typischerweise unvorhergesehen und vor allem unregelmäßig auf. Überdies kann nicht davon ausgegangen werden, dass bei jedem Betriebsratsmitglied die Über-

---

665 So aber: *Waas*, S. 22.
666 *Dzida/Mehrens*, NZA 2013, 753 (756); *Moll/Roebers*, NZA 2012, 57 (61).

stunden in gleichem Maße anfallen und ein Freizeitausgleich aus betriebsbedingten Gründen ausscheidet.[667] Eine Pauschale wird daher nie auch zumindest annähernd den tatsächlichen Mehrarbeitsumfang abdecken und das Betriebsratsmitglied somit entweder benachteiligen oder aber begünstigen, je nachdem, ob die tatsächlich anfallenden und über § 37 Abs. 3 BetrVG hinausgehenden Mehrarbeiten hinter der Pauschale zurückbleiben oder über diese hinausgehen. In beiden Fällen liegt jedoch ein Verstoß gegen § 78 Satz 2 BetrVG vor.

Ebenfalls unzulässig sind Mehrarbeitspauschalen in den Fällen, in denen ein Betriebsratsmitglied aus betriebsratsbedingten Gründen Überstunden geleistet hat. Diese begründen keinen Zahlungsanspruch nach § 37 Abs. 3 Satz 3 BetrVG[668] und können somit auch nicht pauschal abgegolten werden. Gleiches gilt für Überstundenpauschalen, die das Betriebsratsmitglied bereits vor Amtsantritt als normaler Arbeitnehmer bezogen hat. Diese stellen einen Gehaltsbestandteil dar. Das Betriebsratsmitglied hat hierauf einen Anspruch aus dem Arbeitsvertrag i.V.m. dem Lohnausfallprinzip. Der Arbeitgeber muss sie auch nach Amtsantritt weiterzahlen, § 37 Abs. 2 BetrVG.[669]

Somit ist abschließend festzuhalten, dass Pauschalvereinbarungen, die den vom Gesetz in § 37 Abs. 3 BetrVG vorgegebenen Anforderungen nicht entsprechen oder das zwingende Rangverhältnis umgehen, wegen Verstoßes gegen die §§ 37 Abs. 1, 78 Satz 2 BetrVG unzulässig sind.

5. Ergebnis

Betriebsratstätigkeit ist nach § 37 Abs. 1 und Abs. 2 BetrVG ehrenamtlich und ohne private Vermögens- oder Freizeitopfer grundsätzlich während der persönlichen Arbeitszeit des Betriebsratsmitglieds auszuüben. Da dies jedoch aus verschiedenen Gründen nicht immer möglich ist, stellt § 37 Abs. 3 BetrVG darauf ab, dass eine Arbeitsbefreiung zum Ausgleich für die Betriebsratstätigkeit dann in Betracht kommt, wenn sie aus betriebsbedingten Gründen außerhalb der Arbeitszeit durchgeführt werden muss. Kann die Arbeitsbefreiung innerhalb eines Monats nach ihrer Geltendmachung aus betriebsbedingten Gründen nicht gewährt

---

667 In diese Richtung auch ArbG Stuttgart v. 13.12.2012 – 24 Ca 5430/12, NZA-RR 2013, 140 (140 f.).
668 Näher dazu bei „Betriebsratsbedingte Gründe", S. 159.
669 Näher dazu bei „Lohnausfallprinzip", S. 52.

werden, hat das Betriebsratsmitglied einen Anspruch auf eine Abgeltung „wie Mehrarbeit". § 37 Abs. 3 BetrVG soll dem Betriebsratsmitglied einen Ausgleich für die Nachteile gewähren, die es erleidet, weil es aus betriebsbedingten Gründen zur Wahrnehmung der ihm obliegenden Betriebsratsaufgaben seine Freizeit opfern muss. Es ist Aufgabe des Arbeitgebers dafür Sorge zu tragen, dass die Betriebsratsmitglieder in ihrer Amtseigenschaft regelmäßig nur während ihrer Arbeitszeit in Anspruch genommen werden.

Der Ausgleichsanspruch des § 37 Abs. 3 BetrVG ist vorrangig auf Freizeitausgleich gerichtet. Unter den Voraussetzungen des § 37 Abs. 3 Satz 3 BetrVG kommt eine Abgeltung der aufgewandten Zeit als Mehrarbeit in Betracht, wenn ein Freizeitausgleich innerhalb eines Monats nicht möglich ist. Die Vergütung wie Mehrarbeit ist gerechtfertigt, sofern die Voraussetzungen des § 37 Abs. 3 Satz 3 2. HS. BetrVG vorliegen. Denn dann erbringt das Betriebsratsmitglied eine zusätzliche Leistung, die die von ihm arbeitsvertraglich geschuldete Leistung übersteigt. Die Vergütung wie Mehrarbeit nach § 37 Abs. 3 Satz 3 2. HS. BetrVG erhält das Betriebsratsmitglied nicht für seine Tätigkeit im Betriebsrat, sondern dafür, dass der Arbeitgeber über seine Arbeitszeit in vollem Umfang verfügen konnte. § 37 Abs. 3 BetrVG soll verhindern, dass ein Betriebsratsmitglied im Vergleich zu anderen Arbeitnehmern benachteiligt wird, die nach der Arbeit ihre Freizeit genießen können. Dies stellt keinen Verstoß gegen das Ehrenamtsprinzip oder den Grundsatz der Unentgeltlichkeit des Betriebsratsamtes dar. Vielmehr stellt die Regelung in § 37 Abs. 3 BetrVG eine Ausnahme von den eben genannten Grundsätzen dar. Die Abweichung findet ihre sachliche Rechtfertigung darin, dass die Aufopferung der persönlichen Freizeit letztlich nicht durch die Betriebsratstätigkeit oder das Betriebsratsamt, sondern aus betriebsbedingten Gründen, die aus der Sphäre des Arbeitgebers stammen, notwendig geworden ist. Im Umkehrschluss bedeutet dies, dass ein Verstoß gegen das Ehrenamtsprinzip immer dann vorliegt, wenn ein Ausgleich erfolgt, obwohl die Tätigkeit nicht aus betriebsbedingten Gründen außerhalb der Arbeitszeit verrichtet wurde.

§ 37 Abs. 3 BetrVG dient dem Schutz der Betriebsratsmitglieder vor einer Inanspruchnahme außerhalb der Arbeitszeit und kommt unabhängig davon zur Anwendung, ob die fraglichen Betriebsratsmitglieder auf Basis von Voll- oder Teilzeitarbeitsverhältnissen tätig werden, und unabhängig davon, ob sie freigestellt oder nur lediglich gelegentlich von der Arbeit befreit sind. Die Anwendbarkeit des § 37 Abs. 3 BetrVG auch auf teilzeitbeschäftigte Betriebsratsmitglieder ist heute allgemein anerkannt.

Eine pauschale Abgeltung der Mehrarbeit eines Betriebsratsmitglieds ist vor dem Hintergrund des Stufenverhältnisses des § 37 Abs. 3 BetrVG kaum darstellbar und daher regelmäßig unzulässig.

II. Hypothetische Mehrarbeit

Von den Fällen der soeben behandelten tatsächlich von einem Betriebsratsmitglied für den Betriebsrat geleisteten Mehrarbeit sind die Fälle zu unterscheiden, in denen Arbeitnehmer der Vergleichsgruppe über ihre normale Arbeitszeit hinaus zusätzlich vergütete Mehrarbeit leisten, das Betriebsratsmitglied selbst wegen seiner Amtstätigkeit diese Mehrarbeit jedoch faktisch nicht leisten konnte. In diesen Fällen sog. hypothetischer Mehrarbeit stellt sich die Frage, ob und wenn ja wie sich dies auf die Bemessung des Entgelts des Betriebsratsmitglieds auswirkt. Erhält es also auch beispielsweise einen Mehrarbeitszuschlag, wenn die Vergleichsarbeitnehmer einen solchen erhalten? Auch hier stellt sich die Frage nach der Zulässigkeit von Mehrarbeitspauschalen.

1. Nicht freigestellte Betriebsratsmitglieder

In konsequenter Anwendung der oben entwickelten Grundsätze zum Lohnausfallprinzip[670] hat das Betriebsratsmitglied aufgrund des Lohnausfallprinzips nach § 37 Abs. 2 BetrVG Anspruch auf das Arbeitsentgelt, das es erhalten hätte, wenn es nicht von der Arbeit befreit und daher nicht wegen seiner Tätigkeit im Betriebsrat an seiner Arbeitsleistung gehindert gewesen wäre. Dadurch schützt das Lohnausfallprinzip das nicht freigestellte Betriebsratsmitglied vor sämtlichen Einkommenseinbußen, die es andernfalls dadurch erleiden würde, dass es aufgrund seiner Betriebsratstätigkeit keine Möglichkeit hatte ein entsprechendes Einkommen zu erzielen.[671] Der Begriff des „Arbeitsentgelts" ist weit zu verstehen. Durch § 37 Abs. 2 BetrVG soll der vertragliche Vergütungsanspruch gemäß § 611 Abs. 2 BGB i.V.m. dem Arbeitsvertrag, der dem gelegentlich befreiten Betriebs-

---

670 Siehe oben unter „Arbeitsbefreiung und Lohnausfallprinzip, § 37 Abs. 2 BetrVG", S. 47.
671 BAG v. 03.12.1997 – 7 AZR 490/93, NZA 1998, 558 (559).

ratsmitglied bei Arbeitsleistung für Zeiten der Arbeitsbefreiung zustände, in vollem Umfang aufrechterhalten bleiben. Dem Betriebsratsmitglied sind somit sämtliche anfallenden Vergütungsbestandteile zu gewähren, die es auch ohne seine Befreiung erhalten hätte. Ausreichend ist daher, dass die Mehrarbeitsvergütung neben anderen Zwecken *auch* im Hinblick auf die erbrachte Arbeitsleistung gewährt wird (sog. Mischcharakter); ein unmittelbares Austauschverhältnis zwischen Leistung und Gegenleistung ist hingegen nicht erforderlich.

Demnach hat also ein gelegentlich befreites Betriebsratsmitglied für die Zeiten der Arbeitsbefreiung einen Anspruch auf Mehrarbeitsvergütung, wenn es wegen seiner Betriebsratsarbeit notwendigerweise die Mehrarbeit ganz oder teilweise nicht ausüben kann und die Überstunden ohne seine Amtstätigkeit jedoch von ihm geleistet worden wären. Obgleich das gelegentlich befreite Betriebsratsmitglied dann diese Mehrarbeitsvergütung erhält, ohne die Mehrarbeit tatsächlich erbracht zu haben, wird es durch die Zahlung dieser Mehrarbeitsvergütung wegen seiner Betriebsratstätigkeit nach § 78 Satz 2 BetrVG nicht unzulässig begünstigt. Es erfolgt eine rein hypothetische Betrachtung, die sich danach richtet, was das Betriebsratsmitglied verdient hätte, wenn es die Amtstätigkeit nicht übernommen, sondern normal weitergearbeitet hätte. Hätte es die Mehrarbeit dann geleistet, wäre die Mehrarbeitsvergütung angefallen. Somit ist die Mehrarbeitsvergütung in diesem Fall – auch dem nicht freigestellten Betriebsratsmitglied – zu zahlen. Andernfalls würde das Betriebsratsmitglied durch die Nichtzahlung der Mehrarbeitsvergütung unzulässig wegen seiner Amtstätigkeit unter Verstoß gegen § 37 Abs. 2 BetrVG durch eine schlechtere Bezahlung benachteiligt im Sinne des § 78 Satz 2 BetrVG.

Ausgehend vom Zweck des § 37 Abs. 2 BetrVG gehören zum fortzuzahlenden Arbeitsentgelt also alle Überstunden- bzw. Mehrarbeitsvergütungen, die das Betriebsratsmitglied ohne die Arbeitsbefreiung verdient hätte. Dies gilt unabhängig davon, ob die Mehrarbeitsvergütung regelmäßig anfällt oder nicht, denn auch nicht regelmäßig anfallende Mehrarbeitsvergütungen fallen unter den weiten Arbeitsentgeltbegriff des § 37 Abs. 2 BetrVG.[672] Für eine Beschränkung des Lohnausfallprinzips auf „regelmäßige Mehrarbeit" fehlt jede rechtliche Grundlage. Der Wortlaut des § 37 Abs. 2 BetrVG enthält – anders als beispielsweise § 4 Abs. 1, 1a EFZG – keine dahingehende Einschränkung. Das Lohnfortzahlungsprinzip verfolgt den Zweck, die Bereitschaft des Arbeitnehmers zur Übernahme eines Betriebsratsamtes zu fördern. Dies kann jedoch nur gelingen, wenn infolge der Amtsübernahme keinerlei Einkommenseinbußen drohen. § 37 Abs. 2 BetrVG will nur einen Ausgleich für den Fall gewähren, dass die Mehrarbeit gerade in der Zeit anfällt, in der das gelegentlich befreite Betriebsratsmitglied infolge seiner Befreiung seiner normalen Arbeit nicht nachgehen kann und somit in diesem Zeitraum auch keine Mehrarbeit leisten kann.

Rechtlich kommt es also einzig darauf an, was das Betriebsratsmitglied verdient hätte, wenn es nicht von der Arbeit befreit gewesen wäre. Hierzu bedarf es aber tatsächlicher Feststellungen über die hypothetische Sachlage, wie sie ohne die Arbeitsbefreiung bestanden hätte. Lediglich im Rahmen dieser tatsächlichen Feststellungen kann die Regelmäßigkeit, mit der Überstunden erbracht werden, als Hilfstatsache für die Beurteilung eines hypothetischen Sachverhalts herangezogen werden.[673] Dies bedeutet nicht, dass die Heranziehung der Regelmäßigkeit von Überstunden als Hilfstatsache zu einer rechtlichen Einschränkung des Lohnausfallprinzips führt. Für § 37 Abs. 2 BetrVG bleibt allein maßgeblich, dass das Betriebsratsmitglied ohne seine Arbeitsbefreiung eine Überstundenvergütung erzielt hätte.

Entscheidend ist somit, dass das gelegentlich von der Arbeit befreite Betriebsratsmitglied auf der Grundlage von § 37 Abs. 2 BetrVG Anspruch auf die Zahlung von Überstundenvergütung hat, sofern sie angefallen wäre, wenn das Betriebsratsmitglied während der Zeit seiner Arbeitsbefreiung seine berufliche Tätigkeit

---

672 BAG v. 29.06.1988 – 7 AZR 651/87, AP Nr. 1 zu § 24 BPersVG *Beule*, S. 88; *Esser*, S. 87; *Lipp*, S. 109; a.A. *Knipper*, S. 43, die die Versagung von Mehrarbeitszuschlägen im Falle nichtfreigestellter Betriebsratsmitglieder für gerechtfertigt erachtet, da diese aufgrund ihrer fortwährenden Eingliederung in den Arbeitsprozess selbst die Möglichkeit haben, gelegentliche Mehrarbeiten auszuführen.
673 BAG v. 29.06.1988 – 7 AZR 651/87, AP Nr. 1 zu § 24 BPersVG; *Lipp*, S. 109.

an seinem (alten) Arbeitsplatz verrichtet hätte. Mit anderen Worten: Das gelegentlich befreite Betriebsratsmitglied hat Anspruch auf die Vergütung der Überstunden, die es abgeleistet hätte, wenn es nicht wegen der Betriebsratstätigkeit von der Arbeit befreit gewesen wäre.

Darüber hinaus gewährt § 37 Abs. 4 BetrVG dem gelegentlich befreiten Betriebsratsmitglied einen Anspruch auf Mehrarbeitsvergütung, wenn es aufgrund seiner Amtstätigkeit auf einen anderen Arbeitsplatz versetzt wurde und auf diesem keine Mehrarbeit mehr anfällt bzw. es auf dem neuen Arbeitsplatz keine Überstunden mehr leisten kann. Diese Entgeltminderungen werden über § 37 Abs. 4 BetrVG ausgeglichen, da das Betriebsratsmitglied sie infolge seiner Sonderstellung erlitten hat.[674]

2. Freigestellte Betriebsratsmitglieder

a. Grundsatz

Fraglich ist auch hier, ob der Arbeitgeber im Falle hypothetischer Mehrarbeit eine Mehrarbeitsvergütung schuldet oder sie ggf. freiwillig zahlen darf. Das freigestellte Betriebsratsmitglied hat nach den oben entwickelten Grundsätzen[675] ebenfalls einen Anspruch auf das Arbeitsentgelt, das es erhalten hätte, wenn es nicht freigestellt worden wäre, sondern gearbeitet hätte. Für freigestellte Betriebsratsmitglieder gilt ebenfalls das Lohnausfallprinzip. Die konsequente Anwendung des Lohnausfallprinzips hat zur Folge, dass dem freigestellten Betriebsratsmitglied ein Anspruch auf Mehrarbeitsvergütung zusteht, wenn die Vergleichspersonen Mehrarbeit leisten und wenn das freigestellte Betriebsratsmitglied ohne die Freistellung von seiner beruflichen Tätigkeit ebenfalls Mehrarbeit hätte leisten müssen.[676] Keine Voraussetzung für den Anspruch auf Mehrarbeitsvergütung ist jedoch, dass auch im Rahmen der Betriebsratstätigkeit tatsächlich Mehrarbeit anfällt.[677] Unerheblich ist also, ob sich das Betriebsratsmitglied ebenso lange im Betrieb aufhält wie die vergleichbaren Arbeitnehmer, die die Mehrarbeit leisten.

---

674 Ebenso *Lipp* S. 109.
675 Siehe oben unter „Anwendbarkeit des Lohnausfallprinzips auf dauerhaft freigestellte Betriebsratsmitglieder", S. 57.
676 BAG v. 29.06.1988 – 7 AZR 651/87, AP Nr. 1 zu § 24; LAG Berlin-Brandenburg v. 22.02.2012 – 17 Sa 2212/12, juris; LAG Hamburg v. 24.01.1977 – 2 Sa 119/77, DB 1977, 1097 (1097); *Esser*, S. 87; *Kappenhagen*, S. 123; *Knipper*, S. 41; *Lipp*, S. 110.
677 *Fitting*, § 38 Rn. 88; ErfK/*Koch*, § 38 Rn. 10; Richardi/*Thüsing*, § 38 Rn. 57.

Kann das freigestellte Betriebsratsmitglied jedoch in dieser Zeit Betriebsratsaufgaben wahrnehmen und erfüllt es diese außerhalb seiner persönlichen Arbeitszeit, so muss es sich den Anspruch nach § 37 Abs. 3 Satz 3 BetrVG anrechnen lassen.[678] Die Anrechnung ist zwingend erforderlich, um „doppelte Verdienstmöglichkeiten" des Betriebsratsmitglieds zu verhindern, da das Betriebsratsmitglied andernfalls wegen seiner Amtsstellung begünstigt würde. Das Begünstigungsverbot des § 78 Satz 2 Alt. 2 BetrVG verbietet jede (zusätzliche) Vergütung für eine Betriebsratstätigkeit, die es aus betriebsbedingten Gründen in der Zeit ausführen musste, in der die Arbeitnehmer der Vergleichsgruppe ebenfalls Mehrarbeit leisteten, indem diese in entsprechender Anwendung des § 37 Abs. 3 BetrVG wie Mehrarbeit abgegolten wird, wenn es für diesen Zeitraum wegen des Lohnausfallprinzips eine Mehrarbeitsvergütung erhält. Denn würde man dem Betriebsratsmitglied sowohl einen Ausgleichsanspruch nach § 37 Abs. 3 BetrVG für die eigene Mehrarbeit zugestehen als auch darüber hinaus noch zusätzlich eine Vergütung für die hypothetisch erbrachte Mehrarbeit gewähren, so stünde das Betriebsratsmitglied besser, als wenn es nicht in den Betriebsrat gewählt worden wäre.

Da das Lohnausfallprinzip auch auf freigestellte Betriebsratsmitglieder Anwendung findet, müssen sie weiterhin eine Mehrarbeitsvergütung erhalten, wenn sie diese in der Zeit vor ihrer Freistellung ebenfalls bekommen haben. Denn die Mehrarbeitsvergütung ist Teil des Arbeitsentgelts und entsprechend dem Lohnausfallprinzip hat die Freistellung ohne Minderung des Arbeitsentgelts zu erfolgen. Die „Entwicklung" der Mehrarbeitsvergütung während der Zeit der Freistellung orientiert sich an der Entwicklung der Vergleichsgruppe i.S.d. § 37 Abs. 4 BetrVG. Leisten die Arbeitnehmer der Vergleichsgruppe während der Freistellung des Betriebsratsmitglieds beispielsweise aufgrund von Auftragsrückgang nur noch halb so viel Mehrarbeit wie vor dem Freistellungszeitraum, so muss sich dies auch in der Entgeltbemessung des Betriebsratsmitglieds niederschlagen. Andernfalls würde das Betriebsratsmitglied wegen seiner Amtstätigkeit mehr erhalten, als es bekommen hätte, wenn es normal weitergearbeitet hätte, da sich sein

---

678 LAG Hamburg v. 24.01.1977 – 2 Sa 119/77, DB 1977, 1097 (1098); *Fitting*, § 38 Rn. 88; Richardi/*Thüsing*, § 38 Rn. 54; *Lipp*, S. 146 f.; a.A. *Knipper*, S. 45, die übersieht, dass § 78 Satz 2 BetrVG diese Anrechnung erfordert.

Arbeitsentgelt dann mangels Anfalls von Mehrarbeit ebenfalls verringert hätte. Andernfalls läge eine unzulässige Begünstigung i.S.d. § 78 Satz 2 BetrVG vor.

Die konsequente Anwendung dieser Grundsätze bedeutet für den umgekehrten Fall, dass das Betriebsratsmitglied, das vor dem maßgeblichen Zeitpunkt keine Mehrarbeit geleistet hat, auch keinen Anspruch auf (Fort-)Zahlung einer Mehrarbeitsvergütung für hypothetische Mehrarbeit hat. Die Vergütung hypothetischer Mehrarbeit kommt in diesen Fällen nur dann in Betracht, wenn der Arbeitgeber die Arbeitnehmer der Vergleichsgruppe nach der Freistellung des Betriebsratsmitglieds mehrheitlich und nicht nur vereinzelt zur Mehrarbeit heranzieht.[679] Dann ist davon auszugehen, dass das Betriebsratsmitglied, wäre es nicht von seiner Arbeitspflicht befreit, ebenfalls Mehrarbeit geleistet hätte, § 37 Abs. 4 BetrVG.

b. Regelmäßige Mehrarbeit

Auch hinsichtlich der freigestellten Betriebsratsmitglieder stellt sich die Frage, ob ein Anspruch auf die Vergütung hypothetischer Mehrarbeit auf die Fälle regelmäßiger Mehrarbeit der vergleichbaren Arbeitnehmer beschränkt ist. Eine Mehrarbeit ist dann regelmäßig, wenn sie sich stetig wiederholt und über einen längeren Zeitraum geleistet wird, wobei eine gleichbleibende Arbeitszeit von Woche zu Woche nicht vorausgesetzt ist.[680] Eine im rechtswissenschaftlichen Schrifttum vertretene Auffassung möchte die Vergütung für hypothetische Mehrarbeit nur dann gewähren, wenn die Überstundenvergütung bei den Arbeitnehmern der Vergleichsgruppe regelmäßig anfällt.[681] Demnach soll einem freigestellten Betriebsratsmitglied erst dann eine Mehrarbeitsvergütung zustehen, wenn es aufgrund seines Arbeitsvertrages einen Anspruch darauf hatte, was grundsätzlich erst bei Regelmäßigkeit der Fall sei. Überdies erfolge eine Beeinflussung des Arbeitsentgelts eines Betriebsratsmitglieds erst dann, wenn eine Verdienstentwicklung eine sog. „betriebsübliche Entwicklung" darstelle. Dies sei erst dann der Fall, wenn die

---

679 BAG v. 07.02.1985 – 6 AZR 72/82, AP Nr. 3 zu § 46 BPersVG; *Esser*, S. 87; *Lipp*, S. 110; *Schneider*, NZA 1984, 21 (23); a.A. *Natzel*, NZA 2000, 77 (78) mit der Argumentation, dass Mehrarbeit gerade nicht im Rahmen der regelmäßigen Arbeitszeit geleistet wird, sondern über diese hinausgeht.
680 BAG v. 07.02.1985 – 6 AZR 72/82, AP Nr. 3 zu § 46 BPersVG.
681 DKKW/*Wedde*, § 37 Rn. 95; *Fitting*, § 37 Rn. 125; Richardi/Thüsing, § 37 Rn. 78; *Aden*, RdA 1980, 256 (259).

Mehrarbeit über eine gewisse Dauer im Betrieb angefallen sei. Überdies wird die Beschränkung des Mehrarbeitszuschlags für hypothetische Mehrarbeit auf die Fälle regelmäßig anfallender Mehrarbeit der vergleichbaren Arbeitnehmer oftmals damit begründet, dass ein unterschiedlicher Arbeitsverdienst wegen vorübergehender unterschiedlicher Arbeitszeit durch § 37 Abs. 4 BetrVG nicht ausgeglichen werde und vorübergehend anfallende Mehrarbeit, die das Betriebsratsmitglied nicht leistet, bei der Entgeltbemessung des Betriebsratsmitglieds keinerlei Berücksichtigung finden könnte.[682]

Diese Argumentation überzeugt nicht. Denn diese Ansicht übersieht, dass ein Arbeitsvertrag auch Anspruch auf gelegentliche Mehrarbeit gewähren kann. Diese Ansichten stellen auf § 37 Abs. 4 BetrVG ab, dabei übersehen sie, dass die hypothetische Mehrarbeit über das Lohnausfallprinzip auch dann auszugleichen ist, wenn sie lediglich gelegentlich anfällt. Darin ist keine Gehaltsanpassung im Sinne des § 37 Abs. 4 BetrVG zu sehen. Es ist zutreffend, dass vorübergehend anfallende Mehrarbeit keine (dauerhafte) Anpassung des Arbeitsentgelts über § 37 Abs. 4 BetrVG zur Folge hat. Davon strikt zu trennen ist jedoch der Ausgleich über das Lohnausfallprinzip. Maßgeblich ist allein die hypothetische Betrachtung, was das Betriebsratsmitglied verdient hätte, wenn es nicht wegen seiner Betriebsratstätigkeit daran gehindert gewesen wäre, normal weiterzuarbeiten. Das freigestellte Betriebsratsmitglied hat Anspruch auf das, was es verdient hätte, wenn es nicht freigestellt worden wäre. Wäre es ohne die Freistellung wie auch die anderen vergleichbaren Arbeitnehmer zur Mehrarbeit herangezogen worden, hat es aufgrund des Lohnausfallprinzips ebenfalls Anspruch auf Vergütung dieser (in seinem Fall hypothetischen) Mehrarbeit – und zwar unabhängig davon, ob sie einmalig oder regelmäßig anfällt. Dies ist kein Fall des § 37 Abs. 4 BetrVG.

Dagegen spricht weiter, dass sich aus § 37 Abs. 4 BetrVG keinerlei Hinweis auf eine Beschränkung der Entgeltanpassung auf Fälle von regelmäßig anfallender Mehrarbeit ableiten lässt. Vielmehr soll jede Sonderbehandlung eines Betriebsratsmitglieds wegen seiner Amtsstellung verhindert werden, es sei denn das BetrVG schreibt eine solche Sonderbehandlung ausdrücklich vor. Hierdurch soll möglichst große Sicherheit für die sich um das Amt des Betriebsrats bewerbenden

---

682 *Fitting*, § 37 Rn. 125; *Aden*, RdA 1980, 256 (259).

Arbeitnehmer geschaffen werden, damit sie sich weiterhin als freigestelltes Betriebsratsmitglied zur Verfügung stellen. Das gelingt nur, wenn auch unregelmäßig anfallende Mehrarbeit der vergleichbaren Arbeitnehmer bei der Entgeltbemessung für das Betriebsratsmitglied berücksichtigt werden. § 37 Abs. 4 BetrVG hat mit dem Kriterium der Betriebsüblichkeit keine Mindestdauer einer Entwicklung eingeführt. Die Norm dient der Kompensation der unterbliebenen beruflichen Entwicklung des Betriebsratsmitglieds infolge seiner Amtstätigkeit. Daher ist es insoweit zutreffend, dass über § 37 Abs. 4 BetrVG nur ein Anspruch des Betriebsratsmitglieds auf das regelmäßige, nicht das effektive Arbeitsentgelt vergleichbarer Arbeitnehmer besteht.

Die in der Rechtsprechung und teilweise auch in der rechtswissenschaftlichen Literatur vertretene Gegenauffassung geht zutreffend davon aus, dass es unerheblich sei, ob eine Überstunden- bzw. Mehrarbeitsvergütung regelmäßig anfällt oder nicht, sofern sie bei hypothetischer Betrachtung ohne die Arbeitsbefreiung tatsächlich angefallen wäre.[683] Dies gelte selbst dann, wenn die Verrichtung der Betriebsratsarbeit zum Wegfall der tariflichen Voraussetzungen für den Bezug einer Pauschalvergütung für Überstunden führe. Diese Überstundenvergütung sei dann gleichwohl aufgrund des Lohnausfallprinzips geschuldet.

Die Gegenansicht überzeugt. Dafür spricht schon die Ratio des Lohnausfallprinzips. Dieses dient nicht lediglich der Aufrechterhaltung eines bestimmten Lebensstandards. Vielmehr bezwecken die gesetzlichen Lohnfortzahlungsbestimmungen des Betriebsverfassungsrechts die Förderung der Bereitschaft des Arbeitnehmers zur Übernahme betriebsverfassungsrechtlicher Ämter, indem einem Arbeitnehmer, der sich für die Kandidatur zu einem solchen Amt entscheidet, die Angst genommen wird, er könne infolge der Amtsübernahme Einkommenseinbußen erleiden.[684] Dieser Gesetzeszweck kann jedoch nur dann erfüllt werden, wenn das freigestellte Betriebsratsmitglied sämtliche Vergütungsbestandteile erhält, die es auch ohne seine Freistellung erhalten hätte – also auch diejenigen, die nicht regelmäßig anfallen.

---

683 BAG v. 29.06.1988 – 7 AZR 651/87, AP Nr. 1 zu § 24 BPersVG; LAG Berlin-Brandenburg v. 22.02.2012 – 17 Sa 2212/12, juris; ebenso: *Esser*, S. 87; *Knipper*, S. 41; *Lipp*, S. 111.
684 BAG v. 29.06.1988 – 7 AZR 651/87, AP Nr. 1 zu § 24.

Auf den ersten Blick spricht allenfalls ein Vergleich mit der Bemessung der fortzuzahlenden Vergütung im Krankheitsfall nach dem Gesetz über die Zahlung des Arbeitsentgelts an Feiertagen und im Krankheitsfall (Entgeltfortzahlungsgesetz – EFZG) für eine Beschränkung auf das regelmäßige Arbeitsentgelt. Gemäß § 4 Abs. 1 EFZG steht einem erkrankten Arbeitnehmer ein Anspruch auf Fortzahlung des Lohns zu, der ihm bei regelmäßiger Arbeitszeit zugestanden hätte. In § 4 Abs. 1a EFZG hat der Gesetzgeber ausdrücklich normiert, dass zum Arbeitsentgelt im Sinne des EFZG das für Überstunden gezahlte Entgelt nicht gehört.

Der Vergleich (des Lohnausfallprinzips) mit den Regelungen des EFZG spricht jedoch vielmehr gegen eine Begrenzung des Vergütungsanspruchs auf regelmäßige Mehrarbeit der vergleichbaren Arbeitnehmer. Im Gegensatz zu § 4 Abs. 1, Abs. 1a EFZG enthält der Wortlaut der betriebsverfassungsrechtlichen Normen der Entgeltbemessung eine derartige Einschränkung nicht. Hier wurde die Überstundenvergütung weder ausdrücklich aus dem Entgeltbegriff ausgenommen, noch wurde das Wörtchen „regelmäßig" in den Wortlaut der Norm (§ 37 Abs. 2 oder Abs. 4 BetrVG) aufgenommen. Auch sonst sind die Fälle der Entgeltfortzahlung im Krankheitsfall nicht mit denen der Lohnfortzahlung für die Zeit der Freistellung für das Betriebsratsamt vergleichbar. Zwar ist beiden Fällen gemeinsam, dass die vertraglich geschuldete Arbeitsleistung nicht erbracht wird, und dienen beide Regelungen dem Auffinden einer gerechten Berechnungsmethode für Lohnausfallzahlungen. Dennoch sind die den Normen zugrunde liegenden Lebenssachverhalte nicht vergleichbar.[685] Grundlage der Entgeltbemessung im Krankheitsfall nach dem EFZG ist ein verhältnismäßig kurzer Zeitraum von höchstens sechs Wochen. Bei dieser kurzen Bezugsdauer ist es dem Arbeitnehmer zuzumuten, nur das regelmäßige Einkommen zu beziehen und auf zusätzliche Verdienstmöglichkeiten zu verzichten. Bei freigestellten Betriebsratsmitgliedern liegt die Lage wegen des langen Verzichts anders. Somit ist es in diesem Fall – anders als bei der Lohnfortzahlung im Krankheitsfall – gerechtfertigt, das Betriebsratsmitglied auch schon an gelegentlichen Mehrarbeiten der vergleichbaren Arbeitnehmer teilhaben zu lassen.

---

[685] *Knipper*, S. 42; *Lipp*, S. 112.

Festzuhalten ist somit: Eine Mehrarbeitsvergütung ist als Arbeitsentgelt zu qualifizieren und auch bei einer Freistellung des Betriebsratsmitglieds fortzuzahlen, wenn sie auch dann angefallen wäre, wenn das Betriebsratsmitglied nicht freigestellt worden wäre. Auf ein regelmäßiges Anfallen der Mehrarbeit oder Überstunden kommt es nicht an. Hinsichtlich des Umfangs der hypothetisch geleisteten Mehrarbeit kommt es auf das Betriebsratsmitglied selbst an. Die vergleichbaren Arbeitnehmer sind lediglich für die Entwicklung der Mehrarbeit relevant.

c. Freistellungsbedingte Mehrarbeit

In diesem Zusammenhang wird im rechtswissenschaftlichen Schrifttum auch der Fall der sog. freistellungsbedingten Mehrarbeit diskutiert. Darunter versteht die Literatur jede Mehrarbeit, die die anderen Arbeitnehmer gerade deshalb leisten müssen, um die infolge der Freistellung des Betriebsratsmitglieds liegengebliebene „Mehr-Arbeit" auszugleichen. Eine Ansicht lehnt ein Profitieren des freigestellten Betriebsratsmitglieds an freistellungsbedingter Mehrarbeit als unzulässige Begünstigung gänzlich ab.[686] Das Betriebsratsmitglied solle nicht vom Fleiß seiner Vergleichskollegen profitieren. Die Gegenauffassung[687] hingegen hält eine Unterscheidung zwischen freistellungsbedingter und normaler Mehrarbeit für unsachlich. Sie stelle eine unzulässige Sanktion für das Betriebsratsmitglied dar, welche auf seiner Freistellung basiere. Daher sei jegliche Unterscheidung abzulehnen. Eine weitere Ansicht[688] argumentiert, das Betriebsratsmitglied könne über § 37 Abs. 2 BetrVG bei freistellungsbedingter Mehrarbeit keine Vergütung derselben verlangen, da die Mehrarbeit, wenn es gearbeitet hätte, gerade nicht angefallen wäre. Diese Auffassung will den Fall der freistellungsbedingten Mehrarbeit hingegen über § 37 Abs. 4 BetrVG lösen. Zeitgleich mit der Freistellung steige auch die Mehrarbeit für die Arbeitnehmer der Vergleichsgruppe an. An dieser Entwicklung habe auch das Betriebsratsmitglied über § 37 Abs. 4 BetrVG teil, so dass seine Vergütung entsprechend anzupassen sei. Die Vergütung freistellungsbedingter Mehrarbeit hänge somit davon ab, ob diese durch vergleichbare oder durch andere Arbeitnehmer geleistet werde. Nur wenn die Mehrarbeit durch Ar-

---

686 *Aden*, RdA 1980, 256 (257).
687 *Knipper*, S. 44; *Lipp*, S. 112.
688 *Esser*, S. 88.

beitnehmer der Vergleichsgruppe ausgeglichen werde, könne das Betriebsratsmitglied eine entsprechende Mehrarbeitsvergütung über § 37 Abs. 4 BetrVG verlangen.[689]

Sowohl gegen die Ansicht, die eine Benachteiligung des Betriebsratsmitglieds darin sieht, ihm die Zahlung eines Mehrarbeitszuschlags bei freistellungsbedingter Mehrarbeit zu verweigern[690], als auch gegen die Auffassung, die Teilhabe eines Betriebsratsmitglieds an freistellungsbedingter Mehrarbeit sei „völlig ungerechtfertigt"[691], spricht, dass die Frage nicht derart pauschal beantwortet werden kann.

Im Fall freistellungsbedingter Mehrarbeit führt die strenge Anwendung des Lohnausfallprinzips nicht zur Zahlung eines Mehrarbeitszuschlags an das freigestellte Betriebsratsmitglied. Wäre das Betriebsratsmitglied nicht freigestellt worden, wäre die in Frage stehende Mehrarbeit gar nicht erst angefallen. Das Betriebsratsmitglied hätte folglich ohne seine Freistellung keine Mehrarbeit geleistet und auch keine Mehrarbeitsvergütung erhalten. Zuzustimmen ist daher im Ergebnis der letztgenannten Ansicht, die diese Konstellation über § 37 Abs. 4 BetrVG lösen will.[692] Allerdings lässt diese Auffassung unberücksichtigt, dass § 37 Abs. 4 BetrVG dem Ausgleich der unterbliebenen beruflichen Entwicklung des Betriebsratsmitglieds dient, so dass es nach § 37 Abs. 4 BetrVG nur Anspruch auf das regelmäßige Arbeitsentgelt vergleichbarer Arbeitnehmer hat.[693] Dies führt jedoch in den Fällen, in denen die Arbeitnehmer der Vergleichsgruppe die freistellungsbedingte Mehrarbeit übernehmen, zu keinem anderen Ergebnis. Der freistellungsbedingten Mehrarbeit ist es gerade immanent, dass sie regelmäßig anfällt, da das freigestellte Betriebsratsmitglied ja dauerhaft ausfällt, so dass die zwangsläufig regelmäßig anfallende freistellungsbedingte Mehrarbeit über § 37 Abs. 4 BetrVG zu einer dauerhaften Gehaltsanpassung infolge der Zahlung eines Mehrarbeitszuschlags auch beim Betriebsratsmitglied führt. Dies ist allerdings nur dann der Fall, wenn die freistellungsbedingte Mehrarbeit gleichmäßig auf Arbeitnehmer der Vergleichsgruppe verteilt wird und von diesen auch ausgeführt wird und die Arbeitnehmer der Vergleichsgruppe entsprechend Mehrarbeit leisten müssen; die

---

689 *Esser*, S. 88 f.
690 *Knipper*, S. 44; *Lipp*, S. 112.
691 *Aden*, RdA 1980, 256 (257).
692 *Esser*, S. 88.
693 GK-BetrVG/*Weber*, § 37 Rn. 141 f.

Arbeitnehmer der Vergleichsgruppe also eine entsprechende Mehrarbeitsvergütung erhalten. Stellt der Arbeitgeber hingegen einen neuen Arbeitnehmer ein, der die nun anfallende Arbeit des Betriebsratsmitglieds übernimmt, kommt es zu Arbeitsverdichtung ohne Mehrarbeit oder erledigt ein nicht mit dem Arbeitnehmer vergleichbarer Arbeitnehmer – beispielsweise der ehemalige Vorgesetzte des Betriebsratsmitglieds die Arbeit nun nebenbei selbst –, steht dem Betriebsratsmitglied keine Vergütung freistellungsbedingter Mehrarbeit zu. Im ersten Fall, da bei einer Neueinstellung gar keine freistellungsbedingte Mehrarbeit anfällt. Im zweiten Fall steht dem Betriebsratsmitglied keine Vergütung zu, weil der die Mehrarbeit erledigende Arbeitnehmer nicht mit dem Betriebsratsmitglied vergleichbar ist und damit die tatbestandlichen Voraussetzungen eines Anspruchs nach § 37 Abs. 4 BetrVG nicht mehr vorliegen.

3. Zulässigkeit von Pauschalierungen

Fraglich ist, ob eine pauschale Abgeltung hypothetischer Mehrarbeit zulässig ist. Grundsätzlich gilt auch hier, dass jede Mehrarbeitsvergütung, die über § 37 Abs. 2 BetrVG bzw. das Lohnausfallprinzip hinausgeht, eine nach § 78 Satz 2 BetrVG unzulässige Begünstigung darstellt. Daher hält eine Ansicht in der Literatur eine Vergütung hypothetischer Mehrarbeit in Form einer Pauschale nur dann für zulässig, wenn sie als Vorschuss gewährt und nach Berechnung der hypothetischen Mehrarbeit exakt abgerechnet wird.[694] Die pauschale Abgeltung hypothetischer Mehrarbeit sei dagegen mit dem Benachteiligungs- und Begünstigungsverbot nicht vereinbar, es sei denn die betriebliche Mehrarbeit des Betriebsratsmitglieds sei schon vor der Amtsübernahme pauschal abgerechnet worden oder der Arbeitgeber habe sich entschlossen auch für vergleichbare Arbeitnehmer eine pauschale Abgeltung einzuführen.

Dieser Ansicht ist insoweit zuzustimmen, als ein Betriebsratsmitglied, welches bereits vor seiner Wahl in den Betriebsrat und vor Aufnahme seiner Amtstätigkeit eine pauschale Überstundenvergütung erhielt, nach seinem Amtsantritt nicht aufgrund seines Amtes bessergestellt und somit unzulässig im Sinne des § 78 Satz 2 BetrVG begünstigt wird. Allerdings greift diese Auffassung zu kurz und übersieht, dass die Gewährung von pauschalen Zahlungen des Arbeitgebers

---

[694] *Esser*, S. 89.

für Überstunden in der Regel aus Anlass einer Unsicherheit über die regelmäßige wöchentliche Arbeitszeit begründet liegt. Daher müssen Arbeitnehmer grundsätzlich selbst bei mehrjähriger Zahlung einer pauschalen Überstundenvergütung (sofern diese nicht (tarif-)vertraglich festgeschrieben ist) stets mit einer Klärung der Rechtslage rechnen.[695] Passt der Arbeitgeber die pauschale Überstundenvergütungen der vergleichbaren Arbeitnehmer an oder geht zum maßgeblichen Tarifrecht über und ist davon auszugehen, dass davon auch das (freigestellte) Betriebsratsmitglied betroffen wäre, wenn es normal weitergearbeitet hätte, so ist auch seine Überstundenpauschale entsprechend anzupassen oder nicht länger zu gewähren, da sonst ein Verstoß gegen § 78 Satz 2 BetrVG vorliegt.

Gewährt der Arbeitgeber hingegen allen Arbeitnehmern der Vergleichsgruppe eine pauschale Überstundenvergütung, ist davon auszugehen, dass auch das Betriebsratsmitglied eine solche erhalten hätte, wenn es nicht in den Betriebsrat gewählt worden wäre, sondern normal weitergearbeitet hätte. In diesem Fall ist ihm folglich ebenfalls eine pauschale Überstundenvergütung für hypothetisch geleistete Mehrarbeit zu zahlen. Ein Verstoß gegen das Begünstigungsverbot des § 78 Satz 2 BetrVG besteht nicht, da in diesem Fall keinerlei Besserstellung des Betriebsratsmitglieds vorliegt.

Eine pauschale Vergütung der hypothetischen Mehrarbeit ist jedoch in all den Fällen unzulässig, in denen sie dem Betriebsratsmitglied wegen seiner Amtstätigkeit ein „Mehr" gewährt, als es dem Betriebsratsmitglied ohne seine Amtsstellung zugestanden hätte.

III. Ausgewählte Sonderprobleme im Rahmen des § 37 Abs. 3 BetrVG

1. Ausgleich für Reise- und Wegezeiten

Im Rahmen des Problemkreises der tatsächlichen Mehrarbeit stellt sich insbesondere, aber nicht ausschließlich für teilzeitbeschäftigte Betriebsratsmitglieder die Frage, ob Reise- und Wegezeiten im Zusammenhang mit der Betriebsratstätigkeit über § 37 Abs. 3 Satz 1, Satz 3 BetrVG ausgeglichen werden. Dies wäre nur dann der Fall, wenn es sich hierbei um Betriebsratstätigkeit im Sinne des

---

[695] BAG v. 29.05.2002 – 5 AZR 370/01, NJOZ 2003, 1929 (1931).

§ 37 Abs. 3 Satz 1, Satz 2 BetrVG handelt. Dies ist in Rechtsprechung und Literatur umstritten.

a. Meinungsstand

Vereinzelt wird in der Literatur [696] betont, der Gesetzeswortlaut des § 37 Abs. 3 BetrVG, der lediglich von „Betriebsratstätigkeit" spricht, sei insoweit deutlich enger als der des § 37 Abs. 2 BetrVG, der davon spricht, das Betriebsratsmitglied sei von seiner beruflichen Tätigkeit zu befreien, wenn und soweit es „zur ordnungsgemäßen Durchführung seiner Aufgaben erforderlich ist". Folglich sei nur die unmittelbare Tätigkeit als Betriebsratsmitglied erfasst. Die mittelbare Tätigkeit wie Reise- und Wegezeiten scheide hingegen aus. Ausgleichsansprüche im Hinblick auf bloße Wegezeiten außerhalb der persönlichen Arbeitszeit des Betriebsratsmitglieds im Zusammenhang mit der Betriebsratstätigkeit sollen nach dieser Auffassung ausscheiden.[697] Für die engere Auslegung des § 37 Abs. 3 BetrVG spreche auch ein Umkehrschluss aus § 44 Abs. 1 Satz 2 BetrVG, der für die Teilnahme an der Betriebsversammlung die Bezahlung zusätzlicher Wegezeiten ausdrücklich anordnet. Eine solche Anordnung treffe § 37 Abs. 3 Satz 1 BetrVG gerade nicht. Daher ergebe der Umkehrschluss, dass Reise- und Wegezeiten nicht von der Norm erfasst seien. Überdies sei der Weg zur Arbeit keine Arbeitszeit, so dass die Vergütung von Reise- und Wegezeiten wegen der Betriebsratstätigkeit erfolge und somit gegen das Begünstigungsverbot des § 78 Satz 2 BetrVG verstoße.

Ganz überwiegend geht die Rechtsprechung[698] wie auch die herrschende Meinung in der Literatur[699] demgegenüber davon aus, dass Wege-, Fahrt- und Reisezeiten,

---

[696] HWGNRH/*Glock*, § 37 Rn. 73.
[697] HWGNRH/*Glock*, § 37 Rn. 73; für die Lage vor der Reform des BetrVG 2001 ebenso LAG Baden-Württemberg v. 14.09.1976 – 7 Sa 69/76, AP Nr. 25 zu § 37 BetrVG 1972 bis zur Grenze der Unzumutbarkeit; für das Personalvertretungsrecht: BAG v. 22.05.1986 – 6 AZR 526/83, AP Nr. 8 zu § 46 BPersVG.
[698] BAG v. 27.07.2016 – 7 AZR 255/14, NZA 2016, 1418 (1419); BAG v. 12.08.2009 – 7 AZR 218/08, NZA 2009, 1284; BAG v. 16.02.2005 – 7 AZR 330/04, NZA 2005, 936; BAG v. 10.11.2004 – 7 AZR 131/04, NZA 2005, 704; BAG v. 16.04.2003 – 7 AZR 423/01, NZA 2004, 171; BAG v. 11.07.1978 – 6 AZR 387/77 – DB 1978, 2177; LAG Frankfurt v. 03.03.1988 – 12 Sa 898/87, DB 1988, 1706 (1707); LAG Hamm v. 11.01.1989 – 3 Sa 573/88 – BB 1989, 700; LAG Hamm v. 14.07.1978 – 3 Sa 368/78 – EzA § 37 BetrVG 1972 Nr. 61.
[699] *Bengelsdorf*, NZA 1989, 905 (911); DKKW/*Wedde*, § 37 Rn. 63, 72; *Fitting*, § 37 Rn. 77; GK-BetrVG/*Weber*, § 37 Rn. 103; *Lipke*, NZA 1990, 758 (761).

die im Zusammenhang mit der Erfüllung erforderlicher Betriebsratstätigkeit stehen, Betriebsratstätigkeit seien. Als solche seien sie dann auszugleichen, wenn sie aus betriebsbedingten Gründen außerhalb der Arbeitszeit anfallen. Eine Begrenzung folge jedoch aus dem Begünstigungsverbot. Auch sei es sachlich nicht zu rechtfertigen, Reise- und Wegezeiten einerseits nicht unter § 37 Abs. 3 BetrVG zu fassen, sie aber andererseits als Betriebsratsaufgaben im Sinne des § 37 Abs. 2 BetrVG anzusehen.[700]

Demnach dürfe für die Frage, ob Reise- und Wegezeiten Betriebsratstätigkeit darstellt, kein anderer Maßstab gelten als für Reisezeiten, die bei der Erfüllung der (normalen) arbeitsvertraglichen Pflichten anfallen. Maßgeblich für diese Bewertung seien – mangels des Bestehens einer gesetzlichen Regelung, nach der Reisezeiten wie vergütungspflichtige Arbeitszeiten zu bewerten sind – die tariflichen oder betrieblichen Regelungen über die Durchführung von Dienstreisen im Betrieb des Arbeitgebers.[701]

Hat ein teilzeitbeschäftigtes Betriebsratsmitglied Reisezeiten außerhalb seiner Arbeitszeit aufgewendet, beispielsweise um an einer erforderlichen Schulungsmaßnahme teilzunehmen, könne ein Anspruch aus § 37 Abs. 3 BetrVG auch dann bestehen, wenn die Teilzeitbeschäftigung die Ursache dafür ist, dass die Reise nicht während der Arbeitszeit durchgeführt werden konnte. Diese Voraussetzung liege jedoch dann nicht vor, wenn die Reise auch dann außerhalb der Arbeitszeit stattgefunden hätte, wenn das Betriebsratsmitglied in Vollzeit beschäftigt gewesen wäre.

b. Stellungnahme

Nach dem Wortlaut des § 37 Abs. 3 Satz 1 BetrVG wird die Arbeitsbefreiung zum Ausgleich für „Betriebsratstätigkeit" gewährt, die aus betriebsbedingten Gründen außerhalb der Arbeitszeit zu verrichten ist. Der Gesetzeswortlaut enthält keine Anhaltspunkte für eine Unterscheidung zwischen unmittelbarer und mittelbarer Betriebsratstätigkeit.[702] Vom Wortsinn her sind sämtliche Betriebsratsauf-

---

700 *Bengelsdorf*, NZA 1989, 905 (912).
701 BAG v. 27.07.2016 – 7 AZR 255/14, NZA 2016, 1418 (1419); BAG v. 12.08.2009 – 7 AZR 218/08, NZA 2009, 1284 (1284).
702 Ebenso *Bengelsdorf*, NZA 1989, 905 (912), für die Rechtslage vor der BetrVG-Reform 2001.

Unzulässige Begünstigung durch Betriebsratsvergütung

gaben umfasst, die dem Betriebsrat oder seinen Mitgliedern durch das Betriebsverfassungsgesetz übertragen worden sind, wozu auch die erforderlichen Reise- und Wegezeiten, die zur Wahrnehmung von Betriebsratsaufgaben außerhalb des Betriebs aufzuwenden sind, gehören. Darin kann auch keine unzulässige Begünstigung i.S.d. § 78 Satz 2 BetrVG gesehen werden. Das Betriebsratsmitglied wird nicht bessergestellt als andere Arbeitnehmer. Diese können keinen vergleichbaren Freizeitverlust erleiden, weil bei ihnen keine Reise- oder Wegezeiten zur Wahrnehmung einer Betriebsratsaufgabe anfallen. Sie können ihre Freizeit uneingeschränkt nach eigenem Belieben nutzen. Dieses Auslegungsergebnis stützt der Sinn und Zweck des § 37 Abs. 3 BetrVG.

Sinn und Zweck des § 37 Abs. 3 BetrVG ist es, jedem Betriebsratsmitglied einen Ausgleich für die Nachteile zu gewähren, die es dadurch erleidet, dass es aus betriebsbedingten Gründen ein Freizeitopfer erbringen musste, um seine Betriebsratstätigkeit ordnungsgemäß erfüllen zu können.[703] Ein solches Freizeitopfer erbringt ein Betriebsratsmitglied auch dann, wenn es aus betriebsbedingten Gründen außerhalb seiner persönlichen Arbeitszeit Reise- oder Wegezeiten zur Erfüllung seiner Betriebsratstätigkeit aufwenden muss. Auch das Argument der Gegenansicht, der Weg zur Arbeit sei schließlich auch keine Arbeitszeit, vermag an diesem Normverständnis nichts zu ändern, denn auch das Betriebsratsmitglied erhält über § 37 Abs. 3 Satz 1 BetrVG keinen Freizeitausgleich bei einer Anreise zum Arbeitsplatz wegen zusätzlich zu erbringender Arbeitsleistung. Fallen Reise- und Wegezeiten wegen der Betriebsratstätigkeit aus betriebsbedingten Gründen außerhalb der persönlichen Arbeitszeit an, sind diese wie bei einer Dienstreise zur Betriebsratstätigkeit zu behandeln. Die Betriebsratsmitglieder werden also nicht anders oder gar besser behandelt als andere Arbeitnehmer.

Entgegen der Auffassung der Gegenansicht kann aus § 44 Abs. 1 Satz 2 BetrVG nicht der Umkehrschluss gezogen werden, dass Reise- und Wegezeiten nicht vergütet werden.[704] Wie soeben aufgezeigt, umfasst der Begriff „Betriebsratstätigkeit" auch mittelbare Betriebsratstätigkeit wie Reise- und Wegezeiten. Entsprechend kann aus der Nichterwähnung derselben in § 37 Abs. 3 BetrVG nicht der Umkehrschluss gezogen werden, sie seien nicht von der Norm erfasst. Überdies

---
703 BT-Drs. VI/1786, 41.
704 Ebenso *Greßlin*, S. 105 f.

enthält § 44 BetrVG eine Vergütungsregelung für den Sonderfall der Teilnahme an Betriebs- und Abteilungsversammlungen.[705]

Zusammenfassend ist daher festzuhalten, dass Reise- und Wegezeiten als Betriebsratstätigkeit im Sinne von § 37 Abs. 3 Satz 1, Satz 2 BetrVG zu verstehen sind. Die Betriebsratsmitglieder haben nach § 37 Abs. 3 Satz 1 BetrVG einen Anspruch auf Freizeitausgleich für diese, wenn die Reise- und Wegezeiten aus betriebsbedingten Gründen außerhalb ihrer persönlichen Arbeitszeit durchgeführt werden müssen. Für teilzeitbeschäftigte Betriebsratsmitglieder ergeben sich hierbei keine Besonderheiten. Nach dem bereits dargestellten Normzweck will § 37 Abs. 3 BetrVG den aus betriebsbedingten Gründen erlittenen Freizeitverlust ausgleichen.

2. Teilnahme an Betriebs- und Abteilungsversammlungen

a. Problemlage und Meinungsstand

Für die Mitglieder des Betriebsrats besteht die Pflicht, an Betriebsversammlungen teilzunehmen.[706] Bei Teil- oder Abteilungsversammlungen sind jedenfalls die dem Betriebsteil oder der Abteilung angehörenden Betriebsratsmitglieder zur Teilnahme verpflichtet.[707] § 44 Abs. 1 Satz 2, Satz 3 BetrVG enthält für Betriebs- und Abteilungsversammlungen, die innerhalb der Arbeitszeit oder wegen der Eigenart außerhalb der Arbeitszeit stattfinden, einen gesetzlichen Vergütungsanspruch für die teilnehmenden Arbeitnehmer.

In Rechtsprechung und Literatur besteht Uneinigkeit, ob für die Teilnahme von Betriebsratsmitgliedern an Betriebs- und Abteilungsversammlungen ausschließlich die Regelungen des § 44 BetrVG oder ausschließlich § 37 Abs. 3 BetrVG zur Anwendung gelangen sollen oder ob gegebenenfalls auch beide Normen nebeneinander Anwendung finden. Insbesondere für teilzeitbeschäftigte Betriebsratsmitglieder ist das Verhältnis der beiden Normen zueinander relevant. Nimmt das Betriebsratsmitglied außerhalb seiner persönlichen Arbeitszeit an einer Betriebs- oder Abteilungsversammlung i.S.d. § 44 Abs. 1 Satz 2, Satz 3 BetrVG teil, stellt sich die Frage, ob es für die Teilnahme eine Vergütung wie Arbeitszeit nach § 44

---

705 Dazu sogleich unter „Teilnahme an Betriebs- und Abteilungsversammlungen", S. 206.
706 LAG Düsseldorf v. 08.12.1978 – 4 Sa 945/72, EzA Nr. 1 zu § 44 BetrVG 1972; Richardi/*Thüsing*, § 37 Rn. 17.
707 GK-BetrVG/*Weber*, § 37 Rn. 54.

Abs. 1 Satz 2 und 3 BetrVG verlangen kann oder ob es nach § 37 Abs. 3 BetrVG vorrangig Freizeitausgleich verlangen kann.

Das Bundesarbeitsgericht sprach in einer Entscheidung aus dem Jahre 1987[708] zwei Betriebsratsmitgliedern für ihre Teilnahme an einer regelmäßigen Betriebsversammlung einen Vergütungsanspruch gemäß § 44 Abs. 1 Satz 2 BetrVG zu, ohne seine Entscheidung näher zu begründen. Auf das Verhältnis zu § 37 Abs. 3 BetrVG ging das Gericht ebenfalls nicht ein. Eine Ansicht in der Literatur will in den Fällen, in denen eine Betriebsversammlung zwar innerhalb der betrieblichen Arbeitszeit begonnen wurde, dann aber über das Ende der persönlichen oder betrieblichen Arbeitszeit hinausgehe, für Betriebsratsmitglieder § 37 Abs. 3 BetrVG anwenden.[709] Eine weitere Ansicht im rechtswissenschaftlichen Schrifttum geht davon aus, dass beide Regelungen nebeneinander Anwendung finden, da das Betriebsratsmitglied sowohl in seiner Amtseigenschaft als auch in seiner Eigenschaft als Arbeitnehmer an den Betriebs- und Abteilungsversammlungen teilnehme.[710] Dennoch könne das Betriebsratsmitglied daraus keine Sonderstellung gegenüber den übrigen Arbeitnehmern ableiten. Auch für Betriebsratsmitglieder sei deshalb außerhalb der persönlichen Arbeitszeit nur § 44 Abs. 1 Satz 2 BetrVG anzuwenden und die Zeit der Teilnahme außerhalb der Arbeitszeit nur wie Arbeitszeit zu vergüten oder überhaupt nicht. Dies gelte nur dann nicht, wenn das Betriebsratsmitglied nicht Teil der die Versammlung bildenden Belegschaft sei, wie es beispielsweise bei Abteilungsversammlungen vorkommen kann. Eine Vergütung nach § 37 Abs. 3 Satz 3 BetrVG komme nur für den letztgenannten Fall in Betracht. Andernfalls erfahre das Betriebsratsmitglied wegen seiner Amtstätigkeit einen Sondervorteil, der gegen das Begünstigungsverbot des § 78 Satz 2 BetrVG verstoße.

Eine weitere Ansicht in der Literatur[711] hält § 37 Abs. 2, Abs. 3 BetrVG zwar ebenfalls neben § 44 BetrVG für anwendbar, verneint jedoch einen Verstoß gegen das Begünstigungsverbot des § 78 Satz 2 BetrVG, wenn dem Betriebsratsmit-

---

708 BAG v. 05.05.1987 – 1 AZR 292/85, AP Nr. 4 zu § 44 BetrVG 1972.
709 ErfK/*Koch*, § 37 BetrVG Rn. 8.
710 Richardi/*Annuß*, § 44 Rn. 39; GK-BetrVG/*Weber*, § 44 Rn. 45 f.
711 GK-BetrVG/Weber, § 44 Rn. 56.

glied „zusätzlich" eine Vergütung wie Mehrarbeit nach § 37 Abs. 3 Satz 3 BetrVG gewährt werde, denn das Betriebsratsmitglied sei im Gegensatz zu den übrigen Arbeitnehmern zur Teilnahme an einer Betriebsversammlung außerhalb der persönlichen Arbeitszeit verpflichtet.

Die überwiegende Meinung[712] wendet auf die Teilnahme eines Betriebsratsmitglieds an einer Betriebs- oder Abteilungsversammlung ausschließlich § 37 Abs. 3 BetrVG und nicht § 44 Abs. 1 BetrVG an. Sie begründet ihre Auffassung damit, dass das Betriebsratsmitglied in seiner Eigenschaft als Amtsträger an der Versammlung teilnehme, nicht hingegen in seiner Eigenschaft als Arbeitnehmer des Betriebs. Daher sei die Teilnahme eine notwendige Betriebsratstätigkeit und falle als solche unter die Regelung des § 37 Abs. 3 BetrVG.

b. Stellungnahme

Gegen die Ansicht, die auch bei der Teilnahme an Betriebs- und Abteilungsversammlungen ausschließlich § 37 Abs. 3 BetrVG anwenden will, spricht die formale Ausgestaltung des Betriebsratsamtes, welches den Arbeitnehmerstatus des Betriebsratsmitglieds unberührt lässt. Das Betriebsratsmitglied ist weiterhin normaler Arbeitnehmer, dessen arbeitsvertraglichen Rechte und Pflichten durch das BetrVG wegen seiner Amtstätigkeit modifiziert werden. Dies bedeutet, dass neben § 37 Abs. 3 BetrVG auch § 44 BetrVG einschlägig sein muss, es sei denn das Betriebsratsmitglied besucht beispielsweise eine Abteilungsversammlung, ohne Arbeitnehmer dieser Abteilung zu sein. Nur in diesem Ausnahmefallfall, dass das Betriebsratsmitglied nicht (auch) in seiner Funktion als Arbeitnehmer an der Versammlung teilnimmt, scheidet eine Anwendbarkeit des § 44 BetrVG aus. Dann besteht kein Vergütungsanspruch nach § 44 BetrVG, sondern die Ansprüche des Betriebsratsmitglieds richten sich ausschließlich nach § 37 Abs. 3 BetrVG.

Die Anwendung der Ansprüche aus § 37 Abs. 2 und 3 BetrVG neben dem Vergütungsanspruch aus § 44 Abs. 1 Satz 2, Satz 3 BetrVG darf dabei keinesfalls zu einer Doppelvergütung des Betriebsratsmitglieds führen, da darin ein Verstoß gegen das Begünstigungsverbot des § 78 Satz 2 BetrVG läge.[713] Dies bedeutet: Nimmt das Betriebsratsmitglied während seiner individuellen Arbeitszeit an einer

---

712 LAG Düsseldorf v. 08.12.1972 – 4 Sa 945/72, EzA Nr. 1 zu § 37 BetrVG 1972; DKKW/*Wedde*, § 37 Rn. 64; *Fitting*, § 37 Rn. 78.
713 Ebenso: Richardi/*Thüsing*, § 37 Rn. 61; Richardi/*Annuß*, § 44 Rn. 39; *Greßlin*, S. 111.

Betriebs- oder Abteilungsversammlung teil, so steht ihm für die Zeit der Teilnahme ein Vergütungsanspruch nach § 44 Abs. 1 Satz 2 BetrVG zu. Die Ansicht, die § 44 Abs. 1 BetrVG nicht auf Betriebsratsmitglieder anwenden will, kann in diesem Fall sogar zu einer unzulässigen Benachteiligung des Betriebsratsmitglieds führen. Dies wäre beispielsweise der Fall, wenn die Versammlung während eines Streiks stattfindet. Dann führt die ausschließliche Anwendung des Lohnausfallprinzips dazu, dass das Betriebsratsmitglied keine Vergütung erhalten würde. Aus § 37 Abs. 2 BetrVG stünde ihm eine solche nicht zu, da es infolge des Streiks keinen Lohn erhalten hätte, wenn es nicht in den Betriebsrat gewählt worden wäre und normal weitergearbeitet hätte.

Für den Fall, dass die Betriebs- oder Abteilungsversammlung wegen der Eigenart des Betriebs außerhalb der betrieblichen, aber innerhalb der persönlichen Arbeitszeit des Betriebsratsmitglieds erfolgt, richtet sich die Vergütung nach § 44 Abs. 1 Satz 3 BetrVG. Gleiches gilt, wenn das Betriebsratsmitglied an einer solchen Versammlung außerhalb seiner persönlichen Arbeitszeit teilnimmt. Auch hier greift § 44 Abs. 1 Satz 3 BetrVG.

Handelt es sich um eine außerordentliche Betriebs- und Abteilungsversammlung im Sinne des § 44 Abs. 2 BetrVG, die außerhalb der persönlichen Arbeitszeit des Betriebsratsmitglieds stattfindet, stellt sich das oben genannte Problem erst gar nicht. Hier liegt keine Konkurrenzsituation zu § 37 Abs. 3 BetrVG vor, da die Versammlung aus gesetzlichen und nicht aus betriebsbedingten Gründen außerhalb der persönlichen Arbeitszeit des Betriebsratsmitglieds stattfindet.[714] In diesem Fall steht dem Betriebsratsmitglied kein Anspruch auf Vergütung seiner Teilnahme an der außerordentlichen Versammlung zu. Fällt die Zeit der Teilnahme hingegen in die persönliche Arbeitszeit des Betriebsratsmitglieds, so erfolgt seine Lohnfortzahlung über die Grundsätze des Lohnausfallprinzips i.S.d. § 37 Abs. 2 BetrVG. Dies stellt keine unzulässige Begünstigung der Betriebsratsmitglieder dar. Ein Arbeitnehmer ohne Betriebsratsamt hat im Gegensatz zum Betriebsratsmitglied die Wahl, ob er an der Betriebs- oder Abteilungsversammlung teilnehmen möchte oder lieber weiter seinen arbeitsvertraglichen Pflichten nachgehen will. Zwingt man das Betriebsratsmitglied hingegen zu einer Teilnahme unter

---

714 Ebenso *Fitting*, § 37 Rn. 78; *Greßlin*, S. 111 f.

(möglichem) Wegfall seines Arbeitsentgelts, läge darin sogar eine Benachteiligung des Betriebsratsmitglieds wegen des Betriebsratsamtes.

Somit gilt es festzuhalten: Nimmt das Betriebsratsmitglied an einer regelmäßigen oder auf Wunsch des Arbeitgebers angesetzten Betriebs- oder Abteilungsversammlung außerhalb seiner Arbeitszeit teil, hat es selbst bei Vorliegen der tatbestandlichen Voraussetzungen des § 37 Abs. 3 BetrVG aufgrund des Begünstigungsverbots lediglich wie jeder andere Arbeitnehmer auch für die Zeit der Teilnahme den Vergütungsanspruch nach § 44 Abs. 1 Satz 2 BetrVG oder keinen Vergütungsanspruch, es sei denn es handelt sich um die Teilnahme an einer Abteilungsversammlung für einen Betriebsteil, dem das Betriebsratsmitglied nicht angehört. Nur im letztgenannten Fall kann das Betriebsratsmitglied ggf. den Anspruch aus § 37 Abs. 3 BetrVG geltend machen. Andernfalls würde das Betriebsratsmitglied wegen seiner Amtstätigkeit begünstigt, was gemäß § 78 Satz 2 BetrVG unzulässig ist. Nimmt das Betriebsratsmitglied an einer außerordentlichen Betriebsversammlung teil, erhält es keine Vergütung, es sei denn die Voraussetzungen des § 37 Abs. 2 BetrVG sind erfüllt.

IV. Ergebnis

Betriebsratstätigkeit ist grundsätzlich *während* der Arbeitszeit durchzuführen. Dabei obliegt es dem Arbeitgeber durch organisatorische Vorkehrungen dafür Sorge zu tragen, dass die Mitglieder des Betriebsrats ihre Amtstätigkeit regelmäßig während ihrer individuellen Arbeitszeit ausüben. War das Betriebsratsmitglied jedoch gezwungen seine Betriebsratsarbeit aus betriebsbedingten Gründen ausnahmsweise außerhalb seiner Arbeitszeit zu erbringen, gewährt ihm § 37 Abs. 3 BetrVG einen Ausgleichsanspruch für die angefallene Mehrarbeit. Denn es wäre unangemessen, wenn das Betriebsratsmitglied aufgrund seiner Betriebsratstätigkeit Freizeitopfer bringen müsste. Dieser Ausgleichsanspruch ist ein einheitlicher Anspruch und vorrangig auf Freizeitausgleich unter Fortzahlung des Arbeitsentgelts gerichtet, § 37 Abs. 3 Satz 1 BetrVG. Kann ein solcher Freizeitausgleich aus betriebsbedingten Gründen innerhalb eines Monats nicht gewährt werden, steht dem Betriebsratsmitglied nach § 37 Abs. 3 Satz 3 BetrVG ein Anspruch auf Vergütung der aufgewendeten Zeit „wie Mehrarbeit" zu.

Betriebsbedingte Gründe sind solche, die aus der Sphäre des Arbeitgebers stammen und auf die der Betriebsrat keinen Einfluss hat. Keine betriebsbedingten Gründe sind hingegen sog. betriebs*rats*bedingte Gründe. Dies sind solche, die aus der Sphäre des Betriebsrats stammen. Schafft es ein Betriebsratsmitglied nicht, seine Betriebsratstätigkeit während seiner Arbeitszeit zu erledigen, und liegt dies an der Art und Weise, wie er seine Betriebsratsarbeit gestaltet bzw. an seinem persönlichen Einsatz oder anderen Gründen, auf die der Betriebsrat, nicht aber der Arbeitgeber Einfluss hat, so scheidet ein Anspruch aus § 37 Abs. 3 BetrVG aus.

Betriebsratsmitglieder erhalten bei einer Vergütung „wie Mehrarbeit" im Rahmen des § 37 Abs. 3 Satz 3 BetrVG erst dann Mehrarbeitszuschläge, wenn die Voraussetzungen der tarifvertraglichen, der betrieblichen oder der individualvertraglichen Regelung erfüllt sind. Die Anordnung der Vergütung wie Mehrarbeit stellt eine Rechtsgrundverweisung dar. Daraus folgt, dass der Arbeitgeber das Betriebsratsmitglied i.S.v. § 78 Satz 2 BetrVG unzulässig begünstigt, sofern er ihm (freiwillig) eine Überstunden- oder Mehrarbeitszulage zahlt, obwohl die (tarif- oder arbeits-) vertraglichen Voraussetzungen noch nicht vorliegen und das Betriebsratsmitglied noch gar keinen Anspruch darauf hat.

§ 37 Abs. 3 BetrVG ist auch auf teilzeitbeschäftigte Betriebsratsmitglieder anwendbar. Die Norm findet darüber auf in Bedarfsarbeit (§ 12 Abs. 1 TzBfG) oder in einem Jobsharing-Arbeitsverhältnis (§ 13 Abs. 1 TzBfG) stehende Betriebsratsmitglieder Anwendung.

Eine pauschale Abgeltung der Mehrarbeit eines Betriebsratsmitglieds ist vor dem Hintergrund des Stufenverhältnisses des § 37 Abs. 3 BetrVG bei der tatsächlichen Mehrarbeit kaum darstellbar und daher regelmäßig unzulässig. Pauschalierungen führen hier regelmäßig zu unzulässigen Begünstigungen oder Benachteiligungen, da es regelmäßig an dem gleichförmigen und wiederkehrenden Sachverhalt fehlt. Gewährt der Arbeitgeber hingegen allen Arbeitnehmern der Vergleichsgruppe eine pauschale Überstundenvergütung, ist davon auszugehen, dass auch das Betriebsratsmitglied eine solche erhalten hätte, wenn es nicht in den Betriebsrat gewählt worden wäre, sondern normal weitergearbeitet hätte. Ein Verstoß gegen das Begünstigungsverbot des § 78 Satz 2 BetrVG besteht nicht, da in diesem Fall keinerlei Besserstellung des Betriebsratsmitglieds vorliegt. Eine pauschale Vergütung der hypothetischen Mehrarbeit ist jedoch in all den Fällen unzulässig, in denen sie dem Betriebsratsmitglied wegen seiner Amtstätigkeit ein „Mehr" gewährt, als es dem Betriebsratsmitglied ohne seine Amtsstellung zugestanden hätte.

Reise- und Wegezeiten sind Betriebsratstätigkeit im Sinne von § 37 Abs. 3 Satz 1, Satz 2 BetrVG. Die Betriebsratsmitglieder haben nach § 37 Abs. 3 Satz 1 BetrVG einen Anspruch auf Freizeitausgleich für diese, wenn die Reise- und Wegezeiten aus betriebsbedingten Gründen außerhalb ihrer persönlichen Arbeitszeit durchgeführt werden müssen. Für teilzeitbeschäftigte Betriebsratsmitglieder ergeben sich hierbei keine Besonderheiten.

Nimmt das Betriebsratsmitglied hingegen an einer regelmäßigen oder auf Wunsch des Arbeitgebers angesetzten Betriebs- oder Abteilungsversammlung außerhalb seiner Arbeitszeit teil, sind die Ansprüche aus § 37 Abs. 2 und 3 BetrVG neben dem Vergütungsanspruch aus § 44 Abs. 1 Satz 2, Satz 3 BetrVG anwendbar. Dies darf keinesfalls zu einer Doppelvergütung des Betriebsratsmitglieds führen, da darin ein Verstoß gegen das Begünstigungsverbot des § 78 Satz 2 BetrVG läge.

D. Leistungsbezogene arbeitszeitunabhängige Vergütung

I. Allgemeines

In der betrieblichen Praxis kommen vermehrt leistungsorientierte arbeitszeitunabhängige Vergütungssysteme zur Anwendung. Diese knüpfen an die Leistung oder bestimmte Erfolge des Arbeitnehmers an, nicht an die geleistete Arbeitszeit. Gemeint sind damit sämtliche im Arbeitsverhältnis geschuldeten Zahlungen, die an die individuelle Leistung des Arbeitnehmers anknüpfen, beispielsweise Zielvereinbarungsboni, Provisionen, Tantiemen oder sonstige leistungsbezogene Prämien. Nicht gemeint sind hingegen solche Boni, die ausschließlich an vom Arbeitnehmer nicht beeinflussbare Kriterien anknüpfen, weil sie z.B. einzig vom Unternehmenserfolg abhängig sind. Diese Boni berechnen und entwickeln sich

Unzulässige Begünstigung durch Betriebsratsvergütung

als Teil des Gehalts des Betriebsratsmitglieds entsprechend den oben dargestellten Grundsätzen des Lohnausfallprinzips und nach Abs. 4 BetrVG.[715]

Als erster Schritt ist folglich die Frage zu beantworten, ob Mitglieder des Betriebsrats überhaupt Anspruch auf leistungs- und erfolgsbezogene Sonderzahlungen haben. Wendet man die oben erarbeiteten Grundsätze an, kommt es zur Beantwortung dieser Frage maßgeblich darauf an, ob dem Betriebsratsmitglied dieser Anspruch auch dann zugestanden hätte, wenn er nicht in den Betriebsrat gewählt worden wäre, sondern normal weitergearbeitet hätte. Maßgeblich ist, ob das Betriebsratsmitglied vor der Aufnahme seiner Tätigkeit als Betriebsratsmitglied die Voraussetzungen für die Teilnahme an einem solchen Bonusprogramm erfüllte. Bestand ein solcher Anspruch nicht, so hat das Betriebsratsmitglied auch nach seiner Wahl keinen Anspruch auf derartige Zahlungen, es sei denn die Mitglieder der Vergleichsgruppe erhalten infolge ihrer betriebsüblichen beruflichen Entwicklung einen Teilnahmeanspruch. Zahlt der Arbeitgeber dem Betriebsratsmitglied hingegen eine zusätzliche leistungs- und erfolgsbezogene Vergütung, ohne dass das Betriebsratsmitglied hierauf einen Anspruch hat, erfüllt dies den Tatbestand der unzulässigen Begünstigung i.S.d. § 78 Satz 2 BetrVG. Solche Zahlungen lassen sich auch nicht durch herausragende Leistungen des Betriebsratsmitglieds während seiner Amtstätigkeit rechtfertigen – weder über § 37 Abs. 4 BetrVG noch über das Benachteiligungsverbot des § 78 Satz 2 Alt. 1 BetrVG.[716] In jedem Fall unzulässig sind auch alle (Sonder-)Zahlungen, die an die Betriebsratstätigkeit anknüpfen und beispielsweise als „Betriebsratsbonus" einzig aufgrund der Amtstätigkeit gewährt werden. Darin liegt ein Verstoß gegen das Unentgeltlichkeitsprinzip, da hierdurch die Betriebsratstätigkeit als solche vergütet wird.

Besteht nach dem soeben Gesagten ein arbeitsvertraglich oder seiner Position geschuldeter Anspruch des Betriebsratsmitglieds, an einem betrieblichen Bonusprogramm oder Prämienlohnsystem teilzunehmen, stellt sich die Folgefrage, wie die Höhe dieser arbeitszeitunabhängigen Vergütung zu berechnen ist, da sie in der Regel nach leistungsbezogenen Faktoren wie Zielvorgaben bemessen wird.

---

715 Siehe oben unter „Lohnausfallprinzip" S. 52 und unter „Entgeltschutz nach § 37 Abs. 4 BetrVG", S. 61.
716 Siehe im Einzelnen dazu oben „Die betriebsübliche berufliche Entwicklung", S. 86.

Die gesetzeskonforme Berechnung einer leistungs- oder erfolgsbezogenen Vergütung von Betriebsratsmitgliedern bereitet einige Schwierigkeiten, da sie an eine individuelle Leistung anknüpfen statt wie von § 37 Abs. 2 BetrVG vorgesehen an die erbrachte Arbeitszeit. Das Betriebsratsmitglied erbringt seine arbeitsvertraglich geschuldete Leistung entweder überhaupt nicht oder im Falle einer Teilfreistellung oder der gelegentlichen Befreiung von der Arbeit nur teilweise. Die individuelle Leistung als Anknüpfungspunkt für die Berechnung des Leistungsbonus entfällt damit. Somit ist fraglich, woran die Berechnung von Leistungsboni bei Betriebsratsmitgliedern zu messen ist. Das Gesetz macht zur Berechnung leistungs- und erfolgsbezogener Vergütungsbestandteile bei Betriebsratsmitgliedern keine Vorgaben. Rechtsprechung und Literatur haben hierzu unterschiedliche Berechnungsansätze entwickelt.[717]

Bei der Beurteilung der Berechnungsmethoden für leistungs- und erfolgsbezogene Vergütungsbestandteile sind insbesondere die Fälle problematisch, in denen nicht feststellbar ist, ob die aufgewandte Arbeitszeit und der Leistungserfolg zusammenhängen. Dies ist bei leistungs- bzw. ergebnisabhängigen Provisionsansprüchen der Fall, die arbeitszeitunabhängig sind. Das ist insbesondere bei Provisionen für Geschäftsabschlüsse denkbar, bei denen die aufgewendete Arbeitszeit nicht kausal für den provisionsauslösenden Vertragsschluss ist.

Auch für die Berechnung einer Bonuszahlung, die (auch) von der Leistung des jeweiligen Arbeitnehmers abhängig ist und einem Betriebsratsmitglied während seiner Freistellung zu gewähren ist, ist Ausgangspunkt das Lohnausfallprinzip.[718] Jede Vergütung, die das vertraglich geschuldete Entgelt übersteigt, verstößt gegen das Begünstigungsverbot.[719] Im Grundsatz ist also auch hier eine hypothetische Betrachtungsweise dahingehend zugrunde zu legen, was das Betriebsratsmitglied ohne die Befreiung für seine Betriebsratstätigkeit verdient hätte.[720] Genau diese Konzeption des Lohnausfallprinzips, für die sich der Gesetzgeber in § 37 Abs. 2

---

717 Dazu sogleich „Lösungsvorschläge in Rechtsprechung und Literatur", S. 217.
718 Allgemeine Ansicht, vgl. nur BAG v. 29.04.2015 – 7 AZR 123/13, NZA 2015, 1328 (1329); BAG v. 23.06.2004 – 7 AZR 514/03, NZA 2004, 1287 (1288); BAG v. 20.10.1993 – 7 AZR 581/92, NZA 1994, 278 (281); ErfK/*Koch*, § 37 Rn. 6; GK-BetrVG/*Weber*, § 37 Rn. 72.
719 Siehe oben bei „Tatbestandsvoraussetzungen des § 78 Satz 2 BetrVG", S. 22.
720 BAG v. 23.06.2004 – 7 AZR 514/03, NZA 2004, 1287 (1288); BAG v. 03.12.1997 – 7 AZR 490/93, NZA 1998, 558 (558); BAG v. 28.06.1995 – 7 AZR 1001/94, NZA 1996, 252 (253).

Unzulässige Begünstigung durch Betriebsratsvergütung

BetrVG entschieden hat, führt bei Vergütungsbestandteilen, die von der individuellen Leistung eines Arbeitnehmers statt von der geleisteten Arbeitszeit abhängig sind, bei der Berechnung der ordnungsgemäßen Vergütung eines Betriebsratsmitglieds zu Problemen. Der Gesetzgeber ging davon aus, dass sich das geschuldete Arbeitsentgelt entsprechend der verrichteten Arbeitszeit bestimmt.[721] An diesem Normverständnis hat sich bis heute nichts verändert.[722] § 37 Abs. 2 BetrVG geht nach wie vor davon aus, dass der Lohnausfall des Betriebsratsmitglieds anhand der geleisteten Arbeitszeit berechnet werden kann. Moderne arbeitszeitunabhängige Vergütungssysteme – wie die oben erwähnten leistungsbezogenen Boni oder Provisionen – hat der historische Gesetzgeber nicht vorausgesehen und der moderne Gesetzgeber bislang nicht berücksichtigt. Es überrascht daher nicht, dass manche Stimmen in der Literatur äußern, die Regelung des § 37 Abs. 2 BetrVG sei lückenhaft, denn sie bleibe hinter der Absicht des Gesetzgebers zurück, den Lohnausfall des Betriebsratsmitglieds umfassend und abschließend zu regeln.[723]

Da das Betriebsverfassungsgesetz sowohl eine Begünstigung als auch eine Benachteiligung wegen der Betriebsratstätigkeit verbietet, zugleich aber die konkrete Berechnung leistungsbezogener Vergütung für freigestellte und befreite Betriebsratsmitglieder nur im Ansatz regelt, herrscht häufig Unklarheit über die gesetzeskonforme Berechnung erfolgs- und leistungsbezogener Vergütungen für Betriebsratsmitglieder. Die Berechnung von leistungs- oder erfolgsbezogener Vergütung für Mitglieder des Betriebsrats ist weitgehend noch nicht höchstrichterlich geklärt. Das Bundesarbeitsgericht hat sich 2015 lediglich mit der Frage auseinandergesetzt, wie ein leistungsbezogener Bonus für ein teilfreigestelltes Betriebsratsmitglied zu berechnen ist.[724] Die Literatur schlägt unterschiedliche Berechnungsmodelle vor. Daher soll nachfolgend ein Überblick über die verschiedenen Lösungsvorschläge in der Literatur gegeben und anschließend die Möglichkeit einer gesetzeskonformen Berechnung entwickelt werden.

---

721 BT-Drs. I/3585, S. 7.
722 Vgl. den RegE, BT-Drs. VI/1786, 40 und Ausschussbericht, BT-Drs. zu VI/2729, 23, wonach der Gesetzgeber § 37 Abs. 2 BetrVG trotz sprachlicher Veränderungen inhaltlich unberührt lassen wollte.
723 *Jacobs/Frieling*, NZA 2015, 513 (514).
724 BAG v. 29.04.2015 – 7 AZR 123/13, NZA 2015, 1328 (1329).

II. Berechnung einer arbeitszeitunabhängigen Leistungs- und Erfolgsvergütung

Die Probleme, die bei der Berechnung arbeitszeitunabhängiger Vergütungsbestandteile auftreten können, sollen anhand eines Beispielsfalls veranschaulicht werden. Sodann werden die in der Rechtsprechung und Literatur vorgeschlagenen Berechnungsmodelle dargestellt und diskutiert. Abschließend wird ein eigener Lösungsansatz entwickelt.

1. Beispielsfall

Der Betrieb X[725] hat 1.200 wahlberechtigte Mitarbeiter und einen Betriebsrat mit 15 Mitgliedern. Davon sind gemäß § 38 BetrVG 3 Mitglieder freigestellt. Die Freistellungen verteilen sich wie folgt: Der Betriebsratsvorsitzende A sowie sein Stellvertreter B sind voll freigestellt, die Betriebsratsmitglieder C und D sind jeweils zu 50% (teil-)freigestellt.

70% des Gehalts werden im Betrieb X als Grundgehalt und 30% als erfolgsabhängige Vergütung gezahlt. Die Zahlung der erfolgsabhängigen Vergütung hängt von der Erreichung von Zielvorgaben ab. Die Zielvorgaben werden jährlich jeweils im ersten Quartal des Kalenderjahrs von den Mitarbeitern und ihren Vorgesetzten im Rahmen eines Mitarbeitergesprächs festgelegt. Sie sind jeweils zur Hälfte von der individuellen Leistung des einzelnen Arbeitnehmers und zur Hälfte von der Leistung der jeweiligen Arbeitsgruppe sowie externen Faktoren abhängig, auf die der Arbeitnehmer keinen unmittelbaren Einfluss hat, wie dem Gewinn des Betriebs X.

Der Betriebsratsvorsitzende A und das Betriebsratsmitglied C haben keine Kollegen, die hinsichtlich Tätigkeit und Qualifikation mit ihnen vergleichbar sind. B und D arbeiten in Teams mit einheitlicher Mitarbeiterstruktur, die eine Vergleichsgruppenbildung nach § 37 Abs. 4 BetrVG ohne Weiteres zulässt. Letzteres gilt auch für die gelegentlich befreiten Betriebsratsmitglieder.

---

[725] Beispielsfall angelehnt an *Göpfert/Fellenberg/Klarmann*, DB 2009, 2041 (2041).

2. Lösungsvorschläge in Rechtsprechung und Literatur

In der Rechtsprechung und Literatur werden verschiedene Lösungsansätze für die Bemessung der arbeitszeitunabhängigen, leistungsbezogenen Vergütung von Betriebsratsmitgliedern vorgeschlagen, die sich drei verschiedenen Ansatzpunkten zuordnen lassen. Als Anknüpfungspunkt kommen das Betriebsratsmitglied selbst, die Arbeitnehmer der Vergleichsgruppe oder je nach Situation entweder das Betriebsratsmitglied selbst oder die Arbeitnehmer der Vergleichsgruppe in Betracht. Die Literatur unterscheidet bei ihren Lösungsvorschlägen in aller Regel nicht danach, ob und in welchem Umfang ein Betriebsratsmitglied freigestellt oder befreit ist. Die rechtswissenschaftliche Literatur stellt teilweise auf die durchschnittlichen Leistungen des Betriebsratsmitglieds selbst aus der Zeit vor seiner Wahl in den Betriebsrat ab und will diese zur hypothetischen Leistungsbemessung heranziehen.[726] Andere greifen dagegen sofort oder jedenfalls hilfsweise auf die Leistungen der Arbeitnehmer der Vergleichsgruppe zurück.[727] Manche ziehen Parallelen zur Entgeltfortzahlung im Krankheitsfall.[728] Weitere wollen die Regeln zur Zahlung von Urlaubsgeld übertragen.[729] Teilweise wird auch ein Schätzungsrecht der Arbeitsgerichte entsprechend § 287 ZPO für zulässig gehalten.[730] Andere wollen die Formel für die Berechnung leistungsabhängiger Zielvereinbarungen anpassen.[731] Wieder andere wollen verschiedene Berechnungsmethoden miteinander kombinieren.[732]

a. Abstellen auf die Leistung des Betriebsratsmitglieds vor seiner Wahl in den Betriebsrat

Eine Auffassung spricht sich dafür aus, anhand einer hypothetischen Berechnung zu ermitteln, was das Betriebsratsmitglied ohne seine Freistellung oder Befreiung erhalten hätte, da es aufgrund seiner Amtsübernahme keine Entgelteinbuße erleiden dürfe. Sofern das leistungsorientierte Vergütungssystem bereits vor Amtsan-

---

726 DKKW/*Wedde*, § 37 Rn. 52; *Fitting*, § 37 Rn. 65; ErfK/Koch, BetrVG, § 37 Rn. 6; *Rieble*, NZA 2008, 276 (278).
727 *Jacobs/Frieling*, NZA 2015, 513 (514).
728 *Lipp*, S. 114; *Gaul*, BB 1998, 101 (102).
729 HWGNRH/*Glock*, § 37 Rn. 56.
730 Richardi/*Thüsing*, § 37 Rn. 34.
731 LAG Berlin v. 28.06.1996 – 6 Sa 37/96, NZA 1997, 224; *Gaul*, BB 1998, 101; *Lipp*, S. 114 ff.
732 *Esser*, S. 76 f.

tritt bestanden habe, sei es sachgerecht den leistungsbezogenen Teil der Vergütung anhand der im Durchschnitt vor der Freistellung bzw. vor der Befreiung erbrachten Leistung zu bestimmen und ihn in dieser Höhe weiterzugewähren.[733] Mangels Eingliederung in den Arbeitsprozess sei insbesondere bei freigestellten Betriebsratsmitgliedern keine Beurteilung der individuellen Arbeitsleistung möglich.[734] Sofern eine solche Feststellung nicht möglich ist, sei die Höhe der Vergütung anhand von Anhaltspunkten und einer darauf beruhenden Prognose des Leistungsverhaltens zu bemessen. Voraussetzung dafür sei allerdings, dass das bisherige Leistungsverhalten aussagekräftige Anhaltspunkte für eine solche Prognose gebe; sich also nachzeichnen lasse, wie sich das Betriebsratsmitglied den Anforderungen eines leistungsorientierten Vergütungssystems gestellt hätte. Hilfsweise, also sofern keine Anhaltspunkte für eine gewisse günstigere oder schlechtere berufliche Entwicklung gefunden werden können, sei auf die im Durchschnitt erzielbare Leistungsvergütung als Bemessungsfaktor abzustellen, da ein leistungsorientiertes Vergütungssystem in der Regel auf diesem Durchschnitt aufbaue.[735] Diese Ansicht berücksichtigt bei ihren Überlegungen grundsätzlich nur vollständig freigestellte Betriebsratsmitglieder. Ihre Argumente seien auf die Berechnung der erfolgsbezogenen Vergütung teilfreigestellter Betriebsratsmitglieder als Hilfsüberlegung übertragbar.[736]

b. Durchschnittsleistung vergleichbarer Arbeitnehmer als Berechnungsmaßstab

Eine andere Ansicht in der Literatur[737] bestimmt die Höhe leistungsbezogener Sonderzahlungen – zumindest für die nach § 38 Abs. 1 BetrVG vollständig von ihrer Arbeitspflicht freigestellten Betriebsratsmitglieder – einzig anhand des

---

733 GK-BetrVG/*Weber*, § 37 Rn. 72; WPK/Kreft, § 37 Rn. 21; *Mayer*, AiB 2011, 668 (669); *Fitting*, § 37 Rn. 65 (nur bezüglich Akkordlohn und monatlicher Provisionen); HWGNRH/*Glock*, § 37 Rn. 56; DKKW/*Wedde*, § 37 Rn. 52; ErfK/*Koch*, § 37 BetrVG Rn. 6; *Lipp*, S. 113; *Denecke*, AuA 2006, 24 (26); *Esser*, S. 77; *Natzel*, NZA 2000, 77 (79); *Rieble*, NZA 2008, 276 (276); *Schweibert/Buse*, NZA 2007, 1080 (1082); *Beule*, S. 72; für gelegentlich befreite Betriebsratsmitglieder.
734 *Natzel*, NZA 2000, 77 (79).
735 *Natzel*, NZA 2000, 77 (79).
736 *Göpfert/Fellenberg/Klarmann*, DB 2009, 2041 (2043).
737 *Fitting*, § 37 Rn. 65; ErfK/*Koch*, § 37 BetrVG Rn. 6; *Rieble*, NZA 2008, 276; GK-BetrVG/*Weber*, § 37 Rn. 72; *Jacobs/Frieling*, NZA 2015, 513 (518); *Schneider*, NZA 1984, 21 (22); *Knipper*, S. 47.

durchschnittlichen Einkommens der vergleichbaren Arbeitnehmer. Sie wendet allein den Maßstab des § 37 Abs. 4 BetrVG an und argumentiert, wolle man auf den bisher vom Betriebsratsmitglied erzielten Durchschnittslohn abstellen, verkenne man die Absicht des Gesetzgebers, das Entgelt der in Rede stehenden Betriebsratsmitglieder nach objektivierbaren Kriterien zu bemessen. Folge man dem nicht, könne dem Betriebsratsmitglied beispielsweise der technische Fortschritt, der zu einer generellen Verbesserung des Arbeitsergebnisses durch ein schnelleres Maschinentempo oder durch qualitativ besseres Arbeitsmaterial führe, nicht zugutekommen. Insbesondere bei einer mehrere Amtszeiten überdauernden Freistellung sei eine Berechnung nach Kriterien, die auf der persönlichen und individuellen Leistungsfähigkeit des Betriebsratsmitglieds vor Amtsantritt beruhen, kaum noch möglich. Gänzlich unberücksichtigt lässt diese Auffassung sowohl die nach § 37 BetrVG gelegentlich von der Arbeit befreiten Betriebsratsmitglieder wie auch sämtliche teilfreigestellten Mitglieder des Betriebsrats. Diese erbringen nämlich neben der gesamten Betriebsratstätigkeit auch noch eine, wenn auch reduzierte, Arbeitsleistung. Die Argumente, die sich auf die Nichterbringung arbeitsvertraglicher Leistung stützen, lassen sich daher nur bedingt auf die Berechnung der leistungsbezogenen Vergütung eines gelegentlich befreiten oder teilfreigestellten Betriebsratsmitglieds übertragen. Der Rückgriff auf die Arbeitnehmer der Vergleichsgruppe entspreche den vorhandenen gesetzlichen Lösungsmöglichkeiten, die das Betriebsverfassungsgesetz vorgebe. Das Lohnausfallprinzip werde mit dieser Berechnungsart bewahrt.

Eine rechtskonforme Berechnung müsse dabei zum einen das Lohnausfallprinzip des § 37 Abs. 2 BetrVG so weit wie möglich beachten, auf der anderen Seite dürfe die Betriebsratstätigkeit nicht dazu führen, dass das betreffende Betriebsratsmitglied eine höhere oder geringere leistungsbezogene Vergütung erhält, als es ohne sein Betriebsratsamt erhalten hätte.[738] Die Provisionen, die die Arbeitnehmer der Vergleichsgruppe beziehen, sollen dabei als Kontrollwert dienen. Anhand dieses Kontrollwerts könne geprüft werden, in welcher Höhe sich die Provisionen des Betriebsratsmitglieds wegen des durch die Betriebsratstätigkeit verursachten Ar-

---

738 *Jacobs/Frieling*, NZA 2015, 513 (518).

beitsausfalls reduzieren. Dabei sei insbesondere bei teilfreigestellten Betriebsratsmitgliedern zu berücksichtigen, nur den Anteil der gesamten Arbeitsleistung durch den Vergleich mit der Leistung vergleichbarer Arbeitnehmer auszugleichen, der tatsächlich auf die Betriebsratstätigkeit entfällt.[739]

c. Kombination des Lohnausfallprinzips mit der Entwicklung vergleichbarer Arbeitnehmer

Eine andere Ansicht im rechtswissenschaftlichen Schrifttum[740] möchte das Problem weder über § 37 Abs. 2 BetrVG noch allein über § 37 Abs. 4 BetrVG lösen, sondern kombiniert beide Vorschriften. Diese Ansicht wendet grundsätzlich § 37 Abs. 2 BetrVG an, verlängert allerdings den Bemessungszeitraum. Der für den Durchschnitt maßgebliche Zeitraum sei bei jahresbezogenen Sonderzahlungen auf einen Bezugszeitraum von drei Jahren zu erweitern. Für die Bemessung einer leistungs- oder erfolgsbezogenen Vergütung sei die bisherige durchschnittliche Leistung des Betriebsratsmitglieds maßgeblich. Sofern die Gruppe der vergleichbaren Arbeitnehmer ihre Leistung jedoch steigert, stelle dies eine berufliche Entwicklung dar, an welcher das Betriebsratsmitglied teilnehme. In diesem Falle erfolge eine entsprechende Anpassung der leistungsbezogenen Vergütung über § 73 Abs. 4 BetrVG.[741]

d. Parallele zur Entgeltfortzahlung im Krankheitsfall, § 4 EFZG

Eine in der Literatur vertretene Ansicht möchte die von der Rechtsprechung zur Entgeltfortzahlung im Krankheitsfall nach § 4 EFZG entwickelten Grundsätze auf die Berechnung arbeitszeitunabhängiger, leistungsbezogener Vergütungsbestandteile übertragen.[742] Dies sei sachgerecht, da dem Entgeltfortzahlungsgesetz ebenso wie § 37 Abs. 2 BetrVG das Lohnausfallprinzip zugrunde liege. Anders als bei § 37 Abs. 2 BetrVG sei im Entgeltfortzahlungsgesetz die leistungsabhängige Bezahlung ausdrücklich in § 4 Abs. 1a Satz 2 EFZG erfasst, wonach bei einer auf das Ergebnis der Arbeit abgestellten Vergütung der *„von dem Arbeitnehmer in der für ihn maßgebenden regelmäßigen Arbeitszeit erzielbare Durchschnittsverdienst der Berechnung zu Grunde zu legen [ist]."* Mit § 4 Abs. 1a

---

[739] *Jacobs/Frieling*, NZA 2015, 513 (519).
[740] *Esser*, S. 76 f.
[741] *Esser*, S. 77 f.
[742] *Lipp*, S. 114; *Gaul*, BB 1998, 101 (103); HWGNRH/*Glock*, § 37 Rn. 56.

Satz 2 EFZG habe der Gesetzgeber eine ausdrückliche Regelung für die Zahlung arbeitszeitunabhängiger, leistungsbezogener Vergütungen für die Zeiträume geschaffen, an denen der Arbeitnehmer wegen Feiertagen oder im Krankheitsfall nicht arbeitet.

Auch bei der Berechnung entsprechend den Grundsätzen zu § 4 EFZG gehen die Meinungen darüber auseinander, auf welche Art und Weise die Leistungsvergütung im Einzelnen berechnet werden soll. Einigkeit herrscht lediglich dahingehend, dass dasjenige Berechnungsverfahren angewendet werden soll, das dem Schutzzweck des Entgeltausfallprinzips am nächsten kommt. Es werden grundsätzlich zwei Wege vorgeschlagen. Eine Ansicht[743] stellt eine vergangenheitsbezogene Betrachtung an und will den Durchschnittsverdienst des Arbeitnehmers über einen länger zurückliegenden Zeitraum, der in der Regel mindestens ein Jahr betragen soll, der Berechnung zugrunde legen. Eine andere Ansicht[744] befürwortet eine Berechnung am Maßstab der Leistung vergleichbarer Arbeitnehmer. Eine vergangenheitsbezogene Betrachtung soll lediglich hilfsweise erfolgen, wenn ein Vergleich mit den Kollegen nicht möglich ist.

Weder der eine noch der andere vorgeschlagene Weg bringt jedoch Rechtssicherheit über die konkrete Berechnung leistungsbezogener Vergütungen. Beide Berechnungsmöglichkeiten weisen Vor- und Nachteile auf. Stellt man bei der Berechnung auf den Durchschnitt der vergleichbaren Arbeitnehmer ab und hätte das Betriebsratsmitglied ohne seine Amtstätigkeit eine überdurchschnittliche Leistung erbracht, wird dies nicht angemessen vergütet; wäre die Leistung hingegen unterdurchschnittlich ausgefallen, würde er durch die bessere Leistung vergleichbarer Arbeitnehmer begünstigt.

Das BAG hat sich mit der Frage beschäftigt, wie die infolge von krankheitsbedingten Abwesenheiten ausgefallene Provision zu berechnen sei.[745] Das BAG nimmt die Berechnung in zwei Schritten vor. In einem ersten Schritt müsse die durchschnittliche Provision ermittelt werden, die ein Arbeitnehmer in einem ausreichend langen Referenzzeitraum verdient hat. In einem zweiten Schritt müsse

---

743 BeckOK-ArbR/*Ricken*, § 4 EFZG Rn. 7.
744 ErfK/*Reinhard*, § 4 EFZG, Rn. 14; MüKo-BGB/*Müller-Glöge*, § 4 EFZG, Rn. 21.
745 BAG v. 05.06.1985 – 5 AZR 459/83, NZA 1986, 290 (291).

die durchschnittliche Arbeitszeit im Referenzraum ermittelt werden.[746] § 4 Abs. 1a Satz 2 EFZG fordere, einen durchschnittlichen Wert der Arbeitszeit anhand eines zurückliegenden Zeitraums zu errechnen. Dabei sei ein Referenzzeitraum von drei Monaten regelmäßig zu kurz, zwölf Monate seien in der Regel jedoch ausreichend.[747]

Keine höchstrichterliche Rechtsprechung gibt es bislang zu der Berücksichtigung von krankheits- oder feiertagsbedingten Fehlzeiten bei der Berechnung leistungsabhängiger Zielvereinbarungen. In der Literatur gibt es verschiedene Ansätze. Manche wollen die Zielvereinbarungen entsprechend kürzen.[748] Insbesondere wenn die Zielerreichung nicht mit einem bestimmbaren Aufwand an Arbeitszeit zusammenhängt, stellt sich die Frage, nach welchen Kriterien die Kürzung berechnet werden soll. Diese Frage beantwortet diese Ansicht nicht. Andere argumentieren, eine Vergütung, die auf der Zielvereinbarung basiert, sei nur geschuldet, wenn das Ziel tatsächlich erreicht werde. Dies sei unabhängig von einem möglichen Arbeitsausfall. Erreiche der Arbeitnehmer seine Ziele nicht, schulde der Arbeitgeber hierfür keine Vergütung.[749]

e. Parallele zum Urlaubsentgelt, § 11 BurlG

Eine Ansicht in der Literatur will eine Parallele zu den Vorschriften des Bundesurlaubsgesetzes ziehen und die Berechnung leistungsbezogener Vergütungsbestandteile des Betriebsratsmitglieds anhand der zu § 11 BUrlG entwickelten Grundsätze vornehmen.[750] Maßgeblich für die Berechnung des Urlaubsentgelts ist nach § 11 BUrlG das durchschnittliche Arbeitsentgelt, das der Arbeitnehmer in den letzten dreizehn Wochen vor Beginn seines Urlaubs verdient hat. Dieser Maßstab und ein Referenzzeitraum von dreizehn Wochen könnten auf die Berechnung der leistungsbezogenen Vergütung von Betriebsratsmitgliedern übertragen werden – selbst wenn die leistungsbezogene Vergütung starken Schwankungen unterliege.[751]

---

746 BAG v. 21.11.2001 – 5 AZR 296/00, NZA 2002, 439 (442).
747 BAG v. 21.11.2001 – 5 AZR 296/00, NZA 2002, 439 (442).
748 *Annuß*, NZA 2007, 290 (293); *Reiserer*, NJW 2008, 609 (611).
749 *Bauer/Diller/Göpfert*, BB 2002, 882 (885).
750 HWGNRH/*Glock*, § 37 Rn. 56.
751 ErfK/*Gallner*, BUrlG § 11 Rn. 11 f.

f. Schätzung in entsprechender Anwendung von § 287 ZPO

Eine weitere Ansicht in der Literatur argumentiert, eine genaue Berechnung der leistungsbezogenen Vergütungsbestandteile sei nicht erforderlich, da eine Schätzung durch die Arbeitsgerichte entsprechend § 278 ZPO erfolgen könne.[752]

g. Anpassung von Zielvereinbarungen

Zielvereinbarungen oder sonstige jährliche Sondervergütungsleistungen sollen nach der vom LAG Berlin vertretenen Auffassung angepasst werden.[753] Das LAG Berlin schlägt vor, die Zielvorgabe anteilig zur Betriebsratstätigkeit zu senken. Gegenstand der Entscheidung des LAG Berlin aus dem Jahre 1996[754] war die Höhe der Jahresprämie eines Pharmaberaters, die an die Höhe des jährlichen Umsatzes anknüpfte. Zwischen den Parteien war streitig, ob die Höhe der Umsatzvorgabe reduziert werden müsse, da der Pharmavertreter – und dies war unstreitig – im Jahre 1994 an 34 Tagen als Betriebsrat in jeweils erforderlichem Umfang von der Arbeit befreit worden war. Das LAG Berlin kam zu dem Ergebnis, dass eine Minderung der Umsatzvorgaben im Rahmen der Zielvereinbarung nur insoweit erfolgen könne, als der Umsatz auch tatsächlich vom Pharmaberater beeinflusst werden kann. Dies sei dann der Fall, sofern die Umsatzvorgaben auf seiner Arbeitsleistung, seinen Fähigkeiten und seinem Einsatz beruhen. Dieser Anteil sei um den zeitlichen Anteil der Betriebsratsarbeit an der Gesamttätigkeit zu reduzieren, soweit er feststellbar ist. Für den anderen Teil müssten bei der Berechnung weitere Einflüsse wie Marketingmaßnahmen seitens des Arbeitgebers berücksichtigt werden.[755] Die übrigen die Höhe des Entgelts beeinflussenden Umstände, die nicht unmittelbar auf der Leistung des Arbeitnehmers fußen, könne das Gericht gemäß § 287 Abs. 2 ZPO durch Schätzung ermitteln.[756]

Teile der Literatur befürworten diese Berechnungsweise.[757] Sie argumentieren, dass leistungs- und erfolgsabhängige Sonderzahlungen auch von anderen Fakto-

---

752 Richardi/*Thüsing*, § 37 Rn. 34.
753 LAG Berlin v. 28.06.1996 – 6 Sa 37/96, NZA 1997, 224 (224).
754 LAG Berlin v. 28.06.1996 – 6 Sa 37/96, NZA 1997, 224.
755 LAG Berlin v. 28.06.1996 – 6 Sa 37/96, NZA 1997, 224; vgl. auch die Erläuterungen bei *Gaul*, BB 1998, 101 (103); *Göpfert/Fellenberg/Klarmann*, DB 2009, 2041 (2044); *Esser*, S. 77 f.; *Lipp*, S. 115.
756 LAG Berlin v. 28.06.1996 – 6 Sa 37/96, NZA 1997, 224.
757 *Gaul*, BB 1998, 101 (103); *Göpfert/Fellenberg/Klarmann*, DB 2009, 2041 (2444); *Lipp*, S. 114 f.

ren als der individuellen Tätigkeit und Leistungsbereitschaft des Betriebsratsmitglieds selbst abhängen können. So spiegele eine leistungsbezogene Vergütung nicht zwingend ausschließlich die persönliche Leistung oder den Einsatz eines einzelnen Arbeitnehmers wider, sondern oftmals auch den Erfolg einer gesamten Arbeitsgruppe oder gar des Unternehmens als Ganzes. Dies deckt sich auch mit der jüngeren Rechtsprechung des BAG zur Berechnung eines Bonus eines teilfreigestellten Betriebsratsmitglieds, der vom persönlich erwirtschafteten Umfang abhängig ist. Für die Berechnung eines solchen Bonus soll derjenige Zielerreichungsgrad maßgeblich sein, den das Betriebsratsmitglied ohne seine Arbeitsbefreiung zur Wahrnehmung seiner Betriebsratsaufgaben erreicht hätte.[758] Zudem dürfe für die Berechnung des Bonusanteils, der auf die Betriebsratstätigkeit entfällt, nicht ausschließlich der durchschnittliche Zielerreichungsgrad der Vergleichsgruppe herangezogen werden. Denn dabei bleibe außer Betracht, dass die Höhe des erzielten Umsatzes auch von der persönlichen Leistung des Arbeitnehmers abhänge. Es müssen Hilfstatsachen berücksichtigt werden, die einen indiziellen Schluss auf den hypothetisch vom Betriebsratsmitglied erreichten Zielerreichungsgrad zulassen.[759] Als Hilfstatsachen kommen erreichte Umsätze, die Kundenstruktur, aber auch die durchschnittlichen Leistungen des Betriebsratsmitglieds vor seiner Amtsübernahme in Betracht.[760] Das BAG will Kriterien, die das Betriebsratsmitglied beeinflussen kann, genauso berücksichtigen wie solche, auf die es keinen Einfluss hat.

Manche wollen einen weiteren Faktor in die Berechnung mit einfließen lassen. Danach soll die Arbeitszeit um sog. „Leerlaufzeiten" bei Außendienstmitarbeitern, also Zeiten, in denen während der Arbeitszeit keine arbeitsvertraglich geschuldeten Pflichten erfüllt werden müssen, gekürzt werden. Es sei konsequent, dass der insoweit verbleibende Anteil am Umsatz, der durch den Außendienstmitarbeiter beeinflusst werde, und der Anteil am Umsatz, der durch anderweitige Maßnahmen des Arbeitgebers beeinflusst werde, dann in der Summe die neue Zielvorgabe ergeben.[761] Diese Art der Berechnung dürfe nicht zu einer nach

---

[758] BAG v. 29.04.2015 – 7 AZR 123/13, NZA 2015, 1328, Rn. 20.
[759] BAG v. 29.04.2015 – 7 AZR 123/13, NZA 2015, 1328, Rn. 22 f.
[760] BAG v. 29.04.2015 – 7 AZR 123/13, NZA 2015, 1328, Rn. 28 unter Verweis auf LAG Berlin v. 28.06.1996 – 6 Sa 37/96, NZA 1997, 224; *Gaul*, BB 1998, 101.
[761] *Gaul*, BB 1998, 101 (103).

§ 78 Satz 2 BetrVG unzulässigen Begünstigung des Betriebsratsmitglieds führen. Dies sei der Fall, wenn der Außendienstmitarbeiter seine Betriebsratstätigkeit ganz oder teilweise in einer Zeit verrichtet, in der er trotz laufender Arbeitszeit selbst keine arbeitsvertraglichen Pflichten erfüllt hätte, beispielsweise, weil der Arbeitnehmer seine Arbeit derart effektiv ausführt, dass er die ihm vorgegebenen Ziele erreicht, ohne dafür die gesamte vertraglich vereinbarte Arbeitszeit nutzen zu müssen. Dadurch sei faktisch auch keine Minderung des Umsatzes eingetreten, da auch dann keine Umsatzsteigerung durch das Betriebsratsmitglied ausgelöst und damit erzielt worden wäre, wenn man die Betriebsratstätigkeit (in diesem Zeitraum) hinwegdenken würde.[762] Würde man hier das Verhältnis zwischen beeinflussbarem Umsatz und vom Unternehmen erzieltem Umsatz nach dem Berechnungsmodell des Landesarbeitsgerichts Berlin errechnen, würde das Betriebsratsmitglied wegen seiner Amtstätigkeit mehr erhalten als ohne diese. Dabei dürfe nicht übersehen werden, dass § 37 Abs. 2 BetrVG der Gedanke zugrunde liege, dass der Arbeitnehmer wegen seiner Tätigkeit als Betriebsratsmitglied faktisch an der Erbringung seiner arbeitsvertraglich geschuldeten Leistung gehindert wird. Zweck des Lohnausfallprinzips sei es jedoch, das Betriebsratsmitglied so zu stellen, wie es stünde, wenn es keine Betriebsratsarbeit habe leisten müssen. Dies bedeute für die leistungsbezogene Vergütung, dass das Lohnausfallprinzip nur dann greife, wenn der Arbeitnehmer anstelle seiner Betriebsratstätigkeit seine arbeitsvertraglichen Pflichten erfüllt hätte. Hätte nun aber das Betriebsratsmitglied auch bei Wegfall der Betriebsratstätigkeit infolge seiner guten Organisation oder gesteigerten Effektivität keine umsatzsteigernde arbeitsvertragliche Tätigkeit erbracht und bliebe diese Tatsache unberücksichtigt, bestehe die Gefahr eines Verstoßes gegen das Begünstigungsverbot, weil sich die Arbeit als Betriebsratsmitglied umsatz- und entgeltsteigernd niederschlagen würde.[763]

Eine weitere Ansicht in der Literatur[764] vertritt ebenso wie das LAG Berlin eine differenzierende Auffassung, führt diese jedoch fort. Demnach sei bei der Berechnung des leistungs- und erfolgsbezogenen Vergütungsanteils danach zu unterscheiden, ob die Zielvorgaben vom Arbeitnehmer beeinflusst werden können oder

---

762 *Gaul*, BB 1998, 101 (103).
763 *Gaul*, BB 1998, 101 (104).
764 *Göpfert/Fellenberg/Klarmann*, DB 2009, 2041 (2044); ebenso *Esser*, S. 77 f. für teilweise freigestellte Betriebsratsmitglieder.

außerhalb seines Einflussbereichs liegen. Könne der Arbeitnehmer die Zielvorgaben selbst beeinflussen, etwa, weil sie von seiner Arbeitsleistung, seinen Fähigkeiten oder seinem Einsatz abhängig sind, sei § 37 Abs. 2 BetrVG einschlägig. Folglich werde dem Betriebsratsmitglied eine Vergütung in der Höhe fortgezahlt, die es erhalten hätte, wenn es seiner arbeitsvertraglich geschuldeten Tätigkeit nachgegangen wäre. Die Gehaltsentwicklung vergleichbarer Arbeitnehmer bleibe bei der Berechnung der leistungsbezogenen Vergütung in diesem Falle außer Betracht. Dies sei gerechtfertigt, da in diesem Fall Faktoren maßgeblich seien, die der Arbeitnehmer unmittelbar beeinflussen könne. Daher könne auf sein Potenzial und seine Leistung abgestellt werden, *„die anhand seiner Leistung während der nicht mit der Betriebsratsarbeit verbrachten Zeit oder auch durch einen Vergleich mit seiner Leistung vor der Aufnahme der Tätigkeit für den Betriebsrat ermittelt werden kann.“*[765]

Befinde sich die Möglichkeit, die Zielvorgaben zu erreichen, jedoch außerhalb des Einflussbereichs des Betriebsratsmitglieds, da sie unabhängig von seiner individuellen Leistung sei und zeitlichen Schwankungen unterliege, sei § 37 Abs. 4 BetrVG einschlägig. Es gelte der von vergleichbaren Arbeitnehmern erzielte Durchschnitt. Dies sei gerechtfertigt, da eine günstige Entwicklung sich hierbei auf die Gehälter der Arbeitnehmer der Vergleichsgruppe auswirke, die ebenfalls von der Entwicklung betroffen seien, ohne dass die Entwicklung von der persönlichen Leistung der Arbeitnehmer begünstigt werde. Deshalb sei auf solche Faktoren § 37 Abs. 4 BetrVG anzuwenden.[766]

3. Eigene Überlegungen und Stellungnahme

Leistungs- und erfolgsbezogene Sonderzahlungen bringen mangels klarer Vorgaben des Gesetzgebers zahlreiche Probleme hinsichtlich ihrer gesetzeskonformen Berechnung für (teil-)freigestellte und gelegentlich befreite Betriebsratsmitglieder mit sich. Die Bonushöhe für alle Betriebsratsmitglieder einheitlich auf 100% festzulegen, wäre wohl die einfachste Lösung. Ob diese Lösung oder einer der

---

765 *Göpfert/Fellenberg/Klarmann*, DB 2009, 2041 (2044).
766 *Göpfert/Fellenberg/Klarmann*, DB 2009, 2041 (2044).

von der Rechtsprechung oder der Literatur vorgeschlagenen Ansätze mit dem Gesetz, insbesondere mit dem Begünstigungsverbot vereinbar ist, soll im Folgenden untersucht und einer Lösung zugeführt werden.

a. Auseinandersetzung mit in der Literatur und Rechtsprechung vertretenen Meinungen

Die Ansicht, die zur Berechnung einer leistungs- und erfolgsbezogenen Sonderzahlung auf die Leistungen des Betriebsratsmitglieds selbst in einem gewissen Referenzzeitraum vor seiner Wahl in den Betriebsrat abstellt, lässt externe Faktoren gänzlich unberücksichtigt. Dies führt insbesondere bei leistungsbezogenen Vergütungen auf Grundlage von Zielvereinbarungen zu unbefriedigenden Ergebnissen. Faktoren, auf die das Betriebsratsmitglied vor seiner Wahl keinen Einfluss hatte, die aber durchaus für das Erreichen der provisionsauslösenden Ziele Einfluss haben, bleiben gänzlich unberücksichtigt. Denkbar sind hier die Entwicklung des Unternehmens oder Maßnahmen des Unternehmens zur Verbesserung seiner Umsatzziele und zur Erweiterung seines Kundenstamms sowie konjunkturelle Schwankungen. Zieht man als Berechnungsgrundlage einzig die Leistung des Betriebsratsmitglieds vor seiner Wahl heran, bleiben diese Faktoren, auf die das Betriebsratsmitglied keinen Einfluss hatte, außen vor. So lässt sich der Zusammenhang zwischen der Betriebsratstätigkeit und der Nichterreichung der provisionsauslösenden Ziele nicht feststellen. Zudem gibt diese Ansicht das gesetzlich vorgesehene Lohnausfallprinzip zulasten des Referenzprinzips auf, indem sie Bezug nimmt auf eine – so nicht vom Gesetzgeber vorgesehene – Referenzgröße, nämlich die Leistung in einem nicht näher bestimmten Referenzzeitraum vor der Wahl in den Betriebsrat. Diese Auffassung ist daher abzulehnen.

Die Gegenansicht, die vorschlägt, die durchschnittliche Leistung vergleichbarer Arbeitnehmer als Maßstab für die Berechnung der leistungsbezogenen Vergütung des Betriebsratsmitglieds heranzuziehen, orientiert sich an den vom Gesetzgeber vorgegebenen Lösungsmöglichkeiten und wendet den Gedanken aus § 37 Abs. 4 BetrVG an. Der Gesetzgeber hat mit § 37 Abs. 4 BetrVG und der Vorgabe, dass die Vergütung des Betriebsratsmitglieds nicht geringer bemessen werden darf als die vergleichbarer Arbeitnehmer mit betriebsüblicher beruflicher Entwicklung, vorgegeben, wie mit Unsicherheiten im Hinblick auf die hypothetische Gehaltsentwicklung des Betriebsratsmitglieds, insbesondere bei langjähriger Betriebsratstätigkeit, umgegangen werden soll. Diese Erwägung darf auf bei arbeitszeitunabhängigen Vergütungsbestandteilen nicht völlig außer Acht bleiben. Insofern ist diese Ansicht zutreffend. Dabei macht insbesondere *Jacobs* einen überzeugenden Vorschlag zur Berechnung von arbeitszeitunabhängigen Leistungsvergütungen.[767] Er bleibt durch den Rückgriff auf die Entwicklung der vergleichbaren Arbeitnehmer eng an den gesetzlichen Vorgaben und behält das Lohnausfallprinzip bei.

Auch die dritte Auffassung[768], die grundsätzlich § 37 Abs. 2 BetrVG als Berechnungsgrundlage anwenden und den Bemessungszeitraum bei jahresbezogenen Sonderzahlungen auf einen Bezugszeitraum von drei Jahren erweitern will und darüber hinaus mögliche Leistungssteigerungen über § 37 Abs. 4 BetrVG anpassen möchte, handhabt das Problem zu „steif" und trennt nicht klar zwischen Leistung, die das Betriebsratsmitglied selbst (hypothetisch) beeinflussen kann, und externen Faktoren. Darüber hinaus erscheinen drei Jahre Bezugszeitraum[769] zu lang. Vielmehr dürfte ein Bezugszeitraum von zwölf Monaten ausreichend sein, da es hinsichtlich der externen Faktoren vorzugswürdig ist, auf die Arbeitnehmer der Vergleichsgruppe abzustellen. Darüber hinaus spiegelt ein Bezugszeitraum von lediglich zwölf Monaten die Leistungsfähigkeit des Betriebsratsmitglieds für den übrigen Teil der Leistungsvergütung, die das Betriebsratsmitglied hypothetisch selbst beeinflussen könnte, „genauer" wider, als wenn man den Bezugszeitraum drei Jahre in die Vergangenheit verlängert. Auch überzeugt diese Ansicht nicht, da ein längerer Bezugszeitraum immer nur die Leistung des Betriebsratsmitglieds zuverlässig widerspiegelt. Die externen Einflüsse sind hingegen nicht jedes Jahr gleich, so dass es sinnvoller ist diese auszuklammern.

Die Ansicht, die eine Parallele zum Entgeltfortzahlungsrecht ziehen möchte, ist ebenfalls abzulehnen. § 4 Abs. 1a Satz 2 EFZG modifiziert das Lohnausfallprinzip für die maßgebende Arbeitszeit und wendet hier das Referenzprinzip an. Bei der Berechnung der leistungsabhängigen Bezahlung soll nach dem Wortlaut der *„von dem Arbeitnehmer in der für ihn maßgebenden regelmäßigen Arbeitszeit*

---

767 Vgl. *Jacobs/Frieling*, NZA 2015, 513 (518).
768 *Esser*, S. 77.
769 *Esser*, S. 77.

erzielbare Durchschnittsverdienst der Berechnung zu Grunde zu legen" sein. Diese Vorgabe führt bei der Berechnung arbeitszeitunabhängiger Leistungs- und Erfolgsvergütungen nicht weiter, da es hier keine regelmäßige Arbeitszeit gibt, die zum gewünschten Erfolg führt. Zudem ist der Wechsel vom Lohnausfallprinzip hin zum Referenzprinzip im Rahmen des BetrVG anders als im EFZG nicht angezeigt. § 4 Abs. 1a EFZG hat eine andere Zwecksetzung als § 37 BetrVG. Die Entgeltfortzahlung im Krankheitsfall soll dem Lebensunterhalt des Arbeitnehmers dienen und die Sicherungspflicht zwischen Arbeitgeber und den Krankenkassen verteilen.[770] Die Lohnfortzahlung an Feiertagen soll das Arbeitseinkommen des Arbeitnehmers sichern. Anders als im BetrVG entspricht es nicht dem Ziel des EFZG, dass die Entgeltfortzahlung weder nach oben noch nach unten von der Vergütung abweicht, die der Arbeitnehmer ohne die Arbeitsversäumnis erhalten hätte. Da das Betriebsratsmitglied weder Vor- noch Nachteile aus seiner Amtstätigkeit ziehen darf, um die innere und äußere Unabhängigkeit des Betriebsratsmitglieds nicht zu gefährden, kann das Lohnausfallprinzip im BetrVG nicht für das Referenzprinzip aufgegeben werden. Die beiden Prinzipien sind grundverschieden. Die arbeitszeitunabhängige Erfolgsvergütung kann daher nicht entsprechend den Grundsätzen des § 4 Abs. 1a EFZG anhand des durchschnittlichen erzielbaren Verdienstes während eines bestimmten Referenzzeitraums berechnet werden. Der Auffassung kann nicht gefolgt werden.

Auch die Ansicht, die § 11 BurlG entsprechend heranziehen möchte und dabei einen Referenzzeitraum von dreizehn Wochen der Berechnung zugrunde legen möchte, ist abzulehnen. Das Urlaubsrecht wendet wie auch § 4 Abs. 1a EFZG das Referenzprinzip an.[771] Die Abkehr vom Lohnausfallprinzip hin zum Referenzprinzip ist aus den eben erläuterten Gründen nicht auf § 37 Abs. 2 BetrVG übertragbar. Auch diese Ansicht ist mithin abzulehnen.

Wenig überzeugend ist auch die Ansicht, die den Arbeitsgerichten eine Schätzungsbefugnis analog § 278 ZPO zugestehen will.[772] Dieser Vorschlag hilft dem Arbeitgeber nicht, da er nicht bis zu einem gerichtlichen Verfahren warten kann,

---

770 ErfK/*Reinhard*, EFZG § 3 Rn. 1.
771 BT-Drs. 13/4612, S. 15; BT-Drs. IV/785, S. 4; Schaub/*Linck*, § 104 Rn. 117.
772 Richardi/*Thüsing*, § 37 Rn. 34.

um die arbeitszeitunabhängigen Vergütungsbestandteile von Betriebsratsmitgliedern zu berechnen. Wollte man darüber hinaus dem Arbeitgeber selbst eine solche Schätzungsbefugnis zusprechen, so ist dies vor dem Hintergrund des § 37 BetrVG und des Benachteiligungs- und Begünstigungsverbots abzulehnen. Eine Schätzung des Arbeitgebers genügt den gesetzlichen Vorgaben, die eine gewisse Verlässlichkeit und Nachvollziehbarkeit der Berechnung der Betriebsratsvergütung fordern, in keiner Weise.

Die letztgenannte Ansicht, die sich für eine Anpassung der Zielvereinbarungen bei teilfreigestellten und gelegentlich befreiten Betriebsratsmitgliedern entsprechend der tatsächlich auf die Betriebsratstätigkeit entfallenden Arbeitszeit ausspricht, überzeugt weitgehend.[773] Wenig überzeugend ist jedoch die Auffassung, die „Leerlaufzeiten" von Außendienstmitarbeitern ausklammern will.[774] Der Außendienstmitarbeiter schuldet seine gesamte vertraglich vereinbarte Arbeitszeit dem Arbeitgeber, so dass nicht von vornherein davon ausgegangen werden kann, sämtliche Außendienstmitarbeiter würden ihre arbeitsvertraglichen Pflichten verletzen. Findet zudem keine Aufzeichnung der Arbeitszeit statt, wird es für den Arbeitgeber kaum jemals nachvollziehbar sein, welche „Leerlaufzeiten" er auszuklammern hat. Dieser Ansatz liefert daher keine verlässlichen Kriterien für die Anpassung von Zielvereinbarungen.

Diese Ansicht[775] überzeugt auch nicht im Hinblick auf die Argumentation, eine Begünstigung des Betriebsratsmitglieds erscheine dadurch möglich, wenn das Betriebsratsmitglied besonders effektiv arbeite. Selbst wenn das Betriebsratsmitglied seine Arbeit derart effektiv ausführt, dass es die ihm vorgegebenen Ziele erreicht, ohne dafür die gesamte vertraglich vereinbarte Arbeitszeit nutzen zu müssen, kann ihm dies bei der Anpassung der Zielvereinbarung nicht nachteilig

---

773 LAG Berlin v. 28.06.1996 – 6 Sa 37/96, NZA 1997, 224 (224); vgl. auch die Erläuterungen bei *Gaul*, BB 1998, 101 (103); *Göpfert/Fellenberg/Klarmann*, DB 2009, 2041 (2044); *Esser*, S. 77 f.; *Lipp*, S. 115.
774 *Gaul*, BB 1998, 101 (103).
775 *Gaul*, BB 1998, 101 (104).

angerechnet werden. In diesen Fällen fehlt es an dem erforderlichen Kausalzusammenhang[776] zwischen der Tätigkeit des Betriebsratsmitglieds und der Begünstigung. Verrichtet ein Arbeitnehmer seine Aufgaben effektiv und damit zeitsparend, erreicht er seine Ziele und das damit geschuldete Entgelt mit geringerem zeitlichem Aufwand als andere Arbeitnehmer, die weniger effektiv arbeiten und daher mehr Zeit für die Zielerreichung benötigen. Dieses Konzept ist Zielvereinbarungen jedoch immanent. Sie sind gerade erfolgs- und nicht arbeitszeitabhängig konzipiert. Erhält das teilfreigestellte Betriebsratsmitglied also ein „Mehr", weil es die Zeit, in der er seiner arbeitsvertraglich geschuldeten Tätigkeit tatsächlich nachgeht, besonders effektiv nutzt, so erlangt es diese Besserstellung nicht wegen seiner Amtstätigkeit. Ein Verstoß gegen das Begünstigungsverbot besteht in diesen Fällen nicht. Überdies ist nicht ersichtlich, auf welche Art und Weise festgestellt werden kann, wie viel Zeit ein teilfreigestelltes oder gelegentlich befreites Betriebsratsmitglied tatsächlich für die Erfüllung seiner arbeitsvertraglichen Pflichten aufgewendet hat und wie viel Zeit es aufgrund seiner Effektivität einsparen konnte. Das gilt im Besonderen für die Mitarbeiter im Außendienst. Im Hinblick auf diese Einschränkungen ist diese Auffassung abzulehnen.

Zutreffend differenziert die letztgenannte Ansicht jedoch danach, ob die Zielvorgaben vom Arbeitnehmer beeinflusst werden können oder außerhalb seines Einflussbereichs liegen.[777] Die übrigen Auffassungen berücksichtigen die Tatsache nicht ausreichend, dass eine leistungsbezogene Vergütung je nach Ausgestaltung sowohl den persönlichen Erfolg eines Arbeitnehmers als auch den des Unternehmens oder einer Arbeitsgruppe widerspiegeln kann. Dadurch wird diese Auffassung den Anforderungen leistungsbezogener Vergütungen (größtenteils) gerecht. Die Differenzierung ist wichtig, denn ein Bonus, dessen Höhe ausschließlich auf Kriterien beruht, die kein Arbeitnehmer beeinflussen kann, weil er z.B. ausschließlich vom Unternehmenserfolg abhängt, lässt sich ohne Weiteres nach den zu § 37 Abs. 2 und Abs. 4 BetrVG entwickelten Grundsätzen berechnen. Hier spielen individuelle Leistungen keine Rolle und sie können auch die Bonushöhe nicht beeinflussen. Hängt die erfolgsbezogene Vergütung hingegen auch von der

---

776 Zu den tatbestandlichen Voraussetzungen des § 78 Satz 2 BetrVG siehe oben unter „Tatbestandsvoraussetzungen des § 78 Satz 2 BetrVG", S. 22.
777 LAG Berlin v. 28.06.1996 – 6 Sa 37/96, NZA 1997, 224 (224); *Gaul*, BB 1998, 101 (103); *Göpfert/Fellenberg/Klarmann*, DB 2009, 2041 (2444); *Lipp*, S. 114 f.

individuellen Leistung des einzelnen Arbeitnehmers ab, stellen sich die oben genannten Probleme bei der korrekten Berechnung. Ausgangspunkt der Berechnung muss auch bei arbeitszeitunabhängigen Bonuszahlungen immer das Lohnausfallprinzip sein. Es muss möglichst zutreffend ermittelt werden, was das Betriebsratsmitglied verdient hätte, wenn es keine Arbeitszeit wegen seiner Betriebsratstätigkeit versäumt hätte. Dies ist für vollständig freigestellte und teilweise freigestellte bzw. gelegentlich befreite Betriebsratsmitglieder unterschiedlich zu beurteilen.

b. Lösungsvorschlag

Eine einfache Lösung im Brereich der Berechnung der an Betriebsratsmitglieder fortzuzahlenden leistungs- und erfolgsbezogenen Sonderzahlungen ist nicht möglich. In der Praxis jedoch spielen insbesondere leistungsbezogene Vergütungssysteme auf Grundlage von Zielvereinbarungen eine zunehmend große Rolle. Zielvereinbarungen sind mündliche oder schriftliche Abreden zwischen Arbeitgeber und Arbeitnehmer, in denen die Vertragsparteien in der Regel jährlich neu festlegen, welche Leistungsziele in einem bestimmten Zeitraum (in der Regel einem Geschäftsjahr) erreicht werden sollen.[778] Die Zielerreichung wird vom Arbeitgeber üblicherweise mit einer Bonuszahlung für den Arbeitnehmer honoriert. Bleibt die Leistung oder der Erfolg hinter den vereinbarten Zielen zurück, verringert sich der Bonus entsprechend oder fällt sogar ganz weg. Auf diese Art und Weise wird ein Teil der Vergütung – in der Praxis üblicherweise bis zu 30%[779] – flexibel ausgestaltet. Anders als die Provisionszahlungen, die üblicherweise mit Arbeitnehmern vereinbart werden, die im Vertrieb tätig sind oder andere unmittelbar umsatz- oder gewinnbezogene Tätigkeiten ausüben – mithin also selbst für die Höhe der Provision verantwortlich sind, können Zielvereinbarungen so viele Anknüpfungspunkte haben, wie es Aufgabenbereiche für Mitarbeiter gibt.[780] Dies können beispielsweise der zu erreichende Marktanteil, die Anzahl von Reklamationen, die Einführung eines neuen Produktes, die Erreichung einer bestimmten Kosten-

---

[778] *Reiserer*, NJW 2008, 609 (610); *Riesenhuber/v. Steinau-Steinrück*, NZA 2005, 785 (785).
[779] *Riesenhuber/v. Steinau-Steinrück*, NZA 2005, 785 (785).
[780] *Göpfert/Fellenberg/Klarmann*, BB 2009, 2041 (2041); *Reiserer*, NJW 2008, 609 (610); *Riesenhuber/v. Steinau-Steinrück*, NZA 2005, 785 (785).

quote, aber auch die Mitarbeiterzufriedenheit sein. Dabei sind nicht nur Vereinbarungen über die Tätigkeitsziele einzelner Mitarbeiter möglich, sondern es können auch sog. Gruppenzielvereinbarungen etwa für eine ganze Abteilung getroffen werden.[781] Weiter kann zwischen quantitativen oder auch „harten" Zielen wie Umsatz, Gewinn, messbaren Marktanteilen, Kostenquoten oder Produktivität und qualitativen oder auch „weichen" Zielen wie Personalführungskompetenz, Teamgeist oder Kundenzufriedenheit unterschieden werden.[782] Insbesondere bei Zielvereinbarungen ist das Erreichen der vereinbarten Ziele nicht allein von der Leistung und dem Einsatz des Arbeitnehmers abhängig, sondern kann auch vom Arbeitgeber und anderen Mitarbeitern beeinflusst werden. In Einklang mit der letztgenannten Ansicht ist bei der Berechnung der leistungsbezogenen Vergütung für die Zeit der Betriebsratstätigkeit auch nach der hier vertretenen Auffassung jeweils danach zu differenzieren, ob es sich bei den bonusauslösenden Anknüpfungspunkten um solche handelt, die der Arbeitnehmer beeinflussen kann, weil sie auf seiner Arbeitsleistung, seinen Fähigkeiten und seinem Einsatz beruhen, oder um solche, die außerhalb seines Einflussbereichs liegen. Weiter ist zwischen voll freigestellten und teilfreigestellten bzw. gelegentlich befreiten Betriebsratsmitgliedern zu unterscheiden.

aa. Vollständig freigestellte Betriebsratsmitglieder

Bei vollständig freigestellten Betriebsratsmitgliedern kommt es bei dem Teil der Zielvorgaben, die auf der individuellen Arbeitsleistung, den Fähigkeiten und dem Einsatz des Arbeitnehmers beruhen, darauf an, ob das Betriebsratsmitglied in den letzten zwölf Monaten vor seiner Freistellung die vorgegebenen Ziele im Durchschnitt erreicht hat oder nicht. Sofern er die Zielvorgaben zu 100% erreichen konnte, steht ihm das durchschnittliche zusätzliche Entgelt auch nach seiner Freistellung weiterhin zu. Dies ist ein Fall des § 37 Abs. 2 BetrVG. Dem Betriebsratsmitglied wird das weiter gezahlt, was es erhalten hätte, wenn es normal weitergearbeitet hätte. Dies sind bei einer Zielerreichung von durchschnittlich 100% in den zwölf Monaten vor der Freistellung hypothetisch weiterhin 100%.

---

781 *Riesenhuber/v. Steinau-Steinrück*, NZA 2005, 785 (785).
782 *Reiserer*, NJW 2008, 609 (610).

Weiter ist bei der konkreten Berechnung der Höhe des zusätzlichen Entgelts die Gehaltsentwicklung vergleichbarer Arbeitnehmer zu berücksichtigen, § 37 Abs. 4 BetrVG. Insbesondere bei einer längeren, über mehrere Amtszeiten hinweg andauernden Freistellungszeit hätte sich das dem Betriebsratsmitglied wegen der Zielvereinbarung zu zahlende Entgelt mit der Zeit erhöht. Wie auch bei der Berechnung des Grundgehalts und der Mehrarbeitsvergütung ist die Leistungsfähigkeit des einzelnen Betriebsratsmitglieds vor seiner Freistellung für die grundsätzliche Beurteilung maßgeblich, ob und in welcher Höhe es die auf seiner Leistung basierenden Ziele erreicht hätte. Hat das Betriebsratsmitglied beispielsweise vor seiner Freistellung die Zielvorgaben zu 100% erreicht und dafür in den letzten zwölf Monaten vor seiner Freistellung eine zusätzliche leistungsbezogene Sondervergütung in Höhe von 2.000 Euro erhalten, so erhält er diese leistungsbezogene Sonderzahlung aufgrund des Lohnausfallprinzips auch nach seiner Freistellung. Bekommen die vergleichbaren Arbeitnehmer nach zehn Jahren für das Erreichen der Zielvorgaben beispielsweise eine 10% höhere Sondervergütung, so ist auch die Leistungsvergütung des Betriebsratsmitglieds um 10% anzuheben. Ihm sind dann 2.200 Euro zu zahlen. Dies ist ein Fall des § 37 Abs. 4 BetrVG, der die berufliche Entwicklung des Betriebsratsmitglieds schützt. Es ist davon auszugehen, dass das Betriebsratsmitglied ebenfalls die volle um 10% höhere Sondervergütung erhalten hätte, wenn es weitergearbeitet und seine Zielvorgaben zu 100% vollständig erreicht hätte. Davon ist auszugehen, da das Betriebsratsmitglied vor seiner Freistellung seine Zielvorgaben zu 100% erreicht hat.

Sofern der Bonus von externen Faktoren abhängt, muss dies über die Entwicklung der Vergleichsarbeitnehmer in der Berechnung der leistungsbezogenen Vergütung von Anfang an berücksichtigt werden. Dies ist ebenfalls ein Fall des § 37 Abs. 4 BetrVG. Führen externe Einflüsse – wie ein besonders gutes oder schlechtes Unternehmensergebnis – zu einer Anpassung der Boni bei der Gruppe der vergleichbaren Arbeitnehmer, so ist auch der Bonus des Betriebsratsmitglieds entsprechend anzupassen. Hierbei handelt es sich wieder um einen Fall des § 37 Abs. 4 BetrVG.

Bei vollständig von der Arbeit freigestellten Betriebsratsmitgliedern fehlen konkrete Anknüpfungspunkte, insbesondere bei langjährig freigestellten Betriebsratsmitgliedern. An die Betriebsratstätigkeit selbst darf der Arbeitgeber für die Berechnung eines von der individuellen Leistung abhängigen Bonus nicht anknüpfen. Damit würde er gegen das Ehrenamtsprinzip und das Begünstigungsverbot verstoßen. Gibt es aber keine Anknüpfungspunkte, die sich für die Berechnung der hypothetischen Leistung des Betriebsratsmitglieds fruchtbar machen lassen, so bleibt nur der Weg über die Anwendung der Grundsätze aus § 37 Abs. 4 BetrVG. Anknüpfungspunkt sind die arbeitszeitunabhängigen Erfolgsvergütungen der vergleichbaren Arbeitnehmer. Gibt es weder im Betrieb noch im Unternehmen einen vergleichbaren Arbeitnehmer, so ist nach den oben entwickelten Grundsätzen die durchschnittliche Entwicklung der Arbeitnehmer maßgeblich, die eine vergleichbare Tätigkeit ausüben, die das freigestellte Betriebsratsmitglied zum fraglichen Zeitpunkt ausüben würde. Es muss also an den durchschnittlichen Wert der von dieser Gruppe von Arbeitnehmern abgeschlossenen Geschäfte angeknüpft werden, um die Zielerreichung des Betriebsratsmitglieds zu bestimmen.

bb. Teilfreigestellte bzw. gelegentlich befreite Betriebsratsmitglieder

Ebenfalls zu untersuchen ist die Frage, ob und wenn ja wie es sich auf die Zielerreichung oder Bonusvereinbarung auswirkt, wenn das Betriebsratsmitglied teilweise freigestellt ist oder gelegentlich befreit wird. Denkbar ist, die Zielvereinbarung oder Bonusvereinbarung in dem Umfang anzupassen, dem die Betriebsratstätigkeit im Verhältnis zur vollen Arbeitszeit entspricht. Dies würde bei einer beispielsweise 50-prozentigen (Teil-)Freistellung bedeuten, dass das Betriebsratsmitglied in den Zeiten, in denen es nicht freigestellt ist, auch nur noch die Hälfte der Bonusvoraussetzungen erfüllen müsste, um Anspruch auf die Sonderzahlung zu erhalten. Gleiches muss für gelegentlich befreite Betriebsratsmitglieder gelten, da diese ebenfalls nur einen Teil ihrer Arbeitszeit für Betriebsratsaufgaben aufwenden müssen. Diese Vorgehensweise unterstellt, dass das Betriebsratsmitglied während seiner Freistellung bzw. Befreiung stets die gleiche Leistung erbracht hätte, wie wenn es voll seiner beruflichen Tätigkeit nachgegangen wäre.

Auch im Fall teilfreigestellter und gelegentlich von der Arbeitspflicht befreiter Betriebsratsmitglieder ist zunächst danach zu unterscheiden, ob und wie weit das Erreichen der Zielvorgaben von der Leistung oder dem Erfolg des einzelnen Arbeitnehmers abhängig ist und inwieweit externe Faktoren eine Rolle spielen, auf die der Arbeitnehmer keinen Einfluss hat. Für die Berechnung des leistungs- und erfolgsbezogenen Vergütungsanteils für den Zeitraum, in dem die Betriebsratsmitglieder für den Betriebsrat tätig sind, gilt Folgendes: Es genügt nicht, lediglich den durchschnittlichen Zielerreichungsgrad der vergleichbaren Arbeitnehmer i.S.d. § 37 Abs. 4 BetrVG heranzuziehen. Erfüllen die Betriebsratsmitglieder neben ihrer Tätigkeit als Betriebsrat weiterhin ihre arbeitsvertraglich geschuldeten Pflichten – wenn auch in reduziertem Umfang –, gibt es individuelle Anknüpfungspunkte, die zur Bemessung der Bonushöhe herangezogen werden können und müssen, um die Höhe der Vergütung möglichst zutreffend zu bestimmen. Diese können nicht gänzlich außen vor bleiben, nur weil der Teil der Bonushöhe, der auf die Betriebsratstätigkeit entfällt, hypothetisch zu bestimmen ist. Das bei der Teilarbeitsleistung erreichte Ergebnis kann dann auf die volle Arbeitsleistung hochgerechnet werden. Da die Mitglieder des Betriebsrats jedoch gemäß § 37 Abs. 4 BetrVG „nicht weniger" verdienen dürfen als die Arbeitnehmer der Vergleichsgruppe, ist die betriebsübliche Entwicklung ihrer arbeitszeitunabhängigen Vergütung stets als Untergrenze zu berücksichtigen. Hängen die Zielvorgaben allein von der Leistungsfähigkeit des Arbeitnehmers ab, ist auf die Leistungen abzustellen, die er bei der Erfüllung seiner arbeitsvertraglichen Verpflichtungen erbringt. Bei der Vereinbarung der Zielvorgaben ist zu berücksichtigen, dass der Arbeitnehmer seine Arbeitszeit nur anteilig nutzen und nicht so frei strukturieren kann, wie wenn er nicht im Betriebsrat wäre. So kann ein teilfreigestelltes ebenso wie ein gelegentlich befreites Betriebsratsmitglied aufgrund der schlechten Planbarkeit der Betriebsratsarbeit nur schwer in termingebundene Alltagsaufgaben oder Projekte eingebunden werden. Werden dem Betriebsratsmitglied daher eher administrative Aufgaben übertragen und wirkt sich dies negativ auf das Erreichen der Zielvorgaben aus, so muss dieser Umstand bei der Berechnung der leistungsbezogenen Vergütung berücksichtigt werden.

Hängt die Berechnung der Erreichung der Ziel- bzw. Bonusvorgaben von externen Faktoren ab, gilt der von vergleichbaren Arbeitnehmern erzielte Durchschnitt. Der Vergleich mit den durchschnittlich von den Vergleichsarbeitnehmern erzielten Ergebnissen ist dabei auf den Anteil zu beschränken, der der Betriebsratstätigkeit im Verhältnis zur Gesamtarbeitsleistung entspricht. Dies bedeutet, ist ein Betriebsratsmitglied zu 10% für die Betriebsratsarbeit befreit oder freigestellt, sind lediglich 10% der von ihm erlangten Vertragsabschlüsse mit 10% derjenigen zu vergleichen, die die Arbeitnehmer der Vergleichsgruppe erreicht haben. Die sich daraus ergebende Differenz ist auszugleichen. Andernfalls würde man das Betriebsratsmitglied wegen seiner Amtstätigkeit begünstigen. Würde jede noch so geringe Betriebsratstätigkeit dazu führen, dass es allein auf die durchschnittliche Leistung der vergleichbaren Arbeitnehmer ankommt, käme es zu einer vollständigen Anpassung der Vergütung des Betriebsratsmitglieds an die der vergleichbaren Arbeitnehmer, selbst wenn die Betriebsratstätigkeit nur 10% der Arbeitskraft des Betriebsratsmitglieds in Anspruch nimmt. Die tatsächlich von ihm geleistete Arbeit – in dem hiesigen Beispiel also 90% seiner Arbeitsleistung – würde nur dann eine Rolle spielen, wenn sie die durchschnittliche Leistung der Vergleichsarbeitnehmer übertrifft. Andernfalls wäre die Arbeitsleistung des Betriebsratsmitglieds irrelevant. Damit stünde es wegen seiner Amtstätigkeit besser, als es ohne seine Amtstätigkeit stehen würde, denn dann wären die 90% tatsächlich erbrachte Arbeit für die Berechnung der vom Betriebsratsmitglied erreichten Ziele maßgeblich.

4. Lösung des Fallbeispiels

Die Berechnung der erfolgs- und leistungsabhängigen Vergütung entsprechend den gesetzlichen Vorgaben ist kompliziert, muss aber unter Sachgerechtigkeitsgesichtspunkten in Kauf genommen werden. In dem eingangs erwähnten Beispielsfall[783] ist die Berechnung nach der hier vertretenen Ansicht daher wie folgt vorzunehmen:

Bei der Berechnung der erfolgs- und leistungsabhängigen Vergütung ist für alle Betriebsratsmitglieder zwischen externen Faktoren und solchen, auf die sie selbst Einfluss hätten, wenn sie nicht freigestellt wären, zu unterscheiden. Der Teil der Zielvorgaben, dessen Erreichen von externen Faktoren abhängig ist, wird nach dem Durchschnitt der übrigen vergleichbaren Arbeitnehmer berechnet, § 37 Abs. 2 und Abs. 4 BetrVG.

Sofern die Zielerreichung von individuellen Leistungen abhängt, gilt Folgendes: Für die zu 50% teilfreigestellten Betriebsratsmitglieder C und D sowie für die gelegentlich befreiten Betriebsratsmitglieder, wird die Leistung, die sie während ihrer Teilarbeitszeit erbracht haben, hochgerechnet. Dabei ist zu berücksichtigen,

---

783 Siehe oben „Beispielsfall", S. 216.

ob es den teilfreigestellten Betriebsratsmitgliedern wegen unregelmäßig anfallender Betriebsratsarbeit und der reduzierten Stundenzahl tatsächlich schlechter möglich war, die Zielvorgaben zu erreichen als den vergleichbaren Arbeitnehmern.

Betriebsratsmitglied A, das voll freigestellt ist, jedoch keine vergleichbaren Arbeitnehmer hat, und Betriebsratsmitglied B, das ebenfalls voll freigestellt ist, erhalten die Sondervergütung prozentual in der Höhe, in der sie vor ihrer Freistellung die Zielvorgaben hinsichtlich der individuellen Faktoren erreicht haben. Bei Betriebsratsmitglied B entwickelt sich diese anhand der Entwicklung der vergleichbaren Arbeitnehmer weiter. Bei Betriebsratsmitglied A richtet sich die Entwicklung der Höhe der Sondervergütung danach, ob in einem anderen vergleichbaren Betrieb des gleichen Unternehmens ein vergleichbarer Arbeitnehmer im Sinne von § 37 Abs. 4 BetrVG beschäftigt ist. Für den Fall, dass dies nicht so ist, ist hilfsweise auf die Entwicklung des Arbeitnehmers abzustellen, der ungeachtet seiner Qualifikation eine vergleichbare Tätigkeit ausübt.

III. Ergebnis

Das Gesetz gibt keine klaren Vorgaben, wie Vergütungsbestandteile, die sowohl leistungs- als auch arbeitszeitunabhängig sind, für Betriebsratsmitglieder zu berechnen sind. Andere gesetzliche Vorschriften wie die zur Entgeltfortzahlung im Krankheits- oder Urlaubsfall können nicht für die Berechnung fruchtbar gemacht werden. Sie haben eine andere Zielsetzung und sind daher nicht übertragbar. Auch die von der Rechtsprechung zu den Vorgängernormen des Entgeltfortzahlungsgesetzes aufgestellten Grundsätze können nicht herangezogen werden. Die Konstellation ist nicht mit der von Betriebsratsmitgliedern vergleichbar, da sich in von der Rechtsprechung entschiedenen Fällen stets ein Zusammenhang zwischen der aufgewandten Arbeitszeit und dem Arbeitserfolg herstellen ließ. Für die Berechnung arbeitszeitunabhängiger Erfolgsvergütungen müssen daher die vom Gesetzgeber geschaffenen Grundsätze des § 37 Abs. 2 und Abs. 4 BetrVG angewandt werden. Dabei muss berücksichtigt werden, ob es sich bei den bonusauslösenden Faktoren um solche handelt, die das Betriebsratsmitglied durch eigene Leistung hätte beeinflussen können. Handelt es sich um nicht beeinflussbare Faktoren, richtet sich die Berechnung des Bonus einzig nach § 37 Abs. 2 BetrVG. Handelt es sich um Kriterien, die ein Arbeitnehmer beeinflussen kann, so sind sämtliche Hilfstatsachen zu berücksichtigen, die indizielle Rückschlüsse auf den hypothetischen Zielerreichungsgrad zulassen. Dabei sind die bonusauslösenden Faktoren bei teilfreigestellten und gelegentlich befreiten Betriebsratsmitgliedern so weit zu reduzieren, dass es den Aufwand, den das Betriebsratsmitglied für die Betriebsratsarbeit aufwenden muss, widerspiegelt. Hier kann nicht lediglich auf den durchschnittlichen Zielerreichungsgrad der vergleichbaren Arbeitnehmer abgestellt werden.

E. Zulagen

Häufig setzt sich das Arbeitsentgelt nicht nur aus dem sog. Grundlohn bezogen auf einen bestimmten Zeitraum, wie beispielsweise einem Stunden- oder Monatslohn, zusammen. Vielmehr werden den Arbeitnehmern zusätzlich zu ihrem Grundgehalt weitere Zulagen gewährt, die an unterschiedliche Voraussetzungen anknüpfen. So ist es nicht unüblich, dass ein Arbeitgeber seinen Arbeitnehmern eine sog. Erschwerniszulage für besonders anstrengende körperliche Arbeit zahlt oder ihnen bei sehr schmutziger Arbeit eine Schmutzzulage gewährt. Gängig sind überdies sog. Leistungszulagen, die ein Arbeitnehmer für qualitativ oder quantitativ gute Arbeit erhält. Daher soll nun der Frage nachgegangen werden, ob ein Betriebsratsmitglied solche Zulagen auch für den Zeitraum verlangen kann, in dem es aufgrund seiner Befreiung oder Freistellung Betriebsratstätigkeit verrichtet und nicht seiner normalen Arbeitspflicht nachgeht.

I. Abgrenzung von Zulagen mit Entgeltcharakter und Zulagen mit Aufwendungscharakter

Die Vergütung von Betriebsratsmitgliedern erfolgt – wie bereits aufgezeigt[784] – nach dem sog. Lohnausfallprinzip. Jedem Betriebsratsmitglied steht das Arbeitsentgelt zu, das es erzielt hätte, wenn es normal weitergearbeitet hätte. Im Rahmen des Lohnausfallprinzips des § 37 Abs. 2 BetrVG sind folglich neben der Grundvergütung auch alle Zulagen zu bezahlen, die das einzelne Betriebsratsmitglied ohne die Arbeitsbefreiung bzw. ohne seine Freistellung verdient hätte. Darunter

---

784 Siehe oben unter „Lohnausfallprinzip", S. 52.

fallen insbesondere auch alle Zuschläge für Mehr-, Über-, Nacht-, Sonn- und Feiertagsarbeit wie auch Erschwernis- und Sozialzulagen.[785] Auch allgemeine Zuwendungen des Arbeitgebers wie z.b. Weihnachtsgratifikationen, Urlaubsentgelt, Anwesenheitsprämien oder vermögenswirksame Leistungen müssen fortgezahlt werden. Nicht zum Arbeitsentgelt im Sinne des § 37 Abs. 2 BetrVG gehören hingegen diejenigen Beiträge, die nicht für die Arbeit selbst, sondern als Aufwendungsersatz gezahlt werden. Dazu zählen in der Regel Wegegeld, Auslösungen und Beköstigungszulagen, es sei denn sie dienen tatsächlich der Verbesserung des Lebensstandards des Arbeitnehmers und stehen keiner tatsächlich entstandenen Aufwendung gegenüber.[786]

Dabei ist unerheblich, dass das Betriebsratsmitglied möglicherweise gar keine Arbeit unter den besonderen, meist erschwerten Bedingungen leisten musste, sofern der Entgeltcharakter der Zulage überwiegt. Dem Betriebsratsmitglied steht die entsprechende Zulage auch in diesem Fall zu, sofern es sie auch erhalten hätte, wenn es die Betriebsratstätigkeit nicht ausgeübt, sondern normal weitergearbeitet hätte. Darin liegt keine unzulässige Begünstigung des Betriebsratsmitglieds im Sinne des § 78 Satz 2 BetrVG.[787] Es erfolgt keine Berechnung entsprechend der Prämisse „weniger Erschwernisse bedeuten weniger Lohn". Ebenso wenig führen größere Erschwernisse im Rahmen der Betriebsratstätigkeit – wie eine gesteigerte Verantwortung oder eine im Vergleich zur Ursprungstätigkeit anspruchsvollere Betriebsratstätigkeit – zu einem höheren Lohn. Der Vergleich der Betriebsratstätigkeit mit der ursprünglichen Tätigkeit führt nicht zu einer Anpassung der Vergütung, denn dann würde die Betriebsratstätigkeit als solche vergütet. Dies wäre jedoch mit dem Ehrenamtsprinzip des § 37 Abs. 1 BetrVG und dem Lohnausfallprinzip unvereinbar. Die Gegenansicht[788], die es als unzulässige Begünstigung

---

785 St. Rspr., vgl. unter anderem BAG v. 05.04.2000 – 7 AZR 213/99, AP Nr. 131 zu § 37 BetrVG 1972; BAG v. 13.07.1994 – 7 AZR 477/93, AP Nr. 97 zu § 37 BetrVG 1972; BAG v. 29.07.1980 – 6 AZR 231/78, AP Nr. 37 zu § 37 BetrVG 1972; *Fitting*, § 37 Rn. 63; HWGNRH/*Glock*, § 37 Rn. 57; DKKW/*Wedde*, § 37 Rn. 50; Richardi/*Thüsing*, § 37 Rn. 34; GK-BetrVG/*Weber*, § 37 Rn. 73.
786 BAG v. 16.11.2011 – 7 AZR 458/10, NZA 2012, 626 (627); BAG v. 05.04.2000 – 7 AZR 213/99, NZA 2000, 1174 (1174); BAG v. 13.07.1994 – 7 AZR 477/93, AP Nr. 97 zu § 37 BetrVG 1972; BAG vom 10.02.1988 – 7 AZR 36/87, AP Nr. 64 zu § 37 BetrVG 1972.
787 A.A. *Purschwitz*, S. 123.
788 *Purschwitz*, S. 123.

ansieht, wenn ein Betriebsratsmitglied Zulagen mit Entgeltcharakter weiter bezieht, die besonders schwere Arbeitsumstände zusätzlich vergüten sollen, ist abzulehnen. Würde man der Gegenansicht folgen und dem Betriebsratsmitglied die Zulagen für besondere Arbeitsumstände nicht mehr zahlen, weil wegen der Betriebsratsarbeit die erschwerenden Umstände wegfallen, so liegt darin keine Begünstigung wegen der Betriebsratstätigkeit, sondern eine Schlechterstellung des Betriebsratsmitglieds wegen seiner Amtstätigkeit. Dies verstößt gegen das Benachteiligungsverbot des § 78 Satz 2 Alt. 1 BetrVG.

Maßgeblich für die Beurteilung, ob das Betriebsratsmitglied die Zahlung auch ohne seine Amtstätigkeit erhalten hätte, ist der konkrete Zweck der Zulage. Dient sie dem Ersatz tatsächlich entstandener Kosten, fallen diese Kosten nicht unter den Arbeitsentgeltbegriff des § 37 Abs. 2 BetrVG. Dient die Zulage hingegen dem Ausgleich besonderer Belastungen in Form eines zusätzlichen Entgelts und nicht der Abgeltung eines tatsächlich entstehenden Mehraufwands, handelt es sich bei der Zulage um ein echtes Arbeitsentgelt, auf das das freigestellte oder befreite Betriebsratsmitglied einen Anspruch hat.[789] In der Regel handelt es sich bei einer Zulage um ein zusätzliches Arbeitsentgelt, sofern der Arbeitnehmer üblicherweise weder rechtlich verpflichtet noch faktisch darauf angewiesen ist, entsprechende Mehraufwendungen zu tätigen, sondern es vielmehr in seinem freien Ermessen liegt, die zusätzliche Leistung zur Verbesserung seines Lebensstandards einzusetzen. Denn dann fehlt es regelmäßig an dem für den Aufwendungsersatz erforderlichen sachlichen Zusammenhang mit tatsächlichen Mehraufwendungen.[790]

Dies wird am Beispiel der Schmutzzulage deutlich: Dient sie im Einzelfall der Abgeltung des Mehraufwands, der durch Reinigung und Verschleiß der Kleidung entsteht, handelt es sich um Aufwendungsersatz, der dem freigestellten oder befreiten Betriebsratsmitglied nicht zu zahlen ist, da er nicht tatsächlich angefallen ist. Wird durch die Schmutzzulage hingegen generell die besonders unangenehme Arbeit zusätzlich vergütet, stellt sie Arbeitsentgelt dar, das dem Betriebsratsmitglied auch für die Zeit seiner Freistellung bzw. Befreiung fortzuzahlen ist. Im

---

789 BAG v. 16.11.2011 – 7 AZR 458/10, NZA 2012, 626 (627); BAG v. 05.04.2000 – 7 AZR 213/99, NZA 2000, 1174 (1174).
790 BAG v. 05.04.2000 – 7 AZR 213/99, NZA 2000, 1174 (1175).

Zweifel ist eine Leistung nur dann als Aufwendungsersatz einzuordnen, wenn sie vorwiegend der Abgeltung eines tatsächlich entstandenen Mehraufwands dient. Für das oben genannte Beispiel der Nachtzuschläge bedeutet dies[791]: Der Arbeitnehmer ist in der Abteilung Logistik bei seinem Arbeitgeber beschäftigt und seine Arbeitszeit lag regelmäßig zwischen 4:00 Uhr morgens und 12:30 Uhr. Auch die Arbeitszeit der anderen Vollzeitkräfte in der Abteilung beginnt spätestens um 4:00 Uhr morgens. Nach der Wahl in den Betriebsrat wurde der Arbeitnehmer für eine bessere Kontaktmöglichkeit täglich für 3,5 Stunden für Betriebsratsarbeit zwischen 11:00 und 14:30 Uhr von der Arbeit befreit. Dieser Zeitraum lag teilweise außerhalb der vorherigen Arbeitszeit des Betriebsratsmitglieds, so dass sich sein Arbeitsbeginn während der Befreiung faktisch von 4:00 Uhr auf 6:00 Uhr verschob. Damit sind tatsächlich für die betreffenden zwei Stunden keine Nachtzuschläge mehr geschuldet. Der Arbeitgeber kann sich nun nicht darauf berufen, dass das Betriebsratsmitglied keine Nachtzuschläge verdient hätte, wenn es in der tatsächlichen Arbeitszeit, also ab 6:00 Uhr, seinen arbeitsvertraglichen Pflichten nachgegangen wäre und die besonderen Erschwernisse der Nachtarbeit ja gerade nicht angefallen seien. Zwar hat das Betriebsratsmitglied tatsächlich nicht während der zuschlagspflichtigen Zeiten – bis 6 Uhr – gearbeitet. Dennoch schuldet ihm der Arbeitgeber einen Zuschlag für fiktive Arbeitszeiten. Dies ist von § 37 Abs. 2 BetrVG in Verbindung mit § 37 Abs. 4 BetrVG gedeckt. Zwar musste das Betriebsratsmitglied tatsächlich die Erschwernisse der Nachtarbeit nicht hinnehmen, dennoch stellt eine Zahlung des Nachtzuschlags keine unzulässige Begünstigung im Sinne des § 78 Satz 2 BetrVG dar. Nachtzuschläge sind unabhängig von dem Aufwand geschuldet, der den in der Nacht arbeitenden Arbeitnehmern tatsächlich entsteht. Sie dienen dem Ausgleich eines aufgrund der körperlichen Mehrbeanspruchung höheren Marktwertes der Nachtarbeit. Damit gehören sie zum Arbeitsentgelt im Sinne des § 37 Abs. 2 BetrVG, selbst wenn die

---

791 Das Beispiel ist dem Sachverhalt einer aktuellen Entscheidung des BAG v. 18.05.2016 – 7 AZR 401/14, juris, nachgebildet. Das BAG sprach dem Betriebsratsmitglied seinen Anspruch auf Nachtzuschläge nur aus dem Grund ab, weil seine Arbeitszeit wegen der Betriebsratstätigkeit einvernehmlich von 4:00 Uhr auf 6:00 Uhr verschoben wurde und der Verlust des Nachtarbeitszuschlags somit auf dieser Verschiebung und nicht auf der Befreiung wegen der Betriebsratstätigkeit beruhe. Zu Recht deutete das BAG zudem an, dass es anders entschieden hätte, wenn es keine einvernehmliche Verschiebung der Arbeitszeit gegeben hätte.

Erschwernis der Nachtarbeit für das Betriebsratsmitglied tatsächlich nicht angefallen ist, weil es stattdessen seinen Amtspflichten nachging.[792] Entsprechend den oben entwickelten Grundsätzen zu § 37 Abs. 4 BetrVG dürfen Zulagen bei einem beruflichen Aufstieg des Betriebsratsmitglieds auch nur dann weitergezahlt werden, wenn sie auch die vergleichbaren Arbeitnehmer weiterbeziehen.

II. Grenze zum Verstoß gegen § 78 Satz 2 Alt. 2 BetrVG

Sämtliche Zulagen, auf die das Betriebsratsmitglied in seiner Stellung als Arbeitnehmer keinen Anspruch hat, die dem Betriebsratsmitglied wegen seiner Amtstätigkeit gewährt werden und bei denen es sich nicht um Aufwendungsersatz nach § 40 BetrVG[793] handelt, sind regelmäßig mit dem Begünstigungsverbot des § 78 Satz 2 Alt. 2 BetrVG nicht vereinbar. Fortgezahlt werden darf entweder das geschuldete Arbeitsentgelt oder der Aufwendungsersatz. Es gibt keine dritte Kategorie von Zahlungen, die dem Betriebsratsmitglied unter dem Deckmantel des Begriffs „Zulagen" gezahlt werden dürfen.[794]

Gänzlich unzulässig sind daher sog. Funktionszulagen, die allein und ausschließlich an die Stellung des jeweiligen Amtsträgers innerhalb des Betriebsrats anknüpfen.[795] Unerheblich ist dabei, ob sie dem Ausgleich der gesteigerten Verantwortung oder anspruchsvolleren Betriebsratstätigkeit dienen, die die einzelnen Ämter vermeintlich mit sich bringen. Eine Funktionszulage stellt eine für die Ausübung des Betriebsratsamtes zusätzlich gewährte besondere Vergütung dar, die das Betriebsratsmitglied wegen seiner Tätigkeit begünstigt, § 78 Satz 2 BetrVG. Sie verstößt zudem gegen den Grundsatz der Unentgeltlichkeit nach § 37 Abs. 1 BetrVG. Eine Funktionszulage stellt somit eine unzulässige Begünstigung i.S.d. § 78 Satz 2 BetrVG dar. Das Betriebsratsmitglied würde einzig wegen seiner Amtstätigkeit eine höhere Vergütung erhalten. Dies ist unzulässig. Das folgt aus der Unentgeltlichkeit und Ehrenamtlichkeit der Betriebsratstätigkeit.

---

792 BAG v. 05.04.2000 – 7 AZR 213/99, AP Nr. 131 zu § 37 BetrVG 1972; LAG Köln v. 19.12.2013 – 12 Sa 682/13, juris; *Behrendt/Lilienthal*, KSzW 2014, 277 (279).
793 Näher dazu siehe unten bei „Kosten des Betriebsrats", § 40 BetrVG", S. 304.
794 BAG v. 13.07.1994 – 7 AZR 477/93, NZA 1995, 588 (589).
795 ArbG Bielefeld v. 11.05.2011 – 3 Ca 2633/10, juris; *Fitting*, § 78 Rn. 22; *Bittmann/Mujan*, BB 2012, 637 (637).

Deren Wahrnehmung stellt keine Arbeit dar, für die der Arbeitgeber eine Vergütung schuldet. Eine Funktionszulage ist als „verdeckte Gehaltserhöhung" aufgrund der Betriebsratstätigkeit grundsätzlich unzulässig. Unerheblich ist, ob die Zulage dem Ausgleich dabei tatsächlich entstehender Mehrbelastungen oder erhöhter Anforderungen dienen soll.[796]

Gleiches gilt für sog. „Sitzungsgelder", die das Betriebsratsmitglied als Ausgleich für die Teilnahme an Betriebsratssitzungen erhält.[797] Unerheblich ist dabei, ob diese dem Ausgleich für etwaige aufgeopferte Freizeit oder als Ausgleich für die erhöhten Anforderungen, die eine Teilnahme an bestimmten Sitzungen mit sich bringen kann, gewährt wird. Dem Betriebsratsmitglied dürfen für die Wahrnehmung seiner Betriebsratsaufgaben keine Vorteile zufließen, seien sie materieller oder immaterieller Art. Die Zahlung von Sitzungsgeldern käme einer Vergütung der Betriebsratstätigkeit als solcher gleich und ist daher ebenfalls nach § 37 Abs. 1 BetrVG und § 78 Satz 2 BetrVG unzulässig.

III. Sonderproblem: Trinkgelder

1. Meinungsstand

Die Frage, ob auch Trinkgelder zum Arbeitsentgelt i.S.d. § 37 Abs. 2 BetrVG zählen, wird uneinheitlich beantwortet. Eine Auffassung in der Literatur[798] ist der Ansicht, Trinkgelder können Teil des Arbeitsentgelts sein, denn gerade im Dienstleistungsgewerbe und insbesondere im Hotel- und Gaststättengewerbe mache die Zahlung von Trinkgeldern oftmals einen erheblichen Teil des Einkommens aus. Trinkgeldeinnahmen werden von allen handelnden Personen einkalkuliert.[799] Die Nichtanrechenbarkeit führe im Ergebnis zu einer nach § 37 Abs. 2 BetrVG verbotenen Minderung des Arbeitsentgelts.[800] Die Rechtsprechung und die herrschende Meinung im Schrifttum zählen Trinkgelder grundsätzlich nicht zum vom Arbeitgeber fortzuzahlenden Arbeitsentgelt.[801] Demnach gehören Trinkgelder,

---

796 *Moll/Roebers*, NZA 2012, 57 (57); *Esser*, S. 62.
797 LAG Baden-Württemberg v. 30.07.1960 – 4 Sa 27/60, BB 1660, 982 (982).
798 DKKW/*Wedde*, § 37 Rn. 51; *Grimberg*, AiB 1996, 319 (320).
799 DKKW/*Wedde*, § 37 Rn. 51; *Grimberg*, AiB 1996, 319 (320).
800 DKKW/*Wedde*, § 37 Rn. 51; *Grimberg*, AiB 1996, 319 (320).
801 BAG v. 28.06.1995 – 7 AZR 1001/94, AP Nr. 112 zu § 37 BetrVG 1972; *Fitting*, § 37 Rn. 66; GK-BetrVG/*Weber*, § 37 Rn. 75; *Richardi/Thüsing*, § 37 Rn. 34; HWGNRH/*Glock*, § 37 Rn. 64; WPK/*Kreft*, § 37 Rn. 21; ErfK/*Koch*, § 37 Rn. 6; *Esser*, S. 60.

die dem Arbeitnehmer vom Gast freiwillig gegeben werden, jedenfalls bei Fehlen einer besonderen vertraglichen Vereinbarung, nicht zum fortzuzahlenden Arbeitsentgelt. Vielmehr seien sie ohne rechtliche Verpflichtung als persönliche Zuwendung aus einer bestimmten Motivationslage von Dritten erbracht worden.[802] Der Arbeitgeber sei aus § 37 Abs. 2 BetrVG lediglich dazu verpflichtet, dem Betriebsratsmitglied sein aufgrund seines Arbeitsverhältnisses geschuldetes Arbeitsentgelt für die Dauer der Betriebsratstätigkeit fortzuzahlen, auch wenn es die Arbeitsleistung als solche nicht erbracht hat. Es sei daneben weder dazu verpflichtet, dem Arbeitnehmer eine Möglichkeit zum Trinkgelderwerb im Falle seiner Verhinderung durch seine Tätigkeit im Betriebsrat zu erhalten, noch für den Ausfall des Arbeitsentgelts, das von ihm nicht geschuldet wird, zu haften. Der Arbeitgeber müsse dem Betriebsratsmitglied lediglich das zahlen, was er ihm schulden würde, hätte es keine Betriebsratsarbeit erbracht. Hierzu gehöre das Trinkgeld jedoch gerade nicht.[803] Ein anderes Ergebnis folge auch nicht aus dem Benachteiligungs- und Begünstigungsverbot. § 78 Satz 2 BetrVG verpflichte den Arbeitgeber nicht dazu, das Betriebsratsmitglied vor jeder Vermögenseinbuße zu bewahren. Zahle der Arbeitgeber dem Betriebsratsmitglied lediglich das geschuldete Arbeitsentgelt, nicht jedoch die entgangenen Trinkgelder fort, so stelle er dieses nicht schlechter als andere Arbeitnehmer, die bei einer Verhinderung durch Krankheit oder Urlaub ebenfalls auf Trinkgelder verzichten müssen.[804]

2. Stellungnahme

Der herrschenden Auffassung in Rechtsprechung und der Literatur ist im Ergebnis und überwiegend auch hinsichtlich der Begründung zuzustimmen. Sofern der Arbeitgeber die Zahlung von Trinkgeldern weder vertraglich noch konkludent schuldet, fallen sie nicht unter den Begriff des Arbeitsentgelts i.S.d. § 37 Abs. 2 BetrVG. Das Betriebsratsmitglied hat nach § 37 Abs. 2 BetrVG lediglich Anspruch auf das individuelle Arbeitsentgelt, das es ohne die Betriebsratstätigkeit verdient hätte. Die Norm dient dazu, dem Betriebsratsmitglied sein Arbeitsentgelt trotz der Betriebsratstätigkeit zu erhalten. Sie soll hingegen nicht jede durch die Betriebs-

---

802 BAG v. 28.06.1995 – 7 AZR 1001/94, AP Nr. 112 zu § 37 BetrVG 1972.
803 BAG v. 28.06.1995 – 7 AZR 1001/94, AP Nr. 112 zu § 37 BetrVG 1972.
804 BAG v. 28.06.1995 – 7 AZR 1001/94, AP Nr. 112 zu § 37 BetrVG 1972.

ratstätigkeit verursachte Vermögenseinbuße ausgleichen. Hierin ist keine unzulässige Benachteiligung i.S.d. § 78 Satz 2 BetrVG zu sehen.[805] Soweit das BAG argumentiert, eine Benachteiligung liege bereits deshalb nicht vor, weil andere Arbeitnehmer, die wegen ihres Urlaubs oder infolge einer Krankheit nicht zur Arbeit erschienen, ebenfalls keine Trinkgelder erhalten[806], überzeugt nicht. Die beiden Konstellationen sind nicht miteinander vergleichbar. Die Betriebsratsmitglieder werden von ihrer Pflicht zur Arbeitsleistung freigestellt bzw. befreit, um ihre Amtstätigkeit ordnungsgemäß erfüllen zu können. Dies erfolgt in der Regel für einen längeren Zeitraum und im Falle der Befreiung mit einer gewissen Regelmäßigkeit. Kranke Arbeitnehmer und solche, die sich im Urlaub befinden, fehlen kurz und aus persönlichen Gründen. Das Betriebsratsmitglied „fehlt", um die Arbeitnehmerinteressen vertreten zu können. Kranke und im Urlaub befindliche Arbeitnehmer sind damit nicht zum Vergleich geeignet. Das Benachteiligungsverbot darf nicht zu einer *„Garantiehaftung des Arbeitgebers"*[807] für sämtliche Einkommensquellen des Betriebsratsmitglieds werden.

Der Arbeitgeber darf Betriebsratsmitglieder wegen ihres Amtes nicht schlechter behandeln als andere Arbeitnehmer. Er hat andererseits aber auch nicht die Pflicht, Nachteile, die außerhalb seines Einflussbereichs liegen, vom Betriebsratsmitglied abzuwenden, indem er diese ausgleicht. Diese Pflicht trifft ihn nur dann, wenn die Einnahme von Trinkgeldern als Teil der Vergütung entweder ausdrücklich oder zumindest konkludent einkalkuliert ist oder die Trinkgelder in einer Trinkgeldkasse gesammelt und als Leistung des Arbeitgebers an alle Arbeitnehmer ausgeschüttet werden.[808] Dies stimmt auch mit der Rechtsprechung bei der Lohnfortzahlung im Krankheitsfall überein. Danach besteht ebenfalls nur dann ein Anspruch auf Ersatz der entgangenen Trinkgelder, wenn sich der Arbeitgeber im Arbeitsvertrag hierzu verpflichtet hat.[809] Liegen diese Voraussetzungen nicht vor, muss der Arbeitgeber einem Betriebsratsmitglied die ihm aufgrund seiner Betriebsratstätigkeit entgangenen Trinkgelder nicht ersetzen. Darüber hinaus *darf*

---

805 So ebenfalls BAG v. 28.06.1995 – 7 AZR 1001/94, AP Nr. 112 zu § 37 BetrVG 1972.
806 BAG v. 28.06.1995 – 7 AZR 1001/94, AP Nr. 112 zu § 37 BetrVG 1972.
807 *Esser*, S. 60.
808 So auch *Fitting*, § 37 Rn. 66; *Esser*, S. 61.
809 ErfK/*Reinhard*, § 4 EFZG Rn. 11 f.; MüKo/*Müller-Glöge*, EFZG, § 4 Rn. 16.

der Arbeitgeber einem Mitglied des Betriebsrats, das keinen Anspruch auf Erstattung nicht eingenommener Trinkgelder hat, diese auch nicht freiwillig ersetzen. Dadurch würde er das Betriebsratsmitglied wegen seines Amtes besserstellen als andere Arbeitnehmer und somit gegen das Begünstigungsverbot des § 78 Satz 2 BetrVG verstoßen. Würde der Arbeitgeber dem Betriebsratsmitglied entgangene Trinkgelder finanziell ausgleichen, so würde er ihm ein „Mehr" gewähren, als er ihm ohne die Betriebsratstätigkeit gezahlt hätte. Dann hätte es im Verantwortungsbereich des Betriebsratsmitglieds gelegen, ein möglichst hohes Trinkgeld zu verdienen. Wäre ihm dies nicht geglückt, wäre der Arbeitgeber auch dann nicht zum Ausgleich der nicht gezahlten Trinkgelder verpflichtet gewesen. Jede materielle Besserstellung von Betriebsratsmitgliedern wegen ihres Amtes verstößt gegen § 78 Satz 2 BetrVG.

Daher bleibt festzuhalten: Von den Gästen freiwillig gegebene Trinkgelder sind bei Fehlen einer entsprechenden vertraglichen oder konkludenten Vereinbarung kein Teil des fortzuzahlenden Arbeitsentgelts i.S.d. § 37 Abs. 2 BetrVG. Denn die Norm dient nicht dazu, dem Betriebsratsmitglied jede durch seine Tätigkeit im Betriebsrat verursachte Vermögenseinbuße auszugleichen. Der Arbeitgeber *darf* sie keinem Betriebsratsmitglied erstatten, das keinen Anspruch darauf hat. Andernfalls würde er es unzulässig begünstigen i.S.d. § 78 Satz 2 BetrVG.

IV. Ergebnis

Jedes Betriebsratsmitglied hat einen Anspruch auf das Arbeitsentgelt, das es erhalten hätte, wenn es normal weitergearbeitet hätte.[810] Zum Arbeitsentgelt im Sinne des § 37 Abs. 2 BetrVG gehören neben der Grundvergütung auch alle Zulagen, die das Betriebsratsmitglied ohne Arbeitsbefreiung (bzw. ohne seine Freistellung nach § 38 Abs. 1 BetrVG) verdient hätte. Hierzu zählen insbesondere Zuschläge für Mehr-, Über-, Nacht-, Sonn- und Feiertagsarbeit sowie Erschwernis- und Sozialzulagen.[811] Nicht nach § 37 Abs. 2 BetrVG fortzuzahlen sind hingegen Aufwandsentschädigungen, die der Abgeltung solcher Aufwendungen dienen, die dem Betriebsratsmitglied infolge seiner Befreiung (bzw. seiner Freistellung) von

---

810 Siehe oben bei „Lohnausfallprinzip", S. 52.
811 BAG v. 05.04.2000 – 7 AZR 213/99, AP Nr. 131 zu § 37 BetrVG 1972; BAG v. 13.07.1994 – 7 AZR 477/93, AP Nr. 97 zu § 37 BetrVG 1972; BAG v. 29.07.1980 – 6 AZR 231/78, AP Nr. 37 zu § 37 BetrVG 1972.

der Arbeitspflicht nicht entstehen.[812] Maßgeblich für die Beurteilung, ob es sich um Arbeitsentgelt oder eine Leistung mit Aufwendungscharakter handelt, sind die tatsächliche inhaltliche Ausgestaltung und der objektive Zweck der Leistung. Nicht entscheidend ist hingegen die konkrete Bezeichnung als Arbeitsentgelt oder Aufwendungsersatz, da das Benachteiligungsverbot des § 78 Satz 2 BetrVG nicht zur Disposition der Arbeits- oder Tarifvertragsparteien steht.[813]

Somit bleibt festzuhalten, dass der Arbeitgeber zur Zahlung sämtlicher Zulagen verpflichtet ist, die das Betriebsratsmitglied erhalten hätte, wenn es nicht von der Arbeit befreit oder freigestellt gewesen wäre und seine Arbeitsleistung erbracht hätte. Dies folgt unmittelbar aus der Anwendung des Lohnausfallprinzips und ist unabhängig davon, ob das Betriebsratsmitglied lediglich gelegentlich von seiner Arbeitspflicht befreit oder gänzlich davon freigestellt ist. In der Fortzahlung der bisherigen Zulagen liegt keine verbotene Begünstigung nach § 78 Satz 2 BetrVG. Darüberhinausgehende Zulagen darf der Arbeitgeber einem Betriebsratsmitglied jedoch nicht gewähren – auch nicht freiwillig, da darin eine unzulässige Begünstigung wegen der Amtstätigkeit liegen würde. Funktions- oder Sitzungszulagen sind ebenso unzulässig wie andere Zulagen, die dem Betriebsratsmitglied einzig wegen seiner Betriebsratstätigkeit gezahlt werden. Auch Trinkgelder gehören nach der hier vertretenen Auffassung nicht zum Arbeitsentgelt i.S.d. § 37 Abs. 2 BetrVG. Trinkgelder, die dem Betriebsratsmitglied wegen seiner Amtstätigkeit entgehen, dürfen daher nicht vom Arbeitgeber ersetzt werden – auch nicht freiwillig.

F. Ausgleich von Entgeltminderungen

In diesem Zusammenhang stellt sich die Frage, ob und in welchem Ausmaß der Arbeitgeber dem Betriebsratsmitglied Entgeltminderungen ausgleichen darf, die mit der Übernahme eines Betriebsratsamtes einhergehen, ohne gegen das Begünstigungsverbot zu verstoßen. Entgeltminderungen sind neben dem soeben behandelten Wegfall von Zulagen auch bei der notwendig werdenden Versetzung auf

---

812 BAG v. 05.04.2000 – 7 AZR 213/99, AP Nr. 131 zu § 37 BetrVG 1972; BAG v. 15.07.1992 – 7 AZR 491/91, AP Nr. 19 zu § 46 BPersVG.
813 BAG v. 05.04.2000 – 7 AZR 213/99, AP Nr. 131 zu § 37 BetrVG 1972; BAG v. 10.02.1988 – 7 AZR 36/87, AP Nr. 64 zu § 37 BetrVG; BAG v. 28.08.1991 – 7 AZR 137/90, AP Nr. 16 zu § 46 BPersVG; BAG v. 15.07.1992 – 7 AZR 491/91, AP Nr. 19 zu § 46 BPersVG.

eine geringer bezahlte Stelle, dem Wegfall von Schlechtwettergeld sowie bei Kurzarbeit oder dem Entfall von Steuerprivilegien denkbar.

I. Schutz vor geringerer Vergütung

1. Schlechtwettergeld

Denkbar ist eine Entgeltminderung auch in den Fällen, in denen der Arbeitgeber den vergleichbaren Arbeitnehmern statt des regulären Lohns lediglich ein reduziertes Schlechtwettergeld auszahlt. Das BAG hatte sich in zwei Entscheidungen[814] mit der Frage auseinanderzusetzen, ob die Zahlung eines reduzierten Schlechtwettergelds an das Betriebsratsmitglied einen Verstoß gegen das Benachteiligungsverbot des § 78 Satz 2 BetrVG und gegen § 37 Abs. 2 BetrVG darstellt. Beiden Entscheidungen lag der Fall zugrunde, dass ein Betriebsratsmitglied erforderlichen Betriebsratsaufgaben nachging, während die Arbeit für die ihm vergleichbaren Arbeitnehmer infolge ungünstiger Witterung ausgefallen war. Den Arbeitnehmern der Vergleichsgruppe wurde daher nur ein reduziertes Schlechtwettergeld gezahlt. Das Betriebsratsmitglied forderte hingegen seinen vollen Arbeitslohn. In beiden Fällen lehnte das BAG einen Anspruch des Betriebsratsmitglieds auf sein reguläres Arbeitsentgelt ab. Ihm stehe lediglich das reduzierte Schlechtwettergeld zu, auch wenn es während dieser Zeit Betriebsratstätigkeit ausgeübt habe. Zwar seien Betriebsratsmitglieder gemäß § 37 Abs. 2 BetrVG unter bestimmten Voraussetzungen ohne Minderung ihres Entgelts von ihrer beruflichen Tätigkeit zu befreien. Dies bedeute jedoch nur, dass sie so zu stellen seien, wie sie gestanden hätten, wenn sie an der Arbeitsstelle verblieben wären und weitergearbeitet hätten. Es bedeute hingegen nicht, dass ihre Betriebsratstätigkeit selbst unmittelbar wie Arbeit zu vergüten sei.[815] Entsprechend dem Lohnausfallprinzip sei danach zu fragen, was das Betriebsratsmitglied verdient haben würde, wenn es keine Betriebsratstätigkeit ausgeübt hätte. Die Vergütung der Betriebsratstätigkeit wie reguläre Arbeit, also losgelöst von der Vergütung, die das Betriebsratsmitglied erzielt hätte, wenn es normal weitergearbeitet hätte, würde dem

---

814 BAG v. 31.07.1986 – 6 AZR 298/84, AP Nr. 55 zu § 37 BetrVG 1972; BAG v. 23.04.1974 – 1 AZR 139/73, AP Nr. 11 zu § 37 BetrVG 1972.
815 BAG v. 31.07.1986 – 6 AZR 298/84, AP Nr. 55 zu § 37 BetrVG 1972; BAG v. 23.04.1974 – 1 AZR 139/73, AP Nr. 11 zu § 37 BetrVG 1972.

Charakter des Betriebsratsamtes als unentgeltliches Ehrenamt zuwiderlaufen. Daraus müsse gefolgert werden, dass in den Fällen, in denen die reguläre Arbeit während der Betriebsratstätigkeit ausfällt, ohne dass dies vom Arbeitgeber nach den Grundsätzen der sog. Betriebsrisikolehre zu vertreten ist, kein Anspruch auf Arbeitsentgelt nach § 611a Abs. 2 BGB bestehe. Das Betriebsratsmitglied habe dementsprechend keinen Anspruch auf das volle Arbeitsentgelt, obwohl es während dieser Zeit seine Betriebsratsaufgaben voll erfüllt hat.[816] Die Zahlung der über das reduzierte Schlechtwettergeld hinausgehenden Vergütung stelle eine unzulässige Begünstigung des Betriebsratsmitglieds dar.

Dem BAG ist im Ergebnis zuzustimmen. Das BAG übersieht bei seiner Begründung jedoch, dass eine Minderung des Arbeitsentgelts i.S.d. § 37 Abs. 2 BetrVG schon begrifflich nicht möglich und das Lohnausfallprinzip als solches in Fällen, in denen die Arbeitsleistung von keinem der Arbeitnehmer erbracht wird, nicht heranzuziehen ist. Anspruchsgrundlage für das Arbeitsentgelt bleibt bei berechtigter Arbeitsversäumnis § 611a Abs. 2 BGB. Ist der Arbeitgeber entsprechend den Vorgaben des Arbeitsvertrages oder einer kollektivvertraglichen Regelung berechtigt, bei schlechten Witterungsbedingungen statt des Arbeitsentgelts ein reduziertes Schlechtwettergeld auszuzahlen, so hat auch das Betriebsratsmitglied keinen Anspruch mehr auf das Arbeitsentgelt. Eine Minderung des Arbeitsentgelts, von der § 37 Abs. 2 BetrVG ausgeht, wäre schon begrifflich nicht mehr möglich.

Der Fall ist vielmehr über § 78 Satz 2 BetrVG und § 37 Abs. 1 BetrVG zu lösen. Um nicht gegen das Ehrenamtsprinzip oder das Benachteiligungs- und Begünstigungsverbot zu verstoßen, muss der Arbeitgeber jedes Betriebsratsmitglied so stellen, wie es gestanden hätte, wenn es keine Betriebsratstätigkeit erledigt hätte. Daher spielen auch sämtliche Kriterien eine Rolle, die die Situation aller Arbeitnehmer oder der Arbeitnehmergruppe, zu der auch das Betriebsratsmitglied gehört, verbessern oder verschlechtern. Würden sich solche Umstände nicht auch auf das Betriebsratsmitglied auswirken, würde es wegen seiner Amtstätigkeit besser- oder schlechtergestellt, als dies ohne seine Amtstätigkeit der Fall gewesen

---

816 BAG v. 31.07.1986 – 6 AZR 298/84, AP Nr. 55 zu § 37 BetrVG 1972.

wäre. Deshalb muss die für die Arbeitskollegen des Betriebsratsmitglieds geltende Schlechtwettergeldregelung auch für die Mitglieder des Betriebsrats gelten. Diese können nur das Schlechtwettergeld bzw. eine Vergütung in Höhe des Schlechtwettergeldes verlangen, nicht den vollen Arbeitslohn.[817]

Sofern die Gegenansicht vorbringt, das Betriebsratsmitglied werde hierdurch benachteiligt, da es an Schlechtwettertagen nicht wie die übrigen Arbeitnehmer seine Freizeit genießen konnte, sondern stattdessen seine Betriebsratsaufgaben erfüllt habe, ist dem entgegenzuhalten, dass die Zahlung der vollen Vergütung in diesem Falle mit dem Grundsatz der Unentgeltlichkeit und dem Ehrenamtsprinzip des § 37 Abs. 1 BetrVG unvereinbar ist. Betriebsratsmitgliedern sind gewisse Belastungen wie der ersatzlose Einsatz von Freizeit in gewissem Umfang zur Erfüllung ihres Ehrenamtes zumutbar.[818] Das Ehrenamtsprinzip und das ihm folgende Lohnausfallprinzip schließen es aus, dass die Mitglieder des Betriebsrats auch nur einen geringen Teil ihrer Vergütung aufgrund ihres Amtes erhalten.[819] Im umgekehrten Fall, in dem besonders beschwerliche Arbeiten wegen der Betriebsratstätigkeit wegfallen, erhält das Betriebsratsmitglied ebenfalls das, was es ohne die Amtstätigkeit erhalten hätte – die volle Vergütung einschließlich Erschwerniszulagen.[820] Aus diesen Gründen steht dem Betriebsratsmitglied lediglich das Schlechtwettergeld und nicht die volle Vergütung zu, wenn, während er Betriebsratstätigkeit verrichtet, seine berufliche Tätigkeit bzw. die Tätigkeit der ihm vergleichbaren Arbeitnehmer wegen Schlechtwetters ausfallen würde.

2. Kurzarbeit

Ähnlich zu handhaben ist nach der hier vertretenen Ansicht die Entlohnung von Betriebsratsmitgliedern bei Einführung von Kurzarbeit im Betrieb. Kurzarbeit meint die vorübergehende Kürzung der betrieblichen normalen Arbeitszeit aufgrund Arbeitsausfalls.[821] Der Arbeitgeber trägt grundsätzlich das Betriebsrisiko, so dass die Arbeitnehmer weiterhin einen Anspruch auf das volle Arbeitsentgelt

---

817 Vgl. die Anm. v. *Blumensaat* zu BAG v. 23.04.1974 – 1 AZR 139/73, AP Nr. 11 zu § 37 BetrVG 1972 zu der Frage, ob ein Betriebsratsmitglied Anspruch auf Schlechtwettergeld oder auf eine Arbeitsvergütung in betragsmäßiger Höhe des Schlechtwettergeldes hat.
818 BAG v. 27.06.1990 – 7 AZR 292/89, AP Nr. 76 zu § 37 BetrVG 1972.
819 BAG v. 05.03.1997 – 7 AZR 581/92, AP Nr. 123 zu § 37 BetrVG 1972.
820 Näher siehe oben unter „Zulagen", S. 239.
821 Niesel/*Krodel*, SGB III, § 169 Rn. 4.

haben und der Arbeitgeber dann wegen Arbeitsmangels auf das Mittel der betriebsbedingten Kündigung zurückgreifen müsste. Dies soll durch Kurzarbeit vermieden werden.[822] Wird die Kurzarbeit wirksam eingeführt, ändert sie das vertraglich festgelegte Verhältnis zwischen Arbeitgeber und Arbeitnehmer.[823] Der Arbeitnehmer hat dann nur noch Anspruch auf ein entsprechend gekürztes Entgelt. Das fortzuzahlende Arbeitsentgelt im Krankheitsfall verringert sich wegen des Lohnausfallprinzips ebenfalls, § 4 Abs. 3 EFZG.[824] Ziel der Maßnahme ist eine vorübergehende wirtschaftliche Entlastung des Arbeitgebers durch Senkung der Personalkosten. Gleichzeitig erhalten die Arbeitnehmer Kurzarbeitergeld von der Bundesagentur für Arbeit als Ausgleich für den Lohnausfall. Dies soll dem Erhalt der betroffenen Arbeitsplätze dienen.[825]

Die wirksame Einführung von Kurzarbeit hat ebenfalls Auswirkungen auf die Lohnfortzahlung an die Mitglieder des Betriebsrats. Dies gilt auch dann, wenn sie selbst während der Kurzarbeit ihren Betriebsratsaufgaben weiterhin im selben Umfang wie bisher nachkommen. Eine im rechtswissenschaftlichen Schrifttum vertretene Auffassung[826] will zumindest den freigestellten Betriebsratsmitgliedern trotz Kurzarbeit der anderen Arbeitnehmer den vollen Lohnanspruch zugestehen. Sie argumentiert, die Durchführung von Kurzarbeit im Bereich der vergleichbaren Arbeitnehmer des Betriebsratsmitglieds dürfe nur dann zu einer entsprechenden Kürzung des Arbeitsentgelts führen, wenn sich auch die Betriebsratstätigkeit entsprechend verringert habe, was in der Regel jedoch nicht anzunehmen sei.[827] Dabei lässt sie die wesentlichen Grundsätze des Betriebsverfassungsrechts außer Acht: Das Betriebsratsamt ist ein unentgeltliches Ehrenamt. Das Betriebsratsmitglied hat lediglich einen Anspruch auf den Lohn, den es erhalten hätte, wenn es ganz normal weitergearbeitet hätte. Der volle Lohnanspruch entfällt in Zeiten der Kurzarbeit. Daher darf das Betriebsratsmitglied wie die anderen Arbeitnehmer auch nur das Kurzarbeitergeld von der Bundesagentur für Arbeit als Ausgleich für den Lohnausfall erhalten.

---

822 Niesel/*Krodel*, SGB III, § 169 Rn. 4.
823 Niesel/*Krodel*, SGB III, § 169 Rn. 8.
824 Niesel/*Krodel*, SGB III, § 169 Rn. 15
825 Niesel/*Krodel*, SGB III, § 169 Rn. 1.
826 *Aden*, RdA 1080, 256 (260); *Fitting*, § 38 Rn. 88; *Schneider*, NZA 1984, 21 (23).
827 *Fitting*, § 38 Rn. 88; *Schneider*, NZA 1984, 21 (23).

Eine weitere Ansicht[828] wirft ein, der volle Lohnanspruch sei dem Betriebsratsmitglied schon deshalb zuzugestehen, da es sich bei Kurzarbeit um gelegentliche Vermögenseinbußen der vergleichbaren Arbeitnehmer handele, die jedoch keine Auswirkungen auf den Arbeitsvertrag des Betriebsratsmitglieds haben könnten, da dieser gemäß § 37 Abs. 4 BetrVG nur bei betriebsüblichen Entwicklungen beeinflusst sei. Dabei übersieht diese Ansicht jedoch, dass sich das Merkmal der „Betriebsüblichkeit" nicht auf Entwicklungen des Betriebs als Ganzes bezieht, sondern auf die individuelle berufliche Entwicklung der vergleichbaren Arbeitnehmer. Auch verbietet die Norm zwar ausdrücklich die finanzielle Schlechterstellung gegenüber vergleichbaren Arbeitnehmern, gewährt allerdings keinen Anspruch auf Besserstellung.

Auch § 78 Satz 2 Alt. 1 BetrVG führt hier nicht weiter, da das Betriebsratsmitglied auch ohne sein Amt nicht anders gestanden hätte. Auch ohne sein Amt hätte es nur Kurzarbeitergeld beziehen können. Auch hier gilt der Grundsatz, fällt die Arbeit während der Betriebsratstätigkeit aus, so entfällt der Entgeltanspruch des Betriebsratsmitglieds ebenso wie der der anderen Arbeitnehmer[829], es sei denn das Arbeitsentgelt ist nach den Grundsätzen der Betriebsrisikolehre gemäß § 615 Satz 3 BGB fortzuzahlen. Folglich besteht bei rechtmäßiger betrieblicher Kurzarbeit auch nur ein Anspruch auf die der verkürzten Arbeitszeit entsprechende Vergütung oder auf Kurzarbeitergeld gegen die Bundesanstalt für Arbeit.[830]

Würde der Arbeitgeber dem Betriebsratsmitglied die volle Vergütung zukommen lassen, nur weil es in der Zeit, in der die anderen Arbeitnehmer infolge der Kurzarbeit bereits ihre Freizeit genommen haben, seinen Betriebsratsaufgaben nachgekommen ist, würde er damit die Betriebsratstätigkeit selbst vergüten, denn alleiniger Grund für die Zahlung der vollen Vergütung wäre das Amt als solches. Damit würde er wiederum gegen §§ 37 Abs. 1 BetrVG, § 78 Satz 2 Alt. 2 BetrVG verstoßen und das Betriebsratsmitglied unzulässig begünstigen. Die zu vergütende Arbeitszeit eines gelegentlich befreiten Betriebsratsmitglieds wird

---

[828] *Aden*, RdA 1980, 256 (260).
[829] GK-BetrVG/*Weber*, § 37 Rn. 68.
[830] *Fitting*, § 37 Rn. 69; GK-BetrVG/*Weber*, § 37 Rn. 68; ErfK/*Koch*, § 37 BetrVG Rn. 6.

ebenso wie die des vollkommen oder teilweise befreiten durch rechtmäßige betriebliche Kurzarbeit ebenso wie die der übrigen betroffenen Arbeitnehmer herabgesetzt.[831] Insoweit gilt für das Kurzarbeitergeld das zum Schlechtwettergeld Gesagte entsprechend.[832] Führt die Anordnung von Kurzarbeit dazu, dass das Betriebsratsmitglied aus betriebsbedingten Gründen Betriebsratstätigkeit außerhalb der Kurzarbeitszeit ausführen muss, gilt § 37 Abs. 3 BetrVG. Das Betriebsratsmitglied hat einen vorrangigen Anspruch auf Freizeitausgleich und bei Vorliegen der Voraussetzungen einen Anspruch auf Abgeltung wie Mehrarbeit. Die Gegenansicht[833], die nur einen Abgeltungsanspruch ohne Mehrarbeitszuschlag zusprechen will, da auch bei normaler Arbeitszeit diese Zeit nur mit dem üblichen Entgelt entlohnt worden wäre, ist abzulehnen. Sie verkennt, dass eine Abgeltung nicht wie Mehrarbeit und damit entgegen den Vorgaben des § 37 Abs. 3 BetrVG das Betriebsratsmitglied benachteiligen würde. Ohne seine Amtstätigkeit hätte das Betriebsratsmitglied zu Zeiten der Kurzarbeit ebenfalls vermehrt seine Freizeit genießen können. Muss es während seiner „Freizeit" aus betriebsbedingten Gründen Betriebsratstätigkeit leisten, so hat es bei Vorliegen der Voraussetzungen des § 37 Abs. 3 BetrVG einen Anspruch auf Abgeltung „wie Mehrarbeit".

II. Ausgleich von Steuernachteilen und Sozialabgaben

Bereits an früherer Stelle[834] wurde festgestellt, dass einem Mitglied des Betriebsrats grundsätzlich alle Zulagen fortzuzahlen sind, die es erhalten hätte, wenn es nicht von der Arbeit befreit oder freigestellt gewesen wäre, sondern normal weitergearbeitet hätte. Bei Sonntags-, Feiertags- und Nachtschichtzulagen besteht allerdings die Besonderheit, dass sie gemäß § 3b Abs. 1 EStG einkommensteuerfrei und davon abhängig auch sozialversicherungsabgabenfrei sind (vgl. § 17 Abs. 1 Nr. 1 SGB IV i.V.m. § 1 Abs. 1 Nr. 1 der Sozialversicherungsentgeltverordnung (SvEV)[835]). Somit stellt sich die Frage, ob die Mitglieder des Betriebsrats eben-

---

831 Ebenso BAG v. 30.08.1989 – 4 AZR 222/88, NZA 1990, 492 (493); *Gutzeit*, S. 84; *Beule*, S. 123 f.; *Esser*, S. 134; *Knipper*, S. 57.
832 Siehe oben bei „Schlechtwettergeld", S. 249.
833 *Fitting*, § 37 Rn. 69.
834 Siehe oben „Zulagen", S. 239.
835 Sozialversicherungsentgeltverordnung = Verordnung über die sozialversicherungsrechtliche Beurteilung von Zuwendungen des Arbeitgebers als Arbeitsentgelt vom 21.12.2006 (BGBl. I S. 3385).

falls Anspruch auf Auszahlung einer steuer- und sozialabgabenfreien Zulage haben, wenn sie von der Sonntags-, Feiertags- und Nachtarbeit wegen der Betriebsratstätigkeit befreit waren.

1. Steuerprivileg gemäß § 3b EStG

§ 3b Abs. 1 EStG lautet: *„Steuerfrei sind Zuschläge, die für tatsächlich geleistete Sonntags-, Feiertags- oder Nachtarbeit neben dem Grundlohn gezahlt werden."* Ausweislich des Wortlauts der Norm ist das tatsächliche Leisten von Sonntags-, Feiertags- oder Nachtarbeit Tatbestandsvoraussetzung der Steuerprivilegierung nach § 3b EStG. Die Norm wurde vom Gesetzgeber aus wirtschafts- und arbeitsmarktpolitischen Gründen sowie dem Allgemeininteresse an der Sonntags-, Feiertags- und Nachtarbeit geschaffen.[836] Es besteht in Rechtsprechung und Literatur Uneinigkeit über die Frage, ob ein Betriebsratsmitglied in den Genuss der Steuerprivilegierung kommen kann, wenn es ohne seine Amtstätigkeit die Sonntags-, Feiertags- oder Nachtarbeit tatsächlich erbracht hätte. Dabei sind zwei Fälle zu unterscheiden: Zunächst ist die soeben aufgeworfene Frage vor dem Hintergrund zu beleuchten, dass zwar die dem Betriebsratsmitglied vergleichbaren Arbeitnehmer Sonntags-, Feiertags- oder Nachtarbeit verrichten, das Betriebsratsmitglied selbst die anfallende Betriebsarbeit jedoch während der regulären Arbeitszeit erbringt. Sodann ist der Fall zu untersuchen, dass das Betriebsratsmitglied selbst seine Betriebsratstätigkeit sonntags, feiertags oder nachts, also außerhalb der regulären Arbeitszeit, erbringt.

a. Betriebsratstätigkeit während der regulären Arbeitszeit

aa. Meinungsstand

Weitestgehend Einigkeit besteht dahingehend, dass die Steuerprivilegierung des § 3b Abs. 1 EStG einem ohne Arbeitsbefreiung bzw. Freistellung zuschlagsberechtigten Betriebsratsmitglied dann nicht zusteht, wenn es seine Betriebsratstätigkeit während der regulären Arbeitszeit ausübt.[837] Die ihm unter dem Gesichts-

---

[836] Blümich/*Ehrhard*, EStG, § 3b Rn. 5.
[837] BAG v. 29.07.1980 – 6 AZR 231/78, AP Nr. 37 zu § 37 BetrVG 1972; BAG v. 22.08.1985 – 6 AZR 504/83, AP Nr. 50 zu § 37 BetrVG 1972; BAG v. 29.07.1980 – 6 AZR 1098/78, AP Nr. 1 zu § 46 BPersVG; BFH v. 03.05.1974 – VI R 211/71, DB 1974, 1991 (1992); LAG Berlin-Brandenburg v. 12.03.2009 – 20 Sa 34/09, juris; *Fitting*, § 37 Rn. 71; Richardi/*Thüsing*, § 37 Rn. 35;

punkt des Lohnausfallprinzips fortzuzahlenden Zuschläge für Sonntags-, Feiertags- und Nachtarbeit seien steuerpflichtig. Das Betriebsratsmitglied habe auch über § 37 Abs. 2 BetrVG keinen Anspruch auf die abzugsfreie Auszahlung von Sonntags-, Feiertags- und Nachtzuschlägen. Eine andere Auslegung sei auch nicht im Hinblick auf § 37 Abs. 4 BetrVG oder § 78 Satz 2 BetrVG geboten. Zwar bezwecken diese Normen eine Gleichbehandlung des Betriebsratsmitglieds mit den ihm vergleichbaren Arbeitnehmern, allerdings entfalte keine der Normen als arbeitsrechtliche Regelung Drittwirkung für das Steuerrecht.[838] Vielmehr müsse es dem Gesetzgeber und nicht der Rechtsprechung überlassen sein zu entscheiden, ob und wann ein Steuerprivileg greift. Dies stimme auch mit dem Sinn und Zweck des § 3b Abs. 1 EStG überein. Demnach seien gewisse für den Arbeitnehmer unangenehme Arbeiten volkswirtschaftlich geboten. Als Äquivalent für die ihm dadurch entstehende Belastung solle ihm jedoch eine steuerliche Erleichterung zukommen, aber auch nur für den Fall, dass er diesen Belastungen auch tatsächlich ausgesetzt war.[839]

Die Gegenansicht[840] argumentiert, das nur vorübergehend von seiner Arbeitspflicht befreite Betriebsratsmitglied habe entweder die Sonntags-, Feiertags- oder Nachtarbeit tatsächlich geleistet, so dass die Zuschläge bereits aus diesem Grund steuerfrei seien, oder es habe die zulagenberechtigende Arbeit tatsächlich deshalb nicht ausgeübt, weil es aufgrund seiner erforderlichen Amtsausübung daran gehindert war. Dann habe es allerdings Betriebsratstätigkeit verrichtet, die vom Gesetz der beruflichen Tätigkeit gleichgestellt werde. Die dafür nach dem Gesetz fortzuzahlenden Zuschläge seinen folglich steuerfrei. Dies gelte ganz allgemein für alle an Betriebsratsmitglieder fortzuzahlenden Zuschläge.[841] Die Beschränkung der Steuerfreiheit in § 3b Abs. 1 EStG auf tatsächlich geleistete Arbeit solle verhindern, dass die Arbeitsvertragsparteien dadurch entsprechende Teile des Arbeitslohns der Besteuerung entziehen können.[842] Der Zuschlag müsse daher ein

---

GK-BetrVG/*Weber*, § 37 Rn. 79; DKKW/*Wedde*, § 37 Rn. 58; *Beule*, S. 101; *Esser*, S. 90; *Knipper*, S. 48 f.; *Lipp*, S. 91; *Purschwitz*, S. 127 f.; a.A. MünchArbR/*Joost*, § 220 Rn. 27.
838 BFH v. 03.05.1974 – VI R 211/71, DB 1974, 1991 (1992).
839 *Schlüter/Belling*, Anmerkung zu BFH v. 29.07.1980 – 6 AZR 1098/78, AP Nr. 1 zu § 46 BPersVG.
840 MünchArbR/*Joost*, § 220 Rn. 27.
841 MünchArbR/*Joost*, § 220 Rn. 71 f.
842 MünchArbR/*Joost*, § 220 Rn. 72.

Entgelt für eine Gegenleistung sein. Die Lohnfortzahlung beruhe im Falle des freigestellten oder befreiten Betriebsratsmitglieds jedoch nicht auf einer vertraglichen Abrede, sondern auf dem Gesetz. Die gesetzliche Gleichstellung der beruflichen Tätigkeit mit der Betriebsratstätigkeit verlange geradezu, das Steuerprivileg ebenfalls dem freigestellten wie auch dem gelegentlich befreiten Betriebsratsmitglied zukommen zu lassen. Die Zuschläge werden dem Betriebsratsmitglied nicht für fiktive Leistungen gezahlt, sondern für eine tatsächliche Betriebsratstätigkeit. Sie seien daher ebenfalls steuerfrei.[843]

bb. Stellungnahme

Die Gegenansicht ist im Ergebnis abzulehnen. Einzig in einem Punkt ist ihr zuzustimmen. Wenn das nur vorübergehend von seiner Arbeitspflicht befreite Betriebsratsmitglied die Sonntags-, Feiertags- oder Nachtarbeit neben seiner Befreiung für die Betriebsratstätigkeit tatsächlich geleistet hat, sind die Zuschläge bereits aus diesem Grund steuerfrei. War ein Betriebsratsmitglied hingegen aufgrund seiner erforderlichen Amtsausübung daran gehindert die zulagenbegünstigte Arbeit tatsächlich auszuüben, so verkennt die Gegenansicht, dass es bereits am Tatbestandsmerkmal der „tatsächlichen" Leistung der Sonntags-, Feiertags- oder Nachtarbeit fehlt. In diesem Fall kommt es jedoch auf die Frage, ob die verrichtete Betriebsratstätigkeit vom Gesetz der beruflichen Tätigkeit gleichgestellt wird, nicht an. Weiter geht die Gegenansicht in der Annahme fehl, die Zuschläge würden dem Betriebsratsmitglied nicht für fiktive Leistungen gezahlt, sondern für eine tatsächliche Betriebsratstätigkeit.[844] Die Zuschläge werden dem Betriebsratsmitglied ebenso wenig wie seine Grundvergütung für die Betriebsratstätigkeit gezahlt, da es sich bei dem Betriebsratsamt um ein unentgeltliches Ehrenamt handelt. § 3b Abs. 1 EStG knüpft an die tatsächlich geleistete Arbeit an und kann daher nicht auf den finanziellen Ausgleich der als Ehrenamt ausgeübten Betriebsratstätigkeit übertragen werden. Betriebsratsmitglieder erhalten diese Zuschläge nur aufgrund des Entgeltminderungsverbots fortgezahlt, so dass das letztgenannte Argument ins Leere geht.

---

843 MünchArbR/*Joost*, § 220 Rn. 72.
844 MünchArbR/*Joost*, § 220 Rn. 72.

Nach der hier vertretenen Auffassung gilt vielmehr Folgendes: Bereits nach dem Wortlaut des § 3b Abs. 1 EStG sind nur diejenigen Zuschläge steuerfrei, die für *tatsächlich* geleistete Sonntags-, Feiertags- oder Nachtarbeit neben dem Grundlohn gezahlt werden. An diesem Tatbestandsmerkmal („tatsächlich") fehlt es, wenn die Zuschläge steuerfrei ohne korrespondierende Arbeitsleistung entrichtet werden. Übt das Betriebsratsmitglied seine Amtstätigkeit zur normalen Arbeitszeit aus, fehlt es an einem tatsächlichen Tätigwerden zu den steuerbegünstigten Zeiten. Für dieses Normverständnis spricht auch der Sinn und Zweck des § 3b EStG. Die Norm wurde aus wirtschafts- und arbeitsmarktpolitischen Gründen[845] sowie aus dem Allgemeininteresse an der Sonntags-, Feiertags- und Nachtarbeit[846] geschaffen. Sie knüpft die Steuerbefreiung an eine „tatsächliche" Arbeitsleistung, da der Gesetzgeber bestimmte, für den Arbeitnehmer besonders belastende Arbeiten, wie die Sonntags-, Feiertags- und Nachtarbeit, für volkswirtschaftlich notwendig und steuerlich geboten hält.[847] Die Norm will verhindern, dass Teile des Arbeitsentgelts lediglich formal als Sonntags-, Feiertags- oder Nachtarbeitszuschläge deklariert werden, und daher Manipulationen zu Lasten des Fiskus vorbeugen.[848] § 3b Abs. 1 EStG soll den Arbeitnehmer angesichts der besonderen gesundheitlichen Belastungen sowie der Störung des biologischen und kulturellen Lebensrhythmus entlasten. Maßgeblich muss daher sein, dass eine entsprechende Beeinträchtigung tatsächlich stattgefunden hat.

An diesem Normverständnis ändern auch § 37 Abs. 4 BetrVG und § 78 Satz 2 BetrVG nichts. Zwar bestimmt § 37 Abs. 4 BetrVG, dass das Arbeitsentgelt von Mitgliedern des Betriebsrats nicht geringer bemessen werden darf als das Arbeitsentgelt vergleichbarer Arbeitnehmer, so dass das Betriebsratsmitglied auf den ersten Blick entsprechend den Vorgaben des § 37 Abs. 4 BetrVG auch steuerrechtlich so zu behandeln ist, als ob es selbst Sonntags-, Feiertags- oder Nachtarbeit geleistet hätte, um es nicht unzulässig zu benachteiligen. Das durch § 37 Abs. 4 BetrVG konkretisierte Benachteiligungsverbot in § 78 Satz 2 BetrVG

---

845 Blümich/*Ehrhard*, EStG, § 3b Rn. 5.
846 Blümich/*Ehrhard*, EStG, § 3b Rn. 5.
847 Blümich/*Ehrhard*, EStG, § 3b Rn. 5; *Schlüter/Belling*, Anmerkung zu BAG v. 29.07.1980 – 6 AZR 1098/78, AP Nr. 1 zu § 46 BPersVG.
848 *Schlüter/Belling*, Anmerkung zu BAG v. 29.07.1980 – 6 AZR 1098/78, AP Nr. 1 zu § 46 BPersVG.

richtet sich zwar nicht nur an den Arbeitgeber, sondern an jedermann[849], dennoch bindet es nicht den Gesetzgeber selbst.[850] Dieser hat trotz Kenntnis der hier vorliegenden Problematik bislang weder auf das Tatbestandsmerkmal „tatsächlich" in § 3b Abs. 1 EStG verzichtet noch eine weitere Ausnahmeregelung geschaffen. Der Gesetzgeber hat mit der Beibehaltung des Merkmals „tatsächlich" deutlich gemacht, dass die Zuschläge steuerrechtlich anders zu behandeln sind als arbeitsrechtlich. § 3b Abs. 1 EStG ist jünger als § 78 Satz 2 BetrVG, so dass dieser Rechtssatz entsprechend den Grundsätzen des *lex posterior specialis derogat legi priori generali* vorgeht.[851] Somit lässt auch das Benachteiligungsverbot keine abweichende Auslegung des § 3b EStG zu. Den freigestellten und gelegentlich befreiten Betriebsratsmitgliedern kommt daher das Steuerprivileg des § 3b Abs. 1 EStG nicht zugute, wenn sie anstelle ihrer normalen Nachtarbeit etc. ihrer Betriebsratstätigkeit während der regulären Arbeitszeit nachgegangen sind.

b. Betriebsratstätigkeit während der steuerprivilegierten Arbeitszeit

Möglicherweise greift das Steuerprivileg des § 3b Abs. 1 EStG in dem Fall, in dem die erforderliche Betriebsratstätigkeit während der steuerprivilegierten Arbeitszeit, also nachts, sonn- oder feiertags, anfällt. Dies ist insbesondere bei Verhandlungen über einen Interessenausgleich oder einen Sozialplan denkbar. Diese Frage wird in der Rechtsprechung und der Literatur uneinheitlich beantwortet.

aa. Meinungsstand

Die herrschende Meinung lehnt eine Steuerprivilegierung nach § 3b Abs. 1 EStG für fortzuzahlende Zuschläge grundsätzlich ab, unabhängig davon, ob das Betriebsratsmitglied seine Betriebsratstätigkeit während der regulären Arbeitszeit oder sonntags, feiertags oder nachts ausführt.[852] Dies begründet sie zunächst mit den oben genannten Argumenten. Darüber hinaus betont das BAG[853], dass selbst für den Fall, dass der Mandatsträger seine Mandatstätigkeit sonntags, feiertags

---

849 Siehe oben unter „Adressat des Begünstigungsverbots", S. 15.
850 *Knipper*, S. 49; *Lipp*, S. 95; a.A. *Beule*, S. 106.
851 *Lipp*, S. 95.
852 BAG v. 29.07.1980 – 6 AZR 1098/78, AP Nr. 1 zu § 46 BPersVG; *Fitting*, § 37 Rn. 71; GK-BetrVG/*Weber*, § 37 Rn. 79; DKKW/*Wedde*, § 37 Rn. 58; *Esser*, S. 90; *Knipper*, S. 56; *Lipp*, S. 92 ff.; *Misera*, SAE 1982, 73 (73 f.).
853 BAG v. 29.07.1980 – 6 AZR 1098/78, AP Nr. 1 zu § 46 BPersVG.

oder nachts erbringe, dies nicht dazu führe, dass ihm die entsprechenden Zuschläge steuerfrei zu gewähren seien. Die Ausübung der Amtstätigkeit sei keine Erbringung einer Arbeitsleistung an den Arbeitgeber und werde aus diesem Grund weder lohnsteuer- noch sozialversicherungsrechtlich privilegiert.[854] Im Wortlaut führt das BAG dazu aus: *„§ 46 Abs. 2 Satz 1 BPersVG [der inhaltlich § 37 Abs. 2 BetrVG entspricht] erhält den Vergütungsanspruch einschließlich etwaiger Zuschläge bei Versäumnis der Arbeitszeit infolge erforderlicher Personalratstätigkeit, ohne dass es darauf ankommt, wann diese Tätigkeit entfaltet wird, insbesondere ob es erforderlich ist, den bisherigen Rhythmus beizubehalten oder in die Normalschicht zu wechseln. Deshalb ist es für die Beurteilung des Vergütungsanspruchs unerheblich, ob die Bekl. vom Kl. als PersRVors. zu Recht verlangt hatte, seinen Aufgaben während der regelmäßigen Dienstzeit nachzukommen."*[855] Das BAG räumt zwar ein, dass die sozialpolitischen Folgen für die betroffenen Arbeitnehmer außerordentlich unerwünscht seien, andererseits könne es angesichts der arbeits- und steuerrechtlichen Rechtslage nicht Aufgabe der Gerichte sein, den bestehenden Widerspruch zu beseitigen. Dies sei vielmehr Aufgabe des Gesetzgebers.[856]

Vertreter der herrschenden Meinung in der Literatur[857] argumentieren ähnlich und vertreten den Standpunkt, der Ausgangspunkt für die Lösung dieses Problems müsse allein § 3b Abs. 1 EStG sein.[858] Demnach sei ein Zuschlag für Sonntags-, Feiertags- und Nachtarbeit nur dann steuerlich privilegiert, wenn die Arbeitsleistung tatsächlich zu diesen Zeiten erbracht werde. Dies sei jedoch in dem Fall, in dem ein Betriebsratsmitglied zwar seinen Betriebsratsaufgaben, nicht jedoch seiner arbeitsvertraglich geschuldeten Tätigkeit zu dieser Zeit nachkomme, gerade nicht der Fall. Die Erfüllung von Betriebsratsaufgaben könne nicht unter dem Begriff „Arbeit" im Sinne des § 3b Abs. 1 EStG subsumiert werden. Durch das Lohnausfallprinzip werde das Betriebsratsmitglied zwar vor amtsbedingten Ent-

---

854 BAG v. 29.07.1980 – 6 AZR 1098/78, AP Nr. 1 zu § 46 BPersVG.
855 BAG v. 29.07.1980 – 6 AZR 1098/78, AP Nr. 1 zu § 46 BPersVG.
856 BAG v. 29.07.1980 – 6 AZR 1098/78, AP Nr. 1 zu § 46 BPersVG.
857 *Fitting*, § 37 Rn. 71; GK-BetrVG/*Weber*, § 37 Rn. 79; Richardi/*Thüsing*, § 37 Rn. 35; DKKW/*Wedde*, § 37 Rn. 58; HWGNRH/*Glock*, § 37 Rn. 69; *Esser*, S. 90; *Knipper*, S. 56; *Lipp*, S. 92 ff.; *Misera*, SAE 1982, 73 (73 f.)
858 *Lipp*, S. 93.

geltminderungen bewahrt, es werde jedoch kein neuer Vergütungsanspruch geschaffen, sondern der sich aus dem Arbeitsvertrag ergebende Entgeltanspruch lediglich fortgesetzt. Die dem Betriebsratsmitglied für Sonntags-, Feiertags- oder Nachtarbeit gezahlten Zuschläge seien aus steuerrechtlicher Sicht daher als Arbeitsentgelt einzuordnen und als solches grundsätzlich (einkommen)steuerpflichtig. Andernfalls werde das Unentgeltlichkeitsprinzip des § 37 Abs. 1 BetrVG dadurch ausgehebelt.[859] Dem Betriebsratsmitglied könne nicht einerseits ein Entgelt für seine Amtstätigkeit verwehrt werden, auf der anderen Seite aber die Mandatsarbeit die Steuerprivilegierung des § 3b EStG auslösen. Dies widerspreche dem Willen des Gesetzgebers.[860] Da die Betriebsratstätigkeit nicht entlohnt werde, erhalte das Betriebsratsmitglied auch gar keinen Zuschlag. Der Zuschlag, der den vergleichbaren Arbeitnehmern gewährt werde, sei für das Betriebsratsmitglied lediglich ein unselbstständiger Rechnungsposten, denn der Mandatsträger erhalte kein besonderes Entgelt für eine besonders belastende Tätigkeit.[861]

Vereinzelt wird in der Rechtsprechung und im rechtswissenschaftlichen Schrifttum die Auffassung vertreten, das Steuerprivileg des § 3b Abs. 1 EStG müsse dem Betriebsratsmitglied auch dann zugutekommen, wenn es die Betriebsratsarbeit weiterhin wie seine ursprüngliche Arbeitsleistung nachts, sonntags oder feiertags ausübe.[862] Zwar sei die ausgeübte Betriebsratstätigkeit keine arbeitsvertraglich geschuldete Tätigkeit, dennoch sei § 3b EStG über seinen Wortlaut hinaus dahingehend auszulegen, dass den Betriebsratsmitgliedern, die zu den zuschlagspflichtigen Zeiten ihre Betriebsratstätigkeit anstelle ihrer normalen Arbeitstätigkeit erfüllen, die entsprechenden Zulagen steuerfrei fortgezahlt werden.[863] Eine über die Grenzen des Wortlauts hinausgehende rechtsfortbildende Auslegung des § 3b EStG sei möglich, da das Gesetz eine ausfüllungsbedürftige Lücke aufweise. Das Steuerprivileg des § 3b EStG solle nach seinem Regelungszweck diejenige Arbeitsleistung erfassen, die zu den dort genannten Zeiten un-

---

859 *Lipp*, S. 94.
860 *Lipp*, S. 94
861 *Knipper*, S. 55.
862 LAG Hessen v. 10.03.2014 – 16 TaBV 197/13, juris; *Beule*, S. 108; *Schlüter/Belling*, Anm. zu BAG v. 29.07.1980 – 6 AZR 1098/78, AP Nr. 1 zu § 46 BPersVG.
863 *Beule*, S. 102.

vermeidbar sei, im Allgemeininteresse liege und für den Arbeitnehmer mit besonderen Belastungen und Erschwernissen verbunden sei. Der Norm fehle jedoch vor diesem Hintergrund eine Regelung hinsichtlich der Steuerbegünstigung von Zuschlägen, die an das ebenso notwendigerweise nachts, sonn- oder feiertags mit der Erfüllung seiner Betriebsratsaufgaben tätige Betriebsratsmitglied fortgezahlt werden. Denn auf diese treffe der Sinn und Zweck des § 3b EStG ebenfalls zu.[864] Diese Gesetzeslücke sei durch rechtsfortbildende Auslegung zu füllen. Folglich sei § 3b EStG auch im Hinblick auf den allgemeinen Gleichheitssatz des Art. 3 Abs. 1 GG dahingehend verfassungskonform auszulegen, dass die an alle Betriebsratsmitglieder, die ihrer Betriebsratstätigkeit zu den zuschlagspflichtigen Zeiten (nachts, sonn- und feiertags) nachgehen, fortgezahlten Zuschläge ebenfalls steuerfrei seien.[865] Verweigere man hingegen die Steuervergünstigung, weil das Tatbestandsmerkmal der tatsächlichen Arbeitsleistung im Sinne von § 3b EStG nicht erfüllt sei, führe dies zu einer willkürlichen Ungleichbehandlung, die Art. 3 Abs. 1 GG gerade verbiete.[866] Zwar stehe es dem Gesetzgeber frei, von im Betriebsverfassungsrecht bestimmenden Grundregeln, wie beispielsweise dem Benachteiligungsverbot, in einem anderen Rechtsbereich, namentlich dem Steuerrecht, abzuweichen. Dazu sei jedoch ein sachlicher Grund erforderlich. Die Rechtsordnung sei als einheitliches Ganzes zu begreifen und aus dem Gleichheitssatz ergebe sich das Gebot zu wertungsmäßiger Folgerichtigkeit. Überdies dürfe § 3b EStG als steuerliche Sozialzwecknorm nur gleichmäßig angewandt werden. Dies habe zur Folge, dass Steuerentlastungen nicht auf bestimmte Personen beschränkt werden können, wenn sich andere in einer dem begünstigten Personenkreis vergleichbaren Lage befänden.[867] Da jedoch ein nachts, sonn- oder feiertags seine Betriebsratstätigkeit verrichtendes Betriebsratsmitglied ebenso zu den ungünstigen Zeiten tätig sei, den gleichen Beeinträchtigungen und Belastungen, Störungen des Lebensrhythmus wie auch den Beeinträchtigungen seiner Lebensqualität ausgesetzt sei wie ein zu diesen Zeiten tätiger Arbeitnehmer, sei es sachlich gerechtfertigt, auch dem Betriebsratsmitglied die Steuervergünstigung des

---

[864] *Beule*, S. 104.
[865] *Beule*, S. 105.
[866] *Schlüter/Belling*, Anm. zu BAG v. 29.07.1980 – 6 AZR 1098/78, AP Nr. 1 zu § 46 BPersVG.
[867] *Schlüter/Belling*, Anm. zu BAG v. 29.07.1980 – 6 AZR 1098/78, AP Nr. 1 zu § 46 BPersVG.

§ 3b EStG zu gewähren, selbst wenn die fortgezahlten Zuschläge lediglich unselbstständige Rechnungsposten seien.[868]

In einer jüngeren Entscheidung schloss sich das LAG Hessen den Befürwortern der letztgenannten Ansicht an. Es vertrat die Auffassung, es liege „*eine Benachteiligung der Betriebsratsmitglieder vor, wenn sie für die Teilnahme an zur Nachtzeit abgehaltenen Betriebsratssitzungen zwar Nachtarbeitszuschläge [erhielten], diese jedoch versteuert werden müssten, während andere Arbeitnehmer für die Erbringung ihrer arbeitsvertraglich geschuldeten Tätigkeit zum gleichen Zeitpunkt diese Zuschläge steuerfrei [erhielten].*"[869] Das LAG Hessen kam zu dem Ergebnis, eine Auslegung des § 3b Abs. 1 EStG ergebe, dass die Steuerprivilegierung auch für Betriebsratstätigkeit gelte, die tatsächlich zur Nachtzeit geleistet wurde.[870] So stelle der Wortlaut der Norm entscheidend auf die zu bestimmten Zeiten tatsächlich geleistete Arbeit ab. Hiervor werde auch tatsächlich geleistete Betriebsratstätigkeit erfasst. Soweit der Begriff Nachtarbeit verwendet werde, schließe dies zur Nachtzeit geleistete Betriebsratstätigkeit nicht aus. Zwar sei diese keine Arbeitsleistung im Sinne einer Gegenleistung für das zu zahlende Arbeitsentgelt, dennoch sei sie der arbeitsvertraglichen Leistung kraft Gesetzes, namentlich kraft § 37 Abs. 2 BetrVG, gleichgestellt. Aus der Systematik der Norm ergebe sich, dass „*diese als steuerrechtliche Vorschrift nicht zwischen Arbeit im Sinne der Gegenleistung für das zu zahlende Arbeitsentgelt und nach § 37 Abs. 2 BetrVG ohne Minderung fortzuzahlendem Arbeitsentgelt unterscheide.*"[871] Vielmehr begünstige sie zu den genannten Zeiten geleistete Arbeit der, ohne näher nach der Art der Arbeit zu differenzieren. Überdies bestehe der Sinn und Zweck von § 3b EStG darin, dem Arbeitnehmer einen finanziellen Ausgleich für die besonderen körperlichen und familiären Belastungen zu gewähren, die mit Sonntags-, Feiertags- und Nachtarbeit einhergingen. Die Nachtarbeit sei in besonderer Weise gesundheitlich belastend und die Sonn- und Feiertagsarbeit führe zu erheblichen Einschränkungen des Familienlebens. Diese Erschwernisse träfen auch

---

868 Beule, S. 106; *Schlüter/Belling*, Anm. zu BAG v. 29.07.1980 – 6 AZR 1098/78, AP Nr. 1 zu § 46 BPersVG.
869 LAG Hessen v. 10.03.2014 – 16 TaBV 197/13, BeckRS 2014, 70659; diesen Beschluss hob das BAG wegen Unzulässigkeit der Anträge auf, vgl. BAG v. 24.02.2016 – 7 ABR 23/14.
870 LAG Hessen v. 10.03.2014 – 16 TaBV 197/13, juris.
871 LAG Hessen v. 10.03.2014 – 16 TaBV 197/13, juris.

diejenigen Mitglieder des Betriebsrats, die zu den fraglichen Zeiten ihre Betriebsratstätigkeiten ausführten. Es sei mitnichten so, dass sich die besonderen Belastungen, auf die § 3b EStG abstelle, aus der Art der Tätigkeit – *„Arbeitsvertraglich geschuldete Tätigkeit im Sinne von § 611 BGB versus Ausübung des Ehrenamts des Betriebsrats"*[872] – ergäben. Es lasse sich nicht abstrakt beurteilen, ob die eine oder andere Tätigkeit weniger anspruchsvoll sei oder eine höhere Anstrengung und Konzentration erfordere. Hierauf komme es auch nicht an, denn die Ausübung des Ehrenamtes des Betriebsrats sei der arbeitsvertraglichen Leistung gleichgestellt. Demnach sei es erforderlich, dass die Zuschläge ebenso steuerfrei zu zahlen sind wie diejenigen für die Erbringung der arbeitsvertraglich geschuldeten Tätigkeit, sofern die Betriebsratstätigkeit zur Nachtzeit ausgeübt werde.[873]

bb. Stellungnahme

Dreh- und Angelpunkt für die Lösung dieses Problems müssen § 3b EStG und die Frage sein, ob tatsächlich erbrachte Betriebsratstätigkeit mit dem Begriff *(Sonntags-, Feiertags- oder Nacht-) Arbeit* im Sinne des § 3 b EStG gleichgestellt werden kann.

[1] Wortlaut

Entgegen der Ansicht des LAG Hessen[874] wird die tatsächlich geleistete Betriebsratstätigkeit nicht von dem Betriff der „Arbeit" im Sinne des § 3b Abs. 1 EStG erfasst. Zwar ist die Amtstätigkeit der nach dem Arbeitsvertrag geschuldeten Leistung gleichgestellt und wird wie diese vergütet, sie ist aber nicht mit der Arbeitsleistung identisch.[875] Das Betriebsratsmitglied erbringt keine Arbeitsleistung auf Veranlassung des Arbeitgebers.[876] Überdies unterscheidet das EStG zwischen Grundlohn und Zuschlägen. § 3b EStG ist seinem Wortlaut nach nur dann einschlägig, wenn ein Zuschlag zusätzlich zum Grundlohn gezahlt wird. Das Betriebsratsmitglied erhält für seine Betriebsratstätigkeit jedoch weder den Grundlohn noch einen Zuschlag. Der Zuschlag, der den mit dem Betriebsratsmitglied vergleichbaren Arbeitnehmern gezahlt wird, ist für diesen lediglich ein unselbstständiger Rechnungsposten in der Berechnung des Verdienstausfalls. Es handelt

---

872 LAG Hessen v. 10.03.2014 – 16 TaBV 197/13, juris.
873 LAG Hessen v. 10.03.2014 – 16 TaBV 197/13, juris.
874 LAG Hessen v. 10.03.2014 – 16 TaBV 197/13, juris.
875 Richardi/*Thüsing*, § 37 Rn. 13.
876 GK-BetrVG/Weber, § 37 Rn. 13

sich dabei nicht um ein besonderes Entgelt, das dem Arbeitnehmervertreter als Gegenleistung für eine besonders belastende Tätigkeit gewährt wird. Zwar behält das Betriebsratsmitglied seinen arbeitsvertraglichen Lohnanspruch, der auf die bisherige Bruttogesamtvergütung gerichtet ist und alle bisherigen Zulagen miteinschließt.[877] Diese Zahlung ist aber kein Arbeitsentgelt für geleistete Betriebsratsarbeit, sondern eine Ausgleichszahlung. Der BFH, der die Vergütung von Betriebsratsmitgliedern unter steuerrechtlichen Aspekten zu beleuchten hatte, wählte hierfür den Ausdruck „*Verdienstausfall-Entschädigung*", die das Betriebsratsmitglied „*nach dem sogenannten Vergleichsmann-Prinzip zum Ausgleich seines Verdienstausfalls [erhält].*"[878] Die Zuschläge sind nicht mehr eigenständige Entgeltbestandteile, sondern Teil eines einheitlichen Lohnfortzahlungsbetrages.[879]

Dies wird insbesondere im umgekehrten Fall deutlich, wenn das Betriebsratsmitglied ausnahmsweise nachts tätig wird, die ihm vergleichbaren Arbeitnehmer jedoch keine Nachtschicht (mehr) leisten. Dann erhält das Betriebsratsmitglied von vornherein keine Zuschläge[880] – weder steuerfrei noch regulär besteuert. Würde man der Ansicht des LAG Hessen folgen, so hätte dies zur Folge, dass das Steuerprivileg davon abhängig ist, ob die Arbeitnehmer der Vergleichsgruppe zufällig zur selben Zeit wie das Betriebsratsmitglied zuschlagsbegründende Arbeit verrichten.

[2] Historische Auslegung

Die historische Auslegung spricht ebenfalls dagegen, das Steuerprivileg des § 3b EStG auf zuschlagsberechtigte Betriebsratsmitglieder zu übertragen, selbst wenn diese zu den steuerprivilegierten Zeiten Betriebsratstätigkeiten nachgehen. Der Gesetzgeber hatte Kenntnis von dem hier vorliegenden Problem. Das BAG hatte sich bereits in seiner Entscheidung aus dem Jahre 1969[881] damit auseinandergesetzt. Zu dieser Zeit war die steuerrechtliche Beurteilung zwar noch nicht eindeutig, da § 34a EStG idF vom 27. Februar 1968[882] bestimmte, dass die gesetz-

---

877 Siehe oben unter „Lohnausfallprinzip", S. 52.
878 BFH, BStBl. 1975 II, 824.
879 So auch *Misera*, SAE 1983, 73 (74).
880 Im Einzelnen siehe oben unter „Zulagen", S. 239.
881 BAG v. 10.06.1969 – 1 AZR 203/68, AP Nr. 12 zu § 37 BetrVG 1952.
882 BGBl. 1968 I, 172.

lichen oder tariflichen Zuschläge für Sonntags-, Feiertags- und Nachtarbeit steuerfrei waren, wenn der Arbeitslohn insgesamt 24.000 DM im Kalenderjahr nicht überstieg. Dennoch ist der Gesetzgeber der Argumentation des BGH nicht gefolgt, sondern hat in § 34a EStG a.F. (i.d.F. des Steueränderungsgesetzes 1972), der für die Steuerfreiheit von Zuschlägen expressis verbis auf die tatsächliche Leistung von Sonntags-, Feiertags- oder Nachtarbeit abstellte, daran festgehalten. Diesen Inhalt hat er auch in § 36 Abs. 1 EStG 1975 vom 5. September 1974[883] und später unverändert in § 3b EStG 1979 vom 30. Juni 1979[884] bestätigt. Daraus folgt, dass die (jüngere) steuerrechtliche Regelung die Lex specialis ist und dem allgemeineren Benachteiligungsverbot des § 78 Satz 2 BetrVG vorgeht. Konnte also zur Zeit der Entscheidung des 1. Senats des BAG im Jahre 1969[885] möglicherweise noch zweifelhaft sein, ob die an Betriebsratsmitglieder fortgezahlten Zuschläge für Nacht-, Sonntags- und Feiertagsarbeit steuerpflichtig waren, so hat der Gesetzgeber seit 1971 wiederholt durch die verschiedenen Regelungen in den Einkommensteuergesetzen klargestellt, dass eine Steuerbefreiung für diese Fälle nicht vorgesehen ist. Damit hat sich der Gesetzgeber in Kenntnis des hier vorliegenden Interessenkonflikts für die Unentgeltlichkeit des Ehrenamtes und damit auch für die Steuerpflichtigkeit von Zuschlägen entschieden, die lediglich aufgrund des Lohnausfallprinzips fortgezahlt werden. Entgegen der Auffassung der Gegenmeinung kann daher nicht von einer Lücke des Gesetzes gesprochen werden.

[3] Systematik
Die Norm differenziert zwischen Grundlohn und Zuschlägen. Dem Betriebsratsmitglied werden jedoch gerade keine eigenständigen Zuschläge gezahlt. Sie sind ein unselbstständiger Rechnungsposten. Der Ansicht, die die Erfüllung von Betriebsratsaufgaben unter dem Begriff der „Arbeit" im Sinne des § 3b EStG im Wege der Rechtsfortbildung subsumieren will, ist aus systematischen Gründen zu widersprechen. Durch das Lohnausfallprinzip wird das Betriebsratsmitglied lediglich vor Entgeltminderungen infolge seiner Amtstätigkeit geschützt; es be-

---
883 BGBl. 1974 I, 2165 (2172).
884 BGBl. 1979 I, 721 (729).
885 BAG v. 10.06.1969 – 1 AZR 203/68, AP Nr. 12 zu § 37 BetrVG 1952.

gründet für das Betriebsratsmitglied jedoch keinen neuen eigenständigen Anspruch. Vielmehr wird lediglich der arbeitsvertragliche Entgeltanspruch fortgeführt.[886]

Die Gegenansicht[887], die hinsichtlich der Steuerfreiheit auf die tatsächlich erbrachte Betriebsratstätigkeit beispielsweise zur Nachtzeit abstellen will, übersieht, dass wegen § 37 Abs. 1 BetrVG auch für Betriebsratsarbeit, die zu grundsätzlich zuschlagsberechtigenden Zeiten erbracht wurde, keine steuerfreien Zuschläge gewährt werden dürfen. Andernfalls würde man unter Verstoß gegen das Unentgeltlichkeitsprinzip die sonn-, feiertags oder nachts erbrachte Betriebsratstätigkeit als solche vergüten. Zudem fielen so der Anknüpfungspunkt, der die Steuerpflicht auslöst, nämlich die hypothetische Arbeitsleistung, und der für die Steuerprivilegierung, die tatsächlich geleistete Betriebsratstätigkeit, auseinander.[888] Es wäre widersprüchlich, einerseits von dem Betriebsratsmitglied zu verlangen, seine Betriebsratstätigkeit unentgeltlich auszuüben, auf der anderen Seite zu befürworten, die Mandatsarbeit könne das Steuerprivileg des § 3b Abs. 1 EStG auslösen. Dies würde das Unentgeltlichkeitsprinzip – je nach Bedarf – aushebeln und dispositiv stellen, was jedoch mit § 37 Abs. 1 BetrVG gänzlich unvereinbar ist.[889]

[4] Keine extensive Auslegung von § 3b EStG

Eine extensive Auslegung von § 3b EStG, nach der das Steuerprivileg auf Betriebsratstätigkeit, die sonntags, feiertags oder nachts zu erledigen ist, ausgedehnt werden müsse, ist ebenfalls nicht möglich. Die für eine extensive Auslegung erforderliche Lücke im Gesetz liegt nicht vor. Eine ausfüllungsbedürftige Lücke liegt vor, wenn dem Gesetz eine Regelung fehlt, die es nach dem Zweck der Vorschrift und dem Willen des Gesetzgebers haben sollte.[890] Der Gesetzgeber hat im Steuerrecht jedoch eine Regelung getroffen und diese in Kenntnis der vorliegenden Problematik nicht geändert. Er hat sich mithin bewusst dafür entschieden, die

---

886 Ebenso *Lipp*, S. 93.
887 LAG Hessen v. 10.03.2014 – 16 TaBV 197/13, juris; *Beule*, S. 107; *Schlüter/Belling*, Anm. zu BAG v. 29.07.1980 – 6 AZR 1098/78, AP Nr. 1 zu § 46 BPersVG; *Purschwitz*, S. 128.
888 So auch *Lipp*, S. 93, 94.
889 Zur Rechtsnatur des § 37 Abs. 1 BetrVG siehe oben unter „Ehrenamtsprinzip, § 37 Abs. 1 BetrVG", S. 39.
890 Larenz/*Canaris*, S. 80.

Betriebsratstätigkeit im Einkommensteuerrecht nicht tatsächlich geleisteter Sonntags-, Feiertags- oder Nachtarbeit gleichzustellen. Damit hat sich der Gesetzgeber zugleich dafür entschieden, die Betriebsratstätigkeit nicht steuerrechtlich zu privilegieren. Diese Wertung des Gesetzgebers gilt es zu respektieren. Eine Lücke im Gesetz lässt sich nicht damit begründen, dass man die Wertung des Gesetzgebers als ungerecht empfindet.

Die von der Gegenansicht vertretene Auffassung wird auch nicht etwa durch Art. 3 Abs. 1 GG als verfassungskonforme Auslegung des § 3b Abs. 1 EStG oder des § 37 Abs. 2 BetrVG geboten. Die Ungleichbehandlung eines Betriebsratsmitglieds gegenüber seinen Kollegen, die weiterhin Nacht-, Sonntags- und Feiertagsarbeit verrichten, bei der Behandlung dieser Zuschläge geht nicht vom Arbeitgeber aus und kann folglich auch nicht im Wege einer verfassungskonformen Auslegung einer Norm, die den Arbeitgeber zum Adressaten hat, ausgeglichen werden, selbst wenn die steuerrechtliche Ungleichbehandlung entgegen der hier vertretenen Ansicht gegen Art. 3 Abs. 1 GG verstoßen sollte.[891] In § 3b EStG ist ausdrücklich und abschließend geregelt, unter welchen Voraussetzungen Zuschläge für Sonntags-, Feiertags- und Nachtarbeit steuerfrei bleiben. Diese abschließende Regelung kann nicht durch eine Rechtsfortbildung auf dem Gebiet des Betriebsverfassungsrechts korrigiert werden.

c. Ergebnis

Das Steuerprivileg des § 3b EStG gilt weder für Betriebsratstätigkeit, die während der regulären Arbeitszeit geleistet wird, noch für solche, die während der steuerprivilegierten Arbeitszeit erforderlich wird. § 3b EStG knüpft die Steuerprivilegierung an „tatsächlich" erbrachte Sonntags-, Feiertags- oder Nachtarbeit und meint damit die arbeitsvertraglich geschuldete Tätigkeit. Betriebsratstätigkeit stellt jedoch keine arbeitsvertraglich geschuldete Tätigkeit dar. Würde man dem Betriebsratsmitglied die Steuerbefreiung dennoch gewähren, so würde man dadurch die Betriebsratstätigkeit als solche vergüten. Dies ist sowohl mit dem Unentgeltlichkeitsprinzip als auch mit dem Begünstigungsverbot unvereinbar.

---

891 Ebenso BAG v. 29.07.1980 – 6 AZR 1098/78, AP Nr. 1 zu § 46 BPersVG.

2. Sozialabgaben

Keine wesentlich anderen Rechtsprobleme als bei der Besteuerung der Sonntags-, Feiertags- und Nachtzuschläge ergeben sich bezüglich der Beiträge zu den einzelnen Zweigen der Sozialversicherung. Die Beiträge pflichtversicherter Arbeitnehmer zur Kranken-, Renten- und Arbeitslosenversicherung tragen grundsätzlich der Arbeitgeber und der versicherte Arbeitnehmer je zur Hälfte. Der Arbeitgeber behält die Arbeitnehmeranteile im Lohnabzugsverfahren ein und führt sie zusammen mit den Arbeitgeberanteilen als Gesamtsozialversicherungsbeitrag an die Einzugsstelle ab. Die Beitragshöhe richtet sich nach der Leistungsfähigkeit des sozialversicherten Arbeitnehmers, die wiederum von der Höhe des Bruttoarbeitsentgelts abhängt. Eine Definition des Begriffs „Arbeitsentgelt" enthält § 14 Abs. 1 SGB IV. Daneben ist in der Verordnungsermächtigung des § 17 Abs. 1 Satz 2 SGB IV klargestellt, dass bei der Ermittlung des Arbeitsentgelts eine möglichst weitgehende Übereinstimmung mit den Regelungen des Steuerrechts sicherzustellen ist. Grundsätzlich ist lohnsteuerpflichtiges Arbeitsentgelt somit auch sozialversicherungspflichtig. Zuschläge, die zusätzlich zu Löhnen oder Gehältern gezahlt werden, sind jedoch gemäß § 1 Abs. 1 Nr. 1 SvEV nicht dem Arbeitsentgelt zuzurechnen, soweit sie lohnsteuerfrei sind. Damit sind Zuschläge für Sonntags-, Feiertags- oder Nachtarbeit nicht beitragspflichtig, sofern die Voraussetzungen des § 3b EStG erfüllt sind.

Zuschläge, die nach § 37 Abs. 2 BetrVG fortgezahlt werden, erfüllen diese Voraussetzungen nach der hier vertretenen Auffassung gerade nicht. Dies bedeutet: Die an Betriebsratsmitglieder fortgezahlten Zuschläge für Sonntags-, Feiertags- und Nachtarbeit sind sozialversicherungspflichtig, da sie nicht lohnsteuerfrei sind.[892] Zuschläge sind gemäß § 17 Abs. 1 Nr. 1 SGB IV i.V.m. § 1 Abs. 1 Nr. 1 SvEV[893] dann zum sozialversicherungspflichtigen Arbeitsentgelt im Sinne des § 14 SGB IV zu zählen, sofern sie nicht lohnsteuerfrei sind. Der Entgeltbegriff im Sozialversicherungsrecht stimmt weitgehend mit dem im Steuerrecht

---

[892] Zum Steuerprivileg im Einzelnen unter „Steuerprivileg gemäß § 3b EStG", S. 216.
[893] Sozialversicherungsentgeltverordnung = Verordnung über die sozialversicherungsrechtliche Beurteilung von Zuwendungen des Arbeitgebers als Arbeitsentgelt vom 21.12.2006 (BGBl. I S. 3385).

überein, damit der Beitragseinzug im Lohnabzugsverfahren einheitlich erfolgen kann.

Mit anderen Worten: Da die Zuschläge für Sonntags-, Feiertags- oder Nachtarbeit für das Betriebsratsmitglied lohnsteuerpflichtig sind – und zwar unabhängig davon, ob es die Betriebsratstätigkeit während seiner Arbeitszeit oder zu den steuerprivilegierten Zeiten des § 3b EStG erbringt –, sind sie ebenfalls sozialversicherungspflichtig.

3. Ausgleich durch den Arbeitgeber?

An das soeben Gesagte schließt sich die Frage an, ob der Arbeitgeber dem Betriebsratsmitglied etwaige Nachteile, die es durch die soeben festgestellte Steuer- und Sozialabgabenpflichtigkeit aller Zuschläge erleidet, ausgleichen muss oder darf.

a. Ausfallhaftung des Arbeitgebers

aa. Meinungsstand

Teilweise wird ein Ausgleichsanspruch des Betriebsratsmitglieds gegenüber dem Arbeitgeber bejaht.[894] Dies wird damit begründet, dass ein Betriebsratsmitglied andernfalls gegenüber den vergleichbaren Arbeitnehmern benachteiligt werde.[895] Der Arbeitgeber müsse dem Betriebsratsmitglied dessen bisheriges Nettoeinkommen erhalten. Der Arbeitnehmer dürfe, sofern er sich für dieses Amt bereit erklärt, durch die Übernahme des Betriebsratsamtes keine Beeinträchtigung in seinem Lebensstandard erfahren. Andernfalls würde die Übernahme des Amtes zu Nachteilen für das Betriebsratsmitglied führen. Dies wiederum könne die Betriebsratsmitglieder ohne Weiteres dazu veranlassen das Amt abzulehnen. Da der Lebensunterhalt jedoch aus dem Nettoeinkommen bestritten werde, führe dies dazu, dass der Arbeitgeber verpflichtet sei, den nach Abzug der Lohnsteuern und Sozialabgaben an den Arbeitnehmer auszuzahlenden Nettobetrag auf den ohne einen sol-

---

894 *Schneider*, NZA 1984, 21 (23); *Becker-Schaffner*, BB 1982, 498 (502); DKKW/*Wedde*, § 37 Rn. 58; *Kittner*, Anm. zu BAG v. 29.07.1980 – 6 AZR 231/78, EzA § 37 BetrVG 1972 Nr. 70.
895 DKKW/*Wedde*, § 37 Rn. 58; *Schneider*, NZA 1984, 21 (23); *Kittner*, Anm. zu BAG v. 29.07.1980 – 6 AZR 231/78, EzA § 37 BetrVG 1972 Nr. 70.

chen Lohnsteuerabzug vorliegenden Betrag aufzustocken. Nur so sei die Sicherung des Lebensstandards des Betriebsratsmitglieds gewährleistet.[896] Für diejenigen Arbeitnehmer, zu deren Arbeitsentgelt – teilweise sogar in erheblichem Maße – steuerfreie Zuschläge gehören, bedeute eine Ablehnung des Ausgleichsanspruchs gegen den Arbeitgeber einen massiven negativen Einfluss auf ihre Bereitschaft, sich für das Amt des Betriebsrats zur Verfügung zu stellen. Gerade dies habe § 37 Abs. 2 BetrVG jedoch verhindern wollen.[897] Hält man sich die Normstruktur sowie den Regelungszweck des § 37 Abs. 2 BetrVG vor Augen, so könne man nur zu dem Schluss gelangen, dass es sich bei § 37 Abs. 2 BetrVG um eine „Nettolohnabrede von Gesetzes wegen" handele.[898] Dieser Auffassung schloss sich zunächst auch das BAG in einer früheren Entscheidung vom 10. Juni 1969[899] an. Das BAG führte aus, § 37 Abs. 2 BetrVG verändere zwar die Lohnforderung des freigestellten Betriebsratsmitglieds nicht, zwinge aber den Arbeitgeber, die Beträge, die er an Lohnsteuern auf Sonntags- und Nachtzuschläge einbehalten und an das Finanzamt abgeführt habe, zusätzlich an den Arbeitnehmer auszuzahlen, da dies der Erhaltung des Lebensstandards des Betriebsratsmitglieds diene. Der Arbeitgeber müsse dem Betriebsratsmitglied sein bisheriges Nettoeinkommen erhalten, denn seinen Lebensunterhalt bestreite ein Arbeitnehmer nicht aus seinem Brutto-, sondern aus seinem Nettoeinkommen. Eben dieses Nettoeinkommen müsse der Arbeitgeber dem Arbeitnehmer bei sachgerechter Auslegung des § 37 Abs. 2 BetrVG fortzahlen.[900]

Diese Auffassung – die das Lebensstandardprinzip vertritt – ist im rechtswissenschaftlichen Schrifttum auf heftige Kritik gestoßen.[901] Ebenso verweigerten einige Instanzgerichte dem 1. Senat des Bundesarbeitsgerichts die Gefolgschaft.[902] Später hat der 6. Senat des BAG diese Rechtsprechung mit seiner Entscheidung

---

896 *Becker-Schaffner*, BB 1982, 498 (502).
897 *Kittner*, Anm. zu BAG v. 29.07.1980 – 6 AZR 231/78, EzA Nr. 70 zu § 37 BetrVG 1972.
898 *Kittner*, Anm. zu BAG v. 29.07.1980 – 6 AZR 231/78, EzA Nr. 70 zu § 37 BetrVG 1972.
899 BAG v. 10.06.1969 – 1 AZR 203/68, AP Nr. 12 zu § 37 BetrVG 1952.
900 BAG v. 10.06.1969 – 1 AZR 203/68, AP Nr. 12 zu § 37 BetrVG 1952.
901 *Fitting*, § 37 Rn. 71; GK-BetrVG/*Weber*, § 37 Rn. 79; Richardi/*Thüsing*, § 37 Rn. 35; WPK/*Kreft*, § 37 Rn. 25; *Knipper*, S. 50 f.; *Moll/Roebers*, NZA 2012, 57 (61); *Esser*, S. 91; *Lipp*, S. 96 f.
902 LAG Niedersachsen, EzA Nr. 68 zu § 37 BetrVG 1972; LAG Schleswig-Holstein, AP Nr. 32 zu § 37 BetrVG 1972.

aus dem Jahre 1980[903] ausdrücklich aufgegeben und sich der herrschenden Meinung in der Literatur[904] angeschlossen. Diese spricht sich gegen eine Pflicht des Arbeitgebers aus, etwaige Steuernachteile auszugleichen, und argumentiert, das Lohnausfallprinzip verfolge nicht das Ziel, dem Betriebsratsmitglied einen gewissen Lebensstandard uneingeschränkt zu garantieren. § 37 Abs. 2 BetrVG enthalte lediglich das an den Arbeitgeber als Normadressaten gerichtete Verbot, das Arbeitsentgelt des Betriebsratsmitglieds bei erforderlicher Befreiung zu mindern. Weder § 37 Abs. 2 BetrVG noch § 78 Satz 2 BetrVG sei eine Anspruchsgrundlage für eine Ausfallhaftung des Arbeitgebers zu entnehmen.[905] Das von der Gegenansicht[906] angeführte Lebensstandardprinzip sei weder Merkmal von § 37 Abs. 2 BetrVG noch von § 78 Satz 2 BetrVG. Mit dem Versuch der Gegenansicht, das Verbot der Benachteiligung durch das Gebot der Erhaltung des Lebensstandards zu ersetzen, werde verdeckt, dass der Arbeitgeber durch die Abführung von Steuern und Sozialversicherungsbeiträgen nicht das Betriebsratsmitglied benachteilige, sondern eine öffentlich-rechtliche gesetzliche Verpflichtung erfülle, die im Übrigen auch gegenüber dem Arbeitnehmer bestehe.[907] Die Benachteiligung durch eine negative Veränderung des Lebensstandards beruhe nicht auf einer Handlung des Arbeitgebers, sondern auf der Anwendung des Steuerrechts. Es sei kein Grund erkennbar, warum der Arbeitgeber mit einem Ausgleichsanspruch des Betriebsratsmitglieds für die damit einhergehenden steuerlichen Nachteile belastet werden solle. Dieses Ergebnis lasse sich auch nicht durch Art. 3 Abs. 1 GG im Wege der verfassungskonformen Auslegung des § 37 Abs. 2 BetrVG erreichen. Die von der Gegenansicht befürwortete Pflicht des Arbeitgebers zum Ausgleich etwaiger Steuernachteile gengenüber dem Betriebsratsmitglied gehe über

---

903 BAG v. 29.07.1980 – 6 AZR 231/78, AP Nr. 37 zu § 37 BetrVG 1972; später bestätigt durch BAG v. 22.08.1985 – 6 AZR 504/83, NZA 1986, 263 (263); LAG Berlin-Brandenburg v. 12.03.2009 – 20 Sa 34/09, juris.
904 *Fitting*, § 37 Rn. 71; GK-BetrVG/*Weber*, § 37 Rn. 79; Richardi/*Thüsing*, § 37 Rn. 35; WPK/*Kreft*, § 37 Rn. 25; *Knipper*, S. 50 f.; *Moll/Roebers*, NZA 2012, 57 (61); *Esser*, S. 91; *Lipp*, S. 96 f.
905 BAG v. 29.07.1980 – 6 AZR 231/78, AP Nr. 37 zu § 37 BetrVG 1972; BAG v. 22.08.1985 – 6 AZR 504/83, NZA 1986, 263 (263).
906 BAG v. 10.06.1969 – 1 AZR 203/68, AP Nr. 12 zu § 37 BetrVG 1952; DKKW/*Wedde*, § 37 Rn. 58; *Schneider*, NZA 1984, 21 (23); *Kittner*, Anm. zu BAG v. 29.07.1980 – 6 AZR 231/78, EzA Nr. 70 zu § 37 BetrVG 1972.
907 BAG v. 29.07.1980 – 6 AZR 231/78, AP Nr. 37 zu § 37 BetrVG 1972; BAG v. 22.08.1985 – 6 AZR 504/83, NZA 1986, 263 (263); *Esser*, S. 91 f.; *Lipp*, S. 97; *Misera*, SAE 1982, 73 (75).

den Schutz vor einer Minderung des Arbeitsentgelts hinaus und statuiere überdies eine Ausfallhaftung des Arbeitgebers, die gerade nicht Inhalt des Anspruchs auf Lohnfortzahlung nach § 37 Abs. 2 BetrVG sei.[908] Auch sei mit dem Begriff des „Arbeitsentgelts" in § 37 Abs. 2 und Abs. 4 BetrVG lediglich das Bruttoentgelt gemeint, denn nur dieses schulde der Arbeitgeber in der Regel, sofern dies nicht anders vereinbart wurde. Die Höhe der jedem Arbeitnehmer auszubezahlenden Nettobeträge bestimme hingegen nicht der Arbeitgeber, sondern der Gesetzgeber.[909] Bei einem Ausgleich der abgeführten Steuern durch den Arbeitgeber erziele das Betriebsratsmitglied faktisch ein höheres Bruttoentgelt, als es zwischen den Parteien vereinbart war.[910] Weiter verkenne die Gegenansicht, dass sich das Benachteiligungsverbot nur gegen Handlungen oder ein Unterlassen des Arbeitgebers richtet. Es sei hingegen gar nicht einschlägig, wenn dem Betriebsratsmitglied die steuerrechtliche Privilegierung des § 3b EStG nicht zugutekomme, da es sich hierbei nicht um eine Maßnahme des Arbeitgebers, sondern um eine solche des Steuerrechts handele.[911] Auch setze § 78 Satz 2 BetrVG zwar keine subjektive Benachteiligungsabsicht voraus, jedoch benötige die Norm eine kausale Verknüpfung zwischen der Benachteiligung und der Betriebsratstätigkeit. An dieser fehle es allerdings gerade, wenn die Benachteiligung aus der Steuergesetzgebung resultiere.[912]

bb. Stellungnahme

Maßgeblich für die Entscheidung dieser Streitfrage ist, ob es eine Rechtsgrundlage für eine entsprechende Ausfallhaftung des Arbeitgebers gibt. In Betracht kämen zunächst § 37 Abs. 2 BetrVG. Die Norm betrifft zwar im Wesentlichen das nicht freigestellte Betriebsratsmitglied. Für die Fortzahlung des Arbeitsentgelts an Betriebsratsmitglieder, die gemäß § 38 BetrVG freigestellt sind, gilt wie für die Arbeitsbefreiung nach § 37 Abs. 2 BetrVG das Lohnausfallprinzip. Wie bereits erläutert[913], ist § 37 Abs. 2 BetrVG keine anspruchsbegründende, sondern

---

908 BAG v. 29.07.1980 – 6 AZR 231/78, AP Nr. 37 zu § 37 BetrVG 1972; *Lipp*, S. 96.
909 *Bernert*, Anm. zu BAG v. 29.07.1980 – 6 AZR 231/78, AP Nr. 37 zu § 37 BetrVG 1972; *Knipper*, S. 52; *Lipp*, S. 96.
910 LAG Schleswig-Holstein v. 16.01.1978 – 3 Sa 572/77, AP Nr. 32 zu § 37 BetrVG 1972; *Lipp*, S. 96.
911 *Misera*, SAE 1982, 73 (74); *Lipp*, S. 97.
912 *Lipp*, S. 97.
913 Siehe oben unter „Rechtsgrundlage für die Lohnfortzahlung", S. 53.

eine anspruchserhaltende Norm und kommt somit als Anspruchsgrundlage für eine Ausfallhaftung des Arbeitgebers von vornherein nicht in Betracht. Rechtsgrundlage für eine entsprechende Zahlungspflicht des Arbeitgebers könnte § 611a Abs. 2 BGB i.V.m. dem Arbeitsvertrag sein, wenn der Arbeitgeber hiernach den Nettolohn schulden würde. Diesen würde der Arbeitgeber seinem Arbeitnehmer jedoch nur dann schulden, wenn beide dies ausdrücklich und eindeutig vereinbart haben.[914] Denn der Einkommensteuer unterliegen grundsätzlich alle Einkünfte aus nichtselbständiger Arbeit, §§ 2 Abs. 3 Nr. 4, 8, 19 EStG, §§ 2, 3 LStDV. Die Steuerlast trifft dabei den Arbeitnehmer als eigentlichen Steuerschuldner, § 38 Abs. 1 Satz 1, Abs. 3 Satz 1 EStG, § 46 Abs. 1 Satz 1 LStDV. Der Arbeitgeber hat lediglich die Pflicht, bei der Erhebung der Lohnsteuer nach § 38 EStG, § 46 LStDVO mitzuwirken. Aufgrund dieser steuergesetzlichen Regelung ist bei Fehlen einer ausdrücklichen, anderweitigen Vereinbarung davon auszugehen, dass das vertraglich vereinbarte Arbeitsentgelt ein Bruttolohn ist. Dafür spricht auch, dass die Höhe der Nettovergütung ohne Einflussmöglichkeit durch den Arbeitgeber allein vom Gesetzgeber bestimmt wird. Die Höhe der Nettovergütung hängt von vielen verschiedenen Faktoren ab, wie beispielsweise der Lohnsteuerklasse des Arbeitnehmers und der Anzahl seiner Kinder, und variiert von Arbeitnehmer zu Arbeitnehmer, ohne dass der Arbeitgeber auf diese Faktoren Einfluss nehmen könnte. Der herrschenden Meinung ist folglich dahingehend zuzustimmen, dass der Arbeitgeber lediglich die Zahlung des Bruttoarbeitsentgelts schuldet. Folglich sichert das Lohnausfallprinzip für die Zeit der Arbeitsbefreiung bzw. Freistellung auch nur den Bruttolohnanspruch. Das Verbot der Minderung des „Arbeitsentgelts" bezieht sich vom Wortlaut her auf die Bruttovergütung, da der Gesetzeswortlaut mangels anderer Anhaltspunkte im üblicherweise gebrauchten Wortsinn zu verstehen ist.

Auch aus teleologischen Gesichtspunkten lässt sich keine Ausfallhaftung des Arbeitgebers begründen. Normadressat des § 37 Abs. 2 BetrVG ist der Arbeitgeber. Diesem soll es verwehrt sein, das Betriebsratsmitglied willkürlich hinsichtlich seiner Vergütung wegen der Betriebsratstätigkeit zu benachteiligen. Vorliegend fehlt

---

914 BAG v. 22.08.1985 – 6 AZR 504/83, AP Nr. 50 zu § 37 BetrVG 1972; BAG v. 18.01.1974 – 3 AZR 183/73, AP Nr. 19 zu § 670 BGB; BAG v. 19.12.1963 – 5 AZR 174/63, NJW 1964, 837 (838); *Bernert*, Anm. zu BAG v. 29.07.1980 – 6 AZR 231/78, AP Nr. 37 zu § 37 BetrVG 1972.

es jedoch bereits an einer Benachteiligung seitens des Arbeitgebers. Die Verminderung des Nettolohns folgt einzig aus der für ein Betriebsratsmitglied ungünstigen Steuergesetzgebung.[915] Der Arbeitgeber zahlt weiterhin entsprechend seiner vertraglichen Verpflichtung die von ihm geschuldete Bruttovergütung. Bestand vor der Befreiung bzw. Freistellung des Betriebsratsmitglieds lediglich ein Bruttolohnanspruch, so wird dieser durch § 37 Abs. 2 BetrVG unverändert aufrechterhalten und nicht durch die Betriebsratstätigkeit in einen arbeitsvertraglichen Nettolohnanspruch „umgewandelt".

Damit § 37 Abs. 2 BetrVG den Arbeitgeber verpflichten könnte, die Minderung des Nettolohns auszugleichen, müsste die Norm erstens eine Ausfallhaftung des Arbeitgebers statuieren und zweitens müsste ihr zu entnehmen sein, dass der Arbeitgeber die Lohnsteuer für den Ausgleich zu tragen hätte. Denn auch dieser Betrag wäre steuerrechtlich wiederum als Arbeitslohn zu qualifizieren und unterfiele als solcher der Lohnsteuer, § 19 I Nr. 1 EStG, § 2 III Nr. 5 LStDV, die grundsätzlich der Arbeitnehmer als Steuerpflichtiger zu tragen hätte. Aus § 37 Abs. 2 BetrVG lässt sich jedoch weder die eine noch die andere Pflicht herauslesen. § 37 Abs. 2 BetrVG legt lediglich fest, dass der Arbeitgeber das Arbeitsentgelt eines Betriebsratsmitglieds nicht mindern darf. Daraus lässt sich – entgegen der in der Mindermeinung vertretenen Auffassung – nicht der allgemeine Rechtssatz entnehmen, der Arbeitgeber sei verpflichtet, den Mitgliedern des Betriebsrats ihren bisherigen Lebensstandard in vollem Umfang und uneingeschränkt forthin zu gewährleisten. Sofern dem Arbeitgeber eine über das Verbot der Minderung des Bruttoentgelts hinausgehende Pflicht auferlegt werden soll, muss dies vom Gesetzgeber ausdrücklich normiert werden. Dies ist beispielsweise in § 37 Abs. 3 BetrVG hinsichtlich der Vergütung wie Mehrarbeit und der Entgeltentwicklung in § 37 Abs. 4 BetrVG auch geschehen. Andernfalls läge ein Verstoß gegen das Unentgeltlichkeitsprinzip des § 37 Abs. 1 BetrVG vor, weil das Betriebsratsmitglied dann in den Genuss eines höheren Bruttolohns (alter Bruttolohn plus Aufstockung) gelangt, und zwar einzig aufgrund seiner Betriebsratstätigkeit. Dadurch wäre er bessergestellt als ohne sein Betriebsratsamt sowie gegenüber den

---

915 So auch BAG v. 22.08.1985 – 6 AZR 504/83, AP Nr. 50 zu § 37 BetrVG 1972.

anderen Arbeitnehmern wegen seiner Amtstätigkeit begünstigt. Aufgrund der höheren Zahlungen von Sozialversicherungsbeiträgen würde das Betriebsratsmitglied dann auch höhere Anwartschaften auf zukünftige Rentenzahlungen – wie Altersruhegeld oder Erwerbs- bzw. Berufsunfähigkeitsrente – erhalten.

Auch verletzt die Besteuerung der Zahlung von Zuschlägen an ein Betriebsratsmitglied dieses nicht in seinem Grundrecht aus Art. 3 Abs. 1 GG. Die Ungleichbehandlung geht nicht vom Arbeitgeber aus, sondern entspringt dem Steuerrecht. Adressat des § 37 Abs. 2 ist aber der Arbeitgeber. Eine berichtigende Auslegung des § 37 Abs. 2 BetrVG ist also auch unter diesem Blickwinkel nicht möglich. Auch lässt sich aus Art. 3 Abs. 1 GG nicht der Rechtssatz herleiten, nur die Aufrechterhaltung des bisherigen Lebensstandards für ein Mitglied des Betriebsrats sei mit dem Grundgesetz vereinbar.

Gleiches muss auch für die durch den Abzug von Sozialabgaben herbeigeführte Minderung des Nettoarbeitsentgelts gelten. Auch diesbezüglich findet sich keine Rechtsgrundlage für eine Ausfallhaftung des Arbeitgebers. Es gilt das bezüglich der Minderung durch Abführung der Einkommensteuer Gesagte entsprechend. Zuschläge für Sonntags-, Feiertags- oder Nachtarbeit sind daher bei einer Fortzahlung nach § 37 Abs. 2 BetrVG sozialabgabenpflichtig. Folgt man der Gegenansicht, so müsste der Arbeitgeber, der ohnehin schon mit dem für das Betriebsratsmitglied anfallenden Arbeitgeberanteil an Steuern und Sozialabgaben belastet ist, doppelt zahlen, wenn er darüber hinaus dem Betriebsratsmitglied auch noch den Arbeitnehmeranteil an Steuern und Sozialabgaben ersetzen müsste. Dies gilt umso mehr, wenn man bedenkt, dass die Ausgleichszahlung des Arbeitgebers ebenfalls steuerpflichtige Einnahmen aus nichtselbstständiger Arbeit i.S.d. § 19 EStG darstellen würde. Der vom Arbeitgeber auszugleichende Betrag würde sich dadurch noch weiter erhöhen und überdies eine sehr komplizierte Berechnung nach sich ziehen.

cc. Ergebnis

Zusammengefasst bedeutet dies: Aus § 611a Abs. 2 BGB i.V.m. dem Arbeitsvertrag lässt sich auch vor dem Hintergrund des Lohnausfallprinzips keine Pflicht des Arbeitgebers herleiten, die Vergütung des Betriebsratsmitglieds auf das Nettoeinkommen, das es erhalten hätte, wenn es nicht für das Betriebsratsamt zur

Verfügung gestanden hätte, aufzustocken. Eine Ausfallhaftung des Arbeitgebers besteht nicht. Das Lebensstandardprinzip ist weder Merkmal des § 37 Abs. 2 BetrVG noch des § 78 Satz 2 BetrVG.

b. Kostentragungspflicht gemäß § 40 Abs. 1 BetrVG

Bei der Minderung des Arbeitsentgelts durch Steuerabzüge handelt es sich auch nicht um Kosten der Betriebstätigkeit, die vom Arbeitgeber gemäß § 40 Abs. 1 BetrVG zu ersetzen sind, denn die Norm bezieht sich lediglich auch solche Kosten, die den Betriebsratsmitgliedern durch ihre Tätigkeit außerhalb der Vergütungspflicht des Arbeitgebers entstanden sind.[916] Dies ist bei Steuern und Sozialabgaben gerade nicht der Fall. Sie sind keine durch die Amtsführung entstandenen Kosten und auch keine für die pflichtgemäße Wahrnehmung der Betriebsratsaufgaben erforderlichen Aufwendungen, sondern eine vom Staat unabhängig vom Betriebsratsamt erhobene Abgabe, die der Arbeitnehmer als Steuerpflichtiger an diesen zu entrichten hat. Die vom Arbeitgeber geschuldeten Bruttoeinkünfte des Betriebsratsmitglieds bleiben hierdurch unberührt. § 40 Abs. 1 BetrVG kommt als Anspruchsgrundlage für eine Ausfallhaftung des Arbeitgebers folglich ebenfalls nicht in Betracht.

c. Schadensersatzpflicht, § 823 Abs. 2 BGB i.V.m. § 78 Satz 2 BetrVG

Auch ein Anspruch des Betriebsratsmitglieds gegen seinen Arbeitgeber auf Schadensersatz gemäß § 823 Abs. 2 BGB i.V.m. § 78 Satz 2 BetrVG scheidet aus. Mit der Abführung von Steuern und Sozialabgaben kommt der Arbeitgeber lediglich seinen gesetzlichen Pflichten nach, so dass es an einer Benachteiligung des Betriebsratsmitglieds wegen seiner Amtstätigkeit fehlt.[917] Zudem zahlt er den von ihm arbeitsvertraglich geschuldeten Bruttolohn unverändert fort, so dass es bereits an einer Schlechterstellung i.S.d. § 78 Satz 2 BetrVG fehlt. Der niedrigere Nettolohn folgt für das Betriebsratsmitglied unmittelbar aus dem Steuer- bzw. Sozialabgabenrecht. Steuerschuldner und Sozialabgabenpflichtiger ist das Betriebsratsmitglied als Arbeitnehmer und nicht der Arbeitgeber, auch wenn dieser gesetzlich verpflichtet ist, als „Zahlstelle" zu fungieren und Steuern sowie die Arbeitnehmerbeiträge zur Sozialversicherung einzubehalten und unmittelbar abzuführen.

---

916 BAG v. 22.08.1985 – 6 AZR 504/83, NZA 1986, 263 (263).
917 *Lipp*, S. 98; *Beule*, S. 117.

d. Freiwillige Erstattung durch den Arbeitgeber

Weiter drängt sich die Frage auf, ob der Arbeitgeber trotz Nichtbestehens eines entsprechenden Rechtsanspruchs freiwillig die Steuerlast zugunsten der Betriebsratsmitglieder tragen darf. In der Rechtsprechung und der Literatur wird diese Frage kaum und wenn dann nur oberflächlich erörtert. Das LAG Berlin-Brandenburg hatte sich in einer Entscheidung aus dem Jahre 2009[918] mit eben dieser Frage auseinanderzusetzen und sie bejaht. In dem der Entscheidung zugrundeliegenden Sachverhalt erklärte sich der Arbeitgeber nach Gesprächen mit den Mitgliedern des Betriebsrats bereit, deren Bruttovergütung so zu erhöhen, dass sich nach Abzug von Steuern und Sozialabgaben von diesem erhöhten Bruttobetrag der Nettobetrag ergab, der sich ergeben hätte, wenn die Vergütung weiterhin lohnsteuerfrei ausgezahlt worden wäre. Das Gericht hielt die Vereinbarung für wirksam, da sie nicht gegen das Begünstigungsverbot des § 78 Satz 2 BetrVG verstoße. Da das Begünstigungsverbot die persönliche Unabhängigkeit der Amtsführung gewährleisten solle, sei jede Zuwendung eines Vorteils verboten, der allein wegen der Amtstätigkeit erfolge. Die Norm richte sich vorrangig an den Arbeitgeber als Normadressat. Der Arbeitgeber, der anfallende Steuern und Sozialversicherungsbeiträge aufgrund einer mit dem Betriebsratsmitglied getroffenen Vereinbarung alleine trägt, verstoße ebenso wenig gegen das Begünstigungsverbot wie ein Arbeitgeber, der ohne Ausgleich die Steuern und Sozialversicherungsbeiträge abführe. In beiden Fällen beruhe eine mögliche Begünstigung nicht auf einer Maßnahme des Arbeitgebers aufgrund der Betriebsratstätigkeit. Vielmehr sei die gesetzlich gemäß § 37 Abs. 2 BetrVG gerade vorausgesetzte Gleichstellung mit der Situation vor der Mandatsübernahme nach den steuerlichen und sozialversicherungsrechtlichen Vorschriften anders nicht zu verwirklichen.[919] Hiermit stimmt eine im Schrifttum zum Teil vertretene Ansicht im Ergebnis überein.[920] Das Nichtbestehen einer Pflicht des Arbeitgebers, mögliche steuerliche Nachteile auszugleichen, schließe jedoch umgekehrt nicht aus, dass er sich freiwillig zu einem Ausgleich bereit erklärt. Eine unzulässige Begünstigung könne hierin nicht gese-

---

918 LAG Berlin-Brandenburg v. 12.03.2009 – 20 Sa 34/09, juris.
919 LAG Berlin-Brandenburg v. 12.03.2009 – 20 Sa 34/09, juris.
920 *Fitting*, § 37 Rn. 71; *Moll/Roebers*, NZA 2012, 57 (61); *Purschwitz*, S. 128 f.

hen werden, sofern das Betriebsratsmitglied Anspruch auf die Bezahlung der jeweiligen Zulage hatte. Es werde gegenüber anderen Arbeitnehmern deshalb nicht bevorzugt, weil es durch den Ausgleich nur so gestellt werde, wie es im Falle seiner Tätigkeit und damit ohne das Betriebsratsamt stehen würde. Der Ausgleich sei der Höhe nach so zu bemessen, dass dem Betriebsratsmitglied die erhöhte Bruttozahlung gezahlt werde, aus der nach Abzug von Steuern und Sozialversicherungsbeiträgen das gewährt werde, was sich ergeben hätte, wären die Zuschläge beitrags- und steuerfrei gewesen.[921]

Dem kann nicht gefolgt werden. Ein freiwilliger Ausgleich der mit dem Betriebsratsamt einhergehenden Steuernachteile durch den Arbeitgeber stellt eine unzulässige Begünstigung im Sinne des § 78 Satz 2 BetrVG dar. Dies ergibt sich aus folgenden Überlegungen: Der Arbeitgeber darf den Amtsträgern nur das Entgelt gewähren, das ihnen aufgrund ihres Arbeitsvertrags zusteht.[922] Dazu steht es jedoch im Widerspruch, wenn es dem Arbeitgeber und einem Betriebsratsmitglied gestattet wäre, eine Nettolohnvereinbarung im Hinblick auf die Wahl eines Arbeitnehmers in den Betriebsrat zu schließen. War im ursprünglichen Arbeitsvertrag (vor Amtsantritt) der übliche Bruttolohn vorgesehen, so wird das Betriebsratsmitglied wegen seiner Tätigkeit bessergestellt, wenn nun im Hinblick auf die möglichen Steuernachteile, die das Amt des Betriebsrats mit sich bringen können, eine Nettolohnvereinbarung geschlossen werden kann. Auch das freiwillige Tragen von Steuern und Sozialabgaben für Betriebsratsmitglieder ist in diesem Fall eine Besserstellung, die wegen des Amtes erfolgte und als solche eine unzulässige Begünstigung im Sinne des § 78 Satz 2 BetrVG darstellt. Daran ändert auch die Tatsache nichts, dass das Betriebsratsmitglied durch eine freiwillige Ausgleichszahlung durch den Arbeitgeber bei einem reinen Vergleich der „Netto"-Gehälter nicht bessersteht als die anderen Arbeitnehmer. Auf einen reinen „Nettovergleich" kommt es nicht an. Nach der hier vertretenen Ansicht darf die rechtliche oder tatsächliche Position der Betriebsratsmitglieder nicht aus Anlass ihrer Amtsausübung verändert werden. Dies ist der Fall, wenn der Arbeitgeber eine Nettolohnabrede einzig aus dem Grund schließt, um dem Betriebsratsmitglied die Steuerlast, die es aufgrund seiner Amtstätigkeit kraft Gesetzes nunmehr zu tragen hat,

---

921 *Moll/Roebers*, NZA 2012, 57 (61).
922 GK-BetrVG/*Kreutz*, § 78 Rn. 57; *Moll/Roebers*, NZA 2012, 57 (57).

abzunehmen. Diese Besserstellung entfiele wieder, wenn das Betriebsratsmitglied aus dem Betriebsrat ausscheidet. Etwas anderes gälte nur dann, wenn die Arbeitsvertragsparteien unabhängig von der Amtsstellung des Betriebsrats eine entsprechende Regelung darüber getroffen haben, dass der Arbeitgeber die anfallenden Steuern und Sozialversicherungsbeiträge übernimmt. Das dürfte in der Regel nur dann der Fall sein, wenn die Nettolohnabrede getroffen wurde, bevor der Arbeitnehmer sich zur Kandidatur für das Amt des Betriebsrats entschlossen hat.

4. Ergebnis

Es besteht keine Ausfallhaftung des Arbeitgebers im Hinblick auf Nachteile, die das Betriebsratsmitglied durch die Steuer- und Sozialabgabenpflichtigkeit der Zuschläge für Sonntags-, Feiertags- und Nachtarbeit erleidet. § 37 BetrVG scheidet als Anspruchsgrundlage ebenso aus wie § 40 BetrVG und § 823 Abs. 2 BGB i.V.m. § 78 Satz 2 BetrVG. Gewährt der Arbeitgeber dem Betriebsratsmitglied freiwillig eine finanzielle Kompensation für die durch die fehlende Steuerprivilegierung entstandenen Einbußen, verstößt er damit gegen das Begünstigungsverbot, § 78 Satz 2 Alt. 2 BetrVG.

G. Vergütung bei Verhinderung der Mandatsausübung

Ist ein Betriebsratsmitglied an der Ausübung seines Amtes verhindert, so stellt sich ebenfalls die Frage nach seiner gesetzeskonformen Vergütung. Denkbar ist insbesondere die Verhinderung der Mandatsausübung im Krankheitsfall, durch Urlaub und im Fall von Arbeitskampfmaßnahmen.

I. Krankheitsfall

Ist ein Betriebsratsmitglied arbeitsunfähig erkrankt, so stellt sich nach dem bislang Gesagten nicht so sehr die Frage, ob, sondern vor allem für welchen Zeitraum es Lohnfortzahlung verlangen kann bzw. der Arbeitgeber ihm diese gewähren darf. Ist ein normaler Arbeitnehmer arbeitsunfähig erkrankt, so hat er gemäß § 3 Abs. 1 EFZG[923] Anspruch auf Entgeltfortzahlung bis zu einer Dauer von sechs Wochen. Anschließend ist ein erkrankter Arbeitnehmer auf die Zahlung von

---

923 Entgeltfortzahlungsgesetz vom 26. Mai 1994 (BGBl. I S. 1014, 1065), das zuletzt durch Artikel 7 des Gesetzes vom 16. Juli 2015 (BGBl. I S. 1211) geändert worden ist.

Krankengeld durch die Krankenkasse gemäß § 44 SGB V[924] angewiesen, das nach § 47 Abs. 1 SGB V jedoch nur 80% des Arbeitsentgelts beträgt. Somit drängt sich die Frage auf, ob einem arbeitsunfähig erkrankten Betriebsratsmitglied, das weder benachteiligt noch begünstigt werden darf, im Krankheitsfall ebenfalls nur für die Dauer von sechs Wochen Lohnfortzahlung zusteht.

Das Betriebsratsmitglied hat Anspruch auf das Arbeitsentgelt, das es verdient hätte, wenn es gearbeitet hätte (Lohnausfallprinzip). Es soll nicht schlechtergestellt werden als ohne sein Amt, aber auch nicht besser. Wäre das Betriebsratsmitglied nicht in sein Amt gewählt worden und hätte es normal weitergearbeitet, so hätte es nach sechswöchiger Lohnfortzahlung ebenfalls nur noch das Krankengeld erhalten. Da sich das Betriebsratsmitglied so behandeln lassen muss, wie es ohne Freistellung oder seine Befreiung stehen würde, steht ihm die Lohnfortzahlung nach § 3 Abs. 1 EFZG lediglich für einen Zeitraum von sechs Wochen zu. Die §§ 37, 38 BetrVG greifen nicht. Sie erfassen typische Situationen, die mit der Freistellung oder gelegentlichen Befreiung der Betriebsratsmitglieder einhergehen. Dazu zählt eine länger als sechs Wochen andauernde Erkrankung jedoch gerade nicht.

Die Höhe der Lohnfortzahlung richtet sich gemäß § 4 EFZG nach dem Entgelt, das dem Arbeitnehmer bei regelmäßiger Arbeitszeit zustehen würde. Es gilt mithin ebenfalls das Lohnausfallprinzip.[925] Das Merkmal der „regelmäßigen Arbeitszeit" bereitet insbesondere für ein freigestelltes Betriebsratsmitglied erhebliche Probleme, da es ja keinerlei Vergütung für seine Betriebsratstätigkeit erhält und seine Arbeitszeit folglich für seine Vergütung ohne Bedeutung ist. Die regelmäßige Arbeitszeit der vergleichbaren Arbeitnehmer ist maßgeblich. Somit erhält ein erkranktes Betriebsratsmitglied das Entgelt, das die vergleichbaren Arbeitnehmer bei regelmäßiger Arbeitszeit ohne entsprechende Mehrverdienste erhalten, § 4 Abs. 1a Satz 1 EFZG. Zahlt der Arbeitgeber das Arbeitsentgelt auch nach Ablauf der sechs Wochen fort, liegt hierin eine unzulässige Begünstigung im Sinne des § 78 Satz 2 Alt. 2 BetrVG.

---

924 Fünftes Buch Sozialgesetzbuch – Gesetzliche Krankenversicherung – (Artikel 1 des Gesetzes vom 20. Dezember 1988, BGBl. I S. 2477, 2482), das zuletzt durch Artikel 4 des Gesetzes vom 17. August 2017 (BGBl. I S. 3214) geändert worden ist.
925 MüKo/*Müller-Glöge*, EFZG, § 4 Rn. 1.

Somit bleibt festzuhalten, dass einem Betriebsratsmitglied im Krankheitsfall Lohnfortzahlung für einen Zeitraum von bis zu höchstens sechs Wochen zusteht. Maßgeblich ist § 3 Abs. 1 EFZG. Die Höhe des fortzuzahlenden Entgelts bestimmt sich nach § 4 EFZG, wobei die regelmäßige Arbeitszeit der vergleichbaren Arbeitnehmer maßgeblich ist. Vorübergehende Mehrverdienste der vergleichbaren Arbeitnehmer bleiben unberücksichtigt, § 4 Abs. 1a Satz 1 EFZG.

II. Urlaub

Da Betriebsratsmitglieder durch die Aufnahme ihrer Amtstätigkeit ihre Eigenschaft als Arbeitnehmer nicht verlieren, haben sie gemäß § 1 BUrlG Anspruch auf bezahlten Erholungsurlaub. Daran ändert auch die Tatsache nichts, dass insbesondere die freigestellten Betriebsratsmitglieder dauerhaft von ihrer Arbeitspflicht befreit sind und nicht länger dem Direktionsrecht des Arbeitgebers unterliegen.[926] Sie sind dennoch grundsätzlich zur Anwesenheit während ihrer normalen Arbeitszeit im Betrieb verpflichtet.[927] Auch sie haben somit Anspruch auf bezahlten Erholungsurlaub und werden in dieser Zeit von der Ausübung ihres Betriebsratsamtes entbunden.

Die Bemessung des Urlaubsentgelts richtet sich für normale Arbeitnehmer gemäß § 11 Abs. 1 BUrlG nach dem durchschnittlichen Arbeitsverdienst, den der Arbeitnehmer in den letzten dreizehn Wochen vor dem Beginn des Urlaubs erhalten hat, mit Ausnahme des zusätzlich für Überstunden gezahlten Arbeitsverdiensts und lediglich vorübergehender Verdiensterhöhungen. Umgekehrt bleiben allerdings auch Verdienstkürzungen infolge von Kurzarbeit oder Arbeitsausfällen während des Referenzzeitraums außer Betracht. Dies gilt auch für Betriebsratsmitglieder. Die §§ 37, 38 BetrVG passen hier nicht, da sie ausschließlich die Lohnbemessung bei typischen freistellungsbedingten Arbeitsausfällen regeln. Eine solche liegt hier gerade nicht vor, so dass die Regelungen des BUrlG vorrangig anzuwenden sind. Bei urlaubsbedingten Abwesenheitszeiten von Betriebsratsmitgliedern ist also das Referenzprinzip maßgeblich, nicht das Lohnausfallprinzip. Bezüglich der

---

[926] LAG Rheinland-Pfalz v. 14.05.2013 – 6 SaGa 2/13, ZTR 2013, 587; GK-BetrVG/*Weber*, § 38 Rn. 89; DKKW/*Wedde*, § 38 Rn. 66; HWGNRH/*Glock*, § 38 Rn. 51; Richardi/*Thüsing*, § 38 Rn. 51; *Fitting*, § 38 Rn. 77.
[927] BAG v. 10.07.2013 – 7 ABR 22/12, NZA 2013, 1221; *Fitting*, § 38 Rn. 77; GK-BetrVG/Weber, § 38 Rn. 89.

Höhe sind allerdings die Lohnzahlungen maßgeblich, die das Betriebsratsmitglied in den dreizehn Wochen vor Urlaubsantritt erhalten hat. Alles, was darüber hinausgeht, stellt eine unzulässige Begünstigung i.S.d. § 78 Satz 2 Alt. 2 BetrVG dar.

III. Arbeitskampf

Im Gesetz nicht geregelt ist die Frage, ob sich Betriebsratsmitglieder an Arbeitskampfmaßnahmen beteiligen dürfen und welche Auswirkungen dies auf ihre Vergütung haben kann. Als Arbeitskampfmaßnahmen kommen der Streik und die Aussperrung in Betracht. Unter Streik versteht man die kollektive, planmäßige Arbeitseinstellung durch eine größere Anzahl von Arbeitnehmern zur Erreichung eines Tarifziels.[928] Aussperrung ist die vom Arbeitgeber planmäßig erfolgte generelle Zurückweisung der Arbeitsleistung mehrerer Arbeitnehmer unter Verweigerung der Lohnfortzahlung zur Erreichung eines Tarifziels.[929]

1. Möglichkeit der Teilnahme am Arbeitskampf

Zunächst ist zu prüfen, ob dem Betriebsratsmitglied die aktive Teilnahme an Arbeitskampfmaßnahmen überhaupt gestattet ist und ob es umgekehrt von einer Arbeitskampfmaßnahme wie z.B. der Aussperrung betroffen sein kann. Dagegen könnte § 74 Abs. 2 Satz 1 Halbsatz 1 BetrVG sprechen, der Maßnahmen des Arbeitskampfes zwischen Arbeitgeber und Betriebsrat untersagt. Zwischen den Betriebsparteien gilt eine umfassende Friedenspflicht.[930] Das Arbeitskampfverbot bezieht sich allerdings *nur* auf die Betriebsverfassung. So darf keiner der Betriebspartner gegen den anderen zu Arbeitskampfmaßnahmen aufrufen oder selbige durchführen, um den Verhandlungsgegner zu einem bestimmten betriebsverfassungsrechtlichen Verhalten oder zum Abschluss einer Betriebsvereinbarung zu zwingen.[931] Alle betriebsverfassungsrechtlichen Streitfragen müssen auf friedlichem Wege oder notfalls unter Inanspruchnahme der Einigungsstelle oder der Arbeitsgerichtsbarkeit ausgetragen werden.[932]

---

928 BAG v. 28.01.1955 – GS 1/54, NJW 1955, 882 (884).
929 ErfK/*Linsenmaier*, Art. 9 GG, Rn. 236.
930 ErfK/*Kania*, § 37 BetrVG Rn. 9; *Fitting*, § 74 Rn. 12 f.; Richardi/*Thüsing*, § 74 Rn. 16.
931 *Fitting*, § 74 Rn. 12; Richardi/*Thüsing*, § 74 Rn. 17.
932 ErfK/*Kania*, § 74 BetrVG Rn. 9; *Fitting*, § 74 Rn. 12; GK-BetrVG/*Kreutz/Jacobs* § 74 Rn. 38 ff.; Richardi/*Thüsing*, § 74 Rn. 17.

Im Übrigen dürfen einzelne Betriebsratsmitglieder jedoch in ihrer Eigenschaft als Arbeitnehmer oder als Gewerkschaftsmitglied – Letzteres stellt § 74 Abs. 3 BetrVG ausdrücklich klar – wie jeder andere Arbeitnehmer auch an arbeitskampflichen Maßnahmen teilnehmen.[933] Unerheblich ist, ob es sich um ein Betriebsratsmitglied handelt, das lediglich gelegentlich nach § 37 Abs. 2 BetrVG von der Arbeitspflicht befreit oder gänzlich nach § 38 BetrVG freigestellt ist.[934] Dabei darf das Betriebsratsmitglied allerdings nicht den Eindruck erwecken, als beteilige es sich *als Mitglied des Betriebsrats* am Arbeitskampf.

Ein Arbeitnehmer nimmt jedoch erst durch ausdrückliche oder konkludente Willenserklärung gegenüber dem Arbeitgeber beispielsweise an einem durch die Gewerkschaft ausgerufenen Streik teil, so dass erst ab diesem Zeitpunkt die arbeitsvertraglichen Pflichten suspendiert werden.[935] In der Regel verlautbaren die Arbeitnehmer dies konkludent durch Niederlegung der Arbeit.[936] Dies gilt auch für ein freigestelltes Betriebsratsmitglied, auch wenn es die vertragliche Arbeit aufgrund seiner Freistellung nicht mehr niederlegen kann. Das freigestellte Betriebsratsmitglied hat die Möglichkeit, seine Streitbeteiligung gegenüber dem Arbeitgeber entweder ausdrücklich anzuzeigen oder sie in konkludenter Form zu erklären – sei es durch sein Fernbleiben vom Betrieb, womit es seiner Anwesenheitspflicht nicht länger nachkommt, sei es durch ein Tätigwerden als Streikposten oder in der Streikleitung.

Somit bleibt festzuhalten: Das einzelne Betriebsratsmitglied kann sich in seiner Eigenschaft als Arbeitnehmer oder Gewerkschaftsmitglied an Arbeitskampfmaßnahmen beteiligen.

2. Lohnfortzahlung bei Streikmaßnahmen?

a. Aktive Streikteilnahme

Beteiligt sich ein Betriebsratsmitglied selbst aktiv am Streik, entfällt sein Vergütungsanspruch wie bei den übrigen Arbeitnehmern auch, da die Pflichten aus dem

---

933 *Fitting*, § 74 Rn. 16; Richardi/*Thüsing*, § 74 Rn. 19, 26; GK-BetrVG/*Kreutz/Jacobs*, § 74 Rn. 64 f.
934 *Fitting*, § 74 Rn. 16.
935 BAG v. 15.01.1991 – 1 AZR 178/90, AP Nr. 114 zu Art. 9 GG Arbeitskampf; BAG v. 31.05.1988 – 1 AZR 589/86, NJW 1989, 122 (122).
936 BAG v. 31.05.1988 – 1 AZR 589/86, NJW 1989, 122 (122).

Arbeitsvertrag einschließlich der Pflicht des Arbeitgebers zur Lohnzahlung suspendiert sind. Insoweit wird das Betriebsratsmitglied behandelt wie jeder andere Streikteilnehmer.[937] Es besteht Einigkeit dahingehend, dass ein Arbeitnehmer, der sich an einem Streik beteiligt, für die Dauer seiner Teilnahme keinen Anspruch auf Fortzahlung seines Arbeitsentgelts hat.[938]

Darüber hinaus hat das Betriebsratsmitglied, das seinen Entgeltanspruch infolge aktiver Streikteilnahme verloren hat, auch keinen Lohnfortzahlungsanspruch aus § 37 Abs. 2 BetrVG. Denn die Norm dient lediglich dazu einen bestehenden Entgeltanspruch zu erhalten, stellt jedoch selbst keine Anspruchsgrundlage für einen eigenständigen Vergütungsanspruch dar.[939]

b. Mittelbare Streikteilnahme

Ist der Betrieb, in dem das Betriebsratsmitglied tätig ist, nur *mittelbar* von einem Arbeitskampf betroffen, weil beispielsweise ein Zulieferbetrieb bestreikt wird und den Betrieb, dem das Betriebsratsmitglied angehört, dadurch lahmlegt, weil es auf die Produkte aus dem bestreikten Betrieb angewiesen ist, liegt der Fall jedoch anders. Hier gilt § 37 Abs. 2, Abs. 4 BetrVG. Wirkt sich diese Arbeitskampfmaßnahme auf das Arbeitsentgelt der im nicht bestreikten, jedoch mittelbar betroffenen Betrieb tätigen vergleichbaren Arbeitnehmer aus[940], hat dies auch Konsequenzen auf den Entgeltanspruch des jeweiligen Betriebsratsmitglieds. Andernfalls würde das Betriebsratsmitglied unzulässig begünstigt.[941.] Wäre das Betriebsratsmitglied nicht seinen Betriebsratsaufgaben nachgegangen, hätte es ebenfalls – wie die anderen vergleichbaren Arbeitnehmer – nicht arbeiten können und bei Vorliegen der Voraussetzungen der Betriebsrisikolehre auch keinen Lohn erhalten. Das Betriebsratsmitglied verliert seinen Vergütungsanspruch auch dann, wenn es seine Amtstätigkeiten weiter ausübt. Es ist insoweit genauso zu behandeln wie die Arbeitnehmer seiner Vergleichsgruppe.

---

937 Ebenso *Knipper*, S. 83; *Lipp*, S. 121.
938 St. Rspr. des BAG seit der Entscheidung des Großen Senats in BAG v. 28.01.1955 – GS 1/54, NJW 1955, 882 (884); das BAG führte in seiner Entscheidung vom 15.01.1991 – 1 AZR 178/90, AP Nr. 114 zu Art. 9 GG Arbeitskampf aus, dass dieser Grundsatz keiner weiteren Begründung bedarf.
939 Siehe oben unter „Rechtsgrundlage für die Lohnfortzahlung", S. 53.
940 Infolge der sog. Arbeitskampfrisikolehre, vgl. BAG v. 22. 12.1980 – 1 BV 12/78, BAGE 34, 331 (339 ff.).
941 Im Ergebnis ebenso *Knipper*, S. 84.

Das Betriebsratsmitglied erwirbt jedoch einen Anspruch aus § 37 Abs. 3 BetrVG, wenn es während der mittelbaren Arbeitskampfmaßnahme erforderliche Betriebsratstätigkeit verrichten muss. Als Folge des Arbeitskampfes ruhen die gegenseitigen arbeitsvertraglichen Pflichten. Folglich entfällt auch die Arbeitspflicht der Arbeitnehmer, einschließlich des Betriebsratsmitglieds. Fallen nun aber erforderliche Betriebsratsaufgaben an, so muss das Betriebsratsmitglied diese außerhalb seiner persönlichen Arbeitszeit erbringen. Die Gründe hierfür sind betriebsbedingt i.S.d. § 37 Abs. 3 Satz 1 BetrVG, denn der Grund des Wegfalls der Beschäftigungsmöglichkeit und damit auch der arbeitsvertraglichen Pflichten liegt in der Betriebsorganisation oder beruht auf betriebswirtschaftlichen Faktoren.

Mit anderen Worten: Der Lohnfortzahlungsanspruch des Betriebsratsmitglieds entfällt, wenn die ihm vergleichbaren Arbeitnehmer mittelbar von einem Streik betroffen sind und ihr Vergütungsanspruch nach den Grundsätzen der Arbeitskampfrisikolehre entfällt. Bei Vorliegen der Voraussetzungen kommt jedoch ein Anspruch aus § 37 Abs. 3 BetrVG in Betracht.

c. Hypothetische Streikteilnahme

Äußerst kontrovers diskutiert wird in der Rechtsprechung und der Literatur die Frage, ob die Lohnfortzahlung nach § 37 Abs. 2 BetrVG nur dann entfällt, wenn das Betriebsratsmitglied in der Zeit seiner Arbeitsbefreiung tatsächlich aktiv an einem Streik teilnimmt, oder ob der Anspruch nicht möglicherweise bereits dann entfällt, wenn sich das Betriebsratsmitglied zwar nicht tatsächlich am Streik beteiligt hat, aber feststeht, dass es sich ohne die Betriebsratstätigkeit hypothetisch an einem solchen Streik beteiligt hätte.

aa. Tatsächliche Streikbeteiligung erforderlich

Das Bundesarbeitsgericht hatte sich in seiner Entscheidung vom 15. Januar 1991[942] mit eben dieser Frage auseinanderzusetzen. Der Entscheidung lag folgender Sachverhalt zugrunde: Der Kläger war Mitglied des Betriebsrats im Betrieb des Beklagten und folgte einem Aufruf der Gewerkschaft zu einem Warnstreik. In der darauffolgenden Woche wurde der Betrieb des Beklagten vom montags bis einschließlich donnerstags bestreikt. Während dieser Zeit nahm das Be-

---

942 BAG v. 15.01.1991 – 1 AZR 178/90, AP Nr. 114 zu Art. 9 GG Arbeitskampf.

triebsratsmitglied jedoch an einer einwöchigen Schulungsveranstaltung für Betriebsratsmitglieder teil, zu der es bereits neun Monate vor Streikbeginn angemeldet worden war. Der Arbeitgeber verweigerte daraufhin den Lohn für die in die Schulungsteilnahme fallenden Streiktage. Das Betriebsratsmitglied war der Auffassung, ihm stehe für die gesamte Zeit der Schulungsteilnahme – also auch für die Zeit während der Streiktage – sein voller Lohnanspruch zu, auch wenn es sich, wäre es nicht zur Schulung gegangen, nach eigenen Angaben *„selbstverständlich nicht als Streikbrecher betätigt hätte"*.[943] Im Ergebnis entschied das BAG die lediglich hypothetische Streikteilnahme sei nicht ausreichend. Dem Betriebsratsmitglied sei sein Lohn nach § 37 Abs. 2 BetrVG fortzuzahlen.[944]

Dies begründet der 1. Senat – ausgehend von der Prämisse, dass die am Streik beteiligten Arbeitnehmer für die Zeit ihrer Streikbeteiligung ihren Entgeltanspruch verlieren – mit der in ständiger Rechtsprechung zu § 37 Abs. 2 BetrVG entwickelten Formel zum Lohnausfallprinzip.[945] Demnach sei danach zu fragen, ob das Betriebsratsmitglied für die Zeit der Schulungsteilnahme einen Lohnanspruch gehabt hätte, unterstellt, es hätte nicht an der Veranstaltung teilgenommen. Der Lohnanspruch des Betriebsratsmitglieds könne bei der hypothetischen Betrachtung erst dann ausgeschlossen werden, wenn das Betriebsratsmitglied erklärt, dass es sich auch während der Zeit der Arbeitsbefreiung bzw. Freistellung tatsächlich aktiv am Streik beteiligt hätte, sei es ausdrücklich oder konkludent.[946] Allein darin, dass das Betriebsratsmitglied nicht zur Arbeit erschienen sei, könne in diesem Fall jedoch nicht als konkludente Erklärung angesehen werden, es beteilige sich am Streik. Bei Beginn des Streiks bereits feststehende Zeiten einer Arbeitsbefreiung zur Wahrnehmung von Betriebsratstätigkeit seien ebenso zu behandeln wie ein bereits bewilligter Urlaub. Der Lohnfortzahlungsanspruch werde so lange nicht berührt, wie der Arbeitnehmer nicht erklärt, er werde auch für diese Tage am Arbeitskampf teilnehmen. Auch die vorangegangene Teilnahme des Betriebsratsmitglieds am Warnstreik ändere hieran nichts, da dieser zum entscheidungserheblichen Zeitpunkt bereits beendet gewesen sei.[947] Folglich lässt nach

---

943 BAG v. 15.01.1991 – 1 AZR 178/90, AP Nr. 114 zu Art. 9 GG Arbeitskampf.
944 BAG v. 15.01.1991 – 1 AZR 178/90, AP Nr. 114 zu Art. 9 GG Arbeitskampf.
945 BAG v. 15.01.1991 – 1 AZR 178/90, AP Nr. 114 zu Art. 9 GG Arbeitskampf.
946 BAG v. 15.01.1991 – 1 AZR 178/90, AP Nr. 114 zu Art. 9 GG Arbeitskampf.
947 BAG v. 15.01.1991 – 1 AZR 178/90, AP Nr. 114 zu Art. 9 GG Arbeitskampf.

Ansicht des BAG die lediglich hypothetische Streikbeteiligung des Betriebsratsmitglieds seinen Vergütungsanspruch nicht entfallen.

Dieser Ansicht haben sich weite Teile des rechtswissenschaftlichen Schrifttums angeschlossen.[948] Nicht die hypothetische, sondern nur die tatsächliche Streikteilnahme beseitige den Anspruch auf Entgeltfortzahlung. In der Literatur werden hierfür verschiedene Begründungen angeführt. Eine Ansicht in der Literatur[949] argumentiert, aufgrund der gesetzestechnischen Gestaltung des § 37 Abs. 2 BetrVG bleibe für die Berücksichtigung einer anderweitigen hypothetischen Nichtleistung kein Raum. So befreie die Norm das Betriebsratsmitglied von seiner vertraglichen Hauptleistungspflicht. Zur selben Zeit bleibe der Anspruch auf die Gegenleistung jedoch unberührt. § 37 Abs. 2 BetrVG bestimme bereits selbst, dass der Entgeltanspruch fortbesteht. Das Lohnausfallprinzip diene lediglich der *Bemessung* des aufrechterhaltenen Anspruchs. Demnach sei im Rahmen des Lohnausfallprinzips bei § 37 Abs. 2 BetrVG lediglich hypothetisch danach zu fragen, wie viel das Betriebsratsmitglied verdient hätte, wenn es seine Arbeitsleistung tatsächlich erbracht hätte. Der Vergütungsanspruch selbst könne dem Grunde nach jedoch nur dann entfallen, wenn ein zusätzlicher realer Umstand ursächlich für den Arbeitsausfall werde.[950] Eine weitere Ansicht in der Literatur[951] sieht den entscheidenden Vorteil des Verzichts auf hypothetische Erwägungen in der gravierenden Vereinfachung der Beweisaufnahme und stimmt dem BAG daher im Ergebnis zu, dass es nicht auf die Feststellung einer hypothetischen Streikteilnahme ankommen dürfe. Eine effektive Beweiserhebung würde andernfalls zu einer Gesinnungsforschung entarten, die es zu vermeiden gelte. Auch das Gebot der Kampfparität spreche für den Verzicht auf hypothetische Erwägungen.[952] Erkläre das Betriebsratsmitglied erst nachträglich, es hätte an einem bereits beendeten Streik teilgenommen, könne es mit dieser Äußerung keinerlei Druck mehr auf den Arbeitgeber ausüben, so dass eine nachträgliche Erklärung einer aktiven Streikteilnahme bereits aus diesem Grunde nicht gleichgestellt werden dürfe.[953] Überdies werde bei

---

948 *Fitting*, § 37 Rn. 184; GK-BetrVG/*Weber*, § 37 Rn. 69; HWGNRH/*Glock*, § 37 Rn. 202; *Knipper*, S. 80 ff.; *Lipp*, S. 120 ff.
949 *Belling/Hartmann*, ZfA 1994, 519 (534).
950 *Belling/Hartmann*, ZfA 1994, 519 (534).
951 *Henssler*, SAE 1991, 347 (349).
952 *Henssler*, SAE 1991, 347 (350).
953 *Henssler*, SAE 1991, 347 (350).

dem Außerachtlassen einer hypothetischen Streikteilnahme der ehrliche Arbeitnehmer, der seine nicht nachweisbare Streikbeteiligung offen einräumt, nicht gegenüber dem unehrlichen benachteiligt, der wider besseres Wissen seine Absicht zur Streikteilnahme bestreitet, ohne dass der Arbeitgeber den Gegenbeweis führen kann.[954] Ähnlich sieht dies eine weitere Ansicht in der Literatur[955], die davon ausgeht, ein Arbeitnehmer könne im Falle einer nur hypothetischen Streikteilnahme nicht so behandelt werden, als hätte er eine Willenserklärung abgegeben. Vielmehr sei der im Zivilrecht allgemein gültige Grundsatz zu beachten, dass eine Willenserklärung niemandem zugerechnet werden könne, wenn dieser eine solche nicht abgegeben habe. Habe der einzelne Arbeitnehmer seine Streikteilnahme nicht konkludent oder ausdrücklich erklärt, könne nicht bereits die hypothetische Erklärung ausreichend sein, seinen Entgeltanspruch entfallen zu lassen.[956] Eine jüngere Ansicht in der Literatur[957] macht sich die oben genannten Argumente weitestgehend zu eigen und argumentiert zudem, es müsse lediglich geprüft werden, ob ohne die Mandatseigenschaft noch ein Entgeltanspruch bestünde. Sei dies der Fall, so bleibe der Entgeltanspruch auch dann erhalten, wenn die Arbeitsleistung ausfalle. Hinter dem Lohnausfallprinzip des § 37 BetrVG stehe demnach nicht primär eine hypothetische „Was wäre wenn"-Betrachtungsweise, sondern es müsse geprüft werden, ob ein anderer Sachverhalt vorliege, der den Vergütungsanspruch des Arbeitnehmers entfallen lasse. Da bei einem Streik der Entgeltanspruch des Arbeitnehmers nur dann entfalle, wenn dieser sich tatsächlich am Streik beteilige, müsste dies ebenso im Rahmen des § 37 BetrVG für Mitglieder des Betriebsrats gelten.[958] Nach den oben genannten Ansichten ist folglich die tatsächliche Streikbeteiligung des Betriebsratsmitglieds erforderlich, um die Lohnfortzahlung entfallen zu lassen.

bb. Hypothetische Streikbeteiligung ausreichend

Die Gegenmeinung hält eine hypothetische Streikbeteiligung für ausreichend, um den Lohnfortzahlungsanspruch des Betriebsratsmitglieds entfallen zu lassen.[959]

---

954 *Henssler*, SAE 1991, 347 (350).
955 *Reinecke*, DB 1991, 1168 (1174).
956 *Reinecke*, DB 1991, 1168 (1174); a.A. *Gutzeit*, S. 140.
957 *Lipp*, S. 120 ff., 124.
958 *Lipp*, S. 124.
959 LAG Hamm v. 31.01.1990 – 3 Sa 1539/89, DB 1990, 2274.

Für den oben dargestellten Fall bedeutet dies, dass für den Zeitraum der Teilnahme an einer Schulung i.S.d. § 37 Abs. 6 BetrVG dann keine Lohnfortzahlung mehr geschuldet ist, wenn in dieser Zeit der Betrieb bestreikt worden ist und das Betriebsratsmitglied sich ohne die Schulung an dem Streik beteiligt hätte. Die hypothetische Streikteilnahme sei ausreichend, damit ein Arbeitnehmer seinen Entgeltanspruch verliert, wenn feststeht, dass sich das Betriebsratsmitglied, wäre es nicht von der Arbeitspflicht befreit gewesen, am Streik beteiligt hätte.[960] Grundsätzlich bestehe jedoch eine tatsächliche Vermutung dahingehend, dass das Betriebsratsmitglied ohne die Befreiung bzw. Freistellung von seiner Arbeitspflicht arbeiten würde. Diese Vermutung sei erschüttert, wenn ein Betriebsratsmitglied während des Arbeitskampfes oder im Nachhinein erklärt, es hätte am Streik teilgenommen, wenn es nicht von der Arbeit befreit bzw. freigestellt gewesen wäre – wie vorliegend die Aussage, es hätte sich selbstverständlich nicht als Streikbrecher betätigt – oder während der Zeit, in der es nicht befreit war, tatsächlich am Streik teilgenommen hat – wie dies vorliegend zum Zeitpunkt des Warnstreiks der Fall gewesen ist. Begründet wird dies damit, Orientierungspunkt für die Berechnung auch des nach § 37 Abs. 2 BetrVG fortzuzahlenden Arbeitsentgelts sei stets die Arbeit, die ohne die Freistellung bzw. Befreiung vom Betriebsratsmitglied geleistet worden wäre. Diese Orientierung habe jedoch notwendigerweise auf hypothetische Feststellungen zurückzugreifen, da das Betriebsratsmitglied tatsächlich keine Arbeitsleistung erbringe. Für dieses Ergebnis spreche auch der Grundsatz der Kampfparität. Mit diesem sei es nicht zu vereinbaren, dass der Arbeitgeber gezwungen werde, Lohnfortzahlungen auch an diejenigen Arbeitnehmer und Betriebsratsmitglieder zu zahlen, die während des Streiks keinen Zweifel an ihrer Arbeitsunwilligkeit lassen und sich mit den Streikenden solidarisieren. Andernfalls würde der Arbeitgeber faktisch zur Finanzierung der Gegenseite verpflichtet. Darin läge jedoch ein Verstoß gegen den Grundsatz der Kampfparität. Folglich müsse der Entgeltanspruch eines Betriebsratsmitglieds bereits bei seiner hypothetischen Streikbeteiligung entfallen.

---

960 LAG Hamm v. 31.01.1990 – 3 Sa 1539/89, DB 1990, 2274; *Gutzeit*, S. 139.

cc. Leisten von Betriebsratstätigkeit maßgeblich

Eine weitere Ansicht bejaht einen Vergütungsanspruch des Betriebsratsmitglieds ausnahmsweise auch bei realer Streikbeteiligung, sofern der Mandatsträger für die Dauer der Betriebsratstätigkeit den Streik unterbricht.[961] Das Betriebsratsmitglied müsse, soweit es während des Streiks Betriebsratstätigkeit ausübe, hinsichtlich seines Vergütungsanspruchs so behandelt werden wie ein streikender Arbeitnehmer, der Erhaltungsarbeiten ausführe.

dd. Stellungnahme

Die Ansicht, die das Betriebsratsmitglied so behandeln will wie einen streikenden Arbeitnehmer, der Erhaltungsarbeiten leistet, sofern er seine reale Streikbeteiligung unterbricht und Betriebsratstätigkeit erfüllt[962], ist abzulehnen. Sie trennt nicht klar zwischen der Amtstätigkeit des Betriebsratsmitglieds und seinem arbeitsvertraglichen Vergütungsanspruch und ignoriert die Ausgestaltung des Betriebsratsamtes als unentgeltliches Ehrenamt. Das Betriebsratsmitglied erbringt anders als ein Arbeitnehmer, der Erhaltungsarbeiten leistet, keine arbeitsvertraglich geschuldete Leistung, die in einem Gegenseitigkeitsverhältnis steht.[963] Es übt vielmehr nach wie vor eine unentgeltliche und ehrenamtliche Tätigkeit aus, die für sich genommen gerade keine Vergütungspflicht auslösen kann. Der dem Betriebsratsmitglied zustehende Vergütungsanspruch ergibt sich ebenfalls aus dem arbeitsvertraglichen Gegenseitigkeitsverhältnis. Erklärt das Betriebsratsmitglied jedoch in seiner Eigenschaft als Arbeitnehmer seine Streikteilnahme, so verliert es diesen Entgeltanspruch, der auch dann nicht wiederauflebt, wenn das Betriebsratsmitglied während des Arbeitskampfes vorübergehend seine Betriebsratstätigkeit wiederaufnimmt. Somit ist zunächst festzuhalten, dass ein Betriebsratsmitglied seinen individualvertraglichen Vergütungsanspruch verliert, wenn es sich in seiner Eigenschaft als Arbeitnehmer an Arbeitskampfmaßnahmen beteiligt.

Die Frage, ob bereits eine hypothetische Streikbeteiligung ausreichend ist, um den Entgeltanspruch des Betriebsratsmitglieds entfallen zu lassen, oder ob dies nur bei

---

961 ArbG Düsseldorf v. 30.05.1984 – 3 BVGa 14/84; 10.10.84 – 10 Ca 4116/84; DKKW/*Wedde*, § 37 Rn. 61.
962 ArbG Düsseldorf v. 30.05.1984 – 3 BVGa 14/84; 10.10.84 – 10 Ca 4116/84; DKKW/*Wedde*, § 37 Rn. 61.
963 So ebenfalls *Lipp*, S. 120.

einer tatsächlichen Streikbeteiligung in Betracht kommt, ist anhand des Rechtscharakters der Lohnfortzahlung zu bestimmen. Ausgehend vom Lohnausfallprinzip, ist das Betriebsratsmitglied so zu stellen, wie es stünde, wenn es gearbeitet hätte. Es hat also Anspruch auf das Arbeitsentgelt, das es erhalten hätte, wenn es normal weitergearbeitet hätte. § 37 Abs. 2 BetrVG erhält einen bestehenden individualvertraglichen Vergütungsanspruch des Betriebsratsmitglieds aufrecht. Dies bedeutet, so lange der arbeitsvertragliche Vergütungsanspruch als solcher besteht, ist dem Betriebsratsmitglied sein Entgelt fortzuzahlen. Der Vergütungsanspruch stellt keine Entlohnung für die Betriebsratstätigkeit dar. Es besteht kein unmittelbares Gegenseitigkeitsverhältnis zwischen der Amtstätigkeit und der Vergütung des Betriebsratsmitglieds.[964] Dies verbietet das Unentgeltlichkeitsprinzip des § 37 Abs. 1 BetrVG. Bei einer Freistellung oder gelegentlichen Befreiung des Betriebsratsmitglieds entfällt seine Pflicht zur Erbringung der arbeitsvertraglich geschuldeten Tätigkeit, auch wenn die Pflicht des Arbeitgebers zur Leistung der vereinbarten Vergütung fortbesteht. Dieser Vergütungsanspruch entfällt – wie bei den anderen Arbeitnehmern auch – wenn sich das Betriebsratsmitglied aktiv am Streik beteiligt. Einer Hypothese bedarf der Entgeltfortzahlungsanspruch des Betriebsratsmitglieds nämlich nur bei der Berechnung des Umfangs der fortzuzahlenden Vergütung. Keiner Hypothese bedarf hingegen die Feststellung hinsichtlich des *Ob* der Arbeitsleistung. Zudem widerspricht es allgemeinen schuldrechtlichen Grundsätzen, dass eine Gegenleistung bereits aufgrund hypothetischer Nichtleistung entfällt. Die Einbeziehung hypothetischer Geschehensabläufe im Zivilrecht ist nur in ausdrücklich geregelten Ausnahmefällen vorgesehen – wie z.B in § 615 BGB für den Fall des Annahmeverzugs. Fehlt es an einer solchen gesetzlich normierten Ausnahme, so gilt der allgemeine Grundsatz, dass derjenige, der eine Willenserklärung nicht abgegeben hat, nicht so behandelt werden kann, als ob er dies getan hätte.

Dieses Ergebnis entspricht der Systematik des § 37 Abs. 2 BetrVG. Es kann auch nicht vor dem Hintergrund des Grundsatzes der Kampfparität modifiziert werden. Auch der Paritätsgedanke setzt voraus, dass überhaupt eine Arbeitskampfmaßnahme in Rede steht; betrifft mithin nur tatsächliche Umstände. Auch wenn sich

---

[964] Siehe oben unter „Lohnausfallprinzip", S. 52.

interessanterweise beide Ansichten auf den Gedanken der Arbeitskampfparität berufen, handelt es sich bei einer hypothetischen Streikteilnahme (noch) nicht um eine Teilnahme am Arbeitskampf. Parität ist ein wesentlicher Grundsatz des Arbeitskampfrechts. Er soll sicherstellen, dass zwischen den Parteien ein tatsächlich feststellbares (Verhandlungs-)Gleichgewicht für Tarifverhandlungen besteht.[965] Dieses Gleichgewicht ist weder normativ anzuordnen noch formal zu fingieren. Entscheidend sind vielmehr die tatsächlichen Gegebenheiten.[966] Die hypothetische Streikteilnahme ist nicht dazu geeignet das Verhandlungsgleichgewicht zugunsten der Gewerkschafts- bzw. Arbeitnehmerseite oder der Arbeitgeberseite zu verschieben – zumal es den Betriebsratsmitgliedern gemäß § 74 Abs. 2 BetrVG ohnehin untersagt ist, sich in ihrer Eigenschaft als Mitglieder des Betriebsrats an Arbeitskämpfen zu beteiligen, so dass sie weder die Mittel, die dem Betriebsrat nach § 40 Abs. 2 BetrVG zur Verfügung gestellt sind, zu Streikzwecken heranziehen dürfen noch unter ausdrücklicher Erwähnung ihrer Betriebsratsmitgliedschaft Streikaufrufe und Verlautbarungen unterzeichnen dürfen.[967]

Zudem sprechen auch praktische Erwägungen gegen die Berücksichtigung hypothetischer Tatsachenverläufe bei der Frage, ob dem Betriebsratsmitglied weiterhin sein Vergütungsanspruch zusteht. Sähe man die hypothetische Streikbeteiligung bereits als ausreichend an, wären die Gerichte gezwungen, Gewissensforschung zu betreiben, die es jedoch zwingend zu vermeiden gilt.[968] Dies würde zu gravierenden Beweisschwierigkeiten führen. Fast unüberwindbare Beweisprobleme dürften sich bei der Berücksichtigung hypothetischer Tatsachenverläufe stellen, wenn das Betriebsratsmitglied nicht so offen seine Solidarität mit den Streikenden zum Ausdruck bringt, wie dies in dem vom BAG entschiedenen Fall geschehen ist, oder wenn es sich gegebenenfalls sogar gar keine Gedanken über eine mögliche Streikteilnahme gemacht hat, weil sich die Frage beispielsweise aufgrund der Befreiung oder Freistellung von der Arbeitspflicht im fraglichen Zeitraum für das Betriebsratsmitglied nicht stellte. Zudem ist der herrschenden Ansicht in der Literatur dahingehend zuzustimmen, dass der aufrichtige Arbeitnehmervertreter, der offen zugibt, dass er sich ohne die Betriebsratstätigkeit an dem Streik beteiligt

---

965 *Preis*, Kollektivarbeitsrecht, S. 296.
966 *Preis*, Kollektivarbeitsrecht, S. 299.
967 *Fitting*, § 74 Rn. 15.
968 So auch *Henssler*, SAE 1991, 347 (349).

hätte, bei der Berücksichtigung einer hypothetischen Streikbeteiligung schlechter dasteht als der unehrliche, der dies wahrheitswidrig bestreitet.[969] Ein solch paradoxes Ergebnis gilt es zu vermeiden.

ee. Ergebnis

Die besseren Gründe sprechen dagegen, bereits die hypothetische Streikbeteiligung des Betriebsratsmitglieds für einen Wegfall des Vergütungsanspruchs des Betriebsratsmitglieds genügen zu lassen. Der von § 37 Abs. 2 BetrVG aufrechterhaltene Vergütungsanspruch entfällt nach der hier vertretenen Auffassung somit erst dann, wenn das Betriebsratsmitglied einen zusätzlichen Umstand schafft, nach dem sein arbeitsvertraglicher Entgeltanspruch entfällt. Die Lohnfortzahlungspflicht des Arbeitgebers wird als Teil der arbeitsvertraglichen Pflichten suspendiert, sobald sich ein Arbeitnehmer tatsächlich am Streik beteiligt. Dies gilt auch für Betriebsratsmitglieder. Erst wenn ein Betriebsratsmitglied tatsächlich am Streik teilnimmt, liegen in seiner Person Umstände vor, die unabhängig von seiner Arbeitsbefreiung / ohne diese zu einem Wegfall des Vergütungsanspruchs geführt hätten. Mit anderen Worten: Das Betriebsratsmitglied verliert seinen Anspruch auf Entgeltfortzahlung nur dann, wenn es tatsächlich Umstände erfüllt, die einen Wegfall des Vergütungsanspruchs zur Folge haben. Dies ist jedoch nur bei tatsächlicher, nicht schon bei hypothetischer Streikteilnahme der Fall. Das Betriebsratsmitglied muss also während der Zeit der Amtsausübung streiken. Tut es dies nicht, darf und muss der Arbeitgeber dem Betriebsratsmitglied seinen Lohn nach § 37 Abs. 2 BetrVG fortzahlen.

d. Schlichtungsversuch durch den Betriebsrat bei sog. wildem Streik

Anders zu beurteilen ist der Fall, wenn es zu einem sog. *wilden Streik* kommt und Mitglieder des Betriebsrats mit dem Einverständnis des Arbeitgebers versuchen diesen durch Verhandlungen zu schlichten. Ein wilder oder auch rechtswidriger Streik liegt vor, wenn es an einem Streikaufruf der zuständigen Gewerkschaft fehlt.[970] Das Bundesarbeitsgericht[971] sprach den während des Streiks verhandelnden Betriebsratsmitgliedern einen Lohnanspruch zu. Dies geschehe in Durchbrechung des Lohnausfallprinzips selbst dann, wenn infolge des Streiks die Arbeit

---

969 So insbesondere *Henssler*, SAE 1991, 347 (350); *Lipp*, S. 125.
970 *Preis*, Kollektivarbeitsrecht S. 307.
971 BAG v. 05.12.1978 – 6 AZR 485/76, AiB 2011, 471.

auch an ihren Arbeitsplätzen ruhte. Der Vergütungsanspruch des Betriebsratsmitglieds sei nicht immer davon abhängig, dass das Betriebsratsmitglied hätte effektiv arbeiten können, wenn keine Betriebsratstätigkeit angefallen wäre. Dies ergebe sich bereits aus § 37 Abs. 3 BetrVG. Zudem könne „*im Rahmen der funktionellen Zuständigkeit des Betriebsrats zumindest mit Einverständnis des Arbeitgebers Betriebsratstätigkeit auch außerhalb der (betriebsüblichen) Arbeitszeit ausgeübt werden.*"[972] Ganz überwiegend schloss sich die Literatur der Auffassung des BAG an.[973]

Der Auffassung des BAG und der ganz herrschenden Meinung in der Literatur ist im Ergebnis zustimmen. Allerdings überzeugt die Argumentation des BAG nicht ganz. Das BAG übersieht Folgendes: Die Teilnahme an einem rechtswidrigen Streik suspendiert die Arbeitspflicht nicht.[974] Damit wären die Betriebsratsmitglieder, wenn sie nicht zur Erfüllung ihrer Betriebsratsaufgaben freigestellt oder befreit worden wären, zur Arbeitsleistung verpflichtet gewesen und behalten daher schon aus diesem Grund ihren Anspruch auf ihr Arbeitsentgelt. Denn es handelte sich um einen nicht organisierten und somit rechtswidrigen Streik, bei dem auch die Arbeitsverhältnisse der Betriebsratsmitglieder nicht suspendiert waren, so dass sie weiterhin zur Arbeit verpflichtet waren. Hätten sie sich nicht der Schlichtung des Konflikts gewidmet, hätten sie normal weiterarbeiten müssen und dann auch einen Anspruch auf Zahlung des vereinbarten Arbeitsentgelts gehabt. Selbst wenn der Arbeitgeber sie trotz Arbeitswilligkeit nicht hätte beschäftigen können, hätten sie einen Anspruch auf Zahlung des Arbeitsentgelts gehabt, sofern die Voraussetzungen aus § 611a Abs. 2 i.V.m. § 615 BGB vorliegen. Zudem beteiligen sie sich im Falle des Schlichtungsversuchs nicht am Streik, sondern erfüllen Betriebsratsaufgaben im Sinne des § 37 Abs. 2 BetrVG. Zwar folgt aus dem Gebot der vertrauensvollen Zusammenarbeit aus § 2 Abs. 1 BetrVG i.V.m. § 74 BetrVG, dass der Betriebsrat als betriebsverfassungsrechtliches Organ zur Neutralität verpflichtet ist und sich jeder Tätigkeit im Arbeitskampf enthalten

---

972 BAG v. 05.12.1978 – 6 AZR 485/76, AiB 2011, 471.
973 *Däubler*, AiB 2011, 471 (473); DKKW/*Wedde*, § 37 Rn. 61; *Fitting*, § 37 Rn. 62; GK-BetrVG/*Weber*, § 37 Rn. 69; *Lipp*, S. 126; a.A. HWGNRH/*Glock*, § 37 Rn. 62.
974 *Krichel*, NZA 1987, 297.

muss.⁹⁷⁵ Auch ist der Betriebsrat nicht dazu verpflichtet, mit den streikenden Arbeitnehmern in Kontakt zu treten oder sich als Schlichter zu betätigen. Er kann sich jedoch freiwillig dafür entscheiden.⁹⁷⁶ Wird der Betriebsrat nach Absprache mit dem Arbeitgeber als Schlichter zwischen Arbeitgeber und Belegschaft tätig, erweitert sich dadurch einvernehmlich sein Pflichtenkreis. Die Schlichtungsversuche stellen dann Betriebsratsaufgaben i.S.d. § 37 Abs. 2 BetrVG dar.

3. Lohnfortzahlung bei Aussperrung?

Möglich ist auch, dass das Betriebsratsmitglied unmittelbar vom Arbeitskampf betroffen ist, indem es vom Arbeitgeber ausgesperrt wird. Die Aussperrung ist ein Arbeitskampfmittel der Arbeitgeberseite und bezeichnet die aufgrund eines Kampfentschlusses der Arbeitgeberseite erfolgende Ausschließung einer Mehrzahl von Arbeitnehmern von der Arbeit unter Verweigerung der Lohnzahlung als Mittel der kollektiven Druckausübung mit tarifvertragsbezogenem Zweck.⁹⁷⁷ Es ist allgemein anerkannt, dass auch Betriebsratsmitglieder mit suspendierender Wirkung ausgesperrt werden können.⁹⁷⁸ Von einer Aussperrung bleibt das Betriebsratsamt jedoch unberührt. Die Betriebsratsmitglieder müssen ihr Amt auch in Zeiten des Arbeitskampfes wahrnehmen.⁹⁷⁹ Durch die Suspendierung der Hauptpflichten aus dem Arbeitsverhältnis infolge der Aussperrung entfallen nicht nur die Beschäftigungspflicht des Arbeitgebers und die Arbeitspflicht des Arbeitnehmers, sondern auch die Lohnzahlungspflicht des Arbeitgebers.⁹⁸⁰ Es stellt sich daher die Frage, ob die rechtmäßige Aussperrung ebenfalls den Entgeltanspruch der Betriebsratsmitglieder für die aufgrund der Aussperrung ausgefallene Arbeitszeit entfallen lässt, wenn sie während der Aussperrung Betriebsratsaufgaben erfüllt haben.

a. Entfallen des Entgeltanspruchs

Das Bundesarbeitsgericht verneinte einen Anspruch des Betriebsratsmitglieds auf Fortzahlung seines Arbeitsentgelts für die Dauer der Aussperrung.⁹⁸¹ Das BAG

---

975 *Fitting*, § 74 Rn. 14 m.w.N.
976 BAG v. 05.12.1978 – 6 AZR 485/76, AiB 2011, 471.
977 ErfK/*Linsenmaier*, Art. 9 GG Rn. 236.
978 BAG v. 25.10.1988 – 1 AZR 368/87, NZA 1989, 353 (354).
979 *Fitting*, § 74 Rn. 18; GK-BetrVG/*Kreutz/Jacobs*, § 74 Rn. 59.
980 ErfK/*Linsenmaier*, Art. 9 GG Rn. 236 ff.
981 BAG v. 25.10.1988 – 1 AZR 368/87, NZA 1989, 353 (354).

argumentiert, Arbeitsverhältnis und Betriebsratsamt seien streng voneinander zu trennen. Da die Betriebsratsmitglieder ihr Amt unentgeltlich als Ehrenamt ausführten, ergebe sich ihr Entgeltanspruch grundsätzlich nach § 611a Abs. 2 BGB. Über § 37 Abs. 2 BetrVG seien die Betriebsratsmitglieder so zu stellen, wie sie gestanden hätten, wenn sie keine Betriebsratstätigkeit ausgeübt hätten. Es sei mithin im Rahmen des Lohnausfallprinzips danach zu fragen, was das Betriebsratsmitglied verdient haben würde, wenn es keine Betriebsratstätigkeit ausgeübt hätte. Das BAG betont mehrfach, dass die Betriebsratstätigkeit selbst nicht als Arbeitsleistung vergütet werde, da dies mit dem Charakter des Betriebsratsamtes als unentgeltliches Ehrenamt nicht vereinbar sei.[982] Aus diesem Grund entstehe in den Fällen, in denen die Arbeit während der Betriebsratstätigkeit ausfalle, ohne dass dies von dem Arbeitgeber nach den Grundsätzen der Betriebsrisikolehre zu vertreten sei – wie dies vorliegend infolge der Aussperrung der Fall war –, weder ein Entgeltanspruch nach § 611a Abs. 2 BGB noch könne ein solcher durch § 37 Abs. 2 BetrVG erhalten bleiben.[983]

Die herrschende Meinung in der Literatur schloss sich dem BAG grundsätzlich an.[984] Eine Ansicht innerhalb der herrschenden Ansicht will eine Ausnahme von den vom BAG aufgestellten Grundsätzen für den Fall zulassen, dass der Arbeitgeber bei Angelegenheiten ohne Kampfbezug während des Arbeitskampfes Beteiligungsrechte des Betriebsrats beachten muss und zu diesem Zweck den Betriebsrat einschaltet.[985] Unter diesen Voraussetzungen stünde dem Betriebsratsmitglied ein Entgeltanspruch aus § 37 Abs. 3 BetrVG zu. Die Aussperrung führe dazu, dass die Beteiligung des Betriebsrats aus betriebsbedingten Gründen außerhalb der individuellen Arbeitszeit seiner Mitglieder erfolge, da die Betriebsratsmitglieder infolge der Suspendierung der Arbeitspflichten nun keine Arbeitszeiten mehr einzuhalten hätten. Zudem bewirke die Aussperrung als eine vom Arbeitgeber zu vertretende Maßnahme die entsprechende Rechtsfolge. Allerdings gesteht diese Auffassung den Betriebsratsmitgliedern nur einen Anspruch auf

---

[982] BAG v. 25.10.1988 – 1 AZR 368/87, NZA 1989, 353 (354).
[983] BAG v. 25.10.1988 – 1 AZR 368/87, NZA 1989, 353 (354).
[984] *Fitting*, § 37 Rn. 61 f.; HWGNRH/*Glock*, § 37 Rn. 58; GK-BetrVG/*Weber*, § 37 Rn. 69; *Beule*, S. 132 f.; *Lipp*, S. 131.
[985] *Fitting*, § 37 Rn. 61; GK-BetrVG/*Weber*, § 37 Rn. 69; *Lipp*, S. 131 f.

Zahlung des üblichen Lohns aus § 37 Abs. 3 BetrVG zu. Ein Anspruch auf Mehrarbeitsvergütung scheide aus, da sie infolge der Aussperrung nicht einmal ihre normale Arbeitszeit einhalten mussten.[986] Dem widersprechen andere, denn es stehe fest, dass eine Betriebsratstätigkeit ausgesperrter Mitglieder des Betriebsrats stets aus betriebsbedingten Gründen außerhalb der Arbeitszeit stattfinde. Die tatbestandlichen Voraussetzungen des § 37 Abs. 3 BetrVG lägen somit vor. Daher sei auch für die teilweise gemachte Einschränkung für die Anwendbarkeit des § 37 Abs. 3 BetrVG[987] kein Raum. Diesen letzten Aspekt lehnt eine weitere Ansicht[988] innerhalb der herrschenden Meinung mit folgender Begründung ab: § 37 Abs. 3 BetrVG komme überhaupt nicht zur Anwendung, weil der Gesetzgeber erkennbar davon ausgegangen sei, dass es sich bei der außerhalb der Arbeitszeit durchgeführten Betriebsratstätigkeit um eine zusätzliche Belastung handele. Dafür spreche auch der Sinn und Zweck der Norm, die den Betriebsratsmitgliedern einen Ausgleich für eine unvermeidbare Mehrbelastung gewähren wolle. Andernfalls müsste man für jede Betriebsratstätigkeit, die ein Betriebsratsmitglied während der Aussperrung leistet, einen Anspruch aus § 37 Abs. 3 BetrVG bejahen. Damit würde § 37 Abs. 3 BetrVG, der vom Gesetzgeber als Ausnahmefall konstruiert worden sei, jedoch zum Regelfall erhoben. Auch eine einschränkende Anwendung des § 37 Abs. 3 BetrVG sei abzulehnen, denn hier sei nicht erkennbar, wie sich dieser Ausnahmefall von den anderen Fällen der Wahrnehmung von Betriebsratsaufgaben unterscheiden soll. Überdies fehle es auch hier an dem Tatbestandsmerkmal der erforderlichen Betriebsratstätigkeit außerhalb der persönlichen Arbeitszeit.[989]

b. Fortbestehen des Entgeltanspruchs

Die Gegenansicht befürwortet einen Anspruch ausgesperrter Betriebsratsmitglieder auf Vergütung für die Dauer der Ausübung von Betriebsratstätigkeit auch während einer Aussperrung.[990] Aus der Trennung von Arbeitsverhältnis und Betriebsratsamt folge nicht, dass dem Betriebsratsmitglied keinesfalls ein Anspruch auf Entgeltfortzahlung für die Dauer der Aussperrung zustehen könne. Leiste das

---

986 *Fitting*, § 37 Rn. 61.
987 *Fitting*, § 37 Rn. 61.
988 *Lipp*, S. 131 f.
989 *Lipp*, S. 132.
990 DKKW/*Wedde*, § 37 Rn. 61.

Betriebsratsmitglied während der Aussperrung Betriebsratsarbeit, müsse es einem Arbeitnehmer, der Erhaltungsarbeit durchführt, gleichgestellt werden, was die Fortzahlung seiner Vergütung zur Folge hätte. Die Auffassung des BAG sei unbefriedigend. Die Wahrnehmung des Betriebsratsamtes dürfe weder zu einer Besser- noch zu einer Schlechterstellung des Amtsträgers gegenüber anderen Arbeitnehmern führen. Vergleiche man jedoch die finanzielle Lage des ausgesperrten Betriebsratsmitglieds mit der der übrigen ausgesperrten Arbeitnehmer, so ergebe sich aus diesem Vergleich, dass das Betriebsratsmitglied schlechtergestellt sei. Der andere Arbeitnehmer sei vor allem in der Lage, die ihm nun zur Verfügung stehende Freizeit gewinnbringend zu nutzen, während dies dem Betriebsratsmitglied nicht möglich sei. Bereits aus diesem Grund sei es geboten, dem Betriebsratsmitglied ein angemessenes Entgelt zu gewähren. Auch der während des Arbeitskampfes Erhaltungsarbeit leistende Arbeitnehmer erhalte für seine Arbeit Lohn, dessen Höhe sich grundsätzlich nach der tatsächlich erbrachten Leistung bemesse.[991] Ein Arbeitnehmer, der im Arbeitskampf Erhaltungsarbeit leiste, sei hierzu aufgrund seines Arbeitsvertrages verpflichtet. Das Betriebsratsmitglied treffe während des Arbeitskampfes eine gesetzliche Pflicht aus §§ 2 Abs. 1, 74 BetrVG zur Ausübung seiner Amtstätigkeit. Da beide also – zwar aus unterschiedlichen Gründen – ihre Pflicht erfüllen, sei es nicht einzusehen, weshalb lediglich der Arbeitnehmer für die Erfüllung seiner Pflicht entlohnt wird, während das Betriebsratsmitglied leer ausgehe. Dadurch werde das Betriebsratsmitglied benachteiligt.[992] Dafür spreche auch die gesetzliche Wertung des § 37 Abs. 2, Abs. 3 BetrVG, wonach die außerhalb der Arbeitszeit des Betriebsratsmitglieds erbrachte Betriebsratstätigkeit ähnlich wie Arbeitsleistung vergütet werde.[993] Die Lösung dieser Fälle sei folglich nicht immer zwingend aus dem Lohnausfallprinzip herzuleiten.

Eine Ansicht innerhalb der Gegenansicht[994] lehnt die herrschende Meinung ab, denn das BAG verkenne, dass die Aussperrung durch den Arbeitgeber ausschließlich die arbeitsvertraglichen Pflichten, nicht jedoch die auf dem Gesetz beruhen-

---

991 *Brox*, Anm. zu BAG v. 25.10.1988 – 1 AZR 368/87, AP Nr. 110 zu Art. 9 GG Arbeitskampf.
992 *Brox*, Anm. zu BAG v. 25.10.1988 – 1 AZR 368/87, AP Nr. 110 zu Art. 9 GG Arbeitskampf.
993 *Brox*, Anm. zu BAG v. 25.10.1988 – 1 AZR 368/87, AP Nr. 110 zu Art. 9 GG Arbeitskampf.
994 DKKW/*Wedde*, § 37 Rn. 61.

den Tätigkeiten des Betriebsrats berühre. Auch könne sich der Vergütungsanspruch für den Fall, dass der Arbeitgeber nur eine Arbeitnehmergruppe aussperrt, aus dem Gleichbehandlungsgrundsatz ergeben. Denn dann ergebe sich für die Gruppenmitglieder der nicht ausgesperrten Gruppe der Anspruch aus § 37 Abs. 2 BetrVG, während die Betriebsratsmitglieder, die der Gruppe der ausgesperrten Arbeitnehmer angehören, wenn überhaupt einen Anspruch aus § 37 Abs. 3 BetrVG haben.[995]

c. Stellungnahme

Der Auffassung, die ein Fortbestehen des Entgeltanspruchs befürwortet[996], kann nicht gefolgt werden. Sie ignoriert die im Betriebsverfassungsrecht fundamentalen Leitprinzipien der Ehrenamtlichkeit und Unentgeltlichkeit. Diese klare Entscheidung des Gesetzgebers gilt es zu berücksichtigen und anzuwenden. Hinsichtlich des „Wie" der Umsetzung hat der Gesetzgeber mit dem Lohnausfallprinzip ebenfalls eine klare Entscheidung getroffen. Die Anwendung des Lohnausfallprinzips darf nicht dazu führen, dass die Betriebsratsmitglieder für ihre Betriebsratstätigkeit eine Vergütung erhalten. Dem Betriebsratsmitglied steht entsprechend den aufgezeigten und zwingenden betriebsverfassungsrechtlichen Grundsätzen kein eigenständiger Vergütungsanspruch aus § 37 Abs. 2 BetrVG für das Erfüllen seiner Amtspflicht zu. Ein „Betriebsratslohn" verstößt *de lege lata* gegen § 37 Abs. 1 BetrVG sowie gegen das Begünstigungsverbot. Vielmehr verdeutlicht § 37 Abs. 2 BetrVG, dass dem Amtsträger nur das arbeitsvertraglich geschuldete Entgelt zusteht; sein Amt selbst führt er gemäß § 37 Abs. 1 BetrVG unentgeltlich als Ehrenamt aus. Aus diesem Grund muss das Betriebsratsmitglied von einem aussperrungsbedingten Entgeltverlust genauso betroffen sein wie die übrigen ausgesperrten ihm vergleichbaren Arbeitnehmer auch.

Die Gegenansicht[997] geht fehl in ihrer Annahme, dass das ausgesperrte Betriebsratsmitglied, welches trotz Aussperrung weiter seine Amtstätigkeit erfüllt, mit einem ausgesperrten Arbeitnehmer, der Erhaltungsarbeit leistet, gleichzustellen sei. Zwischen den beiden Gruppen bestehen weitreichende Unterschiede. Der Arbeit-

---

995 DKKW/*Wedde*, § 37 Rn. 61.
996 DKKW/*Wedde*, § 37 Rn. 61.
997 DKKW/*Wedde*, § 37 Rn. 61.

nehmer führt die Erhaltungsarbeiten aufgrund einer Vereinbarung der Arbeitskampfparteien aus und ist hierzu arbeitsvertraglich verpflichtet, da seine Arbeitspflicht nicht suspendiert ist. Ihm steht im Gegensatz zu den von der Arbeitspflicht suspendierten ausgesperrten Arbeitnehmern auch ein Vergütungsanspruch für seine Arbeitsleistung nach § 611a Abs. 2 BGB zu. Er erbringt eine im Gegenseitigkeitsverhältnis stehende Leistung.[998] Das Betriebsratsmitglied hingegen übt ein unentgeltliches Ehrenamt aus, das gerade nicht im Gegenseitigkeitsverhältnis steht und auch im Zuge des Arbeitskampfes keine Vergütungspflicht entgegen § 37 Abs. 1 BetrVG auslösen kann.

Auch geht der Hinweis auf den Gesichtspunkt der Gleichbehandlung fehl. Wird nur ein Teil der Arbeitnehmer ausgesperrt, so stellt dies keine ungerechtfertigte Ungleichbehandlung der ausgesperrten mit den nicht ausgesperrten Betriebsratsmitgliedern dar, selbst wenn alle Betriebsratsmitglieder in dieser Zeit erforderliche Betriebsratsaufgaben erfüllen. Das Betriebsratsamt wird durch die Aussperrung grundsätzlich nicht tangiert. Die Ungleichbehandlung ist durch § 37 BetrVG gerechtfertigt. Die arbeitsvertraglichen Pflichten der ausgesperrten Betriebsratsmitglieder sind einschließlich ihres Vergütungsanspruchs suspendiert. Anders ist dies bei nicht ausgesperrten Betriebsratsmitgliedern. Deren arbeitsvertragliche Pflichten sind nicht suspendiert, so dass hier ein Vergütungsanspruch besteht, der durch das Lohnausfallprinzip aufrechterhalten werden kann.

Auch gegenüber den anderen Arbeitnehmern wird das ausgesperrte Betriebsratsmitglied nicht unzulässig benachteiligt. Das Argument, andere Arbeitnehmer hätten während der Aussperrung die Möglichkeit, die Zeit für einen anderweitigen Verdienst zu nutzen, verfängt nicht.[999] Praktisch dürften – wie auch im Streikfall[1000] – kaum Konstellationen denkbar sein, in denen dies möglich ist. Diese haben in der Regel keine Gelegenheit, kurzfristig außerhalb ihres suspendierten Arbeitsverhältnisses andere, gleichwertige Verdienstmöglichkeiten zu nutzen. Be-

---

998 Ebenso BAG v. 25.10.1988 – 1 AZR 368/87, AP Nr. 110 zu Art. 9 GG Arbeitskampf; *Lipp*, S. 130.
999 BAG v. 07.06.1988 – 1 AZR 597/86, AP Nr. 107 zu Art. 9 GG Arbeitskampf; *Reinecke*, DB 1991, 1168 (1173); *Beule*, S. 133.
1000 Siehe näher unter „Stellungnahme", S. 291.

rücksichtigt man dies, so liegt eine unzulässige Begünstigung wegen der Betriebsratstätigkeit nahe, wenn die Betriebsratsmitglieder während der Aussperrung ihren Lohnfortzahlungsanspruch behalten – einzig wegen ihrer Amtstätigkeit.

d. Ergebnis

Auch im Falle der Aussperrung von Betriebsratsmitgliedern muss zwischen dem Betriebsratsamt und dem Arbeitsverhältnis unterschieden werden. Die Aussperrung betrifft das Betriebsratsamt nicht. Dadurch wird zum einen ermöglicht, dass die Betriebsratsmitglieder auch während einer solchen Arbeitskampfmaßnahme weiter erforderliche Betriebsratsaufgaben erfüllen. Konsequenterweise folgt aus dem Ehrenamtsprinzip des § 37 Abs. 1 BetrVG jedoch, dass der Lohnfortzahlungsanspruch für Betriebsratsmitglieder nicht wegen der Amtstätigkeit weiterbestehen kann. Werden die arbeitsvertraglichen Pflichten während der Betriebsratstätigkeit suspendiert und hat der Arbeitgeber den Arbeitsausfall nicht nach den Grundsätzen der Betriebsrisikolehre zu vertreten, so entfällt der Entgeltanspruch des Betriebsratsmitglieds. Die Betriebsratstätigkeit während der Arbeitskampfmaßnahme ist nicht dazu geeignet, den Entgeltanspruch aufrechtzuerhalten oder gar neu zu begründen. Zahlt der Arbeitgeber dem Betriebsratsmitglied dennoch seine Vergütung fort, tut er dies einzig aufgrund der Amtstätigkeit und verstößt hiermit gegen das Begünstigungsverbot des § 78 Satz 2 Alt. 2 BetrVG.

Mit anderen Worten: Einem ausgesperrten Betriebsratsmitglied steht selbst dann kein Vergütungsanspruch für die aufgrund der Aussperrung ausgefallene Arbeitszeit zu, wenn es während der Aussperrung erforderliche Betriebsratstätigkeiten wahrgenommen hat.

§ 5 Begünstigung durch Kostenübernahme der Sach- und Personalausstattung des Betriebsrats

Gemäß § 40 BetrVG trägt der Arbeitgeber sowohl die sachlichen als auch die persönlichen Kosten, die durch die Tätigkeit des Betriebsrats entstehen. Die Regelung ergänzt § 37 BetrVG. § 40 BetrVG bezieht sich somit auf alle sonstigen sachlichen und persönlichen Kosten, die *zusätzlich* aus der Tätigkeit des Betriebsrats und seiner Mitglieder entstehen. [1001] Darüber hinaus verpflichtet § 40 Abs. 2 BetrVG ihn zur Bereitstellung des für die ordnungsgemäße Erfüllung der Betriebsratsaufgaben erforderlichen Sachaufwands und Büropersonals. Die Frage, welche Kosten der Arbeitgeber über § 40 BetrVG erstatten *muss*, weil der Betriebsrat hierauf einen Anspruch hat, ist in Rechtsprechung und Literatur bereits ausführlich diskutiert worden. Weitestgehend ungeklärt ist hingegen die Frage, ob der Arbeitgeber Mitgliedern des Betriebsrats oder dem Betriebsratsgremium *freiwillig* auch diejenigen Aufwendungen und Kosten erstatten darf, die über das Mindestmaß des nach § 40 Abs. 1 BetrVG zu Ersetzenden hinausgehen, und, wenn ja, in welchem Umfang er diese Mittel zur Verfügung stellen darf, ohne gegen das Begünstigungsverbot zu verstoßen.

Relevant wird diese Frage insbesondere hinsichtlich der Gewährung von pauschalen Aufwandsentschädigungen, die dem Betriebsrat ohne Rücksicht darauf gezahlt werden, ob er tatsächlich Auslagen in dieser Höhe hatte. Zahlt ein Arbeitgeber den Betriebsratsmitgliedern beispielsweise eine feste monatliche Aufwandsentschädigung, deren Höhe sich entweder nach der Rolle des Betriebsratsmitglieds im Gremium richtet oder einzig an deren Eigenschaft als (freigestelltes) Mitglied des Betriebsrats anknüpft, so entspricht diese Aufwandsentschädigung nicht den Anforderungen des § 40 BetrVG. Die pauschale Aufwendungsentschädigung wird in diesen Fällen lediglich für die Betriebsratstätigkeit und nicht für tatsächlich entstandene Aufwendungen gezahlt worden. Es widerspricht jeglicher

---

1001 *Fitting*, § 40 Rn. 5; GK-BetrVG/*Weber*, § 40 Rn. 1; Richardi/*Thüsing*, § 40 Rn. 1; HWGNRH/*Glock*, § 40 Rn. 7.

Lebenserfahrung, dass alle Betriebsratsmitglieder dieselben Aufwendungen hatten. Damit verstößt sie gegen das Begünstigungsverbot, § 78 Satz 2 BetrVG und gegen das Ehrenamtsprinzip des § 37 Abs. 1 BetrVG.[1002]

A. Kosten des Betriebsrats, § 40 BetrVG

Nach § 40 BetrVG trägt der Arbeitgeber über die Entgeltfortzahlung nach § 37 BetrVG hinaus die erforderlichen Kosten der Tätigkeit des Betriebsrats und seiner Mitglieder. § 40 BetrVG regelt dabei, wie der Arbeitgeber den Betriebsrat ausstatten *muss*. Dagegen trifft die Regelung keine abschließende Aussage darüber, was der Arbeitgeber dem Betriebsrat über die jeweils erforderliche Mindestausstattung an Sach- und Personalmitteln zur Verfügung stellen *darf*. Entsprechend stand bislang lediglich die Frage im Mittelpunkt nahezu aller Gerichtsentscheidungen sowie der einschlägigen Stellungnahmen in der Literatur, welches Mindestmaß an Sach- und Personalmitteln der Arbeitgeber dem Betriebsrat zur Verfügung stellen muss.[1003] Weitaus weniger Aufmerksamkeit hat dagegen die Frage gefunden, ob der Arbeitgeber, wenn er sich dem Betriebsrat gegenüber besonders großzügig zeigt und ihm (weitaus) mehr gewährt, als dieser beanspruchen durfte, gegen das Begünstigungsverbot des § 78 Satz 2 BetrVG verstößt. Entsprechend dem oben Gesagten ist für eine unzulässige Begünstigung nur dort Raum, wo nicht ohnehin ein Anspruch des Betriebsratsmitglieds besteht.

I. Kostentragungspflicht des Arbeitgebers

Neben den im Rahmen des Lohnausfallprinzips fortzuzahlenden Grundvergütungen und Zulagen kann den Betriebsratsmitgliedern der Ersatz von Aufwendungen zustehen. Der Aufwendungsersatz ist kein Teil des Arbeitsentgelts im Sinne des § 37 Abs. 2, Abs. 4 BetrVG. Es handelt sich nicht um die Gegenleistung für eine arbeitsvertraglich geschuldete Tätigkeit, die die Betriebsratsmitglieder ohne ihre Arbeitsbefreiung oder Freistellung erhalten hätten. Das Betriebsratsmitglied hat demnach nur dann Anspruch auf Zahlung eines Aufwendungsersatzes, wenn es

---

1002 Beispielsfall ähnelt der Entscheidung des ArbG Stuttgart v. 13.12.2012 – 24 Ca 5430/12, NZA-RR 2013, 140; hier erhielt jedes freigestellte Betriebsratsmitglied eine pauschale monatliche Aufwandsentschädigung in Höhe von ursprünglich 70 DM.
1003 Vgl. *Fitting*, § 40 Rn. 9, 12 ff. m.w.N. zu den erstattungsfähigen erforderlichen Kosten.

den damit ausgeglichenen Aufwand selbst erlitten hat und die Aufwendungen den Voraussetzungen des § 40 BetrVG entsprechen.

1. Aufwendungen wegen des Betriebsratsamts

Dem Betriebsratsmitglied sind nach § 40 Abs. 1 BetrVG grundsätzlich solche Aufwendungen zu erstatten, die wegen seiner Tätigkeit im Betriebsrat tatsächlich entstehen, sofern diese Aufwendungen erforderlich sind.[1004] Zu den unmittelbaren Aufwendungen, die bei der Betriebsratstätigkeit anfallen, gehören insbesondere Reise- und Übernachtungskosten sowie Auslagen für Verpflegen, die beispielsweise regelmäßig aus Anlass des Besuches auswärtiger Betriebsteile, der Teilnahme an Sitzungen des Gesamt- oder Konzernbetriebsrats, diverser Ausschüsse oder der Teilnahme an Betriebsräteversammlungen nach § 53 BetrVG entstehen. Denkbar sind auch Aufwendungen, wie etwa Kosten für Telefongespräche oder Parkgebühren. Eine Aufopferung von sonstigen Vermögenswerten, die jedoch ebenfalls bei Vorliegen der Voraussetzungen des § 40 Abs. 1 BetrVG ersatzfähig ist, ist der Anspruch auf Kostenerstattung, wenn das Betriebsratsmitglied in Ausübung seiner Tätigkeit seine Kleidung beschmutzt oder beschädigt.[1005] Aufwendungen für die Durchführung von Betriebsratsaufgaben erbringt ein Betriebsratsmitglied, das üblicherweise Arbeitskleidung trägt, auch dann, wenn es während der Wahrnehmung von Betriebsratsaufgaben seine persönliche Straßenkleidung trägt.[1006] Diese Beispiele zeigen, dass der Sachaufwand und die persönlichen Kosten für die einzelnen Betriebsratsmitglieder stark divergieren können. So ist es möglich, dass ein freigestelltes Betriebsratsmitglied oder der Betriebsratsvorsitzende erheblich höhere erstattungsfähige Aufwendungen hat als andere (nicht freigestellte) Betriebsratsmitglieder.

2. Aufwendungen unabhängig vom Betriebsratsamt

Aufwendungen, die nicht im unmittelbaren Zusammenhang mit dem Betriebsratsamt stehen, sind (grundsätzlich) nicht vom Anspruch des § 40 Abs. 1 BetrVG

1004 BAG, Beschluss v. 18.01.1989 – 7 ABR 89/87, NZA 1989, 641 (641); *Fitting*, § 40 Rn. 40; GK-BetrVG/*Weber*, § 40 Rn. 38; Richardi/*Thüsing*, § 40 Rn. 10; DKKW/*Wedde*, § 40 Rn. 57; *Rieble*, NZA 2008, 276 (277).
1005 BAG v. 23.06.2010 – 7 ABR 103/08, NZA 2010, 1298 (1299); *Fitting*, § 40 Rn. 43; GK-BetrVG/*Weber*, § 40 Rn. 94 ff.; HWGNRH/*Glock*, § 40 Rn. 53 f.
1006 *Kehrmannn*, in: FS Wlotzke, 357 (373).

erfasst.[1007] Hierunter fallen insbesondere die Kosten der persönlichen Lebensführung, die grundsätzlich nicht zu den nach § 40 Abs. 1 BetrVG erstattungsfähigen Kosten gehören.[1008] So kann ein freigestelltes Betriebsratsmitglied beispielsweise keine Erstattung seiner Fahrtkosten für die regelmäßigen Fahrten zwischen seiner Wohnung und seinem Arbeitsplatz über § 40 Abs. 1 BetrVG verlangen. Diese Aufwendungen wären dem Betriebsratsmitglied unabhängig von seiner Amtstätigkeit auch dann entstanden, wenn es normal weitergearbeitet hätte, um seiner arbeitsvertraglichen Pflicht zu genügen, sich an seinem Arbeitsplatz einzufinden. Es handelt sich mithin nicht um Kosten, die durch bzw. im Zusammenhang mit der Tätigkeit des Betriebsrats entstanden sind.[1009] Die Kosten wären dem Betriebsratsmitglied unabhängig von seiner Betriebsratstätigkeit auch dann entstanden, wenn er seine arbeitsvertraglichen Pflichten erfüllt hätte.[1010] An der Tatsache, dass es Sache des Arbeitnehmers ist, auf seine Kosten zu seinem Arbeitsplatz zu kommen, ändert sich nichts, wenn er anstelle seiner arbeitsvertraglich geschuldeten Tätigkeit nun erforderliche Betriebsratsaufgaben zu erledigen hat. Maßgeblich für die Kostentragungspflicht des Arbeitgebers nach § 40 Abs. 1 BetrVG ist, ob das Betriebsratsmitglied auch ohne seine Amtstätigkeit den Weg von seinem Wohnort in den Betrieb und zurück auf eigene Kosten hätte zurücklegen müssen.[1011]

II. Grenze zum Verstoß gegen § 78 Satz 2 BetrVG

Kaum Aufmerksamkeit gefunden hat bislang die Problematik, inwieweit § 78 Satz 2 BetrVG der über das Maß des § 40 BetrVG hinausgehenden Sach- und Personalausstattung des Betriebsrats Grenzen setzt. Hierbei geht es um die Frage, ob sich eine verbotene Begünstigung auch daraus ergeben kann, dass der Arbeitgeber den Betriebsratsmitgliedern zwar nicht (auf den ersten Blick) persönliche Vorteile zukommen lässt, jedoch dem Betriebsrat als solchem oder auch

---

1007 BAG v. 28.08.1991 – 7 ABR 46/90, NZA 1997, 72 (73).
1008 BAG v. 23.06.2010 – 7 ABR 103/08, NZA 2010, 1298 (1299); BAG v. 28.08.1991 – 7 ABR 46/90, AP Nr. 39 zu § 40 BetrVG 1972.
1009 BAG v. 28.08.1991 – 7 ABR 46/90, AP Nr. 39 zu § 40 BetrVG 1972; LAG Nürnberg v. 06.05.2009 – 4 TaBV 18/08, NZA-RR 2009, 590 (590); LAG Baden-Württemberg, v. 27.07.2006 – 11 TaBV 3/05, BeckRS 2011, 65838.
1010 BAG v. 23.06.2010 – 7 ABR 103/08, NZA 2010, 1298 (1300); LAG Baden-Württemberg, v. 27.07.2006 – 11 TaBV 3/05, BeckRS 2011, 65838.
1011 BAG v. 28.08.1991 – 7 ABR 46/90, AP Nr. 39 zu § 40 BetrVG 1972.

(mittelbar) einzelnen Mitgliedern Sach- oder Personalmittel in besonders großzügiger Weise zur Verfügung stellt. Unmittelbare Leistungen des Arbeitgebers an einzelne Betriebsratsmitglieder, die dieser ihnen wegen ihrer Amtstätigkeit gewährt, verstoßen – wie bereits festgestellt – gegen das Begünstigungsverbot des § 78 Satz 2 BetrVG. Zudem ist es denkbar, dass auch eine besonders großzügige Sachausstattung des Betriebsrats eine nach § 78 Satz 2 BetrVG unzulässige Begünstigung darstellen kann. Denn nicht immer lässt sich die vermeintlich neutrale Sachausstattung des Betriebsratsgremiums klar von (mittelbaren) Zuwendungen des Arbeitgebers an einzelne Arbeitnehmervertreter trennen. Die Grenze kann hier fließend verlaufen.

1. Meinungsstand

Ausgehend vom Sinn und Zweck des Begünstigungsverbots, das die innere und äußere Unabhängigkeit und Unparteilichkeit der Betriebsratsmitglieder sichern will[1012], ist es naheliegend, einen Verstoß gegen das Begünstigungsverbot des § 78 Satz 2 BetrVG zu bejahen, wenn der Arbeitgeber dem Betriebsrat oder seinen Mitgliedern – freiwillig – Ersatz für Aufwendungen oder sonstige Sachmittel zukommen lässt, an deren Erforderlichkeit es fehlt und auf die diese daher keinen Anspruch haben.[1013] Eine Ansicht in der Literatur[1014] vertritt hier die Auffassung, dies sei zu streng. Man würde den Bogen überspannen, wenn man einen Verstoß gegen das Begünstigungsverbot bereits dann annehme, sobald der Arbeitgeber dem Betriebsrat Sach- und Personalmittel über das gesetzliche Mindestmaß hinaus gewähre. Durch eine allzu strenge Handhabung werde eine effektive Betriebsratsarbeit weithin unmöglich gemacht. So sei es sinnwidrig, dem Arbeitgeber zu untersagen, seinen Betriebsrat mit einem Mobiltelefon auszustatten, um ihn besonders rasch und unkompliziert erreichen zu können, selbst wenn dieser nicht auf ein solches angewiesen sein sollte. Gleiches gelte, wenn der Arbeitgeber seinem mehrköpfigen Betriebsrat nicht lediglich einen „Pflicht-PC", sondern darüber hinaus auch einen weiteren Rechner zur Verfügung stellen wolle.[1015] Folglich könne von der fehlenden objektiven Erforderlichkeit nicht zwingend auf die

---

1012 Im Einzelnen siehe oben unter „Abgrenzung von Zulagen mit Entgeltcharakter und Zulagen mit Aufwendungscharakter", S. 239.
1013 Ebenso *Esser*, S. 64.
1014 *Bayreuther*, NZA 2013, 758 (759).
1015 *Bayreuther*, NZA 2013, 758 (759).

Unzulässigkeit der entsprechenden Sachausstattung geschlossen werden. Dafür spreche außerdem, dass dem Betriebsrat ein gewisser Beurteilungsspielraum bei der Frage nach der Erforderlichkeit einzelner Sachmittel oder bestimmter Aufwendungen zustehe. Der Arbeitgeber müsse in „vernünftigen Grenzen"[1016] seinen Betriebsrat frei ausstatten dürfen, denn es handele sich dabei auch um eine unternehmerische Grundlagenentscheidung den Einsatz und die Verteilung betrieblicher Ressourcen betreffend.[1017] Der Arbeitgeber dürfe dem Betriebsrat (freiwillig) Sachmittel gewähren, wenn die jeweilige Leistung aus Sicht eines objektiven Betrachters und unter Zugrundelegung allgemeiner Erfahrungssätze dazu geeignet sei, die Betriebsratsarbeit zu ermöglichen, zu fördern oder zu erleichtern, und zudem auch insgesamt noch angemessen ist. Fehle es hingegen an einer erkennbaren Kausalbeziehung zwischen der Betriebsratsarbeit und der jeweiligen Mittelausstattung, seien die fraglichen Leistungen vor dem Hintergrund des Begünstigungsverbots bedenklich.[1018]

2. Stellungnahme

Nach § 40 BetrVG hat der Arbeitgeber die durch die Tätigkeit des Betriebsrats entstehenden Kosten zu tragen und diesen im erforderlichen Umfang mit Sachmitteln und Personal auszustatten. Zwischen der Betriebsratsarbeit und der Mittelausstattung muss also ein objektiver Zusammenhang bestehen. Das Betriebsratsmitglied hat nur dann einen Anspruch auf Kostentragung durch den Arbeitgeber, soweit die Kosten zur ordnungsgemäßen Durchführung der Betriebsratsaufgaben erforderlich sind.[1019] Fehlt es an dieser Erforderlichkeit, besteht kein Anspruch des Betriebsratsmitglieds, denn der Arbeitgeber muss nur die wirklich entstandenen erforderlichen Kosten tragen. Zudem darf er entgegen der letztgenannten Ansicht auch keine Aufwendungen oder entstandene Kosten ersetzen, die nicht erforderlich waren bzw. auf die das Betriebsratsmitglied keinen Anspruch

---

1016 *Bayreuther*, NZA 2013, 758 (759).
1017 *Bayreuther*, NZA 2013, 758 (759).
1018 *Bayreuther*, NZA 2013, 758 (759).
1019 St. Rspr. BAG v. 28.08.1991 – 7 ABR 46/90, AP Nr. 39 zu § 40 BetrVG 1972; BAG v. 28.08.1991 – 7 ABR 46/90, AP Nr. 39 zu § 40 BetrVG 1972; LAG Nürnberg v. 06.05.2009 – 4 TaBV 18/08, NZA-RR 2009, 590 (590); LAG Baden-Württemberg, v. 27.07.2006 – 11 TaBV 3/05, BeckRS 2011, 65838; *Fitting*, § 40 Rn. 40; GK-BetrVG/*Weber*, § 40 Rn. 49; Richardi/*Thüsing*, § 40 Rn. 10 f.; DKKW/*Wedde*, § 40 Rn. 57.

nach § 40 BetrVG hat. Auch nicht freiwillig. Dies folgt aus der konsequenten Anwendung des Begünstigungsverbots. Es widerspricht § 78 Satz 2 Alt. 2 BetrVG, wenn einem Mitglied des Betriebsrats nicht nur seine tatsächlichen Aufwendungen ersetzt werden, soweit sie zur Erfüllung der Betriebsratsaufgaben notwendig waren, sondern auch darüberhinausgehende Ausgaben.[1020] Das Betriebsratsmitglied würde dann einen Vorteil erlangen, wenn der Arbeitgeber vergleichbaren Arbeitnehmern solche Aufwendungen nicht erstattet. In diesem Fall läge der Verdacht nahe, dass es diesen Vorteil wegen seiner Amtstätigkeit erhält. Damit sind die tatbestandlichen Voraussetzungen des § 78 Satz 2 Alt. 2 BetrVG verwirklicht.[1021] Auch wird sich der Arbeitgeber nicht mit dem Argument rechtfertigen können, er habe die fragliche Aufwendung für erforderlich gehalten und daher die Kosten erstattet. Maßgeblich für die Frage der Erforderlichkeit ist, ob der Betriebsrat die Kosten bei pflichtgemäßer Beurteilung der objektiven Umstände für erforderlich halten durfte, wobei ihm – nicht dem Arbeitgeber – ein Beurteilungsspielraum zusteht.[1022] Unabhängig davon spielen subjektive Maßstäbe bei der Frage nach der Unzulässigkeit einer Begünstigung keine Rolle.

Der Gesetzgeber hat als Grenze in § 40 Abs. 2 BetrVG ausdrücklich das Merkmal des „erforderlichen Umfangs" normiert. § 40 BetrVG dient dabei nicht nur als reine Kostentragungsregelung, sondern soll insbesondere auch eine effektive Betriebsratstätigkeit ermöglichen sowie eine sachgerechte Kommunikation zwischen dem Betriebsrat und der Belegschaft sicherstellen.[1023] Dass die Kosten ferner erforderlich sein müssen, um der Kostentragungspflicht des Arbeitgebers nach § 40 Abs. 1 BetrVG zu unterfallen, wird vom Wortlaut der Norm – anders als bei § 7 Abs. 2, Abs. 6 Satz 1 und § 40 Abs. 2 BetrVG – zwar nicht ausdrücklich normiert, wird jedoch allgemein – so auch von der Gegenansicht[1024] – anerkannt.[1025] Die Erforderlichkeit ist somit die vom Gesetzgeber zwingend vorgegebene

---

1020 Ebenso *Esser*, S. 64 f.; Richardi/*Thüsing*, § 40 Rn. 47, § 78 Rn. 33; a.A. *Bayreuther*, NZA 2013, 758 (759).
1021 Vgl. im Einzelnen zu den tatbestandlichen Voraussetzungen des § 78 Satz 2 Alt. 2 BetrVG unter „Tatbestandsvoraussetzungen des § 78 Satz 2 BetrVG", S. 22.
1022 Fitting, § 40 Rn. 9; Richardi/*Thüsing*, § 30 Rn. 8.
1023 GK-BetrVG/*Weber*, § 40 Rn. 1.
1024 *Bayreuther*, NZA 2013, 758 (759).
1025 BAG v. 20.10.1999 – 7 ABR 37/98, AP Nr. 67 zu § 40 BetrVG 1972; *Fitting*, § 40 Rn. 9; GK-BetrVG/*Weber*, § 40 Rn. 12 f.; HWGNRH/*Glock*, § 40 Rn. 10; Richardi/*Thüsing*, § 40 Rn. 6; DKKW/*Wedde* § 40 Rn. 5.

Grenze zur unzulässigen Begünstigung. Die Norm ist nicht dispositiv, so dass die Betriebsparteien nicht – freiwillig – von der Grenze der Erforderlichkeit abweichen. Die von der Gegenansicht vorgeschlagene Handhabung, der Arbeitgeber dürfe dem Betriebsratsmitglied freiwillig ein „Mehr" zukommen lassen, als ihm nach § 40 BetrVG zustehe, solange er dies innerhalb „vernünftiger Grenzen" tue, erscheint weder besonders greifbar noch ist sie mit dem geltenden Recht vereinbar. Zunächst versäumt es die Gegenansicht gänzlich näher auszuführen, was sie unter „vernünftigen Grenzen" versteht. Wo soll diese Grenze sein und wer legt sie fest? Weiter verkennt sie, dass jedes „Mehr" den Mitgliedern des Betriebsrats nur aufgrund ihrer Amtstätigkeit gewährt wird. Erhalten sie etwas, was andere Arbeitnehmer nicht erhalten, so sind sie wegen ihrer Amtstätigkeit unzulässig begünstigt. Die gesetzliche Regelung ist ausreichend offen und flexibel, um den unterschiedlichen Bedürfnissen je nach Größe des Betriebs etc. gerecht zu werden. Maßgeblich muss grundsätzlich der objektive betriebliche Standard sein. Der Arbeitgeber darf seinen Betriebsratsmitgliedern weder einen Teil seiner betrieblichen Ressourcen direkt in Form einer Entgelterhöhung zukommen lassen noch als Aufwendungsersatz, sofern diese nicht die gesetzlichen Anforderungen erfüllen. Andernfalls wäre verdeckten Entgelterhöhungen unter dem Deckmantel des § 40 BetrVG Tür und Tor geöffnet.

Die hier vertretene strenge Anwendung des Ehrenamtsprinzips führt folglich dazu, dass der Arbeitgeber dem Betriebsratsmitglied keine Aufwendungen ersetzen oder Sach- und Personalmittel zukommen lassen darf, auf die es nach § 40 Abs. 1, Abs. 2 BetrVG keinen Anspruch hat.

III. Pauschale Aufwandsentschädigung

Relevant wird diese Frage insbesondere hinsichtlich der Gewährung von pauschalen Aufwandsentschädigungen, die dem Betriebsrat ohne Rücksicht darauf gezahlt werden, ob er tatsächlich Auslagen in dieser Höhe hatte. In der Praxis werden pauschale Aufwandsentschädigungen häufig als Abgeltung für Fahrt- und Kommunikationskosten oder die Einrichtung eines häuslichen Arbeitszimmers gezahlt. Die Einzelabrechnung aller denkbaren (ausgleichspflichtigen und ausgleichsfähigen) Aufwendungen kann mit einem sehr hohen Verwaltungsaufwand und einer komplizierten und aufwendigen Nachweisführung einhergehen.[1026] Um die Verfahrensabläufe zu vereinfachen und Rechtsstreitigkeiten über die Erforderlichkeit von Betriebsratskosten zu vermeiden, greift die betriebliche Praxis häufig auf die Vereinbarung einer Pauschalabgeltung zurück. Das BetrVG enthält keine Regelung zur Pauschalierung von Aufwendungen des Betriebsrats oder seiner Mitglieder. Folglich bedarf eine solche Pauschale – sofern sie denn zulässig ist (dazu sogleich[1027]) – einer Vereinbarung beider Betriebsparteien. Über die Zulässigkeit einer solchen Vereinbarung besteht Uneinigkeit in Rechtsprechung und Literatur. Grundsätzlich muss auch hier gelten, dass jede Erstattung von Aufwendungen, die über die Aufwendungen hinausgeht, die tatsächlich angefallen sind, eine nach § 78 Satz 2 Alt. 2 BetrVG unzulässige Begünstigung darstellt.

1. Streitstand

Das BAG[1028] hat bereits in den 1950er Jahren die pauschalierte Abgeltung regelmäßig wiederkehrender Aufwendungen der Betriebsratsmitglieder grundsätzlich für zulässig befunden, solange sie keine versteckten Lohnerhöhungen enthält. Die Aufwendungspauschale habe dabei der Höhe nach an die tatsächlichen Auslagen des Betriebsratsmitglieds anzuknüpfen. Folglich sei die schematische Übertragung einer Auslagenpauschale, die bisher für den erhöhten Aufwand an der Arbeitsstelle des Betriebsratsmitglieds gezahlt worden sei, auf die nunmehrigen Aufwendungen, die dem Betriebsratsmitglied aufgrund seiner Amtstätigkeit anfallen, unzulässig.[1029] Das Gericht wies zugleich auf die Gefahr hin, dass eine solche Aufwendungspauschale das Betriebsratsmitglied gegenüber dem Ersatz der wirklichen Aufwendungen leicht begünstigen könne. Auf der anderen Seite müsse es dafür jedoch auch eine gewisse Benachteiligung in Kauf nehmen, wenn die Aufwendungspauschale hinter den tatsächlichen Aufwendungen zurückbleibe. Es sei ausreichend und mit dem Ehrenamtsprinzip vereinbar, wenn die Pauschale im Großen und Ganzen den tatsächlichen Aufwendungen entspreche.[1030]

1026 *Kehrmann*, in: FS Wlotzke, 357 (374); *Schweibert/Buse*, NZA 1080 (1083).
1027 Siehe dazu „Stellungnahme", S. 315.
1028 BAG v. 9.11.1955 – 1 AZR 329/54, NJW 1956, 158 (158); ebenso BAG v. 27.07.1994 – 7 AZR 81/94, juris, Rn. 22; LAG Rheinland-Pfalz v. 19.08.2013 – 5 Sa 167/13, BeckRS 2014, 65216; ArbG Stuttgart v. 13.12.2012 – 24 Ca 5430/12, NZA-RR 2013, 140 (140).
1029 BAG v. 9.11.1955 – 1 AZR 329/54, NJW 1956, 158 (158).
1030 BAG v. 9.11.1955 – 1 AZR 329/54, NJW 1956, 158 (159).

Strengere Anforderungen an die Zulässigkeit einer Pauschale stellte das Arbeitsgericht Stuttgart[1031] in einer jüngeren Entscheidung. Demnach seien Pauschalierungen „*nur als hinreichend realitätsgerechte Typisierungen zulässig, und dies auch nur dann, wenn aufgrund der praktischen Unmöglichkeit von Einzelabrechnungen oder ihrer wirtschaftlichen Unzumutbarkeit die Festlegung einer Pauschale erforderlich [sei]*".[1032] Aufgrund der überragenden Bedeutung des Ehrenamtsprinzips müsse es sich bei der Pauschalierung immer um einen Ausnahmefall handeln.[1033] Gegenstand der Entscheidung war eine Aufwendungs- und Mehrarbeitspauschale, die den Mitgliedern des Betriebsrats über Jahrzehnte in unveränderter Höhe gewährt wurde. Eine solche unveränderte Pauschale spreche gegen die erforderliche Orientierung an den tatsächlichen Verhältnissen. Dies gelte umso mehr, wenn der Umfang der Pauschale über all die Jahre gleich bleibe und sich lediglich der Zweck ihrer Gewährung im Laufe der Jahre ändere.[1034] Eine Generalpauschale für alle Betriebsratsmitglieder in gleicher Höhe sei in aller Regel unzulässig.[1035]

Die überwiegende Ansicht in der Literatur stimmt der Rechtsprechung zu und befürwortet ebenfalls die grundsätzliche Zulässigkeit von Aufwendungspauschalen. Sie seien vom Umfang her so zu bemessen, dass die durchschnittlichen Kosten des einzelnen Betriebsratsmitglieds durch sie der Erfahrung nach abgedeckt werden können.[1036] Es könne sich daher nur um eindeutig festgelegte Tatbestände, wie beispielsweise eine Reisekostenpauschale für Dienstreisen, handeln. Unzulässig sei hingegen eine nach Zeitabschnitten bemessene Pauschale, die sämtliche

---

1031 ArbG Stuttgart v. 13.12.2012 – 24 Ca 5430/12, NZA-RR 2013, 140 (140).
1032 ArbG Stuttgart v. 13.12.2012 – 24 Ca 5430/12, NZA-RR 2013, 140 (141).
1033 ArbG Stuttgart v. 13.12.2012 – 24 Ca 5430/12, NZA-RR 2013, 140 (141).
1034 ArbG Stuttgart v. 13.12.2012 – 24 Ca 5430/12, NZA-RR 2013, 140 (141).
1035 ArbG Stuttgart v. 13.12.2012 – 24 Ca 5430/12, NZA-RR 2013, 140 (140).
1036 *Bayreuther*, NZA 2013, 758 (760); *Behrendt/Lilienthal*, KSzW 2014, 277 (278); *Bittmann/Mujan*, BB 2012, 637 (639), *Byers*, NZA 2014, 65 (66); DKKW/*Wedde*, § 40 Rn. 57; ErfK/*Koch*, § 40 BetrVG Rn. 7; *Fitting*, § 40 Rn. 41; GK-BetrVG/*Weber*, § 40 Rn. 33; *Moll/Roebers*, NZA 2012, 57 (58); *Schweibert/Buse*, NZA 2007, 1080 (1083); *Kehrmann*, in: FS Wlotzke, 358 (375); *Weinspach*, in: FS Kreutz, 485 (488); a.A. *Jacobs/Frieling*, ZfA 2015, 241 (254).

in diesem Zeitraum möglicherweise anfallenden Aufwendungen abdeckt.[1037] Zudem sei der Arbeitgeber – entgegen der Auffassung des BAG[1038] – dazu verpflichtet, die den Pauschalbetrag übersteigenden Aufwendungen zu ersetzen.[1039] *Bayreuther* will hier aus Praktikabilitätsgründen großzügiger sein und hält eine Kostenpauschale für zulässig, *„wenn sie unter Berücksichtigung allgemeiner Erfahrungssätze die typischen Aufwendungen abdeckt, die der Betriebsrat vor Ort erfahrungsgemäß aufzubringen hat."*[1040] Damit scheint er sich einig mit *Kehrmann*, nach dem die Zahlung eines Pauschalbetrags auch dann nicht unzulässig ist, wenn sie ausnahmsweise ohne entsprechende Aufwendungen erfolgt.[1041] Hierin liege kein Verstoß gegen den Grundsatz der Unentgeltlichkeit des Ehrenamtes, sondern dies sei die in Kauf zu nehmende Folge der Pauschalierung.[1042] Diese Ansicht zieht einen Vergleich zu den öffentlichen, ehrenamtlichen Funktionen innerhalb der Rechtspflege heran, da bei keinem dieser Ehrenämter eine Aufwendungspauschale jemals rechtlichen Bedenken oder dem Vorwurf einer unzulässigen Vorteilsnahme ausgesetzt gewesen sei. Was selbst im staatlichen Bereich als selbstverständlich akzeptiert werde, könne nicht deshalb plötzlich verboten sein, weil ein Ehrenamt im Interesse der Belegschaft eines privatwirtschaftlich geführten Betriebs ausgeführt werde. Überdies nehme eine pauschale Aufwendungserstattung, die lediglich der Verwaltungsvereinfachung diene, nicht in sachwidriger Weise Einfluss auf die Betriebsratstätigkeit als solche und deren Unabhängigkeit.[1043] Durch stichprobenartige Kontrollen sollen Missbrauch, wie Lustreisen nach Brasilien oder vergleichbare Exzesse, verhindert werden.[1044]

Die Gegenansicht in der Literatur[1045] billigt die herrschende Meinung nur unter Einschränkungen. Die Festlegung eines einheitlichen Pauschalbetrags für alle

---

1037 GK-BetrVG/*Weber*, § 40 Rn. 33; Richardi/*Thüsing*, § 40 Rn. 47.
1038 BAG v. 9.11.1955 – 1 AZR 329/54, NJW 1956, 158 (158).
1039 So auch DKKW/*Wedde*, § 40 Rn. 57; ErfK/*Koch*, § 40 BetrVG Rn. 7; *Fitting*, § 40 Rn. 41; *Weinspach*, in: FS Kreutz, 485 (488).
1040 *Bayreuther*, NZA 2013, 758 (760).
1041 *Kehrmann*, in: FS Wlotzke, 357 (375); zustimmend *Schweibert/Buse*, NZA 2007, 1080 (1083).
1042 *Kehrmann*, in: FS Wlotzke, 357 (376).
1043 *Kehrmann*, in: FS Wlotzke, 357 (377).
1044 *Schweibert/Buse*, NZA 2007, 1080 (1083).
1045 *Jacobs/Frieling*, ZfA 2015, 241 (254); Richardi/*Thüsing*, § 40 Rn. 46; *Rieble*, NZA 2008, 276 (277); *Rüthers*, RdA 1976, 63 (65); WPK/*Kreft*, § 40 Rn. 23.

Mitglieder des Betriebsrats sei unzulässig. Andererseits sei nicht jede Pauschalierung verboten. So sei die Gewährung eines Pauschalbetrages als Vorschuss auf den Aufwendungserstattungsanspruch für erfahrungsgemäß in gleicher Höhe wiederkehrende Auslagen der Arbeitnehmervertreter zulässig, solange der Arbeitgeber die Pauschalierung in regelmäßigen Abständen anhand der tatsächlich angefallenen Kosten überprüfe.[1046] Der Vorschuss könne nach § 699 BGB als Betriebsratsbudget gewährt werden, der einzeln anhand der konkreten Ausgaben abzurechnen sei.[1047]

Eine weitere Ansicht in der Literatur[1048] sieht erhöhte Risiken darin, eine Aufwendungspauschale lediglich einzelnen Betriebsratsmitgliedern zu gewähren. Rechtssicherer sei es daher, nur dem Betriebsrat als Gremium eine entsprechende Pauschale zu gewähren, die dann nach Bedarf zu verteilen sei.[1049] Werde dem Betriebsrat oder einem seiner Mitglieder hingegen ein Budget zur freien Verfügung und ohne die Notwendigkeit einer konkreten Abrechnung überlassen, stehe dies einem unzulässigen vergütungsähnlichen Vorteil gleich.[1050]

Andere halten die Vereinbarung einer Aufwendungspauschale generell für unzulässig.[1051] Die praktischen Vorteile einer Aufwendungspauschale seien zwar nachvollziehbar, allerdings sprächen rechtsdogmatische Erwägungen gegen die Zulässigkeit.[1052] Da der Gesetzgeber sich nicht durch eine entsprechende gesetzliche Regelung im BetrVG für die Zulässigkeit von Pauschalen ausgesprochen habe, könne allgemein auch nicht von deren Zulässigkeit im Bereich der Behandlung von Betriebsratsmitgliedern ausgegangen werden.[1053] Es sei konsequent, Aufwendungspauschalen für Betriebsratsmitglieder als gänzlich unzulässig anzusehen. Das Bedürfnis, die Verfahrensabläufe zu vereinfachen, müsse hinter dem Benachteiligungs- und Begünstigungsverbot des § 78 Satz 2 BetrVG zurücktreten. Eine Aufwendungspauschale sei lediglich dann zulässig, wenn im Betrieb an

---

1046 Richardi/*Thüsing*, § 40 Rn. 49; *Rüthers*, RdA 1976, 63 (65); WPK/*Kreft*, § 40 Rn. 23.
1047 *Jacobs/Frieling*, ZfA 2015, 241 (254); *Rieble*, NZA 2008, 276 (277); Richardi/*Thüsing*, § 40 Rn. 49.
1048 *Behrendt/Lilienthal*, KSzW 2014, 277 (283); *Byers*, NZA 2014, 65 (67).
1049 *Behrendt/Lilienthal*, KSzW 2014, 277 (283); *Byers*, NZA 2014, 65 (67).
1050 *Rieble*, NZA 2008, 276 (277).
1051 *Esser*, S. 70; Frahm/*Koch*, ArbRAktuell 2010, 468 (469).
1052 *Esser*, S. 70.
1053 *Esser*, S. 71.

alle Arbeitnehmer Aufwendungspauschalen gezahlt werden, sofern diese Aufwendungen unabhängig vom Betriebsratsamt (beispielsweise Fahrtkostenpauschale) gewährt werden. Für betriebsratsbedingte Aufwendungen gelte dies nicht.[1054]

2. Stellungnahme

Da § 40 Abs. 1 BetrVG nicht dispositiv ist und nur den Ersatz tatsächlich entstandener Aufwendungen zulässt, muss im Rahmen des Aufwendungsersatzes grundsätzlich an die tatsächlichen Auslagen angeknüpft werden. Fraglich ist, ob dies durch die Vereinbarung einer Pauschale geschehen kann. Wenn überhaupt, so kommt eine mit § 78 Satz 2 BetrVG zu vereinbarende Aufwendungspauschale nur dann in Betracht, wenn es sich um einen wiederkehrenden und gleichförmigen Sachverhalt handelt. Nur wenn ein solcher vorliegt, trägt die Pauschale eine Richtigkeitsvermutung in sich.[1055] Gerade an dieser für eine Pauschalierung erforderlichen Typisierung fehlte es in der Regel bei den sog. Mehrarbeitspauschalen.[1056] Dennoch kann die Frage nach der Zulässigkeit von Aufwendungspauschalen nicht von vornherein ebenso beurteilt werden wie die Frage nach der Zulässigkeit einer Pauschale zur Abgeltung von (tatsächlicher) Mehrarbeit. Anders als beim Pauschalaufwendungsersatz hat der Gesetzgeber bei der Mehrarbeit mit § 37 Abs. 3 BetrVG eine detaillierte Sonderregelung geschaffen, die ein ihr eigenes Stufenverhältnis vorsieht, welches nicht durch die Vereinbarung einer entsprechenden Pauschale umgangen werden darf. Daher ist die dort geführte Argumentation nicht ohne Weiteres auf den Fall des Aufwendungsersatzes übertragbar.

Die von der herrschenden Meinung in der Rechtsprechung und im Schrifttum vorgebrachten Argumente für die grundsätzliche Zulässigkeit einer Aufwendungspauschale überzeugen nicht. Das BAG geht in seiner Annahme fehl, die gelegentliche Schlechterstellung eines Betriebsratsmitglieds werde durch seine gelegentliche Besserstellung ausgeglichen. Eine unzulässige Benachteiligung im Sinne des § 78 Satz 2 BetrVG kann nicht durch eine unzulässige Begünstigung im Sinne des § 78 Satz 2 BetrVG ausgeglichen oder neutralisiert werden. Zudem verkennt das BAG, dass es unschädlich ist, wenn die Aufwendungspauschale gelegentlich

---

1054 *Esser*, S. 72.
1055 *Dzida/Mehrens*, NZA 2013, 753 (756); *Moll/Roebers*, NZA 2012, 57 (61).
1056 Siehe oben unter „Zulässigkeit einer pauschalen Abgeltung von Mehrarbeit", S. 183.

zu niedrig ausfällt. In diesem Fall steht dem Betriebsratsmitglied ein Anspruch auf Kostenerstattung nach § 40 Abs. 1 BetrVG dennoch zu und kann von ihm ersetzt verlangt werden. Daran ändert auch die Tatsache nichts, dass eine Aufwendungspauschale im Einzelfall möglicherweise keinen tatsächlichen Einfluss auf die Betriebsratstätigkeit nimmt.[1057] Die tatsächliche Einflussnahme ist zur Erfüllung des Tatbestandes des § 78 Satz 2 BetrVG nicht erforderlich; ausreichend ist vielmehr bereits die Gefahr der Einflussnahme.[1058]

Einzig durch das Gewähren eines (individuellen oder kollektiven) „pauschalen Vorschusses", der in regelmäßigen Abständen konkret abzurechnen ist, ist eine solche pauschale Zahlung zulässig. Dabei handelt es sich streng genommen jedoch nicht mehr um pauschalen Aufwendungsersatz, der nach der hier vertretenen Auffassung stets unzulässig ist. Gegen die fortlaufende oder stichprobenartige Überprüfung der Aufwendungspauschale anhand der tatsächlich angefallenen Kosten spricht, dass diese Vorgehensweise den Sinn und Zweck einer Pauschale – die Vereinfachung von Verfahrensabläufen und eine Vermeidung überflüssigen Verwaltungsaufwands – konterkariert. Allerdings stellt das Begünstigungsverbot einen allgemeinen betriebsverfassungsrechtlichen Grundsatz dar, der für die funktionierende betriebliche Mitbestimmung unerlässlich ist. Rein praktische Gesichtspunkte – wie die Vereinfachung von Verfahrensabläufen – müssen dahinter zurücktreten. Eine fortlaufende Überprüfung allein verhindert eine unzulässige Begünstigung jedoch ebenso wenig wie die teilweise vorgeschlagenen Stichproben. Daher ist auch dieser Ansatz allein ungeeignet, um die Aufwendungspauschale mit dem Begünstigungsverbot in Einklang zu bringen.

Für die Zulässigkeit der Zahlung von Pauschalen kann im Hinblick auf Betriebsratsmitglieder festgehalten werden, dass diese nur dann in Betracht kommen, wenn es sich um stets wiederkehrende, gleichförmige Sachverhalte handelt, bei denen die Zahlung einer Pauschale eine Richtigkeitsvermutung in sich trägt.[1059] Dabei muss der Umstand berücksichtigt werden, dass eine zu großzügig bemessene Pauschale das Betriebsratsmitglied begünstigt, eine zu gering bemessene es hingegen benachteiligt. Die Zahlung einer Pauschale ist dennoch nicht gänzlich

---

[1057] So etwa *Kehrmann*, in: FS Wlotzke, 357 (377).
[1058] Siehe oben unter „Das betriebsverfassungsrechtliche Begünstigungsverbot", S. 7.
[1059] *Moll/Roebers*, NZA 2012, 57 (61).

unzulässig. Der Aufwendungsersatz kann als „pauschaler Vorschuss" nicht nur dem Betriebsrat als Gremium, sondern auch einzelnen Mitgliedern gewährt werden, solange in regelmäßigen Abständen konkret abgerechnet wird. Zwar konterkariert dies den Zweck einer Pauschale – die Verringerung des Verwaltungs- und Abrechnungsaufwands –, jedoch erscheint dies im Ergebnis vor dem Hintergrund des Benachteiligungs- und Begünstigungsverbots angemessen. Die Höhe dieses Vorschusses ist fortlaufend an die jeweiligen Gegebenheiten anzupassen. Der „pauschale Vorschuss" ist dann allerdings gerade keine Pauschale im klassischen Sinne mehr.

IV. Ergebnis

Somit bleibt festzuhalten: Zu den Kosten, die der Arbeitgeber dem Betriebsratsmitglied nach § 40 Abs. 1 BetrVG ersetzen *muss* und *darf*, gehören sämtliche Aufwendungen, die zur ordnungsgemäßen Wahrnehmung seiner Betriebsratsaufgaben notwendig sind. Dazu gehören sowohl die Aufwendungen, die unmittelbar bei der Tätigkeit als Betriebsrat anfallen, aber auch die durch die Betriebsratstätigkeit verursachten mittelbaren Kosten. Zu den vom Arbeitgeber zu erstatt wie z.B. den Wechsel vom Schichtbetrieb in den Normaldienst oder vom Außen- in den Innendienst enden Aufwendungen zählt jede Aufopferung von Vermögenswerten, nicht nur solche in Geld.

Werden hingegen Aufwendungen des Betriebsratsmitglieds erstattet, die zur ordnungsgemäßen Wahrnehmung seiner Betriebsratstätigkeit nicht erforderlich sind, so liegt unzweifelhaft eine unzulässige Begünstigung im Sinne des § 78 Satz 2 BetrVG vor. Wird das Betriebsratsmitglied beispielsweise wegen seiner Amtstätigkeit von einem Teil der Kosten seiner persönlichen Lebensführung befreit, die es ohne seine Amtstätigkeit selbst hätte tragen müssen, ist es insoweit gegenüber anderen Arbeitnehmern wegen seiner Amtstätigkeit bessergestellt. Etwas anderes gilt nur dann, wenn der Arbeitgeber solche Kosten unabhängig von der Amtstätigkeit des Betriebsratsmitglieds allen (vergleichbaren) Arbeitnehmern erstattet. In diesem Fall erfolgen die Zahlungen grade nicht wegen der Amtstätigkeit, so dass eine unzulässige Begünstigung i.S.d. § 78 Satz 2 BetrVG mangels Besserstellung wegen der Amtstätigkeit ausscheidet.

Pauschalvereinbarungen sollen nicht zur Umgehung des Ehrenamtsprinzips missbraucht werden können. Eine unzulässige Begünstigung liegt in der Regel dann vor, wenn alle Betriebsratsmitglieder dieselbe Pauschale in gleicher Höhe erhalten. In diesem Fall liegt es auf der Hand, dass sie die tatsächlichen Ausgaben nicht widerspiegelt, da die durchschnittlichen Ausgaben für jedes Betriebsratsmitglied abhängig von seiner Position im Gremium und den damit einhergehenden Repräsentationspflichten unterschiedlich ausfallen. Aufwendungspauschalen als solche sind grundsätzlich nicht mit dem Begünstigungsverbot des § 78 Satz 2 BetrVG vereinbar. Zulässig ist jedoch die Zahlung eines individuellen oder kollektiven „pauschalen Vorschusses", der in regelmäßigen Abständen entsprechend den konkret entstandenen Aufwendungen abzurechnen ist.

B. Teilnahme an Schulungs- und Bildungsveranstaltungen

Vor dem Hintergrund, dass die Aufgaben des Betriebsrats so komplex und vielseitig sind, dass ohne eine entsprechende Schulung der Betriebsratsmitglieder eine ordnungsgemäße Erfüllung der Betriebsratsaufgaben kaum möglich erscheint, enthält das Betriebsverfassungsrecht mit § 37 Abs. 6 und Abs. 7 BetrVG gleich zwei Regelungen zur Teilnahme der Betriebsratsmitglieder an Schulungs- und Weiterbildungsveranstaltungen. Ziel der beiden Normen ist nicht die Herstellung intellektueller Waffengleichheit zwischen Arbeitgeber und Betriebsrat.[1060] Sinn und Zweck ist vielmehr die Gewährleistung einer funktionierenden Mitbestimmungsordnung in der Betriebsverfassung. Die Betriebsratsmitglieder sollen in die Lage versetzt werden, die Mitbestimmung der Arbeitnehmer ordnungsgemäß auszuüben. Dies ist nur dann möglich, wenn ihre Funktionsträger die erforderlichen Kenntnisse aufweisen.[1061] § 37 Abs. 6 BetrVG richtet sich dabei vorrangig an den Betriebsrat als Gremium, während § 37 Abs. 7 BetrVG einen Freistellungsanspruch für das einzelne Betriebsratsmitglied enthält.

I. Schulungs- und Bildungsveranstaltung nach § 37 Abs. 6 BetrVG

Gemäß § 37 Abs. 6 Satz 1 BetrVG gelten § 37 Abs. 2 und Abs. 3 BetrVG entsprechend für die Teilnahme an Schulungs- und Bildungsveranstaltungen, welche

---

1060 GK-BetrVG/*Weber*, § 37 Rn. 149; *Greßlin*, S. 125; Richardi/*Thüsing*, § 37 Rn. 81; a.A. DKKW/*Wedde*, § 37 Rn. 105; *Fitting*, § 37 Rn. 136; *Maußner/Schuhmacher*, ArbRAktuell 2014, 221 (221).
1061 GK-BetrVG/*Weber*, § 37 Rn. 148 f.; Richardi/*Thüsing*, § 37 Rn. 81.

Kenntnisse vermitteln, die für die Arbeit des Betriebsrats erforderlich sind. Folglich sind Betriebsratsmitglieder von ihrem Arbeitgeber unter Fortzahlung ihres regelmäßigen Arbeitsentgelts für die Teilnahme an diesen Schulungs- und Bildungsveranstaltungen von der Arbeit freizustellen. Eine Schulungs- oder Bildungsveranstaltung gemäß § 37 Abs. 6 BetrVG liegt vor, wenn sie sich mit einem Thema befasst, das für die Arbeit des Betriebsrats erforderliche Kenntnisse vermittelt.[1062] Erforderliche Kenntnisse sind diejenigen, die der Betriebsrat im Hinblick auf die konkreten Situation im Betrieb benötigt, um die sich ihm derzeit oder künftig stellenden Aufgaben sachgerecht lösen zu können.[1063] Träger des Anspruchs nach § 37 Abs. 6 BetrVG ist der Betriebsrat als Gremium und nicht das einzelne Betriebsratsmitglied selbst.[1064] Der abgeleitete individuelle Anspruch des einzelnen Betriebsratsmitglieds entsteht erst mit seiner Auswahl für eine bestimmte Schulungsveranstaltung durch Beschluss des Betriebsrats.[1065]

Auf die Frage, welche Schulungen im Einzelnen erforderlich im Sinne des § 37 Abs. 6 BetrVG sind, soll hier nicht näher eingegangen werden, da dies den Rahmen dieser Arbeit sprengen würde.[1066] Liegen die Voraussetzungen des § 37 Abs. 6 BetrVG vor, hat der Arbeitgeber dem Betriebsratsmitglied für die Zeit der Teilnahme an der Schulungsveranstaltung entsprechend dem Lohnausfallprinzip gemäß § 37 Abs. 6 Satz 1 i.V.m. § 37 Abs. 2 BetrVG sein Arbeitsentgelt fortzuzahlen, sofern die Schulungsmaßnahme die Arbeitszeit nicht übersteigt.[1067]Der Gesetzgeber hat den Anwendungsbereich des § 37 Abs. 6 BetrVG ausdrücklich auch auf § 37 Abs. 3 BetrVG erstreckt. Durch diesen Verweis soll sichergestellt

---

1062 *Fitting*, § 37 Rn. 139; GK-BetrVG/*Weber*, § 37 Rn. 148.
1063 St. Rspr. BAG v. 15.01.1997 – 7 ABR 14/96, NZA 1997, 781 (782); BAG v. 27.09.1974 – 1 ABR 71/73, AP Nr. 18 zu § 37 BetrVG 1972; BAG v. 06.11.1973 – 1 ABR 8/73, AP Nr. 5 zu § 37 BetrVG 1972; ebenso: GK-BetrVG/*Weber*, § 37 Rn. 169.
1064 BAG v. 24.05.1995 – 7 ABR 54/94, AP Nr. 109 zu § 37 BetrVG 1972; BAG v. 05.04.1984 – 6 AZR 495/81, AP Nr. 46 zu § 37 BetrVG 1972; BAG v. 06.11.1973 – 1 ABR 8/73, AP Nr. 5 zu § 37 BetrVG 1972; DKKW/*Wedde*, § 37 Rn. 114; GK-BetrVG/*Weber*, § 37 Rn. 154.
1065 BAG v. 16.10.1986 – 6 ABR 14/84, AP Nr. 58 zu § 37 BetrVG 1972; BAG v. 06.11.1973 – 1 ABR 8/73, AP Nr. 5 zu § 37 BetrVG 1972.
1066 Vgl. statt vieler nur die Aufzählung zahlreicher Beispiele aus der Rechtsprechung bei GK-BetrVG/*Weber*, § 37 Rn. 169 ff.
1067 BAG v. 23.10.1993 – 7 AZR 581/92, AP Nr. 90 zu § 37 BetrVG 1972; BAG v. 27.09.1990 – 7 AZR 292/89, AP Nr. 76 zu § 37 BetrVG 1972; BAG v. 19.07.1977 – 1 AZR 302/74, AP Nr. 31 zu § 37 BetrVG 1972.

werden, dass Betriebsratsmitglieder, die aus betriebsbedingten Gründen außerhalb ihrer Arbeitszeit an erforderlichen Schulungs- und Bildungsveranstaltungen teilnehmen, ein entsprechender (Freizeit-)Ausgleich zusteht.[1068]

Sind die Voraussetzungen für eine Schulungsteilnahme nach § 37 Abs. 6 BetrVG erfüllt, *muss* und *darf* der Arbeitgeber die im Zusammenhang mit der Schulung entstehenden Aufwendungen, unter anderem also die erforderlichen Kosten für Fahrt, Unterkunft und Verpflegung, der an der Schulungsveranstaltung teilnehmenden Betriebsratsmitglieder tragen.[1069] Auch diese Kosten unterliegen einer Erforderlichkeitsprüfung durch den Betriebsrat.[1070] Nahe liegt eine fehlende Erforderlichkeit beispielsweise bei „Betriebsratsschulungen mit Verwöhncharakter"[1071], in denen sich der Betriebsrat für besonders exklusive Anbieter entscheidet, die bei gleichem Lerninhalt wie günstigere Anbieter noch gewisse „Extras" bieten, wie den Aufenthalt im 4-Sterne-Hotel mit Wellnessbereich oder hochkarätige Abendveranstaltungen. Ersetzt der Arbeitgeber dem Betriebsratsmitglied Kosten, auf die es nach § 40 BetrVG im Hinblick auf § 37 Abs. 6 BetrVG keinen Anspruch hat, und geschieht dies wegen der Amtstätigkeit, so liegt darin eine unzulässige Begünstigung nach § 78 Satz 2 BetrVG. Hier gilt das allgemein zum Aufwendungsersatz nach § 40 BetrVG Gesagte entsprechend.[1072]

II. Schulungs- und Bildungsveranstaltung nach § 37 Abs. 7 BetrVG

1. Grundsätzliches

Bei dem Anspruch nach § 37 Abs. 7 BetrVG handelt es sich um einen Individualanspruch des einzelnen Betriebsratsmitglieds, der sich gegen den Arbeitgeber als Gläubiger des Anspruchs auf Arbeitsleistung richtet.[1073] Der Anspruch nach

---

[1068] BT-Drs. 14/5741, S. 41; vgl. zu dem Ausgleichsanspruch nach § 37 Abs. 3 BetrVG unter „Rechtsfolgen des § 37 Abs. 3 BetrVG", S. 163.
[1069] BAG v. 19.03.2008 – 7 ABR 2/07, juris; GK-BetrVG/*Weber*, § 40 Rn. 70; *Fitting*, § 40 Rn. 76; HWGNRH/*Glock*, § 40 Rn. 75; DKKW/*Wedde*, § 40 Rn. 90.
[1070] Vgl. zu den im Einzelnen erforderlichen Kosten GK-BetrVG/*Weber*, § 40 Rn. 74 ff. m.w.N.
[1071] *Zimmermann*, NZA 2017, 162 (162 ff.).
[1072] Siehe oben „Kostentragungspflicht des Arbeitgebers", S. 304.
[1073] *Fitting*, § 37 Rn. 195; GK-BetrVG/*Weber*, § 37 Rn. 245; HWGNRH//Glock, § 37 Rn. 206; Richardi/*Thüsing*, § 37 Rn. 160.

§ 37 Abs. 7 BetrVG steht selbstständig neben dem Anspruch aus § 37 Abs. 6 BetrVG.[1074] Soweit allerdings erforderliche Kenntnisse auf einer Schulungsveranstaltung nach § 37 Abs. 7 BetrVG bereits vermittelt wurden, kommt eine Teilnahme über § 37 Abs. 6 BetrVG nicht mehr in Betracht.[1075]

Bei Schulungs-und Bildungsveranstaltungen nach § 37 Abs. 7 BetrVG ist es anders als bei § 37 Abs. 6 BetrVG nicht erforderlich, dass die Veranstaltung Kenntnisse vermittelt, die für die Betriebsratstätigkeit erforderlich sind. Ausreichend für die Arbeitsbefreiung unter Entgeltfortzahlung zur Teilnahme an einer geeigneten Veranstaltung im Sinne des § 37 Abs. 7 BetrVG ist vielmehr die Anerkennung der betreffenden Veranstaltung von der zuständigen obersten Arbeitsbehörde des Landes als geeignet.[1076] Geeignet sind solche Veranstaltungen, wenn die in ihnen vermittelten Kenntnisse in – zumindest weitem – Zusammenhang mit der Betriebsratstätigkeit stehen und dieser förderlich und dienlich sein sollen, ohne dass die Kenntnisse für die konkrete Arbeit im einzelnen Betrieb benötigt werden.[1077] Schulungsveranstaltungen, die lediglich der Allgemeinbildung der Betriebsratsmitglieder dienen, sind daher in der Regel nicht als geeignet im Sinne des § 37 Abs. 7 BetrVG anzusehen.[1078] Die Teilnahme an einer solchen Veranstaltung würde das Betriebsratsmitglied unzulässig begünstigen.

1074 BAG v. 06.11.1973 – 1 ABR 8/73, AP Nr. 5 zu § 37 BetrVG 1972; BAG v. 05.04.1984 – 6 AZR 495/81, AP Nr. 46 zu § 37 BetrVG 1972; ErfK/*Koch*, § 37 BetrVG Rn. 20; *Fitting*, § 37 Rn. 229 f.; GK-BetrVG/*Weber*, § 37 Rn. 246.
1075 *Fitting*, § 37 Rn. 229 f.; GK-BetrVG/*Weber*, § 37 Rn. 246.
1076 *Fitting*, § 37 Rn. 196; Richardi/*Thüsing*, § 37 Rn. 162; GK-BetrVG/*Weber*, § 37 Rn. 247.
1077 BAG v. 06.11.1973 – 1 ABR 8/73, AP Nr. 5 zu § 37 BetrVG 1972; BAG v. 11.08.1993 – 7 ABR 52/92, AP Nr. 92 zu § 37 BetrVG 1972; BAG v. 11.10.1995 – 7 ABR 42/94, AP Nr. 115 zu § 37 BetrVG 1972; *Fitting*, § 37 Rn. 197; GK-BetrVG/*Weber*, § 37 Rn. 247; weiter: DKKW/*Wedde*, § 37 Rn. 171 f.
1078 BAG v. 06.11.1973 – 1 ABR 8/73, AP Nr. 5 zu § 37 BetrVG 1972; BAG v. 11.08.1993 – 7 ABR 52/92, AP Nr. 92 zu § 37 BetrVG 1972; *Fitting*, § 37 Rn. 197; GK-BetrVG/*Weber*, § 37 Rn. 235; BAG v. 11.10.1995 – 7 ABR 42/94, AP Nr. 115 zu § 37 BetrVG 1972; a.A. DKKW/*Wedde*, § 37 Rn. 171 f.

2. Ausgleich für die Teilnahme an Veranstaltungen nach § 37 Abs. 7 BetrVG außerhalb der persönlichen Arbeitszeit

Die Frage, ob auch bei einer Schulungs- und Bildungsveranstaltung nach § 37 Abs. 7 BetrVG ein Anspruch auf Freizeitausgleich bzw. auf Abgeltung besteht, wenn die Teilnahme an der anerkannten Schulung außerhalb der persönlichen Arbeitszeit eines Betriebsratsmitglieds stattfindet, ist umstritten.

a. Meinungsstand

Dies wird von Teilen des rechtswissenschaftlichen Schrifttums[1079] mit dem Argument bejaht, die in § 37 Abs. 7 Satz 3 BetrVG enthaltene Verweisung auf § 37 Abs. 6 Satz 2 BetrVG verdeutliche, dass den Betriebsratsmitgliedern ein Anspruch auf bezahlten Freizeitausgleich bzw. auf Abgeltung nach § 37 Abs. 3 BetrVG zustehe, wenn die Teilnahme an einer Schulungsmaßnahme nach § 37 Abs. 7 BetrVG außerhalb der persönliche Arbeitszeit des jeweiligen Betriebsratsmitglieds stattfinde. Überdies treffe die sachliche Begründung für die Gewährleistung des Ausgleichsanspruchs bei Schulungsveranstaltungen – namentlich die fortschreitende Flexibilisierung der Arbeitszeit sowie die gebotene Gleichbehandlung von vollzeit- und teilzeitbeschäftigten Mitgliedern des Betriebsrats – auf alle Schulungsveranstaltungen zu.

Die Gegenansicht lehnt einen Ausgleichsanspruch entsprechend § 37 Abs. 3 BetrVG für die Teilnahme an Bildungs- und Schulungsveranstaltungen im Sinne des § 37 Abs. 7 BetrVG außerhalb der persönlichen Arbeitszeit ab.[1080] Da § 37 Abs. 7 Satz 3 BetrVG lediglich auf § 37 Abs. 6 Satz 2 BetrVG, nicht aber auf § 37 Abs. 6 Satz 1 BetrVG Bezug nehme, müsse ein derartiger Anspruch verneint werden. Dieser Verweis reiche nicht aus, um eine Anwendbarkeit des § 37 Abs. 3 BetrVG zu begründen. Dazu hätte auch auf § 37 Abs. 6 Satz 1 BetrVG verwiesen werden müssen. Die Bezugnahme auf § 37 Abs. 6 Satz 2 BetrVG sei ein Redaktionsversehen.

1079 DKKW/*Wedde*, § 37 Rn. 190; *Fitting*, § 37 Rn. 226; ErfK/*Koch*, § 37 BetrVG Rn. 21; Richardi/*Thüsing*, § 37 Rn. 197.
1080 GK-BetrVG/*Weber*, § 37 Rn. 279; HWGNRH/*Glock*, § 37 Rn. 226; 129; *Greßlin*, S. 157.

b. Stellungnahme

Welcher Ansicht der Vorzug zu geben ist, ist durch Auslegung zu ermitteln. Der Wortlaut des § 37 Abs. 7 Satz 1 BetrVG spricht lediglich von einem *„Anspruch auf bezahlte Freistellung"* zur Teilnahme an geeigneten Schulungs- und Bildungsveranstaltungen. Anders als der Normtext des § 37 Abs. 6 Satz 1 BetrVG, der ausdrücklich vorschreibt, *„die Absätze 2 und 3 gelten entsprechend für die Teilnahme an Schulungs- und Bildungsveranstaltungen"*, fehlt eine dementsprechende Einbeziehung des § 37 Abs. 3 BetrVG im Rahmen des § 37 Abs. 7 BetrVG. Allein aus dem Wortlaut kann folglich kein Ausgleichsanspruch entsprechend § 37 Abs. 3 BetrVG für die Zeit der Schulungsteilnahme außerhalb der persönlichen Arbeitszeit aus § 37 Abs. 7 Satz 1 BetrVG hergeleitet werden.[1081] Auch aus dem Wortlaut des Einleitungssatzes des § 37 Abs. 7 Satz 1 BetrVG, wonach der Anspruch aus § 37 Abs. 7 BetrVG *„unbeschadet der Vorschrift des Absatzes 6"* besteht, lässt sich die Anwendung des § 37 Abs. 3 BetrVG nicht begründen. Dies besagt lediglich, dass die beiden Ansprüche aus Abs. 6 und Abs. 7 nebeneinanderstehen. Eine inhaltliche Verweisung auf die Regelungen zu den Schulungen nach § 37 Abs. 6 BetrVG lässt sich daraus hingegen nicht ablesen.[1082]

Die einen Ausgleichsanspruch entsprechend § 37 Abs. 3 BetrVG befürwortende Ansicht stützt sich in ihrer Argumentation entscheidend auf den in § 37 Abs. 7 BetrVG enthaltenen Verweis auf § 37 Abs. 6 Satz 2 bis 6 BetrVG. In der Verweisung auch auf § 37 Abs. 6 Satz 2 BetrVG, der die Einordnung der Besonderheiten betrieblicher Arbeitszeitgestaltung als betriebsbedingte Gründe im Sinne des § 37 Abs. 3 BetrVG qualifiziert, sieht sie zugleich einen Verweis auf einen Anspruch auf Freizeitausgleich entsprechend § 37 Abs. 3 BetrVG für die Teilnahme an Schulungen auch nach § 37 Abs. 7 BetrVG außerhalb ihrer persönlichen Arbeitszeit.[1083] Dagegen spricht jedoch, dass gerade nicht § 37 Abs. 6 Satz 2 Halbsatz 1 BetrVG die Geltung des § 37 Abs. 3 BetrVG für die Teilnahme an Veranstaltungen im Sinne des § 37 Abs. 6 BetrVG anordnet, sondern § 37

[1081] GK-BetrVG/*Weber*, § 37 Rn. 279; *Greßlin*, S. 157.
[1082] GK-BetrVG/*Weber*, § 37 Rn. 279; *Greßlin*, S. 157.
[1083] DKKW/*Wedde*, § 37 Rn. 190; *Fitting*, § 37 Rn. 226; ErfK/*Koch*, § 37 BetrVG Rn. 21; *Düwell/Wolmerath*, § 37 Rn. 54.

Abs. 6 Satz 1 BetrVG, auf den § 37 Abs. 7 Satz 3 BetrVG jedoch ausdrücklich nicht verweist.

Auch die Gesetzeshistorie spricht für dieses Ergebnis. § 37 Abs. 7 Satz 3 BetrVG ist durch das BetrVG-Reformgesetz im Jahre 2001 an die in § 37 Abs. 6 BetrVG vorgenommenen Änderungen angepasst worden. Dies wurde durch die Neueinfügung des zusätzlichen zweiten Satzes in § 37 Abs. 6 BetrVG erforderlich, so dass sich die Verweisung in § 37 Abs. 7 Satz 3 BetrVG nunmehr auf § 37 Abs. 6 Satz 2 bis 6 BetrVG erstreckt und nicht mehr nur auf die Bestimmungen des § 37 Abs. 6 Satz 3 bis 6 BetrVG n.F. – was den bisher in Bezug genommenen Regelungen entspräche. Dass nunmehr auch § 37 Abs. 6 Satz 2 BetrVG n.F. von der Verweisung erfasst ist, könnte jedoch ein Redaktionsversehen darstellen.[1084] In der Gesetzesbegründung heißt es dazu lediglich knapp, es handele sich um eine redaktionelle Folgeänderung aufgrund der Einfügung des neuen Satzes 2 in § 37 Abs. 6 BetrVG.[1085] Sie lässt es offen, welche Intention der Gesetzgeber mit der Regelung verfolgt. Da die Gesetzesbegründung allerdings nur von einer „redaktionellen Folgeänderung aufgrund der Einfügung des neuen Satzes 2 in Abs. 6"[1086] spricht, legt dies nahe, dass der Gesetzgeber auch nach der BetrVG-Reform 2001 nur auf die Verfahrensvorschriften in § 37 Abs. 6 BetrVG verweisen wollte. Für das Vorliegen eines Redaktionsversehens spricht zudem der unterschiedliche Regelungscharakter der Entgeltfortzahlung während der Schulungsteilnahme. § 37 Abs. 6 Satz 1 BetrVG verweist auf § 37 Abs. 2 BetrVG, während § 37 Abs. 7 Satz 1 BetrVG den Anspruch auf bezahlte Freistellung selbst regelt. Eine Rechtsgrundverweisung wie in § 37 Abs. 6 Satz 1 BetrVG würde bei § 37 Abs. 7 BetrVG auch gar keinen Sinn machen. Eine Schulungsveranstaltung i.S.d. § 37 Abs. 7 BetrVG muss nicht erforderlich sein, so dass die Voraussetzungen des § 37 Abs. 2 BetrVG in der Regel nicht erfüllt wären. Auch erscheint es fernliegend, dass der Gesetzgeber die Entgeltfortzahlung für Schulungsteilnahmen während der Arbeitszeit in § 37 Abs. 7 Satz 1 BetrVG direkt und ohne Verweis auf § 37 Abs. 2 BetrVG regelt, den Ausgleich für die Schulungsteilnahme außer-

---

1084 So GK-BetrVG/*Weber*, § 37 Rn. 279; Löwisch/Kaiser, § 37 Rn. 129; *Greßlin*, S. 157.
1085 BT-Drs. 14/5741, S. 41.
1086 BT-Drs. 14/5741, S. 41.

halb der Arbeitszeit hingegen nicht selbstständig in Abs. 7, sondern durch Verweis auf § 37 Abs. 3 BetrVG regeln wollte. Folglich spricht die strukturell unterschiedliche Regelungstechnik der beiden Normen dafür, dass der Verweis in § 37 Abs. 7 Satz 3 BetrVG auf § 37 Abs. 6 Satz 2 BetrVG ein Redaktionsversehen war.

Gewährt der Arbeitgeber dem Betriebsratsmitglied – freiwillig – dennoch einen Ausgleich für Schulungsteilnahmen außerhalb der persönlichen Arbeitszeit – sei es durch Freizeitausgleich oder monetär –, läge hierin eine unzulässige Begünstigung wegen der Betriebsratstätigkeit und somit ein Verstoß gegen § 78 Satz 2 Alt. 2 BetrVG.

3. Kostenerstattung

Auch die Frage der Kostenerstattung ist im Rahmen des § 37 Abs. 7 BetrVG umstritten.

a. Meinungsstand

Das BAG hat die Frage, ob der Arbeitgeber auch die Kosten zu tragen hat, die aus der Teilnahme eines Betriebsratsmitglieds an einer Schulungsveranstaltung nach § 37 Abs. 7 BetrVG entstehen, anders als bei Veranstaltungen nach § 37 Abs. 6 BetrVG verneint.[1087] Der Charakter des Betriebsratsamtes als unentgeltliches Ehrenamt und das damit in Zusammenhang stehende Begünstigungsverbot des § 78 Satz 2 BetrVG stünden der Kostenerstattung nach § 40 BetrVG entgegen, sofern es sich lediglich um eine förderliche Veranstaltung nach § 37 Abs. 7 BetrVG handele, die das Betriebsratsmitglied nicht zwingend besuchen müsse, um sein Amt ordnungsgemäß auszufüllen. Das BAG will aber – ohne dies näher zu begründen – eine Ausnahme zulassen, wenn in der Bildungs- oder Schulungsmaßnahme Kenntnisse vermittelt werden, die für das Betriebsratsamt erforderlich sind.[1088]

Diese Ansicht stößt in der Literatur ganz überwiegend auf Zustimmung.[1089] Die durch Veranstaltungen nach § 37 Abs. 7 BetrVG entstehenden Kosten seien nicht erforderlich i.S.d. § 40 Abs. 1 BetrVG, da sie weder ihrem Zweck noch ihrem

---

1087 BAG v. 06.11.1973 – 1 ABR 26/73, AP Nr. 6 zu § 37 BetrVG 1972.
1088 BAG v. 06.11.1973 – 1 ABR 26/73, AP Nr. 6 zu § 37 BetrVG 1972.
1089 *Fitting*, § 40 Rn. 72; GK-BetrVG/*Weber*, § 40 Rn. 86 ff.; HWGNRH/Glock, § 37 Rn. 235, § 40 Rn. 60 f., 73; a.A. Richardi/*Thüsing*, § 40 Rn. 32 f.; offen: *Bayreuther*, NZA 2013, 758 (760).

Inhalt nach auf die ordnungsgemäße Erfüllung der Betriebsratsaufgaben ausgerichtet sind, sondern nur dazu geeignet sein müssen, sie zu fördern.[1090]Teilweise wird diese Auffassung als zu streng kritisiert und abgelehnt.[1091] Sinn und Zweck des § 37 Abs. 7 BetrVG sei ebenfalls, das Betriebsratsmitglied für seine anstehenden Aufgaben zu schulen. Hinsichtlich der Kostentragungspflicht könne daher nicht zwischen Schulungsveranstaltungen nach § 37 Abs. 6 BetrVG und § 37 Abs. 7 BetrVG unterschieden werden. In beiden Fällen falle die Teilnahme in den Amtsbereich des Betriebsratsmitglieds. Daher sei der Arbeitgeber nicht nur berechtigt, sondern verpflichtet, die durch die Teilnahme entstehenden notwendigen Aufwendungen auch bei Veranstaltungen nach § 37 Abs. 7 BetrVG zu erstatten.[1092]

Bayreuther will jedenfalls die freiwillige Übernahme von Schulungskosten durch den Arbeitgeber zulassen.[1093] Es erscheine überzogen, dem Arbeitgeber die freiwillige Erstattung zu verweigern. Wenn das Gesetz ausdrücklich anordne, dass ein Betriebsratsmitglied für derartige Schulungen unter Fortzahlung seines Entgelts freizustellen ist, gebe es damit zu erkennen, dass diese in hinreichendem Zusammenhang mit der Betriebsratstätigkeit stehen. Eine verbotene Begünstigung könne daher in der freiwilligen Kostenerstattung nicht gesehen werden. Die Grenze zur unzulässigen Begünstigung werde erst dann überschritten, wenn sich der Ertrag der Schulung nicht mehr verlässlich feststellen lasse.[1094]

b. Stellungnahme

§ 37 Abs. 7 BetrVG regelt lediglich die mit der Schulungsteilnahme zusammenhängenden arbeitsvertraglichen Fragen, namentlich die Freistellung und die Entgeltfortzahlung. Die Pflicht des Arbeitgebers zur Erstattung der Teilnahmekosten einer Schulungsveranstaltung nach § 37 Abs. 7 BetrVG richtet sich nach § 40 Abs. 1 BetrVG. Der Anwendbarkeit dieser Norm steht § 37 Abs. 7 BetrVG nicht entgegen, da dieser gegenüber § 40 Abs. 1 BetrVG nicht als *Lex specialis* anzusehen ist.[1095] § 40 Abs. 1 BetrVG regelt – der Systematik des Gesetzes folgend –

1090 GK-BetrVG/*Weber*, § 40 Rn. 88.
1091 Richardi/*Thüsing*, § 40 Rn. 32 f.
1092 Richardi/*Thüsing*, § 40 Rn. 33; DKKW/*Wedde*, § 40 Rn. 81 ff.
1093 *Bayreuther*, NZA 2013, 758 (760).
1094 *Bayreuther*, NZA 2013, 758 (760).
1095 GK-BetrVG/*Weber*, § 40 Rn. 90.

Begünstigung durch Kostenübernahme der Sach- und Personalausstattung des Betriebsrats

die Verpflichtung des Arbeitgebers, die über die Entgeltfortzahlung hinausgehenden Kosten der Betriebsratstätigkeit zu übernehmen, worunter möglicherweise auch die Kosten einer Schulungsteilnahme fallen können, sofern die tatbestandlichen Voraussetzungen des § 40 Abs. 1 BetrVG erfüllt sind.[1096] Demnach kommt eine Kostentragungspflicht nach § 40 Abs. 1 BetrVG für Veranstaltungen nach § 37 Abs. 7 BetrVG nur dann in Betracht, wenn und soweit die Schulungsveranstaltung erforderlich ist. Nur dann ist die Gleichstellung mit der übrigen Betriebsratstätigkeit gerechtfertigt. Entsprechend der gängigen Definition des BAG[1097] sind nur *„solche Kenntnisse erforderlich, die der Betriebsrat unter Berücksichtigung der konkreten Situation des einzelnen Betriebes sofort oder doch aufgrund einer typischen Fallgestaltung demnächst benötigt, um seine Aufgaben sachgemäß wahrnehmen zu können."*[1098] Nicht ausreichend für die Annahme der Erforderlichkeit im Sinne des § 40 Abs. 1 BetrVG ist hingegen die theoretische Möglichkeit der Verwertbarkeit der Kenntnisse. Sie müssen zumindest in absehbarer Zeit benötigt werden. Vor diesem Hintergrund sprechen die besseren Argumente dagegen, eine Schulung nach § 37 Abs. 7 BetrVG grundsätzlich als erforderlich anzusehen. Die vom Gesetzgeber vorgegebene Differenzierung zwischen erforderlichen Kenntnissen, wie sie in einer Schulung nach § 37 Abs. 6 BetrVG vermittelt werden, und den lediglich als geeignet anerkannten Schulungsveranstaltungen nach § 37 Abs. 7 BetrVG würde andernfalls ignoriert werden. Der bloße Bezug der in der Schulung vermittelten Kenntnisse zum Betriebsratsamt ist also nicht ausreichend. Sie müssen gleichzeitig erforderlich i.S.d. § 40 Abs. 1 BetrVG sein, um die Kostentragungspflicht des Arbeitgebers auszulösen. Soweit das BAG argumentiert, der Charakter des Betriebsratsamtes als Ehrenamt und das Begünstigungsverbot stünden der Kostentragungspflicht des Arbeitgebers bei förderlichen Schulungen i.S.d. § 37 Abs. 7 BetrVG entgegen[1099], ist dies nicht immer zutreffend. Sind die in der Schulung vermittelten Kenntnisse zugleich erforderlich i.S.d. § 40 BetrVG, darf und muss der Arbeitgeber die Kosten nach § 37 Abs. 6 BetrVG tragen.

1096 Zu den Voraussetzungen des § 40 BetrVG siehe unter „Kosten des Betriebsrats, § 40 BetrVG", S. 304.
1097 BAG v. 06.11.1973 – 1 ABR 8/73, AP Nr. 5 zu § 37 BetrVG 1972.
1098 BAG v. 06.11.1973 – 1 ABR 8/73, AP Nr. 5 zu § 37 BetrVG 1972.
1099 BAG v. 06.11.1973 – 1 ABR 26/73, AP Nr. 6 zu § 37 BetrVG 1972.

Dafür spricht, dass tatbestandliche Voraussetzung des Kostenerstattungsanspruchs nach § 40 Abs. 1 BetrVG lediglich ist, dass die Betriebsratstätigkeit oder eine ihr gleichzustellende Schulung erforderlich ist.[1100] Daher kann es keinen Unterschied machen, ob die erforderlichen Kenntnisse in einer Schulungsveranstaltung nach § 37 Abs. 6 BetrVG oder nach § 37 Abs. 7 BetrVG vermittelt wurden – zumal die Erforderlichkeit der Kenntnisvermittlung ohnehin allein von den Bedürfnissen des konkreten Betriebsrats abhängt. Vermittelt eine solche Veranstaltung erforderliche Kenntnisse, so ist auch die Arbeitsbefreiung nach § 37 Abs. 7 BetrVG stets erforderlich, so dass die Voraussetzungen des § 40 Abs. 1 BetrVG erfüllt sind.

Dafür spricht auch, dass die Betriebsratsmitglieder zum Erwerb der für eine ordnungsgemäße Amtsführung erforderlichen Kenntnisse verpflichtet sind. Eine solche Pflicht besteht jedoch nicht, wenn es lediglich um die Vermittlung geeigneter Kenntnisse i.S.d. § 37 Abs. 7 BetrVG geht. Es steht dem Betriebsratsmitglied frei, den Schulungsanspruch nach § 37 Abs. 7 BetrVG zu nutzen oder nicht. Entschließt sich das Betriebsratsmitglied freiwillig zur Teilnahme an einer Schulungsveranstaltung, die nicht erforderliche Kenntnisse vermittelt, ist es gerechtfertigt, es die Kosten der Teilnahme tragen zu lassen.

Das Begünstigungsverbot verbietet jede Vorteilsgewährung, die durch die Amtstätigkeit veranlasst ist. Nach der hier vertretenen Auffassung stellt auch die freiwillige Erstattung von Schulungskosten, die nicht von § 40 Abs. 1 BetrVG umfasst sind, eine unzulässige Begünstigung wegen der Amtstätigkeit im Sinne des § 78 Satz 2 BetrVG dar.[1101] Dies ist auch nicht überzogen, da dem Betriebsratsmitglied andernfalls wegen seiner Amtstätigkeit „mehr" gewährt würde als das, worauf es einen Anspruch hat. Auch die Freistellung für eine Schulungsmaßnahme, die nicht von § 37 Abs. 7 BetrVG gedeckt ist, wäre eine unzulässige Begünstigung.[1102] Dasselbe muss auch für die Kostenerstattung gelten, wenn diese trotz Nichtbestehens des Anspruchs nach § 40 Abs. 1 BetrVG gewährt wird. § 78 Satz 2 BetrVG beruht auf der prinzipiellen Wertentscheidung des Gesetzgebers, dass das Betriebsratsamt als unentgeltliches Ehrenamt zu führen ist und dem

---

1100 Ebenso GK-BetrVG/*Weber*, § 40 Rn. 89.
1101 A.A. *Bayreuther*, NZA 2013, 758 (760)
1102 BAG v. 11.08.1993 – 7 ABR 52/92, AP Nr. 92 zu § 37 BetrVG 1972.

Amtsträger weder Vor- noch Nachteile einbringen darf. Die Inanspruchnahme des Rechts aus § 40 Abs. 1 BetrVG bewegt sich also nur so lange innerhalb der Wertung des § 78 Satz 2 BetrVG, wie seine tatbestandlichen Voraussetzungen tatsächlich vorliegen.

III. Ergebnis

Ein Betriebsratsmitglied hat keinen Ausgleichsanspruch nach § 37 Abs. 3 BetrVG für die Teilnahme an Schulungs- und Bildungsveranstaltungen nach § 37 Abs. 7 BetrVG, wenn die Teilnahme außerhalb der persönlichen Arbeitszeit des Betriebsratsmitglieds erfolgt. Dies gilt für alle Betriebsratsmitglieder – eingeschlossen der in Teilzeit beschäftigten – und unabhängig vom Umfang ihrer persönlichen Arbeitszeit. Da kein Anspruch des Betriebsratsmitglieds auf Ausgleich nach § 37 Abs. 3 BetrVG im Rahmen des § 37 Abs. 7 BetrVG für Veranstaltungen außerhalb der Arbeitszeit besteht, darf der Arbeitgeber einen solchen auch nicht freiwillig gewähren, da das fragliche Betriebsratsmitglied dadurch unzulässig nach § 78 Satz 2 BetrVG wegen seiner Amtstätigkeit begünstigt würde.

Weiter darf der Arbeitgeber dem Betriebsratsmitglied die Schulungskosten für Veranstaltungen nach § 37 Abs. 7 BetrVG nicht ersetzen, es sei denn diese vermitteln für die Betriebsratstätigkeit erforderliche Kenntnisse i.S.d. § 40 BetrVG. Die (freiwillige) Kostenerstattung stellt eine unzulässige Begünstigung i.S.d. § 37 Abs. 7 BetrVG dar.

C. Dienstreisen

Ebenfalls als problematisch erweisen sich Dienstreisen über das gesetzlich erforderliche Maß hinaus, weil derartige Leistungen des Arbeitgebers immer auch den einzelnen Betriebsratsmitgliedern selbst zukommen. Sehr deutlich hat dies der Fall *Volkert*[1103] aufgrund völlig aus dem Ruder laufender „Luxusreisen" vor Augen geführt. So durfte *Klaus Volkert*, der ehemalige Gesamtbetriebsratsvorsitzende von Volkswagen AG, sowohl die Firmenjets als auch den Fuhrpark der VW Vorstandsriege nutzen und in Luxushotels residieren.[1104] Auch vom Arbeitgeber

---

1103 BGH v. 17.09.2009 – 5 StR 521/08, NStZ 2009, 694.
1104 FAZ v. 20.12.2006, S. 23; Handelsblatt v. 28.06.2015 https://www.handelsblatt.com/unternehmen/industrie/zehn-jahre-vw-affaere-gebauer-wo-bleiben-die-weiber/11972752.html?ticket=ST-2621807-ysC19alQ6apFG4rPoYbn-ap4 (abgerufen am 13.01.2019).

bezahlte Bordellbesuche, großzügige Reisespesen und Einkaufsgutscheine für die mitgereiste Betriebsratsgattin im vierstelligen Bereich sollen zur Tagesordnung gehört haben.[1105]

Auch in der betriebsverfassungsrechtlichen Rechtsprechung lässt sich reichlich Anschauungsmaterial dafür finden, welche Probleme überhöhte Reiseaufwendungen ganz allgemein bereiten können.[1106] Vor dem Hintergrund des Begünstigungsverbots erscheinen insbesondere die teilweise in der Praxis anzutreffenden Regelungen problematisch, nach denen Betriebsratsmitglieder generell im Rahmen der Reisekostenregelung Führungskräften gleichgestellt werden oder die eine eigene Kategorie für Betriebsratsmitglieder enthalten.

Die Frage nach der Reisekostenerstattung ist eng mit der Frage nach der Erstattung von Kosten der Teilnahme an Schulungs- und Bildungsveranstaltungen im Sinne des § 37 Abs. 6 und Abs. 7 BetrVG verknüpft. Solche Dienstreisen finden insbesondere auch zum Zwecke der Teilnahme an solchen Betriebsratsschulungen oder Fortbildungen statt. Daneben können sie auch zum Zwecke der Teilnahme an (Gesamt-)Betriebsratssitzungen oder Betriebsversammlungen eines anderen Werkes des Unternehmens, der Besuche in auswärtigen Betrieben, Betriebsteilen und Nebenbetrieben sowie zu auswärtigen Gerichtsterminen stattfinden.[1107] Aufwendungen des Betriebsratsmitglieds für Dienstreisen gehören ebenfalls zu den vom Arbeitgeber nach § 40 Abs. 1 BetrVG zu tragenden Kosten, sofern die tatbestandlichen Voraussetzungen vorliegen.[1108] Dabei besteht auch hier die Gefahr einer unzulässigen Begünstigung von Betriebsratsmitgliedern, insbesondere im Zusammenhang mit den mit der Dienstreise zusammenhängenden Aufwendungen, wie beispielsweise den Kosten der An- bzw. Rückreise sowie für Unterbringung und Bewirtung.

1105 *Rüthers*, in: FAZ v. 18.07.2006, S. 13.
1106 BAG v. 28.03.2007 - 7 ABR 33/06, AP Nr. 89 zu § 40 BetrVG 1972; *Bayreuther*, NZA 2013, 758.
1107 Vgl. DKKW/*Wedde*, § 40 Rn. 63 für weitere Bespiele.
1108 Vgl. „Kosten des Betriebsrats", § 40 BetrVG, S. 304.

I. Erforderlichkeit der Reisekosten, § 40 BetrVG

Die Kostentragungspflicht des Arbeitgebers nach § 40 Abs. 1 BetrVG umfasst auch bei Reisekosten – wie auch bei sonstigen Aufwendungen des Betriebsratsmitglieds – nur die Kosten, die tatsächlich und durch die Wahrnehmung ihrer betriebsverfassungsrechtlichen Aufgaben entstanden sind. Die Aufwendungen müssen zugleich erforderlich und verhältnismäßig sein.[1109] Selbst Auslandsreisen können vom Umfang des § 40 Abs. 1 BetrVG umfasst sein, soweit sie für die sachgerechte Erfüllung der betriebsverfassungsrechtlichen Aufgaben erforderlich sind. Denkbar ist dies insbesondere bei grenzüberschreitenden mitbestimmungspflichtigen Maßnahmen oder im Zusammenhang mit der Zusammenarbeit des Europäischen Betriebsrats.[1110]

Fallen im Zusammenhang mit der Teilnahme an einer Schulung nach § 37 Abs. 6 BetrVG Kosten an, so sind gemäß § 40 Abs. 1 BetrVG nicht nur die eigentlichen Teilnahme- und Schulungsgebühren vom Arbeitgeber zu tragen, sondern auch die notwendigen Reisekosten wie auch die notwendigen Übernachtungs- und Verpflegungskosten des Betriebsratsmitglieds.[1111] Nicht zu den über § 40 Abs. 1 BetrVG erstattungsfähigen Kosten zählen hingegen auch hier die Kosten der persönlichen Lebensführung, wozu zusätzliche Ausgaben für Getränke, Tabakwaren und Ähnliches gehören.[1112] Daneben hat der Arbeitgeber das Recht, bei der Erstattung der notwendigen Verpflegungskosten ersparte eigene Aufwendungen des Betriebsratsmitglieds anzurechnen.[1113]

II. Umfang der Kostenerstattung

1. Betriebliche Reisekostenregelung

Insbesondere in größeren Betrieben besteht oftmals eine für alle Arbeitnehmer verbindliche Reisekostenregelung. Existiert im Betrieb eine solche Regelung, so

---

1109 GK-BetrVG/*Weber*, § 40 Rn. 49; DKKW/*Wedde*, § 40 Rn. 62; ErfK/*Koch*, § 40 BetrVG Rn. 8.
1110 *Fitting*, § 40 Rn. 50 f.; GK-BetrVG/*Weber*, § 40 Rn. 50 f.; DKKW/*Wedde*, § 40 Rn. 62; WPK/*Kreft*, § 40 Rn. 25; ErfK/*Koch*, § 40 BetrVG Rn. 8.
1111 BAG v. 28.03.2007 – 7 ABR 33/06, AP Nr. 89 zu § 40 BetrVG 1972.
1112 BAG v. 28.03.2007 – 7 ABR 33/06, AP Nr. 89 zu § 40 BetrVG 1972; BAG v. 16.06.1976 – 1 ABR 81/74, AP Nr. 12 zu § 40 BetrVG 1972; BAG v. 29.01.1974 – 1 ABR 41/73, AP NR. 5 zu § 40 BetrVG 1972.
1113 BAG v. 28.03.2007 – 7 ABR 33/06, AP Nr. 89 zu § 40 BetrVG 1972; BAG v. 30.03.1994 – 7 ABR 45/93, AP Nr. 42 zu § 40 BetrVG 1972.

ist sie auch für die Mitglieder des Betriebsrats verbindlich.[1114] Dies folgt aus dem Begünstigungsverbot des § 78 Satz 2 BetrVG, denn es würde eine unzulässige Besserstellung der Betriebsratsmitglieder wegen ihrer Amtstätigkeit darstellen, wenn sie ohne billigenswerten Grund für die im Zusammenhang mit der Erfüllung ihrer Amtspflichten anfallende Reisetätigkeit höhere Reisekosten abrechnen könnten als vergleichbare Arbeitnehmer bei dienstlich veranlasster Reisetätigkeit oder sie selbst für den Fall, dass sie statt in ihrer Eigenschaft als Betriebsratsmitglied in ihrer Eigenschaft als Arbeitnehmer dienstlich verreist wären.[1115] Dies gilt beispielsweise für die Frage, welche Reiseklasse sie auf Bahn- oder Flugreisen benutzen oder welche Hotelkategorie sie buchen dürfen.

Dies gilt zumindest dann, wenn das einzelne Betriebsratsmitglied keinen Einfluss auf die Reisekosten hat.[1116] Dies bedeutet, dass Reise- und Verpflegungskosten ausnahmsweise auch dann über die Grenze einer solchen Reisekostenregelung hinaus erstattungsfähig sind, wenn das Betriebsratsmitglied keinerlei Einfluss auf die Höhe der Kosten hat, etwa weil der Schulungsveranstalter die Übernachtungs- und Verpflegungskosten pauschal von den Teilnehmern fordert[1117] oder weil eine erforderliche Schulungsveranstaltung nur als „Komplettpaket", bestehend aus Tagung, Übernachtung und Verzehr, angeboten wird.[1118] Eine unzulässige Begünstigung liegt dann nicht vor, wenn die Schulungsveranstaltung erforderlich ist, es keine Alternative zu dem Komplettpaket gibt und die einzelnen Leistungen aus einem solchen Paket nicht disponibel sind. Dem steht auch die zwingende Vorschrift des § 40 Abs. 1 BetrVG nicht entgegen. Ist die Schulungsveranstaltung erforderlich und gibt es keine Alternativen, so sind die Kosten der Veranstaltung nicht deshalb nicht von § 40 Abs. 1 BetrVG gedeckt, weil der Veranstalter als Teil des Pakets eine Übernachtung in einem 4-Sterne-Hotel verkauft statt des von

---

1114 BAG v. 28.03.2007 – 7 ABR 33/06, AP Nr. 89 zu § 40 BetrVG 1972; BAG v. 17.09.1974 – 1 ABR 98/73, DB 1975, 452; BAG v. 23.06.1975 – 1 ABR 104/73, BB 1975, 1111; LAG Hamm v. 13.11.2012 – 10 TaBV 63/12, BeckRS 2013, 66915; ErfK/*Koch*, § 40 BetrVG Rn. 8; *Fitting*, § 40 Rn. 54; GK-BetrVG/*Weber*, § 40 Rn. 55 f.; Richardi/*Thüsing*, § 40 Rn. 51; DKKW/*Wedde*, § 40 Rn. 69; a.A. *Däubler*, Schulung, Rn. 478 ff.
1115 BAG v. 28.03.2007 – 7 ABR 33/06, AP Nr. 89 zu § 40 BetrVG 1972.
1116 BAG v. 28.03.2007 – 7 ABR 33/06, AP Nr. 89 zu § 40 BetrVG 1972; BAG v. 07.06.1984 – 6 ABR 66/81, NZA 1984, 362; LAG Hamm v. 13.11.2012 – 10 TaBV 63/12, BeckRS 2013, 66915; ErfK/*Koch*, § 40 BetrVG Rn. 8; *Fitting*, § 40 Rn. 54; GK-BetrVG/*Weber*, § 40 Rn. 55; Richardi/*Thüsing*, § 40 Rn. 50.
1117 LAG Baden-Württemberg v. 01.02.2006 – 2 TaBV 4/05, juris, Rn. 23.
1118 *Esser*, S. 116, a.A. *Purschwitz*, S. 269.

der Reisekostenregelung vorgesehenen 3-Sterne-Hotels. Die Grenze zur unzulässigen Kostenerstattung ist hier überschritten, wenn der Arbeitgeber den Mitgliedern des Betriebsrats Dienstreisen ermöglicht, die weder inhaltlich noch dem Umfang nach nachvollziehbar oder sachlich geboten sind.[1119]

Auch in Bezug auf die Reisekosten gilt grundsätzlich: Betriebsratsmitglieder sind nach § 78 Satz 2 BetrVG bei Reisen im Rahmen ihrer betriebsverfassungsrechtlichen Tätigkeit so zu stellen, wie sie stünden, wenn sie als Arbeitnehmer Dienstreisen durchführen.[1120] § 40 Abs. 1 BetrVG bildet den Maßstab dafür, in welchem Umfang der Arbeitgeber dem Betriebsratsmitglied Reisekosten erstatten *muss*. Die Anwendung des § 40 Abs. 1 BetrVG kann umgekehrt auch dazu führen, dass den Betriebsratsmitgliedern mehr zu gewähren ist als den vergleichbaren Arbeitnehmern. Sieht beispielsweise die betriebliche Reisekostenregelung vor, dass vergleichbare Arbeitnehmer auf Dienstreisen ihre Verpflegungskosten selbst zu tragen haben, so gilt dies für Betriebsratsmitglieder nicht. Sie haben nach § 40 Abs. 1 BetrVG einen eigenen Anspruch auf Ersatz der Verzehrkosten während einer Dienstreise zum Zwecke der Betriebsratstätigkeit.[1121] Freiwillige Reisekostenerstattungen, die über das nach § 40 Abs. 1 BetrVG geschuldete Maß hinausgehen, begünstigen das Betriebsratsmitglied unzulässig, es sei denn, das Betriebsratsmitglied würde durch die Nichterstattung unzulässig benachteiligt. Das Betriebsratsmitglied kann im selben Umfang seine Reisekosten erstattet verlangen, wie es dies auch als normaler Arbeitnehmer könnte. Gehen die nach den betrieblichen Reisekostenregelungen zu erstattenden Reisekosten über das Erforderliche i.S.d. § 40 Abs. 1 BetrVG hinaus, steht dem Betriebsratsmitglied die Übernahme der Kosten im Umfang der betrieblichen Reisekostenregelung zu. Andernfalls würde das Betriebsratsmitglied wegen seiner Amtstätigkeit benachteiligt, § 78 Satz 2 Alt. 1 BetrVG.[1122]

1119 *Bayreuther*, NZA 2013, 758 (760); *Esser*, S. 115.
1120 *Fitting*, § 40 Rn. 50; GK-BetrVG/*Weber*, § 40 Rn. 55; Richardi/*Thüsing*, § 40 Rn. 50 ff.
1121 Richardi/*Thüsing*, § 40 Rn. 49, 51; ErfK/*Koch*, § 40 BetrVG Rn. 8.
1122 Ähnlich BAG v. 28.03.2007 – 7 ABR 33/06, AP Nr. 89 zu § 40 BetrVG 1972.

2. Ausnahme bei Reisen mehrerer Betriebsratsmitglieder?

Denkbar sind Unstimmigkeiten innerhalb des Betriebsratsgremiums, wenn sich die Reisekostenregelung hinsichtlich der zu wählenden Reisekategorie – also beispielsweise der Frage, ob die Arbeitnehmer Anspruch auf ein Flugticket erster Klasse oder lediglich auf ein Bahnticket zweiter Klasse haben – an der beruflichen Position oder Funktion des Arbeitnehmers im Betrieb orientiert. Dies kann bei gleichzeitiger Teilnahme mehrerer Betriebsratsmitglieder an derselben Veranstaltung zu dem Ergebnis führen, dass Mitglieder des gleichen Betriebsratsgremiums unterschiedlich behandelt werden. So ist beispielsweise denkbar, dass ein Teil der Betriebsratsmitglieder, die vor ihrer Wahl in den Betriebsrat bereits in gehobenen Positionen tätig waren, nun in der ersten Klasse anreist und dann in einem 4-Sterne-Hotel untergebracht wird, während andere Mitglieder des Betriebsrats, deren Stellung im Betrieb lediglich der eines Facharbeiters entsprach, lediglich zweiter Klasse reisen dürfen und sich mit einem weniger luxuriösen Hotel begnügen müssen.

a. Meinungsstand

Um eine solche Ungleichbehandlung zu vermeiden, will ein Teil der Literatur ausnahmsweise nicht auf die individuelle Arbeitnehmerstellung des Betriebsratsmitglieds abstellen, sondern auf dessen Rolle als Betriebsratsmitglied.[1123] Demnach sei eine Dienstreiseregelung zulässig, die Betriebsratsmitglieder unabhängig von ihrer eigentlichen Position als Arbeitnehmer im Betrieb der gleichen Reisekostenstufe zuordne. Innerhalb dieser Ansicht besteht zudem Streit darüber, was geschieht, wenn es an einer ausdrücklichen Regelung fehlt. Ein Teil dieser Ansicht will bei Fehlen einer eigenen Reiseregelung für Betriebsratsmitglieder eine mittlere Bemessung zugrunde legen und dadurch eine unterschiedliche Behandlung der einzelnen Mitglieder des Betriebsratsgremiums vermeiden.[1124] Andere halten bei Fehlen einer solchen Regelung die Festlegung einer angemessenen Stufe durch einen solchen Mittelwert für verfehlt.[1125] In diesem Fall könne nicht auf die Funktion als Betriebsratsmitglied abgestellt werden.

1123 *Bayreuther*, NZA 2013, 758 (761); *Fitting*, § 40 Rn. 55; GK-BetrVG/*Weber*, § 40 Rn. 58; Richardi/*Thüsing*, § 40 Rn. 50; *Kehrmann*, in: FS Wlotzke, 357 (378).
1124 *Fitting*, § 40 Rn. 55; Richardi/*Thüsing*, § 40 Rn. 50; *Bayreuther*, NZA 2013, 758 (761).
1125 GK-BetrVG/*Weber*, § 40 Rn. 58.

Die Gegenansicht lehnt eine gesonderte Betriebsratsstufe innerhalb einer betrieblichen Reisekostenrichtlinie ab und will die Betriebsratsmitglieder hinsichtlich der Erstattung von Reisekosten so behandeln, wie sie zu behandeln gewesen wären, wenn sie in ihrer Eigenschaft als Arbeitnehmer an einer Dienstreise teilgenommen hätten.[1126]

b. Stellungnahme

Die Auffassung der erstgenannten Ansicht überrascht vor dem Hintergrund der Ausgestaltung des Betriebsratsamtes als unentgeltliches Ehrenamt. Auch überzeugt die Argumentation nicht, eine Ausnahme vom Ehrenamtsprinzip sowie vom Begünstigungsverbot zuzulassen. Genau dies wäre jedoch die Folge einer solchen Reisekostenregelung, die an die Rolle als Betriebsratsmitglied anknüpft. Es ist kein Grund ersichtlich, Betriebsratsmitglieder bei Dienstreisen allein aufgrund ihrer Amtsstellung durch eine gesonderte Betriebsratsreiserichtlinie gegenüber den ihnen vergleichbaren Arbeitnehmern besser- oder schlechterzustellen. Das wäre überdies mit dem Benachteiligungs- und Begünstigungsverbot des § 78 Satz 2 BetrVG nicht vereinbar. Durch die Einführung einer gesonderten „*Betriebsratsstufe*"[1127] innerhalb einer betrieblichen Reiserichtlinie würden die Betriebsratsmitglieder gegenüber den übrigen Arbeitnehmern bessergestellt, die entsprechend ihrer beruflichen Position im Betrieb differenziert behandelt werden. Auch lässt die eine solche gesonderte Betriebsratsstufe befürwortende Ansicht offen, welches Niveau innerhalb einer solchen Regelung angemessen wäre. Einigte man sich auf das niedrigste gemeinsame Niveau, würde ein Teil der Betriebsratsmitglieder wegen ihrer Amtstätigkeit benachteiligt, was nach § 78 Satz 2 BetrVG ebenfalls unzulässig ist. Hielte man das höchstmögliche Niveau für angemessen, würden all diejenigen Betriebsratsmitglieder begünstigt, die lediglich ein niedrigeres Reiseniveau beanspruchen können. Gleiches gilt für die Mittelwertlösung. Auch hier würde ein Teil der Amtsträger begünstigt, andere würden benachteiligt. Beides würde einen Verstoß gegen § 78 Satz 2 BetrVG darstellen. Auch in praktischer Hinsicht ist insbesondere die „Mittelwertlösung" nicht überzeugend, denn

---

1126 BAG v. 29.04.1975 – 1 ABR 40/74, BB 1975, 1111; *Schweibert/Buse*, NZA 2007, 1080 (1083); *Esser*, S. 119; *Purschwitz*, S. 274 f.
1127 *Schweibert/Buse*, NZA 2007, 1080 (1083).

oftmals lässt sich ein solcher Mittelwert gar nicht ausmachen. So gibt es beispielsweise bei der Deutschen Bahn entweder die erste Klasse oder die zweite Klasse. Ein „Mittel" dazwischen existiert nicht. Eine entsprechende Vereinbarung wäre daher aufgrund des Verstoßes gegen § 78 Satz 2 BetrVG nichtig.

Daran ändern auch praktische Gesichtspunkte nichts. Es mag dem „*Geist der Zusammenarbeit*"[1128] widersprechen, wenn bei einer gemeinsamen Dienstreise mehrerer Betriebsratsmitglieder diese unterschiedlich behandelt werden. Dies allein ist jedoch nicht ausreichend, das Begünstigungsverbot, welches eine zentrale Rolle bei der Sicherung die Unabhängigkeit und Unparteilichkeit des Betriebsrats und seiner Mitglieder spielt, *contra legem* auszuhebeln. Derartige Unstimmigkeiten gibt es nicht nur hier, sondern auch im Hinblick auf die Frage der Höhe der Vergütung einzelner Betriebsratsmitglieder. Dies ist eine Folge der Ausgestaltung des Betriebsratsamtes als unentgeltliches Ehrenamt.

Anders als im Personalvertretungsrecht, das mit § 44 Abs. 1 Satz 2 BPersVG eine ausdrückliche Regelung enthält, wodurch die Mitglieder eines Personalrats ohne Rücksicht auf ihre dienstliche Stellung erstattungsmäßig gleichgestellt sind und einheitlich behandelt werden, gibt es eine vergleichbare Regelung im BetrVG nicht. Dass der Gesetzgeber auf eine entsprechende Regelung innerhalb des BetrVG bewusst verzichtet hat, spricht ebenfalls gegen die Zulässigkeit der Vereinbarung einer gesonderten „Betriebsratsreiserichtlinie".

Die Ansicht, die eine eigene „Betriebsratsstufe" innerhalb der Reiserichtlinie für zulässig hält, ist daher abzulehnen. Der Umfang der Kostentragungspflicht des Arbeitgebers richtet sich einzig nach § 40 Abs. 1 BetrVG oder einer ggf. vorhandenen betrieblichen Reisekostenrichtlinie. Erstattet der Arbeitgeber den Betriebsratsmitgliedern freiwillig darüberhinausgehende Kosten, überschreitet er damit die Grenze zur unzulässigen Begünstigung.

1128 Richardi/*Thüsing*, § 40 Rn. 52.

III. Reisekostenpauschalen

Auch für Reisekostenpauschalen gilt: Pauschalvereinbarungen dürfen nicht zur Umgehung des Ehrenamtsprinzips genutzt werden.[1129] Eine unzulässige Begünstigung liegt in der Regel vor, wenn alle Betriebsratsmitglieder dieselbe Pauschale in gleicher Höhe erhalten. In diesem Fall liegt es auf der Hand, dass dies die tatsächlichen Ausgaben nicht widerspiegelt, da die durchschnittlichen Reisekosten für jedes Betriebsratsmitglied abhängig von seiner Position im Gremium und seiner Stellung als Mitarbeiter im Betrieb unterschiedlich ausfallen. Eine eigene, nur für Betriebsratsmitglieder geltende Reisekostenpauschale ist unzulässig. Im Übrigen bleibt auch hier festzuhalten, dass Reisekostenpauschalen als solche grundsätzlich nicht mit dem Begünstigungsverbot des § 78 Satz 2 BetrVG vereinbar sind. Zulässig ist jedoch die Zahlung eines individuellen „pauschalen Vorschusses", der indes in regelmäßigen Abständen entsprechend den konkret entstandenen Aufwendungen abzurechnen ist.[1130]

IV. Ergebnis

Der Arbeitgeber hat erforderliche Reisekosten nach § 40 Abs. 1 BetrVG zu tragen. Sofern im Betrieb Regelungen zur Erstattung von Reisekosten gelten, gelten diese ebenfalls für Betriebsratsmitglieder. Dabei richten sich die zu erstattenden Mindestkosten nach § 40 Abs. 1 BetrVG. Nicht erforderliche Kosten darf der Arbeitgeber nur dann erstatten, wenn er diese wegen der betrieblichen Reisekostenregelung schuldet. Erstattet er darüberhinausgehende Kosten freiwillig, begünstigt er das Betriebsratsmitglied unzulässig.

Betriebsratsmitglieder sind genauso zu behandeln wie die ihnen vergleichbaren Arbeitnehmer. Die Vereinbarung einer „Betriebsratsreiserichtlinie" verstößt gegen das Ehrenamtsprinzip und das Begünstigungsverbot und ist unzulässig. Gleiches gilt für Reisekostenpauschalen. Diese sind nur als individueller „pauschaler Vorschuss" zulässig, der regelmäßig abzurechnen ist.

1129 *Rieble*, NZA 2008, 276 (277), wonach Pauschalierungen keinen „Königsweg" zur Umgehung des Ehrenamtsprinzips darstellen.
1130 Siehe näher zu den Gründen unter „Pauschale Aufwandsentschädigung", S. 310.

D. Dienstwagen

Auch des Deutschen liebstes Kind – der Dienstwagen und dessen Überlassung an Betriebsräte – stellt vor dem Hintergrund des Benachteiligungs- und Begünstigungsverbots des § 78 Satz 2 BetrVG ein ständig wiederkehrendes Problem dar. Im Zusammenhang mit der Frage nach der Grenze zur unzulässigen Begünstigung lautet die Frage, ob der Arbeitgeber den Mitgliedern des Betriebsrats einen Dienstwagen zur Verfügung stellen darf. Dies ist – im Einklang mit den bislang entwickelten Grundsätzen – nur dann möglich, wenn das einzelne Betriebsratsmitglied einen Anspruch auf einen Dienstwagen und die Kostenübernahme durch den Arbeitgeber hat. Maßgeblich für die rechtliche Beurteilung dieser Frage ist, ob es sich bei der Dienstwagennutzung um einen Entgeltbestandteil oder um Aufwendungen handelt. Die Überlassung eines Dienstwagens zur privaten Nutzung stellt nach einhelliger Auffassung einen geldwerten Vorteil und steuer- und abgabenpflichtigen Entgeltbestandteil dar. Die Überlassung zur privaten Nutzung steht im Gegenseitigkeitsverhältnis zur geschuldeten Arbeitsleistung.[1131] Für die rechtliche Bewertung, ob der Arbeitgeber dem Betriebsratsmitglied einen Dienstwagen zur Nutzung überlassen darf, ist also entscheidend, ob die Privatnutzung zulässig ist oder der Dienstwagen dem Betriebsratsmitglied ausschließlich zur dienstlichen Nutzung zur Verfügung steht.

I. Private Nutzung

1. Dienstwagen als Teil des Arbeitsentgelts

Die Überlassung eines Dienstwagens zur Privatnutzung ist eine echte Sachleistung, die Bestandteil des Arbeitsentgelts ist.[1132] Die private Nutzung eines Dienstwagens muss als geldwerter Vorteil versteuert werden.[1133] Dabei ist unerheblich, ob der Dienstwagen ausschließlich zur Privatnutzung oder vornehmlich zur gemischt dienstlich-privaten Nutzung überlassen wird.[1134] Da ein privat genutzter

---

1131 BAG v. 14.12.2010 – 9 AZR 631/09, NZA 2011, 569 Rn. 14; BAG v. 24.03.2009 – 9 AZR 733/07, NZA 2009, 861 Rn. 15.
1132 BAG v. 21.03.2012 – 5 AZR 651/10, NZA 2012, 616; BAG v. 13.04.2010 – 9 AZR 113/09, NZA-RR 2010, 457; BAG v. 23.06.2004 – 7 AZR 514/03, NZA 2004, 1287 (1288); *Bayreuther*, NZA 2013, 758 (763); *Behrendt/Lilienthal*, KSzW 2014, 277 (280); *Lipp*, S. 107.
1133 *Fitting*, § 37 Rn. 67b.
1134 *Behrendt/Lilienthal*, KSzW 2014, 277 (280).

Firmenwagen Teil des Arbeitsentgelts ist, richtet sich die Frage, ob der Arbeitgeber dem Betriebsratsmitglied ein Firmenfahrzeug zur privaten Nutzung überlassen kann, ohne dadurch gegen das Begünstigungsverbot zu verstoßen, allein nach § 37 Abs. 2, Abs. 4 BetrVG.

Entsprechend den bereits entwickelten Grundsätzen steht dem Betriebsratsmitglied auch nach seiner Wahl in den Betriebsrat ein Dienstfahrzeug zur privaten Nutzung weiterhin zu, wenn es bereits vor seiner Amtsübernahme Anspruch auf ein solches hatte.[1135] Denn gemäß § 37 Abs. 2 BetrVG darf das Arbeitsentgelt des Betriebsratsmitglieds nicht gemindert werden. Entsprechend dem Lohnausfallprinzip steht ihm also dasjenige Arbeitsentgelt zu, das es ohne die Freistellung verdient hätte.[1136] Das Betriebsratsmitglied muss daher sämtliche Vergütungsbestandteile weiter erhalten, die es ohne seine Freistellung erhalten hätte. Dazu gehört auch ein zur privaten Nutzung überlassenes Dienstfahrzeug. Dies gilt sowohl für nur vorübergehend von ihrer Arbeitspflicht befreite als auch für vollständig von ihrer Arbeitspflicht freigestellte Betriebsratsmitglieder. Das Lohnausfallprinzip ist auf beide gleichermaßen anwendbar.[1137]

2. Verbotene Begünstigung?

Auch wenn das Dienstfahrzeug von freigestellten Betriebsratsmitgliedern anders als vor ihrer Freistellung nicht mehr nur begleitend, sondern ausschließlich privat genutzt wird, stellt dies nach Ansicht des BAG[1138] keine verbotene Begünstigung des Betriebsratsmitglieds im Sinne des § 78 Satz 2 BetrVG dar. Denn der Zeitraum, in dem das Betriebsratsmitglied seinen Dienstwagen privat nutzen könne, ändere sich durch seine Befreiung oder Freistellung nicht. Die Privatnutzung sei ihm nach wie vor nur außerhalb der Arbeitszeit möglich. Während der Arbeitszeit sei das Betriebsratsmitglied hingegen an seiner Nutzung gehindert. Der Arbeitgeber könne während dieser Zeit sogar anderweitig über das Fahrzeug verfügen. Das Betriebsratsmitglied werde also im Vergleich zu einem nicht in den Betriebsrat

---

1135 BAG v. 23.06.2004 – 7 AZR 514/03, NZA 2004, 1287 (1288).
1136 Im Einzelnen siehe oben unter „Lohnausfallprinzip", S. 52.
1137 Vgl. dazu die „Anwendbarkeit des Lohnausfallprinzips auf dauerhaft freigestellte Betriebsratsmitglieder", S. 57.
1138 BAG v. 23.06.2004 – 7 AZR 514/03, NZA 2004, 1287 (1288).

gewählten Arbeitnehmer, dem ebenfalls ein Dienstfahrzeug mit privater Nutzungsmöglichkeit zur Verfügung gestellt worden ist, nicht bessergestellt.[1139] Auch führe die Tatsache, dass anderen freigestellten Betriebsratsmitgliedern kein Dienstwagen mit privater Nutzungsmöglichkeit zur Verfügung stehe, nicht zu einer unzulässigen Begünstigung des Betriebsratsmitglieds. Dies folge bereits daraus, dass § 37 Abs. 2 BetrVG anders als § 37 Abs. 4 BetrVG nicht auf das Arbeitsentgelt vergleichbarer Arbeitnehmer abstellt, *„sondern allein auf die arbeitsvertragliche Vergütung des freigestellten Betriebsratsmitglieds, die während der Freistellung nicht gemindert werden darf."*[1140]

Die ganz herrschende Meinung in der Literatur hat sich dem BAG angeschlossen.[1141] Lediglich vereinzelt wurde diese Entscheidung als zu weitgehend kritisiert, denn das ursprüngliche Dienstfahrzeug werde im Zuge der Freistellung zum Privatfahrzeug.[1142] Diese Kritik überzeugt nicht. Dem Arbeitgeber steht es frei, das Fahrzeug anderweitig zu nutzen, während das Betriebsratsmitglied seiner Amtstätigkeit nachgeht, auch wenn dies nicht sonderlich praktikabel erscheint. Während seiner Arbeitszeit kann das Betriebsratsmitglied seinen Dienstwagen nicht nutzen, so dass sich der Zeitraum, indem er seinen Dienstwagen privat nutzen kann, durch seine Freistellung nicht verändert. Da das Betriebsratsmitglied sogar einen Anspruch auf die fortwährende Überlassung seines privatgenutzten Dienstwagens aus dem Arbeitsvertrag i.V.m. § 37 Abs. 2 BetrVG oder der weitergezeichneten beruflichen Entwicklung nach § 37 Abs. 4 BetrVG hat, scheidet eine unzulässige Begünstigung im Fall eines privat genutzten Dienstwagens aus. Umgekehrt würde es das Betriebsratsmitglied benachteiligen, wenn es durch seine Wahl in den Betriebsrat den Anspruch auf seinen Dienstwagen mit privater Nutzungsmöglichkeit verlöre.

Eine unzulässige Begünstigung kommt allerdings in Betracht, wenn Betriebsratsmitglieder nach ihrer Wahl in den Betriebsrat einen Dienstwagen zur privaten

---

1139 BAG v. 23.06.2004 – 7 AZR 514/03, NZA 2004, 1287 (1288).
1140 BAG v. 23.06.2004 – 7 AZR 514/03, NZA 2004, 1287 (1288).
1141 *Bayreuther*, NZA 2013, 758 (763); *Behrendt/Lilienthal*, KSzW 2014, 277 (280); *Bittmann/Mujan*, BB 2012, 637 (639); DKKW/*Wedde*, § 37 Rn. 57; *Dzida/Mehrens*, NZA 2013, 753 (756); ErfK/*Koch*, § 37 BetrVG Rn. 6; *Esser*, S. 123; *Fitting*, § 37 Rn. 67a; HWGNRH/*Glock*, § 37 Rn. 61; *Lipp*, S. 108; *Schweibert/Buse*, NZA 2007, 1080 (1083); WPK/*Kreft*, § 37 Rn. 20; WPK/*Preis*, § 78 Rn. 17.
1142 Richardi/*Thüsing*, § 37 Rn. 33.

Nutzung überlassen bekommen, denen die Überlassung nicht wegen ihres Arbeitsvertrages oder infolge ihrer weitergezeichneten beruflichen Entwicklung zusteht. Erhalten sie dennoch einen Dienstwagen, um ihn für die Betriebsratstätigkeit zu nutzen, und dürfen sie diesen zudem privat nutzen, gewährt der Arbeitgeber ihnen wegen ihrer Amtstätigkeit mehr, als ihnen ohne die Amtstätigkeit zustünde. Dies ist nach § 78 Satz 2 Alt. 2 BetrVG unzulässig.

3. Erstmalige private Nutzungsmöglichkeit

Stand dem Betriebsratsmitglied zwar bei Amtsübernahme kein Dienstwagen zur Privatnutzung zu, wäre er während seiner Amtszeit entsprechend seiner weitergezeichneten beruflichen Entwicklung auf eine Stelle „befördert" worden, die nach den betrieblichen Gepflogenheiten mit der Überlassung eines Dienstwagens zur Privatnutzung einhergeht, so steht dem Betriebsratsmitglied ab diesem Zeitpunkt ebenfalls ein Dienstwagen mit privater Nutzungsmöglichkeit zu.

Hat das Betriebsratsmitglied keinen Anspruch auf eine solche rechtskonforme Beförderung auf eine Stelle, die ihm einen Anspruch auf einen Dienstwagen zur privaten Nutzung zugesteht, sind also die Voraussetzungen des § 37 Abs. 4 BetrVG oder des § 78 Satz 2 Alt. 1 BetrVG nicht erfüllt, scheidet die Neugewährung eines Dienstwagens nach der Wahl in den Betriebsrat aus, da darin dann eine unzulässige Begünstigung wegen der Amtstätigkeit und ein Verstoß gegen das Ehrenamtsprinzip zu sehen sind.[1143]

4. Fahrzeugklassenwechsel

Ähnlich wie die Frage nach der Zulässigkeit der erstmaligen Gewährung eines Dienstwagens mit privater Nutzungsberechtigung beurteilt sich die Frage nach der zulässigen Fahrzeugklasse bzw. nach einem Fahrzeugklassenwechsel. Auch hier sind plötzliche Beförderungen oder sonstige Karrieresprünge wegen der Betriebsratstätigkeit und die damit einhergehende Anhebung des Fahrzeugniveaus von einem normalen Mittelklassewagen auf einen Oberklassewagen eine nach § 78 Satz 2 BetrVG verbotene unzulässige Begünstigung. Die Fahrzeugklasse

---

1143 *Bayreuther*, NZA 2013, 758 (763); *Dzida/Mehrens*, NZA 2013, 753 (756); *Esser*, S. 120; *Rieble*, NZA 2008, 276 (277).

darf nur dann angehoben werden, wenn dies auch auf die mit dem Betriebsratsmitglied vergleichbaren Arbeitnehmer zutrifft. Maßstab ist hier ebenfalls § 37 Abs. 4 BetrVG.

II. Dienstliche Nutzung

Wird ein Dienstwagen einem Arbeitnehmer ausschließlich zur dienstlichen Nutzung bereitgestellt, so handelt es sich hierbei rechtlich gesehen lediglich um ein Arbeitsmittel, nicht um einen Entgeltbestandteil.[1144] Der Dienstwagen wird den Arbeitnehmern zur ordnungsgemäßen Erfüllung ihrer arbeitsvertraglichen Pflichten zur Verfügung gestellt, nicht hingegen als Gegenleistung für die vom Arbeitnehmer erbrachte Arbeitsleistung.[1145] Leistungen des Arbeitgebers an Betriebsratsmitglieder können entweder Arbeitsentgelt oder Aufwendungsersatz sein. Eine dritte Kategorie von Zahlungen gibt es nicht.[1146] Für ausschließlich dienstlich genutzte Dienstwagen ist im Rahmen der Betriebsratstätigkeit damit § 40 Abs. 1 BetrVG einschlägig.

1. Grenze zur unzulässigen Begünstigung

Die erstmalige Bereitstellung eines Dienstwagens an ein neues Mitglied des Betriebsrats ist nicht unproblematisch. Bei einem rein zur dienstlichen Nutzung zur Verfügung gestellten Dienstwagen handelt es sich zunächst einmal um ein Arbeitsmittel. Als solches ist es nicht vom Lohnausfallprinzip erfasst.[1147] Zugleich wird ein Dienstwagen als erstrebenswertes Statussymbol mit hohem Wert angesehen, da er nicht selten die Grenze zu Führungspositionen im Unternehmen markiert und mit einer entsprechenden Steigerung des Sozialprestiges einhergeht.[1148] Ein Anspruch des Betriebsratsmitglieds auf erstmalige Bereitstellung eines Dienstwagens zur ausschließlichen dienstlichen Nutzung kann sich nur über § 40 Abs. 1 BetrVG ergeben. Liegen dessen Voraussetzungen vor, hat das Be-

---

1144 *Bayreuther*, NZA 2013, 758 (762); *Behrendt/Lilienthal*, KSzW 2014, 277 (280).
1145 *Lipp*, S. 107.
1146 BAG v. 13.07.1994 – 7 AZR 477/93, NZA 1995, 588 (589).
1147 BAG v. 25.02.2009 – 7 AZR 954/07, AP Nr. 146 zu § 37 BetrVG 1972; *Fitting*, § 37 Rn. 67a; a.A. DKKW/*Wedde*, § 37 Rn. 57, jedoch ohne nähere Begründung.
1148 *Bayreuther*, NZA 2013, 758 (762); *Behrendt/Lilienthal*, KSzW 2014, 277 (280).

triebsratsmitglied Anspruch auf Übernahme der mit der Fahrzeugnutzung verbundenen Kosten.[1149] So sind nach § 40 Abs. 1 BetrVG die Fahrtkosten, die dem Betriebsratsmitglied bei der Durchführung erforderlicher Betriebsratstätigkeiten entstanden sind, zu ersetzen. Davon ausgenommen sind jedoch solche Fahrtkosten, die durch die Fahrt von der Wohnung des Betriebsratsmitglieds in den Betrieb entstehen, es sei denn das Betriebsratsmitglied hätte ohne die konkret zu erledigende Betriebsratstätigkeit nicht in den Betrieb fahren müssen.[1150] Ein Anwendungsfall für den Erstattungsanspruch nach § 40 Abs. 1 BetrVG sind „Reise-Betriebsräte"[1151], die dauerhaft und kontinuierlich auf ein eigenes Dienstfahrzeug angewiesen sind.[1152] Dies wird überwiegend bei dem Vorsitzenden von Gesamt- oder Konzernbetriebsräten größerer Unternehmen der Fall sein, wenn sie regelmäßig zu verschiedenen, weit voneinander entfernten Betriebsteilen reisen müssen und diese womöglich auch durch andere Verkehrsmittel nur schwer zu erreichen sind.[1153] Denkbar ist auch die Teilnahme an Sitzungen des Betriebsrats außerhalb der persönlichen Arbeitszeit des Betriebsratsmitglieds.[1154] Sind die Voraussetzungen des § 40 Abs. 1 BetrVG nicht erfüllt, liegt in der erstmaligen Bereitstellung eines Dienstwagens eine nach § 78 Satz 2 BetrVG unzulässige Begünstigung vor.[1155]

Sofern es sich um ein lediglich vorübergehend von der beruflichen Tätigkeit befreites Betriebsratsmitglied handelt, das auch weiterhin – zumindest teilweise – seiner arbeitsvertraglich geschuldeten Tätigkeit nachgeht, richtet sich die erstmalige Überlassung eines Dienstwagens nach den Gepflogenheiten im Betrieb. Gewährt der Arbeitgeber vergleichbaren Arbeitnehmern einen Dienstwagen zur dienstlichen Nutzung, so darf der Arbeitgeber auch dem Betriebsratsmitglied ei-

---

[1149] BAG v. 25.02.2009 – 7 AZR 954/07, AP Nr. 146 zu § 37 BetrVG 1972; *Bayreuther*, NZA 2013, 758 (762); *Rieble*, NZA 2008, 276 (277).
[1150] BAG v. 16.01.2008 – 7 ABR 71/06, NZA 2008, 546 Rn. 13; BAG v. 13.06.2007 – 7 ABR 62/06, NZA 2007, 1301, Rn. 13.
[1151] *Rieble*, NZA 2008, 276 (277).
[1152] *Bayreuther*, NZA 2013, 758 (762).
[1153] *Bayreuther*, NZA 2013, 758 (762); DKKW/*Wedde*, § 40 BetrVG, Rn. 63 f.
[1154] BAG v. 16.01.2008 – 7 ABR 71/06, NZA 2008, 546 (547).
[1155] *Bayreuther*, NZA 2013, 758 (762); *Rieble*, NZA 2008, 276 (277); *Schweibert/Buse*, NZA 2007, 1080 (1083).

nen solchen gewähren, allerdings ausschließlich zur Erfüllung seiner arbeitsvertraglichen Pflichten. Ob er das Dienstfahrzeug auch für seine Betriebsratstätigkeit einsetzen darf, richtet sich einzig und allein nach § 40 Abs. 1 BetrVG.[1156]

2. Freigestellte Betriebsratsmitglieder

Diente die Überlassung eines Dienstwagens vor der Wahl eines Arbeitnehmers in den Betriebsrat allein der ordnungsgemäßen Erfüllung arbeitsvertraglicher Verpflichtungen – also dienstlichen Zwecken –, handelte es sich bei dem Dienstwagen um ein Arbeitsmittel. Als solches ist es nicht vom Lohnausfallprinzip erfasst.[1157] Jedenfalls bei einem freigestellten Betriebsratsmitglied scheidet ein Anspruch auf die Weiternutzung eines vormals rein dienstlich genutzten Dienstwagens aus. Das Betriebsratsmitglied benötigt den Dienstwagen als Arbeitsmittel nicht länger zur Erfüllung seiner arbeitsvertraglichen Verpflichtungen, da es diesen infolge seiner Freistellung nicht länger nachkommt. Die Fahrt vom Wohnort des Betriebsratsmitglieds zum Betrieb steht den Fahrten anderer Arbeitnehmer zum Arbeitsort gleich und ist damit nicht erstattungsfähig. Grundsätzlich muss ein Arbeitnehmer den Weg zwischen seinem Wohnort und der Arbeit auf eigene Kosten bewältigen. Damit wäre das Betriebsratsmitglied wegen seiner Amtstätigkeit bessergestellt, würde man ihm diese Kosten dennoch erstatten. Faktisch würde dies die Überlassung des Dienstwagens zur privaten Nutzung wegen der Betriebsratstätigkeit darstellen. Dem steht das Verbot aus § 78 Satz 2 Alt. 2 BetrVG entgegen.[1158]

Mangels Anspruchs darf der Arbeitgeber nach der hier vertretenen Auffassung einem freigestellten Betriebsratsmitglied einen Dienstwagen auch nicht freiwillig weiter zur Verfügung stellen. Darin läge eine unzulässige Begünstigung nach § 78 Satz 2 BetrVG. Angesichts des ausgesprochen hohen Wertes eines Dienstwagens als Statussymbol gilt diesbezüglich ein strenger Maßstab.[1159]

1156 A.A. wohl *Bayreuther*, NZA 2013, 758 (763).
1157 BAG v. 25.02.2009 – 7 AZR 954/07, AP Nr. 146 zu § 37 BetrVG 1972; *Fitting*, § 37 Rn. 67b; *Bayreuther*, NZA 2013, 758 (762); *Esser*, S. 124 ff.
1158 BAG v. 27.07.2016 – 7 AZR 255/14, NZA 2016, 1418 Rn. 17; BAG v. 13.06.2007 – 7 ABR 62/06, NZA 2007, 1301 Rn. 13.
1159 *Bayreuther*, NZA 2013, 758 (762).

III. Ergebnis

Ein Dienstwagen mit privatem Nutzungsrecht darf der Arbeitgeber dem Betriebsratsmitglied nur zur Verfügung stellen, wenn das Betriebsratsmitglied nach seinem Arbeitsvertrag oder seiner weitergezeichneten beruflichen Entwicklung einen Anspruch darauf hat. Dann ist der Dienstwagen Bestandteil des geschuldeten Entgelts und als solcher über das Lohnausfallprinzip nach § 37 Abs. 2 BetrVG zwingend weiter zu gewähren. Es würde Betriebsratsmitglieder unzulässig i.S.d. § 78 Satz 2 BetrVG begünstigen, wenn sie einen Dienstwagen auch zur privaten Nutzung überlassen bekämen, weil sie ein Betriebsratsamt bekleiden.

Dienstwagen zur dienstlichen Nutzung dürfen Betriebsratsmitgliedern nur dann gewährt werden, wenn die Voraussetzungen des § 40 Abs. 1 BetrVG vorliegen, da das Betriebsratsmitglied nur dann einen Anspruch auf die Übernahme der mit der Fahrzeugnutzung verbundenen Kosten hat. Nicht zu ersetzen sind daher sämtliche Fahrten, die nicht „dienstlich" veranlasst sind. Dazu zählt insbesondere der Weg von der Wohnung des Betriebsratsmitglieds zur Betriebsstätte während seiner Arbeitszeit, da es sich hierbei um eine private Nutzung handelt. Eine Kostenerstattung würde das Betriebsratsmitglied unzulässig begünstigen. Erfolgt die Fahrt hingegen wegen der Betriebsratstätigkeit außerhalb der persönlichen Arbeitszeit oder fährt das Betriebsratsmitglied zur Verrichtung seiner Betriebsratstätigkeit an einen anderen Ort und nicht an die Betriebsstätte, sind die Fahrtkosten für die Betriebsratsarbeit erforderlich und somit über § 40 Abs. 1 BetrVG vom Arbeitgeber zu ersetzen. Eine Begünstigung i.S.d. § 78 Satz 2 BetrVG scheidet in diesem Fall aus.

E. Kosten der privaten Lebensführung als Kosten der Betriebsratsarbeit

Kosten der privaten Lebensführung sind nicht als Kosten der Betriebsratsarbeit erstattungsfähig. Das Betriebsratsmitglied hat diese Aufwendungen grundsätzlich selbst zu tragen. In Einzelfällen will das BAG in Einklang mit der herrschenden Meinung von diesem Grundsatz abweichen. So sollen Kinderbetreuungskosten ausnahmsweise erstattungsfähige Kosten i.S.d. § 40 Abs. 1 BetrVG sein, wenn sie einem Betriebsratsmitglied dadurch entstehen, dass es für die Betreuung seiner minderjährigen Kinder in Zeiten Sorge tragen muss, in denen es außerhalb seiner persönlichen Arbeitszeit Betriebsratsaufgaben erfüllen muss.[1160] Im Folgenden wird der Frage nachgegangen, ob dies mit dem Begünstigungsverbot vereinbar ist.

I. Anspruch auf Übernahme von Kinderbetreuungskosten nach Ansicht des BAG

Das BAG hatte in seiner Entscheidung vom 23. Juni 2010[1161] erstmals über die Erstattungsfähigkeit von Kinderbetreuungskosten eines Betriebsratsmitglieds zu entscheiden. In dem Urteil ging es um den Kostenerstattungsanspruch einer in Teilzeit beschäftigten Betriebsrätin. Diese nahm an einer mehrtägigen Sitzung des überörtlichen Gesamtbetriebsrats und einer sich daran anschließenden Betriebsräteversammlung teil, die in 500 km Entfernung von ihrem üblichen Arbeitsplatz und außerhalb ihrer persönlichen Arbeitszeit stattfanden. Ihre zwei minderjährigen Kinder ließ sie dabei von einer Tagesmutter betreuen. Die ebenfalls im Haushalt lebende volljährige Tochter hatte die Betreuung ihrer minderjährigen Geschwister zuvor abgelehnt. Die Betriebsrätin forderte nun von ihrem Arbeitgeber Ersatz der ihr entstandenen Betreuungskosten. Der 7. Senat des BAG äußerte zwar grundsätzlich Bedenken gegen die Übernahme der Kinderbetreuungskosten durch den Arbeitgeber, da es sich um Kosten des persönlichen Lebensbereichs handele. Dennoch kam der 7. Senat im Wege einer verfassungskonformen Auslegung zu dem Ergebnis, dass die Kosten ausnahmsweise erstattungsfähig seien. Die Erfüllung betriebsverfassungsrechtlicher Aufgaben kollidiere mit der Pflicht eines Betriebsratsmitglieds zur Pflege und Betreuung minderjähriger Kinder. Hier müsse die grundlegende Wertentscheidung des Art. 6 Abs. 2 Satz 1 GG berücksichtigt werden. Demnach sei die Pflege und Erziehung der Kinder *„das natürliche Recht der Eltern und die zuvörderst ihnen obliegende Pflicht."*[1162] Diese verfassungsrechtliche Wertentscheidung sei auch bei der Auslegung des § 40 Abs. 1 BetrVG zu beachten. Dies führe dazu, dass ein Betriebsratsmitglied vom Arbeitgeber in angemessener Höhe die Erstattung von Aufwendungen für die Fremdbetreuung

---

1160 BAG v. 23.06.2010 – 7 ABR 103/08, NZA 2010, 1298 (1298); LAG Hessen v. 22.07.1997 – 4/12 TaBV 146/96, NZA-RR 1998, 121 (122); *Fitting*, § 40 Rn. 43; Richardi/*Thüsing*, § 40 Rn. 10; DKKW/*Wedde*, § 40 Rn. 61; *Moll/Roebers*, NZA 2012, 57 (59); a.A. *Hunold*, NZA-RR 2011, 57 (63); *Wiebauer*, BB 2011, 2104 (2104).
1161 BAG v. 23.06.2010 – 7 ABR 103/08, NZA 2010, 1298 (1298).
1162 BAG v. 23.06.2010 – 7 ABR 103/08, NZA 2010, 1298 (1298).

minderjähriger Kinder fordern könne, *„wenn es anders die Pflichtenkollision zwischen seinen Betriebsratsaufgaben und seiner Pflicht zur Pflege, Erziehung und Beaufsichtigung der Kinder in zumutbarer Weise nicht lösen [könne]".*[1163] Das BAG betont, dass dies zwar nicht bedeute, dass der Arbeitgeber seinen Betriebsratsmitgliedern stets die während der Betriebsratstätigkeit anfallenden Fremdbetreuungskosten erstatten müsse. Dies sei nur dann der Fall, wenn die Betreuungskosten gerade durch die Wahrnehmung von Betriebsratsaufgaben entstanden seien und bei Erfüllung der arbeitsvertraglichen Pflichten nicht entstanden wären. Daher scheide auch die Erstattung von Kinderbetreuungskosten für die Zeiten aus, in denen das Betriebsratsmitglied ohne die Betriebsratstätigkeit zur Arbeitsleistung verpflichtet gewesen wäre. Gleiches gelte für die Zeiten, in denen der Arbeitgeber berechtigterweise Mehrarbeit verlangen könne.[1164] Andernfalls läge in der Erstattung eine unzulässige Begünstigung i.S.d. § 78 Satz 2 BetrVG.

Die Auffassung des BAG teilen Teile der Rechtsprechung[1165] und die wohl herrschende Meinung in der Literatur[1166]. So sah das LAG Hessen in einer Entscheidung aus dem Jahre 1998[1167] keinerlei Grund, weshalb Kinderbetreuungskosten nicht gemäß § 40 Abs. 1 BetrVG erstattungsfähig sein sollten. Hierdurch drohe keine unzulässige Begünstigung nach § 78 Satz 2 BetrVG. Das Betriebsratsmitglied erlange schon gar keinen Vorteil durch die Erstattung der aufgewendeten Kinderbetreuungskosten, da das Geld für die Betreuung letztlich nicht dem Betriebsratsmitglied, sondern der mit der Kinderbetreuung beauftragten Person zukommen.[1168] Das Betriebsratsmitglied werde andernfalls sogar wegen seiner Amtstätigkeit benachteiligt, da das BetrVG dem Betriebsratsmitglied keine geldwerten Sonderopfer im Hinblick auf seine Amtstätigkeit zumutet.

Auch die wohl herrschende Meinung in der Literatur[1169] pflichtet dem BAG bei. Sie argumentiert, die Kinderbetreuungskosten scheiden nicht bereits als nicht

---

1163 BAG v. 23.06.2010 – 7 ABR 103/08, NZA 2010, 1298 (1298).
1164 BAG v. 23.06.2010 – 7 ABR 103/08, NZA 2010, 1298 (1300).
1165 LAG Hessen v. 22.07.1997 – 4/12 TaBV 146/96, NZA-RR 1998, 121.
1166 *Fitting*, § 40 Rn. 43; ErfK/*Koch*, § 40 BetrVG Rn. 7; GK-BetrVG/*Weber*, § 40 Rn. 100; DKKW/*Wedde*, § 40 Rn. 61; *Moll/Roebers*, NZA 2012, 57 (59) a.A. *Esser*, S. 66; *Wiebauer*, BB 2011, 2104 (2104).
1167 LAG Hessen v. 22.07.1997 – 4/12 TaBV 146/96, NZA-RR 1998, 121.
1168 LAG Hessen v. 22.07.1997 – 4/12 TaBV 146/96, NZA-RR 1998, 121 (122).
1169 *Fitting*, § 40 Rn. 43; ErfK/*Koch*, § 40 BetrVG Rn. 7; GK-BetrVG/*Weber*, § 40 Rn. 100; DKKW/*Wedde*, § 40 Rn. 61; *Moll/Roebers*, NZA 2012, 57 (59).

durch die Betriebsratstätigkeit entstandene aus. Es sei vor dem Hintergrund der Verankerung des Schutzes der Familie in Art. 6 Abs. 2 GG einleuchtend, dem Arbeitgeber die Kinderbetreuungskosten aufzuerlegen. Nur so könne sämtlichen Belegschaftsmitgliedern die Möglichkeit der Amtstätigkeit im Betriebsrat eröffnet werden. Andernfalls würden Arbeitnehmer mit Kindern, insbesondere Alleinerziehende, benachteiligt und davon abgehalten, für den Betriebsrat zu kandidieren. Im Rahmen einer Verhältnismäßigkeitsprüfung seien dabei die kollidierenden Interessen der Parteien zu berücksichtigen und gegeneinander abzuwägen. Im vorliegenden Fall kollidiere auf Seiten des Betriebsratsmitglieds die Pflicht zur ordnungsgemäßen Erfüllung seiner Amtstätigkeit mit der Pflicht zur Betreuung seiner minderjährigen Kinder nach §§ 1626 Abs. 1, 1631 Abs. 1 BGB und Art. 6 Abs. 2 Satz 1 GG. Die verfassungsrechtliche Verankerung der Erziehungs- und Beaufsichtigungspflicht führe dazu, dass die Interessen des Betriebsratsmitglieds die des Arbeitgebers an einer möglichst geringen Kostenbelastung überwögen. Zwar richte sich Art. 6 Abs. 2 GG seinem Schutzauftrag nach grundsätzlich unmittelbar gegen den Staat, er wirke jedoch im Wege der mittelbaren Drittwirkung der Grundrechte auch in der Privatrechtsordnung.[1170]

II. Vereinzelte Kritik der Literatur

Die Gegenansicht[1171] hält dem entgegen, das Urteil des BAG überspanne den Anwendungsbereich des § 40 Abs. 1 BetrVG. Die Kollisionslösung des BAG könne nicht überzeugen, da der Gesetzgeber der Kollision zwischen betriebsverfassungsrechtlichen und familiären Pflichten bereits dadurch Rechnung getragen habe, dass er dem Betriebsratsmitglied in § 25 Abs. 1 Satz 2 BetrVG die Möglichkeit einräume, sich zeitweilig von einem Ersatzmitglied vertreten zu lassen. Das BAG überspanne die dogmatischen Grenzen der Pflichtenkollision, indem es nicht nur den Vorrang der familiären Pflichten, sondern ebenfalls ein Nebeneinander von familiären und betriebsverfassungsrechtlichen Pflichten sicherstellen möchte.[1172] Es könne nicht Sache der Gerichte sein, sozialpolitische Entscheidungen anstelle des Gesetzgebers zu treffen.[1173] Das Betriebsverfassungsgesetz löse

---

1170 *Fitting*, § 40 Rn. 43; GK-BetrVG/*Weber*, § 40 Rn. 100.
1171 *Esser*, S. 66; *Hunold* NZA-RR 2011, 57 (63); *Merten*, ArbRAktuell 2010, 560 (560); *Purschwitz*, S. 336 ff.; *Wiebauer* BB 2011, 2104 (2105).
1172 *Esser*, S. 67; *Wiebauer*, BB 2011, 2104 (2106).
1173 *Wiebauer*, BB 2011, 2104 (2106).

die Pflichtenkollision, indem sie dem Betriebsratsmitglied die Möglichkeit gebe, den familiären Pflichten Vorrang einzuräumen. Ein Nebeneinander von familiären und betriebsverfassungsrechtlichen Pflichten auf Kosten des Arbeitgebers sehe das Gesetz hingegen nicht vor.[1174]

III. Stellungnahme

Im Kern geht es um die Frage, inwieweit der grundgesetzlich verankerte Schutz der Familie Einfluss auf die rechtliche Stellung der Betriebsratsmitglieder hat. Wie der vom BAG im Jahre 2010 entschiedene Fall zeigt, kann die Pflicht der Eltern zur Pflege und Erziehung der Kinder (§§ 1627 S. 1, 1631 Abs. 1 BGB und Art. 6 Abs. 2 Satz 1 GG) mit betriebsverfassungsrechtlichen Amtspflichten kollidieren. Solche Pflichtenkollisionen sind dem Arbeitsrecht nicht fremd. Das Gericht leitet aus der verfassungsrechtlichen Wertentscheidung des Art. 6 Abs. 2 Satz 1 GG eine unmittelbare Zahlungspflicht des Arbeitgebers ab. Hielte man diese Überlegung für richtig und dächte man sie konsequent zu Ende, müsste nicht nur den Mitgliedern des Betriebsrats, sondern auch anderen Arbeitnehmern, die in Erfüllung ihrer arbeitsvertraglichen Pflichten zusätzliche Aufwendungen für die Betreuung ihrer minderjährigen Kinder tätigen mussten, ein Erstattungsanspruch gegen den Arbeitgeber zustehen.

Nach der hier vertretenen Auffassung hat das Betriebsratsmitglied keinen Anspruch auf den Ersatz außerhalb der persönlichen Arbeitszeit entstandener Kinderbetreuungskosten. Dagegen sprechen die folgenden Gründe. Ausgangspunkt ist der Grundsatz, dass Kosten privater Lebensführung nicht über § 40 Abs. 1 BetrVG vom Arbeitgeber zu erstatten sind. Auch ohne das Betriebsratsamt haben Arbeitnehmer grundsätzlich keinen Anspruch auf den Ersatz solcher Kosten. Diese sind mit dem Arbeitsentgelt abgegolten, sofern zwischen den Parteien nichts Gegenteiliges vereinbart ist. Kollidieren arbeitsvertragliche und persönliche Pflichten, so kann die Lösung dieser Pflichtenkollision grundsätzlich nicht dem Arbeitgeber auferlegt werden.[1175] Weicht man hiervon zugunsten des Betriebsratsmitglieds ab, begünstigt man es wegen seiner Amtstätigkeit, was im Grundsatz gegen § 78 Satz 2 verstößt. Entgegen der Auffassung des BAG ist eine

---

1174 *Esser*, S. 67; *Purschwitz*, S. 336 ff.
1175 So auch BAG v. 23.06.2010 – 7 ABR 103/08, NZA 2010, 1298 (1300).

solche Begünstigung auch nicht durch die grundrechtliche Wertentscheidung des Art. 6 Abs. 2 Satz 1 GG gerechtfertigt. Es ist zwar zutreffend, dass der Staat vor dem Hintergrund des Art. 6 Abs. 2 Satz 1 GG den Eltern ermöglichen muss, Familientätigkeit und Erwerbstätigkeit miteinander in Einklang zu bringen.[1176] Dies bedeutet für die vorliegende Konstellation, dass die Kinderbetreuung zu Recht als Verhinderungsgrund anzuerkennen ist.[1177] Soweit das BAG dem mit der Argumentation entgegentritt, die Erfüllung von Betriebsratsaufgaben stünde nicht im Belieben der einzelnen Betriebsratsmitglieder[1178], ist dies grundsätzlich zutreffend. Die Mitglieder des Betriebsrats sind zur Wahrnehmung der Betriebsratsaufgaben verpflichtet. Ihnen droht im Falle der Nichterfüllung ihrer Amtspflichten nach § 23 Abs. 1 BetrVG der Ausschluss aus dem Betriebsrat. Hier muss man jedoch § 25 Abs. 1 Satz 2 BetrVG verfassungskonform dahingehend auslegen, dass unter den Begriff „zeitweilig verhindert" der Fall fällt, in dem ein Betriebsratsmitglied seiner Pflicht der Eltern zur Pflege und Erziehung seiner minderjährigen Kinder nach §§ 1627 S. 1, 1631 Abs. 1 BGB und Art. 6 Abs. 2 Satz 1 GG außerhalb seiner persönlichen Arbeitszeit nachkommt.[1179] So ist ein Betriebsratsmitglied – entgegen der Ansicht des BAG[1180] – auch während der Elternzeit nicht verpflichtet, Betriebsratsarbeit auszuüben. Es darf in dieser Zeit lediglich nicht daran gehindert werden.[1181] Räumt das Betriebsratsmitglied der Betreuung seiner minderjährigen Kinder Vorrang vor seinen Pflichten als Betriebsratsmitglied ein, liegt hierin keine grobe Pflichtverletzung i.S.d. § 23 BetrVG.

Entschließt sich das Betriebsratsmitglied hingegen – freiwillig – die Pflichtenkollision dahingehend aufzulösen, dass es seinen betriebsverfassungsrechtlichen Pflichten Vorrang einräumt, so bleibt es bei dem oben genannten Grundsatz, dass die Kinderbetreuungskosten als Kosten der privaten Lebensführung vom Betriebsratsmitglied selbst zu tragen sind. Trägt der Arbeitgeber die Kosten, ist dies

---

1176 BVerfG v. 18.06.2008 – 2 BvL/6/07 – BverfGE 121, 241; BVerfG v. 10.11.1998 – 2 BvR 1057/91 u.a. – BverfGE 99, 216.
1177 Vgl. LAG Hamm v. 27.08.2007 – 6 Sa 751/07, juris; *Greiner*, NZA 2007, 490 (494); *Wiebauer*, BB 2011, 2104 (2105).
1178 BAG v. 23.10.2010 – 7 ABR 103/08, NZA 2010, 1298 (1300).
1179 Ebenso *Wiebauer*, BB 2011, 2104 (2106).
1180 BAG v. 23.06.2010 – 7 ABR 103/08, NZA 2010, 1298 (1300).
1181 Dies hat das BAG in seinem Beschluss vom 25.05.2005 – 7 ABR 45/05, AP Nr. 13 zu § 24 BetrVG 1972 ausdrücklich bestätigt.

eine unzulässige Begünstigung. Die Argumentation des LAG Hessen dahingehend, das Betriebsratsmitglied habe durch die Kinderbetreuung gar keinen Vorteil, da lediglich die beauftragte Person von der Kinderbetreuung profitiere[1182], überzeugt nicht. Das Betriebsratsmitglied erspart sich die Kosten einer Dienstleistung, in deren Genuss es kommt. Diesen Mehrwert erhält das Betriebsratsmitglied einzig wegen seiner Amtstätigkeit. Die tatbestandlichen Voraussetzungen des § 78 Satz 2 BetrVG[1183] sind damit erfüllt.

Einem normalen Arbeitnehmer steht das Leistungsverweigerungsrecht aus § 275 Abs. 3 BGB zu, wenn seine persönlichen gesetzlichen Pflichten mit seinen arbeitsvertraglichen Pflichten kollidieren.[1184] Er kann also seine Arbeitsleistung verweigern. Er kann hingegen nicht die Übernahme der Kinderbetreuungskosten neben der Zahlung des geschuldeten Entgelts fordern. Würde man ein Betriebsratsmitglied durch die Kostenübernahme des Arbeitgebers für die Kinderbetreuungskosten anders behandeln als normale Arbeitnehmer, würde man sie besserstellen als ohne ihre Amtstätigkeit. Dies will § 78 Satz 2 BetrVG gerade verhindern. Diese Begünstigung wäre auch nicht durch die mögliche Beeinträchtigung der Funktionsfähigkeit des Betriebsratsgremiums gerechtfertigt. Eine solche wird durch das Nachrücken eines Ersatzmitglieds gerade verhindert. Die Auffassung des BAG ist somit abzulehnen.

IV. Ergebnis

Die hier vertretene strenge Anwendung des Ehrenamtsprinzips führt folglich dazu, dass der Arbeitgeber dem Betriebsratsmitglied keine Aufwendungen ersetzen oder Sach- und Personalmittel zukommen lassen darf, auf die es nach § 40 Abs. 1, Abs. 2 BetrVG keinen Anspruch hat. Vor dem Hintergrund des strengen Ehrenamtsprinzips des § 37 Abs. 1 BetrVG und des Begünstigungsverbots gilt für Betriebsratsmitglieder somit nichts anderes als für die anderen Arbeitnehmer. Die Kosten der privaten Lebensführung werden durch das Arbeitsentgelt abgegolten. Werden die Kosten vom Arbeitgeber erstattet, stellt dies eine gemäß

1182 LAG Hessen v. 22.07.1997 – 4/12 TaBV 146/96, NZA-RR 1998, 121 (122).
1183 Siehe oben unter „Tatbestandsvoraussetzungen des § 78 Satz 2 BetrVG", S. 22.
1184 BAG v. 22.12.1982 – 2 AZR 282/82 – DB 1983, 1602 (1602); BAG v. 19.04.1978 – 5 AZR 834/76 – BB 1978, 1116 (1117).

§ 37 Abs. 1 BetrVG unzulässige Vergütung der Betriebsratstätigkeit und zugleich eine nach § 78 Satz 2 BetrVG unzulässige Begünstigung dar.

§ 6 Begünstigung durch Arbeitsbefreiung von Mitgliedern des Betriebsrats

Unzulässige Begünstigungen sind neben monetären Zuwendungen an die Betriebsratsmitglieder auch durch ihre Arbeitsbefreiung möglich. Entsprechend dem bereits Gesagten gilt auch hier die Prämisse, gewährt der Arbeitgeber dem Betriebsratsmitglied zusätzliche Freizeit wegen seiner Amtstätigkeit unter Fortzahlung der Vergütung, liegt hierin eine unzulässige Begünstigung i.S.d. § 78 Satz 2 BetrVG. In diesem Kapitel wird daher untersucht, ob Arbeitsbefreiungen, die über die gesetzlichen Mindestvoraussetzungen des § 37 Abs. 2 und § 38 Abs. 1 BetrVG hinausgehen, gegen das betriebsverfassungsrechtliche Begünstigungsverbot verstoßen.

A. Überblick

§ 37 Abs. 2 BetrVG bestimmt, dass Mitglieder des Betriebsrats von ihrer beruflichen Tätigkeit ohne Minderung des Arbeitsentgelts *„zu befreien"* sind, wenn und soweit es nach Umfang und Art des Betriebs zur ordnungsgemäßen Durchführung ihrer Aufgaben erforderlich ist. Nach § 38 Abs. 1 BetrVG sind Betriebsratsmitglieder von der Erfüllung ihrer arbeitsvertraglichen Pflichten *„freizustellen"*, ohne dass es eines Nachweises konkreter Aufgaben bedürfte. Befreiung und Freistellung bedeuten beide die Entbindung von der arbeitsvertraglich geschuldeten Arbeitspflicht.[1185] Dabei ist die anlassbezogene Freistellung nach § 37 Abs. 2 BetrVG die Grundnorm für die Arbeitsbefreiung, während die pauschale Voll- oder Teilfreistellung gemäß § 38 Abs. 1 BetrVG sie konkretisiert.[1186]

Obwohl beide Normen die Befreiung von der beruflichen Tätigkeit zum Gegenstand haben, unterscheiden sie sich doch sowohl in ihren Voraussetzungen als auch in ihren Rechtsfolgen. Während § 37 Abs. 2 BetrVG eine Arbeitsbefreiung nur anlassbezogen und vorübergehend gewährt, sofern sie zur ordnungsgemäßen Wahrnehmung der Betriebsratsaufgaben erforderlich ist[1187], wird die Erforderlichkeit im Rahmen des § 38 Abs. 1 BetrVG bei Erreichen eines bestimmten

---

1185 GK-BetrVG/*Weber*, § 38 Rn. 8.
1186 BAG v. 22.05.1973 – 1 ABR 2/73, AP Nr. 2 zu § 38 BetrVG 1972; GK-BetrVG/*Weber*, § 38 Rn. 9; *Fitting*, § 37 Rn. 17; *Richardi/Thüsing*, § 38 Rn. 5; DKKW/*Wedde*, § 38 Rn. 4; *Franzen*, ZAAR 2008, 47 (58); *Lipp*, S. 44.
1187 Siehe zu den tatbestandlichen Voraussetzungen unter „Arbeitsbefreiung", S. 47.

Schwellenwertes (von mindestens 200 Arbeitnehmern) unwiderleglich vermutet.[1188] Anders als § 37 Abs. 2 BetrVG sieht § 38 BetrVG eine generelle, anlassunabhängige und dauerhafte Freistellung vor. Die pauschale Freistellung nach § 38 BetrVG wurde mit der BetrVG-Reform 1972 eingeführt und sollte Streitigkeiten zwischen den Betriebsparteien über die Erforderlichkeit von Arbeitsbefreiungen vermeiden.[1189]

B. Begünstigung durch anlassbezogene Arbeitsbefreiung, § 37 Abs. 2 BetrVG

I. Arbeitsbefreiung trotz fehlender Erforderlichkeit

1. Meinungsstand

Ob in einer Arbeitsbefreiung trotz fehlender Erforderlichkeit tatsächlich eine unzulässige Begünstigung im Sinne des § 78 Satz BetrVG vorliegt, wurde jüngst in der Literatur bestritten.[1190] Gegen die Annahme einer unzulässigen Begünstigung, wenn ein Betriebsratsmitglied nicht seiner beruflichen Tätigkeit, sondern stattdessen nicht erforderlicher Betriebsratstätigkeit nachgeht, spreche, dass vorrangig der Betriebsrat als Gremium und nicht das einzelne Betriebsratsmitglied von der zusätzlichen Freistellung profitiere. Eine Besserstellung des Gremiums sei vor dem Hintergrund des Begünstigungsverbots jedoch unerheblich.[1191] Eine unzulässige Begünstigung könne nur dann vorliegen, wenn dem Amtsträger durch die Freistellung ein persönlicher Vorteil zuteilwerde. Dabei sei zu berücksichtigen, dass Betriebsratsarbeit und berufliche Tätigkeit stets gleichwertig seien, so dass nicht davon ausgegangen werden könne, allein in dem Nachgehen von Betriebsratsarbeit liege eine Besserstellung. Es handele sich dabei gerade nicht um Freizeit. Entscheidend sei vielmehr, dass das Betriebsratsmitglied in beiden Fällen ein Freizeitopfer erbringe. Dies gelte selbst dann, wenn das Betriebsratsmitglied seine Betriebsratstätigkeit durch „*gemütliches Kaffeetrinken*"[1192] ausübe, denn auch hierfür opfere es seine persönliche Freizeit für betriebliche Belange. Eine andere

---

[1188] BAG v. 22.05.1973 – 1 ABR 2/73, AP Nr. 2 zu § 38 BetrVG; *Fitting*, § 38 Rn. 7; GK-BetrVG/*Weber*, § 38 Rn. 8; DKKW/*Wedde*, § 38 Rn. 4.
[1189] Siehe im Einzelnen die Begründung des RegE in BT-Drs. VI/1786, S. 41.
[1190] *Esser*, S. 109 f.
[1191] *Esser*, S. 110.
[1192] *Esser*, S. 110.

Sichtweise führe zu einer ungerechtfertigten Abwertung entweder der Betriebsratstätigkeit oder der arbeitsvertraglich geschuldeten Leistung. Eine unzulässige Begünstigung könne selbst dann nicht bejaht werden, wenn das Betriebsratsmitglied seine Arbeitszeit lediglich absitze. Die Grenze zur unzulässigen Begünstigung werde erst überschritten, wenn dem Betriebsratsmitglied zusätzliche selbstbestimmte Freizeit gewährt werde, die üblicherweise mit dem Verlassen des Betriebsgeländes einhergehe. Denn nur dann trete an die Stelle der beruflichen Tätigkeit keine Betriebsratsarbeit, sondern persönliche Freizeit. Erst dann erfahre das Betriebsratsmitglied wegen seiner Amtstätigkeit eine unzulässige Begünstigung.[1193]

2. Stellungnahme

Dieser Auffassung kann nicht gefolgt werden. Sie verkennt, dass eine unzulässige Begünstigung im Sinne des § 78 Satz 2 BetrVG nicht nur in der Gewährung von Vorteilen, sondern auch in dem Erlass der arbeitsvertraglichen Pflichten liegen kann.[1194] Der Gesetzgeber hat die Voraussetzungen einer Arbeitsbefreiung von Betriebsratsmitgliedern in § 37 Abs. 2 BetrVG und § 38 BetrVG abschließend geregelt. Jede darüberhinausgehende Freistellung gewährt den Betriebsratsmitgliedern daher ein „Mehr", auf das sie keinen Anspruch haben. Da die Arbeitsbefreiung wegen ihrer Stellung als Betriebsratsmitglied erfolgt, ist damit auch ein Kausalzusammenhang gegeben. Somit liegt in einer Arbeitsbefreiung für nicht erforderliche Betriebsratsaufgaben eine unzulässige Begünstigung im Sinne des § 78 Satz 2 BetrVG vor.[1195]

Auch im Übrigen vermag die Argumentation der Gegenansicht nicht zu überzeugen. So kann ihr insbesondere nicht dahingehend zugestimmt werden, das Betriebsratsmitglied erbringe ein Freizeitopfer, wenn es für nicht erforderliche Betriebsratsaufgaben wie das von ihr beispielhaft genannte „gemütliche Kaffeetrinken" oder das „Absitzen der Arbeitszeit" von seiner Arbeitspflicht befreit würde. Die Betriebsratstätigkeit ist nur dann der beruflichen Tätigkeit gleichgestellt, wenn es sich um *erforderliche* Aufgaben des Betriebsrats handelt. Dazu zählt weder das Veranstalten eines Kaffeekränzchens noch das Absitzen der Arbeitszeit.

1193 *Esser*, S. 110.
1194 GK-BetrVG/*Kreutz*, § 78 Rn. 90; Richardi/*Thüsing*, § 78 Rn. 34.
1195 Ebenso: *Bittmann/Mujan*, BB 2012, 637 (638).

Die vom Gesetzgeber vorgegebene Grenze des § 37 Abs. 2 BetrVG, nämlich das Vorhandensein von erforderlichen Betriebsratsaufgaben, haben sowohl der Arbeitgeber als auch die Mitglieder des Betriebsrats zu akzeptieren. Die Grenze zur unzulässigen Begünstigung erst dort zu ziehen, wo das Betriebsratsmitglied das Betriebsgelände verlässt, um selbstbestimmt Freizeitaktivitäten nachzugehen, ist erheblich zu weit. Es sind durchaus Freizeitaktivitäten denkbar, denen das Betriebsratsmitglied auf dem Betriebsgelände nachgehen kann, wie beispielsweise die ausgedehnte Kaffeepause. Das Betriebsratsmitglied würde in diesen Fällen von seinen arbeitsvertraglichen Pflichten befreit, ohne Anspruch darauf zu haben. Insofern wird das Betriebsratsmitglied auch gegenüber den anderen Arbeitnehmern bessergestellt, die ihre Arbeitszeit in aller Regel nicht einfach absitzen dürfen. Es kann nicht sein, dass ein gelegentlich von der Arbeit befreites Betriebsratsmitglied seine Arbeitsbefreiung lediglich absitzt, wenn es zur selben Zeit seine arbeitsvertraglich geschuldeten Pflichten erfüllen könnte und dies auch müsste. Dem Betriebsratsmitglied würde durch eine solche Freistellung ein Sondervorteil zuteil, den es beispielsweise auch bei der Kandidatur um ein politisches Mandat für den Wahlkampf oder sonstigen Aktivitäten nutzen kann, die nicht zwingend mit der Vertretung der Arbeitnehmerinteressen zusammenhängen.

3. Ergebnis

Der Gesetzgeber hat klare Vorgaben dafür geschaffen, welche Aktivitäten des Betriebsrats und seiner Mitglieder eine Befreiung von der Arbeitspflicht rechtfertigen. § 37 Abs. 2 BetrVG ist zwingend, so dass der Arbeitgeber und das Betriebsratsmitglied von seinen Vorgaben nicht durch Vereinbarung abweichen können. Die nicht erforderliche Arbeitsbefreiung eines Betriebsratsmitglieds stellt somit eine unzulässige Begünstigung im Sinne des § 78 Satz 2 BetrVG durch den Erlass von arbeitsvertraglichen Pflichten dar.

II. Befreiung von einer bestimmten Art von Arbeit

Es wird uneinheitlich beurteilt, ob Betriebsratsmitglieder nach § 37 Abs. 2 BetrVG einen Anspruch auf Befreiung von einer bestimmten Art von Arbeit haben, wie z.B. den Wechsel vom Schichtbetrieb in den Normaldienst oder vom Außen- in den Innendienst, wenn sie der Erledigung ihrer Betriebsratsaufgaben im Weg steht. Da normale Arbeitnehmer ihre Arbeitsbedingungen nur durch eine einvernehmliche Vertragsanpassung verändern können, könnte das Betriebsratsmitglied unzulässig begünstigt werden, wenn man ihm einen einseitigen Anspruch auf Vertragsanpassung aus § 37 Abs. 2 BetrVG zubilligt.

1. Meinungsstand in Rechtsprechung und Literatur

Nach Ansicht des BAG[1196] und der herrschenden Lehre[1197] soll das Betriebsratsmitglied auf § 37 Abs. 2 BetrVG einen Anspruch auf Befreiung von bestimmten Tätigkeiten und die Zuweisung anderer Tätigkeiten stützen können. Das BAG[1198] argumentierte, § 37 Abs. 2 BetrVG ermögliche nicht nur die Freistellung von jedweder Arbeit, sondern auch die Freistellung von einer bestimmten Art von Arbeit unter Beschäftigung mit einer anderen Arbeit. Der Anspruch bestehe, wenn gerade die arbeitsvertraglich geschuldete Arbeit dazu führen würde, dass das Betriebsratsmitglied seine betriebsverfassungsrechtlichen Aufgaben nicht erfüllen könnte, eine andere Arbeit aber die Erledigung der Betriebsratsaufgaben nicht behindern würde.

Die Gegenansicht[1199] widerspricht dem. Ein Anspruch auf einseitige Änderung der Arbeitsbedingungen könne aus § 37 Abs. 2 BetrVG nicht hergeleitet werden. Die Norm erlaube nur die Befreiung von der vertraglich geschuldeten Arbeit. Eine Änderung der arbeitsvertraglichen Pflichten sei nur durch Vereinbarung zwischen dem Betriebsratsmitglied und dem Arbeitgeber möglich. Beide Parteien dürften in der Praxis ein großes Interesse an einer praktikablen Lösung haben, so dass eine einvernehmliche Lösung in aller Regel gefunden werden dürfte.

2. Stellungnahme

Der Wortlaut des § 37 Abs. 2 BetrVG spricht gegen das Normverständnis des BAG und der herrschenden Lehre. Dort heißt es lediglich, die Mitglieder des Betriebsrats *„sind von ihrer beruflichen Tätigkeit [...] zu befreien, wenn und soweit es [...] zur ordnungsgemäßen Durchführung ihrer Aufgaben erforderlich ist".* Zwar gesteht die herrschende Meinung dem Betriebsratsmitglied den Anspruch

---

[1196] BAG v. 13.11.1964 – 1 ABR 7/64, NJW 1965, 886 (886).
[1197] DKKW/*Wedde*, § 37 Rn. 12; *Fitting*, § 37 Rn. 20; GK-BetrVG/*Weber*, § 37 Rn. 27; a.A. HWGNRH/*Glock*, § 37 Rn. 25.
[1198] BAG v. 13.11.1964 – 1 ABR 7/64, NJW 1965, 886 (886).
[1199] HWGNRH/*Glock*, § 37 Rn. 25.

auf Änderung der Arbeitsbedingungen nicht bedingungslos, sondern nur dann zu, sofern es seine betriebsverfassungsrechtlichen Aufgaben erforderlich machen. Allerdings berücksichtigt die herrschende Meinung das Wort „soweit" nicht. Damit macht der Gesetzgeber deutlich, dass der Anspruch aus § 37 Abs. 2 BetrVG dem Anspruch auf Arbeitsbefreiung auch in zeitlicher Hinsicht Grenzen setzt. Ein Freistellungsanspruch, der das Betriebsratsmitglied von einer bestimmten Art von Arbeit – z.B. von der Nachtarbeit – pauschal freistellt, ist mit dem Wortlaut der Norm nicht vereinbar. Da der Wortlaut die äußerste Grenze der Auslegung ist, kann dem BAG und der herrschenden Meinung nicht gefolgt werden.

Für eine extensive Auslegung des § 37 Abs. 2 BetrVG gibt es auch kein Bedürfnis. Muss ein Betriebsratsmitglied beispielsweise tagsüber im Betrieb anwesend sein, sei es zu einer anstehenden Betriebsratssitzung oder um für die Arbeitnehmer zur Sprechstunde besser greifbar zu sein, so hat es für die Dauer dieses Anlasses einen Anspruch darauf, von der Nachtschicht oder der Tätigkeit im Außendienst befreit zu werden, um stattdessen tagsüber im Betrieb seine Aufgaben ordnungsgemäß erfüllen zu können. Dies macht jedoch keine pauschale Befreiung des Betriebsratsmitglieds von der Tätigkeit in der Nacht oder im Außendienst erforderlich. Würde man ihm einen Anspruch auf generelle Änderung der Vertragsbedingungen aus § 37 Abs. 2 BetrVG zugestehen, würde man ihn wegen seiner Amtstätigkeit besserstellen als ohne die Amtstätigkeit. Denn als normaler Arbeitnehmer hätte es keinen Anspruch gegen den Arbeitgeber auf Änderung der Arbeitsbedingungen. Hier wäre eine Vertragsänderung nur einvernehmlich möglich. Gleiches muss für die Betriebsratsmitglieder gelten, da sonst die Grenze zur unzulässigen Begünstigung i.S.d. § 78 Satz 2 BetrVG überschritten wäre.

Es steht den Betriebsparteien jedoch frei, sich auf eine für beide praktikable Lösung zu einigen. Die einvernehmliche Versetzung des Betriebsratsmitglieds von der Nacht- in die Tagschicht oder vom Außen- in den Innendienst stellt hingegen keine unzulässige Begünstigung dar, wenn nachvollziehbar ist, dass es die Betriebsabläufe stören würde, wenn der Arbeitgeber das Betriebsratsmitglied regelmäßig ausplanen müsste. Kommt eine einvernehmliche Vertragsänderung dahingehend zustande, dass das Betriebsratsmitglied nicht mehr im Schichtbetrieb oder nur noch im Innendienst arbeitet, schlägt sich dies auch in der Lohnfortzahlung nach § 37 Abs. 2 BetrVG nieder. Schichtzulagen oder Boni, die das Betriebsratsmitglied als Außendienstmitarbeiter erhalten hätte, fallen in diesem Fall wegen der Vertragsänderung weg. Zahlt der Arbeitgeber sie dennoch weiter, liegt hierin eine unzulässige Begünstigung.[1200]

3. Ergebnis

§ 37 Abs. 2 BetrVG gibt dem Betriebsratsmitglied einen Anspruch auf Arbeitsbefreiung, „soweit" dies für seine Betriebsratsaufgaben erforderlich ist. Die Norm gewährt keinen Anspruch auf Befreiung von einer bestimmten Art von Arbeit. Zur Änderung der arbeitsvertraglichen Bestimmungen bedarf es wie bei normalen Arbeitnehmern auch bei Betriebsratsmitgliedern einer einvernehmlichen Vertragsanpassung. Andernfalls würde man das Betriebsratsmitglied wegen seiner Amtstätigkeit besser behandeln als normale Arbeitnehmer.

III. Absenken des Arbeitspensums

Diskutiert wird in diesem Zusammenhang auch die Pflicht des Arbeitgebers, das Arbeitspensum des Betriebsratsmitglieds abzusenken. Nach Ansicht des BAG muss der Arbeitgeber bei der Verteilung des Arbeitspensums *„auf die Inanspruchnahme des Betriebsratsmitglieds durch Betriebsratstätigkeit während der Arbeitszeit angemessen Rücksicht nehmen".*[1201] Das Betriebsratsmitglied werde andernfalls in eine Zwangslage gebracht und müsse sich zwischen seinen betriebsverfassungsrechtlichen und seinen arbeitsvertraglichen Pflichten entscheiden. Dabei würde zwingend eine der beiden Pflichten vernachlässigt.

Dem widerspricht ein Teil der Literatur entschieden.[1202] Eine derartige Pflicht des Arbeitgebers könne nicht in § 37 Abs. 2 BetrVG hineingelesen werden. Dies widerspreche dem Sinn und Zweck der Norm und verstoße gegen das Begünstigungsverbot aus § 78 Satz 2 BetrVG. Soweit die Rechtsprechung einen Interessenkonflikt befürchte, sei dies unberechtigt.[1203] Sollten bei unverminderter Arbeitszuweisung Arbeitsrückstände beim Amtsinhaber entstehen, müsse dieser dennoch nicht zwischen Amtstätigkeit und vertraglichen Arbeitspflichten wählen.

1200 Siehe im Einzelnen unter „Abgrenzung von Zulagen mit Entgeltcharakter und Zulagen mit Aufwendungscharakter", S. 239.
1201 BAG v. 27.06.1990 – 7 ABR 43/89, AP Nr. 78 zu § 37 BetrVG 1972.
1202 MünchArbR/*Joost*, § 220, Rn. 15; *Krichel*, SAE 1992, 68 (69).
1203 *Krichel*, SAE 1992, 68 (68 f.).

Der Amtsträger verletze keine Arbeitspflicht, wenn er in der ihm verbleibenden Arbeitszeit nicht weniger und nicht mehr arbeitet, als ihm bei angemessenem Einsatz seiner Kräfte und Fähigkeiten ohne Schäden für seine Gesundheit möglich ist.[1204]

Dem ist zuzustimmen. Das Betriebsratsmitglied muss sich nicht zwischen seiner Amtstätigkeit und der Erfüllung seiner arbeitsvertraglichen Pflichten entscheiden. Vielmehr hat das Betriebsratsmitglied seine Amtstätigkeit grundsätzlich während seiner persönlichen Arbeitszeit zu verrichten. Dafür wird es nach § 37 Abs. 2 BetrVG von seiner Arbeitspflicht befreit, und zwar *soweit* es für die ordnungsgemäße Erfüllung seiner Amtstätigkeit erforderlich ist. Nimmt die Betriebsratstätigkeit in Hochphasen zeitweise die gesamte persönliche Arbeitszeit des Betriebsratsmitglieds in Anspruch, so ist es nach § 37 Abs. 2 BetrVG während dieser Zeit von sämtlichen arbeitsvertraglichen Pflichten zu befreien. Umgekehrt ist das Betriebsratsmitglied lediglich in geringem Umfang in Zeiten freizustellen, in denen wenig Betriebsratsaufgaben anfallen. Dann muss es die Arbeitszeit, die es nicht für Betriebsratsaufgaben nutzt, für seine arbeitsvertraglichen Pflichten nutzen. Berücksichtigt der Arbeitgeber bei der Verteilung des Arbeitspensums die erforderliche Betriebsratstätigkeit nicht hinreichend, so kann das dem Betriebsratsmitglied nicht zum Nachteil gereichen. Insoweit ist dem BAG zuzustimmen. Allerdings lässt sich daraus nicht schließen, dass eine pauschale Senkung der Arbeitszeit über § 37 Abs. 2 BetrVG möglich wäre. Ganz im Gegenteil. Die pauschale Absenkung würde das Betriebsratsmitglied wegen seiner Amtstellung besserstellen, als es ohne seine Amtstätigkeit stünde. Denn insbesondere in Zeiten, in denen weniger Betriebsratsaufgaben anfallen, käme dem Betriebsratsmitglied mehr Freizeit zugute als ohne seine Amtstätigkeit. Umgekehrt ist das Betriebsratsmitglied nicht verpflichtet, ohne Ausgleich Mehrarbeit zu leisten in den Zeiten, in denen viel Betriebsratsarbeit anfällt. Die pauschale Absenkung des Arbeitspensums ist von § 37 Abs. 2 BetrVG nicht gedeckt. Die Norm sieht – zu Recht – lediglich die anlassbezogene Befreiung von der Arbeitspflicht vor.

1204 *Krichel*, SAE 1992, 68 (68 f.).

Somit ist festzuhalten, dass eine anlassunabhängige Senkung des Arbeitspensums nicht von § 37 Abs. 2 BetrVG gedeckt ist. Diese würde das Betriebsratsmitglied unzulässig i.S.d. § 78 Satz 2 BetrVG begünstigen.

C. Begünstigung durch pauschale Arbeitsfreistellung nach § 38 BetrVG

Mit Freistellung i.S.d. § 38 Abs. 1 Satz 1, Satz 2 BetrVG meint das BetrVG die anlassunabhängige Entbindung eines Betriebsratsmitglieds von seiner Verpflichtung zur Arbeitsleistung zum Zwecke der Erfüllung von Betriebsratsaufgaben, ohne dass es jeweils eines Nachweises der Erforderlichkeit der Arbeitsversäumnis wegen der Erfüllung der Betriebsratsaufgaben bedarf.[1205] Auch wenn § 38 BetrVG lediglich ein Unterfall der Generalnorm des § 37 Abs. 2 BetrVG ist, unterscheidet sich die „Freistellung" im Sinne des § 38 Abs. 1 BetrVG nicht nur hinsichtlich ihrer Bezeichnung von der „Befreiung von der beruflichen Tätigkeit" gemäß § 37 Abs. 2 BetrVG.[1206] Während die „Befreiung" nach § 37 Abs. 2 BetrVG denknotwendig zunächst das Bestehen einer Arbeitspflicht voraussetzt, ist das Betriebsratsmitglied im Falle seiner Freistellung nach § 38 Abs. 1 BetrVG von vornherein von seinen arbeitsvertraglich geschuldeten Pflichten entbunden. Die Erforderlichkeit wird im Rahmen des § 38 Abs. 1 BetrVG unwiderleglich vermutet. Hintergrund ist die Annahme des Gesetzgebers, nach der in Betrieben ab einer gewissen Größe regelmäßig erforderliche Betriebsratstätigkeit in einem proportional zur Betriebsgröße ansteigenden Umfang anfällt, die dann die Arbeitszeit eines oder mehrerer Betriebsratsmitglieder voll in Anspruch nimmt.[1207] Ausweislich des Wortlauts der Norm handelt es sich um Mindestfreistellungszahlen. Es besteht Einigkeit in der Rechtsprechung und in der Literatur, dass eine Erhöhung der Freistellungen daher zulässig ist. Umstritten ist jedoch, ob eine Erhöhung der Mindestfreistellungszahlen nur durch Tarifvertrag oder Betriebsvereinbarung möglich ist, § 38 Abs. 1 Satz 5 BetrVG,[1208] oder ob der Betriebsrat einen Anspruch gegen den Arbeitgeber auf Erhöhung der Freistellungen über die

---

[1205] *Fitting*, § 38 Rn. 7; GK-BetrVG/*Weber*, § 38 Rn. 8.
[1206] *Fitting*, § 38 Rn. 7; GK-BetrVG/*Weber*, § 37 Rn. 9; *Natzel*, NZA 2000, 77 (77).
[1207] Siehe die Begründung des RegE in BT-Drs. VI/1786, S. 41; ebenso BAG v. 26.07.1989 – 7 ABR 64/88, AP Nr. 10 zu § 38 BetrVG 1972; ErfK/*Koch*, § 38 Rn. 1; GK-BetrVG/*Weber*, § 38 Rn. 8.
[1208] *Boemke*, Anm. zu BAG v. 13.11.1991 – 7 ABR 5/91, AP Nr. 80 zu § 37 BetrVG 1972.

Staffel in § 38 BetrVG hinaus hat, sofern dies für die ordnungsgemäße Wahrnehmung der Betriebsratsaufgaben erforderlich ist.[1209] Fraglich ist auch, ob in Freistellungen, die über die Staffel in § 38 Abs. 1 BetrVG hinausgehen, eine unzulässige Begünstigung zu sehen ist.

I. Freistellungen über die Staffel in § 38 Abs. 1 BetrVG hinaus

Für die Zulässigkeit einer Abweichung von der Freistellungsstaffel des § 38 Abs. 1 BetrVG im Wege einer freiwilligen Vereinbarung spricht der Gesetzeswortlaut. So heißt es in § 38 Abs. 1 BetrVG ausdrücklich, die dort genannte Anzahl an Betriebsratsmitgliedern sei „mindestens" freizustellen. § 38 Abs. 1 Satz 5 BetrVG erklärt anderweitige Regelungen über die Freistellung zudem ausdrücklich für zulässig. Vor diesem Hintergrund überrascht es, dass manche in erheblich über das gesetzliche Maß hinausgehenden Freistellungen eine unzulässige Begünstigung sehen wollen, selbst wenn sie durch eine Betriebsvereinbarung oder einen Tarifvertrag legitimiert sind.[1210] In Anbetracht des klaren Wortlauts des § 38 Abs. 1 Satz 1 und Satz 5 BetrVG kann dem nicht gefolgt werden. Freistellungen über die Staffel des § 38 Abs. 1 Satz 1 BetrVG hinaus sind grundsätzlich zulässig, jedenfalls wenn sie durch eine entsprechende Vereinbarung erfolgen.

Ein Anspruch des Betriebsrats, den dieser ggf. auch gegen den Willen des Arbeitgebers durchsetzen kann, auf eine Erhöhung der Freistellungen besteht hingegen nicht. So ist von der Prämisse auszugehen, dass der Gesetzgeber im Hinblick auf die anfallenden Betriebsratsaufgaben davon ausging, diesen durch die in § 38 Abs. 1 BetrVG enthaltene Freistellungsstaffel gerecht zu werden. Um mögliche Spitzen abzufangen, hat der Gesetzgeber den Anspruch der Betriebsratsmitglieder auf anlassbezogene Befreiung von der Arbeitspflicht in § 37 Abs. 2 BetrVG geschaffen. Sollte aufgrund der Besonderheiten im Betriebsrat die vom Gesetzgeber vorgesehene Staffel im Einzelfall nicht passen, so hat er durch die Öffnungsklausel in § 38 Abs. 1 Satz 5 BetrVG Möglichkeiten vorgegeben hiervon abzuweichen. Einen darüberhinausgehenden Anspruch des Betriebsrats auf zusätzliche pauschale Freistellungen wollte der Gesetzgeber jedoch nicht schaffen. Sonst

---

1209 BAG v. 22.05.1973 – 1 ABR 2/73, AP Nr. 2 zu § 38 BetrVG 1972.
1210 Richardi/*Thüsing*, § 78 Rn. 34.

wäre § 38 Abs. 1 Satz 5 BetrVG überflüssig. Ein Anspruch des Betriebsrats auf zusätzliche Freistellungen besteht nach der hier vertretenen Ansicht somit nicht.

II. Unzulässige Begünstigung durch Überschreiten der Mindestregelung des § 38 Abs. 1 BetrVG bei fehlender Erforderlichkeit?

Denkbar ist, dass die Grenze zur unzulässigen Begünstigung bei einer Vereinbarung zwischen den Betriebs- oder Tarifparteien dann überschritten ist, wenn sie sich auf zusätzliche Freistellungen einigen, ohne dass diese zur ordnungsgemäßen Durchführung der Betriebsratsausgaben erforderlich sind. Dies richtet sich danach, ob § 37 Abs. 2 BetrVG auch bei zusätzlichen Freistellungen im Rahmen von § 38 Abs. 1 BetrVG zu berücksichtigen ist.[1211] Für eine Verringerung der Zahl der freizustellenden Betriebsratsmitglieder ist dies in der Literatur anerkannt.[1212] Nach der hier vertretenen Auffassung muss dies ebenso für die Erhöhung der Zahl der freizustellenden Betriebsratsmitglieder gelten. Die Befugnis in § 38 Abs. 1 Satz 5 BetrVG, von der gesetzlichen Mindeststaffel abzuweichen, bezweckt es den Betriebsparteien zu ermöglichen, auf betriebliche Besonderheiten möglichst flexibel zu reagieren. Es ist jedoch fernliegend, dass der Gesetzgeber damit zugleich jede Vereinbarung zulassen wollte, also auch eine solche, die den betrieblichen Gegebenheiten keine Rechnung trägt, sondern willkürliche Freistellung nach Belieben der Parteien zulässt. Dann hätte der Gesetzgeber mit § 38 Abs. 1 Satz 5 BetrVG eine Abweichung vom Ehrenamtsprinzip des § 37 Abs. 1 BetrVG zugelassen. Denn würde man auf das Erfordernis der „Erforderlichkeit" verzichten, wäre es dem Arbeitgeber möglich mit dem Betriebsrat zu vereinbaren, sämtliche Betriebsratsmitglieder von ihrer Arbeitspflicht pauschal zu befreien, um sich damit womöglich sein Wohlwollen zu sichern. Dies käme der Abkehr vom Ehrenamtsprinzip durch die Hintertür gleich. Es ist durch nichts ersichtlich, dass dies gewollt war. Folglich ist das Merkmal der „Erforderlichkeit" aus § 37 Abs. 2 BetrVG auch im Rahmen einer Vereinbarung zur Erhöhung der Zahl der freizustel-

---

[1211] Zustimmend BAG v. 26.06.1996 – 7 ABR 48/95, AP Nr. 17 zu § 38 BetrVG 1972; BAG v. 09.10.1973 – 1 ABR 29/73, AP Nr. 3 zu § 38 BetrVG; *Boemke*, Anm. zu BAG v. 13.11. 1991 – 7 ABR 5/91, AP Nr. 80 zu § 37 BetrVG 1972; DKKW/*Wedde*, § 38 Rn. 11; ErfK/*Koch*, § 38 BetrVG Rn. 1; *Fitting*, § 38 Rn. 21; GK-BetrVG/*Weber*, § 38 Rn. 27; Richardi/*Thüsing*, § 38 Rn. 17.
[1212] *Fitting*, § 38 Rn. 30; GK-BetrVG/*Weber*, § 38 Rn. 43; Richardi/*Thüsing*, § 38 Rn. 23.

lenden Betriebsratsmitglieder zu berücksichtigen. Nicht erforderliche Freistellungen über die Schwellenwerte in § 38 Abs. 1 BetrVG hinaus verstoßen selbst dann gegen das Ehrenamtsprinzip und das Begünstigungsverbot, wenn sie im Rahmen einer Betriebsvereinbarung oder eines Tarifvertrages getroffen werden.

III. Ergebnis

Im Rahmen einer Vereinbarung i.S.d. § 38 Abs. 1 Satz 5 BetrVG muss die Erhöhung zur ordnungsgemäßen Durchführung der Betriebsratstätigkeit erforderlich sein. Fehlt es an der Erforderlichkeit, liegt ein Verstoß gegen das Ehrenamtsprinzip und das Begünstigungsverbot vor, selbst wenn die Abweichung von der Freistellungsstaffel in § 38 Abs. 1 Satz 1 BetrVG durch Betriebsvereinbarung oder Tarifvertrag erfolgt.

§ 7 Rechtsfolgen unzulässiger Begünstigungen

Der Verstoß gegen das Begünstigungsverbot birgt insbesondere auf Arbeitgeberseite – neben einem Imageverlust und negativer Berichterstattung in der Presse – einige Risiken. Es drohen sowohl zivilrechtliche als auch betriebsverfassungsrechtliche und sogar strafrechtliche Folgen.

A. Zivilrecht

Beruht eine Leistung auf einer unzulässigen Begünstigung i.S.d. § 78 Satz 2 BetrVG, stellt sich die Frage nach der Wirksamkeit des zugrundeliegenden Rechtsgeschäfts sowie die nach möglichen Rückforderungsansprüchen des Arbeitgebers. Im Raum stehen zudem mögliche Schadensersatzansprüche.

I. Anspruch des Betriebsratsmitglieds auf die zugesagte Begünstigung?

1. Nichtigkeit der Vereinbarung

Vereinbarungen, die nicht den Grundsätzen des § 37 BetrVG entsprechen und gegen das Begünstigungsverbot des § 78 Satz 2 Alt. 2 BetrVG verstoßen, sind nach § 134 BGB nichtig und somit nicht einklagbar.[1213] Dies gilt auch, soweit eine entsprechende Vereinbarung in Kollektivvereinbarungen enthalten ist. Denn bei § 37 BetrVG und § 78 Satz 2 BetrVG handelt es sich um Verbotsgesetze im Sinne von § 134 BGB.[1214] Der Arbeitgeber darf die Zahlung oder Gewährung unzulässiger Leistungen an das Betriebsratsmitglied für die Zukunft einstellen. Es besteht kein Anspruch des Betriebsratsmitglieds auf die Fortgewährung der begünstigenden Leistung. Selbst die langjährige Gewährung begünstigender Leistungen an das Betriebsratsmitglied führt nicht zu einer betrieblichen Übung.[1215]

1213 BAG v. 20.01.2010 – 7 ABR 68/08, NZA 2010, 777 Rn. 9; BAG v. 16.02.2005 – 7 AZR 95/04, NZA-RR 2005, 556 (557) zur Parallelvorschrift des § 46 BPersVG; ArbG Bielefeld v. 11.05.2011 – 3 Ca 2633/11, juris; ArbG Stuttgart v. 13.12.2012 – 24 Ca 5430/12; NZA-RR 2013, 140; DKKW/*Wedde*, § 37 Rn. 7; Düwell/*Lorenz*, § 78 Rn. 24; ErfK/*Koch*, § 37 BetrVG Rn. 1; *Bittmann/Mujan*, BB 2012, 637 (637); *Dzida/Mehrens*, NZA 2013, 753 (757); *Esser*, S. 143; *Fitting*, § 37 Rn. 11; GK-BetrVG/*Weber*, § 37 Rn. 22; *Jacobs/Frieling*, ZfA 2015, 241 (258); *Moll/Roebers*, NZA 2012, 57 (61); MünchArbR/*Joost*, § 220 Rn. 133; Richardi/*Thüsing*, § 78 Rn. 37; Schaub/*Koch*, § 221 Rn. 5; *Schweibert/Buse*, NZA 2007, 1080 (1086); WPK/*Preis*, § 78 Rn. 18.
1214 BAG v. 20.01.2010 – 7 ABR 68/08, NZA 2010, 777 Rn. 9; GK-BetrVG/*Kreutz*, § 78 Rn. 25 m.w.N.
1215 BAG v. 12.11.1997 – 7 AZR 563/93, juris, Rn. 18; *Dzida/Mehrens*, NZA 2013, 753 (757); *Esser*, S. 146; *Rieble*, NZA 2008, 276 (279).

2. Durchschlagen auf andere infolge der Begünstigung geschlossene Verträge

Daran schließt sich die Frage an, ob sich die Nichtigkeit auch auf andere infolge der Begünstigung geschlossenen Verträge auswirken kann. Denkbar ist hier das Durchschlagen der Nichtigkeitsfolge auf die Beschlussfassung des Betriebsratsgremiums oder auf vom Betriebsrat mitgetragene Maßnahmen, beispielsweise die Nichtigkeit eines Interessenausgleichs oder einer Betriebsvereinbarung. Nach der hier vertretenen Ansicht ist nur das begünstigende Rechtsgeschäft als solches nichtig. Dies führt nicht zwingend zur Sittenwidrigkeit von Folgeverträgen. Die Begünstigung schlägt in aller Regel nicht auf etwaige infolge der Begünstigung geschlossene Vereinbarungen durch. Eine zwingende Voraussetzung zum Übergreifen der Nichtigkeit eines sittenwidrigen Vertrages auf einen anderen Vertrag ist der Vertragsschluss zwischen denselben Vertragsparteien in beiden Fällen.[1216] Derartige Vereinbarungen werden in der Regel nicht zwischen den an der Begünstigung Beteiligten geschlossen, nämlich einzelnen Betriebsratsmitgliedern und dem Arbeitgeber, sondern zwischen dem Betriebsratsgremium und dem Arbeitgeber. Ein Durchschlagen der Nichtigkeit der sittenwidrigen Begünstigung kann, wenn überhaupt, nur dann auf einen anderen, nicht zwischen denselben Parteien geschlossenen Vertrag durchgreifen, wenn die Begünstigung den Inhalt des Folgevertrages negativ beeinflusst und wenn beide an sich selbstständigen Vereinbarungen – die Begünstigung und der Folgevertrag – ein einheitliches Vertragswerk bilden, dessen Vereinbarungen zumindest nach den Vorstellungen der Vertragsparteien miteinander stehen und fallen sollen. Dabei wird man fordern müssen, dass die Einheitlichkeit des Vertragswerks zur Zeit des Vertragsschlusses von zumindest einer Vertragspartei erkennbar gewollt und von den anderen Parteien mindestens hingenommen worden sein muss. Daran fehlt es, wenn der Inhalt der Folgevereinbarung, beispielsweise eines Interessenausgleichs, durch die Begünstigung nicht nachweislich beeinflusst wurde.

1216 BGH vom 10.01.1990 – VIII ZR 337/88 – NJW-RR 1990, 442; LAG Sachsen, v. 27.08.2008 – 2 Sa 752/07.

II. Rückzahlungsanspruch des Arbeitgebers
1. Ansprüche aus ungerechtfertigter Bereicherung
a. Rückforderung nach § 812 Abs. 1 Satz 1 Alt. 1 BGB

In der Vergangenheit gewährte Begünstigungen können vom Arbeitgeber gemäß § 812 Abs. 1 Satz 1 Alt. 1 BGB zurückgefordert werden, da sie rechtsgrundlos gewährt wurden.[1217] Dies gilt unabhängig davon, ob einer der Beteiligten sich des Verstoßes gegen das Begünstigungsverbot bewusst war oder nicht.[1218] Neben § 812 Abs. 1 Satz 1 BGB ist zwar § 817 S. 1 BGB grundsätzlich anwendbar, allerdings hat er nur für die Fälle praktische Bedeutung, in denen § 812 Abs. 1 BGB wegen Kenntnis der Nichtschuld durch § 814 BGB ausgeschlossen ist, denn gegenüber § 817 S. 1 BGB gilt die rechtshindernde Einwendung des § 814 BGB nicht.[1219]

Der Arbeitgeber ist daher grundsätzlich berechtigt, bereits geleistete Begünstigungen nach den Regeln der ungerechtfertigten Bereicherung zurückzuverlangen, sofern die Rückabwicklung nicht durch § 814 BGB, § 817 Satz 2 BGB, § 818 Abs. 3 BGB oder die Einrede der Verjährung ausgeschlossen ist.

b. Mögliche Ausschlussgründe, Einwendungen oder Einreden

Umstritten ist die Frage, ob die Ausschlussgründe – § 814 Alt. 1 BetrVG und § 817 Satz 2 BetrVG – einer möglichen Rückforderung entgegenstehen.

aa. Ausschluss der Rückforderung nach § 814 Alt. 1 BGB

§ 812 Abs. 1 Satz 1 Alt. 1 BGB ist möglicherweise bereits nach § 814 BGB ausgeschlossen.[1220] Nach § 814 Alt. 1 BGB ist der Rückforderungsanspruch ausgeschlossen, wenn der Leistende gewusst hat, dass er nicht zur Leistung verpflichtet war. Dabei reicht es nicht aus, wenn der Leistende die Tatsachen, aus denen sich das Fehlen der Leistungspflicht ergibt, positiv kennt. Erforderlich ist vielmehr die positive Kenntnis der Rechtslage im Zeitpunkt der Leistungshandlung.[1221] Der

---

1217 Siehe oben unter „Nichtigkeit der Vereinbarung", S. 365.
1218 Vgl. Palandt/*Ellenberger*, § 134 Rn. 12a.
1219 Palandt/*Sprau*, § 817 BGB Rn. 7.
1220 Im Einzelfall bejahend: *Esser*, S. 149 f.; ablehnend *Rieble*, NZA 2008, 276 (278); *Bittmann/Mujan*, BB 2012, 1604 (1606).
1221 BAG v. 13.10.2010 – 5 AZR 648/09, NZA 2011, 219 (220); BAG v. 09.02.2005 - 5 AZR 175/04; NZA 2005, 814 (816).

Arbeitgeber muss also aufgrund der ihm bekannten Tatsachen zu dem zutreffenden rechtlichen Schluss kommen, dass er nach der Rechtslage nicht zur Leistung verpflichtet ist. Die erforderliche positive Kenntnis wird insbesondere bei unsicherer Rechtslage regelmäßig nicht vorliegen. Kannte der Arbeitgeber seinen Verstoß gegen das Begünstigungsverbot hingegen nicht, so wusste er erst recht nicht, dass er zur Leistung der Begünstigung nicht verpflichtet war. In diesem Fall scheidet § 814 Alt. 1 BGB aus.

Nicht ausreichend für das Erfordernis der positiven Kenntnis ist hingegen, wenn der Arbeitgeber keine positive Kenntnis hat, aber beispielsweise ein in seinem Lager stehender Dritter über positive Kenntnis verfügt. Die Kenntnis eines Dritten über die Unzulässigkeit der begünstigenden Leistung muss er sich nicht analog § 166 Abs. 2 BGB zurechnen lassen.[1222] § 814 BGB ist eine Ausprägung des allgemeinen Grundsatzes von Treu und Glauben und verbietet als solcher widersprüchliches Verhalten.[1223] An einem widersprüchlichen Verhalten fehlt es jedoch, wenn dem Leistende die zum Wegfall der Leistungspflicht führenden Tatsachen nicht mitgeteilt werden.[1224] Eine Wissenszurechnung und somit Kenntnis des Leistenden scheidet wegen Treuwidrigkeit ebenfalls aus, wenn ein Vertreter des Arbeitgebers die unzulässige Leistung kollusiv mit dem begünstigten Betriebsratsmitglied vorgenommen hat.

Nur, wenn der Arbeitgeber selbst sicher weiß, dass seine Leistung gegen § 78 Satz 2 BetrVG verstößt, sind die Voraussetzungen des § 814 Alt. 1 BGB erfüllt und die Rückforderung wäre demnach ausgeschlossen.[1225]

Dies führt jedoch zu dem nicht sachgerechten Ergebnis, dass das Betriebsratsmitglied die Leistung behalten dürfte und das Begünstigungsverbot faktisch unterlaufen werden könnte. § 814 BGB stellt eine Ausprägung des Grundsatzes von Treu und Glauben dar[1226], was der Aufrechterhaltung des verbotswidrigen Zustands widerspricht. Dies gilt umso mehr, als dass das Betriebsratsmitglied als Empfänger der unzulässigen Begünstigung dem Schutzzweck des § 814 Alt. 1

[1222] BAG v. 13.10.2010 – 5 AZR 648/09, NZA 2011, 219 (220).
[1223] MüKo-BGB/*Schwab*, § 814 Rn. 7 f.
[1224] So auch: BAG v. 13.10.2010 – 5 AZR 648/09, NZA 2011, 219 (220).
[1225] BAG v. 13.10.2010 – 5 AZR 648/09, NZA 2011, 219 (220); BGH 16.07.2003 – VIII ZR 274/02, BGHZ 155, 380 (389).
[1226] Palandt/*Sprau*, § 814 Rn. 1 f.

BGB nicht gerecht wird. Das Betriebsratsmitglied kann sich folglich nicht auf § 814 Alt. 1 BGB berufen, wenn es wie auch der Arbeitgeber von einem Verstoß gegen das Begünstigungsverbot Kenntnis hatten. § 814 Alt. 1 BGB ist dahingehend teleologisch zu reduzieren.[1227]

bb. Ausschluss der Rückforderung nach § 817 S. 2 BGB

Noch nicht abschließend geklärt ist die Frage, ob § 817 Satz 2 BGB den Kondiktionsanspruch im Falle einer unter Verstoß gegen § 78 Satz 2 BetrVG gewährten Leistung ausschließt.[1228]

[1] Erfordernis einer teleologischen Reduktion des § 817 Satz 2 BGB

Der Kondiktionsanspruch nach § 812 Abs. 1 Satz 1 Alt. 1 BGB[1229] ist grundsätzlich ausgeschlossen, wenn nicht nur der Leistungsempfänger, sondern auch („*gleichfalls*") der Leistende gegen ein gesetzliches Verbot verstoßen hat, § 817 Satz 2 BGB. Es besteht weitgehend dahingehend Einigkeit, dass der Kondiktionsausschluss greift, wenn lediglich dem Leistenden ein Verstoß gegen ein gesetzliches Verbot anzulasten ist.[1230] Denn wenn nur der Leistende gegen ein gesetzliches Verbot verstößt, soll er die Leistung nicht zurückfordern können. Diesen Grundsätzen folgend, ist ein Rückforderungsanspruch des Arbeitgebers von unter Verstoß gegen § 78 Satz 2 BetrVG gewährten Leistungen gemäß § 817 Satz 2 BetrVG stets ausgeschlossen – und zwar unabhängig von einem Verstoß des Betriebsratsmitglieds selbst. Der Tatbestand des § 817 Satz 2 BGB ist in diesem Fall objektiv erfüllt. In subjektiver Hinsicht muss der Leistende zudem Kenntnis von seinem Gesetzesverstoß haben.[1231] Diese scheidet bei unklarer Rechtslage ebenfalls aus.[1232] Vielmehr muss sich der Leistendes des Verstoßes gegen das Begünstigungsverbot bewusst gewesen sein und ihn trotzdem gewollt haben.[1233] Eine

---

1227 Ebenso: *Bittmann/Mujan*, BB 2012, 1604 (1606); *Rieble*, NZA 2008, 276 (278).
1228 Gegen einen Anspruchsausschluss GK-BetrVG/*Kreutz*, § 78 Rn. 103; Richardi/*Thüsing*, § 78 Rn. 37; für einen Anspruchsausschluss DKKW/*Buschmann*, § 78 Rn. 36; *Fitting*, § 78 Rn. 23.
1229 Die Anwendbarkeit des Kondiktionsausschlusses nach § 817 Satz 2 BGB auch auf § 812 Abs. 1 Satz 1 Alt. 1 BGB wird ganz überwiegend bejaht, vgl. BGH v. 06.05.1965 – II ZR 217/62, NJW 1965, 1585 (1587); Palandt/*Sprau*, § 817 Rn. 12 m.w.N.
1230 Ganz h.M., vgl. BGH v. 14.07.1993 – XII ZR 262/91, NJW-RR 1993, 1457 (1458); Palandt/*Sprau*, § 817 Rn. 12 m.w.N.
1231 Ganz h.M., siehe nur BGH 29.04.1968 – VII ZR 9/66, BGHZ 50, 90 (92).
1232 Vgl. im Einzelnen „Ausschluss der Rückforderung nach § 814 Alt. 1 BGB", S. 367.
1233 BAG v. 08.11.2017 – 5 AZR 11/17, NZA 2018, 528 (532).

Wissenszurechnung und somit Kenntnis des Leistenden scheidet wegen Treuwidrigkeit aus, wenn ein Vertreter des Arbeitgebers die unzulässige Leistung kollusiv mit dem begünstigten Betriebsratsmitglied vorgenommen hat.[1234] Ein Teil des rechtswissenschaftlichen Schrifttums ist daher der Ansicht, dass bei Leistungen, die ein Betriebsratsmitglied unzulässig begünstigen, sämtliche Rückforderungsansprüche des Arbeitgebers nach § 817 Satz 2 BGB ausgeschlossen sind.[1235] Die Gegenmeinung hält dem entgegen, dass dies zur Folge hätte, dass das begünstigte Betriebsratsmitglied die ihm zu Unrecht zugeflossenen Leistungen behalten könnte. Dadurch würde der rechtswidrige Zustand aufrechterhalten, was den Schutzzweck des § 817 Satz 2 BGB aushöhle. Daher sei § 817 Satz 2 BGB teleologisch zu reduzieren und eine Rückforderung im Einzelfall zuzulassen.[1236] § 78 Satz 2 BetrVG bezwecke gerade, die Begünstigung zu verhindern. Dieser Zielsetzung würde es jedoch widersprechen, ließe man die Kondiktion der Leistung an § 817 Satz 2 BGB scheitern. Denn dann werde der rechtswidrige Zustand aufrechterhalten. Dafür spreche auch der im allgemeinen Schuldrecht anerkannte Grundsatz, § 817 Satz 2 BGB sei teleologisch zu reduzieren, wenn der Kondiktionsausschluss dem Schutzzweck der Nichtigkeitssanktion zuwiderliefe.[1237]

Eine in der Literatur vertretene Ansicht[1238] befürwortet eine Einschränkung des Kondiktionsausschlusses entsprechend dem Beteiligungsgrad des Betriebsratsmitglieds. Eine teleologische Reduktion des § 817 Satz 2 BGB sei nur dann angebracht, wenn Arbeitgeber und Betriebsratsmitglied kollusiv zusammenwirken, denn dann würde durch den Kondiktionsausschluss gerade das gemeinsame Ziel erreicht. Anders liege der Fall jedoch, wenn die Begünstigung allein durch den Arbeitgeber veranlasst worden sei und das Betriebsratsmitglied diese lediglich

---

1234 Vgl. Fall „Siemens/AUB"; LG Nürnberg-Fürth v. 01.09.2010 – 12 o 11145/08, BeckRS 2011, 12521.
1235 *Fitting*, § 78 Rn. 23; DKKW/*Buschmann*, § 78 Rn. 36; Schaub/*Koch*, § 221 Rn. 5; *Hennecke*, BB 1986, 936 (940); *Henssler*, BB 2002, 307 (308).
1236 *Bittmann/Mujan*, BB 2012, 1604 (1606); *Fischer*, BB 2007, 997 (998); *Franzen*, ZAAR 2008, 50; GK-BetrVG/*Kreutz*, § 78 Rn. 103; *Jacobs/Frieling*, ZfA 2015, 241 (259); *Lipp*, S. 186 ff.; *Moll/Roebers*, NZA 2012, 57 (61); *Richardi/Thüsing*, § 78 Rn. 36; *Rieble*, NZA 2008, 276 (278); *Schweibert/Buse*, NZA 2007, 1080 (1086); WPK/*Preis*, § 78 Rn. 18.
1237 BAG v. 08.11.2017 – 5 AZR 11/17, NZA 2018, 528 (532); BGH v. 10.11.2005 – III ZR 72/05, NJW 2006, 45 (46).
1238 *Esser*, S. 153 f.

annehme. In diesem Fall sei an dem Kondiktionsausschluss des § 817 Satz 2 BGB festzuhalten – auch wenn dadurch der rechtswidrige Zustand aufrechterhalten bleibe.

[2] Stellungnahme

§ 817 Satz 2 BGB findet entgegen seinem Wortlaut nicht nur auf den Rückforderungsanspruch aus § 817 Satz 1 BGB Anwendung, sondern auch auf die Leistungskondiktion nach § 812 Abs. 1 Satz 1 Alt. 1 BGB. Der praktische Anwendungsbereich der Vorschrift wäre andernfalls äußerst gering. Weiter genügt entgegen dem Wortlaut – „*gleichfalls*" – für den Kondiktionsausschluss bereits ein Gesetzesverstoß alleine auf Seiten des Leistenden.

Hinsichtlich der Frage, ob der Anwendungsbereich des § 817 Satz 2 BGB im Fall eines Verstoßes gegen das Begünstigungsverbot des § 78 Satz 2 BetrVG teleologisch reduziert werden muss, überzeugt die letztgenannte befürwortende Auffassung. Im Fall eines kollusiven Zusammenwirkens von Arbeitgeber und Betriebsrats greift § 817 Satz 2 BGB nicht. Die Rückforderung der unzulässigen Leistung ist möglich. Dies entspricht dem Sinn und Zweck des § 78 Satz 2 BetrVG, der der Anwendung der Kondiktionssperre des § 817 Satz 2 BGB entgegensteht. Das Begünstigungsverbot dient der Sicherung der Unabhängigkeit und Unparteilichkeit des Betriebsrats und seiner Mitglieder.[1239] Dieser Präventionseffekt kann nur dann effektiv wirken, wenn die verbotene Begünstigung von Betriebsratsmitgliedern nicht faktisch folgenlos bleibt, sondern abschreckende Folgen nach sich zieht. Es ist zwar denkbar, dass gerade der Ausschluss der Rückforderung von unzulässigen Zahlungen – zumindest den Leistenden – von derartigen Zuwendungen abschreckt. Dieses Argument wird in Bezug auf § 817 Satz 2 BGB auch im Hinblick auf Korruptionszahlungen vorgebracht.[1240] Dagegen spricht jedoch, dass derjenige, der sich von einer unzulässigen Zuwendung Vorteile verspricht, nicht davon abschrecken lassen wird, weil er sein Geld später nicht zurückverlangen kann. Vielmehr leistet er die Zahlung in dem Bewusstsein, auf eine Gegenleistung keinen durchsetzbaren Anspruch zu haben. Das Risiko, ein „Verlustgeschäft" zu machen, geht derjenige, der sich solcher Methoden bedient, in aller Regel ein. Im

---

1239 Siehe oben unter „Zweck des § 78 Satz 2 BetrVG", S. 22.
1240 MüKo-BGB/*Schwab*, § 817 Rn. 55.

Fall der Betriebsratsbegünstigung kommt weiter hinzu, dass der leistende Arbeitgeber in aller Regel deutlich liquider sein dürfte als das begünstigte Betriebsratsmitglied. Der Kondiktionsausschluss trifft den Arbeitgeber weniger empfindlich als die Rückforderungsmöglichkeit das Betriebsratsmitglied finanziell treffen würde. Wägt man dies gegeneinander ab, so wirkt die Rückforderungsmöglichkeit deutlich abschreckender. Eine begünstigende Leistung verliert an Reiz, wenn das Betriebsratsmitglied nicht sicher sein kann, ob es sie behalten darf.

Zudem spricht die Ausgestaltung des § 817 Satz 2 BGB als Norm mit Strafcharakter für eine teleologische Reduktion des § 817 Satz 2 BGB. Ein solcher Strafcharakter ist dem Zivilrecht grundsätzlich fremd, weshalb der BGH die Vorschrift zutreffend sehr restriktiv auslegt.[1241] Dadurch ist auch bei der Auslegung des § 817 Satz 2 BGB denjenigen Billigkeitserwägungen Raum zu geben, die das Bereicherungsrecht als solches prägen. Die Norm ist dann teleologisch zu reduzieren, wenn ihre Anwendung die gesetzeswidrige Vermögenslage dadurch aufrechterhält und verstärkt, dass sie die Kondiktion ausschließt. Durch den Kondiktionsausschluss würde sonst der verbots- oder sittenwidrige Zustand der unzulässigen Begünstigung aufrechterhalten werden.[1242] Daran ändert auch die Änderung der höchstrichterlichen Rechtsprechung zu den sog. „Schwarzarbeitsfällen" nichts. Bis ins Jahr 2014 ließ der BGH die Kondiktionssperre des § 817 Satz 2 BGB in diesen Fällen infolge einer teleologischen Reduktion aus Billigkeitserwägungen heraus unangewendet.[1243] Diese Rechtsprechung gab der BGH in einer jüngeren Entscheidung aus dem Jahre 2014[1244] jedoch ausdrücklich auf, denn der Anwendung des § 817 Satz BGB stünden nach der nunmehr vertretenen Auffassung Treu und Glauben nicht entgegen. Dies bedeute im Ergebnis für die Fälle der Schwarzarbeit, dass weder der Unternehmer einen Werklohnanspruch – auch nicht in Gestalt eines Bereicherungsanspruchs – hat noch der Besteller etwaige Gewährleistungsansprüche geltend machen kann.[1245] Auch kann ein bereits geleisteter Werklohn im Falle einer Ohne-Rechnung-Abrede wegen § 817 Satz 2 BGB nicht über

---

1241 BGH v. 10.11.2005 – III ZR 72/05, NJW 2006, 45 (46).
1242 Vgl. dazu die Problematik der Schenkkreise, BGH v. 13.03.2008 – III ZR 282/07, NJW 2008, 1942 oder Schneeballsysteme, BGH v. 22.04.1997 – XI ZR 191/96, NJW 1997, 2314.
1243 BGH v. 31.05.1990 – VII ZR 336/89, NJW 1990, 2542.
1244 BGH v. 10. 04.2014 – VII ZR 241/13, NJW 2014, 1805.
1245 Vgl. auch insofern die erst kürzlich erfolgte Rechtsprechungsänderung, BGH v. 01.08.2013 – VII ZR 6/13, NJW 2013, 3167.

Bereicherungsrecht rückabgewickelt werden.[1246] Diese Rechtsprechungsänderung hat dennoch keine Auswirkungen auf die Behandlung eines Verstoßes gegen das betriebsverfassungsrechtliche Begünstigungsverbot. In diesem Fall ist bereits der geschaffene Zustand als solcher rechtswidrig. Dies ist im Falle der Schwarzarbeit jedoch gerade nicht der Fall, da das Erbringen einer Werkleistung als solches ja gerade nicht verboten ist. Im Fall einer unzulässigen Betriebsratsbegünstigung würde der rechtswidrige Zustand, den die Verbotsnorm gerade verhindern will, jedoch aufrechterhalten, wenn das Betriebsratsmitglied die unzulässige Leistung behalten darf. Verbotswidrige Begünstigungen dürfen nicht durch die Anwendung des § 817 Satz 2 BGB aufrechterhalten werden, wenn das Verbotsgesetz – hier § 78 Satz 2 BetrVG – gerade das Ergebnis dieses Leistungsaustauschs verhindern will. Die Unabhängigkeit und Unparteilichkeit der einzelnen Betriebsratsmitglieder, die das Begünstigungsverbot sichern soll, wären aber insbesondere dann gefährdet, wenn die unzulässigen Leistungen bei dem Betriebsratsmitglied verbleiben.

Die Auffassung, die nach dem Beteiligungsgrad des Betriebsratsmitglieds unterscheidet[1247], ist ebenfalls abzulehnen. Von der Rechtsordnung nicht gebilligte Zustände sollen durch den Konditionsausschluss nicht aufrechterhalten und verfestigt werden.[1248] Dies muss unabhängig davon gelten, ob das Betriebsratsmitglied an der Entstehung dieses Zustandes aktiv oder lediglich passiv mitgewirkt hat. Am Unrechtsgehalt des Zustandes ändert dies nichts. Auch stellt er sowohl bei aktiver als auch passiver Beteiligung des Betriebsratsmitglieds eine Bedrohung für die unabhängige und unparteiliche Amtsführung des Betriebsratsmitglieds dar, die es unbedingt zu vermeiden gilt. Dafür spricht auch § 41 BetrVG, aus dem sich ebenfalls ablesen lässt, dass kein Betriebsratsmitglied ihm zugeflossene Leistungen behalten können soll.[1249] Auch wenn sich aus § 78 Satz 2 BetrVG ein an das Betriebsratsmitglied gerichtetes Verbot, eine unzulässige Leistung anzuneh-

---

1246 BGH v. 11. 06.2015 – VII ZR 216/14, NJW 2015, 2406.
1247 *Esser*, S. 153 f.
1248 BGH v. 31.05.1990 – VII ZR 336/89, NJW 1990, 2542 (2543).
1249 So auch *Fischer*, BB 2007, 997 (998).

men, lesen lässt, kann daraus nicht gefolgert werden, dass es die ihm nicht zustehende Leistung auch behalten darf. Hier muss der Schutz der unabhängigen Arbeitnehmervertretung Vorrang genießen.

[3] Ergebnis

Jeder Vorteil, der einem Betriebsratsmitglied unter Verstoß gegen das betriebsverfassungsrechtliche Begünstigungsverbot gewährt wurde, kann über die §§ 812 ff. BGB zurückgefordert werden. Der Rückforderung steht § 817 Satz 2 BGB nicht entgegen, obwohl der Arbeitgeber gleichfalls gegen ein gesetzliches Verbot verstoßen hat. Die Kondiktionssperre des § 817 Satz 2 BGB muss in diesen Fällen teleologisch reduziert werden, da das Begünstigungsverbot andernfalls umgangen werden könnte.

cc. Keine Rückforderungsmöglichkeit infolge Entreicherung, § 818 Abs. 3 BGB

Die Rückforderung der begünstigenden Leistung ist nach § 818 Abs. 3 BGB ausgeschlossen, wenn sich das Betriebsratsmitglied auf Entreicherung beruft. Dies ist dann möglich, wenn sich weder die erlangte Bereicherung noch ein entsprechender Gegenwert mehr im Vermögen des Betriebsratsmitglieds befindet. Hatte das Betriebsratsmitglied allerdings positive Kenntnis von dem Verstoß gegen das Begünstigungsverbot und kann ihm diese auch nachgewiesen werden, so muss es nach § 819 Abs. 2 BGB die erlangte Bereicherung oder ihren Wert selbst dann herausgeben, wenn es entreichert i.S.d. § 818 Abs. 3 BGB ist. Der Nachweis der positiven Kenntnis vom Verstoß gegen das Begünstigungsverbot dürfte in der Praxis nur selten zu führen sein. Hat das Betriebsratsmitglied allerdings bereits eine Schulung zum Betriebsverfassungsgesetz besucht, kann man zumindest in besonders eindeutigen Begünstigungsfällen von einer positiven Kenntnis des Betriebsratsmitglieds ausgehen.[1250]

dd. Ausschluss der Rückforderung nach Erhebung der Einrede der Verjährung

Ob das Betriebsratsmitglied die Rückforderung durch Erhebung der Verjährungseinrede ausschließen kann, richtet sich nach der regelmäßigen Verjährung des § 199 Abs. 1 BGB. Hier kommt es darauf an, ob und wann der Arbeitgeber als

---

1250 Ebenso: *Bittmann/Mujan*, BB 2012, 1604 (1606).

Gläubiger des Rückforderungsanspruchs Kenntnis von den den Anspruch begründenden Umständen und von der Person des Schuldners erlangt oder ohne grobe Fahrlässigkeit Kenntnis hätte erlangen müssen. Bei Verstoß gegen das Begünstigungsverbot kommt es darauf an, ob dem Arbeitgeber die Kenntnis seines Vertreters, der in seinem Namen gegen das Begünstigungsverbot verstößt, zugerechnet wird. Die Wissenszurechnung über § 166 BGB kommt hier nicht in Betracht, da sie immer dann ausscheidet, soweit in diesem Zusammenhang Ansprüche gegen den Dritten hergeleitet werden können[1251], da nicht zu erwarten ist, dass der Dritte dafür sorgt, dass der Arbeitgeber als Gläubiger gegen ihn vorgeht, nachdem er ihm sein Wissen offenbart hat.[1252] Die Verjährungsfrist beginnt für den Arbeitgeber als Gläubiger folglich nicht automatisch mit Kenntniserlangung des Vertreters.

ee. Auswirkung von Ausschlussfristen auf den Rückforderungsanspruch

Der Rückforderungsanspruch wird in der Praxis häufig durch tarifliche, vertragliche oder sonstige Ausschlussfristen ausgeschlossen sein, angenommen die jeweilige Ausschlussklausel ist wirksam. Nach Ende der Ausschlussfrist ist der Rückforderungsanspruch erloschen und nicht mehr durchsetzbar.[1253]

2. Vindikations- und deliktische Ansprüche

Sachleistungen, die gegen das Begünstigungsverbot verstoßen, kann der Arbeitgeber über § 985 BGB herausverlangen. Auch in Bezug auf das Erfüllungsgeschäft greift hier § 134 BGB.[1254] Der Arbeitgeber hat sein Eigentum an der Sachleistung durch Übereignung an den Betriebsrat nicht verloren. Andernfalls wäre das Betriebsratsmitglied dinglicher Inhaber des Sachvorteils und stünde damit in der Schuld des Arbeitgebers. Ein solches Abhängigkeitsverhältnis will § 78 Satz 2 BetrVG gerade verhindern.[1255] Die Umstände, die die Nichtigkeit des Kausalgeschäfts zur Folge haben, bewirken im Fall der unzulässigen Begünstigung zugleich die Nichtigkeit der Übereignung.

1251 Vgl. Staudinger/*Peters/Jacoby*, § 199 Rn. 61.
1252 *Bittmann/Mujan*, BB 2012, 1604 (1607).
1253 So auch: *Dzida/Mehrens*, NZA 2013, 753 (757).
1254 BGH v. 10.07.1991 – VIII ZR 296/90, BGHZ 115, 123 (130 f.); BGH v. 20.05.1992 – VIII ZR 240/91, NJW 1992, 2348.
1255 Richardi/*Thüsing*, § 78 Rn. 2.

Deliktsrechtlich kann eine Rückforderung nach § 823 Abs. 2 BGB i.V.m. § 266 StGB möglich sein. Hier ergeben sich keine arbeitsrechtlichen Besonderheiten.

III. Haftungsrisiken auf Arbeitgeberseite

Neben der soeben erörterten Frage, ob der Arbeitgeber die Möglichkeit zur Rückforderung der gewährten Begünstigung hat, stellt sich die Frage, welchen Haftungsrisiken die Arbeitgeberseite als Folge einer unzulässigen Begünstigung ausgesetzt ist.

1. Haftung von Organmitgliedern

Als mittelbare Folge eines Verstoßes gegen das Begünstigungsverbot nach § 78 Satz 2 BGB kommt eine persönliche Direkthaftung der Organmitglieder in Betracht. So steht bei Vorständen einer Aktiengesellschaft eine Haftung nach § 92 Abs. 2 AktG und bei Geschäftsführern einer GmbH die Haftung entsprechend § 43 Abs. 2 GmbHG im Raum. Geschäftsführende Gesellschafter einer OHG und KG haften in gleicher Weise. Diese begründen eine Schadensersatzpflicht, sofern Geschäftsführer oder Vorstandsmitglieder die Pflicht zur sorgfältigen Unternehmensleitung vorsätzlich verletzt haben.[1256] So müssen Vorstände bzw. Geschäftsführer den Anforderungen, die an einen ordentlichen Geschäftsleiter zu stellen sind, genügen, der wie ein Treuhänder fremde Vermögensinteressen verwaltet. Mitglieder des Vorstands haben dafür Sorge zu tragen, dass Ansprüche der Gesellschaft auch durchgesetzt werden, es sei denn sie, sind wirtschaftlich nicht sinnvoll.[1257] Der Verstoß gegen das Begünstigungsverbot wiegt schwer. Dies gilt umso mehr, als dass es sich bei § 78 Satz 2 BetrVG nicht um eine bloße Ordnungsvorschrift, sondern um ein gesetzliches Verbot i.S.d. § 134 BGB handelt.[1258] Der vorsätzliche Verstoß gegen das Begünstigungsverbot ist strafbar gemäß § 119 Abs. 1 Nr. 3 BetrVG.[1259] Der Verstoß gegen das Begünstigungsverbot wird regelmäßig schuldhaft sein und zu einer Schadensersatzpflicht der geschäftsführenden Organe gegenüber der Gesellschaft führen. Der Gesellschaft entsteht durch die unzulässige Begünstigung ein kausaler Schaden, weil sie durch die Begünstigung

---

1256 *Bittmann/Mujan*, BB 2012, 637 (640).
1257 *Bittmann/Mujan*, BB 2012, 637 (640).
1258 Siehe oben unter „Nichtigkeit der Vereinbarung", S. 365.
1259 Siehe dazu sogleich unter „Strafbarkeit nach § 119 Abs. 1 Nr. 3 BetrVG", S. 393.

keine Gegenleistung erlangt, auf die sie aus dem Gebot der vertrauensvollen Zusammenarbeit nicht ohnehin einen Anspruch hätte. Geschäftsführer sind zudem verpflichtet Hinweisen auf Gesetzesverstöße in ihrem Unternehmen unverzüglich nachzugehen.[1260] Dies bedeutet, dass Schadensersatzansprüche gegen die Geschäftsleitung auch dann entstehen können, sofern sie Regressansprüchen, die aus einem von Dritten oder anderen Arbeitnehmern begangenen Verstoß gegen das Begünstigungsverbot gegenüber einem Betriebsratsmitglied entstanden sind, nicht nachgehen.

2. Haftung von Arbeitnehmern

Leistet auf Arbeitgeberseite kein Organmitglied, sondern ein Arbeitnehmer die unzulässige Begünstigung, verletzt er seine arbeitsvertraglichen Nebenpflichten zur Rücksichtnahme auf die Arbeitgeberinteressen aus §§ 242, 241 Abs. 2 BGB.[1261] Eine unzulässige Begünstigung kann niemals im Interesse des Arbeitgebers liegen. Denn das Betriebsverfassungsgesetz hat die Begünstigung von Betriebsratsmitgliedern ausdrücklich ausgeschlossen. Zudem hat der Arbeitgeber ohnehin Anspruch auf die vertrauensvolle Zusammenarbeit mit dem Betriebsrat, so dass er durch die Begünstigung keinen Mehrwert erhält, auf den er nicht ohnehin schon einen Anspruch hat. Handelt der Arbeitnehmer schuldhaft, also vorsätzlich oder fahrlässig, ist er dem Arbeitgeber zum Ersatz des dadurch entstandenen Schadens verpflichtet.[1262] Dabei ist allerdings das Haftungsprivileg der Arbeitnehmer zu berücksichtigen. Nach ständiger Rechtsprechung des Bundesarbeitsgerichts[1263] gelten die Grundsätze über die Beschränkung der Arbeitnehmerhaftung *„für alle Arbeiten, die durch den Betrieb veranlasst und aufgrund eines Arbeitsverhältnisses geleistet werden, auch wenn diese Arbeiten nicht gefahrgeneigt sind."*[1264] Ein Arbeitnehmer haftet also nur dann in vollem Umfang, wenn er vorsätzlich oder grob fahrlässig handelt. Handelt der Arbeitnehmer lediglich leicht fahrlässig, ist er vollständig von der Haftung befreit.[1265] Lässt der Arbeitnehmer die im Verkehr erforderliche Sorgfalt außer Acht (mittlerer Fahrlässigkeit) wird

---

1260 MüKo-GmbHG/*Fleischer*, § 3 Rn. 137.
1261 *Dzida/Mehrens*, NZA 2013, 753 (757).
1262 *Dzida/Mehrens*, NZA 2013, 753 (757); *Jacobs/Frieling*, ZfA 241 (259).
1263 Vgl. statt vieler: BAG v. 27.09.1994 – GS 1/89 (A), NZA 1994, 1083 (1083 ff.).
1264 Vgl. statt vieler: BAG v. 27.09.1994 – GS 1/89 (A), NZA 1994, 1083 (1083).
1265 MüKo-BGB/*Wagner*, § 823 Rn. 128

der Schaden anteilig nach verschiedenen Abwägungskriterien geteilt, beispielsweise dem Grad des dem Arbeitnehmer zur Last fallenden Verschuldens, die Gefahrgeneigtheit der Tätigkeit, die Höhe des Schadens, ein vom Arbeitgeber einkalkuliertes oder durch eine Versicherung abdeckbares Risiko, die Stellung des Arbeitnehmers im Betrieb und das von ihm bezogene Arbeitsentgelt.[1266] Nur bei Vorsatz und grober Fahrlässigkeit haftet der Arbeitnehmer in vollem Umfang.[1267] Diese Grundsätze finden auch dann Anwendung, wenn auf Arbeitgeberseite ein Arbeitnehmer die unzulässige Begünstigung leistet. Insbesondere bei unklarer Rechtslage scheidet eine vollumfängliche Haftung des Arbeitnehmers regelmäßig aus.

3. Deliktische Haftung aus § 823 Abs. 2 BGB i.V.m. § 78 Satz 2 BetrVG

Gemäß § 823 Abs. 2 Satz 1 BGB ist diejenige Person schadensersatzpflichtig, die gegen ein den Schutz eines anderen bezweckendes Gesetz verstößt. Ein Schutzgesetz im Sinne des § 823 Abs. 2 BetrVG ist jede Rechtsnorm, die zumindest auch dazu dient, den Inhaber des Rechtsguts gegen die Verletzung eines bestimmten Rechtsguts zu schützen.[1268] Lediglich eine unzulässige Benachteiligung kann einen Schadensersatzanspruch nach § 823 Abs. 2 BGB begründen. Dies gilt nicht für den Fall der unzulässigen Begünstigung. Da das in § 78 Satz 2 Alt. 2 BetrVG normierte Begünstigungsverbot nicht dem Schutz der Vermögensinteressen des Einzelnen dient, sondern allein die Unabhängigkeit und Unparteilichkeit der betriebsverfassungsrechtlichen Funktionsträger sichert und so deren unbeeinflusste Amtsausübung gewährleisten soll[1269], handelt es sich bei dem Begünstigungsverbot nicht um ein Schutzgesetz i.S.d. § 823 Abs. 2 BGB.[1270] Folglich gibt es keinen Anspruch derjenigen Amtsträger, die keine Begünstigung erfahren haben, aus § 823 Abs. 2 BGB. Eine *„Gleichbehandlung im Unrecht"*[1271] scheidet aus.

1266 Vgl. statt vieler: BAG v. 27.09.1994 – GS 1/89 (A), NZA 1994, 1083 (1084 f.).
1267 MüKo-BGB/*Wagner*, § 823 Rn. 128.
1268 Palandt/*Sprau*, § 823 Rn. 58.
1269 Siehe hierzu „Zweck des § 78 Satz 2 BetrVG", S. 22.
1270 Richardi/*Thüsing*, § 78 Rn. 36.
1271 Vgl. zur Bedeutung der Formel statt vieler: Maunz-Dürig/*Dürig*, Art. 3 Rn. 179 ff.

IV. Haftung des Betriebsrats und seiner Mitglieder

1. Haftung des Betriebsratsgremiums

In finanzieller Hinsicht scheidet die Haftung des Betriebsrats als Gremium aus, da er weder natürliche noch juristische Person ist und er daher grundsätzlich weder rechts- noch vermögensfähig ist.[1272] Der Betriebsrat ist lediglich partiell rechtsfähig in Bezug zu den ihm aus dem BetrVG zustehenden eigenen Rechten.[1273] Inhaber von vermögensrechtlichen Positionen kann er insoweit sein, als das BetrVG ihm eigene vermögensrechtliche Ansprüche zugesteht – beispielsweise aus § 40 BetrVG. Er kann jedoch nicht außerhalb des gesetzlichen Wirkungskreises Schuldner privatrechtlicher Forderungen werden.[1274]

2. Haftung der Betriebsratsmitglieder

Wird ein Mitglied des Betriebsrats außerhalb seines gesetzlichen Wirkungskreises oder in seiner Eigenschaft als bloßer Arbeitnehmer tätig, kommt es dabei zu einer Schädigung des Arbeitgebers oder von anderen Arbeitnehmern, so ist fraglich, ob es bei den üblichen Haftungsregelungen bleibt.

Eine Haftung der einzelnen Betriebsratsmitglieder, wenn sie gegen eine betriebsverfassungsrechtliche Pflicht verstoßen, kommt nur in Betracht, wenn es sich dabei zugleich um eine arbeitsvertragliche Pflicht handelt.[1275] Da das Betriebsratsmitglied weiter Arbeitnehmer ist, haftet es gemäß §§ 611, 280 Abs. 1 BGB gegenüber dem Arbeitgeber bei arbeitsvertraglichen Pflichtverletzungen ebenfalls nach den Grundsätzen der eingeschränkten Arbeitnehmerhaftung.[1276] Liese man die Grundsätze der beschränkten Arbeitnehmerhaftung bei arbeitsvertraglichen Pflichtverletzungen wegen der Doppelrolle des Betriebsratsmitglieds als Arbeitnehmer und betriebsverfassungsrechtlicher Interessenvertreter unangewandt, würde man das Betriebsratsmitglied schlechter stellen als normale Arbeitnehmer. Eine Benachteiligung wegen der Amtsstellung ist jedoch nach § 78 Satz 2 Alt. 1 BetrVG unzulässig, wenn ein Arbeitnehmer, der nicht Mitglied des Betriebsrats

---

1272 BAG v. 29.09.2004 – 1 ABR 30/03, NZA 2005, 123 (124).
1273 BAG v. 29.09.2004 – 1 ABR 30/03, NZA 2005, 123 (124).
1274 *Fitting*, § 1 Rn. 199.
1275 DKKW/*Wedde*, Einl., Rn. 151; HWGNRH/*Rose*, Einl. Rn. 107; WPK/*Preis*, § 1 Rn. 46; *Beule*, S. 12.
1276 Zur Arbeitnehmerhaftung vgl. Palandt/*Preis*, § 611a Rn. 696 ff.

ist, bei vergleichbarer betrieblich veranlasster Tätigkeit, ebenfalls nur eingeschränkt haften würde.[1277]

Denkbar sind zudem sekundäre Leistungsansprüche gegen die einzelnen Betriebsratsmitglieder als Folge der Überschreitung der Vertretungsmacht nach außen analog § 179 BGB.[1278] Dies kann der Fall sein, wenn ein Betriebsratsmitglied, in der Regel der Betriebsratsvorsitzende, § 26 Abs. 2 Satz 1 BetrVG, im Namen des Betriebsrats rechtsgeschäftlich tätig wird, ohne dass ein Betriebsratsbeschluss hierüber gefasst wurde oder der Beschluss unwirksam ist, etwa weil es an der Erforderlichkeit im Sinne des § 40 Abs. 1 BetrVG fehlt. Denn der Betriebsratsvorsitzend, sein Stellvertreter oder ein bevollmächtigtes Betriebsratsmitglied dürfen den Betriebsrat grundsätzlich nur im Rahmen der gefassten Beschlüssen vertreten.[1279] Ist der Beschluss unwirksam, weil die Voraussetzungen beispielsweise des § 40 BetrVG nicht vorliegen oder fehlt ein entsprechender Beschluss gänzlich, handelt das Betriebsratsmitglied ohne wirksame Vertretungsmacht als *falsus procurator* und haftet nach § 179 Abs. 1 BGB analog.[1280]

Teilweise wird in diesem Zusammenhang kritisiert, eine Haftung gemäß § 179 BGB sei mit der Ausgestaltung des Betriebsratsamtes als unentgeltliches Ehrenamt unvereinbar.[1281] Dem ist entgegenzuhalten, dass allein aus dem ehrenamtlichen, unentgeltlichen Charakter des Betriebsratsamtes nicht zwingend der Ausschluss jeder persönlichen Haftung folgen muss. Zumal in der Rechtspraxis nur wenige Ausnahmefälle denkbar sind, in denen eine persönliche Haftung des einzelnen Betriebsratsmitglieds nach § 179 BGB tatsächlich greift. So erfordert § 179 BGB tatbestandsmäßig einen Vertragsschluss unter Überschreitung der Vertretungsmacht. Üblicherweise tritt der Betriebsrat seine Freistellungsansprüche gemäß § 40 Abs. 1 BetrVG an den Dritten, also den Vertragspartner, ab. Dieser fordert dann sein Honorar unmittelbar vom Arbeitgeber ein. Dem vom BGH in diesem Zusammenhang entschiedenen Fall lag die Besonderheit zugrunde, dass

---

1277 *Müller/Jahner*, BB 2013, 440 (443).
1278 BGH v. 25.10.2012 – III ZR 266/11, NZA 2012, 1382.
1279 Richardi/*Thüsing*, § 26 Rn. 34, 38 f.
1280 BGH v. 25.10.2012 – III ZR 266/11, NZA 2012, 1382.
1281 *Lunk/Rodenbusch*, NJW 2014, 1989 (1990); *Preis/Ulber*, JZ 2013, 579 (582 f.).

der Vertragspartner die Abtretung nicht annahm, sondern er diese Summe unmittelbar vom Betriebsratsvorsitzenden und dessen Stellvertreter forderte.[1282] Dieser Fall spiegelt die Rechtswirklichkeit nicht wider, sondern stellt einen absoluten Ausnahmefall dar. Die rechtsdogmatische Diskussion über die Anwendbarkeit der §§ 177 BGB ff. auf Betriebsratsmitglieder wurde bereits fast hundert Jahre lang geführt, bis ein praktischer Fall vor die Zivilgerichte kam.[1283]

Zu überlegen ist, ob die Grundsätze der eingeschränkten Arbeitnehmerhaftung auf die Fälle übertragbar ist, in denen ein Betriebsratsmitglied seine betriebsverfassungsrechtlichen Kompetenzen überschreitet und seine arbeitsvertraglichen Nebenpflichten beispielsweise durch die Annahme oder Forderung einer unzulässigen Begünstigung verletzt. Dagegen spricht, dass die Fälle, in denen die Grundsätze der Beschränkung der Arbeitnehmerhaftung auf das Betriebsratsmitglied anwendbar sind, weil es unabhängig von seinem Amt als Betriebsratsmitglied arbeitsvertragliche Pflichten verletzt, nicht mit den Fällen vergleichbar sind, in denen das Betriebsratsmitglied die ihm vom BetrVG zugedachten Kompetenzen überschreitet. Zum einen ist bei der Haftung des Vertreters ohne Vertretungsmacht ein Verschulden nicht erforderlich.[1284] Auch der Grund für die Privilegierung der Arbeitnehmerhaftung liegt im zweiten Fall nicht vor. Hintergrund der Beschränkung der Arbeitnehmerhaftung ist, dass dem Arbeitgeber die Organisationshoheit im Betrieb obliegt, ihm der Gewinn der Arbeitsleistung zufliest und die wirtschaftliche Existenz des Arbeitnehmers vernichtet werden könnte, wenn er unbegrenzt haftet.[1285] Anders als normale Arbeitnehmer ist das Betriebsratsmitglied bei der Ausübung seiner Amtstätigkeit unabhängig und nicht der Organisationshoheit des Arbeitgebers unterworfen. Der Arbeitgeber überträgt das Betriebsrisiko nicht auf das Betriebsratsmitglied und zieht aus seiner Amtstätigkeit keinen wirtschaftlichen Gewinn.

Überschreiten Betriebsratsmitglieder hingegen ihren gesetzlichen Wirkungskreis, sind sie nicht in einer den normalen Arbeitnehmern vergleichbaren Lage. Die Betriebsräte sind dabei auch keinem unkalkulierbaren Risiko ausgesetzt, da sie bei

---

1282 BGH v. 25.10.2012 – III ZR 266/11, NZA 2012, 1382.
1283 Die dogmatische Diskussion zur Anwendbarkeit der § 177 BGB auf Betriebsratsmitglieder findet sich bereits bei *Kaskel*, NZfA 1924, 11 (23).
1284 MüKo-BGB/*Schubert*, § 179 Rn. 2.
1285 MüKo-BGB/*Wagner*, § 823 Rn. 128.

der Frage der Erforderlichkeit im Sinne des § 40 Abs. 1 BetrVG einen weiten Beurteilungsspielraum haben und die Haftung des Betriebsratsmitglieds überhaupt dann nur in Betracht kommt, wenn die Grenze der Erforderlichkeit überschritten wird.[1286] Auch der Schutzzweck des § 40 Abs. 1 BetrVG steht einer vollen Haftung des Betriebsratsmitglieds nicht entgegen, denn die Norm soll das Betriebsratsmitglied nur vor (finanziellen) Belastungen schützen, die durch erforderliche und damit rechtmäßige Betriebsratsarbeit entstanden sind.

Insgesamt sind die persönlichen Haftungsrisiken der Betriebsratsmitglieder sehr gering, so lange sie sich innerhalb der ihnen betriebsverfassungsrechtlich zugewiesenen Rolle bewegen. Sollten sie diese Grenze überschreiten, nehmen sie die dadurch ggf. ausgelösten Haftungsrisiken freiwillig in Kauf. Eine vertragliche Haftung, die über die arbeitsvertragliche Haftung hinausgeht, muss das Betriebsratsmitglied nicht befürchten. Es besteht kein vertragliches Haftungsrisiko für reine Amtspflichtverletzungen.

Die Übertragung des Grundsatzes der Beschränkung der Arbeitnehmerhaftung auf Betriebsratsmitglieder, die ihre Amtspflichten verletzen, ist somit abzulehnen, da die Lebenssachverhalte nicht vergleichbar sind.

V. Ergebnis

Eine Vereinbarung zwischen dem Arbeitgeber und einem Betriebsratsmitglied über Leistungen, die gegen das Begünstigungsverbot verstoßen, ist nach § 134 BGB nichtig. Der Arbeitgeber darf und muss entsprechende Leistungen für die Zukunft einstellen. In der Vergangenheit geleistete Zuwendungen kann er nach den Regeln der ungerechtfertigten Bereicherung zurückverlangen. § 817 Satz 2 BGB steht dem nicht entgegen. Obwohl der Arbeitgeber gleichfalls gegen ein gesetzliches Verbot verstoßen hat, muss § 817 Satz 2 BGB aus Wertungsgesichtspunkten teleologisch reduziert werden. Andernfalls könnte das Begünstigungsverbot seine Schutzwirkung nicht entfalten.

Daneben kommt eine persönliche Direkthaftung der Organmitglieder als mittelbare Folge des Verstoßes gegen § 78 Satz 2 BetrVG in Betracht. Vorstände einer Aktiengesellschaft haften nach § 92 Abs. 2 AktG, Geschäftsführer einer GmbH

1286 *Müller/Jahner*, BB 2013, 440 (443).

haften entsprechend § 43 Abs. 2 GmbHG. Geschäftsführende Gesellschafter einer OHG und KG haften in gleicher Weise.

Handelt auf Arbeitgeberseite kein Organmitglied, sondern ein Arbeitnehmer, verletzt er seine arbeitsvertraglichen Rücksichtnahmepflichten auf die Vermögensinteressen des Arbeitgebers. Dadurch sieht er sich bei einem Verschulden mit Schadensersatzansprüchen des Arbeitgebers konfrontiert.

Deliktische Ansprüche kommen hingegen nicht in Betracht, da nur das Benachteiligungsverbot Schutzgesetzcharakter hat.

Der Betriebsrat als Gremium ist teilrechtsfähig und kann nur insoweit Inhaber von vermögensrechtlichen Positionen sein, als das BetrVG ihm eigene vermögensrechtliche Ansprüche zugesteht. Mitglieder des Betriebsrats haften gegenüber Dritten analog § 179 Abs. 1 BGB, wenn sie sich außerhalb ihres betriebsverfassungsrechtlichen Aufgabenkreises bewegen. Die Grundsätze der Beschränkung der Arbeitnehmerhaftung sind hier nicht übertragbar.

B. Rechtsfolgen nach § 23 BetrVG

Leistungen unter Verstoß gegen das Begünstigungsverbot an Mitglieder des Betriebsrats ziehen nicht nur zivilrechtliche, sondern auch betriebsverfassungsrechtliche Folgen nach sich. Die gesetzmäßige Durchführung der Betriebsverfassung sichert insbesondere § 23 BetrVG. Die Vorschrift sieht den Ausschluss eines Betriebsratsmitglieds aus dem Gremium und sogar die Auflösung des Betriebsrats nach § 23 Abs. 1 BetrVG vor. Dem Arbeitgeber droht bei einem groben Verstoß gegen gesetzliche Pflichten nach § 23 Abs. 3 BetrVG ein Unterlassungsanspruch und ggf. die Verurteilung zu einer Geldleistung, um ihn dadurch für die Zukunft zu gesetzeskonformem Verhalten anzuhalten. Fraglich ist, ob ein Verstoß gegen das Begünstigungsverbot eine grobe Pflichtverletzung i.S.d. § 23 Abs. 1, Abs. 3 BetrVG darstellt.

I. Amtsenthebung eines Betriebsratsmitglieds oder Auflösung des Gremiums nach § 23 Abs. 1 BetrVG

1. Voraussetzungen für den Ausschluss eines Betriebsratsmitglieds aus dem Betriebsrat

Sowohl der Ausschluss aus dem Betriebsrat als auch die Auflösung des Gremiums können nur wegen einer groben Verletzung der gesetzlichen Pflichten erfolgen. § 78 Satz 2 BetrVG untersagt die bloße Entgegennahme unzulässiger Leistungen durch das Betriebsratsmitglied nicht. Eine Pflicht des Betriebsratsmitglieds, die unzulässige Begünstigung abzulehnen, ist nicht mehr vom Wortlaut der Norm gedeckt.[1287] In der Annahme einer unzulässigen Begünstigung kann dennoch eine grobe Pflichtverletzung im Sinne des § 23 Abs. 1 BetrVG stecken, da das Betriebsratsmitglied hierdurch gegen das Ehrenamtsprinzip und somit seine grundlegenden Pflichten aus § 37 Abs. 1 BetrVG verstößt.

a. Grobe Verletzung der gesetzlichen Pflichten durch Annahme einer Begünstigung

Bei der Pflichtverletzung im Sinne des § 23 Abs. 1 BetrVG muss es sich um die Verletzung einer gesetzlichen Pflicht handeln, die im Zusammenhang mit seiner Funktion als Betriebsratsmitglied steht.[1288] Gesetzliche Pflichten im Sinne des § 23 Abs. 1 BetrVG meinen Amtspflichten des Betriebsratsmitglieds, also all diejenigen Pflichten, die sich aus dem Betriebsverfassungsrecht ergeben, wenn sie zugleich den Pflichtenkreis des einzelnen Amtsträgers mitbestimmen.[1289] Keine Verletzung einer gesetzlichen Pflicht im Sinne des § 23 Abs. 1 BetrVG besteht hingegen bei einer Pflicht, die sich aus dem Arbeitsverhältnis ergibt.[1290] Nimmt

---

1287 Siehe oben unter „Der Begünstigte als Adressat des Begünstigungsverbots", S. 15; a.A. wohl *Purschwitz*, S. 98 f., die in der Annahme einer Begünstigung einen Verstoß gegen § 78 BetrVG sieht.
1288 BAG v. 05.09.1967 – 1 ABR 1/67, AP Nr. 8 zu § 23 BetrVG; LAG Düsseldorf v. 09.01.2013 – 12 TaBV 93/12, juris; LAG München v. 05.02.2009 – 3 TaBV 107/08, juris, Rn. 41; LAG München v. 15.11.1977 – 5 TaBV 34/77, DB 1978, 894 (895); GK-BetrVG/*Oetker*, § 23 Rn. 19; DKKW/*Trittin*, § 23 Rn. 10; HWGNRH/*Schlochauer*, § 23 Rn. 15; WPK/*Kreft*, § 23 Rn. 10; Löwisch/*Kaiser*, § 23 Rn. 6; ErfK/*Koch*, § 23 BetrVG, Rn. 3; Münch/ArbR/*Joost*, § 221 Rn. 3; Richardi/*Thüsing*, § 23 Rn. 12 f.
1289 BAG v. 05.09.1967 – 1 ABR 1/67, AP Nr. 8 zu § 23 BetrVG Rn. 33; LAG Düsseldorf v. 09.01.2013 – 12 TaBV 93/12, juris; Richardi/*Thüsing*, § 23 Rn. 12a.
1290 LAG Düsseldorf v. 26.06.2014 – 5 TaBV 35/14, juris; Richardi/*Thüsing*, § 23 Rn. 21.

das Betriebsratsmitglied eine gegen das Begünstigungsverbot verstoßende Zuwendung an, verstößt es gegen seine betriebsverfassungsrechtliche Pflicht aus § 37 Abs. 1 BetrVG. Damit verstößt es gegen seine gesetzlichen betriebsverfassungsrechtlichen Pflichten i.S.d. § 23 Abs. 1 BetrVG. Arbeitsvertragliche Pflichten sind hingegen nicht betroffen.

§ 23 Abs. 1 BetrVG sieht den Ausschluss eines Betriebsratsmitglieds aus dem Betriebsrat nur dann vor, wenn es sich um eine *grobe* Pflichtverletzung handelt. Eine solche liegt vor, wenn der Verstoß objektiv erheblich und offensichtlich schwerwiegend ist[1291], so dass die weitere Amtsausübung untragbar erscheint[1292] und der Betriebsfrieden durch das Betriebsratsmitglied nachhaltig gestört oder ernstlich gefährdet zu sein droht.[1293] Hier stellt sich die Frage, ob bereits in der bloßen Annahme einer unzulässigen Begünstigung eine grobe Pflichtverletzung i.S.d. § 23 Abs. 1 BetrVG liegt. Diese Frage wird uneinheitlich beantwortet. Eine in der Literatur vertretene Ansicht[1294] spricht sich dagegen aus, denn Adressat des Begünstigungsverbots sei gerade nicht das Betriebsratsmitglied, das die begünstigende Leistung annehme. Daher sei die Behauptung, das Betriebsratsmitglied begehe mit der Annahme einer begünstigenden Leistung eine grobe Pflichtverletzung im Sinne von § 23 Abs. 1 BetrVG zumindest begründungsbedürftig, denn eine Pflicht, keine Sondervergütungen entgegenzunehmen, sei im Gesetz nicht enthalten.[1295]

Die herrschende Meinung im rechtswissenschaftlichen Schrifttum und in der Rechtsprechung nimmt jedoch an, dass auch die bloße Annahme von begünstigenden Leistungen eine grobe Verletzung der gesetzlichen Pflichten im Sinne des § 23 Abs. 1 BetrVG darstelle.[1296] So liegt nach Auffassung des LAG München

---

1291 BAG v. 02.11.1995 – 1 ABR 30/54, AP Nr. 1 zu § 23 BetrVG; BAG v. 21.02.1978 – 1 ABR 54/76, AP Nr. 1 zu § 74 BetrVG 1972; BAG v. 22.06.1993 – 1 ABR 62/92, NZA 1994, 184 (186); *Fitting*, § 23 Rn. 15; GK-BetrVG/*Oetker*, § 23 Rn. 42; Richardi/*Thüsing*, § 23 Rn. 29; DKKW/*Trittin*, § 23 Rn. 15; HWGNRH/*Schlochauer*, § 23 Rn. 16; WPK/*Kreft*, § 23 Rn. 12.
1292 BAG v. 22.06.1993 – 1 ABR 62/92, NZA 1994, 184 (186).
1293 BAG v. 05.09.1967 – 1 ABR 1/67, AP Nr. 8 zu § 23 BetrVG; LAG Düsseldorf v. 09.01.2013 – 12 TaBV 93/12, juris.
1294 *Rieble*, NZA 2008, 276 (278).
1295 *Rieble*, NZA 2008, 276 (278).
1296 LAG München v. 05.02.2009 – 3 TaBV 107/08, juris, Rn. 37; LAG München v. 15.11.1977 – 5 TaBV 34/77, DB 1978, 894 (895); *Byers*, NZA 2014, 65 (67); *Fischer*, BB 2007, 997 (997); *Moll/Roebers*, NZA 2012, 57 (61); *Rieble/Klebeck*, NZA 2006, 758 (763); *Schweibert/Buse*, NZA 2007, 1080 (1084).

eine grobe Pflichtverletzung im Sinne des § 23 Abs. 1 BetrVG „ohne Weiteres" vor, wenn ein Betriebsratsmitglied mit Rücksicht auf seine betriebsverfassungsrechtliche Funktion eine unzulässige Begünstigung annimmt.[1297] Dieser Auffassung hat sich die herrschende Meinung in der Literatur angeschlossen.[1298] Das Gebot des Ehrenamtsprinzips sei konstitutives Merkmal jeder betriebsverfassungsrechtlichen Tätigkeit. Verstoße ein Betriebsratsmitglied hiergegen und nehme es begünstigende Leistungen an, so verletze es diese elementare Grundpflicht, die jedes Betriebsratsmitglied kennen müsse. Auch die bloße Annahme begünstigender Leistungen sei dazu geeignet, in besonders schwerem Maße das Vertrauen der Belegschaft in die Integrität der Amtsführung des Betriebsrats und seiner Mitglieder zu verletzen.

Für das Vorliegen einer groben Pflichtverletzung im Sinne des § 23 Abs. 1 BetrVG auch bei der bloßen Annahme einer unzulässigen Begünstigung spricht, dass die Beachtung des Ehrenamtsprinzips elementare Grundpflicht jeder betriebsverfassungsrechtlichen Tätigkeit ist. Durch die bloße Annahme begünstigender Leistungen verstößt ein Betriebsratsmitglied zwar nicht gegen das betriebsverfassungsrechtliche Begünstigungsverbot, da Adressat des § 78 Satz 2 BetrVG primär der Arbeitgeber als Begünstigender und nicht das Betriebsratsmitglied als Begünstigter ist. Dennoch übersieht die Gegenansicht[1299], dass eine Amtsführung unzulässig ist, die gegen das Unentgeltlichkeitsverbot des § 37 Abs. 1 BetrVG verstößt. Einen solchen Verstoß zu vermeiden, obliegt jedem Betriebsratsmitglied. Die Unentgeltlichkeitsverpflichtung missachtet das Betriebsratsmitglied nicht nur dann grob, wenn es vom Arbeitgeber die Gewähr unzulässiger Leistungen vereinbart oder diese gar einfordert, sondern bereits dann, wenn es diese Vorteile lediglich annimmt. Schon durch die bewusste Annahme einer unzulässigen Begünstigung erweckt es den Anschein der Käuflichkeit. Dieses Verhalten ist

---

1297 LAG München v. 05.02.2009 – 3 TaBV 107/08, juris, Rn. 37; LAG München v. 15.11.1977 – 5 TaBV 34/77, DB 1978, 894 (895).
1298 *Byers*, NZA 2014, 65 (67); DKKW/*Trittin*, § 23 Rn. 53; *Fischer*, BB 2007, 997 (997); *Fitting*, § 23 Rn. 19; GK-BetrVG/*Weber*, § 37 Rn. 20; HWGNRH/*Schlochauer*, § 23 Rn. 29; *Moll/Roebers*, NZA 2012, 57 (61); *Rieble/Klebeck*, NZA 2006, 758 (763); *Schweibert/Buse*, NZA 2007, 1080 (1084); im Ergebnis ebenso: *Purschwitz*, S. 98 f., die die grobe Pflichtverletzung jedoch in einem Verstoß gegen § 78 Satz 2 BetrVG sieht.
1299 *Rieble*, NZA 2008, 276 (278).

dazu geeignet, das Vertrauen der Arbeitnehmer in das von ihnen gewählte Betriebsratsmitglied zu erschüttern. Der Verstoß gegen § 23 Abs. 1 BetrVG ist damit objektiv erheblich und so schwerwiegend, dass das Vertrauen in eine künftig ordnungsgemäße Amtsführung zumindest schwerwiegend beschädigt wird.[1300] Jedes Betriebsratsmitglied muss wissen, dass es sich nicht eigenmächtig über das Gebot des § 37 Abs. 1 BetrVG hinwegsetzen kann. Tut es dies dennoch, so verletzt es seine Amtspflichten in grober Weise.

Dies gilt nur dann nicht, wenn die Rechtslage unklar ist. Besteht selbst in Rechtsprechung und Literatur keine Einigkeit darüber, ob ein bestimmtes Verhalten gegen das Begünstigungsverbot verstößt oder nicht, so kann es dem Betriebsratsmitglied nicht zugemutet werden, verlässlich zu beurteilen, ob es sich über das Gebot des § 37 Abs. 1 BetrVG hinwegsetzt oder nicht. Dann scheidet eine grobe Pflichtverletzung im Sinne des § 23 Abs. 1 BetrVG aus. Im Übrigen ist der herrschenden Meinung zuzustimmen.

b. Erforderlichkeit des Verschuldens des Betriebsratsmitglieds

Weiter besteht Streit über die Frage, ob es im Rahmen des § 23 Abs. 1 BetrVG auf ein Verschulden des Betriebsratsmitglieds ankommt. Ein Teil des rechtswissenschaftlichen Schrifttums bejaht dies.[1301] Denn aus dem Wortlaut, nach dem es sich bei der Pflichtverletzung um eine „grobe" handeln müsse, folge, dass sie objektiv schwerwiegend sein müsse und subjektiv Pflichtvergessenheit voraussetze. Nach Auffassung des BAG, der sich ein Teil der Literatur angeschlossen hat, kommt es auf ein Verschulden hingegen nicht an.[1302] Eine nähere Begründung liefert das BAG jedoch nicht. Dennoch ist der letztgenannten Auffassung zuzustimmen und ein Verschulden des Betriebsratsmitglieds im Rahmen des § 23 Abs. 1 BetrVG nicht erforderlich. Entgegen der Auffassung der Gegenansicht lässt sich allein aus dem Wort „grob" kein Verschuldenserfordernis ableiten. Die Bedeutung des Wortes in diesem Zusammenhang ist gleichzustellen mit dem Wort „schwerwiegend", das ein Verschulden ebenfalls nicht erfordert.

1300 Vgl. BAG v. 22.06.1993 – 1 ABR 62/92, AP Nr. 22 zu § 23 BetrVG 1972.
1301 DKKW/*Trittin*, § 23 Rn. 24; ErfK/*Koch*, § 23 BetrVG Rn. 4; *Fitting*, § 23 Rn. 16; HWGNRH/*Schlochauer*, § 23 Rn. 17; *Löwisch/Kaiser*, § 23 Rn. 4; *Purschwitz*, S. 98 f.; Richardi/*Thüsing*, § 23 Rn. 30.
1302 BAG v. 22.06.1993 – 1 ABR 62/92, NZA 1994, 184 (186); *Esser*, S. 157; GK-BetrVG/*Oetker*, § 23 Rn. 43; MünchArbR/*Joost*, § 221, Rn. 12; WPK/*Kreft*, § 23 Rn. 13.

Auch der Normzweck des § 23 Abs. 1 BetrVG spricht gegen die Annahme, dass ein Verschulden des Betriebsratsmitglieds erforderlich ist. Die Norm dient in erster Linie nicht als Sanktion für persönliches Fehlverhalten des Betriebsratsmitglieds, sondern soll vorrangig die Funktionsfähigkeit der betrieblichen Mitbestimmung sichern. Durch den Ausschluss eines „korrupten" Betriebsratsmitglieds aus dem Gremium wird das Vertrauen der Belegschaft in die betriebliche Interessenvertretung wiederhergestellt. Der Ausschluss bringt jedoch keine arbeitsvertraglichen Nachteile mit sich, da dem Betriebsratsmitglied zwar der Amtsauftrag entzogen wird, sich an seiner Stellung als Arbeitnehmer hierdurch jedoch nichts ändert. Um diesen Normzweck zu wahren, kann es gleichwohl auf ein persönliches Verschulden des Betriebsratsmitglieds nicht ankommen. Die Funktionsfähigkeit der betrieblichen Interessenvertretung ist auch bei einer rein objektiven groben Pflichtverletzung gefährdet – unabhängig von einem möglichen Verschulden des Betriebsratsmitglieds. Auf ein Verschulden des Betriebsratsmitglieds kommt es daher im Rahmen des § 23 Abs. 1 BetrVG nicht an.

2. Antragsbefugnis

a. Antragsbefugnis des Arbeitgebers

Das Amtsenthebungs- bzw. Auflösungsverfahren nach § 23 Abs. 1 BetrVG kann nur durch einen entsprechenden Antrag auf Ausschluss eines Betriebsratsmitglieds oder die Auflösung des gesamten Betriebsrats beim Arbeitsgericht beantragt werden. Antragsberechtigt sind ein Viertel der wahlberechtigten Arbeitnehmer des Betriebs, § 23 Abs. 1 Satz 1 BetrVG, jede im Betrieb vertretene Gewerkschaft, § 23 Abs. 1 Satz 1 BetrVG, der Arbeitgeber, § 23 Abs. 1 Satz 1 BetrVG, sowie der Betriebsrat als Gremium, § 23 Abs. 1 Satz 2 BetrVG, hinsichtlich des Ausschlusses einzelner Betriebsratsmitglieder. Dieser eingeschränkte Kreis von Antragsberechtigten bringt einige praktische Probleme mit sich. So dürfte ein Ausschlussverfahren nach § 23 Abs. 1 BetrVG regelmäßig ausscheiden, da weder der Arbeitgeber noch der Betriebsrat oder seine Mitglieder ein Interesse daran haben dürften, vereinbarte oder bereits gewährte unzulässige Begünstigungen auf diese Weise öffentlich zu machen und den Verstoß zu ahnden.[1303]

1303 *Byers*, NZA 2014, 65 (67); *Esser*, S. 158 f.; *Fischer*, BB 2007, 997 (998); *Schweibert/Buse*, NZA 2007, 1080 (1084).

Die Antragsbefugnis des Arbeitgebers in Fällen unzulässiger Betriebsratsbegünstigung erscheint zudem zweifelhaft. Sofern der Arbeitgeber durch die Gewährung einer unzulässigen Begünstigung an der Pflichtverletzung des Betriebsratsmitglieds mitgewirkt hat, wäre sein Antrag auf Amtsenthebung nach § 23 Abs. 1 BetrVG rechtsmissbräuchlich und ist daher unzulässig.[1304] Zudem dürfte ein Arbeitgeber in aller Regel ein erhebliches Interesse an der Nichtahndung der von ihm gewährten Begünstigungen haben. In der Praxis ist eine Antragsstellung durch den Arbeitgeber wohl nur dann denkbar, wenn die Begünstigung öffentlich geworden ist oder eine entsprechende Begünstigung von außenstehenden Dritten gewährt wurde. In letzterem Fall stellt sich dann die Folgefrage, ob der Arbeitgeber auch dann antragsberechtigt ist, wenn die Begünstigung durch einen Dritten erfolgt und die Pflichtverletzung somit nicht das Verhältnis zwischen dem Arbeitgeber und dem Betriebsratsmitglied betrifft. Die herrschende Meinung in der Literatur lehnt ein Antragsrecht des Arbeitgebers in diesen Fällen ab, da das Betriebsratsmitglied zwar seine betriebsverfassungsrechtlichen Pflichten gegenüber den übrigen Arbeitnehmern verletze, der Arbeitgeber im Rahmen des § 23 Abs. 1 BetrVG jedoch nicht „Anwalt der Belegschaft" sei.[1305] Andere befürworten dennoch ein Antragsrecht des Arbeitgebers, auch wenn die Pflichtverletzung zwar nicht sein eigenes Verhältnis zum Betriebsrat betreffe, aber dennoch die Interessen des Arbeitgebers berührt seien.[1306] Eine weitere Ansicht in der Literatur will das Antragsrecht des Arbeitgebers nicht nach dem Bezugspunkt der Pflichtverletzung, sondern nach dessen Beteiligung beurteilen.[1307]

Im Fall unzulässiger Begünstigungen kommen alle Ansichten zum selben Ergebnis: Wirkt der Arbeitgeber selbst an einer groben Amtspflichtverletzung im Sinne des § 23 Abs. 1 BetrVG mit, kann er keinen Antrag auf Amtsenthebung nach § 23 Abs. 1 BetrVG stellen, da zum einen seine Interessen nicht schutzwürdig sind und ein solcher Antrag überdies rechtsmissbräuchlich wäre.[1308] Der herrschenden Auffassung ist zwar dahingehend zuzustimmen, dass der Arbeitgeber

---

1304 *Byers*, NZA 2014, 65 (68); *Esser*, S. 159; *Fischer*, BB 2007, 997 (998); *Schweibert/Buse*, NZA 2007, 1080 (1084 f.).
1305 *Fischer*, BB 2007, 997 (998); offen: *Schweibert/Buse*, NZA 2007, 1080 (1084 f.).
1306 Düwell/*Düwell*, § 23 Rn. 20; WPK/*Kreft*, § 23 Rn. 7.
1307 *Esser*, S. 159.
1308 *Byers*, NZA 2014, 65 (68); *Esser*, S. 159; *Fitting*, § 23 Rn. 10; *Fischer*, BB 2007, 997 (998); *Schweibert/Buse*, NZA 2007, 1080 (1084 f.).

weder Anwalt der Belegschaft noch Wahrer der Interessen des Betriebsrats ist, da das Antragsrecht andernfalls zu weit wäre. Dennoch ist ein Antragsrecht immer dann gegeben, wenn auch die Interessen des Arbeitgebers betroffen sind. Dies ist eben auch dann der Fall, wenn das Betriebsratsmitglied Begünstigungen von außenstehenden Dritten annimmt. Der Arbeitnehmer hat ein erhebliches eigenes Interesse daran, derartige „Bestechungsversuche" von außen zu unterbinden, durch die das Verhalten der Betriebsratsmitglieder in eine bestimmte Richtung gelenkt werden soll. Die Pflichtverletzung betrifft folglich nicht nur die Interessen des Arbeitgebers, sondern ebenfalls das Verhältnis zwischen Arbeitgeber und Betriebsratsmitglied. In jedem Fall dürfte die Annahme solcher unzulässigen Drittzuwendungen gegen den Grundsatz der vertrauensvollen Zusammenarbeit, § 2 Abs. 1 BetrVG, verstoßen.

Festzuhalten ist daher, dass ein Antragsrecht des Arbeitgebers nach § 23 Abs. 1 BetrVG ausscheidet, sofern er selbst an der Begünstigung des Betriebsratsmitglieds beteiligt war. Erfolgte die Begünstigung hingegen durch einen außenstehenden Dritten, ist er antragsbefugt.

b. Antragsbefugnis der Gewerkschaft, der Arbeitnehmer und des Betriebsrats

Jeder im Betrieb vertretenen Gewerkschaft steht ebenfalls ein Antragsrecht nach § 23 Abs. 1 BetrVG zu. Dennoch führt auch dies nur ausnahmsweise zu einer Amtsenthebung eines Betriebsratsmitglieds, da insbesondere in Großbetrieben eine enge personelle Verflechtung zwischen Gewerkschaft und Betriebsrat besteht.[1309] Da regelmäßig zahlreiche Mitglieder des Betriebsrats zugleich Gewerkschaftsmitglieder sind, hat die Gewerkschaft allenfalls ein sehr geringes Interesse daran, durch Einleitung eines Amtsenthebungsverfahrens nach § 23 Abs. 1 BetrVG ihre eigenen Mitglieder aus dem Betriebsrat zu entfernen. Dies wurde zuletzt in einer jüngeren Entscheidung des Arbeitsgerichts Bielefeld[1310] deutlich, als die IG Metall einem Gewerkschaftsmitglied und zugleich Betriebsratsvorsitzen-

---

1309 *Byers*, NZA 2014, 65 (68); *Rieble*, NZA 2008, 276 (278).
1310 ArbG Bielefeld v. 11.05.2011 – 3 Ca 2633/10, BeckRS 2011, 73560.

den Rechtsschutz für seine Klage auf (unzulässige) Erhöhung der Betriebsratsvergütung gewährte, anstatt einen Antrag auf Amtsenthebung nach § 23 Abs. 1 BetrVG zu stellen.

Der Antrag auf Amtsenthebung oder Auflösung des Betriebsrats kann – zumindest theoretisch – auch von den wahlberechtigten Arbeitnehmern des Betriebs gestellt werden. Für die Wirksamkeit des Antrags ist jedoch nach § 23 Abs. 1 BetrVG ein Quorum eines Viertels aller im Betrieb beschäftigten Arbeitnehmer erforderlich. Dies stellt eine erhebliche praktische Hürde dar, die insbesondere in Großbetrieben faktisch kaum zu überwinden ist.[1311] Ein arbeitnehmerseitiger Antrag nach § 23 Abs. 1 BetrVG wird regelmäßig an der – nicht vom Betriebsrat unterstützten – mangelnden Organisation, die zur Erreichung des hohen Quorums erforderlich wäre, scheitern.

Ebenfalls antragsbefugt ist der Betriebsrat als Gremium für die Amtsenthebung einzelner Betriebsratsmitglieder, § 23 Abs. 1 Satz 2 BetrVG. Einzelne Betriebsratsmitglieder sind hingegen nicht antragsbefugt.

II. Rechtsfolgen für den Begünstigenden, § 23 Abs. 3 BetrVG

§ 23 Abs. 3 BetrVG enthält eine Sonderregelung für Fälle grober Verstöße des Arbeitgebers gegen seine betriebsverfassungsrechtlichen Pflichten. Die Norm dient wie § 23 Abs. 1 BetrVG ebenfalls dem Schutz der betriebsverfassungsrechtlichen Ordnung.[1312] § 23 Abs. 3 BetrVG gibt daher dem Betriebsrat und jeder im Betrieb vertretenen Gewerkschaft einen materiell-rechtlichen Anspruch gegen den Arbeitgeber, künftig die unzulässige Handlung zu unterlassen. Bei Zuwiderhandlung droht die Verhängung eines Ordnungsgeldes, § 23 Abs. 3 Satz 2 BetrVG.

1311 *Byers*, NZA 2014, 65 (68); *Esser*, S. 159; *Fischer*, BB 2007, 997 (998); *Schweibert/Buse*, NZA 2007, 1080 (1084 f.).
1312 Siehe oben unter „Voraussetzungen für den Ausschluss eines Betriebsratsmitglieds aus dem Betriebsrat", S. 384; Richardi/*Thüsing*, § 23 Rn. 77.

Die Gewährung unerlaubter Begünstigungen i.S.d. § 78 Satz 2 BetrVG an ein Betriebsratsmitglied erfüllt den Tatbestand der groben Verletzung seiner betriebsverfassungsrechtlichen Pflichten.[1313] Allerdings ist die praktische Sanktionswirkung des § 23 Abs. 3 BetrVG begrenzt. Zum einen handelt es sich um einen Präventivanspruch, der lediglich künftige Pflichtverletzungen sanktioniert, nicht jedoch vergangenes rechtswidriges Verhalten.[1314] Zum anderen ist auch für den Anspruch aus § 23 Abs. 3 BetrVG ein Antrag erforderlich. Antragsbefugt sind jedoch nicht die Arbeitnehmer selbst oder einzelne Betriebsratsmitglieder, sondern lediglich das Betriebsratsgremium oder eine im Betrieb vertretene Gewerkschaft, die die Interessen der Gewerkschaft im Rahmen der gesetzlichen Prozessstandschaft wahrnehmen.[1315] Gerade für die Fälle der unzulässigen Begünstigung seitens des Arbeitgebers dürfte eine Antragsstellung durch den Betriebsrat jedoch unwahrscheinlich sein.

III. Ergebnis

Bei der Verletzung betriebsverfassungsrechtlicher Pflichten greift die zentrale Sanktionsvorschrift des § 23 Abs. 1 BetrVG. Danach kann ein Amtsenthebungsverfahren gegen ein einzelnes Betriebsratsmitglied oder sogar die Auflösung des gesamten Gremiums in die Wege geleitet werden. Nimmt das Betriebsratsmitglied eine unzulässige Begünstigung an, so liegt zwar nicht in dem Verstoß gegen § 78 Satz 2 Alt. 2 BetrVG, aber in dem Verstoß gegen § 37 Abs. 1 BetrVG eine grobe Pflichtverletzung i.S.d. § 23 BetrVG. Ein Verschulden des Betriebsratsmitglieds ist nicht erforderlich. Daneben kommt bei unzulässigen Begünstigungen der Unterlassungsanspruch des Betriebsrats nach § 23 Abs. 3 BetrVG in Betracht.

C. Strafbarkeit wegen unzulässiger Begünstigung

Dieser Abschnitt befasst sich mit den möglichen strafrechtlichen Folgen für die Arbeitgeber und die Mitglieder des Betriebsratsgremiums, denen sie wegen einer unzulässigen Betriebsratsbegünstigung ausgesetzt sind. Das Betriebsverfassungs-

---

1313 Im Einzelnen siehe oben unter „Grobe Verletzung der gesetzlichen Pflichten durch Annahme einer Begünstigung", S. 384.
1314 *Byers*, NZA 2014, 65 (68); *Schweibert/Buse*, NZA 2007, 1080 (1084 f.).
1315 BAG v. 16. 11. 2004 – 1 ABR 53/03, NZA 2005, 416 (417); ErfK/*Koch*, § 23 BetrVG Rn. 20; *Fitting*, § 23 Rn. 69.

gesetz enthält im sechsten Teil mit § 119 BetrVG zum Schutz der Betriebsverfassung und ihrer Mitglieder eine spezielle betriebsverfassungsrechtliche Strafvorschrift. Daneben steht eine Strafbarkeit wegen Untreue nach § 266 StGB sowie wegen Steuerhinterziehung gemäß § 370 AO im Raum. In Bezug auf die Rechtswidrigkeit und die Schuld gibt es bei den hier in Frage stehenden Tatbeständen keine Sonderprobleme. Auf ihre Darstellung soll daher verzichtet werden.

I. Strafbarkeit nach § 119 Abs. 1 Nr. 3 BetrVG

Strafbar und mit Freiheitsstrafe von bis zu einem Jahr oder mit Geldstrafe bedroht nach § 119 Abs. 1 Nr. 3 BetrVG ist, wer *„ein Mitglied oder ein Ersatzmitglied des Betriebsrats, des Gesamtbetriebsrats, des Konzernbetriebsrats, [...] um ihrer Tätigkeit willen benachteiligt oder begünstigt."*

Unmittelbarer Anknüpfungspunkt der Regelung ist sowohl § 78 Satz 2 BetrVG wie auch das Ehrenamtsprinzip.[1316] § 119 Abs. 1 Nr. 3 BetrVG pönalisiert sowohl die Begünstigung als auch die Benachteiligung. Dass der Gesetzgeber beide Diskriminierungsvarianten unter Strafe gestellt hat, macht den hohen Wert deutlich, den er der ordnungsgemäßen Amtsführung der Organe der Betriebsverfassung einräumt. Ihr Unrechtsgehalt ist identisch. Im Rahmen der hier vorliegenden Arbeit soll ausschließlich die Begünstigungsvariante i.S.d. § 119 Abs. 1 Nr. 3 Var. 2 BetrVG untersucht werden.[1317]

1. Tatbestand

§ 119 Abs. 1 Nr. 3 BetrVG definiert den Begriff der Begünstigung als Tathandlung nicht. Mit § 257 StGB hat der Begriff der Begünstigung jedoch nichts zu tun. Ausgangspunkt muss hier der Begriff der Begünstigung i.S.d. § 78 Satz 2 BetrVG sein.[1318]

a. Geschütztes Rechtsgut der Norm

Die Rechtsprechung hat sich mit dieser Frage, welches Rechtsgut von § 119 Abs. 1 Nr. 3 BetrVG geschützt ist, bislang – soweit ersichtlich – nicht auseinandergesetzt. In der Literatur wird die Frage uneinheitlich beantwortet. Manche sehen als geschütztes Rechtsgut die Tätigkeit der in § 119 BetrVG aufgeführten

---

1316 GK-BetrVG/*Oetker*, § 119 Rn. 43; *Rieble*, BB 2009, 1612 (1612).
1317 Der Einfachheit halber im Folgenden: „§ 119 Abs. 1 Nr. 3 BetrVG".
1318 GK-BetrVG/Oetker, § 119 Rn. 47; Fitting, § 119 Rn. 9.

Organe und deren Mitglieder[1319], andere den Schutz der Wahl und der Funktionsfähigkeit der in § 119 BetrVG genannten Organe[1320]. Wieder andere sehen darin den Schutz eines „ureigenen Interesses an einer neutralen und unparteiischen Interessenvertretung"[1321]. Manche sehen die betriebliche Mitbestimmung als solche als Schutzgut des § 119 Abs. 1 Nr. 3 BetrVG an.[1322]

Da § 119 Abs. 1 Nr. 3 BetrVG einen Verstoß gegen §§ 37 Abs. 1, 78 Satz 2 BetrVG pönalisieren soll, muss sich das geschützte Rechtsgut mit dem Schutzzweck dieser Normen decken. §§ 37 Abs. 1, 78 Satz 2 BetrVG dienen dem Schutz der persönlichen Unabhängigkeit und Unparteilichkeit der betriebsverfassungsrechtlichen Funktionsträger und ihrer Amtsführung.[1323] Die Unabhängigkeit der Funktionsträger soll vor allem vor dem Hintergrund einer unbeeinflussbaren betrieblichen Mitbestimmung gewährt werden. Schutzgut des § 119 Abs. 1 Nr. 3 BetrVG ist somit die Institution der unbeeinflussbaren betrieblichen Mitbestimmung; nicht hingegen der Schutz der in § 119 Abs. 1 Nr. 3 BetrVG genannten Organe.

b. § 119 Abs. 1 Nr. 3 BetrVG als Tätigkeits- oder Erfolgsdelikt?

Ebenfalls ungeklärt ist bislang die Frage, ob es sich bei § 119 Abs. 1 Nr. 3 BetrVG um ein Tätigkeits- oder Erfolgsdelikt handelt.[1324] Ein Erfolgsdelikt liegt vor bei Tatbeständen, bei denen ein von der Tathandlung abtrennbarer Erfolg in der Außenwelt erforderlich ist.[1325] Unter einem Tätigkeitsdelikt erfüllt die Vornahme der Tathandlung bereits den Handlungsunwert und begründet damit die Strafbarkeit.[1326] Auf den Eintritt des Taterfolgs kommt es nicht an.

Die herrschende Meinung in der Literatur geht nach dem Wortlaut „begünstigt" davon aus, dass die Begünstigung eingetreten sein muss, um den Tatbestand des

---

1319 HWGNRH/*Hess*, § 119 Rn. 3; ErfK/*Kania*, § 119 Rn. 4; DKKW/*Trümner*, § 119 Rn. 17.
1320 Richardi/Annuß § 119 Rn. 24 f.; WPK/*Preis*, § 119 Rn. 2.
1321 Schweibert/Buse, NZA 2007, 1080 (1085).
1322 *Dannecker*, in: FS Gitter, 167 (169 f.).
1323 Näher dazu siehe unter „Zweck des § 78 Satz 2 BetrVG", S. 22 und unter „Zweck des Ehrenamtsprinzips, § 37 Abs. 1 BetrVG", S. 39.
1324 GK-BetrVG/*Oetker*, § 119 Rn. 47; *Fitting*, § 119 Rn. 9; WPK/*Preis*, § 119 Rn. 30; *Dannecker*, in: FS Gitter, 167 (183); *Esser*, S. 165 f.; *Pasewaldt*, ZIS 2007, 75 (79); *Schemmel/Slowinski*, BB 2009, 830 (831) nehmen ein Erfolgsdelikt an; a.A. DKKW/*Trümner*, § 119 Rn. 2;
1325 *Roxin*, StGB AT 1, § 10 Rn. 104.
1326 *Roxin*, StGB AT 1, § 10 Rn. 102 f.

§ 119 Abs. 1 Nr. 3 BetrVG zu verwirklichen.[1327] Folgt man dem, so handelt es sich bei der Norm um ein Erfolgsdelikt.

Der herrschenden Meinung ist der Literatur ist zuzustimmen. Ausweislich des Wortlauts handelt es sich jedoch nicht zwingend um ein Erfolgsdelikt. Der Wortlaut des § 119 Abs. 1 Nr. 3 BetrVG spricht davon, dass strafbar ist, wer *„ein Mitglied oder Ersatzmitglied [des Betriebsrats] [...] begünstigt"*. Aus dieser Formulierung lässt sich nicht ablesen, dass die Begünstigung auch beim Empfänger ankommen muss. Seinem Wortsinn nach bedeutet „begünstigen" jemanden positiv beeinflussen, bevorzugen oder (einen Täter) unterstützen.[1328] Dies spricht dafür, dass kein von der Tathandlung abtrennbarer Erfolg in der Außenwelt erforderlich ist. Nach dem Wortlaut könnte es sich auch um ein Tätigkeitsdelikt handeln.

Für das Vorliegen eines Erfolgsdelikts spricht jedoch die Systematik des § 119 Abs. 1 BetrVG. Geht man davon aus, dass es sich bei Nr. 3 um ein Erfolgsdelikt handelt, würde anders als bei § 78 Satz 2 BetrVG hier das bloße Versprechen einer Begünstigung nicht ausreichen. Vielmehr müsste dann zur Verwirklichung des Straftatbestandes des § 119 Abs. 1 Nr. 3 BetrVG die verbotene Begünstigung tatsächlich erfolgt sein. Dafür spricht ein Umkehrschluss aus § 119 Abs. 1 Nr. 1 BetrVG, der jeden, der die Wahl des Betriebsrats *„durch Gewähren oder Versprechen von Vorteilen beeinflusst"* mit Freiheitsstrafe bis zu einem Jahr oder Geldstrafe bestraft.[1329] Der Gesetzgeber hat das Versprechen von Vorteilen ausdrücklich in den Tatbestand des § 119 Abs. 1 Nr. 1 BetrVG anders als Nr. 3 mit einbezogen. Somit spricht die systematische Auslegung dafür, dass es sich bei § 119 Abs. 1 Nr. 3 BetrVG nicht um ein Tätigkeits-, sondern um ein Erfolgsdelikt handelt. Das Versprechen einer unzulässigen Begünstigung ist demnach zwar gemäß § 78 Satz 2 BetrVG unzulässig, jedoch nicht strafbar nach § 119 Abs. 1 Nr. 3 BetrVG.

1327 GK-BetrVG/*Oetker*, § 119 Rn. 47; *Fitting*, § 119 Rn. 9; WPK/*Preis*, § 119 Rn. 30; *Löwisch/Kaiser*, § 119 Rn. 38; *Dannecker*, in: FS Gitter, 167 (183); *Pasewaldt*, ZIS 2007, 75 (79); *Schemmel/Slowinski*, BB 2009, 830 (831).
1328 *Duden*, S. 495.
1329 GK-BetrVG/*Oetker*, § 119 Rn. 47; WPK/*Preis*, § 119 Rn. 30.

c. Reichweite des objektiven Tatbestandes

Über die Reichweite des objektiven Tatbestandes des § 119 Abs. 1 Nr. 3 BetrVG besteht Uneinigkeit. Teilweise wird die Auffassung vertreten, Reichweite und Tatbestand der Norm seien aufgrund des engen teleologischen und systematischen Zusammenhangs mit dem betriebsverfassungsrechtlichen Begünstigungsverbot nach § 78 Satz 2 BetrVG zu bestimmen.[1330] Nach dieser Auffassung erfüllt jeder, der vorsätzlich gegen das betriebsverfassungsrechtliche Begünstigungsverbot verstößt, zugleich den Straftatbestand des § 119 Abs. 1 Nr. 3 BetrVG. Andere sind der Auffassung, § 119 Abs. 1 Nr. 3 BetrVG sei tatbestandlich sogar weiter gefasst als § 78 Satz 2 BetrVG, da der Wortlaut des § 119 Abs. 1 Nr. 3 BetrVG – anders als der Wortlaut des Begünstigungsverbots – auch Ersatzmitglieder vom Tatbestand umfasst sieht, ohne nach amtierenden und nicht amtierenden Ersatzmitgliedern zu unterscheiden.[1331] Die Gegenansicht vertritt die Auffassung, der persönliche Anwendungsbereich beider Normen sei identisch. Sie begründet dies damit, dass § 119 Abs. 1 Nr. 3 BetrVG lediglich amtierende Ersatzmitglieder erfasse.[1332]

Diese Gegenansicht kann nicht überzeugen. Sie widerspricht zunächst dem Wortlaut der Norm. § 119 Abs. 1 Nr. 3 BetrVG unterscheidet nicht zwischen amtierenden und nicht amtierenden Ersatzmitgliedern. Überdies sind amtierende Ersatzmitglieder ab dem Zeitpunkt ihres Nachrückens Vollmitglieder des Betriebsrats.[1333] Der Gesetzgeber wollte vielmehr alle Ersatzmitglieder vom § 119 Abs. 1 Nr. 3 BetrVG erfasst wissen, zumal eine unzulässige Begünstigung auch bei nicht amtierenden Ersatzmitgliedern bereits vor ihrem Nachrücken in den Betriebsrat möglich ist.[1334] § 119 Abs. 1 Nr. 3 BetrVG orientiert sich inhaltlich an § 78 Satz 2 BetrVG[1335], so dass nicht nur der Begriff der Begünstigung entsprechend auszulegen ist, sondern auch der Adressatenkreis der beiden Nor-

---

1330 GK-BetrVG/*Oetker*, § 119 Rn. 47; WPK/*Preis*, § 119 Rn. 27.
1331 *Löwisch/Kaiser*, § 119 Rn. 36; *Dannecker*, in: FS Gitter, 167 (174).
1332 GK-BetrVG/*Oetker*, § 119 Rn. 47 f.
1333 WPK/*Preis*, § 119 Rn. 28; *Esser*, S. 165.
1334 Näher dazu oben unter „Zeitlicher Anwendungsbereich", S. 18.
1335 GK-BetrVG/*Oetker*, § 119 Rn. 47.

men übereinstimmt. Auch nicht amtierende Ersatzmitglieder sind vom Anwendungsbereich sowohl des § 78 Satz 2 BetrVG als auch von § 119 Abs. 1 Nr. 3 BetrVG erfasst.[1336]

Festzuhalten ist daher, dass von § 119 Abs. 1 Nr. 3 BetrVG alle Ersatzmitglieder – amtierende wie auch nicht amtierende – erfasst werden. Der objektive Tatbestand des § 119 Abs. 1 Nr. 3 BetrVG ist nicht weiter gefasst als der des § 78 Satz 2 BetrVG, da nach der hier vertretenen Ansicht sämtliche Ersatzmitglieder auch vom Begünstigungsverbot des §78 Satz 2 BetrVG erfasst werden. Wäre dem nicht so, hätte dies das paradoxe Ergebnis zur Folge, dass die unzulässige Begünstigung eines nicht amtierenden Ersatzmitglieds zwar nicht gegen § 78 Satz 2 BetrVG verstoßen würde, aber zugleich vom Straftatbestand des § 119 Abs. 1 Nr. 3 BetrVG erfasst wäre.

Der Tatbestand ist zu Recht weit gefasst. Jede Begünstigung eines betriebsverfassungsrechtlichen Amtsträgers kann eine Gefahr für die betriebliche Mitbestimmung darstellen. Daher kommt eine Eingrenzung des Tatbestandes nicht in Betracht.

d. Erforderlichkeit einer Unrechtsvereinbarung?

Vereinzelt wird angenommen, dass § 119 Abs. 1 Nr. 3 BetrVG ein Korrektiv in Form einer sog. *Unrechtsvereinbarung* wie bei § 299 StGB erfordere.[1337] Eine solche Einschränkung sei aus verfassungsmäßigen Gründen aufgrund der Weite und Unbestimmtheit ihres Wortlauts erforderlich.

Diese Ansicht überzeugt nicht. § 119 Abs. 1 Nr. 3 BetrVG ist nicht über das Korrektiv einer Unrechtsvereinbarung einzuschränken. Anders als beim strafrechtlichen Korruptionstatbestand des § 299 StGB pönalisiert § 119 Abs. 1 Nr. 3 BetrVG nur den Leistenden, nicht jedoch den Leistungsempfänger.[1338] Für die Verwirklichung des Unrechtsgehalts des § 119 Abs. 1 Nr. 3 BetrVG ist einzig die bloße Begünstigung der in der Norm genannten Funktionsträger um des Amtes willen notwendig; ein Zusammenhang zur Amtsführung des Betriebsrats dagegen

---

1336 Näher dazu oben unter „Zeitlicher Anwendungsbereich", S. 18.
1337 *Pasewaldt*, ZIS 2007, 75 (79).
1338 *Rieble*, CCZ 2008, 121 (125).

gerade nicht und somit auch keine Unrechtsvereinbarung.[1339] Die beiden Tatbestände sind dahingehend nicht vergleichbar. Einer Unrechtsvereinbarung als Verknüpfung zwischen der beiderseitigen Beteiligung von Leistendem und Empfänger wie bei § 299 StGB bedarf es daher im Rahmen des § 119 Abs. 1 Nr. 3 BetrVG nicht. Dies gilt umso mehr, als § 119 Abs. 1 Nr. 3 BetrVG die unbeeinflussbare betriebliche Mitbestimmung im Interesse der Arbeitnehmer schützt. Diese sollen nach dem Willen des Gesetzgebers vor jeder Art von Begünstigung geschützt werden, so dass ein Korrektiv nicht erforderlich ist.

e. **Mögliche Täterschaft im Rahmen des § 119 Abs. 1 Nr. 3 BetrVG**

aa. **§ 119 Abs. 1 Nr. 3 BetrVG – ein „Jedermannsdelikt"**

Täter des § 119 Abs. 1 Nr. 3 BetrVG ist, *„wer [...] begünstigt"*. Täter kann folglich jedermann, also jede natürliche und juristische Person, sein.[1340] Dies umfasst auch betriebsfremde Dritte.[1341] In der Praxis sind Täter des § 119 Abs. 1 Nr. 3 BetrVG in der Regel der Arbeitgeber oder dessen Organe bzw. Stellvertreter als Leistende.[1342] Der Begünstigende erfüllt den Straftatbestand des § 119 Abs. 1 Nr. 3 BetrVG dann, wenn er zumindest billigend in Kauf nimmt, dass die dem Betriebsratsmitglied gewährte Leistung sachlich nicht gerechtfertigt ist.[1343] Der Straftatbestand kann zudem auch durch Unterlassen verwirklicht werden, sofern eine Garantenstellung i.S.d. § 13 Abs. 1 StGB gegeben ist. Hier wäre beispielsweise der Fall denkbar, dass die Geschäfts- oder Unternehmensführung nachträglich von einer unzulässigen Begünstigung – wie der Auszahlung überhöhter Betriebsratsvergütungen – Kenntnis erlangt hat und dennoch nicht eingeschritten ist und derartige Leistungen unterbunden hat. Allerdings wird eine solche Garantenstellung unterhalb der Organebene grundsätzlich nicht vorliegen. Eine solche wäre nämlich nur dann gegeben, wenn dem Arbeitnehmer arbeitsvertraglich die Verantwortung dafür übertragen worden wäre, innerhalb seines Aufgabenbereichs Straftaten des Arbeitgebers zu verhindern. Eine solche Verantwortung liegt in aller Regel jedoch selbst beim Personalleiter nicht vor.[1344]

1339 *Esser*, S. 166 f.; *Rieble*, CCZ 2008, 121 (125); *Zwiehoff*, jurisPR-ArbR 2/2009, Anm. 6.
1340 *Fitting*, § 119 Rn. 1; GK-BetrVG/*Oetker*, § 119 Rn. 61.
1341 GK-BetrVG/*Oetker*, § 119 Rn. 61.
1342 *Byers*, NZA 2014, 65 (68); *Dzida/Mehrens*, NZA 2013, 753 (757).
1343 *Byers*, NZA 2014, 65 (68); *Frahm/Koch*, ArbR Aktuell 2010, 486 (470).
1344 *Byers*, NZA 2014, 65 (68); *Dzida/Mehrens*, NZA 2013, 753 (757).

bb. Das Betriebsratsmitglied als Täter des § 119 Abs. 1 Nr. 3 BetrVG?

Umstritten ist, ob auch einzelne Mitglieder des Betriebsrats Täter des § 119 Abs. 1 Nr. 3 BetrVG sein können. In diesem Zusammenhang sind drei Szenarien denkbar. Denkbar ist zunächst der Fall, dass das Betriebsratsmitglied selbst eine Begünstigung vornimmt. Im zweiten denkbaren Szenario ist die Frage nach einer täterschaftlichen Begehung zu stellen, wenn das Betriebsratsmitglied die Begünstigung annimmt. Zuletzt ist denkbar, dass das Betriebsratsmitglied den Arbeitgeber zu einer Begünstigung aktiv auffordert.

[1] Täterschaft bei Begünstigung durch das Betriebsratsmitglied

In diesem Szenario geht es um die – theoretisch denkbare – Begünstigung von Betriebsratsmitgliedern untereinander. In der Praxis werden Fällen, in denen ein Betriebsratsmitglied einem anderen eine unzulässige Begünstigung zukommen lässt, um es beispielsweise dazu zu bringen, im Rahmen einer Beschlussfassung in seinem Sinne abzustimmen, kaum vorkommen. Eine Ansicht geht davon aus, dass Mitglieder des Betriebsrats nicht vom Adressatenkreis des § 119 Abs. 1 Nr. 3 BetrVG erfasst sind, wenn sie Mitglieder ihres eigenen Organs begünstigen.[1345] Dies überzeugt nicht, da eine derartige Einschränkung sich im Gesetzeswortlaut nicht wiederfindet und auch der Schutzzweck der Norm dafür keine Stütze bietet.[1346] So verwendet § 119 Abs. 1 BetrVG offen das Wort „Wer" als Hinweis auf den tauglichen Täter. Die Norm enthält keinen Anhaltspunkt darauf, die Mitglieder der in § 119 Abs. 1 Nr. 3 BetrVG genannten Gremien hiervon auszunehmen. Zudem können auch einzelne Mitglieder das Schutzgut des § 119 Abs. 1 Nr. 3 BetrVG gefährden, indem sie andere Mitglieder des Gremiums begünstigen. Nach der hier vertretenen Ansicht können Betriebsratsmitglieder Täter des § 119 Abs. 1 Nr. 3 BetrVG sein, wenn sie selbst andere Funktionsträger begünstigen.

[2] Keine Täterschaft aufgrund der Annahme der Begünstigung

Anders zu bewerten ist die Situation, wenn das Betriebsratsmitglied eine Begünstigung annimmt. In diesem Fall sprechen die besseren Gründe dafür, dass er hierdurch nicht Täter des § 119 Abs. 1 Nr. 3 BetrVG sein kann.

1345 HWGNRH/*Hess*, § 119 Rn. 5; *Stege/Weinspach/Schiefer*, § 119 Rn. 2.
1346 Ebenso: *Dannecker*, in: FS Gitter, 167 (171); GK-BetrVG/*Oetker*, § 119 Rn. 64; *Pasewaldt*, ZIS 2007, 75 (79).

Nach § 25 StGB kann nur derjenige Täter sein, der sämtliche Merkmale eines Straftatbestandes in seiner Person verwirklicht.[1347] Nach dem Wortlaut des § 119 Abs. 1 Nr. 3 BetrVG kann das begünstigte Betriebsratsmitglied nicht Täter dieser Strafnorm sein.[1348] Eine Täterschaft des begünstigten Betriebsratsmitglieds wäre mit dem Wortlaut der Norm, der eindeutig festlegt, dass Täter nur sein kann, *„wer [...] begünstigt"*, nicht vereinbar. Beschränkt sich das Verhalten des begünstigten Betriebsratsmitglieds darauf, eine ihm angebotene Begünstigung anzunehmen, ist es straflos. Die bloße Entgegennahme einer Begünstigung verwirklicht den Straftatbestand des § 119 Abs. 1 Nr. 3 BetrVG nicht.[1349]

[3] Teilnahme wegen aktivem Einfordern der Begünstigung

Auch wenn das begünstigte Betriebsratsmitglied nicht als tauglicher Täter im Sinne des § 119 Abs. 1 Nr. 3 StGB in Betracht kommt, kann eine strafbare Anstiftung oder Beihilfe des Betriebsratsmitglieds nach §§ 26, 27 StGB in Betracht kommen.[1350] Das Betriebsratsmitglied kann sich wegen Anstiftung oder Beihilfe zur eigenen Betriebsratsbegünstigung nach § 119 Abs. 1 Nr. 3 BetrVG; §§ 26, 27 StGB mit Überschreiten der Grenze der notwendigen Teilnahmehandlung strafbar machen.[1351] Da der Tatbestand des § 119 Abs. 1 Nr. 3 BetrVG eine Mitwirkungshandlung des Betriebsratsmitglieds – nämlich zumindest die Annahme der Begünstigung – zwingend vorsieht, handelt es sich hierbei um einen Fall der sog. *notwendigen Teilnahme*. Eine solche liegt vor, wenn der Tatbestand einer Strafnorm nur durch die Beteiligung zweier oder mehrerer Personen erfüllt werden

---

1347 Vgl. MüKo-StGB/*Joecks*, § 25 Rn. 30.
1348 BGH v. 17.09.2009 – 5 StR 521/08, BGHSt 54, 148.
1349 Sächs. LAG v. 27.08.2008 – 2 Sa 752/07, juris, Rn. 72; LG Braunschweig v. 22.02.2008 – 6 KLs 20/07, juris, Rn. 358; GK-BetrVG/*Oetker*, § 119 Rn. 47; *Byers*, NZA 2014, 65 (68); DKKW/*Trümner*, § 119 Rn. 19; *Esser*, S. 170; *Fitting*, § 119 Rn. 9; *Fischer*, BB 2007, 997 (999); *Frahm/Koch*, ArbR Aktuell 2010, 468 (468); *Franzen*, ZAAR 2008, 48 (50); *Moll/Riebers*, NZA 2012, 57 (61); MüKo-StGB/*Joecks*, § 119 BetrVG Rn. 37; *Richardi/Annuß*, § 119 Rn. 27; *Rieble/Klebeck*, NZA 2006, 758 (767); *Schlösser*, NStZ 2007, 562 (564); *Schemmel/Slowinski*, BB 2009, 830 (830).
1350 *Byers*, NZA 2014, 65 (68); *Rieble*, NZA 2008, 276 (278).
1351 LG Braunschweig v. 22.02.2008 – 6 KLs 20/07, juris, Rn. 358; *Esser*, S. 172; GK-BetrVG/*Oetker*, § 119 Rn. 47; *Pasewaldt*, ZIS 75 (80); *Rieble*, NZA 2008, 276 (278); *Rieble/Klebeck*, NZA 2006, 758 (767); *Schemmel/Slowinski*, BB 2009, 830 (831); *Schlösser*, NStZ 2007, 562 (564); a.A. DKKW/*Trümner*, § 119 Rn. 2, der von einem reinen Tätigkeitsdelikt ausgeht, das bereits mit Ausführung der Begünstigungshandlung vollendet sei. Eine (notwendige) Teilnahme sei demnach nicht mehr möglich.

kann. Die reine Annahme der Begünstigung ist eine notwendige Teilnahmehandlung und als solche straflos.

Für den Fall der sog. notwendigen Teilnahme kommt eine Strafbarkeit jedoch dann in Betracht, wenn die Teilnahmehandlung über die notwendige Handlung – im Fall der Betriebsratsbegünstigung also über die reine Annahme – hinausgeht. So kommt bei einem Einwirken des Betriebsratsmitglieds auf den Arbeitgeber, ihm Begünstigungen zu gewähren (durch Warnungen vor Störungen der vertrauensvollen Zusammenarbeit[1352]), oder bei einem aktiven Einfordern von ungerechtfertigten Sondervorteilen[1353] eine Strafbarkeit des begünstigten Betriebsratsmitglieds als Anstifter (§ 26 StGB) oder Gehilfe (§ 27 StGB) in Betracht.

cc. Zwischenergebnis

Die bloße Annahme einer unzulässigen Begünstigung ist de lege lata nicht nach § 119 Abs. 1 Nr. 3 BetrVG strafbar. Sobald das Betriebsratsmitglied einen über die bloße Annahme der Begünstigung hinausgehenden Beitrag leistet, steht eine Strafbarkeit als Anstifter oder Gehilfe im Raum.

f. Subjektiver Tatbestand

Die Begünstigung muss vorsätzlich und gerade mit Rücksicht auf die Zugehörigkeit des Begünstigten zum Betriebsrat erfolgen.[1354] Eine darüberhinausgehende Begünstigungsabsicht ist hingegen nicht erforderlich.[1355] Weder der Wortlaut noch der Sinn und Zweck der Norm lassen auf das Erfordernis einer Begünstigungsabsicht schließen. § 119 Abs. 1 Nr. 3 BetrVG baut auf § 78 Satz 2 BetrVG auf. Das Vorsatzerfordernis des § 119 BetrVG unterscheidet die beiden Normen und begründet das strafbare Unrecht. Eine darüberhinausgehende Begünstigungsabsicht würde das strafbare Unrecht zwar vergrößern, es vermag jedoch nicht dieses zu begründen. Auch die Formulierung die Begünstigung müsse „um seiner Tätigkeit willen" erfolgen, ändert daran nichts. Dem Sinn des Wortes „begünsti-

---

[1352] *Rieble/Klebeck*, NZA 2006, 758 (768).
[1353] MüKo-StGB/*Joecks*, § 119 BetrVG Rn. 37; *Zimmermann*, ArbR Aktuell 2014, 278 (279).
[1354] GK-BetrVG/*Oetker*, § 119 Rn. 51 m.w.N.; Richardi/*Annuß*, § 119 Rn. 26.
[1355] OLG Düsseldorf v. 27.03.2008 – 2 Ss 110/07 – 88/07 III, wistra 2008, 356 (357); *Fitting*, § 119 Rn. 10; Richardi/*Annuß*, § 119 Rn. 26; WPK/Preis, § 119 Rn. 4; *Dannecker*, in: FS Gitter, 167 (183); *Pasewaldt*, ZIS 2007, 75 (80); a.A. GK-BetrVG/*Oetker*, § 119 Rn. 54.

gen" ist es bereits immanent, dass die Zuwendung das Betriebsratsmitglied gegenüber Dritten bevorzugt.[1356] Hat der Leistende den Willen zur Begünstigung, so hat er die Motivation, ihn Dritten gegenüber „um seiner Tätigkeit willen" zu bevorzugen. Eine zusätzliche Begünstigungsabsicht ist nicht mehr erforderlich. Fahrlässiges Handeln ist mangels ausdrücklicher Nennung im Tatbestand (vgl. § 15 StGB) nicht ausreichend. Erforderlich ist die billige Inkaufnahme des Begünstigenden, dass die Begünstigung aus sachlichen Gründen ungerechtfertigt ist.[1357] Ist dem Begünstigenden nicht bewusst, dass eine konkrete Leistung im Einzelfall eine unzulässige Begünstigung darstellt, da er etwa fälschlicherweise davon ausgeht, das Betriebsratsmitglied habe einen Anspruch auf die entsprechende Leistung, dürfte der Vorsatz entsprechend den allgemeinen strafrechtlichen Irrtumsregeln gemäß § 16 StGB (Tatbestandsirrtum) entfallen.

2. Kollegialentscheidungen

Die Entscheidung zur unzulässigen Begünstigung wird nicht zwingend von einer einzelnen Person getroffen, sondern ist oftmals das Resultat einer sog. *Kollegialentscheidung*, sei es im Vorstandsgremium einer Aktiengesellschaft oder im Betriebsratsgremium. Dies bringt einige strafrechtliche Probleme mit sich. Dem deutschen Strafrecht ist eine Strafbarkeit von juristischen Personen und Personenvereinigungen fremd. Es können nur natürliche Personen als Täter bestraft werden.[1358] Eine Strafbarkeit des Betriebsrats als Gremium scheidet demnach ebenso aus wie die des Vorstandsgremiums einer Aktiengesellschaft. Juristische Personen und Gremien sind keine tauglichen Strafrechtssubjekte. Lediglich das unmittelbar handelnde Betriebsratsmitglied bzw. das einzelne Vorstandsmitglied oder der einzelne Geschäftsführer einer GmbH kommen als tauglicher Täter in Betracht, sofern sie alle Merkmale eines Straftatbestandes in eigener Person verwirklichen. Zu untersuchen ist daher die Frage, ob und inwieweit eine strafrechtliche Verantwortlichkeit dieser Personen im Zusammenhang mit ihrem Abstimmungsverhalten im Gremium begründet werden kann. Dies ist eine Frage der Kausalität

---

1356 Vgl. *Duden*, S. 495.
1357 OLG Düsseldorf v. 27.03.2008 – 2 Ss 110/07 – 88/07 III, wistra 2008, 356 (357); MüKo-StGB/*Joecks*, § 119 BetrVG, Rn. 31.
1358 MüKo-StGB/*Joecks*, Vor § 25 Rn. 16; Sch/Sch-*Heine*, Vorbem. §§ 25 Rn. 119.

des jeweiligen Abstimmungsverhaltens im Gremium für den tatbestandlichen Erfolg.

Die Strafbarkeit des einzelnen Mitglieds eines Gremiums beurteilt sich grundsätzlich nach seinem Stimmverhalten bei der rechtswidrigen Beschlussfassung. Kam die Entscheidung des (Betriebsrats- oder Vorstands-)Gremiums mit nur einer Stimme Mehrheit zustande, lässt sich die Ursächlichkeit des Stimmverhaltens jedes Gremiumsmitglieds, das für die Entscheidung gestimmt hat, sowohl anhand der Conditio-sine-qua-non-Formel[1359] als auch anhand der Lehre von der gesetzmäßigen Bedingung[1360] begründen. Bei der Entscheidung mit der Mehrheit einer Stimme kann keine der Stimmen hinweggedacht werden, ohne dass zugleich die Mehrheit und damit der (rechtswidrige) Beschluss entfiele. Dies hat zur Folge, dass all diejenigen Gremiumsmitglieder, die für eine Gremiumsentscheidung gestimmt haben, bei deren Vollzug Strafgesetze verletzt werden, für diese Entscheidung strafrechtlich verantwortlich sind.

Wird die Gremiumsentscheidung mit solider Mehrheit, also mit mehr Stimmen getroffen, als für die Mehrheit erforderlich waren, lässt sich die Kausalität nicht ohne Weiteres über die oben genannten Theorien begründen. Würde man eine einzelne Stimme hinwegdenken, hätte dies auf die Mehrheitsentscheidung keinen Einfluss. In der Rechtsprechung und der Literatur hat sich zu der Frage, wie die Kausalität des Stimmverhaltens bei Entscheidungen mit solider Mehrheit zu beurteilen ist, ein bunter Strauß an Meinungen herausgebildet, die jedoch den Rahmen der hier vorliegenden (arbeitsrechtlichen) Arbeit sprengen würden. Überwiegend wird die strafrechtliche Verantwortlichkeit des einzelnen Gremiumsmitglieds über die Figur der Mittäterschaft nach § 25 Abs. 2 StGB gelöst.[1361] So stellte auch der Bundesgerichtshof in seiner insoweit grundlegenden „Lederspray-Entscheidung"[1362] fest, dass die Kausalität des Verhaltens jedes Gremiumsmitglieds bereits aus dem Grund gegeben sei, dass diese „insoweit Mittäter" seien.[1363]

1359 *Fischer*, StGB, Vor § 13 Rn. 21.
1360 *Roxin*, StGB AT 1, § 11, Rn. 15; Sch/Sch-*Lenckner/Eisele*, Vorbem. §§ 13 ff., Rn. 74 f.
1361 BGHSt 37, 106, 129.
1362 BGHSt 37, 106 ff.
1363 BGHSt 37, 106 (129).

Durch die Anwendung des § 25 Abs. 2 StGB auf Gremienentscheidungen mit solider Mehrheit werden die einzelnen Tatbeiträge den Gremiumsmitgliedern wechselseitig zugerechnet. Folglich wird sodann die Kausalität des Gesamtverhaltens für die weiteren Tatfolgen geprüft. Die Kausalität der einzelnen Tatbeiträge spielt im Rahmen der Mittäterschaft nach § 25 Abs. 2 StGB für den Taterfolg hingegen keine Rolle.[1364]

Voraussetzung für eine Zurechnung über § 25 Abs. 2 StGB sind der gemeinsame Tatentschluss und der gemeinsame Tatbeitrag. Letzterer liegt regelmäßig mit der Stimmabgabe vor. Weitere Ausführungshandlungen sind nicht erforderlich. Der gemeinsame Tatentschluss als notwendige subjektive Komponente der Mittäterschaft muss einen gemeinsamen Tatplan zum Gegenstand haben.[1365] Die gegenseitige Zurechenbarkeit der Tatbeiträge wird dadurch gerechtfertigt, dass diese aufgrund eines gemeinsamen Tatplans erbracht wurden.[1366]

Diese Grundsätze lassen sich auch auf Gremienentscheidungen übertragen. Voraussetzung für das Bestehen und damit das Vorliegen eines gemeinsamen Tatplans ist, dass den Gremiumsmitgliedern im Zeitpunkt ihrer Stimmabgabe bewusst ist, dass sie den rechtswidrigen Beschluss und die damit einhergehenden (gewünschten) Folgen nicht allein durch Abgabe ihrer Stimme, sondern nur gemeinsam mit der Mehrheit der übrigen Gremiumsmitglieder herbeiführen können. Vor diesem Hintergrund ist daher in jeder Stimmabgabe das Angebot an beliebige weitere stimmberechtigte Gremiumsmitglieder zu sehen, gemeinsam mit dem Abstimmenden eine Mehrheit zu bilden. Dem zustimmenden Betriebsratsmitglied werden die Stimmen der anderen Zustimmenden zugerechnet.[1367]

Dies gilt auch für den Fall der geheimen Abstimmung. Hier stellt sich jedoch das Problem der Nachweisbarkeit der zustimmenden Stimmabgabe. In der Praxis wird das Strafbarkeitsrisiko der beteiligten Gremiumsmitglieder bei einer geheimen Abstimmung gering sein. Der Staat muss den zustimmenden Gremiumsmitgliedern ihr Stimmverhalten, das bei Vollzug gegen Strafgesetze verstößt, nachwei-

---

1364 *Roxin*, StGB AT 2, § 25 Rn. 213.
1365 *Fischer*, § 25 Rn. 12 b; *Sch/Sch*-Heine, § 25 Rn. 70.
1366 *Fischer*, § 25 Rn. 12 b.
1367 BGH v. 06.07.1990 – 2 StR 549/89, NJW 1990, 2560 (2566).

sen. Beweismaß ist dabei das nach der Lebenserfahrung ausreichende Maß an Sicherheit, das vernünftige und nicht bloß auf denktheoretischen Möglichkeiten gegründete Zweifel nicht zulässt.[1368] Nach dem Grundsatz „in dubio pro reo"[1369] sind die Gremiumsmitglieder freizusprechen, wenn trotz Ausschöpfung aller Beweismittel Zweifel an ihrer der Begünstigung zustimmenden Stimmabgabe bleiben. Dies wird bei geheimen Abstimmungen im Gremium regelmäßig der Fall sein.

Zusammenfassend gilt in Bezug auf Kollegialentscheidungen Folgendes: Das Mitglied eines Gremiums – unabhängig davon, ob es auf Seiten des Arbeitgebers (z.B. als Vorstandsmitglied) oder auf Seiten des Betriebsrats (als Betriebsratsmitglied) steht – ist für die Kollegialentscheidung des Gremiums bzw. Organs strafrechtlich verantwortlich, wenn es für eine rechtswidrige Beschlussvorlage gestimmt hat, die bei ihrem Vollzug gegen Strafgesetze verstößt. Denn das Gremiumsmitglied hat durch sein Abstimmungsverhalten einen kausalen Beitrag für den späteren strafrechtlichen Erfolg geleistet.

3. Antragserfordernis gemäß § 119 Abs. 2 BetrVG

Nach § 119 Abs. 2 BetrVG wird die Tat nur auf Antrag verfolgt. Es handelt sich mithin um ein absolutes Strafantragsdelikt. Gemäß § 77b Abs. 1 Satz 1 StGB ist der Strafantrag nach den allgemeinen Regeln innerhalb von drei Monaten ab Kenntniserlangung durch den Antragsberechtigten zu stellen, also sobald der erste Vertretungsberechtigte von der Tat und vom Täter Kenntnis erlangt hat.[1370] Die Staatsanwaltschaft ist zwingend auf die Stellung des Strafantrags angewiesen und darf bei seinem Fehlen oder bei Unwirksamkeit selbst bei Vorliegen eines besonderen öffentlichen Interesses an der Strafverfolgung keine Ermittlungen aufnehmen. Ein fehlender oder unwirksamer Strafantrag stellt ein zwingendes Prozesshindernis dar. Antragsberechtigt sind gemäß § 119 Abs. 2 BetrVG der Betriebsrat, der Gesamt- und Konzernbetriebsrat, die Bordvertretung, der Seebetriebsrat, eine der in § 3 Abs. 1 BetrVG bezeichneten Vertretungen der Arbeitnehmer, der Wahlvorstand, das Unternehmen oder eine im Betrieb vertretene Gewerkschaft. Die Arbeitnehmer selbst sind hingegen nicht antragsberechtigt nach § 119 Abs. 2

1368 BGH v. 30.08.2006 – 2 StR 198/06, NStZ-RR 2007, 43.
1369 BVerfG v. 06.11.1974 – 2 BvR 407/74, MDR 1975, 468.
1370 MüKo-StGB/*Joecks*, § 119 Rn. 40.

BetrVG und haben somit keine Möglichkeit, ein solches Strafverfahren gegen die Beteiligten an einer Betriebsratsbegünstigung einzuleiten.

Das rechtswissenschaftliche Schrifttum hat vermehrt Kritik an der Ausgestaltung des § 119 BetrVG als absolutes Antragsdelikt geäußert. Die Regelung sei *„paradox"*[1371] konstruiert und nicht mehr als ein *„Papiertiger"*.[1372] Die durch die Betriebsratsbegünstigung vor allem in ihren Rechten auf eine neutrale Interessenvertretung betroffenen Arbeitnehmer sind nämlich gerade nicht antragsbefugt. Dieses fehlende Antragsrecht sei *eine „offenkundige, sinnwidrige Regelungslücke"*[1373] und die Regelung *de lege lata* als solche rechtspolitisch verfehlt, nämlich ein *„stumpfes Schwert"*[1374] und *„unbefriedigend"*[1375].

Die Kritik des rechtswissenschaftlichen Schrifttums ist verständlich und nachvollziehbar. § 119 BetrVG weicht von der allgemeinen strafrechtlichen Regelung des § 77 StGB ab. Diese billigt die Antragsbefugnis bei absoluten Antragsdelikten dem „Verletzten" zu. Verletzter im Sinne der Norm ist der Rechtsgutsinhaber, also der Träger des unmittelbar verletzten, durch den Straftatbestand geschützten Rechtsguts.[1376] Schutzzweck des Begünstigungsverbots ist die Sicherung der Unabhängigkeit der Amtsausführung. Das Gebot einer neutralen und unparteiischen Vertretung der Arbeitnehmerinteressen schützt aber auch ebendiese. Gerade die Arbeitnehmer werden in § 119 Abs. 2 BetrVG jedoch nicht genannt und sind daher vom Kreis der Antragsberechtigten nicht erfasst. Dies ist widersprüchlich und nicht sachgerecht, da gerade die Arbeitnehmer, anders als die Betriebsparteien und der Arbeitgeber, ein gesteigertes Interesse an der Antragsstellung und der Durchsetzung des Begünstigungsverbots haben. Es erscheint sinnwidrig ausschließlich den an der Begünstigung in der Regel beteiligten Parteien ein Antragsrecht einzuräumen, da diese wenig Interesse daran haben dürften, dass ihr Fehlverhalten im Rahmen eines Strafverfahrens nach § 119 BetrVG untersucht wird. Die Schutzlücke wird noch dadurch verstärkt, dass nur das jeweilige Organ, nicht aber die einzelnen (Betriebsrats-)Mitglieder antragsberechtigt sind, sondern im

---

[1371] *Schweibert/Buse*, NZA 2007, 195 (197).
[1372] *Schweibert/Buse*, NZA 2007, 195 (197).
[1373] *Rüthers*, NJW 2007, 195 (197).
[1374] *Rieble*, BB 2009, 1016 (1021).
[1375] *Rüthers*, RdA 1976, 61 (64).
[1376] MüKo-StGB/*Mitsch*, § 77 Rn. 4.

Beispiel des Betriebsrats gemäß § 33 BetrVG durch Beschluss über die Antragsstellung entscheiden müssen.

Die Ausgestaltung des § 119 BetrVG überrascht umso mehr, als die Errichtung eines Betriebsrats nach § 17 BetrVG bereits durch drei wahlberechtigte Arbeitnehmer in die Wege geleitet werden kann.[1377] Im Gegensatz dazu kann nicht einmal die gesamte Belegschaft die Einleitung eines Strafverfahrens wegen der schweren Gesetzesverfehlung der Betriebsratsbegünstigung bewirken. Dies erscheint widersinnig. Der in der Literatur geäußerten Kritik ist daher zuzustimmen. Die Antragsbefugnis des § 119 Abs. 2 BetrVG bedarf einer Reform, damit eine rechtswidrige Betriebsratsbegünstigung künftig strafrechtlich verfolgt werden kann. Auf mögliche Reformvorschläge soll im nächsten Abschnitt dieser Arbeit eingegangen werden.[1378]

4. Ergebnis

§ 119 Abs. 1 Nr. 3 BetrVG stellt die Begünstigung von Mitgliedern des Betriebsrats unter Strafe. Das Strafbarkeitsrisiko trifft vor allem den Arbeitgeber oder seine Vertreter. Das Betriebsratsmitglied bleibt bei bloßer Annahme einer Begünstigung straflos. Fordert das Betriebsratsmitglied hingegen seine Begünstigung aktiv ein oder legt es ein Verhalten an den Tag, das den Leistenden zu der Begünstigung ermuntert und das über die bloße Annahme der Begünstigung hinausgeht, kommt eine Teilnahmestrafbarkeit des begünstigten Betriebsratsmitglieds im Rahmen der Anstiftung nach § 26 StGB oder der Beihilfe nach § 27 StGB in Betracht.

Die Durchsetzung der Strafverfolgung bereitet bei Straftaten nach § 119 Abs. 1 Nr. 3 BetrVG erhebliche Probleme. Grund dafür ist die Ausgestaltung der Norm als absolutes Antragsdelikt. Die von der unzulässigen Begünstigung betroffenen Arbeitnehmer sind nicht antragsbefugt. Auch die Staatsanwaltschaft kann *de lege lata* nicht von Amts wegen tätig werden. Reformvorschläge *de lege ferenda* werden im nächsten Teil dieser Arbeit dargestellt.

1377 *Rüthers*, NJW 2007, 195 (197).
1378 Siehe unten unter „Reform des § 119 BetrVG", S. 448.

II. Untreuestrafbarkeit nach § 266 StGB

Im Fall des Verstoßes gegen das Begünstigungsverbot nach § 78 Satz 2 BetrVG ist ferner der Straftatbestand der Untreue nach § 266 StGB relevant. So rückte der Untreuetatbestand in den Gerichtsverfahren in der „Volkswagen-Affäre" in den Fokus.[1379] Anders als in früheren Urteilen wurde die Untreue im Fall VW nicht an der Bildung und Unterhaltung schwarzer Kassen festgemacht.[1380] Es wurde hier an die Zahlung der begünstigenden Entgelte aus dem laufenden Betrieb selbst angeknüpft.

Anders als § 119 BetrVG handelt es sich bei dem Untreuestraftatbestand um ein Offizialdelikt, das ohne Antrag von Amts wegen verfolgt werden kann. Zudem stellt § 266 StGB schon aufgrund des deutlich höheren Strafrahmens von bis zu fünf Jahren bzw. bei besonders hohen Begünstigungssummen gemäß § 266 Abs. 2 i.V.m. § 263 Abs. 3 Nr. 2 StGB bei Vorliegen eines besonders schweren Falles von bis zu zehn Jahren Freiheitsstrafe eine wesentlich schärfere Sanktion als § 119 BetrVG dar.

Andere Tatbestände, insbesondere die Bestechung im geschäftlichen Verkehr nach § 299 Abs. 2 StGB, scheiden aus. Es fehlt jedenfalls an dem Bezug der Begünstigungshandlung zum Wettbewerb („im geschäftlichen Verkehr"). Der Betriebsrat handelt lediglich betriebsintern und wird nicht am Markt tätig.[1381] Eine nähere Prüfung des § 299 StGB soll daher nicht erfolgen.

1. Strafbarkeit des Arbeitgebers und der in seinem Lager stehenden Personen nach § 266 StGB

Tathandlung des § 266 Alt. 1 StGB ist das *„Überschreiten des rechtlichen Dürfens im Rahmen des rechtlichen Könnens"*[1382], also die im Außenverhältnis wirksame, aber im Innenverhältnis pflichtwidrige Ausübung einer Verpflichtungs- oder Verfügungsbefugnis (Missbrauchstatbestand). Die zweite Handlungsalternative setzt die Verletzung der sich aus einem Treueverhältnis ergebenden vermögensbezogenen Pflicht voraus (Treuebruchtatbestand).

1379 Vgl. BGH v. 17.09.2009 – 5 StR 521/08, NJW 2010, 92 (98).
1380 So beispielsweise im Fall „Siemens/Enel", BGH v. 29.08.2008 – 2 StR 587/07, BGH NJW 2009, 89 (92).
1381 *Fischer*, BB 2007, 997 (1000); *Rieble/Klebeck*, NZA 2006, 758 (768).
1382 NK-StGB/*Kindhäuser*, § 266 Rn. 86.

a. Vermögensbetreuungspflicht

Beide Handlungsalternativen setzen das Bestehen einer Vermögensbetreuungspflicht voraus.[1383] Eine Vermögensbetreuungspflicht liegt vor, wenn dem Täter kraft Gesetzes, behördlichen Auftrags, Rechtsgeschäfts oder Treueverhältnis die Pflicht obliegt, fremde Vermögensinteressen wahrzunehmen.[1384] Täter der Untreue kann daher nur sein, wer fremde Vermögensinteressen von einiger Bedeutung eigenverantwortlich wahrnimmt.[1385] Wesentlich ist, dass der Täter den übertragenen Entscheidungsspielraum nicht nur selbstständig wahrnimmt, sondern dieser für die Vermögensfürsorge auch von Relevanz ist.[1386] Das BVerfG hat in seiner Entscheidung aus dem Jahre 2010[1387] betont, dass es für das Vorliegen einer Vermögensbetreuungspflicht i.S.d. § 266 StGB von entscheidender Bedeutung ist, *„ob dem Verpflichteten bei deren Wahrnehmung ein gewisser Spielraum, eine gewisse Bewegungsfreiheit oder Selbstständigkeit, mit anderen Worten die Möglichkeit zur verantwortlichen Entscheidung innerhalb eines gewissen Ermessensspielraums verbleibt."*[1388] Die Vermögensbetreuungspflicht muss folglich eine Hauptpflicht darstellen, eine vertragliche Nebenpflicht, auf die Vermögensinteressen des Vertragspartners Rücksicht zu nehmen, genügt nicht.[1389]

Bei Mitgliedern der Unternehmensführung, also Geschäftsführung[1390], Vorstand[1391] und Aufsichtsrat[1392], liegt eine Vermögensbetreuungspflicht für das Unternehmen regelmäßig vor. Auch bei leitenden Angestellten in Führungspositionen kann die Vermögensbetreuungspflicht eine wesentliche Pflicht ihres Arbeitsverhältnisses darstellen. Dies ist beispielsweise dann denkbar, wenn ihnen die Budgethoheit für ihnen untergeordnete Unternehmensbereiche übertragen wurde. Einfachen Angestellten wird eine Vermögensbetreuungspflicht regelmäßig fehlen, so dass sie als Täter des § 266 StGB selbst dann nicht in Betracht kommen,

---

1383 BGH v. 21.12.2005 – 3 StR 470/04, NStZ 2006, 214; BGH v. 22.11.2005 – 1 StR 571/04, NJW 2006, 453; BGH v. 6.12.2001 – 1 StR 215/01, NStZ 2002, 322.
1384 MüKo-StGB/*Dierlamm*, § 266 Rn. 52.
1385 BGH v. 13.6.1985 – 4 StR 213/85, NJW 1985, 2280 (2282); BGH v. 26.7.1972 – 2 StR 62/72, NJW 1972, 1904 (1904).
1386 MüKo-StGB/*Dierlamm*, § 266 Rn. 61.
1387 BVerfG v. 23.6.2010 – 2 BvR 2559/08, NJW 2010, 3209.
1388 BVerfG v. 23.6.2010 – 2 BvR 2559/08, NJW 2010, 3209 (3214 f.).
1389 BVerfG v. 23.6.2010 – 2 BvR 2559/08, NJW 2010, 3209 (3214 f.).
1390 MüKo-StGB/*Dierlamm*, § 266 Rn. 50.
1391 MüKo-StGB/*Dierlamm*, § 266 Rn. 82.
1392 MüKo-StGB/*Dierlamm*, § 266 Rn. 67.

wenn sie zur Zahlung einer unzulässigen Begünstigung von ihrem Vorgesetzten angewiesen werden.

b. Tathandlung

aa. Missbrauchstatbestand

Der Missbrauchstatbestand verlangt den Missbrauch einer *„durch Gesetz, behördlichen Auftrag oder Rechtsgeschäft eingeräumten Befugnis, über fremdes Vermögen zu verfügen oder einen anderen zu verpflichten."*, § 266 Alt. 1 StGB. Der Tatbestand ist folglich erfüllt, wenn der Vermögensbetreuungspflichtige fremdes Vermögen durch die wirksame Ausübung seiner Befugnisse im Außenverhältnisse, z.B. durch ein nach außen hin wirksames Rechtsgeschäft, schädigt, indem er die Grenzen seines rechtlichen Dürfens im Rahmen seines rechtlichen Könnens missbräuchlich überschreitet.[1393]

An einem wirksamen Rechtsgeschäft im Außenverhältnis fehlt es jedoch, da sämtliche Vereinbarungen, die zwischen Arbeitgeberseite und Betriebsratsmitglied unter Verstoß gegen das Begünstigungsverbot nach § 78 Satz 2 BetrVG geschlossen werden, gemäß § 134 BGB nichtig sind.[1394] Der Missbrauchstatbestand kommt mithin nicht in Betracht.[1395] Das rechtliche Können kann denknotwendig nur dann überschritten werden, wenn die Ausübung dieses Könnens im Außenverhältnis rechtswirksam ist. Sähe man ein rechtswirksames Handeln nicht als Wirksamkeitsvoraussetzung an, würde dies die tatbestandlichen Konturen des Missbrauchstatbestandes verwischen.[1396] Die hohen tatbestandlichen Voraussetzungen des Missbrauchstatbestandes können jedoch nicht dadurch umgangen werden, dass die Anforderungen hieran zur Disposition gestellt werden. Hierfür besteht auch keine Notwendigkeit, da für die Fälle, in denen es an einem rechtswirksamen Handeln fehlt, der Treuebruchtatbestand in Betracht kommt.

1393 MüKo-StGB/*Dierlamm*, § 266 Rn. 32, 133.
1394 Siehe oben unter „Nichtigkeit der Vereinbarung", S. 365.
1395 BGH v. 17.09.2009 – 5 StR 521/08, NJW 2010, 92 (94); BGH v. 6.12.1983 – VI ZR 117/82, NJW 1984, 800; BGH v. 19.01.1965 – 1 StR 497/64, NJW 1965, 770; MüKo-StGB/*Dierlamm*, § 266 Rn. 134.
1396 So auch MüKo-StGB/*Dierlamm*, § 266 Rn. 134.

bb. Treuebruchtatbestand

Der Treuebruchtatbestand ist erfüllt, wenn der Täter die ihm kraft Gesetzes, behördlichen Auftrages, Rechtsgeschäftes oder eines Treueverhältnisses obliegende Pflicht zur Wahrung fremder Vermögensinteressen verletzt und dadurch dem, dessen Vermögensinteressen er wahrzunehmen hat, Nachteile zufügt.[1397] Aufgrund des sehr weit gefassten Gesetzeswortlauts besteht in Rechtsprechung und Literatur Einigkeit dahingehend, dass die Norm restriktiv auszulegen ist und besonders das Merkmal der Vermögensbetreuungspflicht gesteigerten Anforderungen genügen muss.[1398] So sind einfache vertragliche Pflichten, das Vermögen anderer nicht zu schädigen, nicht ausreichend für die Verwirklichung des Treuebruchtatbestandes. Erforderlich sind vielmehr inhaltlich besonders qualifizierte Pflichten.[1399] Vorstände einer Aktiengesellschaft trifft eine solche qualifizierte Vermögensbetreuungspflicht im Sinne von § 266 StGB nach §§ 76, 93 AktG.[1400] Die Pflicht des Vorstands einer Aktiengesellschaft, das ihm anvertraute Vermögen der Gesellschaft zu betreuen, wird dadurch verletzt, dass Zahlungen unter Verstoß gegen das betriebsverfassungsrechtliche Begünstigungsverbot an Betriebsratsmitglieder unter Billigung des Vorstands (-mitglieds) geleistet werden. Eine solche qualifizierte Vermögensbetreuungspflicht kann gerade im Hinblick auf gesetzeswidrige Leistungen an Betriebsratsmitglieder nicht nur Vorstandsmitglieder, sondern auch diejenigen Mitarbeiter eines Unternehmens treffen, die in eigener Verantwortung über solche Sonderzuwendungen entscheiden können. So nahm auch das Landgericht Braunschweig im Fall Volkswagen eine Vermögensbetreuungspflicht des Arbeitsdirektors Harz, der eigenverantwortlich über Sonderleistungen an den Betriebsratsvorsitzenden Volkert entscheiden konnte und ihm einen Sonderbonus gewährte, ohne Weiteres an.[1401]

Im Jahr 2009 sah der BGH den Straftatbestand der Untreue nach § 266 StGB in der öffentlichkeitswirksamen Entscheidung im Rahmen des „VW-Skandals" bezüglich der betriebsverfassungswidrigen Zuwendungen an Betriebsratsmitglieder

---

1397 MüKo-StGB/*Dierlamm*, § 266 Rn. 161.
1398 BGH v. 03.03.1953 – 1 StR 5/53, NJW 1953, 1272 (1272); *Fischer*, StGB, § 266 Rn. 33; MüKo-StGB/*Dierlamm*, § 266 Rn. 161.
1399 MüKo-StGB/*Dierlamm*, § 266 Rn. 161; Fischer, StGB, § 266 Rn. 35
1400 BGH v. 17.09.2009 – 5 StR 521/08, NJW 2010, 92 (94); BGH v. 22.01.1988 – 2 StR 133/87, NJW 1988, 2483 (2485); *Moll/Roebers*, NZA 2012, 57 (62).
1401 LG Braunschweig v. 25.01.2007 – 6 KLs 48/06, CCZ 2008, 32 (32).

des Volkswagen-Konzerns als erfüllt an.[1402] Diese Entscheidung erscheint nach einem Beschluss des BVerfG aus dem Jahr 2010[1403], das eine einschränkende Auslegung des Untreuetatbestandes forderte, überholt. So ist nach Ansicht des BVerfG im Rahmen des § 266 Abs. 1 StGB das Nachteilsmerkmal neben der Pflichtverletzung eigenständig zu prüfen, wobei bei der Feststellung eines Nachteils normative Gesichtspunkte durchaus eine Rolle spielen dürfen.[1404] Der Charakter der Untreue als Vermögens- und Erfolgsdelikt müsse jedoch erhalten bleiben. Normative Erwägungen dürften daher wirtschaftliche Überlegungen nicht verdrängen.[1405] Daher konnte nach Auffassung des BVerfG die Verwendung des anvertrauten Vermögens zu verbotenen Zwecken nicht per se als nachteilsbegründend angesehen werden. In solchen Fällen bleibe es weiter erforderlich, dass das verbotene Geschäft auch wirtschaftlich nachteilhaft war.[1406]

Im Nachgang an diese Entscheidung des BVerfG[1407] entschied der BGH in einer weiteren Entscheidung zur Beeinflussung von Betriebsratswahlen durch die Förderung der „Aktionsgemeinschaft Unabhängiger Betriebsangehöriger (AUB)" aus geheimen Unternehmenskassen in der Siemens AG, dass der Straftatbestand des § 266 StGB im Vergleich zur Entscheidung im VW-Skandal enger auszulegen sei und Untreue nur vorliegen könne, sofern die verletzte Norm des Betriebsverfassungsgesetzes vermögensschützende Wirkung beinhalte.[1408] Für den Fall des § 119 Abs. 1 Nr. 1 BetrVG, also den Fall der unzulässigen Wahlbehinderung und Wahlbeeinflussung, hat der BGH entschieden, dass der Straftatbestand des § 266 StGB durch eine unzulässige Wahlbeeinflussung durch Sonderzahlungen aus geheimen Unternehmenskassen nicht verwirklicht ist.[1409] Nicht in jedem Verstoß gegen die Rechtsordnung könne eine strafrechtlich relevante Pflichtwidrigkeit i.S.d. § 266 StGB gesehen werden. Maßgeblich sei vielmehr, ob die verletzte Rechtsnorm vermögensschützenden Charakter habe. Dies sei bei § 119 BetrVG jedoch nicht der Fall. § 119 BetrVG diene allein dem Schutz der Wahl und der

---

1402 BGH v. 17.09.2009 – 5 StR 521/08, BGHSt 54, 148.
1403 BVerfG v. 23.06.2010 – 2 BvR 2559/08, NJW 2010, 3209, a.A. *Strauß*, NZA 2018, 1372 (1377).
1404 BVerfG v. 23.06.2010 – 2 BvR 2559/08, NJW 2010, 3209.
1405 BVerfG v. 23.06.2010 – 2 BvR 2559/08, NJW 2010, 3209.
1406 BVerfG v. 23.06.2010 – 2 BvR 2559/08, NJW 2010, 3209.
1407 BVerfG v. 23.06.2010 – 2 BvR 2559/08, NJW 2010, 3209.
1408 BGH v. 13.09.2010 – 1 StR 220/09, NJW 2011, 88 (89).
1409 BGH v. 13.09.2010 – 1 StR 220/09, NJW 2011, 88 (90).

Funktionsfähigkeit der im Gesetz aufgeführten betriebsverfassungsrechtlichen Organe.[1410] Auch wenn in der vorliegenden Entscheidung allein die unzulässige Wahlbeeinflussung und somit der Fall des § 119 Abs. 1 Nr. 1 Alt. 2 BetrVG zu prüfen war, stellte der BGH in der Begründung seiner Entscheidung allgemein auf § 119 BetrVG ab und differenzierte nicht nach den einzelnen Tatbeständen. Auch wenn damit bislang noch nicht höchstrichterlich geklärt ist, inwieweit § 119 Abs. 1 Nr. 3 BetrVG vermögensschützende Wirkung entfaltet, spricht viel dafür, diese Entscheidung des BGH auf die rechtswidrige Betriebsbegünstigung nach § 119 Abs. 1 Nr. 3 zu übertragen.[1411] Auch diese Norm bezweckt nicht den Schutz des Arbeitgebervermögens, sondern primär die freie Betätigung der einzelnen Betriebsratsmitglieder, um eine unbeeinflussbare Mitbestimmung im Interesse der Arbeitnehmer zu gewährleisten.[1412] Die Vorschrift hat folglich ebenfalls keinen vermögensschützenden Charakter, so dass Verstöße gegen § 119 Abs. 1 Nr. 3 BetrVG keine strafrechtlich relevante Pflichtverletzung i.S.d. § 266 StGB begründen können.

cc. Ergebnis

Der Missbrauchstatbestand scheidet im Zusammenhang mit einer Betriebsratsbegünstigung aus. In Betracht kommt eine Verwirklichung der Treuebruchvariante des § 266 StGB. Der Tatbestand ist wegen seiner Weite im Hinblick auf die Verletzung einer Vermögensbetreuungspflicht restriktiv auszulegen. Auch im Falle eines Verstoßes gegen § 78 Satz 2 BetrVG und § 119 Abs. 1 Nr. 3 BetrVG liegt eine solche nicht automatisch vor, sondern ist jeweils im Einzelfall zu prüfen.

c. Vermögensnachteil des Unternehmens durch ungerechtfertigte Kostenbelastung infolge unzulässiger Betriebsratsbegünstigung

Durch sein treuwidriges Verhalten muss der Täter dem Vermögensinhaber einen Vermögensnachteil zugefügt haben, wobei das zu betreuende und das geschädigte Vermögen identisch sein müssen.[1413] Ein Vermögensnachteil ist zu bejahen, wenn die Tathandlung eine Vermögensminderung verursacht. Ob eine solche vorliegt,

---

1410 BGH v. 13.09.2010 – 1 StR 220/09, NJW 2011, 88 (90).
1411 Im Ergebnis ebenso, jedoch ohne nähere Begründung: *Behrendt/Lilienthal*, KSzW 2014 277 (282); *Bittmann/Mujan*, BB 2012, 637 (640); *Byers*, NZA 2014, 65 (69); *Dzida/Mehrens*, NZA 2013, 753 (756).
1412 ErfK/*Kania*, § 119 BetrVG Rn. 4.
1413 MüKo-StGB/*Dierlamm*, § 266 StGB Rn. 201.

ist nach dem Prinzip der Gesamtsaldierung – mithin dem Vergleich des Vermögensstandes vor und nach der treuwidrigen Handlung – zu ermitteln.[1414] Dabei ist zur Feststellung eines Vermögensnachteils die durch die Tathandlung verursachte wirtschaftliche Vermögensminderung einer womöglich empfangenen Gegenleistung wertmäßig gegenüberzustellen. Es ist mithin festzustellen, ob der eingetretene Nachteil durch erlangte Vorteile kompensiert wird.[1415] Ist dies der Fall, kann eine Strafbarkeit wegen Untreue mangels Vermögensnachteils ausscheiden. Nach dem in der Rechtsprechung vorherrschenden sog. *wirtschaftlichen Vermögensbegriff* zählt zum Vermögen im Sinne des § 266 StGB alles, was in Geldwert messbar ist.[1416] Eine Schadenskompensation durch rechtswidrig erlangte Vorteile kommt überhaupt nur in Betracht, wenn man den wirtschaftlichen Vermögensbegriff zugrunde legt. Zieht man den im rechtswissenschaftlichen Schrifttum überwiegend vertretenen sog. juristisch-ökonomischen Vermögensbegriff heran, nach dem Vermögen im Sinne des § 266 StGB *„die Summe der wirtschaftlichen Güter einer Person ist, soweit sie ihr unter dem Schutz der Rechtsordnung oder wenigstens ohne deren Missbilligung zustehen,"*[1417] scheidet eine mögliche Kompensation von vornherein aus.[1418]

Für den hier zu untersuchenden Fall der überobligatorischen und damit rechtswidrigen Betriebsratsvergütung bedeutet dies: Eine Kompensation des Vermögensnachteils kommt nur dann in Betracht, wenn die „Gegenleistung" des Betriebsratsmitglieds nach wirtschaftlichen Maßstäben hinreichend konkret bewertet werden kann und nicht nur die Chance auf einen Vermögenszuwachs eröffnet.[1419] Nicht ausreichend für die Kompensation des eingetretenen Vermögensnachteils ist dagegen das erkaufte Wohlwollen eines Mitglieds des Betriebsratsgremiums, da Schutzgut der Untreue das Vermögen ist. Zum einen hat der Arbeitgeber auf dieses Wohlwollen nach § 2 Abs. 1 BetrVG, das den Betriebsrat zur vertrauensvollen und wohlwollenden Zusammenarbeit mit dem Arbeitgeber verpflichtet,

---

[1414] LG Braunschweig v. 25.1.2007 – 6 KLs 48/06, CCZ 2008, 32 (33); MüKo-StGB/*Dierlamm*, § 266 StGB Rn. 202.
[1415] MüKo-StGB/*Dierlamm*, § 266 Rn. 202.
[1416] BVerfG v. 23.6.2010 – 2 BvR 2559/08, NJW 2010, 3209 (3212); BVerfG v. 10.3.2009 – 2 BVR 1980/ 07, NJW 2009, 2370 (2371).
[1417] MüKo-StGB/*Dierlamm*, § 266 Rn. 205.
[1418] So auch *Rieble*, CCZ 2008, 32 (35).
[1419] LG Braunschweig v. 25.1.2007 – 6 KLs 48/06, CCZ 2008, 32 (33).

ohnehin einen Anspruch.[1420] Es liegt somit kein Mehrwert für den Arbeitgeber darin, sich dieses Wohlwollen zu erkaufen, wenn er seinen Anspruch darauf notfalls auch über die Einigungsstelle durchsetzen kann. Zum anderen ist das Wohlwollen einzelner Betriebsratsmitglieder für den Arbeitgeber „nutzlos", da der Betriebsrat als Gremium entscheidet und ein einzelnes Mitglied eine bestimmte, für den Arbeitgeber günstige Entscheidung nicht allein treffen kann. Die bloße Chance, dass das begünstigte Betriebsratsmitglied das Gremium von einem bestimmten Handeln oder einer bestimmten Entscheidung überzeugen kann, reicht nicht aus, um einen nach wirtschaftlichen Maßstäben hinreichend konkret bestimmten Mehrwert feststellen zu können. Solange also der Arbeitgeber nicht das gesamte Betriebsratsgremium oder zumindest die Mehrheit desselben begünstigt, kommt eine Kompensation des Vermögensnachteils nicht in Betracht.

d. Einverständnis des Vermögensinhabers

Weiter ist der Ausschluss des Untreuetatbestandes durch tatbestandsausschließendes Einverständnis des Vermögensinhabers denkbar. Eine Verletzung der Vermögensbetreuungspflicht scheidet aus, wenn das Vorgehen des Schädigers im Einverständnis des Vermögensinhabers zum Zeitpunkt der Vornahme des Geschäfts erfolgt.[1421] Der Vermögensinhaber würde durch solch ein Einverständnis zu einer gegen § 78 Satz 2 BetrVG verstoßenden Begünstigung selbst gesetzeswidrig handeln. Einem solchen gesetzeswidrigen Einverständnis kann keine tatbestandsausschließende Wirkung zukommen.[1422] Dies gilt umso mehr, als ein Beschluss der Organe aufseiten des Arbeitgebers wegen Verstoß gegen das Begünstigungsverbot ebenfalls nach § 134 BGB nichtig wäre.

1420 BGH v. 17.9.2009 – 5 StR 521/08, NJW 2010, 92 (94).
1421 BGH v. 20.7.1999 – 1 StR 668/98, NJW 2000, 154 (155); MüKo-StGB/*Dierlamm*, § 266 Rn. 200.
1422 Herrschende Meinung, vgl. NK/*Kindhäuser*, § 266 Rn. 67; MüKo-StGB/*Dierlamm*, § 266 Rn. 130; *Fischer*, StGB § 266 Rn. 92; a.A. *Esser*, S. 185.

e. Subjektiver Tatbestand

Die Strafbarkeit nach § 266 StGB setzt zumindest bedingten Vorsatz voraus, wobei an diesen strenge Anforderungen zu stellen sind angesichts des weiten Rahmens des objektiven Untreuetatbestandes.[1423] Der Täter muss dabei nicht nur bewusst pflichtwidrig handeln, sondern sich zudem bewusst sein, dass sein Handeln zu einem Nachteil für das zu betreuende Vermögen führt.[1424]

Während dem Täter die Pflichtwidrigkeit der Gewährung einer unzulässigen Begünstigung in aller Regel noch (zumindest bedingt) bewusst sein wird, dürfte sich der Nachweis, dass der Vorsatz des Täters auch den Eintritt eines Vermögensnachteils umfasste, ungleich schwieriger gestalten. So wird ein Nachteilszufügungsvorsatz dann ausscheiden müssen, wenn der Täter darauf vertraute und auch vertrauen durfte, dass die Gewährung der unzulässigen Betriebsratsbegünstigung dem Vermögen des Unternehmens als Treugeber einen Gewinn – etwa durch für das Unternehmen günstige Entscheidungen des Betriebsratsgremiums – bescheren wird. Hierbei stellte jedoch bereits das LG Braunschweig in seiner Verurteilung von Peter Hartz wegen Untreue durch unzulässige Zahlungen an den damaligen Vorsitzenden des Gesamtbetriebsrats von VW[1425] fest, dass ein Nachteilszufügungsvorsatz nicht ausscheide, da das erkaufte abstrakte Wohlwollen lediglich eines Betriebsratsmitglieds unbedeutend sei. Da der Betriebsrat als Gremium entscheidet, hätte Peter Hartz paradoxerweise das gesamte Gremium oder zumindest dessen Mehrheit „schmieren" müssen, um den Eintritt eines Vermögensnachteils nicht zumindest billigend in Kauf zu nehmen. Zahlt das Organmitglied hingegen für etwas, worauf das Unternehmen als Treugeber ohnehin bereits aus § 2 Abs. 1 BetrVG („Gebot der vertrauensvollen Zusammenarbeit") einen Anspruch hatte, nämlich das Wohlwollen eines Betriebsratsmitglieds, so ist das Untreue.[1426]

1423 MüKo-StGB/*Dierlamm*, § 266 Rn. 281.
1424 MüKo-StGB/*Dierlamm*, § 266 Rn. 282 f.
1425 LG Braunschweig, Urteil vom 2.2.2008, Az.: 6 KLs 20/07, CCZ 2008, 34 m. Anm. *Rieble*.
1426 So auch *Fischer*, BB 2007, 997 (1000); *Rieble*, NZA 2008, 276 (278).

2. Strafbarkeit des Betriebsratsmitglieds

Die Mitglieder des Betriebsrats können nur dann Täter einer Untreue i.S.d. § 266 StGB sein, wenn sie eine entsprechende Vermögensbetreuungspflicht trifft. Andernfalls kommt lediglich eine Teilnehmerstrafbarkeit in Betracht. Stimmen in der Literatur gehen folglich davon aus, eine Täterschaft der Betriebsratsmitglieder scheide in Bezug auf § 266 StGB grundsätzlich aus.[1427] Diese Stimmen übersehen, dass die täterschaftliche Verwirklichung des Untreuetatbestandes auch für Mitglieder des Betriebsrats denkbar ist.

Denkbar ist eine Verwirklichung des Untreuetatbestands in der Missbrauchsalternative in Fällen, in denen der Arbeitgeber dem Betriebsrat ein Budget zur Deckung der erforderlichen Kosten und des Sachaufwands der Betriebsratsarbeit nach § 40 BetrVG zur Verfügung stellt. Sofern ein Mitglied des Betriebsrats ein solches Budget nicht zur Deckung der erforderlichen und angemessenen Kosten im Sinne des § 40 BetrVG einsetzt, sondern für Kosten, die nach dem BetrVG nicht für die Betriebsratsarbeit erstattungsfähig sind, kann hierin eine Verletzung der besonderen Vermögensbetreuungspflicht von Mitgliedern des Betriebsrats in Bezug auf die Verwendung des Budgets und somit Untreue in Form der Missbrauchsalternative nach § 266 Abs. 1 Alt. 1 StGB gesehen werden.[1428]

Daneben ist eine Vermögensbetreuungspflicht in dem Fall denkbar, wenn ein Betriebsratsmitglied nicht nur Arbeitnehmer, sondern zugleich ein von den Arbeitnehmern gewähltes Mitglied des Aufsichtsrates ist, §§ 5, 7 MitbestG, § 111 Abs. 1 AktG.[1429] In diesem Fall besteht eine eigene Vermögensbetreuungspflicht des Betriebsratsmitglieds als Mitglied des Aufsichtsrates, so dass eine Täterschaft des Betriebsratsmitglieds als Mitglied des Aufsichtsrates in diesem Sonderfall denkbar ist. Das Betriebsratsmitglied kann so auch den Treuebruchtatbestand täterschaftlich verwirklichen.

Abgesehen von den oben beschriebenen Sonderkonstellationen besteht jedoch keine Vermögensbetreuungspflicht für Mitglieder des Betriebsrats gegenüber

---

[1427] *Fischer*, BB 2007, 997 (999); *Schweibert/Buse*, NZA 2007, 1080 (1086).
[1428] Ebenso: *Rieble/Klebeck*, NZA 2006, 758 (764); *Zimmermann*, ArbRAktuell 2014, 278 (281).
[1429] BGH, Urteil vom 17.09.2009, Az.: 5 StR 521/08, NJW 2010, 92 (95); *Moll/Roebers*, NZA 2012, 57 (62); *Rieble/Klebeck*, NZA 2006, 758 (767 f.); *Schweibert/Buse*, NZA 2007, 1080 (1086); *Zimmermann*, ArbRAktuell 2014, 278 (281).

dem Unternehmen. Insbesondere durch die bloße Entgegennahme eines überhöhten Entgelts wird der Straftatbestand des § 266 StGB daher nicht erfüllt.[1430] Hier ist eine strafbare Anstiftungs- oder Beihilfehandlung möglich, wenn das Betriebsratsmitglied seinen Arbeitgeber, genauer die Unternehmensführung, aktiv zur Zahlung bzw. Freizeichnung einer unzulässigen Vergütung drängt bzw. diese einfordert oder sie in ihrer Willensbildung zu einer solchen Zahlung ausdrücklich bestärkt.

3. Ergebnis

Der Arbeitgeber oder seine Organe bzw. Vertreter können sich durch die Gewährung unzulässiger Begünstigungen an Betriebsratsmitglieder der Untreue in der Treuebruchalternative strafbar machen. Gleiches gilt für die Mitglieder des Betriebsrats in Ausnahmefällen, wenn ihnen eine Vermögensbetreuungspflicht zukommt. Dies ist etwa bei einem ihnen zur Verfügung stehenden Budget für Ausgaben nach § 40 BetrVG denkbar oder wenn sie zugleich Mitglied des Aufsichtsrats sind. Fehlt es an einer Vermögensbetreuungspflicht, kommt eine Teilnehmerstrafbarkeit in Betracht.

III. Steuerstrafrecht

Als weitere Folgen eines Verstoßes gegen das betriebsverfassungsrechtliche Begünstigungsverbot kommen neben den oben genannten zudem solche des Steuerstrafrechts in Betracht, wenn der Arbeitgeber die nach § 78 Satz 2 BetrVG unzulässigen Ausgaben für den Betriebsrat steuerlich geltend macht.

1. Strafbarkeit des Arbeitgebers

Dem Arbeitgeber droht ein Steuerstrafverfahren, wenn er Mitgliedern des Betriebsratsgremiums nach § 78 Satz 2 BetrVG verbotene Begünstigungen zukommen lässt und diese als Betriebsausgaben steuerlich in Abzug bringt. Damit riskiert er den Tatbestand der Steuerhinterziehung nach § 370 Abs. 1 Nr. 1 AO zu verwirklichen. Denn nach § 370 Abs. 1 Nr. 1 AO begeht eine Steuerhinterziehung, wer den Finanzbehörden über steuerlich erhebliche Tatsachen unrichtige

---

[1430] *Byers*, NZA 2014, 65 (68); *Zimmermann*, ArbRAktuell 2014, 278 (281).

oder unvollständige Angaben macht. Unrichtig ist eine Angabe, wenn ihr Erklärungsinhalt mit der Wirklichkeit nicht übereinstimmt.[1431] Unvollständig ist die Erklärung, wenn sie die gesetzlichen Anforderungen, also den Umfang der Erklärungspflicht nach den Steuergesetzen, nicht erfüllt. [1432] Nach dem in § 4 Abs. 5 Satz 1 Nr. 10 EStG normierten Betriebsausgabenabzugsverbot dürfen die Zuwendung von Vorteilen sowie die damit zusammenhängenden Aufwendungen, wenn deren Zuwendung eine rechtswidrige Handlung darstellt, die den Tatbestand eines Strafgesetzes oder eines Gesetzes verwirklicht, das die Ahndung mit einer Geldbuße zulässt, steuerlich nicht als Betriebsausgaben in Abzug gebracht werden. Die früher streitige Frage, ob die nach § 119 Abs. 1 Nr. 3 BetrVG strafbewährte Betriebsratsbegünstigung unter das steuerliche Betriebsausgabenabzugsverbot nach § 4 Abs. 5 Satz 1 Nr. 10 EStG fällt[1433], dürfte zugunsten der wohl herrschenden Meinung in der Literatur entschieden sein. Die Einkommensteuerhinweise, die die Einkommensteuer-Richtlinien konkretisieren, enthalten seit 2009 den Hinweis, dass § 119 Abs. 1 BetrVG aus Sicht der Finanzverwaltung als Straftat bzw. Ordnungswidrigkeit im Sinne des § 4 Abs. 5 Satz 1 Nr. 10 EStG in Betracht kommt.[1434] Vor 2009 nannten die Einkommensteuerhinweise lediglich § 119 Abs. 1 Nr. 1 BetrVG.[1435] Dies spricht für einen umfassenden Anwendungsbereich des § 4 Abs. 5 Satz 1 Nr. 10 Satz 1 EStG.

Für die Verwirklichung des Straftatbestandes des § 370 Abs. 1 Nr. 1 AO ist Vorsatz erforderlich, wobei *Dolus eventualis* genügt.[1436]

2. Strafbarkeit des Betriebsratsmitglieds, §§ 369 Abs. 1 Nr. 4, 370 AO i.V.m. § 27 StGB

Für die Betriebsratsmitglieder kommt eine Strafbarkeit wegen Beihilfe zur Steuerhinterziehung gemäß §§ 369 Abs. 1 Nr. 4, 370 AO i.V.m. § 27 StGB in Betracht. Eine denkbare Beihilfehandlung ist das Ausstellen von Belegen oder Quittungen

---

1431 MüKo-StGB/*Schmitz/Wulf* AO § 370 Rn. 224.
1432 MüKo-StGB/*Schmitz/Wulf* AO § 370 Rn. 225.
1433 Dafür: *Bittmann/Mujan*, BB 2012, 637 (640); *Esser*, S. 193; *Purschwitz*, S. 105 f.; *Rieble*, BB 2009, 1016 (1021); *ders.*, BB 2009, 1612 (1616); *Schemmel/Slowinski*, BB 2009, 830 (832); dagegen: *Graf/Link*, NJW 2009, 409 (411).
1434 EStH 2016, H 4.14.
1435 EStH 2008, H 4.14; ab EStH 2009, H 4.14 wird nicht mehr nur noch auf § 119 Abs. 1 Nr. 1 BetrVG, sondern auf den gesamten § 119 Abs. 1 BetrVG verwiesen.
1436 *Rieble*, NZA 2008, 276 (278).

über nach § 78 Satz 2 BetrVG unzulässige Zuwendungen. Dabei muss dem Betriebsratsmitglied bewusst sein, dass der Arbeitgeber diese Belege nutzen will, um nicht abzugsfähige Ausgaben steuerlich in Abzug zu bringen.[1437] Hieran wird es in aller Regel fehlen, so dass eine Beihilfestrafbarkeit des Betriebsratsmitglieds zur Steuerhinterziehung nur in Ausnahmefällen verwirklicht sein dürfte.

IV. Strafprozessuale Überlegungen

Beweismaß im Verfahren vor den Strafgerichten bei der gerichtlichen Überprüfung einer verbotenen Begünstigung ist das nach der Lebenserfahrung ausreichende Maß an Sicherheit, das vernünftige und nicht nur auf denktheoretische Möglichkeiten gegründete Zweifel nicht zulässt.[1438] Der Nachweis einer unzulässigen Begünstigung muss vom Staat geführt werden. Umgekehrt muss das Gericht „in dubio pro reo" freisprechen, wenn es am Vorliegen einer für seine Entscheidung erheblichen Tatsache auch nach Ausschöpfen aller zur Verfügung stehenden Beweismittel Zweifel am Vorliegen dieser Tatsache hat.[1439] Eine Strafbarkeit des Arbeitgebers und des Betriebsratsmitglieds scheidet also aus, wenn es den Strafverfolgungsbehörden nicht gelingt, das Gericht vom Vorliegen von Tatsachen, die eine unzulässige Begünstigung i.S.d. § 78 Satz 2 BetrVG darstellen, zweifelsfrei zu überzeugen.

V. Zusammenfassung

Als Folge der unzulässigen Betriebsratsbegünstigung kommt eine Strafbarkeit nach § 119 Abs. 1 Nr. 3 BetrVG zwar grundsätzlich in Betracht. Praktisch ist das Strafbarkeitsrisiko insbesondere wegen der Ausgestaltung des Delikts als absolutes Antragsdelikt allerdings niedrig. Daneben kommt eine Strafbarkeit nach § 266 StGB in Betracht. Hier bestehen jedoch enorme tatbestandliche Schwierigkeiten. So bereitet insbesondere die Feststellung der Tatbestandsmerkmale der Vermögensbetreuungspflicht und des Vermögensschadens große Probleme. Denkbar ist zuletzt eine Strafbarkeit wegen Steuerhinterziehung nach § 370 AO.

1437 *Rieble/Klebeck*, NZA 2006, 758 (768).
1438 BGH v. 30.08.2006 – 2 StR 198/06, NStZ-RR 2007, 43 Rn. 9.
1439 BVerfG v. 6.11.1974 – 2 BvR 407/74, MDR 1975, 468 (468).

Bei der strafrechtlichen Bewertung ist auch immer der Grundsatz „in dubio pro reo" zu beachten. Nicht aufklärbare Ungewissheiten im Hinblick auf Tatsachenfragen sind zwingend zugunsten des angeklagten Arbeitgebers oder Betriebsratsmitglieds zu berücksichtigen. Dies bedeutet, dass beispielsweise nicht der Arbeitgeber nachweisen muss, dass er dem Betriebsratsmitglied keine unzulässigen Leistungen i.S.d. § 78 Satz 2 BetrVG zugewandt hat. Der Nachweis des Gegenteils obliegt vielmehr dem Staat.

§ 8 Abschaffung des Ehrenamtsprinzips de lege ferenda?

Ist das Ehrenamtsprinzip noch zeitgemäß? Bereits seit Mitte der 1990er Jahre wird vermehrt Kritik an der Ausgestaltung des Betriebsratsamtes als unentgeltliches Ehrenamt geäußert.[1440] Das Ehrenamtsprinzip sei *„antiquiert und überholt"*.[1441] Es entspreche nicht länger der Rechtswirklichkeit in (großen) Unternehmen. Die Frage, ob die Abkehr vom Ehrenamtsprinzip hin zu einem „Berufsbetriebsratstum" die Lösung des Problems unzulässiger Begünstigungen *de lege ferenda* ist, wird in diesem Kapitel untersucht. Hierbei wird zunächst näher auf die Kritik am Ehrenamtsprinzip eingegangen. Sodann werden die von der Literatur vorgeschlagenen Lösungsansätze zur Einführung einer Vergütung von Betriebsratstätigkeit diskutiert. Im Anschluss soll gezeigt werden, dass das Ehrenamtsprinzip nach wie vor seine Berechtigung hat. Zuletzt wird die Frage beleuchtet, ob und inwiefern vor diesem Hintergrund Reformbedarf besteht.

A. Kritik am Ehrenamtsprinzip

I. Professionalisierung der Betriebsratsarbeit

Vermehrt wird im Schrifttum kritisiert, das Ehrenamtsprinzip werde der zunehmenden Professionalisierung der Betriebsratsarbeit, die jedenfalls in Großunternehmen Realität sei, nicht gerecht.[1442] Das Wirtschaftsleben werde immer komplexer, schnelllebiger und internationaler. Dies stelle auch die Betriebsratsarbeit vor neue Herausforderungen.[1443] Dem Betriebsrat und insbesondere seinem Vorsitzenden werde zunehmend Führungsverantwortung auferlegt, wie beispielsweise das Schaffen einer gewissen Akzeptanz in den Reihen der Arbeitnehmer bei Restrukturierungsmaßnahmen.[1444] Der Arbeitgeber überlasse oftmals dem Betriebsrat die Kommunikation über wichtige Betriebsänderungen mit der Beleg-

---

1440 *Farthmann*, in: FS Stahlhacke, 115.
1441 *Rieble*, NZA 2008, 276 (280).
1442 *Farthmann*, in: FS Stahlhacke, 115 (126 ff.); *Franzen*, ZAAR 2008, 47 (48 ff.); *Rieble*, ZAAR, 10 (23 ff.); a.A. *Esser*, S. 208; *Fischer*, NZA 2007, 484 (489); *Lipp*, S. 204; Schaub/*Koch*, § 221 Rn. 2; *Weinspach*, in: FS Kreutz, 485 (496).
1443 *Franzen*, ZAAR, 47 (48); *Klebe*, AiB 2006, 558 (565).
1444 *Rieble*, ZAAR 2008, 9 (22).

schaft. Dieses Führungs- und Kommunikationsverhalten von Betriebsräten erfordere zunehmende Professionalität.[1445] Zudem verlange das moderne Betriebsratsamt wirtschaftliches Verständnis, insbesondere in multinationalen Unternehmen zusätzliche Sprachkenntnisse sowie Sachverstand und vertiefte Kenntnisse der Unternehmensstrukturen.[1446] Die zunehmende Professionalisierung zeige sich auch darin, dass die Betriebsratsmitglieder immer mehr Zeit für die Betriebsratstätigkeit aufwenden müssen, um die Arbeitnehmerinteressen sachgerecht zu vertreten. Überdies habe der Gesetzgeber dem Betriebsrat mit der BetrVG-Reform im Jahre 2001 weitere Aufgaben übertragen[1447], wie beispielsweise das Vorschlagsrecht zur Beschäftigungssicherung (§ 92a BetrVG), Umweltschutz (§ 89 BetrVG) sowie das Antragsrecht für Maßnahmen zur Bekämpfung der Fremdenfeindlichkeit im Betrieb (§ 80 Nr. 7 BetrVG). Darüber hinauss verdeutliche die Tatsache, dass der Gesetzgeber die Vergrößerung der Betriebsratsgremien und die Erhöhung der Anzahl der freizustellenden Betriebsräte mit den komplexeren Aufgaben des Betriebsrats begründet hat.[1448] Das BetrVG habe das Betriebsratsamt einerseits als unentgeltliches Ehrenamt ausgestaltet, ermögliche jedoch andererseits durch großzügige Freistellungsregeln die Herausbildung professioneller Betriebsräte.[1449] Des Weiteren werde insbesondere in großen Unternehmen die Entstehung professioneller Betriebsratskarrieren durch die komplexen und hierarchischen Strukturen (Gesamt-, Konzertbetriebsrat, Wirtschaftsausschuss etc.) begünstigt.[1450]

Wer als Betriebsratsmitglied professionelle Arbeit im Interesse des Unternehmens sowie der Belegschaft leistet und dies oftmals über mehrere Wahlperioden hinaus, der dürfe eine dieser Berufsmäßigkeit entsprechende Bezahlung verlangen. Eine Professionalisierung sei nur durch professionelle Bezahlung möglich. *Rieble*[1451] zieht einen Vergleich mit den Kommunen. Niemand käme auf die Idee, vom Oberbürgermeister einer Großstadt wie München zu fordern, sein Amt ehrenamtlich auszuführen. Anders sehe dies für die Bürgermeister kleiner Gemeinden aus.

1445 *Rieble*, ZAAR 2008, 9 (23).
1446 *Rieble*, ZAAR 2008, 9 (30); *Schweibert/Buse*, NZA 2007, 1080 (1081).
1447 Vgl. die Begründung zum BetrVG-Reformgesetz 2001, BT-Drs. 14/5741, unter A I 5.
1448 *Franzen*, ZAAR 2008, 47 (53); *Farthmann*, in: FS Stahlhacke, 115 (123).
1449 *Franzen*, ZAAR 2008, 47 (53).
1450 *Franzen*, ZAAR 2008, 47 (54).
1451 *Rieble*, ZAAR 2008, 9 (31).

Dort sei es gang und gäbe, dass Bürgermeister ehrenamtlich tätig werden.[1452] Die zwingende Ausgestaltung der Betriebsratstätigkeit als unentgeltliches Ehrenamt stelle eine Behinderung der Professionalisierung der Betriebsratsarbeit dar. Die Unabhängigkeit der Betriebsratsmitglieder werde durch eine Professionalisierung der Betriebsratstätigkeit – selbst durch eine professionelle Bezahlung der Betriebsräte – nicht gefährdet, solange das Vergütungssystem transparent sei.[1453] Wer seine ganze Schaffenskraft über mehrere Jahre der Betriebsratstätigkeit und der Interessenvertretung der Belegschaft widme, solle professionell arbeiten und für diese faktisch hauptamtliche Tätigkeit auch angemessen vergütet werden.[1454]

II. Der Betriebsrat als „Co-Manager"

Es gebe gute Gründe für eine zusätzliche Vergütung, denn die Betriebsratsarbeit sei eine anspruchsvolle und unternehmerisch bedeutende Tätigkeit.[1455] Der Betriebsrat wirke an gewichtigen Unternehmensentscheidungen und somit an der Gestaltung der betrieblichen Struktur mit.[1456] Daher müsse die Frage zulässig sein, ob dieser gestiegenen Verantwortung nicht auch mit einer entsprechenden Vergütung der einzelnen Betriebsräte Rechnung getragen werden müsse. Der dem Betriebsrat gegenüberstehende Vertreter des Arbeitgebers, der dieselbe betriebliche Verantwortung für die Gestaltung der betrieblichen Strukturen trage, müsse als Maßstab für die Vergütung des Betriebsrats dienen. Das Betriebsratsamt könne durchaus auch ein Karrierebaustein sein.[1457] Das Ehrenamtsprinzip sei auf kleine und mittlere Unternehmen zugeschnitten und nicht auf Großunternehmen mit Betriebsratsmitgliedern, die die Arbeit herausgehobener Funktionäre mit besonderer Verantwortung verrichten.[1458] Gerade in größeren Unternehmen werden freigestellte Betriebsratsmitglieder bereits in einem frühen Planungsstadium an Unternehmensentscheidungen beteiligt. Ihre tatsächliche Tätigkeit entferne sich daher immer mehr von der klassischen Betriebsratstätigkeit, hin zu der eines „Co-Managers", der mit der Unternehmensleitung gleichberechtigt „auf Augenhöhe"

1452 *Rieble*, ZAAR 2008, 9 (31).
1453 *Rieble*, ZAAR 2008, 9 (27).
1454 *Rieble*, ZAAR 2008, 9 (31).
1455 *Byers*, NZA 2014, 65 (69); *Farthmann*, in: FS Stahlhacke, 115 (126 ff.); *Rieble*, ZAAR 2008, 10 (23 ff.); für ein dispositiv ausgestaltetes Ehrenamt: *Franzen*, ZAAR 2008, 47 (57 ff.).
1456 *Röhrborn*, ArbRAktuell 2015, 573 (575).
1457 *Röhrborn*, ArbRAktuell 2015, 573 (575); so auch *Schweibert/Buse*, NZA 2007, 1080, 1083.
1458 *Rieble*, Reformbedarf in der betrieblichen Mitbestimmung, 127 (129).

verhandele. Professionalität sei in einer komplexen Wirtschaftswelt ein Gebot auch an Betriebsratsmitglieder, unabhängig davon, ob man sie als „Co-Manager" ansehe oder nicht.[1459]

B. Reformvorschläge in der Literatur

In der Literatur werden zur Lösung der oben beschriebenen Schwierigkeiten neben einer Aufgabe des (strengen) Ehrenamtsprinzips verschiedene Reformvorschläge gemacht. Die Reformvorschläge richten sich einerseits auf eine gesetzliche Neuregelung auf Tatbestandsseite, andererseits auf eine Ausweitung der Rechtsfolgen. Sie sollen hier vorgestellt und bewertet werden.

I. Gesetzliche Neuregelung

1. Gesetzlich normierte Betriebsratsvergütung

a. Vergütung der tatsächlichen Betriebsratstätigkeit

Eine Ansicht in der Literatur will die Vergütung für freigestellte Betriebsratsmitglieder unter Aufgabe des Ehrenamtsprinzips im Gesetz verankern. Die Betriebsratstätigkeit müsse wertigkeitsbezogen vergütet werden, um attraktiv zu bleiben und den gegenwärtigen Anforderungen sowie denen der Zukunft zu genügen. Es sei notwendig, Kriterien wie Komplexität, Verantwortung und die Reichweite der Aufgabenstellung bei der Bemessung der Vergütung zu berücksichtigen. Dies gelte insbesondere für die Betriebsratstätigkeit in großen und größten Betrieben. Ebenfalls zu berücksichtigen sei die Funktion, die das einzelne Betriebsratsmitglied im Betrieb bekleidet. Dadurch könne das paradoxe Ergebnis vermieden werden, dass der Betriebsratsvorsitzende weniger verdient als beispielsweise sein Stellvertreter, nur weil dieser zum maßgeblichen Zeitpunkt ein höheres Gehalt in seiner ursprünglichen Position bezogen hat.[1460]

Zu Recht kritisiert *Jacobs*[1461], dass die Anknüpfung an die Wertigkeit der Betriebsratstätigkeit zu Problemen führen wird. So wird man sich fragen müssen, nach welchen Kriterien „gute" Betriebsratsarbeit bestimmt werden kann und wer

---

1459 *Rieble*, Reformbedarf in der betrieblichen Mitbestimmung, 127 (129).
1460 *Byers*, NZA 2014, 65 (69); *Farthmann*, in: FS Stahlhacke, 115 (126 ff.); *Rieble*, ZAAR 2008, 10 (23 ff.); für ein dispositiv ausgestaltetes Ehrenamt: *Franzen*, ZAAR 2008, 47 (57 ff.).
1461 *Jacobs/Frieling*, ZfA 2015, 241 (262).

darüber befindet, ob diese Kriterien erfüllt sind – der Betriebsrat selbst, der Arbeitgeber oder die Belegschaft? Eine Möglichkeit, die Wertigkeit der tatsächlichen Betriebsratstätigkeit zu bemessen, soll darin bestehen, sie entsprechend der vergleichbaren Tätigkeit im Management zu vergüten.[1462] Die Vergütung eines Betriebsratsvorsitzenden könne beispielsweise der des Personalleiters entsprechen.[1463] Dies fördere die Verhandlungsparität, denn nur bei vergleichbarer Vergütung sei der Betriebsratsvorsitzende dazu in der Lage, mit dem Personalleiter auf Augenhöhe zu verhandeln.[1464]

Gegen die Vergütung der Betriebsratsmitglieder entsprechend der Wertigkeit ihrer Tätigkeit spricht, dass hiermit im Vergleich zur Vergütung nach dem Lohnausfallprinzip nichts gewonnen wäre. Vielmehr würden zahlreiche neue Probleme geschaffen. Objektive Kriterien für eine angemessene Vergütung der Betriebsratstätigkeit werden sich kaum festlegen lassen. Zum einen dürften die Betriebsratsmitglieder – je nach wirtschaftlicher Lage des Unternehmens – unterschiedlich stark beansprucht sein. Zum anderen drohen Interessenkonflikte, wenn der Arbeitgeber die Kriterien festlegt, gleichermaßen wie bei der Bestimmung der Vergütung durch den Betriebsrat. Hier besteht die begründete Gefahr, dass sich der Arbeitgeber das Wohlwollen des Betriebsrats durch eine möglichst hohe Vergütung erkaufen will oder in der Belegschaft dieser Eindruck entsteht.[1465] Die Unabhängigkeit des Betriebsrats und das Vertrauen der Belegschaft in ihre Arbeitnehmervertreter würden dadurch gefährdet. Kann die Belegschaft selbst über die Vergütung ihrer Interessenvertreter bestimmen, führt dies für den Arbeitgeber zu dem unbefriedigenden Ergebnis, dass die Kosten für den Betriebsrat umso höher liegen, je besser die ausgehandelten Ergebnisse für die Belegschaft sind.[1466] Weiter würde der Ansatz, die Vergütung freigestellter Betriebsratsmitglieder anhand vergleichbarer Tätigkeiten im Management zu bemessen, zu zwei Problemen führen: Zum einen müsste man ein Betriebsratsmitglied, das entsprechend einem lei-

---

1462 *Farthmann*, in: FS Stahlhacke, 115 (126); *Franzen*, ZAAR 2008, 47 (59); *Rüthers*, NJW 2007, 195 (196).
1463 *Franzen*, ZAAR 2008, 47 (59).
1464 *Farthmann*, in: FS Stahlhacke, 115 (126).
1465 So zutreffend auch *Jacobs/Frieling*, ZfA 2015 241 (262 f.).
1466 *Jacobs/Frieling*, ZfA 2015 241 (262 f.).

tenden Angestellten vergütet wird, da seine Tätigkeit und Position gleich „bewertet" wird, wohl auch als leitenden Angestellten i.S.d. § 5 Abs. 3 BetrVG behandeln. Dies hätte die Konsequenz, dass seine Mitgliedschaft im Betriebsrat von Gesetzes wegen erlischt, § 24 Nr. 4 BetrVG. Weiter würde eine wertigkeitsbezogene Vergütung das Betriebsratsamt zum Beruf erheben. Die Betriebsratstätigkeit wäre dann eine Arbeitsleistung, auf die der Arbeitgeber einen Anspruch i.S.d. § 194 Abs. 1 BGB hat. Dies hätte das Haftungsrisiko des Betriebsratsmitglieds wegen der Verletzung von (nun) arbeitsvertraglichen Pflichten zur Folge. Zuletzt spricht gegen eine solch wertigkeitsbezogene Vergütung, dass das Betriebsratsmitglied im Falle seiner Nicht-Wiederwahl bei Ausscheiden aus dem Betriebsrat einen Absturz seiner hohen Managervergütung zurück auf seine Ursprungsvergütung befürchten müsste.

b. Begrenzung auf freigestellte Betriebsratsmitglieder

Ein Teil der Literatur will das oben dargestellte Vergütungsmodell auf (vollständig) freigestellte Betriebsratsmitglieder beschränken. Für nicht freigestellte Betriebsratsmitglieder solle es hingegen bei § 37 Abs. 1 BetrVG bleiben.[1467] Dieser Ansatz überzeugt aus mehreren Gründen nicht. Zum einen würde er zur Bildung einer Zwei-Klassen-Gesellschaft innerhalb des Gremiums führen. Die Ungleichbehandlung von freigestellten Betriebsratsmitgliedern mit nicht freigestellten Betriebsratsmitgliedern dürfte einer konstruktiven Zusammenarbeit im Gremium nicht dienlich sein, zumal der Betriebsrat per Beschluss über die Auswahl der freizustellenden Betriebsratsmitglieder und damit auch über die eigene Vergütung entscheidet. Diese Ungleichbehandlung erscheint überdies nicht sachlich gerechtfertigt. Teil- oder nicht freigestellte Betriebsratsmitglieder üben die gleiche Tätigkeit aus wie voll freigestellte Betriebsratsmitglieder. Faktisch würde ihre Tätigkeit nach dem vorgeschlagenen Modell aber als qualitativ anspruchsloser angesehen werden, was einer spannungsfreien Zusammenarbeit im Interesse der Arbeitnehmer ebenfalls nicht zuträglich ist. Dieser Ansatz führt zu einer Vergrößerung der Ungerechtigkeit und ist somit abzulehnen.

1467 *Byers*, NZA 2014, 65 (70); *Franzen*, ZAAR 2008, 47 (59).

c. Budgetierung oder Umlagefinanzierung

Ein weiterer Lösungsvorschlag sieht vor, dem Betriebsrat für jedes Geschäftsjahr entweder ein Budget für Sach- und Personalkosten einzuräumen[1468] oder ein Umlagefinanzierungsmodell einzuführen.[1469]

Im ersten Fall muss der Betriebsrat eigenverantwortlich sämtliche Kosten, einschließlich der Vergütung seiner Mitglieder, aus dem vom Arbeitgeber zur Verfügung gestellten Budget finanzieren und die Mittel nach eigenem Ermessen verteilen. Dagegen spricht, dass es kaum möglich sein dürfte, die Höhe des jährlichen Budgets am Anfang des Geschäftsjahres zuverlässig festzulegen. Ob man den Betriebsratsmitgliedern zudem zugestehen möchte, innerhalb des Budgets frei über die Höhe ihrer Vergütung zu entscheiden, ist äußerst fraglich. Zum einen kann kein Arbeitnehmer frei über seine Vergütung bestimmen. Zum anderen wären Unstimmigkeiten und eine Konkurrenzsituation innerhalb des Gremiums die Folge. Ein höheres Einkommen für ein Betriebsratsmitglied führt notwendigerweise zu einem niedrigeren Einkommen für ein anderes Betriebsratsmitglied.[1470] Der Betriebsrat soll sich nicht mit der Verteilung der eigenen Vergütung beschäftigen, sondern mit der Vertretung der Arbeitnehmerinteressen. Auch dürfte die Festlegung der eigenen Vergütung durch die Betriebsratsmitglieder der Belegschaft nur schwer vermittelbar sein.

Gleiches gilt für den Vorschlag, ein Umlagefinanzierungsmodell einzuführen.[1471] Umlagefinanzierung meint die Finanzierung des Betriebsrats durch die Belegschaft, indem der Arbeitgeber einen gewissen Prozentsatz des Bruttolohns einbehält und diesen an einen Betriebsratsfonds abführt. Dem steht *de lege lata* § 41 BetrVG entgegen, der die Erhebung von Leistungen und Beiträgen der Arbeitnehmer für Zwecke des Betriebsrats verbietet. Gegen die Einführung eines solchen Modells spricht, dass auch hier wieder unklar ist, wer sinnvollerweise über die Höhe der Umlage entscheiden sollte. Wären der Arbeitgeber oder der Betriebsrat entscheidungsbefugt, riskieren sie den Unmut der Belegschaft auf sich zu ziehen, falls sie ihnen eine zu hohe Umlage auferlegen. Läge die Entscheidung über die

---

1468 *Fischer*, BB 2007, 997 (1000); angedeutet auch bei *Rieble*, ZAAR 2008, Rn. 79.
1469 *Merz*, Die Welt v. 18.08.2005, S. 4 (zitiert nach *Jacobs/Frieling*, ZfA 2015, 241 (264)).
1470 *Weinspach*, in: FS Kreutz, 485 (494).
1471 *Merz*, Die Welt v. 18.08.2005, S. 4 (zitiert nach *Jacobs/Frieling*, ZfA 2015, 241 (264)); *Franzen*, ZAAR 2008, 47 (63 f.).

Höhe der Umlage bei der Belegschaft selbst, müsste sie sich zwischen einem höheren Einkommen und der ausreichenden Finanzierung ihrer Arbeitnehmervertreter entscheiden. Die Betriebsratsmitglieder müssten dann einen Teil ihrer Amtszeit darauf verwenden, die Belegschaft davon zu überzeugen, ihnen ausreichende Mittel zur Verfügung zu stellen und zu diesem Zweck auf einen Teil ihrer eigenen Vergütung zu verzichten. Die Gefahr, dass die Betriebsräte nicht mehr mit ausreichenden Mitteln ausgestattet werden, ist nicht von der Hand zu weisen.

2. Öffnungsklausel

Zum Teil wird vorgeschlagen, das Ehrenamtsprinzip bzw. die §§ 37 bis 41 BetrVG dispositiv zu stellen und sie für abweichende Regelungen in Anlehnung an § 38 Abs. 1 Satz 5 BetrVG durch Tarifvertrag oder Betriebsvereinbarung zu öffnen.[1472] Das Postulat der „Unentgeltlichkeit" könne seinen Zweck, die Unabhängigkeit und Unparteilichkeit der Betriebsratstätigkeit zu gewährleisten, nicht erreichen, da zum Teil berechtigte Vergütungserwartungen in die Illegalität gedrängt würden.[1473] Zwar gebe man durch die dispositive Ausgestaltung des § 37 Abs. 1 BetrVG partiell das Leitbild des „unentgeltlichen Ehrenamts" auf, jedoch sei das Betriebsratsamt bei genauem Hinsehen nicht unentgeltlich. Der Arbeitgeber müsse auch nach dem derzeitigen § 37 BetrVG diejenige Vergütung bezahlen, die dem Betriebsratsmitglied aufgrund seines Arbeitsvertrages zusteht.[1474] Daher gehe es vor allem um die Zulässigkeit von Vergütungsleistungen des Arbeitgebers an das Betriebsratsmitglied, die über das hinausgehen, was das Betriebsratsmitglied aufgrund seines Arbeitsvertrages beanspruchen kann. Die Betriebsratstätigkeit habe für das Unternehmen nämlich unter Umständen einen höheren Wert.[1475] Im Hinblick auf das Ziel, die Unabhängigkeit und Unparteilichkeit der Betriebsratsmitglieder zu sichern, sei es sinnvoller, eine transparente, klare und öffentlich zugängliche Regelung zur Betriebsratsvergütung zu schaffen.[1476] Die Regelungen müssten jedoch freiwillig sein; Zwangsschlichtungen durch die Einigungsstelle dürfe es bei Betriebsvereinbarungen in diesem Zusammenhang

---

1472 *Byers*, NZA 2014, 65 (69 f.); *Franzen*, ZAAR 2008, 47 (65); *ders.*, in: FS Adomeit, 173 (180 f.); *Rieble*, NZA 2008, 276 (280).
1473 *Franzen*, ZAAR 2008, 47 (65).
1474 *Franzen*, ZAAR 2008, 47 (55).
1475 *Franzen*, ZAAR 2008, 47 (55).
1476 *Franzen*, ZAAR 2008, 47 (55); für Transparenz im Rahmen von § 37 Abs. 4 BetrVG auch *Fischer*, NZA 2007, 484 (485).

nicht geben.[1477] Für Tarifverträge müsse dies ebenfalls gelten. Arbeitskämpfe seien damit ausgeschlossen.[1478] Zudem bedürfe die Regelung zur Betriebsratsvergütung sachlicher Gründe, da sonst die Wertungen des § 78 Satz 2 Alt. 2 BetrVG unterlaufen würden.[1479] Auch sei eine solche Öffnungsklausel nur für große Betriebe zweckdienlich. Kleinbetriebe könnten weiter dem Ehrenamtsprinzip unterliegen. Wo hier die Grenze liegen soll, wird unterschiedlich beurteilt. Manche wollen unter Hinweis auf § 38 Abs. 1 BetrVG die Öffnungsklausel nur auf Betriebe mit mehr als 200 regelmäßig beschäftigten Mitarbeitern anwenden.[1480] Erst ab dieser Größe gehe der Gesetzgeber davon aus, dass die Betriebsratstätigkeit so komplex sei, dass Betriebsräte von der Arbeit freigestellt werden müssen, um diese zu erfüllen. Andere stellen analog § 1 Abs. 1 Nr. 2 MitbestG sogar auf eine Betriebsgröße von 2.000 Mitarbeitern ab.[1481] Diese Ansicht räumt jedoch ein, es komme so zu einer *„Zwei-Klassen-Gesellschaft"*. Diese lasse sich indes mit einem kommunalpolitischen Vergleich rechtfertigen. Dort gebe es den bezahlten Bürgermeister auf der einen, den ehrenamtlichen Gemeinderat auf der anderen Seite.[1482]

Gegen den Vorschlag einer Öffnungsklausel spricht insbesondere, dass dadurch eine unabhängige und unparteiische Betriebsratsarbeit gefährdet wird. Könnten sich der Arbeitgeber und der Betriebsrat im Rahmen einer Betriebsvereinbarung auf die Vergütung der Betriebsratsmitglieder einigen, steigt die Versuchung auf beiden Seiten, sich das Wohlwollen der jeweils anderen Seite zu erkaufen. Dies gilt umso mehr, als die Betriebsparteien infolge der Legalisierung der Vergütung der Betriebsratstätigkeit keine Sanktionen mehr zu befürchten hätten. Dieser Gefahr könnte auch durch mehr Transparenz nicht hinreichend begegnet werden. Zwar ist die Forderung nach mehr Transparenz berechtigt und zutreffend, denn sie erschwert eine unverhältnismäßig hohe Bezahlung einzelner Betriebsratsmit-

---

1477 *Franzen*, ZAAR 2008, 47 (57).
1478 Vgl. *Franzen*, ZAAR 2008, 47 (57).
1479 *Byers*, NZA 2014, 65 (69).
1480 *Weinspach*, in: FS Kreutz, 485 (493).
1481 *Byers*, NZA 2014, 65 (69).
1482 *Rieble*, ZAAR 2008, 9 (31).

glieder. Allerdings ist die fehlende Transparenz keine Folge des Ehrenamtsprinzips, sondern wäre auch *de lege lata* mit diesem vereinbar.[1483] Ein Alternativvorschlag sollte den *Status Quo* jedoch verbessern und ihn nicht lediglich verändern. Daher lässt sich aus der (berechtigten) Forderung nach mehr Transparenz nicht die Erforderlichkeit einer Öffnungsklausel folgern.

Kommt die Vereinbarung über die Betriebsratsvergütung durch Tarifvertrag zustande, sprechen vergleichbare Argumente dagegen, eine solche Vereinbarung zuzulassen. So ist es wegen der engen personellen Verflechtungen von Gewerkschaft und Betriebsräten – knapp 75% aller gewählten Betriebsratsmitglieder sind zugleich Mitglied einer Gewerkschaft[1484] – möglich, dass die Betriebsräte über die Gewerkschaft Druck auf den Arbeitgeber ausüben, um eine möglichst hohe Vergütung auszuhandeln. Daneben ist die dadurch geschaffene Konkurrenzsituation zwischen den verschiedenen Gewerkschaften um den besten „Betriebsratsvergütungsabschluss" nicht förderlich für eine erfolgreiche Vertretung der Arbeitnehmerinteressen.

Auch die von *Rieble*[1485] gezogenen Parallele zu politischen Ämtern verfängt nicht. Die beiden Ämter sind schon deshalb nicht vergleichbar, weil auf politischer Ebene kein Arbeitgeber existiert, gegenüber dem der Inhaber des politischen Amtes die Interessen der Belegschaft repräsentieren muss. Auch kompensiert der Arbeitgeber einen etwaigen Lohnausfall des betriebsverfassungsrechtlichen Amtsträgers durch das Lohnausfallprinzip. Der Inhaber eines politischen Amtes hat diese Möglichkeit nicht. Muss er seine Erwerbstätigkeit zugunsten seines politischen Amtes aufgeben, ist er auf diese Bezüge angewiesen. Das Amt des Betriebsrats ist daher nicht vergleichbar mit einem „klassischen" politischen Wahlamt, selbst wenn die Betriebsratsmitglieder auch „Unternehmenspolitik" betreiben. Ein Vergleich zur Festlegung parlamentarischer Diäten führt ebenfalls nicht weiter. Zwar legen die betroffenen Parlamentarier durch Bundes- oder Landesgesetz ihre Diäten selbst fest. Dies ist allerdings einzig dem Umstand geschuldet, dass kein höheres, demokratisch legitimiertes Gremium zur Vergütung steht.

1483 So auch *Fischer*, NZA 2014, 71 (74); *Jacobs/Frieling*, ZfA 2015, 241 (265).
1484 *Greifenstein/Kißler/Lange*, Trendreport Betriebsrätewahlen 2014, Zwischenbericht, August 2014, 17.
1485 *Rieble*, ZAAR 2008, 9 (31).

Auch das Argument, wenn das Bild vom „Feierabendpolitiker" in der heutigen Zeit nicht mehr passe, gelte dies auch für das ehrenamtliche Betriebsratsmitglied, denn beide forderten den ganzen Mann bzw. die ganze Frau[1486], überzeugt nicht. Indem in Unternehmen ab 200 regelmäßig beschäftigten Mitarbeitern die Möglichkeit besteht, Betriebsratsmitglieder vollständig von ihrer beruflichen Tätigkeit zu befreien, hat der Gesetzgeber durch die Einführung des § 38 BetrVG diesem Erfordernis Rechnung getragen. Die vollständig freigestellten Betriebsratsmitglieder stehen für die Betriebsratsarbeit voll zur Verfügung.

Aus diesem Grund lässt sich auch das durch die Öffnungsklausel, die an eine bestimmte Betriebsgröße gebunden ist, geschaffene Zwei-Klassen-System nicht durch den Vergleich mit einem politischen Amt rechtfertigen. Die Ungleichbehandlung von kleinen und großen Betrieben im Hinblick auf eine Vergütung der Betriebsratstätigkeit selbst ist nicht gerechtfertigt. Die in kleinen Betrieben anfallenden Betriebsratsaufgaben sind nicht zwingend leichter oder weniger komplex, selbst wenn davon ausgegangen werden kann, dass der Tätigkeitsumfang mit zunehmender Betriebsgröße steigt. Der Betriebsrat wird jedoch mit steigender Betriebsgröße personell verstärkt, so dass die Arbeitslast für einzelne Betriebsratsmitglieder nicht zwingend ansteigt. Sofern ein Betriebsratsmitglied seine erforderliche Betriebsratstätigkeit aus betrieblichen Gründen nicht während seiner Arbeitszeit erfüllen kann, steht ihm der Anspruch aus § 37 Abs. 3 BetrVG zu, um eine solche Mehrbelastung auszugleichen.[1487] Der Vorschlag, eine Öffnungsklausel einzuführen, die das Ehrenamtsprinzip dispositiv stellt, ist daher abzulehnen.

II. Schaffung wirkungsvoller Sanktionsmöglichkeiten

Ein weiterer Kritikpunkt sind die fehlenden Sanktionsmöglichkeiten. Die Regelungen des § 23 BetrVG (Amtsenthebungsverfahren) und des § 119 Abs. 1 Nr. 3 BetrVG (strafbare Betriebsratsbegünstigung) seien nicht geeignet, einen umfassenden Schutz vor unzulässiger Betriebsratsbegünstigung zu gewährleisten. Die im Gesetz vorgesehenen Sanktionen seien eine *„ersichtliche Fehlkonstruktion"*.[1488] Das für einen Antrag nach § 23 Abs. 1 BetrVG erforderliche Quorum in Höhe von 25% der wahlberechtigten Arbeitnehmer sei insbesondere in größeren

---

1486 *Fahrtmann*, in: FS Stahlhacke, 115 (116).
1487 Im Einzelnen dazu unter „Tatsächliche Mehrarbeit", S. 153.
1488 *Schweibert/Buse*, NZA 2007, 1080 (1085 f.).

Betrieben viel zu hoch.[1489] Sinnvoller sei es auf § 14 Abs. 4 BetrVG zurückzugreifen. Dann sei ein Quorum in Höhe von 5% oder mindestens drei der wahlberechtigten Arbeitnehmer ausreichend. Auch müsse das Antragsrecht auf das einzelne Betriebsratsmitglied erweitert werden.[1490] Dies müsse auch im Hinblick auf § 23 Abs. 3 BetrVG gelten. Auch hier müsse dem einzelnen Betriebsratsmitglied ein Antragsrecht eingeräumt werden.[1491]

Auch der Tatbestand des § 119 Abs. 1 Nr. 3 BetrVG müsse erweitert werden, so dass *de lege ferenda* die Entgegennahme durch das Betriebsratsmitglied vom Tatbestand erfasst wäre.[1492] Anders könne § 119 BetrVG keinen effektiven Schutz gegen Korruption im Unternehmen gewährleisten. Daneben sei die Antragsbefugnis des § 119 Abs. 2 BetrVG zu korrigieren.[1493] Typischerweise stehe die Antragsberechtigung vor allem den Verletzten einer Straftat zu – im Falle der unzulässigen Betriebsratsbegünstigung also die Belegschaft. Dieser müsse daher ebenfalls eine Antragsberechtigung zustehen. Denkbar sei auch, die Strafbarkeit von Amts wegen zuzulassen. Zu erwägen sei auch die Schaffung gänzlich neuer Straftatbestände.[1494]

Die Kritik der Literatur an der Wirksamkeit möglicher Sanktionen ist zutreffend. *De lege lata* drohen im Falle einer unzulässigen Begünstigung insbesondere für das Betriebsratsmitglied aus den in der Literatur genannten Gründen in der Praxis kaum haftungs- und strafrechtliche Konsequenzen. Hier sind Reformen angezeigt. Wie diese aussehen sollen, wird im nächsten Teil dieser Arbeit ausführlich besprochen.[1495]

1489 *Byers*, NZA 2014, 65 (70); *Fischer*, BB 2007, 997 (1001).
1490 *Rüthers*, RdA 1976, 61 (64).
1491 *Esser*, S. 224 f.
1492 *Schweibert/Buse*, NZA 2007, 1080 (1085 f.).
1493 *Fischer*, BB 2007, 997 (1000); *Rieble*, ZAAR 2008, S. 29; *Rüthers*, RdA 1976, 61 (64).
1494 *Esser*, S. 228; *Fischer*, BB 2007, 997 (1000); *Rieble*, ZAAR 2008, S. 29, die die Schaffung neuer Straftatbestände im Ergebnis zu Recht ablehnen.
1495 Siehe „Reform des § 23 Abs. 1 BetrVG", S. 446 und „Reform des § 119 BetrVG", S. 448.

C. Eigener Ansatz

I. Legitimation des Ehrenamtsprinzips

Das Ehrenamtsprinzip hat eine lange Tradition. Eine dem heutigen § 37 Abs. 1 BetrVG vergleichbare Regelung fand sich bereits in § 35 Satz 1 Betriebsrätegesetz vom 4. Februar 1920 (BRG 1920)[1496]. Der Gesetzgeber hatte in der Vergangenheit im Zuge verschiedener Reformen des BetrVG mehrfach die Gelegenheit, das Ehrenamtsprinzip aufzugeben und das „Berufsbetriebsratstum" im BetrVG zu verankern. Davon hat er bislang – trotz der in der Literatur vorgebrachten Kritik[1497] – keinen Gebrauch gemacht. Er hat im Gegenteil den Geltungsbereich des Ehrenamtsprinzips ausgeweitet und dieses bei der Umsetzung der Richtlinie 94/54/EG für Europäische Betriebsräte in § 40 EBRG ebenfalls verankert.[1498] Ob die von der Literatur geforderte Aufgabe des Ehrenamtsprinzips dennoch sinnvoll ist, richtet sich danach, ob ein System der Betriebsratsvergütung denkbar ist, das dem *de lege lata* geltenden System überlegen ist. Dazu müsste die Vergütung der Betriebsratstätigkeit für den Betriebsrat als „Co-Manager" zwingend sein und unter Aufgabe des Ehrenamtsprinzips die folgenden Kriterien erfüllen: Zunächst müsste die Unabhängigkeit und Unparteilichkeit der Betriebsratsmitglieder weiter gewährleistet sein, damit sie die ihnen anvertrauten Arbeitnehmerinteressen interessengerecht vertreten können. Das BetrVG hält den Schutz der Unabhängigkeit und Unparteilichkeit der Betriebsratsmitglieder durch das Ehrenamtsprinzip sowie die Mittel des Entgeltschutzes, der Freistellung und des Sonderkündigungsschutzes in seiner derzeitigen Fassung sehr hoch. Zweitens dürfte ein solches System auch für den Arbeitgeber keinen Anreiz schaffen, sich das Wohlwollen der Betriebsratsmitglieder zu erkaufen. Zuletzt dürfte ein solches Vergütungssystem die Glaubwürdigkeit der Betriebsratsmitglieder und die Akzeptanz der von ihnen mit der Arbeitgeberseite ausgehandelten Vereinbarungen nicht beeinträchtigen.

1496 RGBl. 1920, S. 147, erlassen auf Grundlage des Art. 165 der Weimarer Reichsverfassung; siehe im Einzelnen zur „Entstehungsgeschichte", S. 40.
1497 Siehe oben unter „Kritik am Ehrenamtsprinzip", S. 442.
1498 „Richtlinie über die Einsetzung eines Europäischen Betriebsrats oder die Schaffung eines Verfahrens zur Unterrichtung und Anhörung der Arbeitnehmer in gemeinschaftsweit operierenden Unternehmen und Unternehmensgruppen" v. 22.09.1994, Abl. EG Nr. L 254 S. 64; mit § 42 S. 2 Nr. 3 SEBG existiert für die Mitglieder des SE-Betriebsrats eine inhaltlich vergleichbare Regelung.

1. Erforderlichkeit einer Betriebsratsvergütung für den Betriebsrat als „Co-Manager"?

In der Literatur wird seit einiger Zeit gefordert, das Ehrenamtsprinzip abzuschaffen und Betriebsratsmitglieder entsprechend ihrer neuen Rolle als „Co-Manager" zu vergüten.[1499] Dies überrascht nicht angesichts des immer weiter gefächerten Aufgabenbereichs für Betriebsratsmitglieder und erscheint auf den ersten Blick einleuchtend. Wenn ein Betriebsratsmitglied faktisch tatsächlich dieselbe Verantwortung trägt und denselben Risiken ausgesetzt ist wie ein Mitglied des Managements, dann ist die Forderung nach einer vergleichbaren Bezahlung durchaus nachvollziehbar. Auch „normale" Arbeitnehmer werden üblicherweise entsprechend der Wertigkeit der Leistung bezahlt, die sie für ihren Arbeitgeber erbracht haben.[1500] Hingegen ist es *de lege lata* nicht zulässig, das Betriebsratsmitglied entsprechend der Wertigkeit, die seine Betriebsratstätigkeit für seinen Arbeitgeber hat, zu bezahlen. Dies gilt selbst dann, wenn die Leistung des Betriebsratsmitglieds für den Arbeitgeber werthaltiger ist, als es seine Leistung als Arbeitnehmer gewesen wäre. Das erscheint ungerecht. Für die Frage, ob das Ehrenamtsprinzip noch zeitgemäß ist oder nicht einem leistungsabhängigen Vergütungssystem weichen muss, ist zunächst entscheidend, ob die Betriebsratsmitglieder sich seit Einführung des Ehrenamtsprinzips tatsächlich zu „Co-Managern" mit vergleichbarer Verantwortung und Haftungsrisiken weiterentwickelt haben.

a. Die Rolle des Betriebsrats nach der Gesetzeskonzeption und in der Rechtswirklichkeit

Der Betriebsrat fungiert als Interessenvertreter der Arbeitnehmer. Dabei nimmt er über erzwingbare Mitbestimmungsrechte teilweise an Arbeitgeberentscheidungen teil. Daneben hat der Betriebsrat die Möglichkeit, über seine Informations- und Konsultationsrechte Einfluss auf die Entscheidungen des Arbeitgebers zu nehmen. Wegen des Prinzips der vertrauensvollen Zusammenarbeit aus § 2 Abs. 1 BetrVG ist der Betriebsrat darüber hinaus bei vielen Entscheidungen des Arbeitgebers bereits im Planungsstadium involviert.[1501] Die Beteiligung des Betriebsrats dient zuvorderst auch dazu, den von ihm mitgetragenen Entscheidungen zu mehr

---

1499 Zur Kritik der Literatur im Einzelnen siehe oben „Der Betriebsrat als „Co-Manager", S. 424.
1500 *Weinspach*, in: FS Kreutz, 485 (486).
1501 Näher zur Rolle des Betriebsrats, GK-BetrVG/*Franzen*, § 1 Rn. 62 ff.; *Fitting*, § 2 Rn. 15 ff.

Akzeptanz innerhalb der Belegschaft zu verhelfen.[1502] In dieser Rolle sehen einige die Teilhabe der Betriebsratsmitglieder an unternehmerischen Entscheidungen auf einer Ebene mit dem Management. So betrachteten sich auch die Protagonisten im VW-Skandal um Hartz und Volkert selbst als Teil des Spitzenmanagements, das gemeinsam für den wirtschaftlichen Erfolg des Unternehmens verantwortlich war.[1503] Wenn dem so wäre, würden Betriebsräte weit über die ihnen im BetrVG zugeschriebenen Mitbestimmungsrechte hinaus direkten Einfluss auf unternehmerische Entscheidungen nehmen. Damit wären die Grenzen zwischen der Funktion des Managements und betrieblichen Interessenvertretern verschmolzen. Dazu sagte Volkert: *„Es ging um Augenhöhe, um Gleichbehandlung. Wir fanden, dass wir dieselbe Rundumbetreuung erwarten durften wie das Topmanagement".*[1504] Die Wahrnehmung des Betriebsrats als Co-Manager, womit wohl die gleichberechtigte Mitwirkung an unternehmerischen Entscheidungen gemeint sein soll, scheint insbesondere in großen Unternehmen weit verbreitet zu sein und das (Selbst-)Bild der Betriebsräte entsprechend geprägt zu haben. Für die hier zu führende Diskussion, ob das Ehrenamtsprinzip nicht länger zeitgemäß ist, ist damit die Frage entscheidend, ob Betriebsräte tatsächlich als „Co-Manager" tätig werden; ob sie also Aufgaben wahrnehmen, die sowohl von den Anforderungen her als auch in ihrer Komplexität denen eines Managers entsprechen. Dabei muss man auch berücksichtigen, ob sie dabei dieselbe Verantwortung und dieselben Risiken tragen wie die ihnen gegenüberstehenden Manager. Das BetrVG selbst kennt die Figur des „Co-Managers" nicht und geht von widerstreitenden Interessen – ja von einer *„antagonistischen Veranstaltung"*[1505] – aus.

Die Betriebsratstätigkeit hat sich seit Schaffung des BetrVG in den 50er Jahren entsprechend den Anforderungen der jeweiligen Zeit gewandelt. Ist der Betriebsrat ursprünglich hauptsächlich mit „betrieblicher Sozialarbeit" beschäftigt gewesen, hat er sich im Laufe der Jahre mehr und mehr von seiner Rolle als „Nur-Kontrolleur" verabschiedet.[1506] Heute nimmt er insbesondere über seine in § 87 BetrVG und § 111 Abs. 1 BetrVG verankerten Mitbestimmungsrechte aktiv an

---

1502 *Fischer*, NZA 2007, 487.
1503 Spiegel 9/2008, S. 100 (101), Interview mit Klaus Volkert: „Alle haben doch profitiert."
1504 Spiegel 9/2008, S. 100 (103), Interview mit Klaus Volkert: „Alle haben doch profitiert."
1505 *Fischer*, NZA 2014, 71 (73).
1506 *Farthmann*, in: FS Stahlhacke, 115 (123).

Arbeitgeberentscheidungen in sozialen Angelegenheiten sowie bei Betriebsänderungen teil. Benötigt der Betriebsrat im Fall von Wissensdefiziten – denkbar sind hier Kenntnisse in Bilanzkunde und Betriebswirtschaft sowie Fremdsprachenkenntnisse – Unterstützung, so hat er neben seinem Anspruch auf entsprechende Schulung auch Zugriff auf einen Stab von Mitarbeitern und externen Beratern, sofern diese für die ordnungsgemäße Erfüllung seiner Amtstätigkeit erforderlich sind.[1507]

Sofern der Betriebsrat über die ihm im Gesetz zugewiesenen Aufgaben in der Realität weitere Aufgaben wahrnimmt, so ist dies nicht dem Amt des Betriebsrats geschuldet, sondern der Tatsache, dass sich dies in einigen Unternehmen so eingebürgert hat. Ein sog. *Co-Management* kann es dem Management leichter machen, unpopuläre Entscheidungen durchzusetzen und sich die Akzeptanz ihrer Mitarbeiter durch Unterstützung des Betriebsrats zu sichern. Dem Betriebsrat bietet Co-Management im Gegenzug die Möglichkeit, Einfluss auf die Politik des Unternehmens jenseits der ihm vom BetrVG zuerkannten Mitbestimmungsrechte zu nehmen. Diese Praxis mag zwar verständlich sein, doch beruht eine dadurch bedingte Erweiterung der „Betriebsratsaufgaben" nicht auf dem BetrVG und rechtfertigt keine Gleichstellung der Betriebsratsmitglieder mit den ihnen gegenübersitzenden Verhandlungsgegnern auf Arbeitgeberseite. Die Rolle des Betriebsrats ist vom Aufgabenprofil her nicht die eines Co-Managers.

b. Haftung, Verantwortung und Risiken der Betriebsratstätigkeit

Folgt man der Gegenansicht und unterstellt, die Mitglieder des Betriebsrats übten tatsächlich die Tätigkeiten eines Co-Managers aus, so muss man in einem zweiten Schritt fragen, ob sie auch im Hinblick auf ihre Haftung, Verantwortung und die möglichen Risiken, die mit der Wahrnehmung dieser Aufgaben einhergehen können, dem Spitzenmanagement gleichgestellt sind. Nur dann wäre denkbar, ihnen auch eine entsprechende Vergütung zuzugestehen. Die hohe Vergütung der Führungskräfte steht in unmittelbarem Zusammenhang mit der hohen persönlichen Verantwortung, den Haftungsrisiken der Mitglieder der Unternehmensleitung und ihrem fehlenden Kündigungsschutz.

1507 *Farthmann*, in: FS Stahlhacke, 115 (125).

So muss nach § 87 Abs. 1 Satz 1 AktG die Gesamtvergütung eines Vorstandsmitglieds in einem „angemessenen Verhältnis zu den Aufgaben und Leistungen des Vorstandsmitglieds sowie zur Lage der Gesellschaft stehen" und darf „die übliche Vergütung nicht ohne besondere Gründe übersteigen". Das Gesetz schreibt keine Höchstgrenze für die Vorstandsvergütung vor, auch wenn der DCGK[1508] in Ziff. 4.2.3 Abs. 2 Satz 6 empfiehlt eine solche Grenze festzulegen. Die „Angemessenheit" der Vergütung ist anhand der Gesamtheit der dem Vorstand obliegenden Aufgaben und seiner Leistungen sowie der Lage der Gesellschaft zu beurteilen.[1509] Die Mitglieder der Unternehmensleitung sind im Einklang mit den Prinzipien der sozialen Marktwirtschaft dazu verpflichtet, für den Bestand des Unternehmens und seine Nachhaltigkeit zu sorgen.[1510] Der Vorstand leitet dabei das ihm anvertraute Unternehmen in eigener Verantwortung. Verletzt die Unternehmensführung ihre Pflichten, beispielsweise durch den Abschluss nachteiliger Verträge beim Kauf anderer Unternehmen, drohen Schäden, die leicht die Höhe von hunderten Millionen Euro erreichen können.[1511]

Den Mitgliedern des Betriebsrats droht bei grober Verletzung ihrer Amtspflichten der Ausschluss aus dem Gremium nach § 23 Abs. 1 BetrVG. Der Tatbestand kann beispielsweise durch die Annahme einer unzulässigen Begünstigung i.S.d. § 78 Satz 2 Alt. 2 BetrVG erfüllt sein. Die Rolle als Arbeitnehmer beeinflusst ein Ausschluss als Mitglied des Betriebsrats nicht.[1512]

In finanzieller Hinsicht scheidet die Haftung des Betriebsrats als Gremium aus, da diesem kein eigenes Vermögen zusteht. Zwar kann er Inhaber von vermögensrechtlichen Positionen – beispielsweise aus § 40 BetrVG – sein, er kann jedoch nicht außerhalb des gesetzlichen Wirkungskreises Schuldner privatrechtlicher Forderungen werden.[1513] Eine Haftung der einzelnen Betriebsratsmitglieder, wenn sie gegen eine betriebsverfassungsrechtliche Pflicht verstoßen, kommt nur

---

1508 Deutscher Corporate Governance Kodex in seiner Fassung vom 07.02.2017.
1509 MüKo-AktG/*Spindler*, § 87 Rn. 40.
1510 Vgl. Präambel des Deutschen Corporate Governance Kodex in seiner Fassung vom 07.02.2017.
1511 Näher zur Haftung von Vorständen, Geschäftsführern und Aufsichtsräten *Loritz/Wagner*, DStR 2012, 2189.
1512 Im Einzelnen siehe oben unter „Grobe Verletzung der gesetzlichen Pflichten durch Annahme einer Begünstigung", S. 384.
1513 *Fitting*, § 1 Rn. 199.

in Betracht, wenn es sich dabei zugleich um eine arbeitsvertragliche Pflicht handelt.[1514] Da das Betriebsratsmitglied weiter Arbeitnehmer ist, haftet es gemäß §§ 611, 280 Abs. 1 BGB gegenüber dem Arbeitgeber ohnehin nach den Grundsätzen der eingeschränkten Arbeitnehmerhaftung.[1515] Eine vertragliche Haftung, die über die arbeitsvertragliche Haftung hinausgeht, muss das Betriebsratsmitglied nicht befürchten. Es besteht kein vertragliches Haftungsrisiko für reine Amtspflichtverletzungen.

Denkbar wären sekundäre Leistungsansprüche gegen die einzelnen Betriebsratsmitglieder als Folge der Überschreitung der Vertretungsmacht analog § 179 BGB.[1516] Teilweise wird in diesem Zusammenhang kritisiert, eine Haftung gemäß § 179 BGB sei mit der Ausgestaltung des Betriebsratsamtes als unentgeltliches Ehrenamt unvereinbar.[1517] Dem ist entgegenzuhalten, dass allein aus dem ehrenamtlichen, unentgeltlichen Charakter des Betriebsratsamtes nicht zwingend der Ausschluss jeder persönlichen Haftung folgen muss. Zumal in der Rechtspraxis nur wenige Ausnahmefälle denkbar sind, in denen eine persönliche Haftung des einzelnen Betriebsratsmitglieds nach § 179 BGB tatsächlich greift. So erfordert § 179 BGB tatbestandsmäßig einen Vertragsschluss unter Überschreitung der Vertretungsmacht. Üblicherweise tritt der Betriebsrat seine Freistellungsansprüche gemäß § 40 Abs. 1 BetrVG an den Dritten, also den Vertragspartner, ab. Dieser fordert dann sein Honorar unmittelbar vom Arbeitgeber ein. Dem vom BGH in diesem Zusammenhang entschiedenen Fall lag die Besonderheit zugrunde, dass der Vertragspartner die Abtretung nicht annahm, sondern er diese Summe unmittelbar vom Betriebsratsvorsitzenden und dessen Stellvertreter forderte. Dieser Fall spiegelt die Rechtswirklichkeit nicht wider, sondern stellt einen absoluten Ausnahmefall dar. Die rechtsdogmatische Diskussion über die Anwendbarkeit der §§ 177 BGB ff. auf Betriebsratsmitglieder wurde bereits fast hundert Jahre lang geführt, bis ein praktischer Fall vor die Zivilgerichte kam.[1518]

1514 DKKW/*Wedde*, Einl., Rn. 151; HWGNRH/*Rose*, Einl. Rn. 107; WPK/*Preis*, § 1 Rn. 46; *Beule*, S. 12.
1515 Zur Arbeitnehmerhaftung vgl. Palandt/*Preis*, § 611a Rn. 696 ff.
1516 BGH v. 25.10.2012 – III ZR 266/11, NZA 2012, 1382.
1517 *Lunk/Rodenbusch*, NJW 2014, 1989 (1990); *Preis/Ulber*, JZ 2013, 579 (582 f.).
1518 Die dogmatische Diskussion zur Anwendbarkeit der § 177 BGB auf Betriebsratsmitglieder findet sich bereits bei *Kaskel*, NZfA 1924, 11 (23).

Auch eine deliktische Haftung nach § 823 BGB kommt lediglich in den oben dargestellten engen Grenzen in Betracht.[1519] Insgesamt sind die persönlichen Haftungsrisiken der Betriebsratsmitglieder sehr gering, so lange sie sich innerhalb der ihnen betriebsverfassungsrechtlich zugewiesenen Rolle bewegen. Sollten sie diese Grenze überschreiten, nehmen sie die dadurch ggf. ausgelösten Haftungsrisiken freiwillig in Kauf.

Kennzeichnend für die Rolle als Betriebsratsmitglied ist zudem der starke Kündigungsschutz nach § 103 BetrVG und §§ 15, 16 KSchG. So ist die ordentliche Kündigung von Betriebsratsmitgliedern grundsätzlich ausgeschlossen, §§ 15, 16 KSchG. Eine außerordentliche Kündigung erfordert die Zustimmung des Betriebsrats, § 103 BetrVG.

Vergleicht man nun die Position der Betriebsratsmitglieder mit der von Organmitgliedern einer Gesellschaft, kommt man zu dem Ergebnis, dass sich beide grundlegend unterscheiden. Während Mitglieder des Betriebsrats praktisch unkündbar sind und ihnen im schlimmsten Fall der Amtsverlust nach § 23 Abs. 1 BetrVG droht, haben die Mitglieder des Managements, die leitende Angestellte sind, nur einen abgeschwächten Kündigungsschutz. Ihnen droht bei unzufrieden stellender Leistung die Kündigung des Anstellungsvertrages, mithin der „*Totalverlust*".[1520]

Auch unterscheiden sich die beiden Gruppen in Bezug auf ihre Haftungsrisiken erheblich. So haftet der Geschäftsführer einer GmbH im Fall einer Pflichtverletzung nach § 43 Abs. 2 GmbHG. Der Vorstand einer Aktiengesellschaft haftet in den in § 93 Abs. 3 AktG aufgelisteten Fällen zumindest im Rahmen des Selbstbehalts unter üblichen D&O-Versicherungen (Director's & Officer's) mit seinem Privatvermögen.[1521] Der Selbstbehalt muss dabei mindestens 10% des Schadens bis mindestens 1,5 der Jahresfestvergütung des Vorstandsmitglieds betragen, § 93 Abs. 2 Satz 3 AktG.

Daneben bestehen weitreichende strafrechtliche Risiken. Insbesondere durch den relevanten Tatbestand der Untreue nach § 266 StGB[1522], aber auch durch §§ 263,

---

1519 Siehe oben unter „Haftung des Betriebsrats und seiner Mitglieder", S. 379.
1520 *Esser*, S. 212.
1521 MüKo-AktG/*Spindler*, § 93 Rn. 197 f.
1522 Näher siehe oben bei „Untreuestrafbarkeit nach § 266 StGB", S. 408.

266a und § 283 StGB. Ebenfalls zu denken ist an zahlreiche Straftatbestände im Nebenstrafrecht wie den der Insolvenzverschleppung nach § 15a InsO. Diese enormen Risiken werden üblicherweise durch eine entsprechende Vergütung kompensiert. Da das Betriebsratsmitglied diesen Risiken nicht in dem Maße ausgesetzt ist und vom BetrVG auch keine dem Management vergleichbaren Aufgaben übertragen bekommt, gibt es keine Rechtfertigung, das Betriebsratsamt ebenfalls entsprechend hoch zu vergüten.

In der Volkert/Harz-Affäre war es folglich kein Rechtsverstoß, den VW-Betriebsrat an unternehmerischen Entscheidungen zu beteiligen, an dem dieser nach dem BetrVG nicht hätte beteiligt werden müssen. Der Verstoß lag vielmehr darin, den Betriebsrat als Folge dieser freiwilligen Beteiligung an zusätzlichen Aufgaben dem Spitzenmanagement zuzuordnen, mit der Begründung, er erfülle vergleichbare Aufgaben und trage ähnlich viel Verantwortung. Die Vergütung der Betriebsratstätigkeit rechtfertigt sich folglich nicht mit dem Argument, Betriebsratsmitglieder seien „Co-Manager".

2. Daseinsberechtigung des Ehrenamtsprinzips

Daneben hat das Ehrenamtsprinzip weiterhin seine ungebrochene Daseinsberechtigung. Bei Aufgabe des Ehrenamtsprinzips wären die oben genannten Kriterien, die ein neues System erfüllen müsste[1523], nicht gegeben.

Die Unabhängigkeit und Unparteilichkeit der Betriebsratsmitglieder wäre bei Abkehr vom Ehrenamtsprinzip nicht weiter gewährleistet. Eine unparteiliche und unabhängige Amtsführung ist jedoch unverzichtbar für eine interessengerechte Vertretung der Arbeitnehmerinteressen. Jede Form von Interessenkonflikt steht diesem Zweck entgegen. Beziehen die Betriebsratsmitglieder eine Vergütung von demjenigen, gegen den sie die Interessen der Belegschaft vertreten und durchsetzen sollen, ist ein solcher Interessenkonflikt unvermeidbar. Die dem Betriebsrat im BetrVG zugedachte Rolle ist die des „Gegenspielers" des sonst alleinentscheidungsbefugten Arbeitgebers. Diese Rolle würde er als gleichberechtigter „Co-Manager" einschließlich entsprechender Vergütung und Statussymbole aufgeben. Das Ziel einer unparteilichen und unabhängigen Amtsführung kann nur erreicht

---

1523 Siehe oben unter „Legitimation des Ehrenamtsprinzips", S. 434.

werden, wenn einziger Anreiz und Motivation des Betriebsratsmitglieds die Vertretung der Arbeitnehmerinteressen durch Wahrnehmung der betriebsverfassungsrechtlichen Möglichkeiten ist. Das Amt des Betriebsrats ist Berufung, kein Beruf.[1524] Derjenige, der viel Geld verdienen möchte, sollte sich nicht um das Amt des Betriebsrats bewerben, denn wie *Fischer* treffend formuliert: *„Wer Manager sein möchte, sollte Manager werden und nicht Betriebsratsmitglied."* [1525] Das Amt des Betriebsrats sollte nicht diejenigen locken, die sich erhoffen, dieses zu Lasten der Arbeitnehmerinteressen als Karrieresprungbrett zu nutzen. Die Arbeitnehmer, denen es ausschließlich um die Vertretung der Interessen der Belegschaft geht, werden sich auch ohne eigene Bezahlung der Amtstätigkeit für das Amt des Betriebsrats zur Verfügung stellen.

Zudem würde ein Vergütungssystem für die Betriebsratstätigkeit auch für den Arbeitgeber einen Anreiz schaffen, sich das Wohlwollen der Betriebsratsmitglieder zu erkaufen. Dies läuft nicht nur der Rolle des Betriebsratsmitglieds zuwider, es ist auch nicht erforderlich. Eine höhere Vergütung ist nicht dazu geeignet, eine intellektuelle Waffengleichheit herzustellen.

Ein leistungsbezogenes Vergütungssystem riskiert weiter die Glaubwürdigkeit der Betriebsratsmitglieder und verringert die Akzeptanz der von ihnen mit der Arbeitgeberseite ausgehandelten Vereinbarungen bei der Belegschaft. Entscheidend hierfür ist, dass die Belegschaft ein Betriebsratsmitglied weiter als „einen von ihnen" ansieht. Dieses Vertrauen ist für eine erfolgreiche Interessenvertretung zwingend erforderlich. Werden die Betriebsratsmitglieder nach der Wahl vom Arbeitgeber zum „Co-Manager" mit einer entsprechenden Vergütung befördert, verlieren sie den Kontakt zur Basis. Unabhängig von der Höhe der Vergütung läuft jede mit dem Arbeitgeber wegen der Amtstätigkeit ausgehandelte Vergütung darauf hinaus, dass ein Betriebsratsmitglied in den Augen der Belegschaft schnell zum Lager des Arbeitgebers zählt. Eine Entfremdung des Betriebsrats von der Belegschaft wäre vorprogrammiert und der Eindruck der Käuflichkeit entsteht. Dadurch kann das Vertrauensverhältnis zwischen Betriebsrat und Belegschaft unwiederbringlich zerstört werden.

1524 So auch *Weinspach*, in: FS Kreutz, 485 (496).
1525 *Fischer*, NZA 2014, 71 (74).

Das Ehrenamtsprinzip hingegen hat sich bewährt. Es ist die einzige Möglichkeit, das Prinzip von Leistung und Gegenleistung auszuschließen und so eine unabhängige und unparteiliche Interessenvertretung zu sichern. Der Verdacht der Korrumpierbarkeit des Betriebsrats wird von vornherein ausgeräumt. Nur weil das Ehrenamtsprinzip in der Praxis schwerer umzusetzen ist als eine frei aushandelbare Vergütung, bedeutet das nicht, dass es falsch ist, daran festzuhalten. Dies gilt umso mehr vor dem Hintergrund, dass jeder Arbeitnehmer, der sich um das Amt als Betriebsrat bewirbt, von vornherein weiß, dass er für ein unentgeltliches Ehrenamt kandidiert. Die Betriebsratsmitglieder werden nicht vom Arbeitgeber ausgebeutet und von der unentgeltlichen Amtsführung überrascht. Sie wissen vorher, was auf sie zukommt. Die veränderten Bedürfnisse der Betriebsratstätigkeit seit Verabschiedung des BetrVG im Jahr 1952 hat der Gesetzgeber ausreichend berücksichtigt. Der erhöhte zeitliche Faktor – die zunehmende Mehrarbeit – wird durch die Möglichkeit pauschaler Freistellungen nach § 38 Abs. 1 BetrVG kompensiert und unter den Voraussetzungen des § 37 Abs. 3 Satz 3 BetrVG auch monetär ausgeglichen. Die gestiegenen fachlichen Anforderungen werden durch § 37 Abs. 6 und 7 BetrVG sowie die Möglichkeit, sich fachkundige Berater zur Seite stellen zu lassen, aufgefangen. Die Daseinsberechtigung des Ehrenamtsprinzips ist also ungebrochen.

3. Zwischenergebnis

Das Ehrenamtsprinzip ist zeitgemäß. Nach der Ansicht derer, die die Abschaffung des Ehrenamtsprinzips fordern, wird die Rolle des Betriebsrats als altruistischer Vertreter der Arbeitnehmerinteressen und Gegenspieler des Arbeitgebers ins Gegenteil verkehrt. Einzig durch ein Festhalten am Ehrenamtsprinzip ist die Unabhängigkeit und Unparteilichkeit der betrieblichen Interessenvertreter sicher. Es ist kein System der Betriebsratsvergütung unter Aufgabe des Ehrenamtsprinzips denkbar, das dem *de lege lata* geltenden System überlegen ist.

II. Reformvorschläge

Auch wenn nach der hier vertretenen Auffassung das Ehrenamtsprinzip nicht aufgegeben werden soll, besteht an einigen Stellen Reformbedarf. Um Betriebsratsbegünstigungen zu vermeiden, sollte zum einen eine Begrenzung der Amtszeiten erwogen werden, um Unsicherheiten bei der Bemessung der Betriebsratsvergütung zu vermeiden. Auf Rechtsfolgenseite bedarf es einer Reformierung sowohl des § 23 BetrVG als auch des § 119 BetrVG, um die effektive Bekämpfung von Betriebsratsbegünstigung zu ermöglichen. Daneben sollten Maßnahmen, die der Transparenz dienen, verpflichtend sein.

1. Begrenzung der Amtszeit

Zahlreiche Probleme der gesetzeskonformen Bemessung der Vergütung von Betriebsratsmitgliedern – insbesondere die zunehmend spekulative Nachzeichnung der hypothetischen beruflichen Entwicklung der Vergleichsgruppe – folgen aus den oftmals jahrzehntelangen Freistellungen der Betriebsratsmitglieder. Untersuchungen zur Freistellung und Wiederwahl von Betriebsratsmitgliedern der Hans-Böckler-Stiftung[1526] zeigen, dass einmal gewählte Betriebsräte in der Regel über mehrere Wahlperioden wiedergewählt werden. So befanden sich bei den Betriebsratswahlen 2014 in Betrieben mit über 1.000 Beschäftigten 27% der Betriebsratsmitglieder in ihrer ersten Amtszeit, 21% in ihrer zweiten und 50% bereits in ihrer dritten oder höheren Amtszeit.[1527] Dies zeigt sich auch in der Altersstruktur der Betriebsräte. Der Trend zu einem seit längerem bestehenden Alterungsprozess der Betriebsratsgremien setzt sich weiter fort. Die Altersgruppe der 18- bis 30-Jährigen stellt nur 6,5% der Betriebsratsmitglieder, während die Altersgruppe der 45- bis 59-Jährigen 46,9% der Betriebsratsmitglieder ausmacht, was einen Zuwachs von 6% im Vergleich zur Betriebsratswahl 2010 ausmacht.[1528] Diese Zahlen zeigen deutlich, je älter die Betriebsräte sind und je länger sie ihr Betriebsratsmandat wahrnehmen, umso mehr erwecken sie den Eindruck, ihre Betriebsratstätigkeit als „Beruf" auszuüben. Dazu kommt besonders für die freigestellten langjährigen Betriebsratsmitglieder eine gewisse Sorge vor der Rückkehr an den Arbeitsplatz, den es nach so vielen Jahren im Betriebsrat infolge struktureller Veränderungen häufig gar nicht mehr gibt. Diese „Verberuflichung der Betriebsratsarbeit" infolge

---

[1526] Greifenstein/Kißler/Lange, Trendreport Betriebsratswahlen 2014, Study 350, März 2017, https://www.boeckler.de/pdf/p_study_hbs_350.pdf (abgerufen am 07.06.2018).
[1527] Greifenstein/Kißler/Lange, Trendreport Betriebsratswahlen 2014, Study 350, März 2017, S. 49; erhoben nur im Bereich der IG Metall.
[1528] Greifenstein/Kißler/Lange, Trendreport Betriebsratswahlen 2014, Study 350, März 2017, S. 50.

jahrzehntelanger Betriebsratskarrieren führt zu einer gewissen Alternativlosigkeit zur Tätigkeit als Betriebsrat.[1529]

Dem könnte durch die Begrenzung der Amtszeiten auf zwei Amtsperioden von Betriebsratsmitgliedern abgeholfen werden. Gegen eine Amtszeitbegrenzung spricht zwar sicherlich der drohende erhebliche Erfahrungs- und Wissensverlust, den insbesondere Betriebsratsmitglieder mit langjähriger Erfahrung als betrieblicher Interessenvertreter vorweisen können. Dieser Wissensverlust wird jedoch durch zahlreiche Vorteile, die eine Amtszeitbegrenzung mit sich bringen würde, kompensiert. Zuvorderst kann durch die Amtszeitbegrenzung der Trend zum „Berufsbetriebsratstum" gestoppt und das gesetzliche Leitbild des unentgeltlich, ehrenamtlich tätigen Betriebsrats wiederhergestellt werden. Dadurch verringert sich die Kluft zwischen dem Betriebsrat und der Belegschaft. Die Betriebsratsmitglieder bleiben näher an der Basis. Weiter führt eine Amtszeitbegrenzung zu einem stärkeren Wettbewerb um die Betriebsratsämter und einer Verjüngung der Gremien. Auch der „Nachwuchs" hat so eine bessere Chance, in das Amt des Betriebsrats gewählt zu werden, als wenn die Ämter auf Jahrzehnte von denselben Personen besetzt werden. Nicht zuletzt unterstützen eingefahrene Strukturen Filz und Vetternwirtschaft und sind somit „korruptionsfördernd". Der oben angesprochene Wissensverlust wird durch den Anspruch auf die Teilnahme an entsprechenden Schulungsveranstaltungen und das Zur-Seite-Stellen eines fachkundigen Beraterstabes aufgefangen. Acht Jahre sind zudem ein ausreichend langer Zeitraum, um eine stabile und handlungsfähige Interessenvertretung zu ermöglichen.

Weitere Vorteile bestehen bei der Bemessung der Betriebsratsvergütung. So ist es für den Arbeitgeber bedeutend einfacher, eine hypothetische Karriere über einen Zeitraum von lediglich acht Jahren nachzuzeichnen, als wenn er dies über zwanzig oder dreißig Jahre tun muss. In diesem Zeitraum besteht ein deutlich geringeres Risiko, dass die Vergleichsgruppe des Betriebsratsmitglieds sich zu stark verringert oder gar völlig wegfällt. Auch dürfte die Rückkehr eines Betriebsratsmitglieds in seinen ursprünglich ausgeübten Beruf nach acht Jahren bedeutend komplikationsloser gelingen als nach mehr als drei Amtszeiten. Je länger ein Betriebs-

---

1529 Greifenstein/Kißler/Lange, Trendreport Betriebsratswahlen 2014, Study 350, März 2017, S. 50.

ratsmitglied freigestellt ist, desto mehr verliert es den Anschluss an seine Kollegen und die fachlichen und ggf. technischen Entwicklungen, die es im Rahmen seines ursprünglich ausgeübten Berufs mitgemacht hätte.

Die Begrenzung von Amtszeiten ist der Unternehmenswirklichkeit zudem nicht fremd. So bestellt der Aufsichtsrat einer Aktiengesellschaft Vorstandsmitglieder auf höchstens fünf (Amts-)Jahre.[1530] Eine Verlängerung der Amtszeit ist einmal für höchstens weitere fünf Jahre zulässig, § 84 Abs. 1 Satz 1 AktG. Die Begrenzung der Amtszeit eines Vorstandsmitglieds hat sich bewährt, da eine Bestellung auf viele Jahre oder gar auf Lebenszeit die Unternehmen regelmäßig in wirtschaftliche Schwierigkeiten brachte.[1531]

§ 21 BetrVG könnte daher um einen neuen Satz 2 ergänzt werden und würde dann wie folgt lauten:

§ 21 S. 1, S. 2 BetrVG n.F.

Die regelmäßige Amtszeit des Betriebsrats beträgt vier Jahre. Die einmalige Wiederwahl ist zulässig.

2. Reform des § 23 BetrVG

a. Absenken des Quorums des § 23 Abs. 1 BetrVG

§ 23 Abs. 1 BetrVG eröffnet die Möglichkeit, ein bestechliches Betriebsratsmitglied wegen grober Verletzung der gesetzlichen Pflichten aus dem Betriebsrat auszuschließen.[1532] Voraussetzung der Amtsenthebung nach § 23 Abs. 1 BetrVG ist *de lege lata* der Antrag von einem Viertel der wahlberechtigten Arbeitnehmer des Betriebs. Dieses Quorum ist in der Praxis insbesondere in größeren Betrieben mit mehr als einhundert Mitarbeitern schwer zu erreichen, da die Arbeitnehmer die Antragstellung in diesem Fall ohne die Unterstützung ihrer Interessenvertreter selbstständig organisieren müssen. Je größer ein Betrieb ist, desto wahrscheinlicher ist es, dass die Arbeitnehmer das 25% Quorum ohne Organisation durch ihre Arbeitnehmervertreter nicht erreichen. Vorzugswürdig erscheint es, das Quorum

---

1530 MüKo-AktG/*Spindler*, § 84 Rn. 40.
1531 MüKo-AktG/*Spindler*, § 84 Rn. 40.
1532 Näher siehe oben unter „Rechtsfolgen nach § 23 BetrVG", S. 383.

auf 5%, aber mindestens 3 wahlberechtigte Arbeitnehmer zu senken.[1533] Soweit die Gegenansicht dagegen vorbringt, ein Quorum von weniger als 25% sei unverhältnismäßig, da es sich bei dem Ausschluss aus dem Betriebsrat gemäß § 23 Abs. 1 BetrVG um die schärfste Sanktion handelt, die das BetrVG bereithält, und man diese Macht nicht einigen wenigen zusprechen dürfe[1534], überzeugt dies nicht. Zum einen gehört ein Verstoß gegen das Begünstigungsverbot zu den schwersten Verfehlungen, die ein Betriebsratsmitglied im Amt begehen kann. Indem es ihm nicht zustehende Leistungen vom Arbeitgeber akzeptiert, stellt es sich in dessen Lager, gibt seine Unabhängigkeit auf und verrät die von ihm vertretenen Arbeitnehmer sowie seine Rolle als Betriebsrat. Ein Quorum von lediglich 5% oder mindestens 3 wahlberechtigten Arbeitnehmern statt *de lege lata* 25% ist zudem angemessen, weil es lediglich über die Einleitung eines Amtsenthebungsverfahrens entscheidet, nicht jedoch über seinen Ausgang. Diese Entscheidung darüber liegt allein bei den Arbeitsgerichten. Ein Quorum von 5%, aber mindestens 3 wahlberechtigten Arbeitnehmern führt nicht dazu, dass eine Minderheit ohne Weiteres Einfluss auf die Zusammensetzung des Gremiums nehmen kann. Insbesondere in großen Betrieben stellt ein Quorum von 5% der wahlberechtigten Arbeitnehmer eine ausreichend hohe Schwelle dar, um nicht Querulanten die Möglichkeit zu geben, die Betriebsratsarbeit durch Anträge nach § 23 Abs. 1 BetrVG zu behindern. Auf der anderen Seite kann die 5%-Schwelle jedoch auch in großen Betrieben realistischerweise erreicht werden. Sie stellt daher ein wirksames Mittel dar, unzulässige Betriebsratsbegünstigungen zu verhindern.

b. Kreis der Antragsberechtigten des § 23 Abs. 1 BetrVG

Weiter muss das Antragsrecht auf das einzelne Betriebsratsmitglied erweitert werden.[1535] Zwar sieht das BetrVG das Betriebsratsgremium grundsätzlich als Einheit an, deren Mitglieder nicht einzeln in Erscheinung treten. Dies bedeutet jedoch nicht, dass das Gremium nicht innerlich zerstritten sein kann. Insbesondere in dem durchaus denkbaren Fall, dass der Arbeitgeber sich lediglich das Wohlwollen einzelner Betriebsratsmitglieder durch Begünstigung sichern will oder

---

1533 So auch *Byers*, NZA 2014, 65 (70); *Fischer*, BB 2007, 997 (1001); *Rieble*, ZAAR 2008, 10 (29 ff.); a.A. *Esser*, S. 221.
1534 *Esser*, S. 221.
1535 So auch *Esser*, S. 222 f.; *Rüthers*, RdA 1976, 61 (64).

kann, muss es auch einzelnen Mitgliedern des Betriebsrats möglich sein, ein Amtsenthebungsverfahren nach § 23 Abs. 1 BetrVG einzuleiten. Im Fall eines kollusiven Zusammenwirkens von Arbeitgeber und einzelnen Betriebsratsmitgliedern blieben diese Verstöße sonst ungeahndet, da weder der antragsberechtigte Arbeitgeber noch das Betriebsratsgremium in diesen Fällen einen Antrag nach § 23 Abs. 1 BetrVG stellen wird. Auch die Belegschaft ist nicht immer eine ausreichende Kontrollinstanz, da ihr viele Verstöße infolge mangelnder Transparenz verborgen bleiben dürften. Betriebsratsmitglieder müssen somit im Rahmen des § 23 Abs. 1 BetrVG antragsbefugt sein.

§ 23 Abs. 1 BetrVG würde dann wie folgt lauten:

„Mindestens ein Zwanzigstel der wahlberechtigten Arbeitnehmer und nicht weniger als drei wahlberechtigte Arbeitnehmer, der Arbeitgeber oder eine im Betrieb vertretene Gewerkschaft können beim Arbeitsgericht den Ausschluss eines Mitglieds aus dem Betriebsrat oder die Auflösung des Betriebsrats wegen grober Verletzung seiner gesetzlichen Pflichten beantragen. Der Ausschluss eines Mitglieds kann auch vom Betriebsrat oder einem seiner Mitglieder beantragt werden."

3. Reform des § 119 BetrVG

a. Erweiterung des Tatbestandes des § 119 Abs. 1 Nr. 3 BetrVG

De lege lata kommt eine täterschaftliche Strafbarkeit des Betriebsratsmitglieds, das sich begünstigen lässt, nicht in Betracht. Für den effektiven Schutz der innerbetrieblichen Mitbestimmung muss daher überlegt werden, den Tatbestand des § 119 Abs. 1 Nr. 3 BetrVG so auszuweiten, dass er auch die Annahme einer Begünstigung pönalisiert. Dies erscheint dann angemessen, wenn sowohl das Geben als auch das Annehmen einer unzulässigen Begünstigung gleichwertiges strafwürdiges Unrecht darstellen.[1536]

Die Strafwürdigkeit eines Verhaltens hängt zum einen von dem durch dieses Verhalten drohenden Schaden, zum anderen von der Wahrscheinlichkeit von dessen Eintritt und zuletzt von der Belastung, die das Verbot für die Normadressaten darstellt, ab.[1537] Im Hinblick auf das Ausmaß des drohenden Schadens wurde bereits

---

1536 Befürwortend *Schweibert/Buse*, NZA 2007, 1080 (1085).
1537 Vgl. *Dannecker*, in: FS Gitter, 167 (172).

festgestellt, dass durch die Begünstigung die unparteiische und unabhängige betriebliche Interessenvertretung gefährdet wird. Nimmt das Betriebsratsmitglied die Begünstigung an, leistet es einen gleichwertigen Beitrag wie der Begünstigende im Hinblick auf die Gefahr für das geschützte Rechtsgut. Das Betriebsratsmitglied hätte es in der Hand, den Schadenseintritt durch das Ablehnen der Begünstigung zu verhindern. Sein Tatbeitrag wird nicht dadurch weniger „wert", dass es die vom Arbeitgeber initiierte Begünstigung lediglich duldet. Auch profitiert das Betriebsratsmitglied anders als der Arbeitgeber unmittelbar von der Begünstigung. Da jedem Betriebsratsmitglied zudem bewusst sein muss, dass die Annahme unzulässiger Begünstigungen eine grobe Pflichtverletzung i.S.d. § 23 Abs. 1 BetrVG darstellt, wäre die Belastung des strafrechtlichen Verbots für den Normadressaten nicht unverhältnismäßig hoch. Die Strafwürdigkeit der Annahme einer Begünstigung ist gleichwertig mit der Strafwürdigkeit des Gewährens einer Begünstigung. Dies rechtfertigt es, den Tatbestand des § 119 Abs. 1 Nr. 3 BetrVG entsprechend zu erweitern.

Für eine Erweiterung des Tatbestandes spricht auch der Vergleich mit den Straftatbeständen der Bestechlichkeit und Bestechung im Kernstrafrecht, §§ 299 ff. StGB und §§ 331 ff. StGB. Diese stellen nicht nur die Bestechung, sondern auch ausdrücklich die Bestechlichkeit unter Strafe.[1538] Gegen die Vergleichbarkeit dieser Tatbestände könnte zwar sprechen, dass die Tatbestände des im StGB neben der Tathandlung zusätzlich eine zwischen den Beteiligten bestehende Unrechtsvereinbarung fordern.[1539] § 119 Abs. 1 Nr. 3 BetrVG setzt eine derartige Vereinbarung nicht voraus. Dies steht einer Ausweitung des Tatbestandes jedoch nicht entgegen, da der Strafrahmen der §§ 299, 331 ff. StGB mit bis zu drei Jahren deutlich höher ist als der des § 119 Abs. 1 Nr. 3 BetrVG mit einer Strafandrohung von bis zu einem Jahr. Der niedrigere Strafrahmen rechtfertigt nach der hier vertretenen Ansicht das fehlende Erfordernis einer Vereinbarung zwischen den Beteiligten.

§ 119 Abs. 1 BetrVG ist daher um die folgende Nr. 4 zu erweitern:

„Mit Freiheitsstrafe bis zu einem Jahr oder mit Geldstrafe wird bestraft, wer

---

1538 Vgl. den Wortlaut des § 299 Abs. 1 StGB: „Wer [...] fordert, versprechen lässt oder annimmt."
1539 MüKo-StGB/*Diemer/Krick*, § 299 Rn. 15.

[...]

4. sich als Mitglied eines der in Nr. 3 genannten Gremien um seiner Tätigkeit willen begünstigen lässt."

b. Antragsbefugnis nach § 119 Abs. 2 BetrVG

De lege lata wird die Tat nur auf Antrag des Betriebsrats, des Gesamtbetriebsrats, des Konzernbetriebsrats, der Bordvertretung, des Seebetriebsrats, einer der in § 3 Abs. 1 bezeichneten Vertretungen der Arbeitnehmer, des Wahlvorstands, des Unternehmers oder einer im Betrieb vertretenen Gewerkschaft verfolgt. Indem die Antragsbefugnis nur denjenigen zusteht, die in der Regel an der Begünstigung beteiligt sind und daher keinerlei Interesse an der Antragsstellung haben dürften, ist die Erweiterung der Antragsbefugnis notwendig.[1540] Um eine effektive Sanktionsmöglichkeit gegen die Betriebsratsbegünstigung darzustellen, muss die Antragsberechtigung sowohl der Belegschaft als auch den einzelnen Betriebsratsmitgliedern zustehen. Die Antragsbefugnis der Belegschaft rechtfertigt sich schon darin, dass ihr Recht auf interessengerechte Vertretung durch eine unzulässige Begünstigung gefährdet wird. Dem Verletzten einer Straftat steht typischerweise auch das Recht zu, einen Strafantrag zu stellen. Dieses müsste nicht jedem einzelnen Arbeitnehmer zukommen. Gleichlaufend mit § 23 Abs. 1 BetrVG sollte auch hier ein Quorum von mindestens 5%, aber nicht weniger als drei der im Betrieb beschäftigten Arbeitnehmer erreicht werden. Daneben ist die Antragsbefugnis aus den bei § 23 Abs. 1 BetrVG erörterten Gründen auch auf einzelne Betriebsratsmitglieder auszudehnen.

Eine Strafverfolgung von Amts wegen zuzulassen[1541], würde hingegen zu weit gehen. Es handelt sich bei der Betriebsratsbegünstigung um ein Delikt, das einzig den innerbetrieblichen Rechtskreis betrifft, nicht jedoch die Allgemeinheit. Eine funktionierende innerbetriebliche Interessenvertretung ist ausschließlich im Interesse der vertretenen Arbeitnehmer. Die Ausgestaltung des § 119 Abs. 1 Nr. 3 BetrVG als Antragsdelikt ist daher nicht zu beanstanden.

§ 119 Abs. 2 ist wie folgt zu ergänzen:

1540 So auch *Esser*, S. 226 f.; *Fischer*, BB 2007 997 (1000); *Rieble* CCZ 2008, 121 (125); *Rüthers*, NJW 2007, 195 (197); *ders.*, RdA 1976, 61 (64).
1541 *Rieble*, ZAAR 2008, 10 (29).

„In den Fällen des § 119 Abs. 1 Nr. 3 wird die Tat auch auf Antrag eines Mitglieds des Betriebsrats oder mindestens eines Zwanzigstels, jedoch nicht weniger als drei der wahlberechtigten Arbeitnehmer des Betriebes verfolgt."

4. Schaffung innerbetrieblicher Gehaltstransparenz

Das Risiko der unentdeckten Begünstigung von Betriebsratsmitgliedern ließe sich durch die Steigerung der innerbetrieblichen Transparenz in Bezug auf die Gehälter der Betriebsräte minimieren.[1542] Diese kann durch die Pflicht der Arbeitgeber, die Gehälter ihrer Betriebsratsmitglieder jährlich offenzulegen, realisiert werden. Aus Datenschutzgründen wären die Betriebsratsgehälter anonymisiert zu veröffentlichen. Um aussagekräftig zu sein, sind die Betriebsratsvergütungen zusätzlich zu den Gehältern der Arbeitnehmer der jeweiligen Vergleichsgruppe ins Verhältnis zu setzen. Auch sollte die Gehaltsentwicklung im Vergleich zum Vorjahr dargelegt werden.

Die Pflicht zur Offenlegung ist ein effektives Mittel, unzulässige Begünstigungen zu vermeiden. Dies zeigte sich zuletzt im Fall Osterloh, dessen Gehalt VW nach Bekanntwerden seiner Vergütung und als Folge der staatsanwaltlichen Ermittlungen kurz vor Weihnachten 2017 neben dem Gehalt von insgesamt 14 führenden Arbeitnehmervertretern erheblich kürzte.[1543] Für den im März 2018 wiedergewählten[1544] Gesamt- und Konzernbetriebsratsvorsitzenden Bernd Osterloh bedeutet dies empfindliche Einbußen. Statt eines Grundgehalts von zuletzt 200.000 Euro jährlich[1545] wird Bernd Osterloh nun entsprechend der obersten Tarifstufe des VW-Haustarifvertrages vergütet. Dies entspricht etwa 8.000 Euro im Monat

---

1542 So auch *Esser*, S. 218 f.; *Fischer*, BB 2007, 997 (1000); *ders.*, NZA 2014, 71 (74).
1543 Vgl. http://www.handelsblatt.com/my/unternehmen/industrie/vw-betriebsratschef-bernd-osterloh-ich-bin-mit-mir-im-reinen/20785968.html?ticket=ST-1145083-BliqSku2Jb0DTTiR9AEz-ap1 (abgerufen am 05.04.2018).
1544 Vgl. http://www.handelsblatt.com/unternehmen/industrie/volkswagen-bernd-osterloh-als-betriebsratschef-im-vw-stammwerk-wolfsburg-bestaetigt/21078238.html (abgerufen am 05.04.2018).
1545 Im VW-Rekordjahr 2014 verdiente Bernd Osterloh insgesamt sogar rund 750.000 Euro, vgl. Handelsblatt vom 26.12.2017, http://www.handelsblatt.com/my/unternehmen/industrie/vw-betriebsratschef-bernd-osterloh-ich-bin-mit-mir-im-reinen/20785968.html?ticket=ST-1145083-BliqSku2Jb0DTTiR9AEz-ap1 (abgerufen am 05.04.2018).

bzw. 96.000 Euro im Jahr und somit knapp der Hälfte seiner bisherigen Grundvergütung.[1546] Ein solcher Schritt wäre ohne Druck von außen wohl kaum denkbar gewesen.

Denkbar wäre es, Transparenzvorschriften vergleichbar mit denen in Ziffer 4.2.3 des Deutschen Corporate Governance Kodex (DCGK) zu schaffen, die ebenfalls dazu dienen, Vergütungsmissbräuchen vorzubeugen.[1547]

Ziel der Regelungen muss sein, das System der Betriebsratsvergütung transparent und nachvollziehbar zu gestalten, um so das Vertrauen der Belegschaft und auch der Öffentlichkeit in die Unternehmensleitung und die Arbeitnehmervertreter zu stärken. Dies könnte beispielsweise anhand eines jährlichen „Betriebsratsvergütungs-Berichts" erfolgen, der als Teil des Corporate-Governance-Berichts zu veröffentlichen ist.

Bislang veröffentlichte nur eine geringe Zahl von Unternehmen freiwillig die Gehälter der Betriebsräte – wie Daimler und die BASF. Letztere hat im Jahr 2007 auch die Struktur der Gehälter veröffentlich. Sie lagen bei durchschnittlich 60.000 Euro. Drei Betriebsräte bezogen ein jährliches Einkommen zwischen 100.000 und 150.000 Euro.[1548] Die Gehälter der Betriebsratsmitglieder lagen damals knapp 2.000 Euro über den Gehältern der vergleichbaren Arbeitnehmer, was jedoch auf Ausgleichszahlungen nach § 37 Abs. 3 BetrVG für betrieblich erforderliche Mehrarbeit der Betriebsräte zurückzuführen war. Die Einkommen über 100.000 Euro im Jahr konnte das Unternehmen dadurch erklären, dass im Betriebsrat auch promovierte Chemiker vertreten waren.

Die Veröffentlichung solcher Zahlen erschwert folglich nicht nur die unzulässige Begünstigung von Betriebsratsmitgliedern, sondern fördert auch das Vertrauen der Belegschaft in die von ihnen gewählten Vertreter, denn sie zeigen, dass sie weiterhin „einer von ihnen" sind.

1546 Interview von Bernd Osterloh auf der Webseite der IG Metall vom 22.12.2017, http://www.igm-bei-vw.de/detail/bernd-osterloh-zur-betriebsratsverguetung-wir-alle-haetten-gerne-einfach-klarheit/ (abgerufen am 05.04.2018).
1547 Vgl. Ziff. 6 des DCGK in seiner Fassung vom 07.02.2017.
1548 Vgl. http://www.spiegel.de/wirtschaft/transparenz-offensive-basf-betriebsraete-veroeffentlichen-gehaelter-a-515486.html, (abgerufen am 07.06.2018).

§ 9 Fazit

Die vorliegende Arbeit hat offenbart, dass die rechtskonforme Bemessung der Vergütung von Betriebsratsmitgliedern eine Herausforderung ist. Dennoch lässt sich diese Herausforderung *de lege lata* bewältigen.

Das Problem rechtswidriger Betriebsratsvergütungen liegt nicht bei dem seit Anfang des 20. Jahrhunderts bestehenden Leitbild des unentgeltlichen Ehrenamtes und des Begünstigungsverbots. Vielmehr besteht ein zunehmendes (Miss-)Verständnis zwischen der Rolle exponierter Betriebsratsmitglieder und deren vermeintlicher Zuordnung zur Betriebs- oder gar Unternehmensleitung. Ein Betriebsratsmitglied war und ist, trotz der gestiegenen Voraussetzung an die Tätigkeit von Betriebsratsmitgliedern, kein Co-Manager, sondern gewählter Vertreter der Arbeitnehmerinteressen. Dies gilt für die Betriebsratsmitglieder kleiner und großer Betriebe gleichermaßen. Das Beispiel BASF zeigt, dass Betriebsratsmitglieder eine rechtskonforme Vergütung beziehen und dennoch den betriebsverfassungsrechtlichen Anforderungen in einem internationalen Großkonzern gerecht werden können. Die freiwillige Veröffentlichung der Betriebsratsvergütungen beugt in beim Ludwigshafener Chemiekonzern Konflikten in diesem Zusammenhang effektiv vor.

Zur Beseitigung verbleibender Unsicherheiten der Rechtsanwendung ist der Gesetzgeber jedoch zum Handeln aufgefordert. So ist auf der einen Seite eine Reform insbesondere des Amtsenthebungsverfahrens nach § 23 Abs. 1 BetrVG sowie des Straftatbestands der Betriebsratsbegünstigung nach § 119 Abs. 1 Nr. 3 BetrVG erforderlich. Auf der anderen Seite sollte eine Begrenzung der Amtszeit erwogen und die Transparenz der den Betriebsratsmitgliedern gewährten Leistungen gesetzlich verankert werden. Durch die Begrenzung auf zwei Amtszeiten wird vor allem die Entwicklung eines institutionalisierten Berufsbetriebsratstums verhindert. Durch Transparenzvorschriften wird das Unrechtsbewusstsein aller Beteiligten im Hinblick auf überhöhte Betriebsratsbegünstigungen geschärft und die Vergütung des Betriebsrats einer gewissen (allgemeinen) Wahrnehmung und Kontrolle unterworfen.

Fazit

Insbesondere durch die zeitliche Begrenzung der Amtszeit als Betriebsratsmitglied und zwingende Transparenzvorschriften kann der unzulässigen Betriebsratsbegünstigung wirksam begegnet werden.

Literaturverzeichnis

Gesetzesänderungen, Rechtsprechung und Literatur wurden berücksichtigt bis zum Januar 2019.

Aden, Menno	Lohnzuschläge für hypothetische Arbeit des freigestellten Betriebsratsmitglieds, in: RdA 1980, 256 - 260
Annuß, Georg	Das System der Betriebsratsvergütung, NZA 2018, 134 - 138
Ders.	Der Durchschnitt für den Betriebsrat?, NZA 2018, 976 - 978
Ders.	Arbeitsrechtliche Aspekte von Zielvereinbarungen in der Praxis, NZA 2007, 290 - 297
Ascheid, Reiner/ Preis, Ulrich/ Schmidt, Ingrid	Kündigungsrecht – Großkommentar zum gesamten Recht der Beendigung von Arbeitsverhältnissen, 5. Auflage, München, 2017 (zit.: APS/*Bearbeiter*)
Bachner, Michael	Warum Betriebsräte weder benachteiligt noch begünstigt werden dürfen, Mitbestimmung 2007, Heft 1+2, 66 - 68
Bauer, Jobst-Hubertus/Diller, Martin/ Göpfert, Burkard	Zielvereinbarungen auf dem arbeitsrechtlichen Prüfstand, BB 2002, 882 - 887
Bayreuther, Frank	Sach- und Personalausstattung des Betriebsrats – Eine Betrachtung vor dem Hintergrund des betriebsverfassungsrechtlichen Begünstigungsverbots, NZA 2013, 758 - 764
Becker-Schaffner, Reinhard	Die Rechtsprechung zur Freistellung von Betriebsratsmitgliedern gemäß § 38 BetrVG, BB 1982, 498 - 503
Behrendt, Markus/Lilienthal, Nadine	Unzulässige Begünstigung von Betriebsratsmitgliedern im unternehmerischen Alltag – wo sind die Grenzen?, KSzW 2014, 277 - 283

Literaturverzeichnis

Belling, Detlev/Hartmann, Christian	Ausschluß der Entgeltfortzahlung durch hypothetische Nichtleistung?, ZfA 1994, 519 - 544
Bengelsdorf, Peter	Freizeitausgleich für teilzeitbeschäftigte Betriebsratsmitglieder, NZA 1989, 905 - 915
Benkert, Daniel	Vergütung von Betriebsräten, NJW-Spezial 2018, 50 - 51
Bernert, Günther	Anmerkung zu BAG v. 29.07.1980 – 6 AZR 231/78, AP Nr. 37 zu § 37 BetrVG 1972
Bernstein, Rainer	Die Kündigung von Betriebsratsmitgliedern bei Stillegung einer Betriebsabteilung nach § 15 V KSchG, NZA 1993, 728 - 734
Beule, Jutta	Die arbeitsvertragliche Stellung des nach § 37 Abs. 2 BetrVG gelegentlich befreiten Betriebsratsmitglieds, Münster 1993 (zit.: *Beule*)
Bittmann, Barbara/ Mujan, Susanne	Compliance – Brennpunkt „Betriebsratsvergütung (Teil 1): Gehaltszulagen, Dienstwagen, Freistellung & Co. – Unzulässige Begünstigung von Betriebsratsmitgliedern, BB 2012, 637 - 640
Dies.	Compliance – Brennpunkt „Betriebsratsvergütung" (Teil 2): Nur Einstellung oder auch Rückforderung unzulässiger Begünstigungen?, BB 2012, 1604 - 1607
Blattner, Jessica	Die Vergütung von Betriebsratsmitgliedern vor und nach der Betriebsratswahl, NZA 2018, 129 - 133
Boemke, Burkhard	Anmerkung zu BAG, Beschluss vom 13.11.1991 – 7 ABR 5/91, AP Nr. 80 zu § 37 BetrVG 1972.
Brox, Hans	Anm. zu BAG v. 25.10.1988 – 1 AZR 368/87, AP Nr. 110 zu Art. 9 GG Arbeitskampf
Bydlinski, Franz	Juristische Methodenlehre und Rechtsbegriff, 2. Auflage, Wien und New York, 1991 (zit.: *Bydlinski*)

Byers, Philipp	Die Höhe der Betriebsratsvergütung – Eine kritische Auseinandersetzung mit der Rechtslage, NZA 2014, 65 - 69
Chen, Ming-Huei	Zum Schutz der Repräsentanten der Arbeitnehmer im Recht der Betriebsverfassung und der Unternehmensmitbestimmung, zugl. Diss. München 1995 (zit.: *Chen*)
Dannecker, Gerhard	Der strafrechtliche Schutz der betriebsverfassungsrechtlichen Organe und ihrer Mitglieder, in: Festschrift für Wolfgang Gitter, Wiesbaden 1995, 167 – 193 (zit.: *Dannecker*, in: FS Gitter)
Däubler, Wolfgang	Unabhängigkeit des Betriebsrats trotz Gegnerfinanzierung? – Probleme der Vergütung von Betriebsratsmitgliedern, SR 2017, 85 - 110
Ders.	Betriebsrat als Sprecher der Belegschaft während einer nicht von der Gewerkschaft getragenen Arbeitsniederlegung, Entscheidungsanmerkung, AiB 2011, 471 - 473
Ders.	Handbuch Schulung und Fortbildung, 5. Auflage, Frankfurt am Main 2004 (zit.: *Däubler*, Schulung)
Däubler, Wolfgang/ Kittner, Michael/ Klebe, Thomas/ Wedde, Peter	Betriebsverfassungsgesetz, 16. Auflage, Frankfurt/Main 2017 (zit.: DKKW/*Bearbeiter*)
Denecke, Frauke	Freigestellte Betriebsratsmitglieder – Das Problem der angemessenen Vergütung, AuA 2006, 24 - 27
Dornbusch, Gregor/ Fischermeier, Ernst/ Löwisch, Manfred	Fachanwaltskommentar Arbeitsrecht, 6. Auflage 2014 (zit.: DFL/*Bearbeiter*)
Duden	Das große Wörterbuch der deutschen Sprache, 3. Auflage, Mannheim 1999 (zit.: *Duden*)

Literaturverzeichnis

Düwell, Franz Josef (Hrsg.)	Betriebsverfassungsgesetz, Handkommentar, 5. Auflage, Baden-Baden 2018 (zit.: Düwell-*Bearbeiter*)
Dzida, Boris/Mehrens, Christian	Straf- und haftungsrechtliche Risiken im Umgang mit dem Betriebsrat, NZA 2013, 753 - 758
Esser, Patrick	Die Begünstigung von Mitgliedern des Betriebsrats, zugl. Diss. Köln 2013, Köln 2013 (zit.: *Esser*)
Eylert, Mario/Rinck, Ursula	Besonderer Kündigungsschutz durch Betriebsratswahlen, BB 2018, 308 - 318
Fabricius, Frank / Kraft, Alfons / Wiese, Günther / Kreutz, Peter / Oetker, Harmut / Raab, Thomas / Weber, Christoph	Gemeinschaftskommentar Betriebsverfassungsgesetz, Band 1, §§ 1 – 73b, 11. Auflage, Neuwied [u.a.] 2018 (zit.: GK-BetrVG/*Bearbeiter*)
Dies.	Gemeinschaftskommentar Betriebsverfassungsgesetz, Band 2, §§ 74 – 132, Neuwied [u.a.], 11. Auflage 2018 (zit.: GK-BetrVG/*Bearbeiter*)
Farthmann, Friedhelm	Der gerechte Betriebsratslohn – Funktionswandel in der Betriebsratsarbeit und Entgeltgerechtigkeit, in: Festschrift für Eugen Stahlhacke, Alblasserdam, Niederlande 1995, 115 - 127 (zit.: *Farthmann*, in FS Stahlhacke)
Fischer, Thomas	Strafgesetze und Nebengesetze, 65. Auflage, München 2018 (zit.: *Fischer*, StGB)
Fischer, Ulrich	Korruptionsbekämpfung in der Betriebsverfassung, BB 2007, 997 - 1001
Ders.	Das Ehrenamtsprinzip der Betriebsverfassung „post Hartzem" – antiquiert oder Systemerfordernis?, NZA 2007, 484 - 489

Ders.	Das Ehrenamtsprinzip der Betriebsverfassung „post Hartzem" – revisited, NZA 2014, 71 - 74
Fitting, Karl/Engels, Gerd/Schmidt, Ingid/Trebinger, Yvonne/Linsenmaier, Wolfgang	Betriebsverfassungsgesetz, Handkommentar, 29. Auflage 2018 (zit.: *Fitting*)
Fleischer, Holger/ Goette, Wulf (Hrsg.)	Münchener Kommentar zum Gesetz betreffend die Gesellschaften mit beschränkter Haftung (GmbHG) – Band 2: §§ 35 – 52, 2. Auflage, München 2016 (zit.: MüKo-GmbHG/*Bearbeiter*)
Frahm, Sebastian/ Koch, Jochen	Risiken überhöhter Betriebsratsvergütung, ArbRAktuell 2010, 468 – 471
Franzen, Martin	Professionalisierung der Betriebsratsarbeit – Abschied vom Ehrenamt?, Unternehmensführung und betriebliche Mitbestimmung, ZAAR Schriftenreihe Bd. 10, München 2008, 48 - 64 (zit.: *Franzen*, ZAAR 2008)
Ders.	Zwingende Wirkung der Betriebsverfassung, NZA 2008, 250 - 255
Ders.	Betriebsratskosten und Umlageverbot; gegen den Strich – Festschrift für Klaus Adomeit, S. 173 - 186, Köln 2008 (zit.: *Franzen*, in: FS Adomeit)
Gaul, Björn	Berechnung leistungs- oder erfolgsbezogener Jahressonderzahlungen bei Betriebsratsmitgliedern, BB 1998, 101 - 105
Goette, Wulf/Habersack, Mathias	Münchener Kommentar zum Aktiengesetz, Band 2, §§ 76 – 117, MitbestG – DrittelbG, 4. Auflage, München 2014 (zit.: MüKo-AktG/*Bearbeiter*)

Göpfert, Burkard/ Fellenberg, Katharina/Klarmann, Philipp	Leistungsbezogene Vergütung für teilfreigestellte Betriebsräte, DB 2009, 2041 - 2045
Graf, Walther/Link, Holger	Überhöhte Betriebsratsvergütung – kein neues Betätigungsfeld für Steuerfahnder, NJW 2009, 409 - 412
Greiner, Stefan	Familienfreundliches Arbeitsrecht? – Die Erkrankung des Kindes als Gegenstand widersprüchlicher Regelungen, NZA 2007, 490 - 496
Greifenstein, Ralph/Kißler, Leo/Lange, Hendrik	Trendreport Betriebsratswahlen 2014, Study 350, Düsseldorf, März 2017 (zit.: *Greifenstein/Kißler/Lange*, Trendreport Betriebsratswahlen 2014)
Greßlin, Martin	Teilzeitbeschäftigte Betriebsratsmitglieder, zugl. Diss. Baden-Baden 2004 (zit.: *Greßlin*)
Grimberg, Herbert	Trinkgelder als Arbeitsentgelt, Anmerkung zu BAG v. 28.06.1995, AiB 1996, 319 - 320
Gutzeit, Martin	Das arbeitsrechtliche System der Lohnfortzahlung, Berlin 2000 (zit.: *Gutzeit*)
Hanau, Peter	Denkschrift zu dem Regierungsentwurf eines Gesetzes zur Reform des Betriebsverfassungsgesetzes, RdA 2001, 65 - 76
Ders.	Probleme der Neuregelung der Betriebsverfassung, ZIP 2001, 1981 - 1987
Hennecke, Rudolf	Die Bemessung von Arbeitsentgelt und allgemeinen Zuwendungen freigestellter Betriebsräte, RdA 1986, 241 - 246
Ders.	Bemessung von Arbeitsentgelt und allgemeinen Zuwendungen für freigestellte Betriebsräte, BB 1986, 936 - 941

Henssler, Martin	Kommentar zu LAG Düsseldorf, Urteil vom 13.09.2001 – 11 (4) Sa 906/01, BB 2002, 307 - 308
Ders.	Anmerkung zum Urteil des BAG v. 15.01.1991 – 1 AZR 178/90, SAE 1991, 345 - 351
Hess, Harald/Worzalla, Michael/Glock, Dirk/Nicolai, Andrea/Rose, Franz-Josef/Huke, Kristina	BetrVG-Kommentar 10. Auflage, Köln, 2018 (zit.: HWGNRH/*Bearbeiter*)
Heuermann, Bernd/Brandis, Peter (et al.)[Hrsg.]	Blümich, Einkommensteuergesetz, Körperschaftsteuergesetz, Gewerbesteuergesetz, Loseblatt-Kommentar, 141. Auflage 2018 (zit.: Blümich/*Bearbeiter*)
Hunold, Wolf	Aktuelle Rechtsprechung zu den Sach- und Personalkosten der Betriebsratsarbeit (§ 40 BetrVG), NZA-RR 2011, 57 - 64
Jacobs, Matthias/Frieling, Tino	Betriebsratsvergütung; Grundlagen und Grenzen der Bezahlung freigestellter Betriebsratsmitglieder, ZfA 2015, 241 - 265
Dies.	Betriebsratsvergütung bei arbeitszeitunabhängiger Provision, NZA 2015, 513 - 520
Joecks, Holger/Miebach, Wulf	Münchener Kommentar zum Strafgesetzbuch, Band 1, 3. Auflage 2017 Band 5, 2. Auflage 2014, München (zit.: MüKo-StGB/*Bearbeiter*)
Kaskel, Walter	Haftung für Handlungen des Betriebsrats, NZfA 1924, 11
Kehrmann, Karl	Pauschalierung von Vergütungs- und Kostenerstattungsansprüchen der Betriebsratsmitglieder, Festschrift für Otfried Wlotzke zum 70. Geburtstag, 1996, S. 357 - 379 (zit.: *Kehrmann*, in: FS Wlotzke)

Literaturverzeichnis

Keilich, Jochen	Die Bemessung der Betriebsratsvergütung – Gut gemeint ist das Gegenteil von gut, BB 2014, 2229 - 2233
Kindhäuser, Urs	Nomos Kommentar – Strafbesetzbuch, 7. Auflage Baden-Baden 2017 (NK-StGB/*Bearbeiter*)
Kittner, Michael	Anmerkung zu BAG v. 29.07.1980 – 6 AZR 231/78, EzA Nr. 70 zu § 37 BetrVG 1972
Klebe, Thomas	Die Zukunft der Betriebsratsarbeit, AiB 2006, 558 - 565
Klenter, Peter	Mehrarbeitspauschale und Pauschalaufwendungsersatz für Betriebsräte, Anmerkung zu Arbeitsgericht Stuttgart v. 13.12.2012 – 24 Ca 5430/12, juris-PR-ArbR 8/2013
Kliemt, Michael/Vollstädt, Oliver	Unverschuldeter Rechtsirrtum – Wunderwaffe bei beharrlicher Arbeitsverweigerung?, NZA 2003, 357 - 363
Knipper, Claudia	Das Arbeitsverhältnis des freigestellten Betriebsratsmitglieds, Baden-Baden 1992 (zit.: *Knipper*)
Kraft, Alfons	Bestandsschutz des Arbeitsverhältnisses; Lohn ohne Arbeit – Überlegungen zur Reduzierung der Regelungsdichte des Arbeitsrechts und zur Wiederherstellung der Äquivalenz im Arbeitsverhältnis, ZfA 1994, 463 - 486
Krause, Rüdiger	Anmerkung zu BAG, Beschluss vom 18.10.2000 – 2 AZR 494/99, RdA 2002, 56 - 60
Krichel, Ulrich	Anmerkung zu BAG, Urteil vom 27.06.1990 – 7 ABR 43/89, AE 1992, 68 - 69
Ders.	Zur Rechtslage bei politischen Streiks, NZA 1987, 297 - 303
Krieger, Steffen	Anmerkung zu BAG v. 21.02.2018 – 7 AZR 587/16, ArbRAktuell 2018, 372 - 372
Larenz, Karl/Canaris, Claus-Wilhelm	Methodenlehre der Rechtswissenschaft, 3. Auflage, Berlin, 1995 (zit.: Larenz/*Canaris*)

Literaturverzeichnis

Leuchten, Alexius	Freikündigungspflicht zur Weiterbeschäftigung, NZA 2007, 585 - 589
Lipke, Gert-Albert	Betriebsverfassungsrechtliche Probleme der Teilzeitarbeit, NZA 1990, 758 - 769
Lipp, Heidrun	Honorierung und Tätigkeitsschutz von Betriebsratsmitgliedern, zugl. Diss. Passau 2008, Aachen, 2008 (zit.: *Lipp*)
Löwisch, Manfred/ Kaiser, Dagmar	Kommentar zum Betriebsverfassungsgesetz, 7. Aufl. Frankfurt/Main, 2017, Band I und Band II (zit.: *Löwisch/Kaiser*)
Löwisch, Manfred/Rügenhagen, Jens	Angemessene arbeitsvertragliche Vergütung von Betriebsratsmitgliedern mit Führungsfunktionen, DB 2008, 466 - 467
Loritz, Karl-Georg	Sinn und Aufgabe der Mitbestimmung heute, ZfA 1991, 1 – 33
Loritz, Karl-Georg/ Wagner, Klaus-R.	Haftung von Vorständen und Aufsichtsräten, DStR 2012, 2189 - 2195
Lunk, Stefan/Rodenbusch, Vincent	Die Haftung des Betriebsrats und seiner Mitglieder, NJW 2014, 1989 - 1994
Matthes, Hans-Christoph	Probleme des Kündigungsschutzes von Betriebsratsmitgliedern, DB 1980, 308 - 318
Maunz, Theodor/Dürig, Günter (Hrsg.)	Grundgesetz Loseblatt-Kommentar, 82. Auflage München 2018 (zit.: Maunz-Dürig/*Bearbeiter*)
Maußner, Melanie Julia/Schuhmacher, Sebastian	Der Schulungsanspruch des Betriebsrats, ArbRAktuell 2014, 221 - 224
Mayer, Udo	Außendienstmitarbeiter im Betriebsrat – Vergütungsrechtliche Fragen, AiB 2011, 668 - 671

Merten, Frank	BAG: Arbeitgeber muss u.u. Kinderbetreuungskosten von Betriebsratsmitgliedern tragen – zugl. Anmerkung zu BAG, Beschluss vom 23.06.2010 – 7 ABR 103/08, ArbRAktuell, 2010, 560.
Misera, Karlheinz	Anmerkung zu BAG v. 29.07.1980 – 6 AZR 231/78, SAE 1982, 73 - 76
Moll, Wilhelm/Roebers, Dorothea	Pauschale Zahlungen an Betriebsräte?, NZA 2012, 57 - 62
Müller, Stefan/Jahner, Kristina	Die Haftung des Betriebsrats und der Betriebsratsmitglieder, BB 2013, 440 - 444
Müller-Glöge, Rudi/Preis, Ulrich/Schmidt, Ingrid (Hrsg.)	Erfurter Kommentar zum Arbeitsrecht; München 18. Auflage 2018 (zit.: ErfK/*Bearbeiter*)
Natzel, Ivo	Rechtsstellung des freigestellten Betriebsratsmitglieds, NZA 2000, 77 - 81
Niesel, Klaus/Brand, Jürgen	Sozialgesetzbuch, Arbeitsförderung – SGB III – Kommentar, 5. Auflage, München 2010 (Niesel/*Bearbeiter*)
Oetker, Hartmut	Die Reichweite des Amtsschutzes betriebsverfassungsrechtlicher Organmitglieder – am Beispiel der Versetzung von Betriebsratsmitgliedern, RdA 1990, 343 - 356
Palandt, Otto	Bürgerliches Gesetzbuch mit Nebengesetzen, 77. Auflage, München 2018 (zit.: Palandt/*Bearbeiter*)
Pasewalt, David	Straftaten gegen Betriebsverfassungsorgane und ihre Mitglieder gem. § 119 BetrVG, ZIS 2007, 75 - 81
Pawlowski, Hans-Martin	Methodenlehre für Juristen, 3. Auflage, Heidelberg 1999

Preis, Ulrich	Arbeitsrecht, Kollektivarbeitsrecht, 4. Auflage, Köln 2017 (zit.: *Preis*, Kollektivarbeitsrecht)
Preis, Ulrich/Ulber, Daniel	Anmerkung zu BGH III ZR 266/11, in: JZ 2013, 579 - 580
Purschwitz, Laura	Das betriebsverfassungsrechtliche Benachteiligungs- und Begünstigungsverbot nach § 78 Satz 2 BetrVG, zugl. Diss. Göttingen 2015, Hamburg 2015 (zit.: *Purschwitz*)
Rath, Ralf	Der Freizeitausgleich für teilzeitbeschäftigte Betriebsratsmitglieder nach § 37 Abs. 3 BetrVG, BB 1990, 2326 - 2328
Reinecke, Gerhard	Der Anspruch auf Entgeltfortzahlung beim Zusammentreffen mehrerer Verhinderungsgründe, DB 1991, 1168 - 1175
Reiserer, Kerstin	Zielvereinbarung – ein Instrument der Mitarbeiterführung, NJW 2008, 609 - 614
Riesenhuber, Karl/v. Steinau-Steinrück, Robert	Zielvereinbarungen, NZA 2005, 785 - 793
Richardi, Reinhard	Betriebsverfassungsgesetz mit Wahlordnung, Kommentar, 16. Auflage 2018 (zit.: Richardi/*Bearbeiter*)
Richardi, Reinhard/Wlotzke, Otfried/Wißmann, Hellmut/Oetker, Hartmut	Münchener Handbuch zum Arbeitsrecht – Band 2 – Kollektivarbeitsrecht/Sonderformen, 3. Auflage, München 2009 (zit.: MünchArbR/*Bearbeiter*)
Rid, Claudia/Triemel, Martin	Vergütung von Betriebsräten, AuA 2011, 482 - 484
Rieble, Volker	Strafrechtliche Risiken der Betriebsratsarbeit, NZA 2006, 758 - 769

Ders.	Die Betriebsratsvergütung, NZA 2008, 276 - 280
Ders.	Führungsrolle des Betriebsrats und Corporate Governance, in: Unternehmensführung und betriebliche Mitbestimmung, ZAAR Schriftenreihe Bd. 10, München 2008, 10 - 34 (zit.: *Rieble*, ZAAR 2008)
Ders.	Reformbedarf in der betrieblichen Mitbestimmung, in: Institut der deutschen Wirtschaft Köln (Hg.), Perspektiven der Mitbestimmung, S. 127 - 140, Köln 2008
Ders.	Untreue durch Zahlung einer gesetzlich nicht vorgesehenen Vergütung an Betriebsratsmitglieder (Anm. zu LG Braunschweig v. 25.01.2007), CCZ 2008, 32 - 38
Ders.	Gewerkschaftsbestechung? CCZ 2008, 121 - 130
Ders.	Gewerkschaftsnützige Leistungen an Betriebsräte, BB 2009, 1016 - 1022
Ders.	Betriebsratsbegünstigung und Betriebsratsausgabenabzug, BB 2009, 1612 - 1619
Rieble, Volker/Klebeck, Ulf	Strafrechtliche Risiken der Betriebsratsarbeit, NZA 2006, 758 - 769
Röhborn, Stefan	Betriebsratsvergütung und Lohnausfallprinzip – Heiligenschein oder scheinheilig?, ArbRAktuell, 2015, 573 - 577
Rolfs, Christian/Giesen, Richard/Kreikebohm, Ralf/Udsching, Peter	Beck'scher Online-Kommentar Arbeitsrecht, 48. Edition, Stand 01.06.2018 (zit.: BeckOK-ArbR/*Bearbeiter*)
Roxin, Claus	Strafrecht, Allgemeiner Teil, 1. Teil, 4. Auflage, München 2006 (zit.: *Roxin*, StGB AT 1)
Ders.	Strafrecht, Allgemeiner Teil, 2. Teil, München 2003 (zit.: *Roxin*, StGB AT 2)

Rüthers, Bernd	Zum Arbeitsentgelt des Betriebsrates, RdA 1976, 61 - 64
Ders.	Gemeinsamer Verrat an der Mitbestimmung? NJW 2007, 195 - 197
Säcker, Franz Jürgen/Roxecker, Roland/Oetker, Hartmut/Limperg, Bettina	Münchener Kommentar zum Bürgerlichen Gesetzbuch, Band 4, 7. Auflage, 2016, Band 6 7. Auflage 2017, München (zit.: MüKo-BGB/*Bearbeiter*)
Schaub, Günter	Arbeitsrechtshandbuch; Systematische Darstellung und Nachschlagewerk für die Praxis, 17. Auflage, München 2017 (zit.: Schaub/*Bearbeiter*)
Schemmel, Alexander/Slowinski, Peter	Notwendigkeit von Criminal Compliance im Bereich der Betriebsratstätigkeit, BB 2009, 830 - 833
Schleusener, Axel Aino	Die Freikündigung eines Arbeitsplatzes zugunsten eines Betriebsratsmitglieds bei Stillegung eines Betriebsteils, DB 1998, 2368 - 2371
Schlösser, Jan	Zur Strafbarkeit des Betriebsrats nach § 119 BetrVG – ein Fall straffreier notwendiger Teilnahme? NStZ 2007, 562 - 566
Schlüter, Wilfried/Belling, Detlev	Anmerkung zu BAG v. 29.07.1980 – 6 AZR 1095/78, AP Nr. 1 zu § 46 BPersVG
Schneider, Wolfgang	Arbeitsentgelt- und Berufsschutz freigestellter Betriebsratsmitglieder, NZA 1984, 21 - 24
Schönke, Adolf/Schröder, Horst	Strafgesetzbuch, 29. Auflage 2014, München (zit.: Sch/Sch-*Bearbeiter*).

Schweibert, Ulrike/Buse, Sandra	Rechtliche Grenzen der Begünstigung von Betriebsratsmitgliedern – Schattenbosse zwischen „Macht und Ohnmacht", NZA 2007, 1080 - 1086
Staudinger, Julius von (Begr.)	Kommentar zum Bürgerlichen Gesetzbuch mit Einführungsgesetz und Nebengesetzen, Buch 1, Allgemeiner Teil, §§ 134 – 138; Anh. zu § 138: ProstG (Allgemeiner Teil 4a – Gesetzliches Verbot und Sittenwidrigkeit), 16. Auflage, Berlin 2017 (zit.: Staudinger/*Bearbeiter*)
Stege, Dieter (Hrsg.)/Weinspach, Friedrich/Schiefer, Bernd	Betriebsverfassungsgesetz Handkommentar für die betriebliche Praxis, 9. Auflage, Köln 2002 (zit.: Stege/Weinspach/Schiefer)
Strauß, Samuel	Untreuestrafrechtliche Implikationen der Betriebsratsvergütung, NZA 2018, 1372 - 1378
Stück, Volker	Die richtige Vergütung von Betriebsratsmitgliedern – der Arbeitgeber zwischen Skylla und Charybdis, ArbRAktuell 2017, 512 - 514
Waas, Bernd	Betriebsrat und Arbeitszeit – Pauschale Abgeltung und Freistellung über das Gesetz hinaus, Saarbrücken 2012 (zit.: *Waas*).
Wank, Rolf	Anmerkung zu BAG, Urteil vom 18.10.2000 -2 AZR 494/99, SAE 2002, 7 - 12
Weinspach, Friedrich Karl	§ 37 Abs. 1 BetrVG – Ist das Ehrenamtsprinzip noch zeitgemäß?, in: Festschrift für Peter Kreutz zum 70. Geburtstag, Köln 2010, 485 - 497 (zit.: *Weinspach*, in: FS Kreutz)
Wessels, Nicolas	Arbeitszeitgestaltung bei Betriebsratsmitgliedern, ArbRAktuell 2018, 567 - 570
Wichert, Joachim	Beförderungen, Dienstwagen, Pauschalen & Co. – Vorsicht: Betriebsratsbegünstigung!, AuA 2013, 281 - 283

Wiebauer, Bernd	Kosten der privaten Lebensführung als Kosten der Betriebsratsarbeit, BB 2011, 2104 - 2108
Wlotzke, Otfried/Preis, Ulrich/Kreft, Burghard	Betriebsverfassungsgesetz, Kommentar, 4. Auflage, München 2009 (zit.: WPK/*Bearbeiter*)
Zimmermann, Helmut	Zur rechtlichen Problematik von Betriebsratsschulungen mit Verwöhncharakter – ein Tabuthema, NZA 2017, 162 - 164
Zimmermann, Gernot	Strafrechtliche Risiken der Betriebsratstätigkeit, ArbRAktuell 2014, 278 - 283
Zippelius, Reinhold	Juristische Methodenlehre, 11. Auflage, München 2012 (zit.: *Zippelius*)
Zwiehoff, Gabriele	Anmerkung zu LG Braunschweig, 6. Große Strafkammer, Urteil vom 22.02.2008 – 6 KLs 20/07, juris PR-ArbR 2/2009, Anm. 6

Neue Juristische Beiträge

herausgegeben von
Prof. Dr. Klaus-Dieter Drüen (Ludwig-Maximilians-Universität München)
Prof. Dr. Thomas Küffner (Fachhochschule Landshut)
Prof. Dr. Georg Steinberg (Universität Potsdam)
Prof. Dr. Fabian Wittreck (Westfälische Wilhelms-Universität Münster)

Band 130: Anja Lausberg: **Voraussetzungen und Rechtsfolgen der unzulässigen Begünstigung von Betriebsratsmitgliedern**
2019 · 508 Seiten · ISBN 978-3-8316-4805-4

Band 129: Juliane Gröper: **The Mutual Agreement Procedure in International Taxation** · The Need for Procedural and Administrative Rules
2019 · 246 Seiten · ISBN 978-3-8316-4809-2

Band 128: Katharina Schmitt: **Das österreichische ÄsthOpG als Vorbild für Deutschland?** · Eine vergleichende Untersuchung zu rechtlichen Anforderungen an die Durchführung von Schönheitsoperationen und ästhetischen Behandlungen
2019 · 406 Seiten · ISBN 978-3-8316-4802-3

Band 127: Jonathan Möller: **Die Einführung von Volksgesetzgebung in das Grundgesetz mit Blick auf Quoren und Finanzierung**
2019 · 336 Seiten · ISBN 978-3-8316-4793-4

Band 126: Florian Jacobi: **Steuerhinterziehung durch aktives Tun und durch Unterlassen**
2019 · 174 Seiten · ISBN 978-3-8316-4791-0

Band 125: Erne Jessica Meise: **Steuerpublizität bei natürlichen Personen**
2019 · 300 Seiten · ISBN 978-3-8316-4789-7

Band 124: Silvio Schulze: **Daten als Kreditsicherungsmittel mit Bestand in der Insolvenz**
2019 · 274 Seiten · ISBN 978-3-8316-4786-6

Band 123: Britta Janina Lewendel-Harde: **Geschlossene Stromverteilernetze im EnWG 2011 – Neue Optionen für Betreiber bisheriger Objektnetze**
2019 · 234 Seiten · ISBN 978-3-8316-4741-5

Band 122: Oliver Hieke: **Vorvertragliche Aufklärungspflichten des Verkäufers beim Unternehmenskauf**
2018 · 324 Seiten · ISBN 978-3-8316-4704-0

Band 121: Andreas Zürn: **Das Mediationsgesetz im Lichte der europäischen Mediationsrichtlinie**
2018 · 242 Seiten · ISBN 978-3-8316-4657-9

Band 120: Michael Gläsner: **Grenzen der Beschränkung von Patent- und Markenrechten zum Schutz der öffentlichen Gesundheit nach WTO-Recht** · Unter besonderer Betrachtung des Zwangslizenzregimes nach dem TRIPS und der Vereinbarkeit von Plain-packaging-Vorschriften für Tabakwaren mit dem WTO-Recht
2018 · 312 Seiten · ISBN 978-3-8316-4670-8

Band 119: Sarah Krampitz: **Das allgemeine Persönlichkeitsrecht von Sportvereinen**
2017 · 342 Seiten · ISBN 978-3-8316-4666-1

Band 118: Nana K. A. Baidoo: **Die dienstliche Beurteilung und ihre Kontrolle durch Gerichte** · Anmerkungen zur Verbesserung der Personalauswahl im öffentlichen Dienst
2018 · 234 Seiten · ISBN 978-3-8316-4661-6

Band 117: Hannah Rehage: **Der Einsatz deutscher Streitkräfte** · Unter besonderer Berücksichtigung der verfassungsmäßigen Prüfung innerstaatlicher Verwendungen bei terroristischen Angriffen
2018 · 162 Seiten · ISBN 978-3-8316-4653-1

Band 116: David Chrobok: **Zur Strafbarkeit nach dem Anti-Doping-Gesetz**
2017 · 264 Seiten · ISBN 978-3-8316-4648-7

Band 115: Florian Keller: **Das Finanzamt als Partner des Steuerpflichtigen** · Dargestellt am Beispiel der Korrekturvorschrift des § 173 Abs. 1 Nr. 1 AO
2017 · 280 Seiten · ISBN 978-3-8316-4627-2

Band 114: Johanna Küpper: **Personenbezug von Gruppendaten?** · Eine Untersuchung am Beispiel von Scoring- und Geo-Gruppendaten
2016 · 222 Seiten · ISBN 978-3-8316-4597-8

Band 113: Christine Lanwehr: **Faktische Selbstveranlagung und Fehlerkorrektur im Besteuerungsverfahren von Arbeitnehmern**
2016 · 320 Seiten · ISBN 978-3-8316-4545-9

Band 112: Sonja Dudek: **Auskunfts- und Urkundenvorlageersuchen von Finanzbehörden an Kreditinstitute**
2016 · 214 Seiten · ISBN 978-3-8316-4527-5

Band 111: Janina Fellmeth: **Das lohnsteuerrechtliche Abgrenzungsmerkmal des ganz überwiegend eigenbetrieblichen Arbeitgeberinteresses** · Bestandsaufnahme und Neuorientierung
2015 · 232 Seiten · ISBN 978-3-8316-4526-8

Band 110: Barbara Thiemann: **Kooperation und Verfassungsvorbehalte im Ausgleich** · Anleihen aus dem europäischen Verfassungsgerichtsverbund für eine Kooperation des EuGH mit den WTO-Rechtsprechungsorganen
2016 · 488 Seiten · ISBN 978-3-8316-4560-2

Band 109: Franziska Dautert: **Beweisverwertungsverbote und ihre Drittwirkung**
2015 · 302 Seiten · ISBN 978-3-8316-4479-7

Band 108: Florian Eder: **Beweisverbote und Beweislast im Strafprozess**
2015 · 396 Seiten · ISBN 978-3-8316-4469-8

Band 107: Martina Achzet: **Sanierung von Krisenunternehmen** · Ablauf und Personalentwicklung in Unternehmenssanierungen unter Konkursordnung, Vergleichsordnung und Insolvenzordnung
2015 · 304 Seiten · ISBN 978-3-8316-4467-4

Band 106: Anna Haßfurter: **Form und Treue** · Die Verhältnismäßigkeit von Formnichtigkeit und Formzweck
2015 · 538 Seiten · ISBN 978-3-8316-4459-9

Band 105: Johannes Leutloff: **Public Viewing im Urheber- und Lauterkeitsrecht** · Eine Untersuchung anhand der Public-Viewing-Reglements der Fußballverbände FIFA und UEFA
2015 · 274 Seiten · ISBN 978-3-8316-4429-2

Band 104: Simone Goltz: **Weltanschauungsgemeinschaften** · Begriff und verfassungsrechtliche Stellung
2015 · 336 Seiten · ISBN 978-3-8316-4427-8

Band 103: Verena Guttenberg: **Schutz vor Diskriminierung im Beschäftigungsverhältnis in Großbritannien – Equality Act 2010**
2015 · 680 Seiten · ISBN 978-3-8316-4414-8

Band 102: Johannes Peters: **Kindheit im Strafrecht** · Eine Untersuchung des materiellen Strafrechts mit besonderem Schwerpunkt auf dem Kind als Opfer und Täter
2014 · 294 Seiten · ISBN 978-3-8316-4391-2

Erhältlich im Buchhandel oder direkt beim Verlag:
utzverlag GmbH, München
089-277791-00 · info@utzverlag.de
Gesamtverzeichnis mit mehr als 3000 lieferbaren Titeln: www.utzverlag.de